本书编委会

（按姓氏拼音排序）

李曼曼	李　勇	刘佰合
刘亚中	牛继清	戚　跃
王存胜	熊帝兵	余敏辉

淮师史学

本书编委会 编

复旦大学出版社

目 录

上 编

商周家族墓地所见族徽文字与族氏关系 ………………………… 雒有仓 | 003
定量考古学研究述略
　　——兼谈在青铜器分期断代研究中的应用 ………………… 叶舒然 | 025
《史记》"迭见法"考论 …………………………………………… 王振红 | 033
关于《氾胜之书》"积穰于沟间"的释读 ……………………… 熊帝兵 | 047
知识进化视域下辑录体提要的嬗变 …………………………… 曹金发 | 060
欧阳修论考史 …………………………………………………… 余敏辉 | 068
论宋明以来集录碑传的史学传统 ……………………………… 吴 航 | 078
闻本《旧唐书》初印本与后印本的差异 ……………………… 原 康 | 093
清代官员子弟科举的制度设计 ………………………………… 刘佰合 | 100
汪志伊《荒政辑要》所见之荒政思想 ………………………… 刘亚中 | 107
美国国会图书馆藏孤本《新安女行录》 ……………………… 赵 敏 | 116
转型与重构：论近代图书馆对方志学的影响 ………………… 陈郑云 | 125
胡适年谱思想略论 ……………………………………………… 盛 菊 | 134
实地考察与顾颉刚的学术研究 ………………………………… 牛继清 | 143
皖南事变后新四军的正规化建设
　　——以新四军第五师为例 …………………………………… 杜 强 | 157
汤志钧与台湾学术界的交往及其影响 ………………………… 武晓兵 | 172
后小三线建设时代的企业与地方经济：以安徽池州为例
　　………………………………………………………… 李 云、徐有威 | 186
日本文化视野中的"中国" ……………………………………… 王智汪 | 199
《圣伯丁年代记》浅探：兼论加洛林年代记的特点 ………… 陈素娟 | 210

地缘政治研究中的"盎格鲁-撒克逊"传统	王存胜	223
"弗劳德病":科学主义史学的理性缺失	李 勇	234
析"二战"欧洲中立国之"中立"	陈安全	245

下 编

简帛文献与中国早期史学史研究	靳 宝	259
《大学》篇"格物"本义新思	凌俊峰	268
论秦汉相权之变迁	李新城	277
因地而生:历史时期的佛教与徽州社会	王开队	287
唐代颁赐铁券的对象及其特征	洪海安	301
史学理论视野下的唐修正史探析	张 峰	312
论北宋西北熟户的发展与国家认同		
——以党项小胡部族为例	王道鹏	322
"太虚无形"与"太虚即气"的语言分析	路传颂	336
苏轼《观自在菩萨如意轮陀罗尼经》抄考	吴海萍	348
劝募与捐献:宋代南方桥梁建设中民间资金筹措方式述论	祁琛云	355
明唐顺之《左氏始末》刍议	李德锋	365
乞留:明代舆论的清官期盼与官员调留	展 龙	381
"考索之功"与史学批评	刘开军	396
论王闿运兵事议论中的史学观	李赫亚	403
"从地理谈起":晚清民国中学历史教科书的书写模式	姚正平	413
吕思勉通史撰述对其断代史著作的影响	康桂英	423
近代中国海防思想与晚清海军法制化实践及其当代启示	赵 勇	430
论胡适苏俄观的演变	冯夏根	438
论《联共(布)党史简明教程》对范文澜《中国通史简编》的影响	任 虎	449
战争、地貌改造与社会动员		
——华北平原抗日根据地军民挖道沟运动研究	程 森	462
日伪经济统制与上海郊县手工业的变迁(1937~1945)	桂 强	484
"二战"后国民政府对德侨的管理	钟荣帆	500
新中国成立初期乌鲁木齐市各族各界人民代表会议的历史考察	陈 芸	517
现代文明的生发逻辑与人类文明新形态的时代建构	张永刚	532
从藤原京到平城京:日本古代都城形制的演进过程研究	张 伟	545
马克思主义历史观视域下历史虚无主义批判研究述评	郭昌文	554

历史经验的可靠性
　　——休谟历史哲学探微 ································· 段　艳 | 569
古为今用
　　——论美国革命中罗马史的发掘和利用 ················· 赵辛阳 | 577
新加坡华族文化的建构与彷徨
　　——以新谣运动与七月歌台为例 ····················· 彭　慧 | 593
当前中东政局新发展中的部落文化因素分析 ··············· 刘锦前 | 603
"史料实证"素养培养的主要抓手
　　——以《天朝的崩溃：鸦片战争再研究》为讨论中心 ··· 张禄佳、郑流爱 | 615
"图像释史"的美学向度与文化视野 ······················· 马维林 | 624
引领学生入史的项目学习活动设计探微 ··················· 岳　季 | 634
后记 ··· | 640

上编

商周家族墓地所见族徽文字与族氏关系

雒有仓*

在考古发掘中,经常发现一些分布密集、边界清楚、葬俗相同或相近的商周墓葬群,其中许多墓葬群出有带不同族徽标识的青铜器。一般认为,这是商周时期人们"生既聚族而居,死亦聚族而葬"所形成的家族墓地。对于这类家族墓地的墓葬聚合状态、器物组合、葬俗特点以及出土带族徽铜器等情况,有关发掘报告和研究论著已有程度不同的涉及。但是,由于发掘的间断性以及材料零散,全面考察商周家族墓地出土族徽文字的专题性研究尚不多见。本文意在梳理一些重要的商周家族墓地出土的族徽文字材料,并对其所反映的族氏之间关系进行综合性考察。

一、商周家族墓地所见族徽文字概况

已发掘并见诸报道的商周家族墓地已有多处,其中墓地保存较好、材料公布较完整、出土青铜器族徽文字较集中者,主要有下列几处。

1. 殷墟西区墓地。位于安阳小屯村以西,前后发掘共2 100多座殷墓,分为10个墓区,时代为殷墟第二期至第四期。其中,1960年在孝民屯、白家坟西发现150余座殷墓,发掘了60座。[①] 1969～1977年在白家坟、梅园庄、孝民屯之间发现1 003座殷墓,发掘了939座,分为八个墓区[②];后来在孝民屯、梅园庄北地又发掘二个墓区,各有约40座殷墓[③],在孝民屯村东南清理商代墓葬132座[④]。此外,还有一些零星发掘。殷墟西区墓葬绝大多数为长方竖穴,多见仰身直肢葬和俯身葬。由于各墓区的葬式、墓向排列及陶器组合存在一定差别,说明"具有一个特定范围的墓地,保持着特定的生活习俗和埋葬习俗的各个墓区的死者,生前

---

* 雒有仓,现为淮北师范大学历史文化旅游学院教授。
① 中国社会科学院考古研究所编著:《殷墟发掘报告(1958～1961)》,文物出版社,1987年,第260页。
② 中国科学院考古研究安阳工作队:《1969～1977年殷墟西区墓葬发掘报告》,《考古学报》1979年第1期。
③ 中国社会科学院考古研究所编著:《殷墟的发现与研究》,科学出版社,1994年,第121页。
④ 中国社会科学院考古研究所安阳工作队:《河南安阳市殷墟孝民屯东南地商代墓葬1989～1990年的发掘》,《考古》2009年第9期。

应属不同集团的成员,这个不同集团的组织形式可暂称为'族'"①。按照各墓区墓葬聚合状态,同一墓区又可分成不同的墓群和墓组,数量有二十、十几或几个,所出铜器族徽也有区别,说明当时较大的"族"组织之下还有大小不等的"分族"和"氏"一级族组织。殷墟西区墓地第十墓区出一种族徽,第一、三、四、五、六、七、八墓区都出有二种以上族徽,有些见于不同墓葬。据我们统计,这一区域前后出土有铭文铜器 65 件,共发现 38 种族徽见于 32 座墓的 61 件铜器,时代以殷墟第三、四期为主(表1)。

表1 殷墟西区墓地出土族徽文字统计表

所属墓区	墓葬	族徽及出现次数	时代	所属墓区	墓葬	族徽及出现次数	时代
一区	M2575	史 1	第二期	一区	无		
	M2508	子卫 3	第三期				
三区	M613	忍 1、戈忍 1	第二期	三区	M697	丙 1	第四期
	M875	爱玺 2	第三期		M856	天册 1、子 1	第四期
	M198	⿰亻兄 2	第三期		M793	臤 1	第四期
	M692	吴 1、冉 1	第三期		M374	交 1	第四期
	M355	忍 3、⿱冂丁 1	第三期		M699	中 3	第四期
	M727	⿱屮丫 1	第三期		M874	邑云	第四期
	M764	戊乙 1	第三期				
四区	M1116	束 1	第三期	四区	M216	亚✕羌 1	第四期
					M1118	告宁 2	第四期
五区	M1327	⿱人人 1	第二期	五区	M1295	山丁 1	第四期
六区		无		六区	M1102	鼻丂 1	第四期
					M1080	大中 1、◇大中 1	第四期

---

① 中国社会科学院考古研究所安阳工作队:《1969~1977 年殷墟西区墓葬发掘报告》,《考古学报》1979 年第 1 期。

续 表

所属墓区	墓葬	族徽及出现次数	时代	所属墓区	墓葬	族徽及出现次数	时代
七区	M907	共4、亚共罢1、告宁1	第三期	七区	M152	共1、共枞1	第四期
					M93	亚共罢受2	第四期
					M1713	亚鱼3、寝鱼2	第四期
八区	M271	犾1、束乙1	第三期	八区	M284、M1573、M1125	爽4	第四期
					M1572	𪚥2	第四期
十区	无			十区	M2065	⛛1	第四期

说明：盖与器身同铭者，族徽出现次数均以1次计算，下文皆同。

2. 殷墟南区墓地。位于安阳小屯村以南的梅园庄、戚家庄至徐家桥、梯家口、邵家棚、郭家庄之间。有关的钻探、发掘资料表明，这一区域至少可以分为10余个墓地[①]，时代为殷墟第二期至第四期。其中，梅园庄南地在20世纪80年代初曾发掘11座殷墓[②]，1986～1987年发掘111座[③]，加上其他零星发掘共约170座，分为5个墓组，绝大多数为长方形竖穴墓，出有8种族徽。戚家庄东地发掘197座殷墓[④]，墓向以南北为主，多见仰身直肢葬和俯身葬，不见殉人，分区情况不明，出有11种族徽。苗圃北地曾在1959～1964年发掘近300座殷墓，1982年前后又发掘150多座[⑤]，多见陶鬲随葬，出有4种族徽。苗圃南地先后发掘50多座殷墓，出有1种族徽。刘家庄北地发现殷墓170余座[⑥]，后来发掘30多座[⑦]，共出7种族徽。刘家庄南地共发掘62座殷墓[⑧]，墓向以东西居多，流行仰身直肢葬和殉人，出有4种族徽。郭家庄墓地曾在1982～1992年发掘184座

---

① 孟宪武：《安阳殷墟边缘区域考古概述》，见《安阳殷墟考古研究》，中州古籍出版社，2003年，第4～7页。
② 安阳市博物馆：《殷墟梅园庄几座殉人墓葬的发掘》，《中原文物》1986年第3期。
③ 中国社会科学院考古研究所安阳工作队：《1987年秋安阳梅园庄南地殷墓的发掘》，《考古》1991年第2期。
④ 孟宪武：《殷墟南区墓葬发掘综述——兼谈几个相关问题》，《中原文物》1986年第3期。
⑤ 中国社会科学院考古研究所安阳工作队：《1980～1982年安阳苗圃北地遗址发掘简报》，《考古》1986年第2期。
⑥ 安阳市文物工作队：《1983～1986年安阳刘家庄殷代墓葬发掘报告》，《华夏考古》1997年第2期。
⑦ 安阳市文物工作队：《1995～1996年安阳刘家庄殷代遗址发掘报告》，《华夏考古》1997年第2期。
⑧ 安阳市博物馆：《安阳铁西刘家庄南殷代墓葬发掘简报》，《中原文物》1986年第3期。

殷墓,分为北、中、南三个墓区①:北区 6 组 55 墓,中区 10 组 89 墓,南区 3 组 21 墓,后在东南区先后发掘殷墓 100 余座②,前后共计 284 座殷墓,出有 23 种族徽。东八里庄东地曾发掘殷墓 5 座③,梯家口西地先后发掘殷墓近 30 座④,各出有 1 种族徽。徐家桥北地先后发掘殷墓 70 余座⑤,出有 1 种族徽。村西南发掘殷墓 15 座⑥,出有 2 种族徽。邵家棚村东发掘殷墓近 20 座⑦,有 60% 的墓随葬陶鬲,出土族徽情况不明。据我们统计,殷墟南区墓地前后发掘 1400 多座殷墓,共有 69 种族徽分见于 52 座墓葬的 211 件铜器(表 2)。

表 2　殷墟南区墓地出土族徽文字统计表

所属墓区	墓　葬	族徽及出现次数	时　代
梅园庄南地	梅南 M20	单 1、	第三期
	梅南 M30	周奠大 1	第三期
	梅南 M59	章 1	第四期
	梅南 M92	卫册 1、奄 1、光 1	第四期
	梅西 M1	向 1、◇1	第四期
戚家庄东地	戚东 M269	爰 25、子 1、正未 1、⌒1	第三期
	戚东 M63	宁簋 7、用口 1	第四期
	戚东 M231	冉 2	第四期
	戚东 M235	戈簋 3、昱 2、◊吾 1	第四期
	郭庄北 M6	羊 5	第四期

① 中国社会科学院考古研究所编著:《安阳殷墟郭家庄商代墓葬 1982～1992 年考古发掘报告》,中国大百科全书出版社,1998 年,第 152、153 页。
② 中国社会科学院考古研究所安阳工作队:《1987 年夏安阳郭家庄东南殷墓的发掘》,《考古》1988 年第 10 期;中国社会科学院考古研究所安阳工作队:《河南安阳市郭家庄东南 26 号墓》,《考古》1998 年第 10 期;安阳市文物考古研究所编著:《安阳殷墟徐家桥郭家庄商代墓葬——2004～2008 年殷墟考古报告》,科学出版社,2011 年,第 12～95 页。
③ 安阳市文物工作队:《安阳市殷代墓葬发掘简报》,《华夏考古》1995 年第 1 期。
④ 安阳市文物工作队、安阳市博物馆:《安阳市梯家口村墓葬的发掘》,《华夏考古》1992 年第 1 期。
⑤ 安阳市文物工作队:《安阳徐家桥村殷代遗址发掘报告》,《华夏考古》1997 年第 2 期。
⑥ 安阳市文物考古研究所编著:《安阳殷墟徐家桥郭家庄商代墓葬——2004～2008 年殷墟考古报告》,第 1～11 页。
⑦ 孟宪武:《安阳殷墟边缘区域考古概述》,《安阳殷墟考古研究》,第 7 页。

续表

所属墓区	墓葬	族徽及出现次数	时代
苗圃北地	苗北 M123	歔示 1	第二期
	苗北 99M229	轮 3、禾册 1	第二期
	苗北 82M41	宁止 1	第三期
	苗北 M54	目子▲ 1、弓卫 1	第三期
	苗北 M172	亚盟 5	第三期
苗圃南地	苗南 M58	⌂ 2、⺇ 1	第二期
	苗南 M67	⌂ 1	第二期
	苗南 M47	⌂ 1	第三期
东八里庄	东八里 M52	⌂ 1	第四期
梯家口	梯西 M3	羊箙 1	第三期
徐家桥	徐北 M23	己酉 2	第三期
	徐西南 M1	戈 1、冉已 1	第四期
刘家庄南地	刘南 M22	亚矣 1	第二期
	刘南 M32	史 1	第三期
	刘南 M19	夕 1	第三期
	刘南 M63	息 2	第四期
刘家庄北地	刘北 M793	亚弜 6、册告 1	第二期
	刘北 M33	戉 2	第三期
	刘北 M20	丁辛□ 1	第三期
	刘北 M88	爻 1、启 1	第三期
	刘北 M89	启 1	第三期
	刘北 M637	亚若 3	第三期

续 表

所属墓区	墓 葬	族徽及出现次数	时 代
刘家庄北地	刘北 M2	宁 2	第三期
	刘北 M1	子■2、宁 1	第四期
	刘北 M9	裳 4	第四期
	刘北 M21	皿 1	第四期
	刘北 M94	鬲 2	第四期
	刘北 M1046	亚 16、亚它 3、亚 3	第四期
郭家庄西南区	郭北 M38	山￠1	第二期
	郭北 M160	亚址 33、亚夒址/止 8、中 3	第三期
	郭北 M53	亚址 1	第四期
	郭北 M50	作册兄 1、兄册 1	第四期
	郭中 M135	乡宁 1	第三期
	郭中 M220	犾 1	第四期
郭家庄东南区	郭南 83M1	子■1、宁 1	第四期
	郭东 95M26	旃 5、受 1、□宁 1	第二期
	郭东 06M5	旃 3	第二期
	郭东 M45	✻1	第二期
	郭东 M46	✻1	
	郭东 05M79	获亚 1	第三期
	郭东 06M13	保 5	第三期
	郭东 05M41	冉巳 1	第四期
	郭东 06M12	保 1、聿 1	第四期
	郭东 87M1	鸟簋 2、戈 1、亚 1	第四期

3. 殷墟东区墓地。位于安阳小屯村以东的大司空村至高楼庄、郭家湾村一带。前后发掘殷墓1 050余座,时代为殷墟第一期至第四期。其中,大司空村1953～1985年共发掘殷代墓葬约900座①,分为村北、村南、村东南三个墓区。村北墓区曾发掘78座殷墓,有5座位于村东,均为长方形竖穴墓,以陶器随葬为主,个别有铜戈或铜锛,无青铜礼器出土②。村南墓区曾在1935、1936年秋发掘过一批殷墓③,1986年秋又发掘29座殷墓④,出有1种族徽。村东南先后进行了20多次发掘,清理殷墓共约800座⑤,除个别有墓道的大墓外,绝大多数为长方形竖穴墓;平面布局分为若干区和组,其中1953年发掘166座殷墓⑥,分为四区10组,1958年发掘的豫北纱厂殷墓50多座⑦分为4组⑧,共出20种族徽。后冈墓地1933～1991年先后进行了7次发掘,共清理105座殷墓,分为三区8组⑨,绝大多数为长方形竖穴墓,部分有墓道或为无圹墓及祭祀坑⑩,出有5种族徽。薛家庄发掘殷墓8座⑪,出有2种族徽。高楼庄先后发掘村西殷墓9座⑫、村南殷墓1座⑬、村东殷墓10余座⑭,除后者材料尚未公布外,目前所知出有2种族徽。郭家湾曾发掘殷墓3座⑮,太平庄村西发掘殷墓16座⑯,随葬器以陶簋、陶鬲为主,均未发现带族徽铜器,但在据称从郭家湾等地出土的传世铜器中发现族徽文字多种。据我们统计,殷墟东区墓地出土的103件铜器上共发现43种族徽,其中大司空有29种族徽分见于83件铜器,后冈有9种族徽分见于13件铜器,高楼庄

---

① 中国社会科学院考古研究所编著:《殷墟的发现与研究》,第132页。
② 中国社会科学院考古研究所安阳工作队:《1984～1988年安阳大司空村北地殷代墓葬发掘报告》,《考古学报》1994年第4期。
③ 胡厚宣:《殷墟发掘》,学习生活出版社,1955年,第90、101页。
④ 中国社会科学院考古研究所安阳工作队:《1986年安阳大司空村南地的两座殷墓》,《考古》1989年第7期。
⑤ 中国社会科学院考古研究所编著:《殷墟的发现与研究》,第133页。
⑥ 马得志、周永珍、张云鹏:《1953年安阳大司空村发掘报告》,《考古学报》第九册,1955年。
⑦ 河南省文化局文物工作队:《1958年春河南安阳市大司空村殷代墓葬发掘简报》,《考古通讯》1958年第10期。
⑧ 葛英会:《殷墟墓地的区与组》,苏秉琦:《考古学文化论集(二)》,文物出版社,1989年,第152～183页。
⑨ 刘一曼、徐广德:《论安阳后冈殷墓》,《中国商文化国际学术讨论会论文集》,中国大百科全书出版社,1998年,第182～195页。
⑩ 中国社会科学院考古研究所安阳队:《1991年安阳后冈殷墓的发掘》,《考古》1993年第10期。
⑪ 河南省文化局文物工作队:《河南安阳薛家庄殷代遗址、墓葬和唐墓发掘简报》,《考古通讯》1958年第8期。
⑫ 周到、刘东亚:《1957年秋安阳高楼庄殷代遗址发掘》,《考古》1963年第4期。
⑬ 中国社会科学院考古研究所安阳工作队,《河南安阳高楼庄南发现一座殷墓》,《考古》1994年第5期。
⑭ 孟宪武:《安阳殷墟边缘区域考古概述》,《安阳殷墟考古研究》,第7～8页。
⑮ 安阳市文物工作队:《安阳市殷代墓葬发掘简报》,《华夏考古》1995年第1期。
⑯ 孟宪武:《安阳殷墟边缘区域考古概述》,《安阳殷墟考古研究》,第8页。

有 2 种族徽分见于 3 件铜器,郭家湾有 3 种族徽分见于 4 件铜器(表 3)。

表 3　殷墟东区墓地出土族徽文字统计表

所属墓地	墓　葬	族徽及出现次数	时　代
大司空墓地	司空 80M539	辰寝出 2、鼓寝 1、奉 1、亚奉 1	第二期
	司空 53M267	何马 1	第二期
	司空 83M646	✿ 4	第二期
	司空 83M663	见 1、✿ 3、古 4	第二期
	司空 86M29	寝印 2	第二期
	司空 86M25	寝印 2	第二期
	司空 53M312	亚俣姗 3	第三期
	司空 58M51	♡羊 1、⌣ 3	第三期
	司空 53M304	叵 1	第三期
	豫北纺织厂 M55	牧丙 1	第三期
	司空 58M?	守 1	第三期
	司空 SM101	告 1	第三期
	司空 58M51	冘ノ 1、♡⌣ 1	第三期
	司空 62M53	✳小集 1	第四期
	司空 94ASM7	未 8	第四期
	司空 M303	马危 32	第四期
后冈墓地	后冈 91M33	⊞▦ 2	第三期
	后冈 91M21	戜 1	第三期
	后冈 91M9	虢 3、友束 1	第四期
	后冈 HGH10	犬鱼 1	第四期
	薛家庄 83M3	象 2、教象 1	第二期

续表

所属墓地	墓葬	族徽及出现次数	时代
高楼庄墓地	高楼 57M8	▱△保 2	第三期
	高楼 91M1	▱凤 1	第四期
传出殷墟东区族徽文字			
郭家湾墓地	郭家湾北地	何 2、鸟♀夏 1、木夏 1	晚商
后冈墓地	薛家庄	舌 1、田干 1	第四期
大司空墓地	大司空村	爰 1、亚吴 3、"亚隻"1	第二期
	大司空村	虢虎 1、亚吴 2	晚商
	大司空村南地	子鲁 1、子媚 1、♀ 1、子 2、万 1	晚商

4. 罗山天湖墓地。位于河南省罗山县蟒张乡后李村。1979～1985 年先后发掘商代墓葬 25 座,时代从殷墟第二期至第四期。① 周代墓葬 24 座,时代从周初至春秋战国时期。② 在 16 座墓中共出土 46 件有铭铜器,其中 12 座墓 30 件铜器上铸有族徽"息",可以确定这里为息氏家族墓地。此墓地除铭"息"的铜器外,共发现 12 种族徽分见于 10 座墓的 16 件铜器,其中 3 种族徽单独出现,2 种族徽见于同一墓葬(表 4)。

5. 山西灵石旌介村墓地。这里先后发掘了 3 座长方形竖穴商墓,时代为殷墟第四期。其中,3 号墓发现较早,出土 6 件有铭文铜器,有 3 件铭有"丙"。③ 后来发掘的 1 号墓出土 17 件有铭铜器,有 12 件铭有"丙",另外 5 件铜器铭有 4 种族徽。2 号墓共出土 20 件有铭铜器,有 19 件铭"丙"、1 件铭"明"④,可判断这里为丙氏家族墓地,共发现 9 种族徽分见于 43 件铜器(表 4)。

6. 山东益都苏埠屯墓地。1930 年出土 6 件铜矛,均有"亚醜"铭记。次年又

---

① 河南省信阳地区文管会、罗山县文化馆:《罗山天湖商周墓地》,《考古学报》1986 年第 2 期;信阳地区文管会、罗山县文化馆:《河南罗山县蟒张商代墓地第一次发掘简报》,《考古》1981 年第 2 期;信阳地区文管会、罗山县文管会:《罗山蟒张后李商周墓地第三次发掘简报》,《中原文物》1988 年第 1 期。
② 信阳地区文管会、罗山县文化馆:《罗山县蟒张后李商周墓地第二次发掘简报》,《中原文物》1981 年第 4 期。
③ 戴尊德:《山西灵石县旌介村商代墓和青铜器》,见《文物资料丛刊》第 3 辑,文物出版社,1980 年,第 46～49 页。
④ 山西省考古研究所、灵石县文化局:《山西灵石旌介村商墓》,《文物》1986 年第 11 期。

出土两组铜器,一组 8 件,其中铜觯上铸有"亚醜"铭记;一组 7 件,铭文均为"乍䵼从彝"。① 1965~1966 年发掘了 4 座墓葬和 1 个车马坑,在 1 号墓出土的铜钺、铜锛、铜爵残片上有"亚醜"铭记。② 研究结果表明,这里是"亚醜"族墓地,时代为殷墟第二期至第四期。③ 1986 年再次发掘的 6 座殷墓中有 2 座保存完好,其中 7 号墓出土的 8 件青铜容器中有 2 件铭"亚醜",时代为殷墟第三期。8 号墓出土的 18 件青铜容器中有 11 件铭"融"、2 件铭"册融",时代为殷墟第四期。④ 苏埠屯墓地前后出有 5 种族徽,分见于 5 座墓的 27 件铜器(表 4)。

7. 山东滕州前掌大墓地。先后 9 次发掘商周墓葬 134 座,分为村北、村南两个墓区:村北有双墓道、单墓道和土坑竖穴墓葬 35 座,规格较高但被盗扰,出土 2 种带族徽铜器,分见于两个墓组。村南以中小型墓葬为主,分为四个墓组,除 2001 年发掘的 23 座墓葬材料尚未公布外,共清理 76 墓⑤,出有 14 种族徽。前掌大墓地目前所知出土 80 件有铭铜器,其中 63 件铭有"史"字,另还发现 14 种族徽分见于 16 件铜器(表 4),可以确定这里是史氏家族墓地。

表 4 商周家族墓地出土族徽文字统计表

所属墓地	墓葬	族徽及出现次数	时代
河南罗山天湖墓地	M8	辛息 2、乙息 2	第二期
	M12	息己 1、息 1	第二期
	M11	息 2、亚雉 2、龟 1、贮 1	第二期
	M15	贮 1	第二期
	M28	息 5、家戌 1	第二期
	M9	息 3	第三期
	M18	息 1	第三期
	M23	涉 1	第三期

① 祁延霈:《山东益都苏埠屯出土铜器调查记》,《田野考古报》第二册,1947 年。
② 山东省博物馆:《山东益都苏埠屯第一号奴隶殉葬墓》,《文物》1972 年第 8 期。
③ 殷之彝:《山东益都苏埠屯墓地和"亚醜"铜器》,《考古学报》1977 年第 2 期。
④ 山东省文物考古研究所、青州市博物馆:《青州市苏埠屯商代墓发掘报告》,见《海岱考古》第 1 辑,山东大学出版社,1989 年,第 271~273 页。
⑤ 中国社会科学院考古研究所:《滕州前掌大墓地》,文物出版社,2005 年,第 3~8、207~208 页。

续　表

所属墓地	墓　葬	族徽及出现次数	时　代
河南罗山天湖墓地	M27	戈 1	第三期
	M1	天 1、尹 1	第四期
	M5	息 1、犾 2	第四期
	M6	息 5	第四期
	M41	息乙 1、息斤 1、文 1	第四期
	M43	息 2、戈 1	第四期
	M44	息 2、⿳ 1、豕乙 1	第四期
	M45	息庚 1	第四期
山西灵石旌介村墓地	M1	丙 12、邑 1、马 1、亚徙 2、⿳ 1	第四期
	M2	丙 19、明 1	第四期
	M3	丙 3、天 1、辛 1、戈 1	第四期
山东益都苏埠屯墓地	65M1	"亚醜" 3、亚⿳ 1	第三期
	30M1	"亚醜" 6	第三期
	86M8	融 11、册融 2	第三期
	31M2	"亚醜" 1、天 1	第三期
	86M7	"亚醜" 2	第四期
山东滕州前掌大墓地	BM9	雁 1	第四期
	M213	史 1	第四期
	M127	㠱方脰 2	第四期
	M128	亚□□ 1	第四期
	M129	史 1	第四期
	M17	史 1	第四期

续 表

所属墓地	墓 葬	族徽及出现次数	时 代
山东滕州前掌大墓地	M49	鼻1	第四期
	M40	史1	西周早期
	M41	史午1、史◆1	西周早期
	M11	史25	西周早期
	M13	史1、妇㚸1	西周早期
	M18	史5	西周早期
	M21	史3、戈1、亚□□1	西周早期
	M30	史1	西周早期
	M34	史1	西周早期
	M45	史1	西周早期
	M38	史8、㚸1、未1、鼗保㚸/鼗保翟1	西周早期
	M110	史2	西周早期
	M119	裘2	西周早期
	M120	史5、史子3、冉1、敔1	西周早期
	M121	史3	西周早期

备注：前掌大墓地除 BM9、M213 位于村北外，其余墓葬均位于村南。发掘报告所确定的商代晚期墓葬，按陶器及铜器最晚形制为殷墟第四期。

8. 北京房山琉璃河墓地。这里曾在 1973～1977 年发掘 10 座西周早期墓葬，出土青铜礼器 70 件，其中有铭文者 46 件，共有 20 余种族徽见于葬俗不同的两个墓区：Ⅰ区有 5 墓（50、52、53、54、65），葬俗和陶器组合表明墓主为殷遗民或奉行商习俗的燕人。Ⅱ区有 5 墓（205、209、251、253、401），属燕侯家族墓地[1]。1981～1983 年再次发掘长方形竖穴墓 121 座及车马坑 21 座[2]，分为大、

---

[1] 北京市文物研究所：《琉璃河西周燕国墓地：1973—1977》，文物出版社，1995 年，第 101～213、250～253 页。
[2] 中国社会科学院考古研究所、北京市文物工作队琉璃河考古队：《1981～1983 年琉璃河西周燕国墓地发掘简报》，《考古》1984 年第 5 期。

中、小三类，葬式多为仰身直肢葬，墓向一律朝北，部分有腰坑和殉狗，出土 2 种族徽。其后，清理西周墓 80 余座，较重要者为 1193 号墓，出有铭文相同的罍、盉各 1 件①，记述有周初封燕之事及迁居燕地的诸族。据我们统计，琉璃河墓地前后出土 72 件有铭铜器，有 23 种族徽见于 12 座墓葬的 30 件铜器（表 5）。

9. 陕西宝鸡竹园沟墓地。这里在 1976~1981 年先后发掘了 22 座西周早期墓葬和 3 个车马坑，其中 5 墓保存完好，4 号墓依据所出铜器铭文可以确定墓主为强季，7 号墓的墓主为伯各，13 号墓根据所出铜器数量、质量及特征可以推断墓主为强伯，其与距离不远的纸坊头墓地和茹家庄墓地同属于强国墓地②。竹园沟墓地共出土 36 件有铭铜器，有 20 种族徽见于 6 座墓的 22 件铜器（表 5）。

10. 陕西长安张家坡墓地。这里共发现西周墓葬 1942 座，大致分为两个墓区：一区位于村东及村南，1955~1957 年曾发掘西周墓四组 131 座③，1960 年发掘 4 座④，1961~1962 年发掘 31 座⑤，1967 年发掘三组 124 座⑥，1972~1975 年清理 80 余座⑦，1976~1978 年发掘 9 座⑧。1979~1981 年发掘 7 座⑨，1983 年发掘 4 座⑩，1984~1985 年发掘 20 座⑪，1987 年发掘 20 余座，1991 年清理 3 座⑫，1992 年发掘 9 座⑬，前后共计发掘 442 座墓葬，大多数为长方形竖穴墓，葬式多见仰身直肢葬和俯身葬，有腰坑、殉狗及殉人，随葬器以酒器为主，应为丰镐地区殷遗民族氏墓地。二区位于村西及村西南，1983~1986 年共探出西周墓 1500 多座，发掘了其中 390 座，分为南、北二组⑭，这些墓葬除 21 座洞室墓外，全

---

① 中国社会科学院考古研究所、北京市文物研究所琉璃河考古队：《北京琉璃河 1193 号大墓发掘简报》，《考古》1990 年第 1 期。
② 卢连成、胡智生：《宝鸡强国墓地》上册，文物出版社，1988 年，第 43~269 页。
③ 中国科学院考古研究所编著：《沣西发掘报告——1955~1957 年陕西长安县沣西乡考古发掘资料》，文物出版社，1963 年，第 113 页。
④ 中国科学院考古研究所沣西发掘队：《1960 年秋陕西长安张家坡发掘简报》，《考古》1962 年第 1 期。
⑤ 赵永福：《1961~1962 年沣西发掘简报》，《考古》1984 年第 9 期。
⑥ 中国社会科学院考古研究所沣西发掘队：《1967 年长安张家坡西周墓葬的发掘》，《考古学报》1980 年第 4 期。
⑦ 王长启：《西安丰镐遗址发现的车马坑及青铜器》，《文物》2002 年第 12 期。
⑧ 中国社会科学院考古研究所沣西发掘队：《1976~1978 年长安沣西发掘报告》，《考古》1981 年第 1 期。
⑨ 中国社会科学院考古研究所沣西发掘队：《1979~1981 年长安沣西、沣东发掘简报》，《考古》1986 年第 3 期。
⑩ 中国社会科学院考古研究所丰镐发掘队：《长安沣西早周墓葬发掘记略》，《考古》1984 年第 9 期。
⑪ 中国社会科学院考古研究所丰镐工作队：《1984~1985 年沣西西周遗址、墓葬发掘报告》，《考古》1987 年第 1 期。
⑫ 中国社会科学院考古研究所沣西队：《1987、1991 年陕西长安张家坡的发掘》，《考古》1994 年第 10 期。
⑬ 中国社会科学院考古研究所沣镐队：《1992 年沣西发掘简报》，《考古》1994 年第 11 期。
⑭ 中国社会科学院考古研究所编著：《张家坡西周墓地》，中国大百科全书出版社，1999 年，第 2~7 页。

部都是长方形竖穴墓,陶器组合以鬲、罐为主,少见腰坑和殉人,其中有4座带墓道的大墓,依据出土铜器铭文确定为丼氏家族墓地。据我们统计,张家坡墓地前后出土88件有铭铜器,有17种族徽见于16座墓葬的28件铜器(表5)。

11. 陕西泾阳高家堡墓地。这里先后发掘6座长方形竖穴墓,呈曲尺形密集排列。其中,1972年最早发现的M1所出土方座簋、尊、盘等器具有西周初期风格,而卣、爵等器更具商代风格①,发掘者推定此墓上限为武王灭殷之前的帝乙、帝辛时期。1991年再次发掘5墓,其中M2～M5所出铜器形制稍晚,年代在西周武王、成王之世。② 据统计,高家堡墓地前后出土26件有铭铜器,除8件铭"戈"铜器外,有13种族徽见于4座墓葬的16件铜器(表5)。

表5　西周家族墓地出土族徽文字统计表

所属墓地	墓　葬	族徽及出现次数	时　代
北京房山琉璃河墓地	M50	丙1、🅇1	西周早期
	M52	裘2	西周早期偏早
	M53	启乍旗1	西周早期偏早
	M54	亚矣1、敞史1	西周早期偏早
	M209	玑1	西周早期偏早
	M251	亚盉2、戈1、㯱1、单子▲2、🅇1、絲2	西周早期偏早
	M253	宁羊1、亚其矣1、丩册1、困2、其史1、🅇1、諆易1	西周早期偏晚
	M1026	蚊▲1	西周早期偏晚
	M1043	虞夷1	西周早期偏晚
	M509	裘1	西周早期偏晚
	M1193	罡1	西周早期偏晚
	M1149	戈1	西周早期

---

① 葛今:《泾阳高家堡早周墓葬发掘记》,《文物》1972年第7期。
② 陕西省考古研究所编著:《高家堡戈国墓》,三秦出版社,1995年,第121～127页。

续 表

所属墓地	墓 葬	族徽及出现次数	时 代
陕西宝鸡竹园沟墓地	M20	冉 1	西周早期
	M8	冉 1	西周早期偏早
	M13	戈 1、子䰜 1、秉册 1、偶戊册 1、史 1、䵼 1、冉癸 1、刀 1、贯 1	西周早期偏早
	M1	弗 1、罟 1	西周早期偏早
	M7	⌴ 1、腐册 1、妇妃 1	西周早期偏晚
	M4	彊 2、禾子 1、⌂ 1、佣 1、□鼎 1	西周早期偏晚
陕西长安张家坡墓地	76M80	丙 1	西周早期
	67M16	天 1	西周早期偏早
	76M28	马 1	西周早期偏早
	67M54	掣 1	西周早期偏早
	61M106	丙 1、木 1、亚䰜 1	西周早期偏晚
	76M87	山 2、冉 1	西周早期偏晚
	83M1	亚䰜 1	西周早期偏晚
	91M1	羊 2	西周早期偏晚
	79M2	♡ 1	西周早期偏晚
	67M87	冉䰜 1	西周早期偏晚
	86M199	壴□1	西周早期偏晚
	84M163	享戊 2、掣 1、受 1	西周早期偏晚
		井 2	西周中期
	85M165	井 1	西周中期
	85M253	㽙 1	西周中期
	85M170	井 1	西周中期
	85M152	井 3	西周中期

续 表

所属墓地	墓 葬	族徽及出现次数	时 代
陕西泾阳高家堡墓地	71M1	戈 3、戈㊉1、㊉2	商代晚期
	91M2	亚夫册 1、鼻 1	西周早期
	91M3	戈 2、亚尹苋 1	西周早期
	91M4	戈 2、㕚 2、子弓 1、亚尹苋 2、戊尸正 1、乙天 1、保 1、※ 1、又 1、敩令 1	西周早期

除上述家族墓地外,在河南洛阳马坡、浚县辛村以及甘肃灵台白草坡、河北藁城前西关等地都较集中地出土有族徽文字。限于篇幅,这里就暂时从略了。

二、商周家族墓地出土族徽文字所反映的家族结构与族氏关系

上述商周家族墓地出土的族徽文字,大致分为三种情况。一是出土一种族徽或明显以一种族徽为主,可以确定墓地族属。主要有殷墟西区第七区共族墓地、殷墟南区苗圃南地"㕚"族墓地、罗山天湖息族墓地、灵石旌介村丙族墓地、益都苏埠屯亚丑族墓地、滕州前掌大史族墓地、泾阳高家堡戈族墓地以及藁城前西关守族墓地等。二是出土两种以上族徽,不能确定墓地族属。主要有殷墟西区第四、五、六、八区,殷墟东区大司空、后冈,殷墟南区梅园庄南地,戚家庄东地,苗圃北地,刘家庄北地、南地,郭家庄北区、中区、东南区以及浚县辛村等墓地。三是根据铜器铭文可知为周人家族墓地,与之葬俗不同的墓葬大多为殷遗民族氏。主要有长安张家坡井氏墓地、北京琉璃河燕侯墓地、宝鸡竹园沟弓鱼氏墓地等。

从第一种情况来看,商代家族结构明显分为两种类型:一种结构简单,如苗圃南地各期墓葬都出有族徽"㕚",表明各墓主都是"㕚"族成员;另一种结构复杂,除家族族徽外,还有与之有联系的分支族徽以及无族名联系的其他族徽,如共氏族墓地除"共"外,还有"共朾""亚共䍩""亚共䍩受"以及"亚鱼""寝鱼";息氏族墓地除"息"外,还有"息斤""息庚""息己""息乙""辛息"[①]以及"戈""涉""天"

---

① "息庚""息己""息乙""辛息"中的"庚、己、乙、辛",虽不排除其为墓主日名庙号的可能性,但它们均单独见于商代铜器,且花东卜辞也有"丁族"之称(见《花东》294),故可视为族名。

等;说明这些家族有本族、分支、其他附属族氏三级结构。从第二种情况看,商代家族包括多个族氏,不同时期都有较兴盛的族氏存在,如郭家庄东南区的旟族为殷墟第二期的主要族氏,郭家庄北区的亚址族、戚家庄东地的爰族、苗圃北地的亚盥族、殷墟西区第三区的忍族为殷墟第三期的主要族氏,而刘家庄北地的"裘"与亚臩,梅园庄南地的羊、宁簸,大司空墓地的马危,殷墟西区第八区的乘,均为殷墟第四期的主要族氏。从第三种情况看,西周时期的家族组织主要由周人和殷遗民两级族氏构成,其结构与商代家族不同。

从各墓葬情况看,墓主既有男性,也有女性,部分为夫妻合葬墓;出土族徽既有一种,也有几种。出土一种族徽者如刘家庄 M9 有铭"裘"铜器 4 件,可以确定墓主为"裘"族。出土几种族徽者如殷墟西区 M907 有铭"共"铜器 4 件、铭"亚共冖"和"告宁"铜器各 1 件,前两者有共同的族名"共",可知为同族分化关系,后者见于 M1118 单独出现,可知其与共族是联姻关系。联姻关系在合葬墓中体现得较为明显。如灵石旌介村 M2 葬有一男一女,男性置于墓中心,女性在男性一侧并面向男性,说明墓主为夫妻关系。该墓出土铭"丙"铜器 19 件、铭"明"铜器 1件,前者应为男性墓主族徽,后者应为女性墓主的媵器或其娘家族氏所赠的助葬之器,二者为联姻关系。灵石旌介村 M1 合葬一男两女,出土族徽种类明显多于 M2,除铭"丙"铜器 12 件表明男性墓主为丙族外,尚有铭"亚徺"铜器 2 件、铭"邑"铜器 1 件、铭"马"铜器 1 件,应与二位女性墓主有关,即为姻亲之族所赠助葬之器或媵器;另有铭"𢆶"铜器 1 件,铭文称墓主为"父己",可以确定是男性墓主之女所嫁夫族赠送的助葬之器。宝鸡竹园沟 M7 合葬一男一女,随葬有 20 件铜礼乐器,其中 8 件的铭文表明属男性,其配偶只有 1 件铭"妇妟"的方彝,另 2件铜器铭有"凵"和"虢册",其中应有女性墓主娘家族氏所赠的助葬之器。M13 合葬一男一女,随葬铭有 9 种族徽的铜器各 1 件,除铭"子䇂"的方鼎为商代晚期铸造而不排除其为战利品之外,其余都可以确定为西周早期铸造,亲属称谓则有"父辛""父癸""父乙""父己"等,说明这些铜器原本是殷遗民为祭祀各自不同祖先所铸造,但却在同一墓葬中出现,应是与二位墓主有联姻、联合或联盟关系者所赠赠的本族铜器。琉璃河墓地Ⅰ区和Ⅱ区的葬俗、陶器组合明显不同,Ⅰ区发现族徽 6 种,Ⅱ区发现 18 种,其中有些族徽如"裘"见于Ⅰ区单独出现,见于Ⅱ区则与其他族徽同出,说明Ⅰ区的殷遗民与Ⅱ区燕侯家族之间也有联姻、联合或联盟关系。总之,商周家族墓地出土族徽文字所反映的族氏关系较为复杂。加以类分,主要有下列几种关系体现得较为明显。

1. 同族沿袭或分化关系。同族沿袭关系主要反映在一个家族墓地的不同时期墓葬出土一种族徽或以一种族徽为主。例如,苗圃南地各期墓葬所出族徽均为"𠂤",应为同族沿袭关系。罗山天湖墓地各期墓葬所出铭"息"铜器 30 件,占全部有铭铜器65%,其中有些单独出现,应是同族沿袭关系;有些与"息"关联,如"息斤"等应为同族分化关系。类似情形还有殷墟西区第七墓区,其中第三期墓葬M907与第四期墓葬M152出土的"共"代表同族沿袭关系;M907所见的"亚共鼄"与第四期墓葬M93出土的"亚共鼄受"是同族分化关系,与M152出土的"共朹"则是同一族氏的两个不同分支。同族分化关系还较多反映在同一墓葬中,如M152出土的"共"与"共朹"有共同的族名"共",第三墓区M613的族徽"忍"与"戈忍"有共同的族名"忍",第六墓区M1080的族徽"大中"与"◇大中"有共同的族名"大中",彼此应为同族分化关系。同类例证还有刘家庄M1046的"亚胍"与"亚乇胍"、郭家庄M160的"亚址"与"亚橐址"、大司空M539的"鼓寝"与"辰寝出"、薛家庄M3出土的"象"与"敔象"等。

2. 从属关系。主要反映在两个方面,一是上述出自同族分化的族氏基于共同血缘联系,分支从属于本族,即本族与分支为主从关系;二是同一家族墓地有些墓葬出土的族徽可以确定墓主的族属与该家族不同,则这类族徽所代表的族氏与所在家族应是从属关系。例如,苏埠屯墓地M8号墓发现的族徽为"融""册融",说明墓主为融族,其族属不是"亚醜",可知融氏从属于"亚醜"。又如殷墟西区第七墓区各期墓葬铜器均有族徽"共",可知这里是共氏家族墓地,但M1713出土的"亚鱼""寝鱼"与这一族徽不同,亚、寝为官称,说明鱼氏是从属于共氏的族氏。

3. 不同族氏联姻、联合或联盟关系。这种情况在不同家族墓地之间、同一家族墓地不同墓葬之间,以及同一墓葬不同族徽的铜器上都有反映。前者如"冂"在苗圃南地各期墓葬均单独出现,说明这里是"冂"氏居地,但该族徽又见于戚家庄东地同期墓葬M269,与"爰"同出,可知"冂"与"爰"是联姻关系。同类例证又如族徽"束"见于殷墟西区第四墓区第三期墓葬M1116,是单独出现,见于第八墓区同期墓葬M271,与"犾"同出,二者也应为联姻关系。高家堡墓地有2件方鼎的器形、纹饰、铭文完全相同,但分别出自M3、M4,且族徽与墓主不同;张长寿先生已指出二位墓主为戈族贵族,他们之间可能为夫妻关系[①],则这2件方鼎应是与墓主有姻亲关系者所赠赠。按《左传》隐公元年的记载,不但联姻者,而且有联合、联盟关系者都要为死者赠赠以助祭,所谓"天子七月而葬,同轨毕至;诸侯五月,同盟至;大夫三月,同位至;士逾月,外姻至"。由此可知,在同一家族墓地不同墓葬之间出土的族徽,诸如戚家庄东地M2所出"宁"见于M1,与"子戈"同出,罗山天湖墓地M27所出"戈"、M15所出"贮"分别见于M43、

[①] 张长寿:《论泾阳高家堡周墓》,见《远望集——陕西省考古研究所华诞四十周年纪念文集》,陕西人民美术出版社,1998年。

M11，与"息"同出，宝鸡竹园沟墓地 M8、M20 所出"冉"见于 M13，与"史""戈""刀"等同出，长安张家坡墓地 M80 所出"丙"见于 M106，与"木"和"亚☒"同出，都应反映出联合或联盟关系。这样看来，同一墓葬出现的多种族徽，如高家堡 M4 除 2 件铜器铭"戈"外，尚有铭"☒""子弓""亚尹苋""戍尸正"等族徽铜器 10 件，应当是与墓主所在族氏有联姻、联合或联盟关系者参与吊祭而赠送的助葬之器。

4. 聚居关系。这种情况主要反映在同一家族墓地能够确定墓主的族属不同而时代相同的墓葬中。例如，殷墟西区第三墓区的所见族徽"爰玺""刀兔""戍乙""忍"，均出自殷墟第三期的不同墓葬，这些族徽多单独出现，可以确定各墓主是同时共居一地的不同族氏的成员；而"丙""臤""交""中"等族徽与之类似，均出自殷墟第四期不同墓葬，进而可推知各墓主所在族氏为同时共居一地的聚居关系。属于同样情况的族徽还有殷墟第二期大司空墓地的"☒""寝印""何马""亚昃"；殷墟三期梅园庄南地的"单""周興大"，刘家庄南地的"史""夕"，后冈墓地的"戏""☒☒"，苏埠屯墓地的"融""亚醜"，罗山天湖墓地的"息""涉""戈""贮"，大司空墓地的"亞""守""告""牧丙""冊得"等；殷墟第四期后冈墓地的"虢""犬鱼""☒凤"，殷墟西区第四墓区的"亚☒羌""告宁"，第八墓区的"☒""爽"，大司空墓地的"马危""☒小集"，戚家庄东地的"冉""宁箙""戍箙"，刘家庄北地的"棠""皿""子☒""亚眾"，西周早期琉璃河墓地的"棠""戈""玑""罔""虘夷""蚊☒"，前掌大墓地的"史""棠"，张家坡墓地的"丼""丙""天""马""斝""山""羊"等，都可以确定是同时共处一地的聚居关系。

5. 迁移与流动。这里迁移是指族氏在地理空间上的移动，流动则是指族氏在社会地位上的升降，无论是迁移还是流动，都会引起族氏关系发生变化，而这两种情况在商周家族墓地出土的族徽铜器上有所反映。

族氏迁移常见有两种情况。第一种情况是短距离移动，由中心区向边缘区迁移。如族徽"棠""冉"较早见于侯家庄西北冈王陵区，时代不晚于殷墟第三期，但在殷墟第四期分别单独出现在刘家庄北地 M9 和戚家庄东地 M231，说明这两个族氏已有迁至刘家庄、戚家庄一带居住者。族徽"☒"在殷墟第二、三期出现在苗圃南地各墓葬，但在殷墟第四期则在该地消失，而在东八里庄东地 M52 单独出现，说明其族这时已迁至东八里庄一带。第二种情况是长距离移动，迁移方向主要有三种。一是从殷墟以外迁入殷墟地区，时间多在殷墟第四期。如罗山天湖墓地所出族徽"息"在刘家庄南地殷墟第四期墓 M63 单独出现，表明息族一支已迁入殷墟南区刘家庄一带；山西灵石旌介村墓地所出族徽"丙"在殷墟西区第三墓区 M697 单独出现，表明丙氏一支在殷墟第四期已迁入殷墟西区孝民屯。二是由殷墟地区向其他地区迁移，时间主要在西周早期。如刘家庄殷墟第四期墓 M9 所出族徽"巣"分别单独出现在西周早期的北京琉璃河 M52 和 M509、张家坡 M54、前掌大墓地 M119，表明"巣"族在周初有三支分迁于北京房山琉璃河、陕西关中地区的沣西张家坡以及山东滕州前掌大一带；郭庄北地殷墟第四期墓葬 M6 所出族徽"羊"在张家坡西周早期墓 91M1 单独出现，说明羊族在西周早期亦迁往沣西张家坡一带；而戚家庄东地殷墟第四期墓葬 M231 所出族徽"冉"又在宝鸡竹园沟西周早期墓 M8、M20 以及张家坡 67M87 单独出现，说明冉族在西周早期已有成员迁入关中地区而分别居住在宝鸡竹园沟及沣西张家坡一带。三是由原居住地向其他地区迁移，时间为西周早期。如山西灵石旌介村第四期墓所出族徽"丙"在张家坡西周早期墓葬 76M80 单独出现，说明丙族在周初也有迁至陕西长安张家坡一带居住者。

族氏流动大致分为两种情况。第一种情况是向上流动，主要表现在同族早期墓葬规格较低而晚期墓葬规格较高，出土铭有族徽的铜器数量或质量有明显差别。例如，殷墟西区第七墓区，第三期墓葬 M907 为长方形竖穴墓，长 2.3 米、宽 1.1 米、深 1.4 米，出土 5 件铭有"共"的铜器；第四期墓 M152 也是长方形竖穴墓，长 3.76 米、宽 2.18 米、深 3.2 米，已被盗，残存铭有"共"的铜器 2 件；而第四期墓葬 M93 有一条长 7.12 米、宽 2.4~2.8 米的墓道，长方形竖穴墓长 5.4 米、宽 4.1 米、深 3.6 米，此墓虽然被盗，但南二层台仍出土 2 件铭有"共"的大铜尊及铜觚、铜爵、石磬等器。这些情况说明，共族在殷墟第三期至第四期处于上升期，势力趋于强盛。第二种情况是向下流动，主要表现在两个方面。一方面是同族早期墓葬出土带族徽的铜器数量较多，而晚期墓葬中此类铜器数量较少，墓室规格亦随之缩小。例如，郭家庄北区殷墟第三期墓葬 M160 出土有 33 件铭有"亚址"的铜器，长方形竖穴墓坑长 4.5、宽 2.9、深 8 米；而同墓区的殷墟第四期墓葬 M53 出土的青铜礼器中只有 1 件铭"亚址"，长方形竖穴墓坑长 2.4、宽 1.2、深 2.7 米，说明"亚址"族从殷墟第三期至第四期已趋于衰微。另一方面是同族早期墓葬与晚期墓葬出土的带族徽铜器数量并无明显差别，但质量差别明显。例如罗山天湖墓地殷墟第二期墓葬和殷墟第四期墓葬各出土铭有"息"的铜器 13 件，其中第二期墓葬的铜器纹饰精美、铸造精良、古朴厚重，而第四期墓葬的铜器多显轻薄，纹饰简略，常见修补痕迹及明器，说明息族在殷墟第四期渐趋衰落。

三、从族徽文字看殷商王族与子族的流迁

商周家族墓地所见族徽文字反映出的族氏关系，不只限于上述几种。有些族徽见于侯家庄西北冈王陵区，反映了有关家族与商王室的联系。例如 1958 年

大司空墓地所出族徽"守",也见于侯家庄西北冈 1001 号大墓及武官村商代大墓的陪葬墓①,说明守族与王室关系密切。殷墟西区第三墓区 M727 所出族徽"𞤀",还于侯家庄西北冈 1001、1004 号大墓出土的 8 件铜戈(《集成》10623、10604~10610),时代均不晚于殷墟第三期,说明这一时期迁居殷墟西区的"𞤀"族与商王有密切关系。据我们统计,铭"𞤀"铜器目前所见共有 39 件,全部都是兵器,未见晚至西周早期者,说明"𞤀"族可能为商王卫队,其族在商末周初已经覆灭。显然,如果商王卫队是由王族成员组成的话,则"𞤀"所代表的族氏应属于王族。

按殷墟甲骨文记载,商人最重要的族组织类型是王族和子族。王族的族氏名号虽因商王陵被盗而无法得到确认,但从商周家族墓地出土族徽文字的情况来看,王族分支或成员在殷墟西区、东区、南区皆有分布则可以肯定。例如族徽"鱼"较早见于西北冈 1001 号大墓殉葬坑(HPKM1889)出土的铜鼎,时代为殷墟第三期,表明这时的鱼族与商王关系密切。在殷墟第四期墓葬中,这一族徽出现在殷墟西区第七墓区 M1713,为"亚鱼""寝鱼",同时又见于后冈殉葬圆坑 HGH10 所出戍嗣子鼎为"犬鱼","亚""寝""犬"均为官称,可知这时鱼族的三个分支首领均在商王朝任职,各铜器铭文分别记有商王赏赐即是明证。杨锡璋先生指出,后冈有 4 座两条墓道的大墓,除在大司空村发掘到 1 座外,在殷墟别的地点都未见到,由圆形祭祀坑中埋葬的大量人牲、戍嗣子鼎的规格及铭文的内容可知,戍嗣子是一地位极高的贵族,是可以接近殷王的人,很可能他本人即是王室成员。② 由这种情况推测,鱼族很可能是王族的分族,其在殷墟西区第七区和后冈各有族墓地。

"冉"与"𓋹"皆见于侯家庄西北冈王陵区出土铜器,铭有这两种族徽的传世铜器数量较多,且铸造精良,李学勤先生早已指出他们是王族或是与王族关系极为密切的族氏。③ 从殷墟地区的家族墓地来看,铭有这两种族徽的铜器在戚家庄东地 M231、刘家庄北地 M9 均单独出现,时代为殷墟第四期,说明这时的王族除侯家庄和小屯外,在殷墟南区已有分布。虽然从出土铜器数量和墓葬规格上尚看不出这一时期他们与其他族氏的明显差别,但他们与同一墓区的其他族氏聚居一处,其地位之特殊则可以想见。在西周早期墓葬中,铭有"冉""举"族徽的铜器又分别单独出现在宝鸡竹园沟 M8 和 M20、北京琉璃河 M52 和陕西张家坡 67M54,说明这时的殷商王族已分迁于远离殷墟的各地而隶属于所在地的周人

---

① 郭宝钧:《一九五〇年春殷墟发掘报告》,《中国考古学报》第五册,1951 年。
② 中国社会科学院考古研究所编著:《殷墟的发现与研究》,第 132 页。
③ 江鸿(李学勤):《盘龙城与商朝的南土》,《文物》1976 年第 2 期;晏琬(李学勤):《北京、辽宁出土铜器与周初的燕》,《考古》1975 年第 5 期。

国族。

　　子族是商王的同姓家族，其族氏首领见于甲骨文常称为子某、某子、某子某。从出土族徽情况来看，子族在殷墟地区的分布比王族更为广泛，殷墟南区、西区、东区都有与之相关的族徽出现，铭文分为四种：一种单独铭"子"，见于殷墟西区第三墓区 M856、南区戚家庄东地 M269 以及东区大司空村南地；一种为"子某"，有殷墟西区第一墓区 M2508 "子卫"、南区刘家庄北地 M1 和郭家庄东南区 83M1 的"子戉"、传出自东区大司空村南地的"子媚""子𩰳"；一种为"某子某"，如苗圃北地 M54 的"目子戉"；另一种不称"子"，但见于甲骨文称"子某"或"某子"，如殷墟西区第八区 M271 和南区郭家庄 M220 的"狀"见于甲骨文称"子狀"（《合集》728），西区第十区 M2065 的"享"①见于甲骨文称"子享"（《合集》3134），南区梅园庄南地 M20 的"单"见于甲骨文称"单子"（《合集》3273 合文）等。这些族徽有的单独出现，有的与其他族徽同出，时代在殷墟第三、第四期，说明这一时期的子族在殷墟南区、西区、东区分布较为广泛，与其他族氏有联姻、联合或联盟关系。从殷墟以外地区来看，除前文提及的"子䵼"方鼎为商代晚期铸造而不排除其为战利品之外，在陕西宝鸡竹园沟 M1、泾阳高家堡 M4、北京琉璃河 M251 分别出土铭有"禾子""子弓""单子戉"的西周早期铜器各 1 件，均与其他族徽同出，不能确定墓主为子族成员，说明西周早期的子族未曾如王族那样分散迁居各地，其居住地主要在河南地区，但与河南以外的周人国族仍有联姻、联合或联盟关系。

（原载《考古》2013 年第 8 期）

---

① 此字《殷墟青铜器》79 释为"京"，甲骨文亦有"子京"，见《合集》3132。

定量考古学研究述略

——兼谈在青铜器分期断代研究中的应用

叶舒然[*]

考古遗存一方面以质的形式存在,另一方面也以量的形式存在,因此不断有学者倡导并尝试引入定量考古学方法。考古学定量研究是指对考古现象中各种数量关系的研究[①],通过分析数据,从中验证或找寻某些规律。分析考古资料时,依靠视觉经验进行观察与对比,一方面在资料数量较多时,仅凭人工处理难免有些吃力;另一方面判断标准因人而异,主观性较大。因此恰当运用定量方法,可对考古研究作有益补充。在此背景下,国外考古学数量统计研究从 20 世纪 60 年代开始起步,国内则从 20 世纪 80 年代开始发展,其后经大量学者努力,迄今已有较为丰富的研究成果。

一、学术史回顾

国外考古学界引入统计学相关工具始于 20 世纪初,当时主要是利用统计学工具对数据进行整理。20 世纪 60 年代开始,学者开始引入以统计学为导向的研究范式,例如 S. G. Vescelius(1960)、L. R. Binford(1964)、D. L. Clarke(1968)、D. G. Kendall(1969)等介绍了数理统计方法在考古学研究中的应用。进入 70 年代,伴随计算机技术的迅猛发展,考古学家们意识到计算机应用为考古学研究带来的变革,J. Doran(1970)、R. G. Chenhall(1971)、Jr. R. Whallon(1972)、R. A. Benfer(1973)、J. E. Doran(1975)、D. A. Voran(1976)等均探讨了计算机在考古学中的应用问题。80 年代以后,考古学定量研究方法理论日趋系统化,《数理考古学》(Clive Orton)、《定量考古学》(Stephen Shennan)、《考古学家的实验室——考古数据分析》(E. B. Banning)、《考古学家的统计工具——常识性方法》(R. D. Dreanman)、《考古学中的定量分析方法》(Todd L. VanPool)等书对定量方法应用作了通俗易懂的举例说明。伴随方法理论体系的建立,越来越多的考古学家开始应用定量方法对考古实物资料进行

---

[*] 叶舒然,现为淮北师范大学历史文化旅游学院讲师。
[①] 陈铁梅:《定量考古学》,北京大学出版社,2005 年,第 3 页。

分析,定量方法的应用范围也日趋广泛。

20世纪80年代开始,国内就有学者借鉴西方,尝试将定量分析方法引入考古研究中,发展至今已初步形成一套理论体系。首先主要是对方法论体系的探索。1988年李科威在对传统类型学批判的基础上提出应将计算机技术引入类型学分析,使结论的定性问题转变为定量问题①,但关于具体方法文中没有多谈。1989年金国樵简单介绍了灰色系统理论和模糊数学在考古学中应用的可能②,但同样并未深入。1999年胡松梅介绍了分异度和均衡度在动物考古研究中的应用。③ 2007年秦岭介绍了丹麦学者Jorgensen用墓葬值和类型值来定量表述墓葬内容的方法,同时还介绍了哈佛大学傅罗文教授对其中类型值的改进。④ 2011年彭鹏则对傅罗文的这一方法进行了反思,同时引入修正系数继续对类型值的计算进行了改进。⑤ 此外还有学者直接翻译了国外方法论研究的论文,如科考翻译了詹姆斯·A.布朗的《群际之间的比较:定量埋葬分析》⑥,介绍对群际比较定量分析的一种思路。石应平翻译了及川昭文的《考古学资料的量化研究》⑦,介绍考古学量化研究的可能性和几种典型方法。国内真正系统而全面介绍考古定量研究方法的是陈铁梅教授,他的两本专著——《定量考古学》和《简明考古统计学》详细介绍了将统计学相关原理应用于考古学领域的方法和步骤,同时结合国内考古资料列举了大量实例。

在方法体系介绍和构建的背景下,学者们开始尝试将定量方法运用于对考古实物资料的分析处理工作中。1984年朱乃诚尝试运用概率分析方法对史家墓地墓葬进行排序。⑧ 1985年陈铁梅运用多元分析方法对考古学中的相对年代进行探讨⑨。1987年李连利用模糊聚类分析方法对巴蜀墓葬相对年代进行研究⑩。

---

① 李科威:《中国考古类型学变革的基本结构》,《东南文化》1988年第6期。
② 金国樵:《考古学信息的计算机处理》,《信阳师范学院学报(自然科学版)》1989年第2卷第1期。
③ 胡松梅:《分异度、均衡度在动物考古中的应用》,《考古与文物》1999年第2期。
④ 秦岭:《类型价值(TYPE VALUE)与墓葬价值(GRAVE VALUE)——介绍墓葬研究中的一种量化方法》,《华夏考古》2007年第3期。
⑤ 彭鹏:《墓葬等级分析中一种量化方法的思考——以大甸子墓地为例》,《边疆考古研究》(第10辑),科学出版社,2011年,第54—72页。
⑥ 詹姆斯·A.布朗著,科考译:《群际之间的比较:定量埋葬分析》,《博物馆研究》2002年第3期。
⑦ [日]及川昭文著,石应平译:《考古学资料的量化研究》,《文物春秋》1992年第1期。
⑧ 朱乃诚:《概率分析方法在考古学中的初步运用:以陕西渭南史家墓地的墓葬为分析对象》,《史前研究》1984年第1期。
⑨ 陈铁梅:《多元分析方法应用于考古学中相对年代研究:兼论渭南史家墓地三种相对年代分期方案的比较》,《史前研究》1985年第3期。
⑩ 李连:《模糊聚类分析在考古学分类和相对年代研究中的初步运用》,《四川大学学报(哲学社会科学版)》1987年第4期;李科威:《中国考古类型学变革的基本结构》,《东南文化》1988年第6期。

1988年裴安平、李科威利用CASA系统对雨台山楚墓陶器年代序列进行排列。① 1989年陈铁梅、何弩将主成分分析方法运用到陶器分期研究中。② 1991年陈铁梅对大汶口、仰韶和殷墟颅骨数据进行了多元分析，推断其人种类型的分类。③ 1992年韩康信等利用聚类方法和主成分方法对殷墟祭祀坑人头骨进行分类研究。④ 1993年苗建民等利用模糊聚类方法对古瓷中痕量元素含量数据进行分析并找出分布特征，进而实现对古陶瓷产地的判别。⑤ 1996年黄蕴平在兽骨种类变迁的研究中尝试运用了数理统计的方法。⑥ 朱乃诚利用概率考古分析方法对元君庙仰韶文化墓地进行了分期、布局研究。⑦ 1997年米同乐等通过建立多元线性回归模型对殷墟墓葬进行分期。⑧ 1998年赵维娟等利用模糊聚类分析方法对南宋官窑瓷器进行分类。⑨ 2000年米同乐等采用系统聚类分析方法对商代墓向进行统计，然后认为统计结果和墓葬的族属有紧密联系。⑩ 2001年吴十洲运用方差分析方法研究青铜容器数量和组合的关系。⑪ 2002年周胜生、杨奇用模糊数学的方法对殷墟考古分期作了探讨。⑫ 2003年王奇志对龙虬庄遗址墓葬随葬品数量与性别关系、未成年人和成年人墓葬空间位置等进行了数理统计分析。⑬ 2004年滕铭予在陶器类型学研究中引入了聚类分析方法。⑭ 2007年刘莉通过对文化聚落面积频次分布、性别关联型随葬工具比例关系等的研究，对新石器时代社会组织结构规律进行了探讨。⑮ 赵志军等对龙山到二里冈期出土农作物种子数量概率进行研究，推测此时期中原地区的主要农作物。⑯ 2009年滕铭予通过赤峰地区半支箭河中游各文化期遗址与离河距离的定量分析，推测不

---

① 裴安平、李科威：《雨台山楚墓CASA年代序列分析与相关问题讨论》，楚文化研讨会论文，1988年5月。
② 陈铁梅、何弩：《计算机技术对河南省二里头二期至人民公园期陶豆分类的尝试》，《考古学文化论集》（二），文物出版社，1989年，第340—345页。
③ 陈铁梅：《我国古代居民颅骨的聚类分析和主成分分析》，《江汉考古》1991年第4期。
④ 韩康信、郑晓瑛：《殷墟祭祀坑人骨种系多变量分析》，《考古》1992年第10期。
⑤ 苗建民等：《古陶瓷中痕量元素的模糊聚类分析》，《科学通报》第38卷第4期。
⑥ 黄蕴平：《内蒙古朱开沟遗址兽骨的鉴定与研究》，《考古学报》1996年第4期。
⑦ 朱乃诚：《元君庙仰韶墓地的研究》，《考古学集刊》第9辑，1996年。
⑧ 米同乐、戴书田：《回归分析在殷墟墓葬分期中的应用》，《数理统计与管理》1997年第5期。
⑨ 赵维娟等：《南宋官窑瓷器原料来源的中子活化分析》，《考古》1998年第7期。
⑩ 米同乐、戴书田：《商代墓向的统计分析》，《数理统计与管理》2000年第3期。
⑪ 吴十洲：《两周墓葬青铜容器随葬组合定量分析》，《考古》2001年第8期。
⑫ 周胜生、杨奇：《殷墟考古的统计与模糊方法》，《数学的实践与认识》2002年第9期。
⑬ 王奇志：《龙虬庄遗址墓葬统计学分析尝试》，《东南文化》2003年第1期。
⑭ 滕铭予：《数学方法在考古类型学研究中的实践与思考》，《边疆考古研究》第?辑。
⑮ 刘莉：《中国新石器时代：迈向早期国家之路》，文物出版社，2007年。
⑯ 赵志军、方燕明：《登封王城岗遗址浮选结果及分析》，《华夏考古》2007年第2期。

同时期该地区遗址选址有着不同倾向。① 2010年戴向明利用陶器形态尺寸的离散程度证明陶器的生产曾经历家庭生产、家庭工业到专业化作坊工业生产的过程。② 2011年蔡淼运用一元方差分析方法对卡若遗址中房址的柱洞直径和深度进行统计，并认为柱洞直径与卡若文化的盛衰存在关联。③ 余静以安徽南部西汉早期墓为例，借助皮尔森相关系数矩阵考察墓葬构成要素之间的相关程度，应用线性回归分析方法研究了墓葬规模与各墓葬要素间的相关关系，同时还依据聚类分析方法将墓葬进行分组。④ 操群利用主成分聚类分析方法对景德镇地区的21个古瓷胎样本的化学成分数据进行研究，并得到历代瓷胎配方的演变规律，并为未知样本的断代提供参考依据。⑤ 2012年吴隽等利用Matlab软件对景德镇湖田窑所产撇口碗提取数字化器型结构特征，并认为轮廓曲线的拐点数目可作为判别湖田窑撇口碗时代的重要特征之一。⑥ 2013年陈建立等运用二项式分布对我国黄河流域从裴李岗文化到马厂、大汶口晚期共13个出土随葬工具较多的墓地进行分析，探讨了社会劳动性别分工的演化规律。⑦

除了上述对传统意义的统计学方法的应用之外，近年来，学者还将数据挖掘技术、人工智能技术等方法应用到考古学领域。2000年马清林用人工神经网络理论对我国新石器时代陶器化学主成分组成数据进行处理，并对陶器进行分类。⑧ 2006年陈济民运用决策树分类算法对姜寨遗址一期文化遗址的土坑葬和居住区进行分类挖掘。⑨ 2012年张双羽对数据挖掘技术的理论与应用方法进行了总结，并对一些考古学问题进行了数据挖掘的探索，包括采用Apriori算法对殷墟出土的1398件随葬青铜器进行了关联规则挖掘。⑩ 2014年李鹏飞以墓葬等级分类为例，介绍了SVM分类模型在考古数据分类中的应用；同时还以器物组合与器物用途间的相关关系为例，介绍了基于FP-Growth算法的关联规则

---

① 滕铭予：《GIS在半支箭河中游环境考古中的应用》，《考古与文物》2009年第1期。
② 戴向明：《陶器生产、聚落形态与社会变迁：新石器至早期青铜时代的垣曲盆地》，文物出版社，2010年。
③ 蔡淼：《卡若遗址所见柱洞的定量分析》，《文物保护与考古科学》2011年第2期。
④ 余静：《多元统计分析方法在汉墓等级划分中的应用——以安徽南部西汉早期墓为例》，《考古》2011年第12期。
⑤ 操群：《一种基于主成分聚类分析的古陶瓷分类方法》，《中国陶瓷》2011年第7期。
⑥ 吴隽等：《古陶瓷类文物器型结构的数字化特征鉴定》，《中国科学：技术科学》2012年第9期。
⑦ 陈建立、陈铁梅、贾昌明：《从随葬工具的性别关联探讨中国新石器时代的性别分工》，《南方文物》2013年第2期。
⑧ 马清林：《甘肃新石器时代与青铜时代制陶工艺陶器颜料及陶器成分分类研究》，兰州大学博士学位论文，2000年。
⑨ 陈济民：《决策树分类算法在姜寨一期聚落遗迹分类中的应用研究》，《测绘科学》2006年第4期。
⑩ 张双羽：《考古数据挖掘研究与e-Arch考古信息系统优化》，清华大学本科毕业论文，2012年。

挖掘框架在考古数据相关性分析中的应用。①

二、定量考古学研究评述

从研究范围看,目前国内利用定量考古方法进行研究的课题已较为宽广,使用的统计学方法也较多。尽管如此,较为深入的定量研究依然只占学术界极少的部分。事实上,定量方法在考古学研究中有其自身优势。考古学的研究对象基本都是能够测量的。定量方法的使用,以测量、统计和计算为基础,强调了对研究对象严密和精确的描述。定量研究通过采用科学的数据加工手段,可帮助进一步认识事物的本质,提高考古结论的科学性和说服力。从本质看,传统考古学方法如类型学等都包含有统计学的思想在其中。我们所见考古报告和大部分研究论文中也均包含大量数据信息。若能合理应用统计方法,可帮助进行考古研究,并且有时还能避免陷入定性判断时容易犯下的"自我感觉"陷阱。同时伴随科学技术的进步,利用计算机可以处理较为复杂的变量,这也为定量方法的应用提供了良好的技术支持。

虽然定量统计方法是考古学研究的有益补充,但仍存在较大局限。不似定性研究的开放与灵活,定量研究方法往往对技术与方法过度依赖,因此可能容易陷入机械与刻板的泥沼。定量方法在具体应用中还存在以下弱点。第一,数据样本材料存在局限性。考古学研究中的变量很多是定类变量,量化程度较低。同时运用数理统计方法进行推理研究时需要较大的样本容量,否则所得结论并不可靠。比如在计算相关统计量时,不仅要求两个变量要服从正态分布,而且每个变量的数据数目都得大于50。因此对于样本较少的异形器物,数理统计在这样的材料中可能无法得到很好的应用,考察较难,但它们却往往是强有力的研究依据。同时统计材料可能存在样本的选择偏差,不同的样本可能会影响最终结果,统计单位的差异很容易造成计算结果的差距。第二,统计方法存在局限性。统计方法种类较多,研究不同类型的问题所适用的统计方法往往并不相同,究竟采用何种方法最为恰当,需要仔细揣摩。第三,研究结果还原具有局限性。将统计结果的数据中蕴含的信息还原为考古学中的事实并不容易把握,换言之,数字统计和计算的精准性并不等于研究结果的准确性。考古材料多种多样,但其背后的客观与事实有些可能根本无法用数字来得出结论。此外定量考古方法若想普遍应用,要求充足的定量数据。在测量阶段,即在考古发掘和整理的过程中,能够详细记录和保存各种数据信息。目前很多学者在应用定量方法时,往往浅

---

① 李鹏飞:《考古遗址发掘数据管理和分析技术研究与应用》,浙江大学硕士学位论文,2014年。

尝辄止，其中最重要的一个原因就是发掘报告中数据资源的缺失。譬如从发掘报告中获得的器物的测量数据一般只有通高、口径和腹径这类普通外观参数，仅依靠这些数据建立细致的型式分类，明显较难实现。

三、定量方法在青铜器分期断代研究中的应用

青铜器研究是考古学研究中的一个重要分支，目前国内青铜器研究中运用定量方法最多的是通过青铜器化学元素组成的数值变量追溯原料产地的研究，在青铜器分期研究中的应用非常少，主要有米同乐等在1998年通过整理商周时期124件铜戈的援长、胡长和内长数据，建立三元二次回归方程，进而对铜戈进行了分期断代。① 自郭沫若创立"标准器断代法"后，青铜器分期断代研究开始迈入正轨。此后，陈梦家、郭宝钧等学者对该方法进行了补充和完善。伴随着国内考古学研究体系的完善，李济、邹衡等学者也将地层学和类型学广泛引入青铜器的断代研究中。这些方法构成了今天青铜器分期研究的理论基础。"标准器断代法"通过找出年代明确的标准器，然后比较青铜器各类特征，进而总结各类特征与年代之间的联系，最终建立年代序列。地层学和类型学方法中通过区分同类器物的不同型式，并将其与青铜器出土考古单位的地层关系对应，从而找出青铜器演变和发展的逻辑规律，在这个过程中还常常会和伴出陶器进行结合比较。

上述两种方法主要以定性研究为基础，若引入定量方法，或可在如下几个方面进行尝试。首先，对青铜器诸多属性特征进行量化探讨。在分析青铜器的属性特征时，最好做到全面测量。对于普通外观参数的建立，应当尽可能详细，在对器物进行数量描述时，不仅只是口径、通高、腹径、底径等，还可以包括厚度、肩宽、容量等更为细致的数据。纹饰也是青铜器研究中一项重要的属性特征，其测量也较器形特征复杂。在青铜器纹饰中也有大量数据信息值得挖掘，譬如纹饰主题出现频次、纹饰的面积、饰面占器物表面比重等。对于较复杂的纹饰，还可将其划分为若干单元格，进行更加细致的探讨。

其次，除了普通外观参数，还有很多其他的参数特征有待发掘。这里可以参考2012年吴隽利用Matlab软件对景德镇湖田窑所产撇口碗提取数字化器型结构特征的方法，除建立了普通外观参数之外，还建立了口沿处斜率、曲线曲率最大值、曲线拐点数目等特征参数，在此基础上，将轮廓曲线的拐点数目

---

① 米同乐、戴书田：《有胡铜戈的回归断代》，河北省文物研究所编：《河北省考古文集》，东方出版社，1998年。

作为判别湖田窑撇口碗时代的重要特征之一。① 类似地,在研究青铜器时,一样可以建立诸如曲线曲率最大值等特殊参数,从而帮助更好地把握青铜器的属性特征。

再次,在对青铜器进行类型学分析研究中引入定量方法。目前学者在进行型式分类的研究中,一般是根据自己的经验,选择某一种特征作为分类的标准,也正因为如此,难以做到"价值中立",分类结果往往因人而异。型式分析从本质看,属于统计分组。在青铜器的型式分类中常常遇到"极大""较大""较深""较浅"之类用词。如果善加运用定量方法,以几何尺寸数据详细列出,无疑可帮助原本的定性描述更加精确和深刻。在数据充分的条件下,还可尝试直接依据数据特征进行分组工作。使用聚类分析或决策树方法固然可以,但事实上引入最基本的数据整理工具,譬如直方图、散点图等,可能就足以得到明显的结论。这些方法较为简单,但却非常实用,不可忽视。当然,利用聚类分析等方法,考察变量的亲疏远近关系,也是可行的。另外,运用定量方法还可研究不同属性特征之间的关系,通过数理统计相关方法建立青铜器不同属性特征间的相关关系或回归关系。当然注意到青铜器的很多特征属性可能属于定类变量等非连续变量,无法直接运用线性回归的方法,这里只需要对这些变量重新编码,使之成为虚拟变量即可。

最后,在建立青铜器时间序列中引入定量方法。推断是现代统计学的核心内容。在青铜器分期研究工作中,往往需要根据型式的分类去推断时间序列。可以尝试采用回归分析、聚类分析等传统统计方法,此外还可以引入决策树方法、人工神经网络等数据挖掘方法。同时,青铜器的属性特征较为繁杂,因此变量数量也很多,研究起来较为麻烦,倘若希望减少其中变量的数量,则可采用主成分分析法等,使得信息浓缩,达到简化变量的目的。在建立年代序列以后,若加入一件新的青铜器,并要判断该新样本所属年代时,可以采用判别分析方法,通过研究该新样本的特征属性指标数值来推断其在已知年代序列中的位置。

考古研究者们往往反复观察青铜器或其他任何一种实物资料的实测图、照片或本身,并与积累在头脑里的过去的资料进行比较而推导出相应的结论。在这个过程中引入定量方法可以帮助掌握资料反映出来的信息。虽然定量分析方法容易被滥用、错用,使用这种方法时还是应当足够仔细和谨慎,但这并不妨碍将它引入以补充和完善考古学的研究。毕竟处理现实世界中最"不理想"事物(在考古学中所研究的各种关系就是远非理想的事物)的数学分支是

---

① 吴隽等:《古陶瓷类文物器型结构的数字化特征鉴定》,《中国科学:技术科学》2012年第9期。

统计学。① 适当整合定性与定量两种研究方法,集中各自专长,将人脑与"电脑"结合起来,无疑可以提高研究的效率,改进研究的质量。

(原载《学术界》2016 年第 8 期)

---

① 斯蒂芬·申南著,陈铁梅译:《计量考古学导论》,摘自《考古学的历史·理论·实践》,中州古籍出版社,1996 年,第 186 页。

《史记》"迭见法"考论

王振红*

一、《史记》"迭见法"的提出

司马迁著《史记》，往往于不同篇章错综重复载述某一人事。如"孔子卒"一事详载于《孔子世家》，而《鲁周公世家》《周本纪》《秦本纪》《十二诸侯年表》《燕召公世家》《陈杞世家》《卫康叔世家》《晋世家》《郑世家》等篇章又皆以"孔子卒"一语复载之。对此，钱大昕、梁玉绳、刘咸炘、泷川资言等学者颇有疑惑，甚至批评这是《史记》载事无法、"体例之参错可议者"[①]；与之截然不同，张之象、邵懿辰、赵翼、柳诒徵等人对《史记》复载"孔子卒"甚为赞赏，认为这是司马迁的用心之处[②]。值得注意的是，无论是批评者还是赞赏者都认识到了《史记》存在着不同篇章重复记载人事的现象，但他们既没有对《史记》所重复载述的人事做全面地考索与分析，也未明确指出重复记事是司马迁特创的义例。

---

* 王振红，原淮北师范大学历史文化旅游学院教授，现任教于江苏师范大学历史文化与旅游学院。

① 钱大昕对《史记》复载"孔子卒"颇有疑惑，曰："孔子之卒，史迁为天下惜之，故不独于鲁书。若然，则十二国宜皆书，何为而有书有不书也？"（《廿二史考异》，上海古籍出版社，2004年，第5~6页）刘咸炘曰："《纪》《世家》中书孔子生卒，钱大昕《廿二史考异》辨其偏阙甚详。张之象、邵懿辰谓是史公用意处，然无以解钱之惑也。"（《刘咸炘学术论集·史学编》，广西师范大学出版社，2007年，第34页）泷川资言："愚按周、秦二纪，鲁、燕、晋、陈诸世家，皆书孔子卒。盖以夫子生死所关甚重也。而吴、齐、蔡、宋、楚世家则不书者，何也？"（《史记会注考证》，上海古籍出版社，1986年，第94页）梁玉绳则说："孔子之卒，止宜书于周、鲁，余可不书也。若以（孔子）为天下一人，不可不书，则各国皆宜书，又何以仅书于周、秦两《纪》，鲁、燕、陈、卫、晋、郑六《世家》乎？"梁氏还指出："《史记》中斯类甚多，亦体例之参错可议者。"（《史记志疑》，中华书局，1981年，第137页）

② 明人张之象曰："凡书生卒亦视人品何如，有系天下轻重者，则各国皆书之者，孔子是也。"（《四库未收书辑刊》，北京出版社，1997年影印本，第1辑第11册，第109页）赵翼的观点亦是如此："列国世家与孔子毫无相涉者，一皆书孔子相鲁、孔子卒，以其系天下之轻重也。"（《陔余丛考》，商务印书馆，1957年，第86页）清人邵懿辰认为《史记》复载"孔子卒"不仅意在尊孔，将"孔子卒"作为历史文化发展的关节点，而且也是司马谈"所以自期与期其子者"，所谓"周公卒五百岁而有孔子，孔子卒后至于今五百岁"（邵氏《半岩庐遗文》，收入《清代诗文集汇编》第635册，2010年，第255页）。柳诒徵认为《史记》于本纪、世家、年表、列传"错综离合"复载孔子生卒行事是把孔子作为"时代之中心人物"，批判钱氏曰："殆未熟复迁书，观其比事属辞，力求联系，而又不嫌方板之法。若十二世家一一书孔子卒，则庸手所为，尚成义法乎？钱氏固未知史意。"（《国史要义》，上海古籍出版社，2007年，第83~84页）

靳德峻先生曾以"叙事重见"概括《史记》在同一篇章之内或不同篇章之间的重复叙事现象,然而从其所举的四个例证来看,靳氏所谓的"叙事重见"并不是在概括《史记》复载"孔子卒"之类的叙事现象。① 而肖黎、张大可认为《史记》重复载述"孔子卒"属于"互见法"②,《孔子世家》详载孔子相鲁、孔子卒之事,而《周本纪》等其他篇章简述之,此详彼略,称此为互见法有一定道理;然《周本纪》《秦本纪》《晋世家》等篇章以"孔子相鲁""孔子卒"之言错综复载,这又与一般的互见法不同。所以,《史记》于不同篇章重复记载某些人事,既不是靳德峻所概括的"叙事重见",也不是钱大昕等人所认为的叙事无法、为例不纯,亦不完全是肖黎、张大可所言的"互见法"。近年来王冉冉教授指出《史记》叙事除了运用"互见法"之外,还创立了"迭见法":"互见法"中的事件是详与略的关系,而"迭见法"中的事件则是重复的关系。如"齐桓公始霸""孔子摄鲁相事"等在《周本纪》以及吴、齐、鲁、燕诸《世家》中反复出现,这便是迭见法。他还指出《史记》迭见法中的事件重复绝非简单的重复,而是"有意味的重复",即通过重复勾勒出特定时期的重大历史事件与历史发展之大势。③ 王先生正式提出的"迭见法",不仅准确地概括了《史记》重复记事的现象,而且认识到其重复是"有意味的重复",这确为洞见。而由于论题所限,王先生并没有全面检索《史记》的重复记事,也没有从《史记》的义例架构与义例思想等层面对"迭见法"作全面的探讨。有鉴于此,我们拟对《史记》之"迭见法"加以粗浅的讨论,以求教于方家。

二、《史记》"迭见法"考释

通过较为全面的检索,我们发现《史记》于不同篇章重复载述某一人事的现

---

① 靳德峻举证"叙事重见"凡四例,第一例:"舜年二十以孝闻,三十而尧举。按一篇之中,此事凡两见。"考察《五帝本纪》,"舜年二十以孝闻"第一次出现的段落侧重赞扬舜的人品能力,为其被举荐为尧的接班人做铺叙;而第二次出现于篇末,意在总结舜的一生,所谓:"舜年二十以孝闻,年三十尧举之……六十一代尧践帝位。践帝位三十九年……崩于苍梧之野。"可见,"舜年二十以孝闻"前后两见,各有侧重,为谋篇布局使然,非为单纯重复。第二例:"《陈涉世家》柱国曰:秦未亡而诛赵王将相属家,此生一秦也。不如因而立之。按此语又见《张耳陈余列传》……两篇词意相同者凡二百余言。"考察《陈涉世家》与《张耳陈余列传》,"两篇词意相同者凡二百余言"所载述的是陈涉令武臣、张耳、陈余攻打赵地,而武臣却在张耳、陈余协助下自立为赵王一事,但《陈涉世家》载述此事以陈涉为主角,而《张耳陈余列传》则以张耳、陈余为主角。两篇虽同载此事,但此详彼略,前后呼应,实为互文相足。其他两例与"舜年二十以孝闻"例同类,兹不赘(《史记释例》,商务印书馆,1933年,第35~36页)。
② 肖黎、张大可指出:"司马迁三书孔子相鲁,八书孔子卒,反复记述,不厌其烦,是为了突出孔子是天下一人的历史地位,这是运用互见法寓论于叙事。"(肖黎、张大可:《论〈史记〉的互见法》,《社会科学辑刊》1983年第3期)
③ 王冉冉:《史记讲读》,华东师范大学出版社,2006年,第5、162页。

象为数众多,而且,这些重复记事往往以某些重要的人事为中心。下面,我们就择其特别显著者而加以分类梳理,并在此基础上界定"迭见法"的内涵。

其一,以齐桓公为中心的重复记事。《史记》各篇章重复载述"齐桓公始霸"事,凡11见:《齐太公世家》在详述齐桓公任用管仲、勤政改革之后曰:"(桓公)七年,诸侯会桓公于甄,而桓公于是始霸焉。"①《周本纪》亦载:"釐王三年,齐桓公始霸。"②《秦本纪》曰:"(秦武公)十九年,晋曲沃始为晋侯。齐桓公伯于鄄。"③《十二诸侯年表》则曰:"(齐桓公)始霸,会诸侯于鄄。"④此外,鲁、燕、蔡、宋、晋、楚、郑诸《世家》皆按照本国纪年以"齐桓公始霸"五字载述此事;"齐桓公会诸侯于葵丘"事凡4见,《齐太公世家》详述了葵丘会盟的历史背景(率诸侯伐楚)以及会盟的具体情景,而《秦本纪》《宋微子世家》以及《晋世家》亦皆以"齐桓公会诸侯于葵丘"之语载述此事;"齐桓公卒"事凡6见,《齐太公世家》载述道:"(桓公)四十三年……冬十月乙亥,齐桓公卒。"⑤而《周本纪》,鲁、陈、卫、宋诸《世家》则按照周王室与各诸侯国的纪年以"齐桓公卒"之语重复载之。

其二,以晋文公为中心的重复记事。《史记》重复载述"晋文公即位"事凡5见,《晋世家》在详述晋公子重耳流亡十九年的经历尤其是秦缪公出兵协助重耳返国的情形之后,曰:"丁未,朝于武宫,即位为晋君,是为文公。"⑥而《秦本纪》,齐、宋、郑诸《世家》各以本国纪年或曰"晋文公即位",或曰"晋公子重耳反国,立,是为文公"⑦;晋文公"纳王而诛叔带"事凡4见,《晋世家》详载此事曰:"(晋文公)二年春……三月甲辰,晋乃发兵至阳樊,围温,入襄王于周。四月,杀王弟带。"⑧《周本纪》曰:"(周襄王)十七年,襄王告急于晋,晋文公纳王而诛叔带。"⑨《十二诸侯年表》曰:"(周襄王)十七年,晋纳王。"⑩《秦本纪》曰:"二十五年,周王使人告难于晋、秦。秦缪公将兵助晋文公入襄王,杀王弟带。"⑪晋楚战于城濮之事凡7见,《晋世家》详述城濮之战侧重战前晋国君臣的谋划,并记述了战争场面与经过;而《楚世家》重在载述楚成王与楚将子玉对待这场战争的态度及其矛盾,

---

① 司马迁:《史记》,中华书局,1959年,第1487页。
② 司马迁:《史记》,第183页。
③ 司马迁:《史记》,第1490页。
④ 司马迁:《史记》,第571页。
⑤ 司马迁:《史记》,第1493页。
⑥ 司马迁:《史记》,第1661页。
⑦ 司马迁:《史记》,第1765页。
⑧ 司马迁:《史记》,第1663页。
⑨ 司马迁:《史记》,第154页。
⑩ 司马迁:《史记》,第594页。
⑪ 司马迁:《史记》,第190页。

并由此揭示晋胜楚败的原因,曰:"(楚成王三十九年)夏,伐宋,宋告急于晋,晋救宋,成王罢归。将军子玉请战,成王曰:'重耳亡居外久,卒得反国,天之所开,不可当。'子玉固请,乃与之少师而去。晋果败子玉于城濮。成王怒,诛子玉。"①《十二诸侯年表》则于周、鲁、齐、晋、秦、楚、宋、卫、陈、蔡、曹十一列表或以"会晋伐楚,朝周王"之语载述此事,或立足本国在城濮之战中的具体角色而载述此事;此外,《秦本纪》,齐、蔡、陈诸《世家》皆以各自的纪年书曰:"晋文公败楚于城濮。"晋文公"召襄王会之河阳践土"事凡3见,《晋世家》不仅详述了践土之会的背景即晋文公败楚称霸,而且也详述了践土之会的具体情形;而《周本纪》曰:"(周襄王)二十年,晋文公召襄王,襄王会之河阳、践土,诸侯毕朝。"②《齐太公世家》曰:"(齐)昭公元年,晋文公败楚于城濮,而会诸侯践土,朝周,天子使晋称伯。"③而《史记》于晋文公卒之事凡7见,周、秦二《本纪》与《十二诸侯年表》,以及晋、齐、宋、蔡诸《世家》各以周王室或诸侯国纪年载述此事曰:"晋文公卒。"

其三,以楚庄王为中心的重复记事。"楚庄王即位"事凡5见,《楚世家》不仅记载楚庄王即位而且详载了庄王即位后"三年不鸣,鸣将惊人"的故事。④ 此外,晋、宋、蔡、陈诸《世家》则各据本国纪年皆以"楚庄王即位"之语重述此事;"楚庄王伐陈"事凡6见,《楚世家》先以"十六年,伐陈,杀夏徵舒"之言载述此事,接着载述了灭陈而又复陈国的经过。⑤ 此外,齐、晋、蔡、陈、卫诸《世家》则各以其纪年载述此事曰:"楚庄王伐陈,杀夏徵舒。"《史记》之于"楚庄王围郑"事凡10见,此事主要在晋、楚、郑三国之间展开,故《楚世家》《郑世家》《晋世家》详述此事经过,而周、秦二《本纪》以及齐、鲁、卫、陈、管蔡诸《世家》大抵皆以"楚庄王围郑,郑伯降,已而复之"之语载述此事。"楚庄王问鼎之轻重"事凡3见,分别重复载于《周本纪》《十二诸侯年表》与《楚世家》之中。而"楚庄王卒"一事凡6见,《周本纪》《十二诸侯年表》以及楚、晋、蔡、陈诸《世家》皆以"楚庄王卒"之语重复载述之。

其四,以秦国为中心的重复记事。"秦始列为诸侯"事凡10见,《秦本纪》《十二诸侯年表》以及齐、鲁、晋、楚、宋、蔡、陈、燕《世家》皆以各自纪年书曰:"秦(襄公)始列为诸侯。"秦缪公即位事凡2见,《秦本纪》曰:"成公立四年卒。子七人,莫立,立其弟缪公。"⑥《宋微子世家》曰:"(宋桓公)二十三年……秦穆公即位。"⑦

---

① 司马迁:《史记》,第1698页。
② 司马迁:《史记》,第154页。
③ 司马迁:《史记》,第1495页。
④ 司马迁:《史记》,第1701页。
⑤ 司马迁:《史记》,第1702页。
⑥ 司马迁:《史记》,第185页。
⑦ 司马迁:《史记》,第1625页。

秦穆公置晋君夷吾事凡3见,《秦本纪》载曰:"(秦缪公九年)夷吾使人请秦,求入晋。于是缪公许之,使百里傒将兵送夷吾。"①《晋世家》曰:"(晋献公二十六年)秦缪公乃发兵送夷吾于晋。"②《齐太公世家》则曰:"(齐桓公)三十五年夏……秦穆公以夫人入公子夷吾为晋君。"③《史记》中"秦穆公卒"事凡7见,《周本纪》《秦本纪》《十二诸侯年表》以及燕、蔡、卫、晋诸《世家》皆以各自纪年书曰:"秦穆公卒。"

其五,以孔子以及其他人事为中心的重复记事。《史记》中围绕着孔子的重复叙事主要有如下三例:齐鲁夹谷之会凡4见,《孔子世家》详述齐景公与鲁定公会盟夹谷、孔子大义凛然而屈齐国的详细情形④,而《齐太公世家》《鲁周公世家》则各详略互见重复载述此事,《十二诸侯年表》又以"公会齐侯于夹谷"之言简述之。孔子相鲁事凡9见,《孔子世家》详载孔子"由大司寇行摄相事"以及因齐国的离间而辞职的详细经过⑤;而《秦本纪》《十二诸侯年表》,吴、齐、晋、楚、魏诸《世家》以及《伍子胥列传》,大抵皆以"孔子相鲁"之言重复载述此事;孔子卒之事凡10见(所载具体篇章,上文已述)。此外,围绕着春秋战国时期大夫专权、陪臣执国命的历史变迁,《史记》重复载述了以下人事。"崔杼弑其君"事凡6见,《齐太公世家》详述了崔杼弑君的始末缘由,而《周本纪》《十二诸侯年表》以及鲁、燕、晋三《世家》皆以各自纪年书曰:"崔杼弑其君。""田常弑其君简公"事凡10见,除《齐太公世家》详述田常弑君的来龙去脉之外,《周本纪》《十二诸侯年表》以及吴、鲁、燕、蔡、陈、晋、郑诸《世家》亦皆以本国纪年书曰:"田常杀简公。"周王"命韩魏赵为诸侯"事凡9见,《周本纪》曰:"威烈王二十三年,九鼎震。命韩、魏、赵为诸侯。"⑥此外,晋、齐、燕、楚、郑、魏、韩、赵诸《世家》皆以各自纪年书曰:"韩、赵、魏列为诸侯。"《史记》于三家分晋之事凡12见,周、秦二《本纪》,鲁、燕、晋、郑、韩、赵、魏、田敬仲完诸《世家》以及《刺客列传》《匈奴列传》大抵皆以"三晋灭智伯,分有其地"之言重复载述此事。

综合分析上述五类凡20余例重复记事,我们认为"迭见法"就是《史记》在不同篇章以完全重复或大致相同的简洁之言错综重复载述人事的义例。《史记》运用"迭见法"载述人事主要有如下两个方面的特点:一方面,所载的人事多是能够代表时代精神或历史发展趋势的中心人物及其事件,如上述围绕着齐桓公、晋

---

① 司马迁:《史记》,第186页。
② 司马迁:《史记》,第1650页。
③ 司马迁:《史记》,第1490页。
④ 司马迁:《史记》,第1915页。
⑤ 司马迁:《史记》,第1917~1918页。
⑥ 司马迁:《史记》,第158页。

文公、楚庄王以及"田常弑其君""韩、赵、魏列为诸侯"等人事而展开的重复记事。另一方面,"迭见法"之最大特点就在于其记事的简洁性与单纯的重复性,这与"互见法"颇有不同。靳德峻说:"一事所系数人,一人有关数事,若各为详载,则繁复不堪,详此略彼,则互文相足尚焉。"①如鸿门宴一事,《史记·项羽本纪》详加载述,《高祖本纪》则颇简略,两篇互文相足;而"齐桓公始霸"一事,除了《齐太公世家》详载桓公称霸的历程②外,《周本纪》《秦本纪》《十二诸侯年表》与鲁、燕、蔡、宋、晋、楚、郑诸《世家》等篇章皆以"齐桓公始霸"或"桓公伯于甄"之语载述,呈现出单纯的重复性。这与互文相足例(互见法)颇为不同。

三、《史记》"迭见法"疏义

司马迁著《史记》,创设种种义例。这些义例除了便于取舍人事、组织史料、行文叙事以及谋篇布局外,更重要的是它们还寄寓着司马迁的著史大义。对于这些史义,司马迁"恐后人不知其所云而特笔以标之……或殿卷末,或冠篇端,未尝不反复自明也"③。《史记》之"迭见法"亦是如此,司马迁重复载述某人某事,往往在卷末、篇端等处反复阐明他之所以如此载述之义。综合而言,"迭见法"之义主要有如下四个方面。

其一,《史记》的"迭见法"不仅寄寓褒善贬恶之义,而且往往立足人物个性与历史大势而论善恶。这与《春秋》以礼义原则定褒贬的书法义例颇为不同。司马迁继承发扬了孔子修《春秋》的褒善贬恶的传统,于人事取舍、历史叙事之中往往寓有褒善贬恶之义。如司马迁重复载述"齐桓公始霸"等事意在褒扬桓公,《太史公自序》有明确交代:"(齐桓公)不背柯盟,桓公以昌,九合诸侯,霸功显彰。"④而《齐太公世家》又于篇末特别标识:"桓公之盛,修善政,以为诸侯会盟,称伯,不亦宜乎?"⑤再如,《史记》围绕着晋文公、楚庄王一生行事重复载述,亦有褒扬之义。《太史公自序》明确指出:"重耳不得意,乃能成霸……嘉文公锡珪鬯,作《晋世家》。"⑥又曰:"(楚)庄王之贤,乃复国陈;既赦郑伯,班师华元……嘉庄王之义,作《楚世家》。"⑦不过,《史记》于重复记事之中亦寓有贬斥之意,如复载"秦始列

---

① 靳德峻:《史记释例》,第 14 页。
② 司马迁:《史记》,第 1487 页。
③ 章学诚著,叶瑛校注,《文史通义校注》,中华书局,1994 年,第 238 页。
④ 司马迁:《史记》,第 3307 页。
⑤ 司马迁:《史记》,第 1513 页。
⑥ 司马迁:《史记》,第 3309 页。
⑦ 司马迁:《史记》,第 3309 页。

为诸侯"事,史迁曰:"秦襄公始封为诸侯,作西畤用事上帝,僭端见矣。"①再如复载楚灵王会诸侯、灭陈等事,《楚世家》篇末贬斥道:"楚灵王方会诸侯于申,诛齐庆封,作章华台,求周九鼎之时,志小天下;及饿死于申亥之家,为天下笑。操行之不得,悲夫!势之于人也,可不慎与?"②可见,《史记》往往于卷末篇端明示其重复叙事的褒善贬恶之义。

重要的是,《史记》评价人事突破了单纯的道德判断,转而关怀人的命运,意志、个性、品质等成为司马迁所追寻的目标。③ 如司马迁重复载述晋文公称霸诸事,对其评价则是"重耳不得意,乃能成霸","古所谓明君也,亡居外十九年,至困约,及即位而行赏,尚忘介子推";重复载述楚灵王会诸侯、灭陈等事,而评价楚灵王则曰"求周九鼎之时,志不在小","操行之不得","势之于人"云云。显然,司马迁评价晋文公、楚灵王立足其意志、个性、品质等而非礼义原则,突破了《春秋》以礼义原则笔削人事而形成的善恶截然分明的脸谱化倾向,呈现出善恶并存乃至善中有恶、恶中有善的价值观念。不仅如此,司马迁还立足历史的发展趋势评价人事,如《春秋》贬楚庄王为"子",以正名分,而司马迁不但称其为"王"而且反复载述庄王称霸;《史记》重复载述周显王贺"(秦)献公称伯""致文武胙于秦惠王"之事,却并不贬斥秦献公、秦惠王;董仲舒贬抑秦代,将秦踢出"三统"循环圈,而司马迁肯定了秦统一中国的功绩。④ 司马迁从历史的发展趋势而非礼义原则判定善恶,形成了灵活而复杂的善恶观念,"大大深化了先秦的人文思想",并体现了司马迁"撰史的自主性"⑤。

其二,《史记》反复运用"迭见法",意在于重复、联络之中解决"并时异世、年差不明"⑥的历史叙事难题。自西周分封诸侯以至秦始皇一统天下,周王室与各诸侯国各有纪年,而各国史官皆以本国纪年记述人事,相互之间年号各异,时序难明。司马迁为了解决这个问题,一者在《周本纪》之中以周王室纪年排列天下人事,二者是通过《十二诸侯年表》《六国年表》把各国纪年一一对应,使同时异世"年经月纬,一览了然"⑦。司马迁明确指出他作十表的目的之一就在于解决"并时异世,年差不明"的难题,所谓:"并时则年历差殊,亦略言,难以明辩,故作表也。"⑧司马迁反复使用"迭见法",以本纪、世家、列传等配合十表,有助于解决

---

① 司马迁:《史记》,第685页。
② 司马迁:《史记》,第1737页。
③ 过常宝:《论〈史记〉的"太史公曰"和"互见法"》,《唐都学刊》2006年第5期。
④ 刘家和:《中西古代历史、史学与理论比较研究》,北京师范大学出版社,2013年,第226~227页。
⑤ 刘家和:《中西古代历史、史学与理论比较研究》,第227页。
⑥ 司马迁:《史记》,第3319页。
⑦ 顾炎武著,张京华校释:《日知录校释》,岳麓书社,2011年,第1028页。
⑧ 司马迁:《史记》,第3320页。

"并时则年历差殊"的叙事难题。《史记》诸世家不仅以本国纪年载述本国的人事,而且以本国纪年兼记同时期的他国人事,如《秦本纪》以秦国纪年载述吴国争霸中原、田常弑其君简公等大事:"(秦悼公)九年,晋定公与吴王夫差盟,争长于黄池,卒先吴。吴强,陵中国。十二年,齐田常弑简公。"①而《燕召公世家》以燕国纪年载述道:"(燕)平公立。晋公室卑,六卿始强大。平公十八年,吴王阖闾破楚入郢……(燕)献公十二年,齐田常弑其君简公。"②同样,《晋世家》又以晋国的纪年载述这些历史事件:"(晋定公)三十年,定公与吴王夫差会黄池,争长,赵鞅时从,卒长吴。三十一年,齐田常弑其君简公。"③很显然,司马迁之所以重复载述吴国争霸中原、齐田常弑简公等历史事件,一方面是借这些历史事件展现春秋争霸后期吴国争霸中原、陪臣弑君执政的时代特征与历史发展趋势;另一方面由《秦本纪》《燕召公世家》《晋世家》等以各自的纪年载述田常弑君简公等同一事件,可知秦悼公十二年即燕献公十二年、晋定公三十一年,这显然有助于解决"并时异世、年差不明"的难题。清人邱逢年盛赞《史记》十表,曰:"史公创为表式,尺幅之中一经一纬,昭穆之次,时事先后之序,强弱之势,君臣上下得失之林,一一分明,乃本纪、世家、列传之总会也。"④邱氏不仅认为十表对于条理时事先后顺序、展现天下强弱之势具有重要作用,而且指出十表是"本纪、世家、列传之总会";其实,本纪、世家、列传与十表相辅相成,乃互为"总会":本纪、世家、列传通过错综重复某些重要人事,同样达到"时事先后之序,强弱之势,君臣上下得失之林,一一分明"的叙事效果。从这个意义上来看,司马迁综合本纪、表、书、世家、列传五体而创为一书,绝不仅仅是体例的综合,更有条理时序、展现强弱之势、评判人物得失等内容与主旨的深层综合。

其三,《史记》以迭见法展现时代精神与历史的发展趋势。司马迁著《史记》,其取舍人事以"非关天下所以存亡,故不著"⑤为原则;而其重复载述的人事不仅仅"关系天下存亡",更是历史发展的关节点,代表着时代精神与历史的发展趋势。《史记》之所以反复载述齐桓公、晋文公、秦穆公、楚庄王等重要人事,是因为这些人事不仅关系着周王室式微之后的历史发展趋势,也集中体现了礼崩乐坏、诸侯争霸的时代特征。《十二诸侯年表序》对此有着明确的交代,所谓:"是后(共和行政)或力政,强乘弱,兴师不请天子。然挟王室之义,以讨伐为会盟主,政由五伯,诸侯恣行,淫侈不轨,贼臣篡子滋起矣。齐、晋、秦、楚

---

① 司马迁:《史记》,第 198 页。
② 司马迁:《史记》,第 1553 页。
③ 司马迁:《史记》,第 1685 页。
④ 杨燕起等编:《历代名家评史记》,北京师范大学出版社,1986 年,第 140 页。
⑤ 司马迁:《史记》,第 2048 页。

其在成周微甚,封或百里或五十里。晋阻三河,齐负东海,楚介江淮,秦因雍州之固,四海迭兴,更为伯主,文武所褒大封,皆威而服焉。"①这就是说,《史记》之所以错综重复记载齐桓公、晋文公、楚庄王、秦穆公等人事,正是因为周王室式微之后齐、晋、楚、秦先后为霸主,主导着天下大势,展现了时代精神从"尚德"到"尚力"的转变。

春秋五霸之后,时代精神与历史的发展趋势又为之一变。《史记》重复记载"田常弑其君简公"、晏婴与叔向论"政在私门"、周王"命韩魏赵为诸侯"等人事,集中体现了战国时期的历史发展趋势与时代精神。对此,司马迁明确指出:"春秋之后,陪臣秉政,强国相王。"②《六国年表序》又详述道:"是后(春秋五霸之后)陪臣执政,大夫世禄,六卿擅晋权,征伐会盟,威重于诸侯。及田常杀简公而相齐国,诸侯晏然弗讨,海内争于战功矣。三国终之卒分晋,田和亦灭齐而有之,六国之盛自此始。"③很显然,《史记》于此阐明了重复载述"田常杀简公"等人事的原因,即这些人事既呈现了陪臣执政、强国相王的时代特征,又代表着"海内争于战功"的时代精神。

其四,《史记》以迭见法而重"始"慎"变"、原"始"察"终",集中体现了"通古今之变"的著史宗旨。司马迁通古今之变的具体途径,一曰"原始察终,见盛观衰"④,再曰"承敝通变"⑤,又曰"稽其成败兴坏之理"⑥,《史记》叙事于历史人事之始、终、盛、衰、敝、变、成、败、兴、坏等关节处尤为注意。如《周本纪》《秦本纪》《鲁周公世家》等篇章重复载述周厉王无道、共和行政、周宣王即位以及齐桓公始霸、葵丘会盟、晋文公即位等人事,司马迁曾明确指出这些人事集中体现了历史的"始"与"变",他说:"及至厉王,以恶闻其过,公卿惧诛而祸作,厉王遂奔于彘,乱自京师始,而共和行政焉。是后或力政,强乘弱,兴师不请天子。然挟王室之义,以讨伐为会盟主,政由五伯,诸侯恣行,淫侈不轨,贼臣篡子滋起矣。"⑦厉王暴虐,乱自京师"始";是后力政,诸侯恣行,贼臣篡子"滋起"。其中的"变"与"始"所在皆是。不仅如此,司马迁还通过重复载述这些人事以"通"古今之"变",《太史公自序》曰:"幽厉之后,周室衰微,诸侯专政,春秋有所不纪;而谱牒经略,五霸更盛衰,欲睹周世相先后之意,作《十二诸侯年表》。"司马迁以"五霸更盛衰"而"欲

---

① 司马迁:《史记》,第 509 页。
② 司马迁:《史记》,第 3303 页。
③ 司马迁:《史记》,第 685 页。
④ 司马迁:《史记》,第 3319 页。
⑤ 司马迁:《史记》,第 3319 页。
⑥ 班固:《汉书》,中华书局,1962 年,第 2735 页。
⑦ 司马迁:《史记》,第 509 页。

睹周世相先后","通"古今之"变"不言而喻。再如,《秦本纪》《晋世家》等篇章反复载述秦始列为诸侯、秦穆公三置晋君、秦穆公卒之事,意在强调秦统一天下的序幕由此拉开,《六国年表序》明确交代此意,曰:"太史公读《秦记》,至犬戎败幽王,周东徙洛邑,秦襄公始封为诸侯,作西畤用事上帝,僭端见矣。礼曰:天子祭天地,诸侯祭其域内名山大川。……及文公逾陇,攘夷狄,尊陈宝,营岐雍之间,而穆公修政,东竟至河,则与齐桓、晋文中国侯伯侔矣。"①所谓"秦襄公始封为诸侯,作西畤用事上帝,僭端见矣",史迁重"始"慎"变"、见微知著之义昭然若揭。而对于三家分晋、田氏代齐等人事,《史记》也是"皆一书再书以见笔削之意"②,而其"笔削之意",司马迁亦明确交代:"及田常杀简公而相齐国,诸侯晏然弗讨,海内争于战功矣。三国终之卒分晋,田和亦灭齐而有之,六国之盛自此始。"③要之,《史记》通过重复载述某些人事以凸显历史的成败兴坏,重"始"慎"变",原"始"要"终",从而实现了"通古今之变"的著史宗旨。

四、从"迭见法"看《史记》的义例体系

司马迁著《史记》,不仅创设了种种义例,而且这些义例形成了一个层次分明的体系。作为《史记》义例体系的一部分,司马迁反复运用的"迭见法"在"例"与"义"的两个层面展现了《史记》的义例体系及其特点。

一是《史记》反复运用"迭见法",于本纪、表、世家、书、列传的各个篇章反复载述某些人事,从而通过这些人事把五种体例联络起来,分散的体例由此得以综合而形成体系。张大可曾指出:"五体为《史记》之躯,互见法则为五体之经络。"④其实,"迭见法"联络五体之功用更为明显。如上引《周本纪》《十二诸侯年表》与鲁、燕等《世家》重复载述"齐桓公始霸"一事,不仅意在凸显周王室式微、桓公首霸的历史地位,而且本纪、世家、年表同载此事也起到了前后错综联络的作用。再如,《史记》于本纪、世家、表重复载述晋楚城濮之战,《晋世家》立足晋国重在载述君臣上下的战术谋略,而《楚世家》却侧重展现楚成王与大将子玉之间的矛盾,晋、楚二《世家》载述城濮之战既是重复载述又是互文相足,共同载述城濮之战的具体情形;而《秦本纪》、齐、蔡、陈诸《世家》以及《十二诸侯年表》又以"晋

---

① 司马迁:《史记》,第 685 页。
② 清人夏炯曰:"《史记·周本纪》于威烈王二十三年书命韩魏赵为诸侯,定王十六年三晋灭智伯,显王二十六年书王致伯于秦,四十四年书秦惠王称王,皆一书再书以见笔削之意。"(参见杨燕起等编:《历代名家评史记》,第 335 页)
③ 司马迁:《史记》,第 685 页。
④ 张大可:《史记文献与编纂学研究》,华文出版社,2005 年,第 144 页。

文公败楚于城濮"之语单纯地重复载述此事,这在凸显城濮大战之重要性的同时也通过此事将周、秦二《本纪》,齐、蔡诸《世家》以及《十二诸侯年表》联络起来。需要指出的是,《史记》到底在哪些篇章重复载述某人某事,并没有一成不变的标准或成例。对此,钱大昕等人颇为不解,他对《史记》复载"孔子卒"一事就提出了质疑:

> 孔子鲁人也,其卒宜书于《鲁世家》。孔子有东周之志,孔子卒,而周不复兴矣。以其卒之系于周,则书于《周本纪》亦宜也。若秦、若卫、若陈、若晋与燕,于孔子何与?而亦书孔子之卒也。或曰:孔子之卒,史迁为天下惜之,故不独于鲁书。若然,则十二国宜皆书,何为而有书有不书也?且孔子之先,宋人也;齐、楚与蔡,孔子尝至其国焉,视秦、晋、燕之从未一至者有间矣,何为乎宜书而反不书也?①

实际上,诸如此类的记事在《史记》中比比皆是,如《齐太公世家》载述"齐桓公始霸"一事,《周本纪》《秦本纪》与《鲁》《燕》《蔡》《宋》《晋》《楚》《郑》诸世家复载此事。如果按照钱氏的思路,当此时齐国与秦国东西悬隔,齐国的势力没有触及秦国,秦国也受阻于晋国无法东进,两国并没有实质性的交涉。那么,《秦本纪》当不宜载述"齐桓公伯于甄"之事。而齐桓公与陈、卫之间交涉颇多:齐桓公不但拥立卫君,而且率诸侯征伐侵略卫国的戎翟并为卫国筑城②;征伐蔡国时路过陈国,将陈国大夫逮捕起来③。然而,《卫康叔世家》《陈杞世家》于齐桓公始霸之事"宜书而反不书"。更让人不可理解的是,"齐桓公会诸侯于葵丘"之事,参会者有鲁、卫、郑,然而《鲁》《卫》《郑》三世家却没有载述此事;秦、晋并没有到会,《秦本纪》《晋世家》却载述了此事。④《史记》之所以宜书而反不书、不宜书而反书,其间当寓有深意:春秋初年齐、晋、秦、楚为当时历史发展趋势的主导者,而其他诸侯只是被主导的参与者而已,司马迁正是通过这种特殊的记事形式来凸显历史的发展趋势与时代的主导者。

不仅如此,《史记》以迭见法而重复记载的人事更应该置于同时代的人物群、事件群中加以考量,不能孤立而论。这是因为《史记》重复记载某人某事不仅错综分布于本纪、世家、表、书、列传各个篇章,而且往往与同时代的其他重要人物

---

① 钱大昕:《廿二史考异》,上海古籍出版社,2004年,第5~6页。
② 司马迁:《史记》,第1488页。
③ 司马迁:《史记》,第1578页。
④ 《秦本纪》:"(秦缪公)九年,齐桓公会诸侯于葵丘。"(司马迁:《史记》,第1488页)《晋世家》:"(晋献公)二十六年夏,齐桓公大会诸侯于葵丘。"(司马迁:《史记》,第1648页)

或重要事件纵横交错。例如,为凸显齐桓公这一时代中心人物,《史记·周本纪》《秦本纪》以及各世家、年表、列传的相关篇章不仅把"齐桓公即位""齐桓公始霸""会诸侯于葵丘""齐桓公卒"等人事错综分布、重复载述;而且把这些事件与围绕着晋文公、楚庄王等重要人物而展开的人事错综联络。可见,构成人物群像、事件群体的同时代人事彼此联络,记载这些人事的各个篇章又相互呼应,这共同展现了历史的发展趋势与时代精神。所以,《史记》重复记载"孔子卒"一事也不能孤立来看,当与其重复记载的"夹谷之会""孔子相鲁"等事综合考察。故柳诒徵明确指出:"至于迁史,本纪、世家、年表、列传错综离合,复笔尤多……而其错综之妙,有以见其中心思想者,尤莫如书孔子之事。孔子既有世家,生卒事迹又见于年表《鲁世家》,而周、秦本纪各国世家又多载其行事及卒年。大书特书不一书,尤可见其用意。……殆未熟复迁书,观其比事属辞,力求联系,而又不嫌方板之法。若十二世家一一书孔子卒,则庸手所为,尚成义法乎?钱氏固未知史意。"①柳氏以错综、联系的眼光全面考察本纪、世家、年表、列传各篇章对孔子一生行事的记载,突破了钱大昕仅仅就"孔子卒"一事孤立而论的做法,"何为宜书而反不书"的疑惑因此涣然冰释了。在柳氏之说的基础上,我们进一步认为《史记》反复运用迭见法,其重复记事不是局限于某一人某一事,而是把同类的诸多人事错综联络,从而构成了纵横交错的人物群像与事件群体,迭见法由此可分为三个层次:某一人某一事的重复记载,某个事件群的错综重复,某几个人物群、事件群的错综重复;这些不同层次的错综迭见,从"义"而言主要是为了展现历史的发展趋势与时代的精神,从"例"来看则联络五体为一体,《史记》义例体系由此得以实现。

二是《史记》反复运用迭见法而重复记人记事,在历史叙事上既强调文事相符、实录其事,又以人系事、以事见人,通过纵横交错的人事展现时代精神与历史进程,这与《春秋》以礼义原则褒贬人事的书法义例颇为不同。《史记》以"迭见法"重复记事,往往在某一篇章详述事情的始末原委,如《齐太公世家》详述齐桓公称霸之事从桓公即位、任用管仲厉行改革以至北攘夷狄、南伐荆楚,其来龙去脉原原本本,而其他篇章则以"齐桓公始霸"之言据实实录、错综重复。再如《史记》重复载述"齐桓公会诸侯于葵丘""(晋文公)召襄王会之河阳践土""晋文公纳王而诛叔带""楚庄王伐陈,杀夏徵舒""秦(襄公)始列为诸侯""(周威烈王)命韩、魏、赵为诸侯"等人事同样是据实实录,称霸就书称霸、称王就书称王,呈现出文事相符的特点。当然,司马迁的重复记载绝不是毫无识断的流水账,他不仅通过重复记事或褒或贬,而且更重要的是于错综重复之中展现历史的发展趋势与阶

---

① 柳诒徵:《国史要义》,第83~84页。

段性特征,这其实是另一种意义上的"寓论断于叙事"①。可见,《史记》重复记事强调文事相符以及"寓论断于叙事"与《春秋》属辞比事以"正名分""明王道"颇为不同。孔子修《春秋》,"约其文辞而指博。故吴楚之君自称王,而春秋贬之曰'子';践土之会实召周天子,而《春秋》讳之曰'天王狩于河阳':推此类以绳当世。"②所谓"推此类以绳当世",就是以君君、臣臣、父父、子子的礼义原则属辞比事,由此正名分、定褒贬。可见,《春秋》把记人记事的重心聚焦于一般的礼义原则,以一般绳特殊,呈现出"隐事从礼,以义为实,以事为虚,不言真相"③的特点。重要的是,《春秋》以编年之"体"排比人事,勾勒了历史的发展进程,呈现出历史的、变化的思维;然而,它又以相对不变的礼义原则作为参照物来衡量、褒贬生动活泼的人事,甚至不惜削历史事实之"足"适礼义名分之"履",变动不居的人事于是静止了,价值判断固化了历史人事。《春秋》的编年之"体"与褒贬之"义"存在着深层的张力与悖论。

为了调和、解决《春秋》"体"与"义"之间的张力与悖论,《左传》"论本事而左传,明夫子不以空言说经也"④,记人记事详其始末,开始把生动活泼的人事而非礼义名分作为撰写历史的核心;到了司马迁著《史记》,他更是将撰写历史的重心转移到历史人物、历史事件与历史的发展进程上来。很明显,《史记》反复运用迭见法而重复记载人事,这既是历史学以历史事实为核心的根本性质决定的,也是中国古代史学自身发展的内在逻辑使然。不仅如此,"以人为中心的《史记》正是春秋战国以来'人之发现'这一历史潮流下的产物"⑤。众所周知,经历了春秋战国的争霸以及秦汉之际的战乱,不仅西周建立的礼乐制度早已崩坏殆尽,重要的是在此过程中各阶层的人群抑或独立的个人都先后登上历史的舞台并尽显风采,人的智慧与力量成为历史发展演变的决定性力量。司马迁敏锐地觉察到了这一点,他撰写《史记》不再像《春秋》那样以相对恒定的礼义原则来褒贬人事,而是将撰写历史的重心从礼义原则、道德褒贬转移到生动活泼的人物事件与波澜壮阔的历史进程上来。《史记》重复记人载事,强调文事相符、实录人事,也是这一客观历史背景的产物。

重要的是,撰写历史重心的转移促使先秦秦汉史学在体例架构、文献史料、历史叙事、著史宗旨等方面都发生了深入的变化:在体例架构上,与《春秋》"以

---

① 顾炎武著,张京华校释:《日知录校释》,第1018页。
② 司马迁:《史记》,第1943页。
③ 刘家和主编:《中西古代历史、史学与理论比较研究》,第216页。
④ 班固:《汉书》,第1715页。
⑤ 胡宝国:《汉唐间史学的发展》,商务印书馆,2003年,第18页。

事系日,以日系月,以月系时,以时系年"①的属辞比事不同,《史记》区分"类例"以囊括古今②,形成了以五体为主干、以百三十篇为纲目、以迭见法等种种义例为经络的义例架构;在文献史料的运用方面,《春秋》是"笔则笔,削则削,约其文辞,去其烦重",而《史记》则要"拾遗补艺,成一家之言,厥协六经异传,整齐百家杂语";历史叙事则从《春秋》书法、微言大义转变为记人记事文事相符,既"原始察终",又"寓论断于叙事";而著史宗旨则从《春秋》"正名分"以"明王道"发展为"究天人之际,通古今之变,成一家之言"。要之,先秦秦汉史学家撰写历史的重心从道德褒贬转向具体人事,促使《史记》在体例架构、文献史料、历史叙事、著史宗旨诸层面形成严整有序的义例体系,这从"迭见法"即可见一斑。

(原载《史学史研究》2015 年第 4 期)

---

① 杜预:《春秋左传序》,《十三经注疏》,中华书局,1980 年,第 1703 页。
② 章学诚曰:"《尚书》一变而为左氏之《春秋》,《尚书》无成法而左氏有定例,以纬经也。左氏一变而为史迁之纪传,左氏依年月而迁书分类例,以搜逸也。"(章学诚著,叶瑛校注:《文史通义校注》,第 49 页)

关于《氾胜之书》"积穰于沟间"的释读

熊帝兵[*]

成于西汉成帝时期的《氾胜之书》是我国传统农学的奠基之作,可惜原书已佚,其文字片段因《齐民要术》的征引而保存,给后世研究提供了重要线索;同时也因信息残碎而增加了深入探讨的难度。清代以来,学者从实证、考辨、辑佚等角度对其作过诸多探索,代表性成果莫过于万国鼎的《氾胜之书辑释》(下称"万本")与石声汉的《氾胜之书今释》(下称"石本")。二本对《氾胜之书》的还原、流传、释读等起到重要作用,但是仍存在不少未解之处。

目前学界对《氾胜之书》的研究已经取得一定成果,涉及其科技贡献[①]、经济思想[②]、灾害防治[③]、民间信仰[④]等方面;"区田法"是讨论的焦点之一,时有学者立足文本或案例,分析其技术原理[⑤]、评价其历史作用[⑥]、探寻其技术环境等[⑦],从不

---

[*] 熊帝兵,现为淮北师范大学历史文化旅游学院教授。
[①] 万本与石本本身就是对《氾胜之书》中的农业技术进行深入系统性研究成果。代表性的论文还有石声汉的《介绍"氾胜之书"》(《生物学通报》1956年第11期)等;此外,中国农业科学院南京农学院中国农业遗产研究室编的《中国农学史(初稿上)》(科学出版社,1959年)、卢嘉锡总主编的《中国科学技术史(农学卷)》(科学出版社,2000年)以及曾雄生的《中国农学史》(福建人民出版社,2008年)等专著都设有专门章节总结《氾胜之书》的耕作、施肥、种植技术等。
[②] 傅筑夫在《中国封建社会经济史(2)》(人民出版社,1982年)中立足《氾胜之书》中的技术分析,阐述了汉代精耕细作农业的发展方向;雪明的《〈氾胜之书〉"区种法"可"亩产百石说"质疑——与付筑夫先生商榷》(《北华大学学报(社会科学版)》1983年第1期)对傅氏所言及的产量问题提出质疑;路兆丰的《〈氾胜之书〉的经济思想》(《古今农业》1991年第1期)也较具代表性。
[③] 陈超:《〈氾胜之书〉中的虫害防治技术探析》,《中共郑州市委党校学报》2009年第2期。
[④] 贺润坤:《从云梦秦简〈日书〉的良、忌日看〈氾胜之书〉的五谷忌日》,《文博》1995年第1期。
[⑤] 代表性成果有:万国鼎的《区田法的研究》(《农业遗产研究集刊(第一册)》,中华书局,1958年);张履鹏的《论汉代推行"代田法"在农业技术改革中的作用》(《中国农史》1988年第1期);刘驰的《区田法在农业实践中的应用》(《中国农史》1984年第2期)等。
[⑥] 卜风贤:《重评西汉时期代田区田的用地技术》,《中国农史》2010年第4期。
[⑦] 代表性成果有:邵侃的《"代田法"新解——汉族农业遗产的个案研究》(《原生态民族文化学刊》2010年第2期)和《"区田法"原生地生态背景考证》(《原生态民族文化学刊》2013年第2期),杨庭硕的《中国农史研究必须正视环境差异——对汉代关中"区田法"的再认识》(《中国农史》2016年第1期)等。

同角度揭示区田推广成败原因以及高产之谜①。学者对书中疑难词句的释读与考证解决了诸多文本难题,对客观认识西汉关中农业技术颇有裨益,如游修龄对"田有六道,麦为首种"的阐述②,李根蟠对"和土""耕之本""慎无旱耕""溲种""豆有膏"等概念的考证③,以及刘兴林对"种桑法"的解读等④。笔者在研读石本、万本、缪启愉的《齐民要术校释》以及相关研究成果时,发现书中"积穰于沟间"尚存未明之处,故亦效颦于方家,试对其作简要释读。

一、石、万、缪注"穰"字之异

"区田法"是《氾胜之书》中颇具特色的内容,但由于原书亡佚,学界研究区田技术的史料多源于《齐民要术》。《齐民要术》引"区田法"时提道:"尺直横凿町作沟。沟一尺,深亦一尺,积穰于沟间,相去亦一尺(尝悉以一尺地积穰,不相授;令弘作二尺地以积穰)。"⑤通观宋代以后各本,此句均有三个"穰"字。清代学者将此句辑入《氾胜之书》,亦均作"穰",如宋葆淳辑《氾胜之遗书》⑥、洪颐煊辑《氾胜之书》⑦,以及马国翰辑《氾胜之书》⑧。但是石本、万本与缪启愉《齐民要术校释》在"穰"字上却产生了分歧。

石本将"穰"释为稿秆,未作校改,指出其字面意思容易理解,但"积穰"目的不明确,推测说:"可能在庄稼成熟后,茎秆自己累积起来,于是乎形成1尺的行间距。也可能是用稿秆作为'垫底'('基肥'底旧称),来丰富土壤中的有机质。"⑨石氏在《齐民要术今释》中再次涉及这一问题,仍从"穰"字,并在注释中作了说明:"从现有的字面,望文生义地寻求解释,是无法说明的。'穰'是'打谷场'上的废弃物品,包括稿秸、稃枇……材料。过去,我从这方面考虑……结果都不合适。后来,南京农学院植物生理教研组朱培仁先生,提出一个极好的解释:'积穰'是'积壤'写错了。壤是'息土',也就是掘松了的土。《九章算术》说:'凡穿地

---

① 较具代表性的成果有:李孟扬的《为氾胜之说几句话》(《文史哲》1962年第5期);李孟扬、刘有菊的《亩收百石》之谜——再为氾胜之说几句话》(《文史哲》1964年第2期);陈正奇的《也论"亩收百斛"——区田法增产原因探讨》(《中国农史》1989年第4期)等。
② 游修龄:《试释〈氾胜之书〉"田有六道,麦为首种"》,《中国农史》1994年第4期。
③ 李根蟠:《读〈氾胜之书〉札记》,《中国农史》1998年第4期。
④ 刘兴林:《关于〈氾胜之书〉"种桑法"的释读》,《中国农史》2007年第4期。
⑤ 贾思勰著,石声汉校释:《齐民要术今释》,中华书局,2009年,第58页。
⑥ 宋葆淳:《氾胜之遗书》卷一,清光绪四年莲花池刊本。
⑦ 洪颐煊辑:《经典集林》卷二三,《续修四库全书》,第1200册,第430页。
⑧ 马国瀚:《玉函山房辑佚书》,《续修四库全书》,第1204册,第244页。
⑨ 石声汉:《氾胜之书今释》,科学出版社,1956年,第41页。

四尺,为"壤"五尺,为"坚"三尺。'这就是说……在地面'凿町作沟,广一尺,深一尺'之后,掘出的'壤'在'沟间''积'起来至少要占地一尺;很可能还'不相受',而需要'令弘作二尺以积壤'。这样解释,在文理和事理上,都很顺适。不过,'沟间'弘作二尺以后,每町的沟数便得减少一些了。"①石氏承认自己原先的见解不通,虽称作"壤"字解极好,但似乎又产生新的矛盾,事实上并未完全信服。

万本虽然明确指出各本均作"穰",但认为各本皆误,将其改为"壤",释作"凿沟掘出来的土"②。原因是穰乃黍秆,在此处的功能和语义皆不通,"从上下文看,此时正是开辟区田的时候,不是收获的时候,不能解释为收获后把穰堆积在田间。如果是收获后堆积的,也和区田不区田没有特殊关系。更重要的问题是,穰在这里起到什么作用?这时正是整地待种的时候,只有用作肥料的一个用途,但是稿秆是干枯的,埋在土里不能迅速腐烂,因此就不能及时地起着肥料的作用。而且绿肥腐烂时要消耗很多水分;区田法却是针对干旱环境设计的,不可能在播种前对埋在土中的干枯稿秆,给以腐烂所需水分的足够的供应。所以穰在此时此地,不但毫无用处,反而添出许多障碍。其次……如果穰是外来的稿秆,一尺地堆积不下,那么少用一些好了,为什么一定要放宽到二尺地来堆积它呢?可见这个所谓的'穰',必然是就地产生的,有一定数量的,而且是必须就地堆积,不能搬运到别处去的。这就不可能是稿秆,而应是开沟掘出来的土了"③。万氏亦引《九章算术》为据,还结合"穰""壤"二字的字形作了讨论。其在《"氾胜之书"的整理和分析——兼和石声汉先生商榷》一文中重申了改"穰"为"壤"的观点④。

缪启愉在《齐民要术校释》第一版中直接将所引《氾胜之书》上述"区田"语中之"穰"改为"壤",未给出任何说明⑤;但在第二版(下文简称"缪本")中作了注释:"各本均作'穰',误。壤谓松土,西汉张苍(?—152)等曾加删补的《九章算术》称:'穿地四,为壤五,为坚三。'这里是说,掘地四尺深,其掘出的松土增加四分之一,是为壤。这里'沟间',比照下文'种禾黍于沟间',实指沟内,两沟之间,因为不能把庄稼种在一尺深的生坚土内,但是掘出的土疏松了,本沟内装不下,可以堆到沟两边的土埂上去,两边各堆五寸,合为一尺,连本沟就是'弘作二尺'了。据此,三'穰'字实是'壤'的形误,故改正。"⑥可见,缪氏校改的依据主要是字意和字形。缪本后出,似受万本影响较大。

---

① 贾思勰著,石声汉校释:《齐民要术今释》,第63页。
② 万国鼎:《氾胜之书辑释》,中华书局,1957年,第73页。
③ 万国鼎:《氾胜之书辑释》,第64~65页。
④ 万国鼎:《"氾胜之书"的整理和分析——兼和石声汉先生商榷》,《南京农学院学报》1957年第2期。
⑤ 贾思勰原著,缪启愉校释:《齐民要术校释》,农业出版社,1982年,第49页。
⑥ 贾思勰原著,缪启愉校释:《齐民要术校释》(第二版),中国农业出版社,1998年,第85页。

石氏、万氏、缪氏质疑"穰"的主要原因可总结为以下几个方面:1. 作"穰"意思不通。2. 如果是"穰",其来源不明。3. 如果是"穰",其功能不确定,作肥料使用的可能性不大,与区田没有关系。4. "穰"腐烂需要水分,与抗旱种植原则相违背。5. 如果是"穰",容纳不下的话可以少放一些,没有必要扩区。6. 二者字形相似,易误。7. 依据《九章算术》,"穰"当改作"壤"。只要能够搞清楚"穰"的来源、此处的功能以及与区田的关系,似乎就可以解除三位前辈的疑问。其中,穰的功能以及与区田之间的关系是解决问题的关键,探究这一问题则又不得不弄清"区田法"的设置目的以及主要特征。

二、"区田法"之特征

《氾胜之书》之"区田法"又称"区种法",传说为商汤时期伊尹所授,是一套农业丰产技术,约有两种设计方式:一种被称作"带状区种法",即把作物播种在条形浅沟里,多用于平地种植;另一种被称作"小方穴区种法",是把作物播种在方形浅穴里,常用于斜坡种植。学界对"区田法"特征已有概括,万国鼎认为上述两种生产方式本身就是区田法最突出的特征[①];刘驰将"区田"特征总结为高产、不受地形限制、提高土地利用率三个方面[②];范楚玉特别强调了其不受地形限制的特征[③]。卜风贤说:"区田法的特点是把庄稼种在带状或方形的小区中,在区内综合运用深耕细作、合理密植、等距点播、施肥灌水、加强管理等措施,夺取高额丰产。"[④]上述总结多是基于区田生产方式本身而概括出的局部特征,对这一技术的适用范围、环境制约因素、设计目的等考察不足,有必要对其作进一步补充阐述。

就技术适用范围而言,区田法设计产生于西汉关中地区,但其并不是这一地区大田农业生产的常规方法,更非当时全国范围内普遍适用的大田农业常规生产方式。卜风贤对此已经有所觉察,指出其在汉代农业技术体系中,"只能是一种比较特殊的耕作栽培技术类型"[⑤]。依据区田法技术要求,"区田不耕旁地,庶尽地力。凡区种,不先治地,便荒地为之"[⑥]。这与《氾胜之书》所总结的大田农业生产过程中的耕地原则、时间、次数、土宜、方法、雨情、效果、效率等"精耕细

---

① 万国鼎:《区田法的研究》,《农业遗产研究集刊》(第一册),中华书局,1958年。
② 刘驰:《区田法在农业实践中的应用》,《中国农史》1984年第2期。
③ 范楚玉:《汉代的代田法和区田法》,《文史知识》1988年第2期。
④ 卜风贤:《重评西汉时期代田区田的用地技术》,《中国农史》2010年第4期。
⑤ 卜风贤:《重评西汉时期代田区田的用地技术》,《中国农史》2010年第4期。
⑥ 万国鼎:《氾胜之书辑释》,第63页。

作"精神相矛盾。卜氏就指出:"(区田法)缺少旱地农业生产中极为关键的整地环节,带有一定的粗放简化性质,与关中农区精耕细作农业方式格格不入。"①笔者较认同这一看法。卜氏认为区田技术的特殊之处在于其只适应于关中核心农区所存留的高昂、难以灌溉、坡度大、难耕垦的近邑高危、倾阪及丘城等边角地带,或关中、河西、河套、河湟灌溉农区之外的山地丘陵。②事实可能如此,《氾胜之书》载:"诸山陵近邑高危倾阪及丘城上,皆可为区田。……便荒地为之。"③在实际操作中,除了上述不适宜从事常规农业操作的地区以外,区田法也是一种农村隙地利用手段,《齐民要术》记载的"种冬瓜法"并不是直接引自《氾胜之书》,但是其所采用的技术事实上就是区田法,"傍墙阴地作区,圆二尺,深五寸,以熟粪及土相和。正月晦日种。二、三月亦得。……旱则浇之"④。

就劳动效率而言,区田法亦不适用于常规的大田农业生产,其与汉代铁器牛耕技术推广以后的生产方式以及劳动效率相矛盾,书中记载:"上农夫区……一亩三千七百区,一日作千区。"⑤仅作区,一亩地就需要一个劳动力工作三至四个劳动日,效率显然较低。清代陆世仪在《论区田》中就曾指出这一不寻常的生产现象:"盖区田之法必用锹钁垦掘。有牛犁不能用,其劳一。必担水浇灌,有车戽不能用,其劳二。且隔行种行,田去其半,于所种行内,隔区种区,则半之中又去其半,田且存四之一矣。"⑥石声汉也认识到这一点:"劳动强度很高,不能利用畜力。"⑦先进技术的重要规范以及评价标准应该是既能提高生产效益,又能够提高劳动效率。就《氾胜之书》所载的区田法而言,虽然能够提高生产效益,但是在铁器、牛耕、代田等技术业已推广,农田水利已经发达的西汉关中地区,其劳动效率表现出明显劣势,很难作为大田农业技术进行普遍推广和应用。因此,区田设计显然是为了适应于在不宜从事常规大田作业的土地上进行生产。

除了地理环境与技术特征以外,区田法的特殊之处还表现在所适应的气候环境方面,其应当是干旱地区遇到旱灾情况时自救式的应急农业生产。《氾胜之书》对此即有透露,"区田法"的开篇起源传说就把区田与商汤旱灾紧密联系在一起,"汤有旱灾,伊尹作为区田,教民粪种,负水浇稼"⑧。后世农书也多将"区田"

---

① 卜风贤:《重评西汉时期代田区田的用地技术》,《中国农史》2010年第4期。
② 卜风贤:《重评西汉时期代田区田的用地技术》,《中国农史》2010年第4期。
③ 万国鼎:《氾胜之书辑释》,第63页。
④ 贾思勰原著,缪启愉校释:《齐民要术校释》(第二版),第163页。
⑤ 万国鼎:《氾胜之书辑释》,第60页。
⑥ 魏源:《魏源全集》(第15册),岳麓书社,2004年,第125页。
⑦ 石声汉:《氾胜之书今释》,第65页。
⑧ 万国鼎:《氾胜之书辑释》,第62页。

与灾害并提,元代王祯《农书》称区田:"实救贫之捷法,备荒之要务"①;清代祁寯藻《马首农言》说:"劚地为区,布种而灌溉之,可备旱荒"②;《区种五种·序》中称其为"避旱济时之良法而有利无弊者……当荒歉之余苟能躬耕数亩即可为一家数口之养"③。这进一步证明了区田法并非普遍意义上的干旱地区农业生产,而是在大田作业无法顺利进行时所采取的应急补救手段,即在遭遇旱灾时才于大田内从事区田活动。事实上,在灾害的环境下,常规农业生产条件恶劣,其直接后果是导致不能耕种或者不能收获,间接后果则会导致自耕农宰卖耕牛,"以田易命"等事件增加,自耕农的土地面积会因灾减少。这种情况往往能够产生劳动力的较大富余,为区田法提供劳动力保障。

无论是非灾害情况下于荒地、隙地区田,还是在遭遇旱灾时在大田中作区,其所面临的共同问题都是灌溉,故《氾胜之书》凡提及区田,必言"负水浇稼""天旱常溉之"等。就《氾胜之书》所载的区田法而言,其所谓的"浇稼"与"溉之"显然也不是常规的大田的漫灌或串灌,更非扬水灌溉,而是人工提水,节水灌溉,这在区种瓜法中即有充分体现:"一亩为二十四科。区方圆三尺,深五寸。一科用一石粪,粪与土合和,令相半。以三斗瓦瓮埋著科中央,令瓮口上与地平。盛水瓮中,令满。种瓜瓮四面各一子。以瓦盖瓮口。水或减,辄增,常令水满。"④利用无釉瓦瓮不断向壁外渗漏的特点,为瓦瓮四周区种的四株瓜蔓不断提供适量水分,万国鼎认为这样不但可以均匀地持续供水,"而且这种在土内灌溉的方法,免掉地面流失,减少地面蒸发,节省灌溉水量,特别在氾氏所处的北方干旱环境中最有经济意义"⑤。区种瓠的灌溉也蕴含类似思想,并不是直接在区内供水,而是在区周围掘一道深四五寸的小沟,储水其中,使水渗过去,"令其遥润"。此二法的设计显然是为了在降低用水量的同时提高灌水效率。

除了节水以外,区田法的灌溉与浇水还综合考虑了供水均匀以及作物的实际需水量问题,即精确灌溉。水分与作物生长具有辩证关系,水少则影响作物生长发育,水多则会堵死土壤气孔,使作物根系得不到呼吸而停止生长,严重者会导致根系腐烂,中断作物茎干枝叶花朵的营养供给,即"淹死"。因此,给水之后,还要进行"保泽"。通观《氾胜之书》,其对"泽"的要求颇高,开篇就讲"凡耕之本,在趋时和土务粪泽"⑥,夏至后十九日耕田,"名曰膏泽","春气未通,则土历适,

---

① 王祯撰,缪启愉、缪桂龙译注:《东鲁王氏农书译注》,上海古籍出版社,2008年,第357页。
② 祁寯藻著,高恩广、胡辅华注释:《马首农言注》,农业出版社,1991年,第64页。
③ 赵梦龄:《区种五种》,清光绪四年莲花池刊本。
④ 万国鼎:《氾胜之书辑释》,第152页。
⑤ 万国鼎:《氾胜之书辑释》,第154页。
⑥ 万国鼎:《氾胜之书辑释》,第21页。

不保泽"①。"雪后蔺相之,则立春保泽。"②在干旱地区从事农业生产,普通大田耕作都如此重视"保泽",在不具备常规灌溉条件的区田中则更需如此,其在"区种芋"中就谈到,"足践令保泽",种瓠法也要求:"作区,方、深一尺。以杵筑之,令可居泽。"③所谓"保泽""居泽"也就是现代农学中所说的土壤保湿或者保墒,即最大限度地减少土壤水分向上蒸发或侧渗漏出等。

要实现农作物高产,光靠灌溉和"保泽"远远不够,还必须供给足够养分。《氾胜之书》对肥料较为重视,在"区田法"中表现得尤其突出,其一开始就强调施肥在区田法中的重要性,如"教民粪种","区田以粪气为美"④,其后又说:"上农夫区……区种粟二十粒,美粪一升,合土和之。"⑤区种大豆法中说:"其坎成,取美粪一升,合坎中土搅和,以内坎中。"⑥区种瓜法:"一科用一石粪,粪与土合和,令相半。"⑦区种瓠法:"用蚕沙与土相和,令中半,著坑中,足蹑令坚,以水沃之。候水尽,即下瓠子十颗;复以前粪覆之。"⑧种芋法:"取区上湿土与粪和之,内区中其上,令厚尺二寸。"⑨通观区田设计,皆须用粪,且用作基肥。对于作物生长而言,肥料供应必不可少,但并不是施肥越多越好,南宋陈旉就提出"用肥如用药"的观点。严格地说,精确施用粪肥才是高产的保证,《氾胜之书》虽然没有明确提出这一观点,但是实践中似乎已经透露出这样的信息,区田所施之粪皆与土相和,很可能就是为了弱化肥力。水分和养分是农业生产中的两大重要因子,"养分的释放、迁移和被作物吸收无不和土壤、水有密切关系。在作物吸取土壤养分三大机制(截留、质流和扩散)中,水起着关键性的作用"⑩。因此,作物的养分吸收离不开水的参与,水分的变化直接影响养分的吸收过程。

三、"积穰"与区田保水、保肥、增墒要求契合

穰,《说文》曰:"黍䅶已治者",段玉裁注:"已治,谓已治去其箬皮也。谓之

---

① 万国鼎:《氾胜之书辑释》,第 25 页。
② 万国鼎:《氾胜之书辑释》,第 27 页。
③ 万国鼎:《氾胜之书辑释》,第 155 页。
④ 万国鼎:《氾胜之书辑释》,第 63 页。
⑤ 万国鼎:《氾胜之书辑释》,第 68 页。
⑥ 万国鼎:《氾胜之书辑释》,第 131 页。
⑦ 万国鼎:《氾胜之书辑释》,第 152 页。
⑧ 万国鼎:《氾胜之书辑释》,第 157 页。
⑨ 万国鼎:《氾胜之书辑释》,第 164 页。
⑩ 赵聚宝、李克煌主编:《干旱与农业》,中国农业出版社,1995 年,第 218 页。

者,茎在皮中如瓜瓤在瓜皮中也。"①《广雅·释草》曰:"黍穰谓之䅽",《广韵》释穰为"禾茎",王念孙疏证:"禾茎亦名为穰。"②可见穰本义是指禾茎或者禾谷脱去籽粒以后的废弃物,可泛指黍稷稻麦等植物秸秆。尽管穰字还有其他含义,但是仅就"积穰于沟间"而言,农史学家一致将其释为农作物秸秆,如万本将之释为打掉黍粒的黍秆,石本将之释为茎秆、稿秆。《齐民要术》除了引用《氾胜之书》"积穰于沟间"之外,还多次提到穰,如"踏粪法":"凡人家秋收治田后,场上所有穰、谷穳等,并须收贮一处。每日布牛脚下,三寸厚;每平旦收聚堆积之。"③此外,《齐民要术》还记载了"穰""黍穰""稻穰""穄穰""穰草"等,皆为秸秆之意。秸秆中含有丰富的纤维素及其衍生物,这类物质中含有大量羟基,羟基可与水分子形成氢键,从而把水固定住,起到保水作用。干燥秸秆吸水力一般在200%~400%之间,常见作物秸秆的吸水重量相当于自身重量的倍数为小麦秸:22.3倍;燕麦秸:2.1倍;豌豆秸:2.8倍;大麦秸:2.9倍;玉米秸3~4倍;马铃薯秧:2—2.5倍;黑麦秸:2.4倍。④

正是因为秸秆具有较强保水性,万国鼎说:其腐烂要消耗很多水分,"区田法却是针对干旱环境设计的,不可能在播种前对埋在土中的干枯稿秆,给以腐烂所需水分的足够的供应。所以穰在此时此地,不但毫无用处,反而添出许多障碍。"⑤的确,在非灌溉条件下,干燥秸秆腐解过程中将消耗大量土壤水分,从而产生与作物争水现象。但是依据《氾胜之书》的技术要求,区田与"负水浇稼"密切配合,"积穰"以后,还须大量浇水,使穰处于水饱和状态。"区田积穰"恰恰是利用了秸秆的吸水性,将大量水分贮存锁定在秸秆中,在作物生长需水的时候,再缓慢将水分释放出来。因此,在灌溉条件下"积穰",其实是在区底(也即作物根)部人工制造了一个蓄水中心,而且这个中心的设置既能减少地面蒸发和径流,又可避免灌溉水分向土壤深层渗漏。另一方面,肥料养分的释放、迁移离不开水的作用,因此,在施肥浇水之后,所积之穰不仅仅是一个蓄水中心,还是一个储肥中心。对于作物而言,其根系会向水多的土层生长,即所谓的"根找水",从而提高作物利用水分的效率,进而增强抗旱能力。⑥"区田积穰"恰恰是利用了这一原理以实现抗旱高产的目的。

事实上,《氾胜之书》所载的"区田法"中已经使用了"积穰"之法,只是未用

---

① 许慎撰,段玉裁注:《说文解字注》,中州古籍出版社,2006年,第326页。
② 王念孙:《广雅疏证》卷十上《释草》,上海古籍出版社,1983年。
③ 贾思勰原著,缪启愉校释:《齐民要术校释》(第二版),第24页。
④ 高惠民、李笃仁等编:《农业土壤管理》,中国农业科技出版社,1988年,第235页。
⑤ 万国鼎:《氾胜之书辑释》,第64页。
⑥ 高惠民、李笃仁等编:《农业土壤管理》,第236页。

"积穰"之名而已。"种芋法"中就说:"种芋,区方、深皆三尺。取豆萁内区中,足践之,厚尺五寸。取区上湿土与粪和之,内区中萁上,令厚尺二寸;以水浇之,足践令保泽。取五芋子置四角及中央,足践之。旱,数浇之。萁烂。芋生,子皆长三尺。一区收三石。"①其过程是先在三尺深的区内铺设一定量豆萁,用脚踩实,约铺五寸厚,之所以"足践",是为了能够铺纳更多豆萁,然后用湿土与粪混合铺在压实的豆萁上,厚二寸,此时浇水,且踩踏结实,目的是使粪土混合物保护豆萁所吸收的水分,尽量避免蒸发,氾氏也明确说这样是为了"保泽"。最后在粪土混合层上种芋,踩实,进一步强调,如果天旱,则多浇水。如此,压实而吸满水的豆萁成为一个"小水库",与前文所述的区种瓜所埋之瓮、种瓠所开之沟起到类似作用,采用的都是地下贮水渗灌原理,其优点都是降低地表土壤湿度,减少地面蒸发,达到节约精确灌溉的目的。三者相较,只不过贮水"容器"不同而已。

  后世文献也有与"区田积穰"类似的技术记载,唐末《四时纂要》所总结的种大葫芦法其实就是方穴区种法,区底所垫的是油麻、绿豆秸及烂草等物,"二月初,掘地作坑,方四五尺,深亦如之。实填油麻、绿豆秸及烂草等,一重粪土,一重草,如此四五重,向上尺余,著粪土,种下十来颗子"②。与《氾胜之书》的"积穰"以及垫"豆萁"实为同理。同书所总结的种枸杞子法,则类似在"带状区"中"积穰","候春,先熟地,作畦。畦中却五寸土,匀作五垄。垄中缚草稕如臂,长短如畦,即以泥涂草稕上,裹令遍通。即以枸杞布于泥上,令稀稠得所,即以细土盖一重,令遍,再以烂牛粪一重,又以一重土,令畦平"③。以埋"草稕"保水、保肥的方法在宋代《分门琐碎录》④、元代《农桑辑要》所引的《博闻录》中也有类似记载⑤。宋、元之际《务本新书》所记载的"绳播法"种桑椹也是这一方法的推广应用,"熟地先耩黍一垅。另搓草索,截约一托,以水浸软——面饭汤更妙——索两头各歇三四寸,中间匀抹湿椹子十余粒,将索卧于黍垅内,索两头以土厚压,中间掺土薄覆。隔一步或两步,依上卧一索,四面取齐成行。久旱宜浇。……比之畦种旋移,省力;决活,早二年得力"⑥。最具代表性的是清代《西吴蚕略》的绳播法,"以草索浸圊溷间,月余取出晒干。择桑葚之极紫者抖诸索,横埋浅土中,时浇灌之。经时雨则桑芽怒生,培护经年,干粗如指,长五六尺即可出售"⑦。

---

① 贾思勰原著,缪启愉校释:《齐民要术校释》(第二版),第172页。
② 韩鄂原编,缪启愉校释:《四时纂要校释》,农业出版社,1981年,第69页。
③ 韩鄂原编,缪启愉校释:《四时纂要校释》,第228页。
④ 化振红:《〈分门琐碎录〉校注》,四川出版集团巴蜀书社,2009年,第177页。
⑤ 大司农司撰,缪启愉校释:《元刻农桑辑要》,农业出版社,1988年,第449页。
⑥ 大司农司撰,缪启愉校释:《元刻农桑辑要》,第156~157页。
⑦ 程岱葊:《西吴蚕略》,《续修四库全书》第978册,第152页。

尽管万氏和缪氏对区田法中"穰"所起的作用产生了极大怀疑,甚至认为其根本就是错误,但是二位前辈对《氾胜之书》区种芋时所纳"豆萁"的用途的认识却很清晰,万氏说:"豆萁在土中是否来得及腐烂而发生肥料的作用是有问题的……在蓄水保墒方面会起重大作用,但供给养料的作用很有限。"①缪启愉在《齐民要术校释》中注释"区种芋"时也说:"埋得那末厚实的隔年干豆茎(萁),在蓄水保墒方面会有作用,但是不易腐烂提供腐殖质,供给养料的作用很有限。"②通篇宏观地认识区田法,《氾胜之书》在介绍区田总体原则时提到"穰",而在介绍区种细则(特定作物)时用到"豆萁","豆萁"本身就是"穰"的一种,从这个角度分析,二者恰恰是统一的。就秸秆性质而言,豆萁比黍穰或者其他作物秸秆的致密性以及硬度大,保水性略差。依照万氏和缪氏的认识,豆萁既然能够"在蓄水保墒方面会起重大作用",那么比豆萁保水性更强的"穰"应该能够起到更好的蓄水保墒作用。

万氏质疑"穰"的另外一个原因是其来源问题,"它是从哪里来的呢?从上下文看,此时正是开辟区田的时候,不是收获的时候,不能解释为收获后穰堆在田间"③。但是,芋种于早春,区种芋时同样不是收获季节,却也使用了豆萁,万氏并没有质疑豆萁的来源。据笔者推测,穰和豆萁应该来自农业生产过程中农民对秸秆的整理与储存。事实上,汉代不仅注重收获农作物种子、果实,也注重秸秆收集与整理。1954年四川成都扬子山出土东汉渔猎收获画像砖,"下半部是收割水稻图,中间三人弯着腰正在收割谷穗,右二人持刈钩,刈谷草。左一人一手提篮,肩上挑起一担扎好的谷穗"④。陈文华对此砖内容也有类似释读⑤,并指出汉代收获方式常常是只割取谷穗而将秸秆留在田里,需要时再用銍镰芟割,四川德阳出土的"播种"画像砖右边的四人正在挥动銍镰砍削秸秆,左边两人执钵撒种⑥。可见汉代已经存在先收获穗子,下茬播种时再刈秸秆的生产方式。另一方面,汉代自耕农需要担负沉重的刍稿税⑦,贡禹曾在上书中说:"农夫父子暴露中野,不避寒暑,捽草杷土,手足胼胝,已奉谷租,又出稿税,乡里私求,不可胜供。"⑧纳税之需也迫使农民在收获籽粒的同时必须认真整理储存秸秆,更何况秸秆在传统生活与生产中有着重要作用,在建房、燃料、保温、防寒、干燥乃至生

---

① 万国鼎:《区田法的研究》,《农业遗产研究集刊》(第一册),中华书局,1958年。
② 贾思勰原著,缪启愉校释:《齐民要术校释》(第二版),第137页。
③ 万国鼎:《氾胜之书辑释》,第64页。
④ 刘志远:《四川汉代画像砖反映的社会生活》,《文物》1975年第4期。
⑤ 陈文华:《论农业考古》,江西教育出版社,1990年,第184页。
⑥ 陈文华:《论农业考古》,第178页。
⑦ 于振波:《从简牍看汉代的户赋与刍稿税》,《故宫博物院刊》2005年第2期。
⑧ 班固:《汉书》(第10册),中华书局,1962年,第3075页。

产工具制造等方面担任着重要角色。

四、当代"穴贮"、增墒等农业技术与"区田积穰"原理相似

现代农业科学技术已经发展到很高阶段,早已脱离了经验层面,具有完整而系统的理论支撑。巧合的是,在理性指导下的当代农业生产技术中,"穴贮肥水""浸水秸秆增墒保墒"等手段与2 000多年前的"区田积穰"在原理上有着许多相似之处。

20世纪80年代初,中国工程院院士束怀瑞(时为山东农业大学副教授)和山东省蒙阴县林业局合作,在该县高都公社、野店公社、演马庄公社等处1 150亩苹果园开展了"地膜覆盖穴贮肥水旱栽技术试验"。具体方法是:在果树树冠投影边缘向内50~70厘米处挖设4~8穴(具体数字依据树龄短长),每穴直径20~30厘米,深约40厘米。用玉米秸、麦秸、杂草等扎成粗15~20厘米、长30~35厘米的草把,捆绑结实,置于水尿混合液中浸泡,在其充分吸收水肥后装入穴中,回填土壤,填实,整平,覆膜;并在膜的洼处穿一孔,后续每隔一段时间由预留孔处浇水、施肥,频次与用量视果树生长发育状况、天气干旱情况、土壤贫瘠程度而定。穴的有效期为2~3年,地膜每年更换一次。试验结果显示:采用此法较常规大田管理节肥50%,节水90%以上,7~8年生不结果树,经过一年管理,第二年平均亩产量达700斤,而未用此法的对照果园产量仅为73斤。其中演马庄大队1982年结果1 500斤,1983年结果翻了12.7倍。①

将上述束氏"穴贮肥水"技术与2 000多年前氾氏的"区田积穰"作比较,相似之处很明显,二者都是应对干旱的栽培方法,抗旱材料皆为农作物秸秆,古代"区田法"采用的是穰和豆萁,现代束氏采用的是玉米秸、麦秸、杂草等,都是把秸秆作为水肥担体。二者的操作程序也大体相同,"区田法"采用的是掘区铺设秸秆→垫底肥→浇水→种植→覆土→管理的设计;"穴贮肥水"的步骤为:掘穴→扎草把→浸肥水→装草把→回填土→覆膜→维护。二者的区别在于前者用于作物播种环节,而后者是用于果树维护与管理;由于技术手段的限制,前者没有覆膜环节。尽管如此,二者所设计的水肥供给原理基本相同,即在人工制造的蓄水、蓄肥中心附近一定范围内形成一个较高水、肥化学势区域,在这区域内,能明显提高肥水利用率,使得植株根部发育良好,供给植物体更多水分与养分,以促进生长,进而极大提高植物体对大气中二氧化碳与阳光的利用率,导致光合产物增多,反过来促进植物根部吸收能力的提高,形成了一个良好循环,而最终实现

---

① 束怀瑞、周宏伟、顾三良等:《地膜覆盖穴贮肥水旱栽技术试验》,《山东果树》1984年第4期。

高产。①

　　无论是"区田积穰"还是"穴贮肥水"技术,也无论是农作物种植还是水果生产,有一点必须辩证处理,即在植物根系生长发育过程中,既要防止水分不足,枯萎致死,又要避免水分过多,导致植物根部窒息;既要避免养分不足而引起的发育不良,又要防止养分过量所造成的作物营养失调(或营养拮抗)、烧苗等情况。从这个角度看,二者的目的都是精准供水、精准给肥,只是前者只保存了文字片段,以实践经验为依据,而后者以科学试验和数据测量为依据。目前"穴贮肥水"技术已经在干旱地区的果树生产中普遍推广,例如,1984～1985 年山东青州市将其应用于蜜桃生产②;赵灵芝于 1990～1992 年在呼和浩特市实验了"穴贮肥水"技术对兰州大接杏的生长影响③;此法还被用于干旱地区金丝小枣、板栗等实验与生产等。此外,少数地区还在"穴贮肥水"技术的基础上进行变通,也取得一定效果。据报道,山东招远市果业总站曾试验过"地下穴贮砖块控水保墒技术",也能达到抗旱增产的效果。④ 事实上,这些技术的核心原理基本一致,与"区田积穰""豆萁垫底""种瓜瓮灌"等措施都有着相通性。

　　特别需要指出的是,王克诚在 1998 年进行了"浸水秸秆增墒保墒"研究,其以 1 亩地为单位,于春播前 1 天把 150 千克干玉米秸用水浸透备用。先于地里开深 20 厘米、宽 50 厘米、间距 80 厘米的沟,沟内施入底肥,后将浸水玉米秸顺沟、单层、平放沟内,覆土 8～10 厘米厚,播种,每沟 2 行,用喷雾器向种穴处喷水,每穴 20～25 毫升,再覆土 5 厘米左右盖种,碾压。其在同一地块设置对照,并对二者作定期检测对比,结果显示,采用了"浸水秸秆增墒保墒"技术的田块,种子出苗率、苗齐度、壮苗率明显提高,特别是壮苗率提高了 14.1%;根数目增加 47.3%,根总长度增加 44.2%;最终产量也有明显提升,穗长增加 12.4%,单穗粒重增加了 15.9%,千粒重增加了 6.3%,单产增加了 15.9%。⑤ 这一试验说明浸水秸秆的确具有较好的保墒增墒作用,可以明显增加作物产量。此外,陕西杨凌示范区曾采用过农田穴施秸秆保墒技术⑥,还有的地区实行过农田穴施棉籽壳保墒技术等。⑦ 与前文所述束氏"穴贮肥水"技术相比,王克诚的"浸水秸秆

---

① 黄天栋:《地膜覆盖穴贮肥水法的热力学理论分析》,《山东果树》1984 年第 4 期。
② 李永泽:《穴贮肥水、地膜覆盖、喷 B_9 对缺水山区青州蜜桃的效应》,《落叶果树》1986 年第 4 期。
③ 赵灵芝:《草把穴贮肥水法对兰州大接杏生长结果的效应》,《现代农业》1997 年第 4 期。
④ 王新华:《果园地下"穴贮砖头"控水保墒技术》,《河北果树》2010 年第 2 期。
⑤ 王克诚:《浸水秸秆的增墒保墒及增产效应的研究》,《河南农业科学》2000 年第 6 期。
⑥ 科学技术部中国农村技术开发中心:《节水农业技术》,中国农业科学技术出版社,2007 年,第 301 页。
⑦ 董新光、张江辉、马英杰等:《新疆主要特色果树微灌技术试验研究》,中国水利水电出版社,2013 年,第 217 页。

增墒保墒"等试验虽然简单,但是与《氾胜之书》的"区田积穰"和"豆萁垫底"技术却有着更高的相似度。

结　　语

史学界前辈们在讨论"积穰于沟间"时,多局限于对"穰"肥料化用途的思考,而忽略了其物理特征的多样性以及与之相对应的功能多样性。事实上,《氾胜之书》区田法所积之穰并不是直接用作肥料,而是充分利用了秸秆保水性以及"肥随水走"的土壤养分流动特征,使穰充分吸取水分与养分,形成人工水肥担体,为所区种的作物提供节约、持续、精确的供水、供肥,同时达到抗旱、增产的目的。或许如学者所言,整体上,区田技术"并不能代表汉代农业生产技术发展的最高水平,也不能作为汉代农业精耕细作技术体系的主要部分"[①]。但是其在局部技术设计上的确达到了极其先进的水平,甚至已经步入精细农业的门槛。"穰"虽然是农业废弃物,但因设计与利用合理,很可能是古代区田种植过程中抗旱高产的关键性技术因素之一。

（原载《中国农史》2017 年第 5 期）

[①] 卜风贤:《重评西汉时期代田区田的用地技术》,《中国农史》2010 年第 4 期。

知识进化视域下辑录体提要的嬗变

曹金发*

达尔文生物进化论问世以来,西方许多科学家和学者纷纷突破传统认识论,以生物进化论为参照,将物种进化、适者生存的理念用于研究人类知识的更新与增长,提出了知识进化的理论,其研究范式和学术主张具有重要的参考价值。辑录体提要是中国目录学界的重要课题,从某种程度上说,它的演变轨迹是中国古典目录发展过程的缩影,目前学界已有对二者分别进行研究的成果,但尚未见人将它们结合起来进行分析,因此,笔者试从知识进化的角度审视辑录体提要的嬗变情形,以期获得新的认识。

卡尔·波普尔指出:"我要提出的这个知识理论大体上是关于知识增长的达尔文理论。""我们知识的增长是一个十分类似于达尔文叫做'自然选择的过程的结果',即自然选择假说。我们的知识时时刻刻由那些假说组成,这些假说迄今在它们的生存斗争中幸存下来,由此显示它们的(比较的)适应性,竞争性的斗争淘汰那些不适应的假说。"[①]恩斯特·马赫认为:人的思想是自然界的产物,是自然界的一部分,知识的进化是自然界进化的继续,是人们的思想不断适应新环境、新问题的结果。[②]"如果人们按照达尔文学说对我们的启发,将整个心理生活——包括科学在内——看作生物现象,并在这种现象上应用达尔文关于生存竞争、物种进化和自然淘汰的理论,那么上述观点就会立即得到广阔的基础,从新的科学方面得到阐明。"[③]上述两位学者的观点代表了知识进化论的基本内容,即人类的知识(思想)如同自然界的物种一样在进行着不断的进化,这种进化同样遵循着自然选择、适者生存的规律,知识(思想)的更新是淘汰原有假说的结果。实际上,这些关于知识进化的理论不仅可以用来解释科学界的知识更新,同样也适用于目录学的发展问题,辑录体提要嬗变的轨迹就是对上述理论的很好诠释。辑录体提要的特质是"辑录",即汇辑原书序跋、他人评论以及其他资料来

---

* 曹金发,现为淮北师范大学历史文化旅游学院教授。
① 卡尔·波普尔著,舒炜光等译:《客观知识——一个进化论的研究》,上海译文出版社,1987年,第237页。
② 何云峰:《进化认识论的兴起与演化》,《自然辩证法通讯》2001年第1期。
③ 马赫:《感觉的分析》,商务印书馆,1986年,第40页。

完成对书目的解题,编目者自己的观点以按语的形式附录,此种提要以其显著的客观性和书目资料的丰富性见长,明显地区别于叙录体提要和传录体提要。宋末元初,马端临撰成了《文献通考·经籍考》,首先采用了辑录体提要,随后的几百年间,来自官方和民间的续作、仿作不断问世,形成了辑录体目录群,如同生物在自然界的进化一样,这一目录群中作为个体的辑录体提要,在目录学"生境"中,通过进化不断修正和淘汰旧作,完成了提要群落的整体嬗变。

一、"生境"与产生

托马斯·塞缪尔·库恩认为,科学家不是在巨大的、独立于精神的世界里而是在各种不同的生境(niches)中从事自己的事业,就像不同的物种生存于自己的生态环境中一样。[①] 辑录体提要产生的标志性著作——《文献通考·经籍考》的问世,也具有其特定的"生境",作者马端临正是在这种"生境"下,才创作出了此部鸿篇巨制。

首先,唐代高度发达的文化为宋末元初文化的发展奠定了坚实的基础,以目录学为例,唐代官修的《隋书·经籍志》《群书四部录》《古今书录》等是中国古典目录中具有代表性的成就,这一时期,四部分类法得到了进一步的发展和完善,设置书目类序和撰写提要的优良传统也被继承和发扬[②],这在客观上为宋代目录学的发展做了必要的准备,为《文献通考·经籍考》的产生奠定了学术基础。此外,杜佑的《通典》则为马端临树立了最为直接的榜样,《通典》思想先进务实,体例科学得法,编撰动机和选材方式深深地影响了马端临,因此,马氏对其评价甚高:"杜书纲领宏大,考订赅洽,固无以议为也。"[③]其次,宋代的学术氛围中充满着汇辑因素,这为辑录体提要的产生提供了肥沃的土壤和适宜的环境。这一时期,司马光主持编写了《资治通鉴》,贯彻着"求通"的编撰理念,体现了汇辑的特点,马端临评论该书:"取千三百年之事迹、十七史之记述,萃为一书。"[④]郑樵完成了会天下之理、通古今之道的《通志》,其"会通"思想在编撰上的体现就是将相关材料搜集起来,汇编于一书,加以整理提炼,融会贯通。[⑤] 朱熹的《四书章句集注》,以辑录二程之说为主,附以谢良佐、杨时、侯仲良、张载等诸家之说,"采而

---

① 何兵:《真理、信念与知识进化——库恩的进化知识观》,《自然辩证法通讯》2008年第2期。
② 李万健:《唐代目录学的发展及成就》,《文献》1995年第1期。
③ 马端临:《文献通考》,商务印书馆,1936年,序。
④ 马端临:《文献通考》,序。
⑤ 郑樵:《夹漈遗稿》,《上宰相书》,四库全书版。

辑之,窃附己意"①。王应麟的《玉海·艺文》在介绍书目时,同样采用资料汇辑的方法。此外,宋代产生了多部大型类书,如《太平御览》《太平广记》和《册府元龟》等,史抄类著述也于此时开始盛行,如沈枢的《通鉴总类》、袁燮的《絜斋家塾书钞》、魏了翁的《经外杂抄》等,这些著作的出现,反映出宋代学术中汇辑倾向的趋同,对辑录体提要的问世产生了直接的促进作用。再次,宋代目录学的发展,特别是私家藏书目录晁公武的《郡斋读书志》、陈振孙的《直斋书录解题》等著作的问世,是辑录体提要能够产生的重要保障。《文献通考·经籍考》提要的材料主要来自晁、陈二家,不难想象,假如没有上述二目,马书可能就成了无源之水、无本之木。最后,宋末元初特定的社会背景,也是辑录体提要产生的另一个成因。作为前朝宰相之子,马端临虽为亡国之臣,耳闻目睹元朝统治者对汉人的剥削和压迫,仍保持着可贵的民族气节,以维系中华民族优秀的传统文化为己任,决心将抱负诉诸笔端,唯恐经典"散佚失坠,无以属来哲"②。可见,马端临并非生活在"巨大的、独立于精神"的世界里,他的生存环境具备了必要的条件,构成了适宜的"生境",辑录体提要才能出现。

库恩认为,新学科的出现类似于物种的形成,在科学发展的诸领域之间产生新的分支,非常像插在生物进化中新品种的形成,除非出现后很久,否则很难识别出新的物种,也很难界定它出现的时间。③ 对于辑录体提要而言,情形亦大致如此。《文献通考》作为一部政书类著作,虽然整书受到元朝政府的重视和推介,但其中的《经籍考》部分在当时却并未引起学界的过多重视,大约百年后的明代,学者才逐渐意识到它的价值和意义,逐渐开始品评和模仿,而更多学者的仿作大量出现并形成辑录体目录群,则是在更晚的清代。在编目实践上,较早模仿马端临《经籍考》(后简称"马《考》")体例进行编撰的为明代的朱睦㮮,他在《经序录》中,采用了集辑序跋的做法,稍后,明代王圻作《续文献通考·经籍考》,明末清初张巂有《古今经传序略》,清代朱彝尊撰《经义考》,清官修《续文献通考·经籍考》《清文献通考·经籍考》,谢启昆的《小学考》,范邦甸的《天一阁书目》,刘锦藻的《皇朝续文献通考·经籍考》等书,皆仿马《考》的书名或体例,具备辑录体提要的特质——辑录原书序跋和相关评论。在对辑录体提要的评论和分析方面,明代的胡应麟较早发声:"古今书目条例,惟《隋志》最详明,马氏《经籍考》荟萃晁、陈诸家,折以己意,几于豪发无憾,迨今得见古人著述,大都往往藉此。"④清代,张金吾在《爱日精庐藏书志》例言中指出:"自来书目无载序跋者,有之,自马氏《经

---

① 朱熹:《论语集注》《大学章句序》,齐鲁书社,1992年。
② 马端临:《文献通考》,序。
③ 何兵:《真理、信念与知识进化——库恩的进化知识观》,《自然辩证法通讯》2008年第2期。
④ 胡应麟:《少室山房集》卷一一六,上海书店出版社,1994年。

籍考》始,是编略仿其体。诸书序跋,凡世有刊本及作者有专集行世,其序跋载于集中者,以及经部之见于《经义考》《小学考》,唐文之见于《全唐文》者,不更录入,余则备载全文,俾一书原委粲然可考。"①陆心源在《皕宋楼藏书志》例言中云:"是编仿张氏金吾《爱日精庐藏书志》例,载旧椠旧抄之流传罕见者……书目之载序跋,自马氏《经籍考》始,是编仿载诸书序跋。"②孙诒让在《温州经籍志》序例中指出:"至于篇题之下,橐移序跋,目录之外,采证群书,《通考》'经籍'一门,实创兹例。朱氏《经义考》祖述马书,益恢郛郭,观其择撑群艺,研核臧否,信校雠之总汇,考镜之渊薮也。"③稍后,王重民、余嘉锡、姚明达等学者也有过类似评述。这些情况表明,作为《通典》《通志》的后继之作,《文献通考》往往被人们视为通志类政书"物种链条"中的一个"品种",乃至后人直接以"三通"命名之,而作为目录之作的《文献通考·经籍考》这个"新品种"却被忽视了,因此直至大约百年以后,才有人逐渐意识到它的产生和存在,继而襃扬并模仿之,这种情形与库恩的上述观点基本吻合。

二、"基因"与"遗传"

根据库恩的另一个观点,在生物进化中,单个有机物的特性不仅由其所有的基因(gene)决定,而且也为整个物种的基因库所决定,这种类比意味着科学是一种群体性的行为;对于学科而言,相同的词典为科学共同体的成员间的研究活动与评价提供了基础,同时也阻碍了一个科学共同体与另一个科学共同体的充分交流,从而保持了与其他共同体的隔离状态。④ 同样,辑录体提要的嬗变过程,也是一种群体行为,是群体基因在起着主要作用,这首先表现在"遗传"方面。如前所述,《文献通考·经籍考》之后,后人对该书进行了续写,主要有《续文献通考·经籍考》《钦定续文献通考·经籍考》《皇朝文献通考·经籍考》《皇朝续文献通考·经籍考》等,完成了古代"通考·经籍考"系列的"物种遗传",这几部续作从书名到体例一成不变,书名都是"经籍考",体例也按照"文""献""考"等主要部分来安排,在提要图书时,亦辑引原书序跋和他人评论,同时附有编撰者自己的按考。以《皇朝续文献通考·经籍考》为例,全《考》分为"文""献""考"三个部分,"文"介绍书名、作者、书的主旨等内容,"考"是编者的按语,"献"则是辑录原书序跋和原书作者自叙、自识及自述为主,亦偶尔兼采他人评论或其他资料来完成对

---

① 张金吾:《爱日精庐藏书志》,《续修四库全书》第 925 册,上海古籍出版社,2002 年,第 239 页。
② 陆心源:《皕宋楼藏书志》,《续修四库全书》第 928 册,上海古籍出版社,2002 年,例言。
③ 孙诒让:《温州经籍志》,《续修四库全书》第 918 册,上海古籍出版社,2002 年,第 129 页。
④ 何兵:《真理、信念与知识进化——库恩的进化知识观》,《自然辩证法通讯》2008 年第 2 期。

书目的提要,例如,经部易类张惠言《周易虞氏消息二卷》后引作者自序①,史部地理类魏源《海国图志一百卷》辑录左宗棠的序②,经部礼类黄丕烈《仪礼校正十七卷》下辑录的是作者自识③,经部小学类段玉裁的《六书音韵表五卷》辑录戴震致段玉裁的书信作为对该书的提要④。值得一提的是,辑录体提要的"遗传"不仅表现在"通考·经籍考"系列,还表现于经学专科目录(如朱彝尊的《经义考》)、史学专科目录(如章学诚等人的《史籍考》)、医学专科目录(如丁福保的《四部总录·医药编》)、地方艺文志(如孙诒让的《温州经籍志》)以及私家藏书目录(如张金吾的《爱日精庐藏书志》)之中,它们的提要与"通考·经籍考"中的提要共同构成了辑录体提要群,这个群的共同"基因"就是"辑录",这种"基因"同样来源于《文献通考·经籍考》的"遗传",继承了马《考》的辑录体形式,这既是马《考》"辑录基因"的"遗传",也是辑录体目录群体"辑录基因"的遗传,这种有别于其他目录"物种"的"基因",保证了辑录体提要特质的纯正性,同时也促使了辑录体提要"词典"的形成,在这个"词典"中,蕴含了辑录思想、资料摘引、编排体例与编撰方式等核心问题,它使得辑录体提要在事实上形成了与叙录体提要、传录体提要等其他目录提要的"学科隔离",从而在形式、内容以及学术意义上迥异于后者,得以"遗传"下去。

三、淘汰与"变异"

马赫认为,人类的思想或观念本身的变化也符合自然选择和适者生存的原则,所有知识和理论都是可错的、暂定的、不完备的,其形成具有一定的偶然性,任何认识都是关于外部世界的一种假设。⑤ 既然所有知识和理论都是可错的、不完备的,那么就需要新的知识和理论来不断对之补充、修正或者淘汰(eliminate),正如卡尔·波普尔所说的竞争性的斗争淘汰那些不适应的假说,这样,学术界的"变异"情形就出现了,结合辑录体提要在清中后期的发展轨迹可以看出,其学术考辨的色彩进一步突出,逐渐由辑考并重型提要向考辨型提要转变,辑录内容不是简单地为图书解题,而是考证书籍的存在与真伪。清末民初之际,更出现了专门针对目录提要进行学术考辨的目录提要辨证之作,这些著述已经超越了传统意义上的目录提要功能,其学术特质已经发生了"变异"。这种变

---

① 刘锦藻:《清朝续文献通考》卷二五七,商务印书馆,1936年。
② 刘锦藻:《清朝续文献通考》卷二六七。
③ 刘锦藻:《清朝续文献通考》卷二五八。
④ 刘锦藻:《清朝续文献通考》卷二六〇。
⑤ 何云峰:《进化认识论的兴起与演化》,《自然辩证法通讯》2001年第1期。

异是对以往辑录体提要的补充和修正,其前提是对以往目录提要的"可错性"和不完备性的认定,因此是一种学术意义上的淘汰。

在补史艺文志领域,姚振宗的《汉书艺文志拾补》是代表性著作之一,此作将辑录与考证结合起来,依据诸氏姓书、汲冢竹书、谶纬书、王莽之书、杂文、诗赋以及《风俗通义》《古今姓氏书辨证》《通志·氏族略》等材料,旁征博引,考证赅详,用以证明书籍的存在。例如,六艺略田氏《易经十二篇》引用了《史记·儒林传》、《史记·仲尼弟子列传》、《汉书·儒林传》、《崇文总目·易类序》、晋皇甫谧《高士传》、《艺文类聚·隐逸门》、《经义考》等内容,加以姚氏自己的按语,考证出田氏《易经十二篇》确实存在过。① 其他如侯康的《补三国艺文志》也遵循同样的学术理路。目录辨证方面的代表作则是余嘉锡的《四库提要辨证》,此书辨证古籍近500种,先列《四库提要》中需要辨证之处,后引诸家之说,进行考辨。例如,《周易象旨决录》七卷,《四库总目提要》云:"明熊过撰,是书据过自序,初名《易象旨》,后遂加《决录》之名。案,《三辅决录》,名始赵岐,以命名之义,古无传说,以意推之,盖定本之谓也。"余嘉锡辑引《后汉书·赵岐传》的内容,对"决录"一词中的"决"字进行了详细考证,指出了《四库提要》之误。② 又如《荀子二十卷》,先录《四库全书总目提要》原文:"周荀况撰。况,赵人,亦曰荀卿。汉人或称曰孙卿,则以宣帝讳询,避嫌名也。"后进行翔实考证,材料可靠,结论中肯,指出了前人的谬误。③ 另外,胡玉缙的《四库全书总目提要补正》同样以辑考为特征,对《四库提要》进行辨证。补史艺文志的学术贡献在于"补"字,目录辨证的学术价值在于"辨"字,无论是补撰还是考辨,都是在承认已有目录提要不完备的情况下对其进行的修正或淘汰,因此是辑录体提要在学术上的"物种变异"。

不仅如此,辑录体提要在清末民初的"变异"还表现在辑录序跋方式的极端化倾向上,其中一种倾向是竭尽所能式的"遍录序跋",另一种倾向则是仅记其名式的"简录序跋",前者的代表是丁福保的《四部总录·医药编》,后者的代表则是王重民的《中国善本书提要》。《四部总录·医药编》备载前人序跋,几乎囊括一本书的各个版本的所有序跋。例如,《黄帝内经素问》二十四卷下面,登录了从宋嘉祐中刊本到日本元和中活字印本等三十余种版本,对于各个版本的序跋,不论字数多少,皆全文摘录,其来源有《隋书经籍志考证》《郡斋读书志》《直斋书录解题》《崇文总目辑释》《中兴馆阁书目辑考》《汉书艺文志条理》《古今伪书考》《天禄琳琅书目》《天禄琳琅书目续编》《四库全书总目提要》《四库全书简明目录》《廉石

---

① 《二十五史补编》,中华书局,1955年,第1437页。
② 余嘉锡:《四库提要辨证》,中华书局,1980年,第21页。
③ 余嘉锡:《四库提要辨证》,第519~521页。

居藏书记》《读书丛录》《铁琴铜剑楼藏书目录》《经籍访古志补遗》《郑堂读书记》《金山钱氏家刻书目》《善本书室藏书志》《艺风藏书记》《徼季文钞》《适原藏书志》等二十一则,集一书序跋之大成。① 与之相反,《中国善本书提要》除了对于部分重要的序跋登录全文外,其余大多数序跋则仅仅记录作者姓氏以及写作年月而不录其内容。例如,《孟浩然集二卷》著录为:"二册(《四库总目》卷一百四十九)。(北图)。明凌氏朱墨印本【八行十九字(20.6×14.7)】。原题'唐襄阳孟浩然撰,宋卢陵刘辰翁评,明北地李梦阳参'。……王士源序。刘辰翁跋。李梦阳跋。李充嗣跋。凌蒙初跋。"②省略了王士源等五人所作序跋的内容而仅记其名。显然,《四部总录·医药编》与《中国善本书提要》的提要与其他的辑录体提要有着明显的不同,向着两个极端发展,一个是遍录,一个则是简录,无论是遍录还是简录,都是辑录体提要在辑录方式上的"变异",是对已有提要的修正和淘汰。

四、余 语

辑录体提要产生、"遗传"乃至"变异"的嬗变过程,实质上是一个知识进化的过程,这个嬗变过程是人类知识"物竞天择、适者生存"的结果,是学术适应社会发展的结果,也是社会选择的结果。辑录体提要的"遗传"和"变异"主要发生在清代,特别是清中期以后,之所以如此,是因为有其适宜的社会环境,这个环境蕴含了两个重要的"生境"条件——目录学的发展和考据学的勃兴。这一时期,中国古典目录学发展到了一个高峰期,无论是叙录体目录还是辑录体目录都有了进一步的发展,出现了《四库全书总目》这样的大型官修目录。同时,考据学兴起,深刻影响了当时社会的学术取向,其中自然包括辑录体提要。这样,编目者在接受辑录体提要的同时,也在寻求变化,自觉或不自觉地以考据学的理念和路径来规范辑录体提要,力图"淘汰"旧作,因此,辑录体提要就表现为"遗传"和"变异"兼而有之了,由此而完成群体的"进化",辑录体提要则通过这个进化过程完成群体的嬗变。

利奥塔在论及"后现代"这个众说纷纭的概念时说:人们从来都是在不断地对于现存的一切提出质疑,对已知的世界又重新进行一轮审视,哪怕是昨天刚刚被认可的也不例外。③ 马克斯·韦伯也认为:在学术领域中,自己所做的事在10年、20年、50年内就会过时,这种意识,对于任何文化要素都适用,不过学术

---

① 丁福保、周青云:《四部总录·医药编》,商务印书馆,1955年,第321~328页。
② 王重民:《中国善本书提要》,上海古籍出版社,1983年,第497页。
③ 盛宁:《人文困惑与反思——西方后现代主义思潮批判》,生活·读书·新知三联书店,1997年,第10页。

工作更是在某种完全特殊的意义上受着这种意识的支配,任何学术上的"完美",都意味着新的课题,却愿意被"超越",愿意过时。① 这些观点与知识进化论在某种程度上有着异曲同工之妙:学术与自然界的物种进化一样,具有极为相似的共通性,自然界的物种由于环境等因素的变化,始终处于"物竞天择、适者生存"的适应、进化与淘汰之中,而人类社会中的学术成果同样处于不断地被修正、被超越和被淘汰之中。从这个意义来说,作为整体的一切人类文化都将遵循这个规律,辑录体提要同样概莫能外,因此,辑录体提要的嬗变过程将是一个持续进行的进化与淘汰过程。当一次嬗变"完美"收官之时,就是"新的课题"的即将开始。

(原载《图书情报知识》2014 年第 6 期)

---

① 韦伯:《韦伯文集·以学术为业》,中国广播电视出版社,1999 年,第 82 页。

欧阳修论考史

余敏辉*

作为"北宋著名的文学家和取得多方面成就的学者"[①],欧阳修(1007～1072)读书治学,既有大胆怀疑、开风气之先的一面,又有求真务实、多闻阙疑的另一面,他的考史就体现了这样的学风特征。欧阳修在长期从事文献史料,特别是经书、史籍,以及谱牒和金石遗文的收集、整理和研究过程中,始终能够坚持创新与求实并重原则。一方面提倡学出己见,勇于立说;另一方面却强调言必有据,无征不信,如他对于先贤的一些定论,并不迷信盲从。对于一时无法搞清楚的问题,也不急于下结论,这在当时的疑古辨伪思潮中尤显难能可贵,对当时和后来历史文献学的发展产生了积极影响。

一、考史应"不没其实"

作为史学家的欧阳修,从来就把"直书而不隐"作为他编纂史书的指导思想,因此他广搜史料,遍考群书,所修《新五代史》就遵守了"不没其实"的要求,而他对于文献史料的考订也同样体现出这一观念。他收集金石铭刻"与史传正其缺谬"[②],收获很大,曾自述"余于《集(古)录》,正前史之阙缪者多矣"[③],如《魏钟繇表》为曹公破关羽贺捷表,钟繇建安二十四年闰月九日上。欧阳修考证闰月九日为十月,然而参照魏、吴二志,孙权是闰十月才征讨关羽,十二月才俘获关羽,"安得于闰十月先贺捷也?由是此表可疑为非真"[④]。他编修家谱,也以考信为标准,如庆历四年(1044)夏,曾巩奉父亲之命,写信请欧阳修为他已故的祖父撰写墓碑铭。由于曾巩所述的先祖世系"考于《史记》皆不合",因而欧阳修多方考证,找寻确凿证据,但终因世次久远而难明,所以"虽且从所述,皆宜更加考正"[⑤]。

---

* 余敏辉,现为淮北师范大学历史文化旅游学院教授。
① 孙钦善:《欧阳修学术研究·序》,见顾永新:《欧阳修学术研究》,人民文学出版社,2003 年。
② 《欧阳修全集》卷四二《集古录目·序》,中华书局校点本,2001 年,第 600 页。
③ 《欧阳修全集》卷一三八《隋尔朱敞碑》,第 2180 页。
④ 《欧阳修全集》卷一三七《魏钟繇表一》,第 2154 页。
⑤ 《欧阳修全集》卷四七《与曾巩论氏族书》,第 665 页。

欧阳修在《尚书户部郎中赠右谏议大夫曾公神道碑铭》中,就有"不知其始封""历商周千有余岁,常微不显""其后又晦,复千有余岁而至于公"①的说法。

欧阳修还注重对文人诗词中所涉史实的考辨。如他所撰《诗话》中就有这样的记载:

> 李文正公进《永昌陵挽歌词》云:"奠玉五回朝上帝,御楼三度纳降王。"当时群臣皆进,而公诗最为首出。所谓三降王者,广南刘铱、西蜀孟昶及江南李后主是也。若五朝上帝则误矣。太祖建隆尽四年,明年初郊,改元乾德。至六年再郊,改元开宝。开宝五年又郊,而不改元。九年已平江南,四月大雩,告谢于西京。盖执玉祀天者,实四也。李公当时人,必不缪,乃传者误云五耳。②

他既对词中的"三降王"进行了解释,又订正了"五朝上帝"之误。

在文献的著录上,欧阳修也力求客观真实。如作为反映唐代所藏书目的著作,《新唐书·艺文志》大量增补了《旧唐书·经籍志》缺漏未载的图书,体现出他"所修《唐书》新制最宜详备"③的要求;又通过"著录""不著录"记载方式,来区别并保留《古今书录》和《旧唐书·经籍志》的原貌,最大限度反映出历史真相。又如《新唐书·艺文志》将原本列入《旧唐书·经籍志》"史部杂传类"的一大批作品移录入"子部小说家类",如祖冲之《述异记》十卷、干宝《搜神记》三十卷、梁元帝《妍神记》十卷、祖台之《志怪》四卷、刘义庆《幽明录》三十卷、东阳无疑《齐谐记》七卷、王延秀《感应传》八卷、王琰《冥祥记》十卷等,这是因为他认为历史著作应以真实为其生命,其基本事实应是可考的,而《搜神记》《幽冥录》之类著作显然不符合这个标准。另外欧阳修对于原始文献如起居注的记载,更是要求及时准确,秉笔直书。如《宋会要·职官二》云:"庆历中,欧阳修为起居注,常论其失云:自古人君不自阅史。今撰述既成,必录本进呈,则事必有讳避,史官虽欲书而不敢也。乞自今起居注更不进本。仁宗从之。"又《续资治通鉴长编》卷一四五,庆历三年(1043)十一月记载:"辛卯,同修起居注欧阳修,请自今上殿臣僚退,令少留殿门,俟修注官出,面录圣语。从之。"

此外,欧阳修不信谶纬、灾异、附会之说,以及力排佛道"雄诞之说",也从另一个方面反映出他的求实精神。

---

① 《欧阳修全集》卷二〇《尚书户部郎中赠右谏议大夫曾公神道碑铭》,第330页。
② 《欧阳修全集》卷一二八《诗话》,第1949页。
③ 李焘:《续资治通鉴长编》卷一八一,上海古籍出版社,1986年,第4381页。

欧阳修既博采众说,又学求其是,一生潜心致力于古籍辨伪、文献著录,以及史书纠误、文集考订,目的在于恢复历史之全貌、事实之真相,反映出他作为一位历史学家的学术品格。

二、考史应"慎于传疑"

欧阳修极其重视阙疑的学术传统,他在跋《邓艾碑》云:

> 右《邓㽞碑》,考其事迹终始,即魏邓艾碑也。艾尝为兖州刺史,据碑云"晋初尝发兖州兵讨叛羌,艾降巫者传言,授以用兵之法,因以破羌。兖人神之,遂为艾立庙建碑纪其事"。艾于三国时为名将,尝有大功,其姓名闻于世甚显,史与兖人皆不应误。而"艾""㽞"二名不同如此,此君子所以慎于传疑也。①

认为邓艾作为三国名将,史书记载和碑文所刻都不应有误,记载不同的原因却无从探究,因而主张"慎于传疑"。

欧阳修在《帝王世系图·序》中,曾对古史系统提出了质疑,类似的议论又见他所著《诗本义》。他强调说:"君子之学也,不穷远以为能,阙所不知,慎其传以惑世也,阙焉而有待可矣。毛郑之说,余能破之不疑;生民之意,余所不知也,故阙其所未详。"②欧阳修在《与张秀才棐第二书》中还反对"务高言而鲜事实"的做法。他曾举孔子删《书》的例子来说明:

> 孔子删《书》,断自《尧典》,而弗道其前,其所谓学,则曰"祖述尧舜"。如孔子之圣且勤,而弗道其前者,岂不能邪?盖以其渐远而难彰,不可以信后世也。今生于孔子之绝后,而反欲求尧、舜之已前,世所谓务高言而鲜事实者也。③

主张叙述古史,要以"传信"为原则。就以修谱来说,欧阳修同样主张求实,对于"世次久远而难详"之事,多用疑似之词,并不轻易下结论,他在《与曾巩论氏族书》中说:

---

① 《欧阳修全集》卷一三七《魏邓艾碑》,第2157页。
② 欧阳修:《诗本义》卷一〇《生民》,文渊阁《四库全书》本。
③ 《欧阳修全集》卷六七《与张秀才棐第二书》,第978~979页。

如足下所示,云曾元之曾孙乐,为汉都乡侯,至四世孙据,遭王莽乱,始去都乡而家豫章。考于《史记》,皆不合。盖曾元去汉近二百年,自元至乐,似非曾孙,然亦当在汉初。则据遭莽世,失侯而徙,盖又二百年,疑亦非四世。以《诸侯年表》推之,虽大功德之侯,亦未有终前汉而国不绝者,亦无自高祖之世至平帝时,侯才四传者。宣帝时,分宗室赵顷王之子景,封为都乡侯。则据之去国,亦不在莽世,而都乡已先别封宗室矣。又乐、据姓名,皆不见于《年表》,盖世次久远而难详如此。若曾氏出于鄫者,盖其支庶自别有为曾氏者尔,非鄫子之后皆姓曾也,盖今所谓鄫氏者是也。①

在其他学术领域,欧阳修也无不如此。如他坚持把"阙疑"当作校勘原则,提出了"校雠之际,决于取舍,不可不慎",此处不再赘述。② 而他考释金石文字,遇到疑难困惑处,要么请教专家,博采通人之说;要么阙疑待问,从不勉强为解。金石遗文中有古奥费解处就保持原样,留待后人解决,如张仲器铭有五十一,能够辨识的有四十一,其余"以俟博学君子"③;有不同解释就一同并录,以供后人选择,如《韩城鼎铭跋》"原甫博学,无所不通,为余释其铭以今文,而与南仲时有不同。故并著二家所解"④;有几种说法就存异待考,不作取舍,此类例子就更多了。而后来的金石学家却大不一样,如王国维批评说:"自王楚、王俅、薛尚功之书出,每器必有释文,虽字之绝不可释者,亦必附会穿凿以释之,甚失古人阙疑之旨。"⑤

此外,欧阳修指出《诗序》作者已无从考证,主张付之阙如。针对汉唐诸儒解诗,必委屈为说,汗漫为解,以致改经就注、穿凿附会,欧阳修对这种轻率做法提出了严厉批评,他说:"郑多改字,前世学者已非之。然义有不通,不得已而改者,犹所不取,况此义自明,何必改之以曲就衍说也!"⑥正确的做法应该是"六经有所不通,当阙之以俟知者。若改字以就己说,则何人不能为说?何字不可改也?"⑦因此,一方面,他勇破旧说,以己意解经;另一方面,对于一时无法解决的问题或证据不足的猜想,则采取谨慎的阙疑态度。《诗本义》中质疑发问、存疑待考、传疑求证的例子很多,如欧阳修就《鲁诗》中所反映"克淮夷,伐戎狄,服荆舒,

---

① 《欧阳修全集》卷四七《与曾巩论氏族书》,第 665~666 页。
② 参见余敏辉:《欧阳修校勘学成就述论》,《史学史研究》2003 年第 3 期。
③ 《欧阳修全集》卷一三四《张仲器铭》,第 2077 页。
④ 《欧阳修全集》卷一三四《韩城鼎铭》,第 2067 页。
⑤ 《观堂别集》卷四《金文编·序》,见《观堂集林》(外二种),第 872 页。
⑥ 《诗本义》卷一三《七月》。
⑦ 《诗本义》卷一三《绿衣》。

荒徐宅,至于海邦、蛮貊,莫不从命,何其盛也"的情况,与《春秋》所记史实进行比照,发现要么"与《春秋》不合",要么"不见于《春秋》",因而他说:"《诗》,孔子所删正也,《春秋》,孔子所修也。《诗》之言不妄,则《春秋》疏谬矣;《春秋》可信,则《诗》妄作也。其将奈何?应之曰:吾固言之矣,虽其本有所不能达者,犹将阙之是也。惟阙其不知以俟焉可也。"①

欧阳修的阙疑,反映他的一种求真的精神、客观的态度和谦逊的学风。其实,阙疑不是回避问题,躲避矛盾,而是在方法用尽仍无法解决之时才不得已为之;同时,阙疑并不意味着问题的解决,只是在特定时间、一定范围内的存疑,而随着条件的变化,原先的阙疑之处可能会得到解决,如《魏刘熹学生冢碑》,欧阳修在乾德令时,"不暇读而去";后来集录古文,"疑为汉碑",求之又数年乃获;最终经过考证,断定为"魏时碑也"②。

三、考史应"勇断不惑"

欧阳修学贵发疑,不拘旧说,曾自述"少无师传,而学出己见"③,认为"泥古之士,学者之患也"④。其子欧阳发也说:"公于经术,去取如此,以至先儒注疏有所不通,务在勇断不惑。"⑤

在经籍和史书的考辨上,欧阳修就敢于抒发己见,既力辨传注的诬妄,又审察经书本身的讹舛,如他认为《易传》既不是圣人所作,也不是一人之言;从《周礼》设官之烦、不为后世所用两方面揭露《周礼》可疑之处;又突破前人陈见,对《史记》编排的古史系统进行质疑;还从《泰誓》疑《尚书》,辨《石鼓文》等。尤其是《诗本义》黜《诗序》,以及评议毛、郑《诗》之"臆说""衍说""曲说""妄说",在《诗》学史上引发了疑辨之声。诚如欧阳修所言"正经首唐虞,伪说起秦汉。篇章异句读,解诂及笺传。是非自相攻,去取在勇断"⑥,因而"于经术,治书大旨,不为章句,不求异于诸儒"⑦,多有创获。此外,欧阳修极力推崇梅圣俞所注《孙子》,"凡胶于偏见者皆抉去,傅以己意而发之,然后武之说不汩"⑧,指出梅注多有"己意",很有价值。

---

① 《诗本义》卷一四《鲁问》。
② 《欧阳修全集》卷一三七《魏刘熹学生冢碑》,第2155页。
③ 《欧阳修全集》卷六八《回丁判官书》,中华书局,2001年,第995页。
④ 《欧阳修全集》卷一二九《笔说》,第1967页。
⑤ 《欧阳修全集·附录》卷二《先公事迹》,第2627页。
⑥ 《欧阳修全集》卷九《读书》,第139页。
⑦ 《欧阳修全集·附录》卷二《神宗实录本传》,第2660页。
⑧ 《欧阳修全集》卷四二《孙子·后序》,第606页。

由于六经和《论语》《孟子》《尔雅》等这些经书产生于先秦,到欧阳修所处的时代,至少历经千年了。而在此期间,因为天灾人祸不断,经书损毁严重;还有后儒有意作伪和无意传讹混杂其中,牵强附会,妄说误解不少;以及对经书认识的分歧等,使得后世学者对经书内容是否完整、作者是否真实,以及论述是否合理等都产生了怀疑,从而引发了很大争议。欧阳修就一再指出这种现象:"自孔子没而衰,接乎战国,秦遂焚书,六经于是中绝。汉兴,盖久而后出,其散乱磨灭既失其传,然后诸儒因得措其异说于其间,如《河图》《洛书》,怪妄之尤甚者。余尝哀夫学者知守经以笃信,而不知伪说之乱经也。"①为了求得经书的原貌和本义,他排《系辞》、黜《诗序》、毁《周礼》,攘斥"伪说之乱经";又探求《诗》本义,发明《易》理,考究《春秋》大旨,都以经书文本为依据,不为传注所迷惑。正如欧阳发所说,"平生所辨明十数事,皆前世人不以为非,未有说者。如五帝不必皆出于黄帝,春秋赵盾弑君非赵穿,许世子非不尝药,武王之十有一年非受命之年数,及力破汉儒灾异五行之说。《正统论》破以秦为伪闰,或以功德,或以国地不相臣属,则必推一姓以为主之说。以为正者正天下之不正,统者统一天下之不一。至于各据地而称帝,正朔不相加,则为决统,惟合天下于一者为正统。统或绝、或续,而正统之说遂定焉"②。

　　此外,欧阳修还首次大规模收藏金石铭刻,编目录,写跋尾,以碑证史,以史考碑,碑史互证,同时运用金石铭刻这种珍贵的原始文献来校勘古籍,信其所应信,疑其所当疑,别开生面,不仅开拓了学术研究新的领域,而且奠定了金石考据学的基础。还有,在唐末五代谱学衰微情况下,他私修《欧阳氏谱图》,创制"五世一图法",改造家谱体例,重振家谱学,为明清家谱学繁荣创造了条件。

四、考史应"不苟立异"

　　欧阳修虽强调学贵自得,却反对刻意求新,欧阳发就说他"不苟务立异于诸儒"③,韩琦也评价他"务究大本","不过求圣人之意自立异论"④,表明他尊重先儒旧说,决不轻率标新立异,而史书上也有他"虽以文雄一时,然无忌前好胜之气"⑤的记载。

　　其实,欧阳修对自己的学生也作这样要求。如庆历三年(1043),欧阳修致信

---

① 《欧阳修全集》卷四三《廖氏文集·序》,第615页。
② 《欧阳修全集·附录》卷二《先公事迹》,第2627页。
③ 《欧阳修全集·附录》卷二《先公事迹》,第2627页。
④ 《欧阳修全集·附录》卷三《墓志铭》,第2704页。
⑤ 《欧阳修全集·附录》卷二《重修实录本传》,第2671页。

徐无党,规劝他治经旨"不敢自以为是",责备他"自信甚锐","于经外又自为说";又批评说后儒给《春秋》作注,总结《春秋》书法义例是"患沙浑水,而投土益之",因而主张丢掉《春秋》书法,"不若沙土尽去,则水清而明",并且告诫学者要"慎于述作"。他说:

> 凡今治经者,莫不患圣人之意不明,而为诸儒以自出之说汩之也。今于经外又自为说,则是患沙浑水而投土益之也,不若沙土尽去,则水清而明矣。鲁隐公南面治其国,臣其吏民者十余年,死而入庙,立谥称公,则当时鲁人孰谓息姑不为君也。孔子修《春秋》,凡与诸侯盟会、行师、命将,一以公书之,于其卒也,书曰"公薨"。……故某常告学者慎于述作,诚以是也。①

表明了欧阳修对于徐无党治经史有看法。也就是说,对于徐无党注《新五代史》又去搞一套书法义例,欧阳修是持批评态度的。

欧阳修所著《诗本义》,在批驳毛《传》、郑《笺》解经曲为附丽,穿凿附会的同时,力主实事求是地进行评价,并表明态度说:"尽其说而有所不通,然后得以论正,予岂好为异论者哉。"②因此,一方面,他对毛、郑正确的地方,积极给予肯定,认为已得"诗人之意"或"圣人之旨",主张应该沿用其说;另一方面,提倡慎于改易,声称自己"不得已乃易之,非乐求异于先儒也"③,只有"质诸先圣则悖理,考于人情则不可行,然后易之"④,不过即使有所改易,还要做到"未尝轻议二家,而亦不曲徇二家"⑤,可见他探求《诗》本义是极为审慎严谨的。又如《礼记》,他就认为不可随意改动,说:"然其中好语,合于圣人者多,但当去其泰甚者尔,更宜慎重。"⑥

欧阳修对《易传》的态度也比较客观,认为虽非圣人所作,却"未必无益于学",他说:

> 不必废也,古之学经者皆有《大传》,今《书》《礼》之传尚存。此所谓《系辞》者,汉初谓之《易大传》也,至后汉已为《系辞》矣。……《系辞》者谓之《易大传》,则优于《书》《礼》之传远矣,谓之圣人之作,则僭伪之书也。盖夫使学

---

① 《欧阳修全集》卷一八《答徐无党第一书》,第1011~1012页。
② 《欧阳修全集》卷四二《诗谱补亡·后序》,第604页。
③ 陈振孙:《直斋书录解题》卷二《诗本义》,上海古籍出版社,1987年,第36~37页。
④ 朱彝尊:《经义考》卷一〇四引,中华书局,1998年,第563页。
⑤ 永瑢等:《四库全书总目》卷一五《经部·诗类一·毛诗本义》,中华书局,1965年,第121页。
⑥ 《欧阳修全集》卷一五〇《与姚编礼(辟,字子张)》,第2483页。

者知《大传》为诸儒之作,而敢取其是而舍其非,则三代之末,去圣未远,老师名家之世学,长者先生之余论,杂于其间者在焉,未必无益于学也,使以为圣人之作,不敢有所择而尽信之,则害经惑世者多矣。此不可不辨也,吾岂好辨者哉!①

欧阳修信经疑传,认为应以《春秋》经为正,传不可尽信,提出"舍传从经"的主张。不过,他并不全盘否定"三传",主张择善而从:

> 或问:"子于隐摄,盾、止之弑,据经而废传。经简矣,待传而详,可废乎?"曰:"吾岂尽废之乎?夫传之于经术勤矣,其述经之事,时有赖其详焉,至其失,传则不胜其戾也。其述经之意,亦时有得焉,及其失也,欲大圣人而反小之,欲尊经而反卑之。取其详而得者,废其失者,可也;嘉其尊大之心,可也;信其卑小之说,不可也。"问者曰:"传有所废,则经有所不通,奈何?"曰:"经不待传而通者十七八,因传而惑者十五六。日月,万物皆仰,然不为盲者明,而有物蔽之者,亦不得见也。圣人之意皎然乎经,惟明者见之,不为他说蔽者见之也。"②

此外,宋咸著《补注周易》,对旧注的疏谬之处悉加刊补,自以为此书一出,几可尽废从前之作,并请教于欧阳修。欧阳修答书"甚善",语语褒嘉,却言含隐讽,认为他"于经勤矣,凡其所失,无所不欲正之,其刊正补缉者甚众,则其所得亦已多矣",并指出他病在有意求胜于前人,而没有虚心以求其意,也未必尽得六经之旨。他说:

> 世无孔子久矣,六经之旨失其传,其有不可得而正者,自非孔子复出,无以得其真也。儒(按:当为"传")者之于学博矣,而又苦心劳神于残篇朽简之中,以求千岁失传之缪,茫乎前望已远之圣人而不可见,杳乎后顾无穷之来者,欲为未悟决难解之惑,是真所谓劳而少功者哉。然而六经非一世之书也,其传之缪非一日之失也,其所以刊正补缉亦非一人之能也。使学者各极其所见,而明者择焉,十取其一,百取其十,虽未能复六经于无失,而卓如日月之明。然聚众人之善以补缉之,庶几不至于大缪,可以俟圣人之复生也,

---

① 《欧阳修全集》卷七八《易童子问》卷三,第1122页。
② 《欧阳修全集》卷一八《春秋或问》,第311页。

然则学者之于经,其可已乎?①

欧阳修强调考订文献史料应博采众说,择善而从,立论谨慎,正如宋末王柏所说,"其言精切而深远,广大而公平,既不以己说为是,亦不敢厚诬后世之无人"②。欧阳修一生致力于《诗经》《易经》《春秋》等的注释和评论,虽大胆怀疑并严厉批评汉唐注疏,却不主张全部废掉,能如此平心静气,持论客观而公允,确实是应该给予积极肯定的。

五、考史应"切于人事"

欧阳修"学通今古,究明人事之始终"③,在《送张唐民归青州序》中,他表述了对天人关系的总的看法:"呜呼!人事修,则天下之人皆可使为善士,废则天所赋予,其贤亦困于时。夫天非不好善,其不胜于人力者,其势之然欤?此所谓天人之理,在于《周易》否泰消长之卦。能通其说,则自古贤圣穷达而祸福,皆可知而不足怪。"④欧阳修认为,"六经之所载,皆人事之切于世者"⑤。他指斥汉《泰誓》为伪书,就是由于其中有白鱼赤乌之说;认为《周南·麟之趾》《召南·驺虞》的《诗序》语涉感应,怪异不经,"疑此二篇之序为讲师以己说汨之,不然,安得缪论之如此也?"⑥此外,他以此对河图、洛书的传说提出质疑,他说:"河出《图》,洛出《书》,圣人幽赞神明而生蓍,两仪生四象,若此者,非圣人之言也。凡学士不通者,惑此者也。知此,然后知《易》矣。"⑦正如近人张元济在《诗本义·跋》中所说:"欧阳永叔不信符命之说,尝斥《周易》《河图》《洛书》为妖妄,是书于《思文》《臣工》诸诗复力诋高禖祈子、后稷天生,及白鱼跃舟、火流为乌与谷俱来之怪说,诚古人之先知先觉者!"

欧阳修用"天理"取代"天命",严厉谴责了董仲舒、刘向和刘歆父子宣扬的"五行灾异"说。为了保持经文的纯洁性,他还曾上书《论删去九经正义中谶纬札子》,建议排斥经注中谶纬迷信内容:

---

① 《欧阳修全集》卷四七《答宋咸书》,第667页。
② 王柏:《鲁斋集》卷二《大学沿革论》,《丛书集成初编》本。
③ 《欧阳修全集》卷九五《回校理邵学士(必)启》,第1449页。
④ 《欧阳修全集》卷四四《送张唐民归青州序》,第627页。
⑤ 《欧阳修全集》卷四七《答李诩第二书》,第669页。
⑥ 《诗本义》卷一《麟之趾》。
⑦ 《欧阳修全集》卷六一《易或问》,第879页。

臣欲乞特诏名儒学官,悉取九经之疏,删去谶纬之文,使学者不为怪异之言惑乱,然后经义纯一,无所驳杂,其用功至少,其为益则多。臣愚以谓欲使士子学古励行而不本六经,欲学六经,而不去其诡异驳杂,欲望功化之成,不可得也。①

仁宗读过奏疏以后,下令国子学官摘取《九经正义》所引的谶纬之说,逐条抄录,奏报朝廷。后来,由于宰辅大臣文彦博、富弼等人不同意擅改经籍,因此欧阳修这项建议没有得到实施。在经书考订上,欧阳修主张依情据理,切于人事,认为只有这样才能"推天地之理,以明人事之始终,而不失其正"②。如他解说《易》理,明确反对天命,提出"修吾人事而已,人事修,则与天地鬼神合矣"③;《易》之为说,"止于人事而已矣,天不与也"④。探求《诗》之本义,欧阳修提倡"以人情求之,则不远矣"⑤,并批评郑玄以谶纬解经,说:"郑学博而不知统,又特喜谶纬诸书,故于怪说尤笃信。"⑥

欧阳修考辨经书、探求义理、考证史实,往往能从人情和事理出发,切近人事,这是与他向来反对汉儒的"天人感应"与谶纬迷信等神学谬说紧密联系在一起的。

总之,欧阳修考订文献史料,既考信求实,又勇于开拓,同时还力纠旧说,主张求变,却反对刻意标新,与众不同;此外,他还注重人事,排斥天命,批驳怪妄之说等,这些对当时及后世的文献学发展都产生了深刻影响。

(原载《史学史研究》2007年第3期)

---

① 《欧阳修全集》卷一一二《论删去九经正义中谶纬札子》,第1707页。
② 《欧阳修全集》卷六五《张令注周易·序》,第949页。
③ 《欧阳修全集》卷七六《易童子问》卷一,第1109页。
④ 《欧阳修全集》卷六一《易或问》,第878页。
⑤ 《诗本义》卷六《出车》。
⑥ 《诗本义》卷一三《取舍义》。

论宋明以来集录碑传的史学传统

吴 航*

引 言

"正史"以外,私家撰述中的碑(如墓表、墓志铭、神道碑等)、传(哀启、行状、家传、传略等),源远流长,绵延不绝,是中国史学撰述的重要组成部分之一。集录碑传为一书,始于宋代杜大珪编《名臣碑传琬琰集》。明代以降,又有焦竑编《国朝献征录》,徐纮、王元编《皇明名臣琬琰录》《续录》。清至近代,则有钱仪吉编《碑传集》、缪荃孙编《续碑传集》、闵尔昌编《碑传集补》、汪兆镛编《碑传集三编》。金毓黻说:"裒录碑传以为一编,莫先于宋杜大珪之《名臣碑传琬琰集》。元人苏天爵继之以作《名臣事略》。明人焦竑之《献征录》,亦其伦类。清代则裒录亦多。嘉定钱氏经始于前,江阴缪氏嗣响于后,以成正续《碑传集》。李氏《耆献类征》,亦用此体。近人闵尔昌又辑《碑传集补》。皆以清代为断。闻番禺汪兆镛亦续《碑传集》,未及付梓。闵氏辑《碑传征遗》,存稿待刊。又,仪征阮氏曾纂《清碑版录》,未闻行世,殆见缪《集》而辍。若斯之类,盖更仆而难数也。"①事实上,宋明以来,集录碑传为专书者,概不止此。进入民国,国史馆有纂辑《民国碑传集》之举,惜未成书;朱希祖致力于南明史研究,曾辑《南明人碑传集》一卷,事属草创;滇人方树梅辑成《滇南碑传集》与《续滇南碑传集》两书,乃区域性碑传集。中华人民共和国成立后,钱仲联辑成《广清碑传集》,卞孝萱、唐文权编辑《辛亥人物碑传集》与《民国人物碑传集》。历经五百余年,集录碑传事业递相祖述,屡有纂辑,使得这类著述蔚然成一系列,成为我国史学园地中的一朵朵奇葩。

可以说,自宋明以来,集录碑传成为我国史学的一种学术传统。已故中国史学史专家罗炳良教授云:"在中国史学史上,搜集碑传资料与利用碑版证史的传统由来已久。然而史家形成自觉的史学意识,使之成为连续不断的史学活动,则是从南宋史家杜大珪编纂《名臣碑传琬琰录》肇端。"②而白寿彝先生更早指出:

---

* 吴航,现为淮北师范大学历史文化旅游学院副教授。
① 金毓黻:《民国碑传集序例》,《国史馆馆刊》第 1 卷第 2 期,1948 年 4 月。
② 罗炳良:《杜大珪〈名臣碑传琬琰集〉的编纂特点与史学价值》,《天津社会科学》2010 年第 5 期。

"就过去某些史学著作跟原始史料的关系来说,他们有的是整理了原始史料而作出了有系统有体系的历史著作……我们不应该把前人的研究成果,简单地看作史料,而应该看作值得研究的观点或意见。"①所以,我们不能仅仅将它们视为史料,更要从史学撰述的角度加以审视。同时,对这种史学现象或史学著述进行实事求是的分析,是我们继承我国史学遗产、推进史学研究的一种方式方法。

一、集录碑传的条件

集录碑传是一件历时长久、十分艰辛的基础工作。一般来说,碑传集的搜集整理者,或是史官,或是从事史学撰述的学者,抑或近现代的文史专家,本身大都"是有名的学者,交游很广,向人征求碑传,有靳而不予者"②;直至成书,历时较长,经常是"数十年如一日,惨淡经营,殊非易事"③,耗费了整理者的大量精力、智力、物力、财力等。如钱仪吉纂辑《碑传集》,从清道光三年(1823)开始,到道光三十年过世之前,用了将近三十年的工夫,才完成草稿;后经诸可宝校订,交由浙江布政使黄彭年刊刻问世。缪荃孙再辑《续碑传集》,则从光绪七年(1881)开始,至宣统二年(1910)完成,前后历时三十年最终成书。闵尔昌拾遗补缀,作《碑传集补》,编纂时间长达十年,"时作时辍,遂将十年"④,直至民国十二年(1923)刊印。还须家人、学生等作为助手,或提供佐助。钱仪吉外孙沈善登追述《碑传集》编纂过程,云:"方事之殷,四出借书,不得,则命驾厂肆,捆载满收,至无容膝地,则跨辕而归,众手分抄,伯舅助翻检,克日还之,易所未见,以为长。而先母所写最速且多,公赐诗有'兼旬为写百篇书',即此事也。"⑤卞孝萱、唐文权共同编辑《民国人物碑传集》,卞"妻段子宜女士、文权夫人洪宝珠女士以及南京大学、华中师范大学几位研究生用简化字抄写"⑥。

当然,还需要满足其他一些主客观条件,如前人所撰碑传已有一定量的积累;政治环境的宽松与学术传统的惯性;学者个体有较高认知和学术追求,即乐意从事这样的事业。

集录碑传首要的条件之一,就是须有大量的碑传存世。只有大量碑传存在之前提,才有集录成书之可能。那么,碑传何时出现呢?顾炎武说:"列传之名,

---

① 白寿彝:《谈史学遗产》,载《中国史学史论集》,中华书局,2003年,第452页。
② 陈恭禄:《中国近代史资料概述》,中华书局,1982年,第301页。
③ 章开沅:《序言》,载卞孝萱、唐文权编:《辛亥人物碑传集》,凤凰出版社,2011年,第2页。
④ 闵尔昌:《碑传集补自序》,载《碑传集补》卷首《清代碑传全集》第5册,广陵书社,2016年,第1页。
⑤ 钱仪吉:《碑传集》卷首附《沈吉士书》,中华书局,1993年,第7页。
⑥ 卞孝萱:《后记》,载卞孝萱、唐文权编:《民国人物碑传集》,凤凰出版社,2011年,第819页。

始于太史公,盖史体也。不当作史之职,无为人立传者,故有碑,有志,有状,而无传。"又说:"自宋以后,乃有为人立传者,侵史官之职矣。"①也就是说,没有作史之职、作史之权的人,即不具备为人立传之资格,于是就变相采用写作碑、志、状等方式,以记载人物的生平事迹。章学诚对顾炎武的说法予以反驳,认为自古文无定体,经史不分,像《春秋》三传与大小戴《礼记》,或"依经起义",或"附经而行","至于近代,始以录人物者区为之传,叙事迹者区为之记。盖亦以集部繁兴,人自生其分别,不知其然而然,遂若天经地义之不可移易。此类甚多。学者生于后世,苟无伤于义理,从众可也。……后世专门学衰,集体日盛,叙人述事,各有散篇,亦取传记为名,附于古人传记专家之义尔"。又说:"夫后世文字,于古无有而相率而为之者,集部纷纷,大率皆是。若传则本非史家所创,马、班以前,早有其文。"②

相关研究认为,传之产生先于碑,"碑传之始,匪特记人。专以记人,则传先于碑。《世本》中已有传。《汉书·艺文志》有《高祖传》《孝文传》。《史记·伯夷列传》引伯夷、叔齐古传,皆在司马迁七十列传之前。是传之作,起于先秦,碑则汉始有之。今汉碑传世尚多,蔡邕犹擅斯作,其《集》可征。"③四库馆臣则称:"墓碑最盛于东汉,别传则盛于汉魏之间。张晏注《史记》,据墓碑知伏生名胜。司马贞作《史记索隐》,据班固泗上亭长碑知昭灵夫人姓温。裴松之注《三国志》,亦多引别传。"④据清人赵翼爬梳,裴松之注《三国志》征引私传,若《曹瞒传》《郑玄别传》《荀彧别传》《祢衡传》《荀氏家传》《邴原别传》《程晓别传》《王弼传》《孙资别传》《曹志别传》《陈思王传》《王朗家传》《何氏家传》《裴氏家记》《刘廙别传》《任昭别传》《钟会母传》《虞翻列传》《赵云别传》《费祎别传》《华佗别传》《管辂别传》《诸葛恪别传》,以及何劭作《王弼传》,会稽《邵氏家传》,陆机作《顾谭传》《陆逊铭》《机云别传》等⑤,不下三十种。可见其数量之巨大。

随着时代的演进,尤其是六朝以后,碑传文大量产生,"沿及六朝,文体加缛,定谥有诔,表墓有志,策哀有词,起自朝廷,被于闾巷。唐有天下,昌黎韩愈,以文章雄视百代,鸿篇巨制,多出其手,碑传之作,于斯为盛。历宋元明清,其流愈衍,其制愈夥,私家而僭史官之权,及身而制幽之石,至于今日,几于

---

① 顾炎武:《日知录》卷一九,"古人不为人立传"条,《顾炎武全集》本,上海古籍出版社,2012年,第756~757页。
② 章学诚:《文史通义·内篇五·传记》,仓修良编注本,浙江古籍出版社,2005年,第191页。
③ 朱希祖:《滇南碑传集叙》,周文玖选编:《朱希祖文存》,上海古籍出版社,2006年,第410~411页。又,方树梅纂辑,李春龙、刘景毛、江燕点校:《滇南碑传集》卷首,云南民族出版社,2003年,第4页。
④ 永瑢等:《四库全书总目》卷五七《史部·传记类一·名臣碑传琬琰集提要》,中华书局,1965年,第520页。
⑤ 赵翼著,王树民校证:《廿二史札记校证》卷六,"裴松之三国志注"条,中华书局,1984年,第133页。

人各一碑,家各一传"①。且隋唐以后,文人学士竞相替人撰写碑志、别传,相沿成为新的社会风尚。所以,当社会上存在大量的碑传文献时,集录碑传成为专书才有可能。

另外,集录碑传可能受到学术发展的影响,或受到史学活动的刺激。两宋之际,杜大珪辑成《名臣碑传琬琰集》,不是偶然的,可能受到了金石学研究的影响。"宋代以前的历代学者尽管也有人著录、记载和研究金石文字,但都是一鳞半爪,不成体系。两宋时期的学者不但广泛收集金石碑刻,而且撰写了不少专门的研究著作,形成了不同的流派,创立了金石学。宋人开创了以金石与文献互证的考据方法,在中国考证学发展史上具有里程碑的意义。正是在这种浓厚的学术氛围中,杜大珪才能把这些零散的撰述加以汇总,升华出自觉的历史编纂意识,汇集成《名臣碑传琬琰集》。"②

焦竑编纂《国朝献征录》,正值晚明当代史撰述由勃兴到繁荣的过渡期。万历年间,焦竑充任本朝纪传体国史纂修官,利用修史余暇私纂《国朝献征录》,"癸巳,开史局,南充意在先生。先生条四议以进。史事中止,私成《献征录》百二十卷。积书数万卷,览之略遍"③。似可理解为焦竑当时已有私修国史的准备,及修史中辍,辞官归里,"若而年不忘其初,凡所睹闻,佥命掌记,时为缵辑"④,最终辑成《国朝献征录》。

方树梅纂辑《滇南碑传集》《续滇南碑传集》,则缘于他致力于乡邦文献的搜集和整理。方氏早年撰著《晋宁乡土志》《晋宁州志》,编辑《滇文丛录》《滇诗丛录》《滇词丛录》,撰著《师荔扉年谱》《杨文襄年谱》《钱南园先生年谱》,选印《滇南书画录》,并撰小传,与云南当地文化名人赵藩、陈荣昌、秦光玉、袁嘉谷、赵式铭等编纂《云南丛书》《云南通志》。在这些学术活动中,他见钱、缪、闵三家碑传集"于滇南人物,所收寥寥","欲思博访吾滇碑传,都为一集",为此"出游南北十余省,搜访文献,关于滇南碑传所获尤夥"⑤。最终将汉至元滇南人物编为《古滇人物考》,明清两代人物编为《滇南碑传集》,民国至中华人民共和国成立初人物编为《续滇南碑传集》。

---

① 赵式铭:《滇南碑传集序》,方树梅纂辑,李春龙、刘景毛、江燕点校:《滇南碑传集》卷首,第1页。
② 罗炳良:《杜大珪〈名臣碑传琬琰集〉的编纂特点与史学价值》,《天津社会科学》2010年第5期。
③ 黄宗羲撰,沈芝盈点校:《明儒学案》卷三五《泰州学案四·文端焦澹园先生竑》,中华书局,2008年,第828~829页。《四库全书总目》卷六二《史部·传记类存目四·献征录提要》亦称:"考竑在万历中,尝应陈于陛聘,同修国史,既而罢去。此书殆即当时所辑录欤?"
④ 黄汝亨:《献征序》,载焦竑:《国朝献征录》卷首,广陵书社,2013年,第6~7页。
⑤ 方树梅纂辑,宋文熙、工樵、陶学宪校补:《续滇南碑传集校补》卷六《文学》引李生莪《方树梅传略》,云南民族出版社,1993年,第471页。按:该传载方氏1934年受云南通志馆委派出游访求滇南文献,所得甚夥,"抄得未刻新疆省长蒙自杨增新神道碑、墓志铭稿,以备《通志长编·人物》资料"。

二、集录碑传的史学旨趣

学者著述或辑成专书者,率多受到时势激发而有为之作。也就是说,这类著作的编纂,大都是在特定时代条件下的产物。宋明以来,碑传集类著述的编纂者,同样具有强烈的经世目的。正所谓"古之良史,多资故典。会粹成书,未有无因而作者"①。只不过我们以往考察这类著述的成书过程,不甚关注这一方面。如果我们对这类著述进行综合考察和纵向比较,即可注意贯穿于其中的治学旨趣。

集录碑传主要出于征文考献的根本目的,即为了实际利用而辑成专书。杜大珪"顾石本不尽拓摹,文集又皆散见,互考为难"②,于是辑为《名臣碑传琬琰集》一〇七卷,分作三集,上集二十七卷(神道碑),中集五十五卷(志铭、行状),下集二十五卷(别传,采自宋人文集,间采于实录、国史),起于北宋太祖建隆、乾德年间,止于南宋高宗建炎、绍兴年间。

《国朝献征录》之辑,四库馆臣据书"前有自序,谓明代诸帝有《实录》,而诸臣之事不详,因撰此书"。又说:"盖宋人《实录》之体,凡书诸臣之卒,必附列本传,以纪其始末。而明代《实录》则废此例。故竑补修之。"③焦竑友人顾起元说,焦氏处境正像唐刘知幾当年一样的境遇,"身为史官,以作非一人,诒书僚长,徒抱汗青无日之叹",退出史局以后,"犹思储一代之史材,以信今传后"④。这一说法似更符合事实。考焦竑特别关注本朝纪传体国史,屡称"古天子诸侯必有国史以纪时事",认为当代史编纂的意义,正在于"作者代兴,胜劣互异,然莫不钩深故府,囊括辞林,一代兴衰,赖以考见。傥谓迁、固亡而无史学,不亦谬乎!"⑤故《国朝献征录》一百二十卷,涉及800余人,考"献征"之义,就是"征文考献";全书时间上跨越元末明初至万历末年⑥,主要采集传记、墓志铭、行状、神道碑铭等。且内容丰富,人物众多,堪称明代历史文献编纂的大成。四库馆臣称许道:"自洪武迄于嘉靖,搜采极博","自王侯将相及士庶人、方外缁黄、僮仆、妾伎,无不备载,人各为传。"⑦

---

① 焦竑:《澹园集》卷五《修史条陈四事议》,中华书局,1995年,第29~31页。
② 永瑢等:《四库全书总目》卷五七《史部·传记类一·名臣碑传琬琰集提要》,第520页。
③ 永瑢等:《四库全书总目》卷六二《史部·传记类存目四·献征录提要》,第558~559页。
④ 顾起元:《献征录序》,载焦竑:《国朝献征录》卷首,第1~4页。
⑤ 焦竑:《澹园集》卷二三《经籍志论·史部·正史》,第304页。
⑥ 参见展龙:《〈四库全书总目〉焦竑著作提要补正两则》,《大学图书馆学报》2005年第1期。
⑦ 永瑢等:《四库全书总目》卷六二《史部·传记类存目四·熙朝名臣实录提要》,第559页。

至于五部清人碑传之集,亦无不立足于征文考献之目的。钱仪吉鉴于清朝自天命以来的历史人物载诸本朝纪传体国史,藏于金匮石室,外人无由得见,他虽然参与《大清会典》的修纂,"幸获展观,亦不敢私有写录",于是"采集诸先正碑版状记之文,旁及地志杂传,得若干篇"①,辑成《碑传集》一书,收集清初至嘉庆年间2 000余人的碑传。缪荃孙鉴于"至嘉庆朝为止,迄今又九十年,中兴伟绩,贤才荟萃,长篇短牍,记载较多"②,继起辑为《续碑传集》,收录道光、咸丰、同治、光绪四朝1 100余人物的碑传。闵尔昌《碑传集补》则补录钱、缪二书所无的810余人的碑传,以清代人物为主,兼收民国人物,作为二书的补充。汪兆镛《碑传集三编》试图在缪书之外,另起炉灶,别为"钱、缪两书之续",搜集清末400余人的碑传。通计以上四书,共搜录4 000余人的碑传,且取材广泛,有行述、行状、墓志铭、墓志、墓表等多种材料,有各种各样的历史人物,是研究清代历史的大型历史文献汇编。

　　然而以上四种碑传集之编者,受其时代之局限或阶级之偏见,难免存在有意排斥或各种失收漏收的现象:

> 重要人物如名儒黄宗炎、顾祖禹、颜元、毛奇龄,史学家全祖望,古文家鲁九皋,诗人屈大均、谢启昆、丘逢甲,书法家王文治、邓石如,画家陈洪绶,俱未收入。已收入人物之重要或最重要传记往往失收,如于钱谦益,未收顾苓所撰《东涧遗老钱公别传》;朱彝尊,未收其孙桂孙、稻孙合撰之《祖考竹垞府君行述》,而二文皆详确之长篇。至于清初大量遗民碑传,失收者更为指不胜屈。四种碑传集之编者俱为封建时代之士大夫,观点陈旧,已收之忠节、列女各类中,多不必收或不应收者,而有关于说部、戏曲、艺人等传记,则未网罗在内。且有为清廷所黜,或视为叛逆而不收者,如年羹尧、刘鹗、周毅;罹文字狱而不收者,如戴名世、查嗣庭等。清初江南、两浙之抗清志士,所收亦失之于稀少,全祖望《鲒埼亭集》于此类碑传收集甚夥,而几全被疏漏。至于农民起义军,如太平天国领袖,台湾农民军首领林爽文,均遭排斥在外。③

故钱仲联编辑《广清碑传集》,重点在"广"字上下功夫,试图突破前四书的收录局限,如"清初明遗民,钱、缪诸人往往未见后来发现之珍贵材料,因而收辑不广。

---

① 钱仪吉:《碑传集》卷首《碑传集序》,第1页。
② 缪荃孙:《续碑传集》卷首《序例》,上海人民出版社,2019年,第1页。
③ 钱仲联:《广清碑传集前言》,载钱仲联主编:《广清碑传集》卷首,苏州大学出版社,1999年,第2~3页。

本书于此突出重点,研究清初史料或图编纂完善之明遗民录,不难取资于此。近代文集,于余私人收藏者外,复加勤搜,所得颇多难见之作,因而亦是本书之重点。其他宗教、艺术、百工等碑传,凡四种碑传集所疏略者,本书亦提供一定之篇章"。"总之,必须有征文考献价值者始行入集。"①该书收录人物1 100余人,碑传1 200余篇,基本弥补了前四书的缺漏和不足。

其他如方树梅编《滇南碑传集》《续滇南碑传集》,卞孝萱、唐文权编《辛亥人物碑传集》《民国人物碑传集》等,基本相似。就此而论,集录碑传为专书者,其根本旨趣在于"征文考献",也就是曾国藩所谓的"借名人之碑传,存名人之事迹"②。

当然,我们审视集录碑传的旨趣,不能仅停留在"征文考献"这一层面,还应向前推进一步,即关注士大夫著述强调经世致用的旨趣。封建时代的士大夫们出于其阶级属性和立场,尤其是宋明以后史学受到理学的深刻影响,特别强调维护纲常名教,维持和反映当代统治秩序,注重发挥传统史学的教化功能。

焦竑治学强调经世,说:"余惟学者患不能读书,能读书矣,乃疲精力于雕虫篆刻之间,而所当留意者,或束阁而不观,亦不善读书之过矣。夫学不知经世,非学也;经世而不知考古以合变,非经世也。"③所以,他在参修本朝国史无成的情况下,转而辑成《国朝献征录》,以期历考本朝历史得失,为本朝政治提供具有建设性的意见和建议,属于"考古以合变"的经世作为。故其友称《国朝献征录》,"所谓国体民瘼、世务材品,犂然而具,明主所与、文武将吏行事之实,庶几无缺,后王法之,群工尊之,则太平之略也"④;"至于折中是非,综校名实,阙疑而传其信,斥似而采其真,所谓'其义则某窃取之',先生于此实有独鉴,异乎徒事网罗,靡所澄汰,爱奇好异,或滥情实者矣"⑤。如设置类目,将孝子、义人等置前,将胜国群雄殿后。所以,有人说焦竑"试图通过在《献征录》中对本朝人物事迹的详实记载和描述,宣扬封建纲常中忠君、仁义、孝悌等价值观念……以达警世、昭世和醒世的目的"⑥。

钱仪吉认为阅读《碑传集》者,"果能口诵而心识焉,可以考德行,可以习掌故",且通过对比其中篇章,"考信而不惑也。而要其大体,主乎乐道人善,以为贤

---

① 钱仲联:《广清碑传集前言》,载钱仲联主编:《广清碑传集》卷首,第2~3页。
② 曾国藩:《国朝先正事略序》,载李元度:《国朝先正事略》卷首,岳麓书社,2008年,第1页。
③ 焦竑:《澹园集》卷一四《荆川先生右编序》,第141~142页。
④ 黄汝亨:《献征录序》,载焦竑:《国朝献征录》卷首,第7页。
⑤ 顾起元:《献征录序》,载焦竑:《国朝献征录》卷首,第2页。
⑥ 姚家全:《焦竑的编纂活动考略》,华东师范大学硕士学位论文,2010年,第31页。

士大夫畜德之助"①。恽毓鼎称缪氏"新编《续碑传集》十二册,征文考献,近四朝人物略见于兹,丰功长德,足备师资,不第诵文辞、识掌故也"②。汪兆镛编《碑传集三编》,"期于光宣以来数十年政治之迁流,人才、学术之隆替,可以考镜"③。均重视发挥传统史学的教化功能,最终达到维护纲常名教的根本目的。

至于区域性碑传集,更多是出于保存地方文献、复兴地方文化的责任和担当。方树梅早年受到当地学者赵藩、陈荣昌、袁嘉谷等人大力提倡"滇学",传播经世致用思想的深刻影响,立志以平生精力"弘扬吾滇文献",而后数十年之间惨淡经营,坚持不懈,"他对书不视为'珍玩',而是主张发挥致用","和他的研究工作,结合甚为紧密"④,纂辑《滇南碑传集》"以为征文考献之资",且"言坊行表,滇之人踵武而发扬光大之,是余至所仰望也夫"⑤。《续滇南碑传集》之编辑,则是出于"辛亥改革迄解放初期已故之人物,于国家社会有关者……然皆生清末叶,至改革后,各占数十年,于先后所值政治、军事、教育、文化、风俗等之变革,为前史所未有。或隆或污,或升或降,内讧外祸,国事日蹙,民生日困,皆有莫大之关系。知其人、论其世,贻后贤以评骘,作信史之参稽,此《滇南碑传集》之不得不续也"⑥。

三、编纂体例上的继承与创新

杜大珪《名臣碑传琬琰集》,作为草创时期的碑传集类著述,主要以裒辑文献资料为着眼点,"大约随得随编,不甚拘于时代体制。要其梗概,则上集神道碑,中集志铭、行状,下集别传为多"⑦。而且,杜大珪《名臣碑传琬琰集》,与两宋流行的名臣言行录存在某种关系,或者说脱胎于言行录,又在体例上另辟蹊径,以有别于言行录。按朱熹《八朝名臣言行录》、李幼武《宋名臣言行录别集》体例,"先列某人之生平小传,后编列节录行状、墓志、笔记、野史等的史料,以示其言行节谊。但《琬琰集》的体例却与之不同。《琬琰集序》称其书'集神道志铭、家传之

---

① 钱仪吉:《碑传集》卷首《碑传集序》,第1页。
② 钱伯城、郭群整理,顾廷龙校阅:《艺风堂友朋书札》"恽毓鼎",上海人民出版社,2018年,第533页。
③ 汪兆镛:《微尚斋杂文》卷二《碑传集三编自叙》,邓骏捷、刘心明编校:《汪兆镛文集》,广东人民出版社,2015年,第259~260页。又,汪兆镛:《碑传集三编》卷首《自序》,《清代碑传全集》第6册,第75页。
④ 方树梅辑纂,宋文熙、王樵、陶学宪校补:《续滇南碑传集校补》卷六《文学》引李硕:《方树梅传略》,第478~483页。
⑤ 方树梅纂辑,李春龙、刘景毛、江燕点校:《滇南碑传集》卷首《滇南碑传集自序》,第10页。
⑥ 方树梅辑纂,宋文熙、王樵、陶学宪校补:《续滇南碑传集校补》卷首《续滇南碑传集自序》,第1页。
⑦ 永瑢等:《四库全书总目》卷五七《史部·传记类一·名臣碑传琬琰集提要》,第520页。

著者为一编',即汇集整篇之文成一编,而非节录文字。由此在后世形成两种不同的著述体例。……朱熹《言行录》载录史料的体例是'采掇',而杜氏《琬琰集》是'尽录全篇'"①。

焦竑《国朝献征录》在杜书基础上,体例有较大调整或创新。按照四库馆臣的说法,《国朝献征录》按照有官与无官两个系统来编排,"其体例以宗室、戚畹、勋爵、内阁、六卿以下各官分类标目,其无官者则以孝子、义人、儒林、艺苑等目分载之"②。实际上,这种调整或创新,至少受到了两种影响:一是有官一系的编排,与《大明会典》这部法典的体例相对应,设置了宗室、戚畹、勋爵(公侯伯)、内阁、六卿以下中央到地方的各类官僚机构相对应的类目,充分反映了明代的政治体制。二是无官一系的编排,受到了正史"类传"体例的影响,主要设置《孝子》《义人》《儒林》《艺苑》《寺人》《隐佚》《释道》《胜国群雄》《四夷》等类目,不仅突破"名臣"的藩篱,而且凸显出宋明理学之下史学强调维护纲常名教的特色。至于辑录文献,突破了苏天爵《元朝名臣事略》分段辑录的体例,改为摘录整篇文献的形式,又回到杜书体例上,同时局部保留《元朝名臣事略》辑录专门段落的体例。因此,《国朝献征录》体例上的创新,对此后的多种碑传集著述影响深远。

至钱、缪、闵、汪四家清人碑传之集录者,基本延续《国朝献征录》有官和无官两条线索,有官者"以其时,以其爵,以其事,比而庆之"③,即以官秩为经,以时间为纬,按照传主的官爵、事迹和时代分类。在类目设置上,除钱书立《宗室》《功臣》④外,四家均设有《宰辅》《部院大臣》《内阁九卿》《翰詹》《科道》《曹司》《督抚》《监司》《守令》《教官》《杂职》《武臣》《外藩》;且《宰辅》《部院大臣》《督抚》《监司》之下,因其内容繁多,又区分朝代编制。同时采纳正史类传体例,别出《忠节》《儒学》《文苑》《孝友》《义行》《艺术》《列女》等,共计二十二类。

钱书以后,缪、闵、汪三家一仍其例,几无出其范围,但均能根据历史时代的变化及其内容,进行体例上的调整或创新。缪书"续集分卷,比诸原书,微有增损"⑤。如改《藩臣》为《外藩》,后添《客将》一目。"分《经学》《理学》而二,仍是《道学》《儒林》之习,今悉改为《儒学》",故将《经学》《理学》合并为《儒学》。缪氏自称"《列女》所收较严",细化为贤明、孝淑、辨通、节操、烈义、贞洁、义行七小类,

---

① 顾宏义、吕晓闽:《宋杜大珪〈皇朝名臣续碑传琬琰录〉为伪书考》,《中国典籍与文化》2012年第4期。
② 永瑢等:《四库全书总目》卷六二《史部·传记类存目四·熙朝名臣实录提要》,第559页。按:常见说法认为,《国朝献征录》在拟订类目上,注重分类,主要以官爵为主,以身份(特征性身份)为辅。不仅要突出这些"有名公卿",还有其他特殊身份的下层人士,如孝子、儒林、义人、艺苑、寺人、隐佚、释道。
③ 钱仪吉:《碑传集》卷首《碑传集序》,第1页。
④ 按:钱仪吉《碑传集》设立名目上,"功臣"又析分为"沈阳功臣""国初功臣",且"宰辅"区分为"开国宰辅""明臣宰辅"。这既充分考虑到清朝入关前后的历史实际,也可能受到乾隆时期官方史学的影响。
⑤ 闵尔昌:《碑传集补》卷首《碑传集补自序》,《清代碑传全集》第5册,第1页。

其中"辨通"一目为新增。①

闵书在钱、缪之后,体例或仍遵钱书,《理学》《经学》仍分为二;或新增类目,增《使臣》,"纪晚近始设之官也";增《畴人》,"用阮文达、罗茗香例也";增《党人》,"志革命所由起也";增《释道》,因钱书附存释道人物传记,且《魏书》立《释老志》,《元史》设有《释老列传》,属于"前史例也"。《列女》中,删《辨通》,增《母仪》,"依刘子政例也"②。

汪兆镛对闵书深为不满,直欲上接钱、缪二书,故名曰《碑传集三编》。体例也有所调整或变化:"惟《督抚》之次,增《河臣》《使臣》;《守令》之次,增加《校官》。钱、缪二书,《经学》《儒学》《文学》之名,似未允洽。兹将《经学》《理学》统入《儒林》,文章、辞赋诸家统入《文苑》。《文苑》之次,增入《算学》,此本于阮文达公《畴人传》之意也。"汪氏作为清末遗民,特别强调:"东汉崇尚风节,蔚宗创立《独行传》。辛亥后,松柏岁寒之时,其有瑰节绝俗者,增立《独行》一门,以表幽贞。"③由此反映出汪氏作为清末遗民的社会心态和著述追求。

近代以来,进化史观和唯物史观传入我国,对我国史学界产生了深刻影响。因此,碑传集的续补工作出现新的变化。钱仲联《广清碑传集》突破四家碑传集的束缚,编纂体例与范围都发生了变化,收录人物为在各个领域有一定成就、有一定代表性者。有的人物入收,含有阐幽表微之意。重点有三:一是清初明遗民。二是近代人物。三是其他宗教、艺术、百工等碑传。至收录范围,上起清顺治初,下迄宣统三年,但"凡明臣仕于南明王朝殉难者不列入,明臣仕清及遗民死于顺治三四年以后者列入";清末人物"必须在此年以前已有显著活动者,包括政治、学术、艺术、文学等方面,或生存至新中国建立后任新职者,皆不属于清代范围,一律不阑入。正反面人物俱收,但反面人物慎收。太平天国人物,录入上层有代表性者十人左右"。具体编纂上,"按人物生卒年排列;生卒年无可考者,则按其人活动时期、交游、科名之先后,相应插入";选文上,取舍颇严,"文章从总(集)、别集、方志及其他各方面(包括丛编、期刊等)搜集。短文在数十字以内者不录,方志慎收近年所新编者,语体文之传记不收,个人传记已刊为专书大传如张伯桢《南海康先生传》者不收,年谱不收。在广泛收录中,有尚未刊刻之稿本、拓片,如沈曾植《海日楼文集》,王蘧常《明两庐文集》《淞社名人小传》等,又有未刊布之单篇抄稿"④。为便于使用,末附传主姓名索引,便于读者检索。

---

① 参见缪荃孙:《续碑传集》卷首《序例》,第1~2页。
② 闵尔昌:《碑传集补》卷首《碑传集补自序》,《清代碑传全集》第5册,第1页。
③ 汪兆镛:《微尚斋杂文》卷二《碑传集三编自叙》,第259~260页。
④ 钱仲联:《广清碑传集》卷首《前言》,第2~3页。

方树梅辑《滇南碑传集》,"仿钱、诸家体例,参酌损益,循名核实而分编之"①,按明、清分置,"分内官、外官诸类"②,不过,明代部分设置隐逸、遗民类目,主要是出于明清易代历史实际的考虑。至编纂《续滇南碑传集》,充分考虑到时代的演进和历史内容的丰富性,因而一变前集之体例,"兹则清祚已斩,制度皆变,前例不合沿袭,分政治、军事、教育、文学、艺术、卓行诸目"。至于所收碑传人物,因大多数系编者相接、相见、相闻或志同道合者,但取舍上较严格,"要皆洽于舆情,而非阿其所好","一以其人之于国家、社会,有无关系以为去取焉"。尤其是以云南重九光复、护国起义、抗日战争中的著名人物为主,旁及教育、文化、科学等。其中凡德行可以为法,功绩不可埋没者,亦尽量收入。"若夫金碧英灵:辛亥起义、护国出师、抗日御侮三大役,或树有奇勋,或见危授命者,得鸿儒椽笔,有光卷帙,是余之所最欣慕者矣。"③

四、重要的学术价值与史料价值

尽管碑传集类著述收录的碑传之文,"人谀而善溢真",多谀墓溢美之词,但"其赞宗阀、表官绩,不可废也"④。通过这些碑传,可以考见宋明以来各断代政治、经济、军事、教育、文化、风俗等社会历史的多方面内容,具有重要的学术价值和史料价值。主要体现在如下方面。

第一,尽可能保存大量的原始文献。这是该类著述的主要价值之一。反映在具体录文上,基本保持一人一通碑传,甚至达一卷之多。以钱仪吉《碑传集》为例。因清世宗有"本朝大臣,以功则李之芳,以德则汤斌为首"之谕,"故用李文襄冠功臣之首,汤文正领大臣之前,而以陆清献、张清恪继之,遵圣训,重从祀也"⑤。故《碑传集》"康熙朝大臣"卷汤斌之下,辑入耿介《传》、方苞《逸事》、徐乾学《神道碑》、彭绍升《行状》、冯景《杂记》、杨椿《传》、汪士铉《墓表》以及潘耒《送汤公潜庵巡抚江南序》等八篇碑传⑥;张伯行之下,则收录朱轼《神道碑》、张廷玉《墓志铭》、沈近思《墓表》、费元衡《行状》、蓝鼎元《传》、贺代伯《传》、杭世骏《传》、华希闵《传》、沈彤《述先师仪封张公训》、任兰枝《张清恪公年谱序》等十篇。⑦而

---

① 方树梅纂辑,李春龙、刘景毛、江燕点校:《滇南碑传集》卷首《自序》,第19页。
② 方树梅辑纂,宋文熙、王樵、陶学宪校补:《续滇南碑传集校补》卷首《续滇南碑传集自序》,第1页。
③ 方树梅辑纂,宋文熙、王樵、陶学宪校补:《续滇南碑传集校补》卷首《续滇南碑传集自序》,第1页。
④ 王世贞:《弇山堂别集》卷二〇《史乘考误一》,中华书局,1985年,第361页。
⑤ 诸可宝:《校刊记》,载钱仪吉:《碑传集》卷首,第5页。
⑥ 钱仪吉:《碑传集》卷一六《康熙朝部院大臣》上之上,第447~475页。
⑦ 钱仪吉:《碑传集》卷一七《康熙朝部院大臣》上之中,第497~551页。

且,该书"附录"体例,亦重在更多保存原始文献。"或一人杂见他书者,同时之迹及其子孙言行有可称者,间为附录,殿于本篇。或论一事而臧否不同,述一事而甲乙又不同,或推挹过当,或沿习忘反者,往往有之。"①少者一二则,多者达二十条以上。如"宰辅卷"范文程下,除李果《传》、李霨《墓志铭》外,又附录十三则,取自《盛京通志》《贤良小传》《八旗通志》等。②再如"翰詹卷"施闰章下,除毛奇龄《墓表》一通外,附录二十则,主要出自汤斌《墓志铭》、高咏《行状》、彭绍升《良吏述》、全祖望《施愚山年谱序》、梅文鼎《述》、王士禛《池北偶谈》以及施闰章《学余堂文集》等。③因此,"于碑传全篇外,节取他说,考异刊同,各为附录,颇见用心"④。充分体现编纂者试图尽可能保存更多原始文献的良苦用心。

第二,有利于修史者采择。如上所述,碑传集的编纂多与史学家或学者们的史学活动有关。如焦竑在参修本朝纪传体国史的过程中,开始纂辑《国朝献征录》;钱仪吉在会典馆任职时,见于内府所藏国史不为外人所易见而纂辑之;缪荃孙纂辑《续碑传集》,正是他在史馆任职期间。因此,此类著述一旦流布,即为修史者所采摭,有利于官私史书的编纂。万斯同指出:"焦氏《献征录》一书,搜采最广,自大臣以至郡邑吏,莫不有传,虽妍媸备载,而识者自能别之。可备国史之采择者,惟此而已。"⑤经今人对勘,清朝官修《明史》充分利用了焦竑《国朝献征录》。⑥再如清末遗老修纂《清史稿》,率多依据钱、缪二家,"宣统辛亥后,《清史稿》告成,大抵采用官书外,依据钱、缪两编为多"⑦。

第三,成为考证史实的重要依据。这类著述收录的碑传,记载具体、详细,对于查考其人其事,如生卒年月、迁转次序、拜罢时日、言论举事并其家世等,远较正史为详,其所收监司守令以下,亦多为正史不及,为治断代史者必备之参考书,所以往往为考史者所利用。"其议论之同异,迁转之次序,拜罢之岁月,则较史家为得真","遗文佚事,往往补正史所不及,故讲史学者恒资考证焉。"⑧如杜大珪《名臣碑传琬琰集》,两宋时李焘撰《续资治通鉴长编》、李心传撰《建炎以来系年要录》较多采用之。到现代,该书亦为学者所倚仗。汤志钧当年参加"二十四史"

---

① 钱仪吉:《碑传集》卷首《碑传集序》,第1页。
② 参见钱仪吉:《碑传集》卷四《国朝宰辅》,第70~75页。
③ 参见钱仪吉:《碑传集》卷四三《翰詹》上之上,第1182~1187页。
④ 诸可宝:《沈吉士书题识》,载钱仪吉:《碑传集》卷首《沈吉士书》附,第10页。
⑤ 万斯同:《石园文集》卷七《寄范笔山书》,《续修四库全书》第1415册,上海古籍出版社,2003年,第510页。
⑥ 参见侯君明:《〈明史〉与〈献征录〉相关人物传记考订》,南京师范大学硕士学位论文,2016年,第5~8页。
⑦ 汪兆镛:《微尚斋杂文》卷二《碑传集三编自叙》,第259页。
⑧ 永瑢等:《四库全书总目》卷五七《史部·传记类一·名臣碑传琬琰集提要》,第520页。

点校工作中的"《宋史》标校,从杜大珪《名臣碑传琬琰集》以至宋人文集中的碑传,订正了《宋史》的失误"①。

至于焦竑《国朝献征录》,记载明人事迹,"书郭子兴诸子之死,书靖难诸臣之事,皆略无忌讳;又如纪明初有通晓四书等科,皆《明史·选举志》及《明会典》所未载;韩文劾刘瑾事,有太监徐智等数人为之内应,亦史传所未详,颇足以资考证"②。钱仪吉曾指出《碑传集》的价值,不仅"可以考德行,可以习掌故",可以补正史之不足,更强调其"有裨于实用",曾在《后序》专门举例,说:嘉庆二十一年(1816)漕粮奏销册中列有里民津贴银米一项,户部莫知所由,疑为外吏私征,几予驳诘。嗣后从《朗文勤公墓志》及《八旗通志》中的《范承勋传》《郎廷极传》,得知江右多山溪,道险,漕粮盘运艰难,于是有里民津贴夫船之费,载于《赋役全书》,其事乃得明白。③ 此类足资考证之例,多不胜举,不再赘述。

第四,编者按语的多重价值。明代以后的碑传集,编者受历史考证学的影响,率多使用按语的形式考证史实。如钱仪吉《碑传集》,遇有事实不甚合符处,特别是有关典章制度方面,则加有按语考释。"仪吉案"涉诸多方面,或条列异说,或补充说明相关人物行迹、典章制度、所任官职,或补充说明碑传相关文字,或指出后人记载之误。再如缪氏《续碑传集》,"事有误者,间作夹注而已"④。"所撰按语多为考证事实,使得该集较之一般的史料汇编具有更高的学术价值。"⑤故有学者称:"这是缪氏编纂《续集》的方法,比前人仔细,且用夹注说明考证的结果,是历时较久的原因之一。删节远不如保存原文,这是正确的处理。"⑥

不唯上述,该类著述对于加强爱国主义教育,同样具有重要意义。尤其是《广清碑传集》《辛亥人物碑传集》《民国人物碑传集》《续滇南碑传集》,所辑多是明末清初人物,或是鸦片战争以来近代人物,"'时穷节乃见,一一垂丹青',恰恰是阶级矛盾尖锐,民族灾难深重的沧桑易代之际,仁人志士辈出,事迹可讽可咏,最能体现我们华夏民族的伦理精神和道德传统,因而具有深远的教育意义和学术价值。尤其是 19 世纪 40 年代以降,国是多故,战乱频仍,哀鸿遍野,民不聊生。鸦片战争、太平天国、中法战争、中日战争、戊戌变法、庚子联军、辛亥革命等一系列影响中国近代史进程的重大事件,一一通过当事人的碑传在本书中作为详赡实录,每有正史所不能及者。而碑传撰者也多曾亲历其境,笔端风云往往与

---

① 汤志钧:《民国人物碑传集序言》,载卞孝萱、唐文权编:《民国人物碑传集》卷首,第 1~3 页。
② 永瑢等:《四库全书总目》卷六二《史部·传记类存目四·熙朝名臣实录提要》,第 559 页。
③ 参见钱仪吉:《碑传集》卷首《后序》,第 2 页。又,该书点校说明揭櫫其旨。
④ 缪荃孙:《续碑传集》卷首《序例》,第 2 页。
⑤ 《出版说明》,载缪荃孙:《续碑传集》卷首,第 1 页。
⑥ 陈恭禄:《中国近代史资料概述》,第 301 页。

血泪俱下。切肤之痛,终天之恨,至今读来仍具有震慑人心的感染力,不啻为进行爱国主义的生动教材"①。

五、余论:集录碑传在当代史学中的延续

宋明以来,不少史家或学者将目光投向碑传类文献,集录成专门的文献资料集,尤以五部清人碑传之集为最。② 而民国碑传之整理,则有国史馆之编辑尝试,又有卞孝萱、唐文权编辑的《民国人物碑传集》和《辛亥人物碑传集》。可以说,宋明以后,各断代碑传集的编纂,踵武赓续,成为中国史学上一个突出的学术现象,彰显了优良的史学传统。

碑传集的编纂一直持续至今,影响到今天的史学研究,至少出现了两条发展线索。一是将考古考察的古代碑刻汇录起来,成为历代碑刻集。如《江苏明清以来碑刻资料选辑》《明清山西碑刻资料选》《明清苏州工商业碑刻集》《上海碑刻资料选集》《四川历代碑刻》《温州历代碑刻集》《广东碑刻集》《嘉兴历代碑刻集》《苏州博物馆藏历代碑志》《明清以来苏州社会史碑刻集》等。

二是各地为挖掘和弘扬地方文化,古为今用,出现了大量以当地人物为中心的区域性的或专门性的碑传集。如《江宁碑传初辑》(卢前编,江宁县文献委员会,1948年印行)、《中国历代名医碑传集》(方春阳编,人民卫生出版社,2009年)、《明清别集画学文献类聚·碑传》(韦宾辑,知识产权出版社,2013年)、《荥阳清人碑传集初编》(陈万卿编,广陵书社,2015年)、《南浔近代人物碑传集录》(陆剑、王巍立编,浙江摄影出版社,2016年)、《吴中名医碑传》(葛惠男、欧阳八四主编,江苏科学技术出版社,2016年)、《吴江学者碑传集》(杨阳主编,广陵书社,2017年)、《介休碑传集》(侯清柏、许中编著,三晋出版社,2018年)、《余杭历代人物碑传集》(王国平总主编,浙江古籍出版社,2018年)等。这些碑刻集里面有相当大一部分都是墓志铭、传记。

此外,我们仍需正视碑传的某些不足和局限,要爱而知其丑,实事求是地评价碑传的史料价值和学术价值,做到取其精华,去其糟粕,古为今用。关于碑传研究的深化问题,章开沅先生这样呼吁:"如果进一步考察探讨碑传的文体、内

---

① 苏州大学出版社:《后记》,载钱仲联主编:《广清碑传集》卷末,第1432页。
② 按:清末民初,整理清人碑传者尚有刘承幹。刘氏《棕窗杂记跋》称:"余最近将近人传状志铭之属,思赓续钱氏、缪氏《碑传集》之后。先生亦致力于此,尝写全目寄余,互校两异同,谓'去取当慎,不宜滥采掇,媢浊世'],并欲举赠全稿,俾参合授梓。"文末署曰"癸未嘉平月吴兴后学刘承幹敬跋",癸未为公元1943年(《棕窗杂记》卷末,载《汪兆镛文集》,第471页)。

容、作者、形制、礼仪、风俗等方面,则将可以发展成为具有自己特色的碑传学。"① 对于新时期集录碑传工作的开展和延续,需要我们坚持唯物史观,力争在批判继承中继续发展。

[原载《南开学报》(哲学社会科学版)2020年第5期]

---

① 章开沅:《序言》,载卞孝萱、唐文权编:《辛亥人物碑传集》卷首,第3页。

闻本《旧唐书》初印本与后印本的差异

原 康[*]

闻本《旧唐书》是明嘉靖十八年(1539)闻人诠搜寻众多残宋本汇刻而成,是现存最早的足本,现宋本《旧唐书》仅残存六十七卷并子卷二卷,所以闻本《旧唐书》的价值不言而喻。张元济先生用残存宋本及闻本配补而成的百衲本《旧唐书》是目前公认的善本。[①] 笔者在阅读清人罗士琳等《旧唐书校勘记》[②](下文简称"《校勘记》")时,发现罗氏诸人所用闻本与百衲闻本屡有不合。又查万历十九年(1591)闻刻邵仲禄重修本[③](下文简称"重修闻本"),也与罗氏所引不同,而与百衲闻本多合。傅增湘《藏园群书经眼录》曾引李文田语:"闻刻《旧唐书》以后印者为佳,初印本反不如,但稍模糊耳。盖愈印愈校,时时挖改也。列传一百四十六卷下第十五叶'邐娑川',初刻时误作'還娑川',此误非小。其他处似此者每叶有之。能以初印本为底本而以后印本改正之则妙矣,盖后印本每缺叶而初印本完全也。此书世间无复宋本,不得不以此为最古矣。"[④]疑李文田所说之初印本与后印本,是造成闻本不同的原因。

日前,笔者赴南京图书馆,查阅馆藏两部明闻刻《旧唐书》,一部标《唐书》二百卷,六十册,索书号 GJ\KB\0522;一部标《唐书》二百卷,四十册,索书号 GJ\EB\顾0092。前者字迹较清晰,与罗氏《校勘记》所引《旧唐书》部分内容相合。后者字迹较为模糊,时有漏字,并有缺页为人补写,同前者有差异处往往与百衲闻本、重修闻本多合;是此,二者当即李氏所言之初印本与后印本(下文引两书,前者即称"初印本",后者即称"后印本")。

---

[*] 原康,现为淮北师范大学历史文化旅游学院讲师。
[①]《旧唐书》,影印百衲本,浙江古籍出版社,1998年。下文所引百衲本《旧唐书》,根据情况分别称"宋本"与"百衲闻本"。
[②] 罗士琳等:《旧唐书校勘记》,《二十五史二编》第八分册,岳麓书社,1994年。
[③]《旧唐书》,明嘉靖十八年闻人诠刻万历十九年邵仲禄重修本,日本内阁文库藏本。
[④] 傅增湘:《藏园群书经眼录》卷三《史部一》,中华书局,1983年,第215页。

一、后印本漏字

正如李氏所说,后印本因为印刷较晚的原因,字迹较初印本模糊,且时常出现一些字没能印出来的情况。

卷八《玄宗纪上》:"(开元五年七月)可改为乾元殿,每临御依正殿礼。"①《校勘记》卷四:"'依正殿礼'下闻本有'遮天门'三字,殿本、沈本删。王氏鸣盛云'依正殿礼'下脱'遮天门改为乾元门'八字。"②今按,初印本有"遮天门"三字,后印本、百衲闻本、重修闻本俱空三字,可知并非《校勘记》所言"殿本、沈本删",而是后印本所漏。《玉海》卷一五九《宫室·唐乾元殿》:"《旧纪》开元五年七月甲子,诏改明堂为乾元殿,通天门为乾元门"③,所说正与初印本相合。因此,初印本"遮天门"当为"通天门"之讹,漏"为乾元门"四字,后印本又漏"遮天门"三字,此后各本俱缺,应从补正。

卷一九四《突厥传上》:"我策尔延陀日月在前,今突厥理是(注:殿本原无"理是"二字)居后,后者为小,前者为大。"④《校勘记》卷六五:"今突厥居后,闻本'突厥'下空二格,沈本增'理是'二字。按《寰宇记》作'今突厥理是居后者'。"⑤今按,宋本、初印本正有"理是"二字,后印本、重修闻本空二字,可知是后印本漏字。

二、后印本改正初印本误

后印本除了有漏字之外,在一些字词上也与初印本有所不同。

卷七《睿宗纪》:"(景云二年四月)又令内外官依上元元年九品已上文武官咸带手巾算袋,武官咸带七事鞊鞢并足。"⑥《校勘记》卷三:"武官咸带七事鞊鞢并足,闻本'七事'作'亡事',误。"⑦今按,初印本正作"亡",后印本、百衲闻本、重修闻本俱作"七"。《唐会要》卷三一、《通典》卷六三、《册府元龟》卷六〇俱作"七事",可知是初印本误,后印本改正。

---

① 《旧唐书》卷八《玄宗纪上》,中华书局,1975年,第178页。
② 罗士琳等:《旧唐书校勘记》,第47页。
③ 王应麟:《玉海》卷一五九《宫室·唐乾元殿》,江苏古籍出版社,1987年,第2920页。
④ 《旧唐书》卷一九四《突厥传上》,第5164页。因《旧唐书校勘记》所引《旧唐书》为"惧盈斋本",属殿本系统,其与标点本不同者,在引文中加括号说明。
⑤ 罗士琳等:《旧唐书校勘记》,第1102页。
⑥ 《旧唐书》卷七《睿宗纪》,第157页。
⑦ 罗士琳等:《旧唐书校勘记》,第43页。

卷五一《高祖太穆皇后窦氏传》:"(窦毅)乃于门屏画二孔雀,诸公子有求婚者,辄与两箭射之,潜约中目者许之。前后数十辈莫能中,高祖后至,两发各中一目。毅大悦,遂归于我帝。"①《校勘记》卷三二:"遂归于我帝,《殿本考证》臣德潜按:'后代作史不应称我帝,此仍唐人纪录未删正者也,书中此类者极多。'按闻本无'我'字。"②今按,初印本无"帝"字,非无"我"字,疑是罗氏误记,后印本、百衲闻本、重修闻本作"我、帝"二字并排,《太平御览》卷一四一亦作"遂归于我帝",所补当是。

卷九三《唐休璟传》:"则天令休璟与宰相商度事势,俄顷间草奏,便遣施行。后十余日,安西诸州表请兵马应接,程期一如休璟所画。"③今按,"后十余日"宋本、初印本无"十"字,后印本、重修闻本作"后、十"二字并排。《资治通鉴》卷二〇七"则天后长安三年七月"条、《太平御览》卷二七七、《太平广记》卷一八九俱有"十"字,后印本所补是。

卷一四一《张孝忠传》:"及朱滔、王武俊称伪国,(程)华与孝忠阻绝,不能相援。华婴城拒贼,一州获全,朝廷嘉之,乃拜华沧州刺史、御史中丞,充横海军使,仍改名曰华,令每岁以沧州税钱十二万贯供义武军。"④《校勘记》卷四八:"仍改名曰华,张氏宗泰云本脱'曰'字,据后本传补。"⑤今按,初印本无"曰"字,后印本、百衲闻本、重修闻本作"名、曰"二字并排,据卷一四三《程日华传》此处当脱"日"字,后印本所补是。

从以上数例可看出,后印本在印刷过程改补了初印本存在的一些较为明显的刊刻讹误以及脱漏之处。

三、后印本所改不当

当然,后印本所挖改部分也并非都是合理的,有一些改动是值得进一步商榷的。

卷三三《辅公祐传》:"又遣其将冯惠亮屯于博望山,陈正通、徐绍宗屯于青林山以拒官军。"⑥《校勘记》卷三三:"又遣其将冯惠亮,按影宋本'惠亮'作'慧亮',

---

① 《旧唐书》卷五一《高祖太穆皇后窦氏传》,第2163页。
② 罗士琳等:《旧唐书校勘记》,第547页。
③ 《旧唐书》卷九三《唐休璟传》,第2979页。
④ 《旧唐书》卷一四一《张孝忠传》,第3857页。
⑤ 罗士琳等:《旧唐书校勘记》,第796页。
⑥ 《旧唐书》卷三三《辅公祐传》,第2269页。

闻本同,下仍有陈当世一人。"①今按,初印本作"慧",后印本、百衲闻本、重修闻本作"惠",《李孝恭传》《李靖传》《卢祖尚传》亦作"冯惠亮",《新唐书》同,后印本当是据此而改。然《资治通鉴》卷一九〇"高祖武德七年三月"条中俱作"冯慧亮",《册府元龟》中有作"惠"者,亦有作"慧"者,当是史料来源不同之故,若依后印本改,则证据消失矣。

卷五一《高祖太穆皇后窦氏传》:"周武帝特爱重之,养于宫中。时武帝纳突厥女为后,无宠,后尚幼,窃言于帝曰:'四边未静,突厥尚强,愿舅抑情抚慰,以苍生为念。但须突厥之助,则江南、关东不能为患矣。'"②《校勘记》卷三二:"但须突厥之助,闻本无'但'字。"③今按,初印本无"须"字,非无"但"字,疑是罗氏误记,后印本、百衲闻本、重修闻本作"但、须"二字并排。《太平御览》卷一四一作:"四边未静,突厥尚强,愿舅抑情抚慰,以苍生为念。但得突厥之助,则江南、关东不能为患矣。"④是此,初印本应从《太平御览》补"得"字,后印本作"须"字,当为校书者据文义臆补。

卷五九《任瑰传》:"(任)瑰在冯翊积年,人情谙练,愿为一介之使,衔命入关,同州已东,必当款伏。"⑤《校勘记》卷三四:"同州已东,按《册府》作'已来',闻本并同。"⑥今按,初印本正作"已来",后印本、百衲闻本、重修闻本作"已东",然《宋本册府元龟》卷三四五、七六六、八四九三处皆作"已来"⑦,可证"已来"为《旧唐书》原文,"已东"为后印本误改。

除此之外,后印本中的某些改动,更有将初印本原是正确的地方,反而给改成错的。

卷七《中宗纪》:"(景龙四年三月)壬戌,赐宰臣已下内样巾子(注:殿本原作'内宴甲子')。"⑧《校勘记》卷三:"赐宰臣已下内宴甲子,闻本'内'下空一字,'甲'作'巾',殿本、沈本'内'下补'宴'字,'巾'作'甲'。沈氏炳震云'甲子'下有阙文。张氏宗泰谓'内宴'下仍有脱字,他本以'巾子'作'甲子'而云有阙文,非也。按王氏鸣盛云校本作'赐宰臣已下内样巾子'。"⑨今按,诸本"内"字下俱空一字,"甲"初印本、百衲闻本正作"巾",后印本、重修闻本作"甲"。据《舆服志》

---

① 罗士琳等:《旧唐书校勘记》,第 568 页。
② 《旧唐书》卷五一《高祖太穆皇后窦氏》,第 2163 页。
③ 罗士琳等:《旧唐书校勘记》,第 547 页。
④ 李昉等:《太平御览》卷一四一《皇亲部七·唐高祖窦皇后》,中华书局,1960 年,第 686 页。
⑤ 《旧唐书》卷五九《任瑰传》,第 2323 页。
⑥ 罗士琳等:《旧唐书校勘记》,第 578 页。
⑦ 王钦若等:《宋本册府元龟》,中华书局,1989 年,第 804、2739、3248 页。
⑧ 《旧唐书》卷七《中宗纪》,第 149 页。
⑨ 罗士琳等:《旧唐书校勘记》,第 41 页。

"中宗景龙四年三月,因内宴赐宰臣已下内样巾子",可知其缺字为"样"字,后印本因上空字,而误将"巾"字改为"甲"字,遂使后人以为"甲子"下有阙文。

卷一三八《赵憬传》:"赵憬,字退翁,天水陇西人也。总章中吏部侍郎、同东西台三品仁本之曾孙。"①《校勘记》卷四七:"天水陇西人也,闻本无'陇'字。张氏宗泰云:'陇西在渭水,而天水乃泰(秦)州郡,至西臬(县)则在兴元府,去天水远矣,未知所由误。'"②今按,初印本正无"陇"字,后印本、百衲闻本、重修闻本作"陇、西"二字并排。权德舆为赵憬所撰碑铭作"天水西人"③。又历史上陇西县未曾隶属过天水郡,《新唐书》本传作"渭州陇西人",疑后印本据此改。

四、后印本挖改之依据

后印本挖改的地方,有胜于初印本之处,又有不如初印本之处,那么后印本改正的依据是什么?是依宋本改之,还是明人自以为误而改之呢?现以宋本与其对勘可以看出一些线索。

卷六六《杜淹传》:"(杜淹)与同郡韦福嗣为莫逆之交,相与谋曰:'上好用嘉遁,苏威以幽人见征,擢居美职。'遂共入太白山,扬言隐逸,实欲邀求时誉。"④《校勘记》卷三五:"上好用嘉遁,闻本无'上、用'二字,非。"⑤今按,宋本、初印本正无"上、用"二字,后印本、重修闻本"曰、上、好、用"四字分两字并排。是此,可知后印本所改非依宋本,那么后印本又是据何而补呢?查《新唐书·杜淹传》,其正作"上好用隐民"⑥。然而《续世说》记此事:"杜淹与韦嗣福为莫逆之交,相与谋曰:'上好嘉遁,苏威以幽人见征,擢居美职。'遂共入太白山,扬言隐逸,实欲邀求时誉"⑦,文字与《旧唐书》完全相同,仅多一"上"字。《大唐新语》卷八述此事作"主上好嘉遁"⑧,亦无"用"字。因此,初印本应从《续世说》补"上"字,"用"字可不补。

卷六九《侯君集传》:"(贞观)十七年,张亮以太子詹事出为洛州都督,君集激怒亮曰:'何为见排?'亮曰:'是公见排,更欲谁冤!'君集曰:'我平一国,逢屋许大

---

① 《旧唐书》卷一三八《赵憬传》,第 3775 页。
② 罗士琳等:《旧唐书校勘记》,第 772 页。
③ 权德舆:《新刊权载之文集》,《续修四库全书》第 1309 册,上海古籍出版社,1995 年,第 114 页。
④ 《旧唐书》卷六六《杜淹传》,第 2470 页。
⑤ 罗士琳等:《旧唐书校勘记》,第 601 页。
⑥ 《新唐书》卷九六《杜淹传》,中华书局,1975 年,第 3860 页。
⑦ 孔平仲:《续世说》卷一二《假谲》,《全宋笔记》第二编第五册,大象出版社,2006 年,第 206 页。
⑧ 刘肃:《大唐新语》卷八《文章》,中华书局,1984 年,第 122 页。

嗔,何能仰(注:殿本原作"抑")排!"①《校勘记》卷三六:"何能抑排,闻本'抑'作'仰',《通鉴》同。"②今按,宋本、初印本正作"仰",后印本、重修闻本作"抑"。据此,初印本不误,后印本改误。

卷六九《张亮传》:"以(张)亮为沧海道行军大总管,管率舟师。自东莱渡海,袭沙卑城,破之,俘男女数千口。"③《校勘记》卷三六:"袭沙卑城破之,闻本'沙卑'作'卑涉'。"④今按,宋本、初印本正作"卑涉",后印本、重修闻本作"沙卑"。《高丽传》及《程名振传》序此事作"沙卑",《新唐书》同,疑后印本因此而改。然《资治通鉴》卷一九七、卷一九八序此事只作"卑沙",《册府元龟》卷一〇七、卷三九六及卷四二〇亦作"卑沙",又卷九九一有"张亮水军在卑涉城"之语,可知其原本即作"卑涉",非后来刊刻之误。隋代来护儿攻高丽,有"卑奢城"⑤。《读史方舆纪要》:"沙卑城即卫城。亦曰卑沙城,高丽所筑,叠石为城,幅员九里,或讹为卑奢城。自登、莱海道趣高丽之平壤,必先出此。隋大业十年,来护儿出海道,至卑奢城,败高丽兵,将趣平壤,高丽惧而请降。唐贞观十九年,伐高丽,张亮帅舟师自东莱渡海袭卑沙城……"⑥综合数处,疑"卑涉"与"卑奢"音近而讹,"卑涉"因形近而讹"卑沙",后又有"沙卑"之说,致诸处记载各异,当以不改为上,存其遗迹。

卷六九《薛万彻传》:"(贞观)二十二年,(薛)万彻又为青丘道行军大总管,率甲士三万自莱州泛海伐高丽,入鸭绿水百余里,至泊汋城,高丽震惧,多弃城而遁。泊汋城主所夫孙率步骑万余人拒战,万彻遣右卫将军裴行方领步卒为支军继进,万彻及诸军乘之,贼大溃。追奔百余里,于阵斩所夫孙,进兵围泊汋城。"⑦《校勘记》卷三六:"至泊汋城,闻本'汋'作'灼',按《册府》(三百四十五)'汋'俱作'灼',闻本是,下仿此。"⑧按,宋本、初印本中三处俱作"灼",后印本、重修闻本第一处作"汋",后两处亦作"灼",有改有不改,且改而未尽,当以"灼"字为是,标点本当改回。

卷七六《恒山王承乾传》:"(李承乾)每临朝视事,必言忠孝之道,退朝后,便与群小亵狎。宫臣或欲进谏者,承乾必先揣其情,便危坐敛容,引咎自责。枢机

---

① 《旧唐书》卷六九《侯君集传》,第 2513 页。
② 罗士琳等:《旧唐书校勘记》,第 608 页。
③ 《旧唐书》卷六九《张亮传》,第 2516 页。
④ 罗士琳等:《旧唐书校勘记》,第 608 页。
⑤ 《隋书》卷六四《来护儿传》,中华书局,1973 年,第 1516 页。
⑥ 顾祖禹:《读史方舆纪要》卷三七,中华书局,2005 年,第 1709 页。
⑦ 《旧唐书》卷六九《薛万彻传》,第 2518 页。
⑧ 罗士琳等:《旧唐书校勘记》,第 609 页。

辨给,智足饰非,群臣拜答不暇,故在位者初皆以为明而莫之察也。"①《校勘记》卷三七:"枢机辨给,闻本'给'作'洽'。"②今按,宋本、初印本正作"洽",后印本、重修闻本作"给",二者俱通,当以原本为正。

卷七六《濮王泰传》:"伏见敕旨,令魏王泰移居武德殿。此殿在内,处所宽闲,参奉往来,极为便近。但魏王既是爱子,陛下常欲其安全,每事抑其骄奢,不处嫌疑之地。今移此殿,便在东宫之西,海陵昔居,时人以为不可。虽时与事异,犹恐人之多言。"③《校勘记》卷三七:"虽时与事异,闻本'与'作'异'。"④今按,宋本、初印本"与"作"异",后印本、重修闻本作"与",《魏郑公谏录》卷二⑤、《资治通鉴》卷一九六"太宗贞观十六年正月"条俱作"时异事异",《新唐书》作"时与事异",疑后印本据《新书》改。其"时异事异"当是化用《韩非子》"世异则事异"而来,《史记》亦有"时异则事异"之语。应以原本为正。

从以上数例来看,后印本并非据宋本,而是根据《新唐书》来校补初印本的。当然,这些改正有某些地方是胜于初印本的,但更多还是将一些本来无需改补的地方,进行了改补;或是初印本需要改补,而后印本却根据《新唐书》进行了错误的改补,从而产生了更多的错误,给《旧唐书》的校勘造成了一定的混乱。

罗士琳诸人所用闻本与初印本相合者较多,但是也有一些地方是不相吻合的,应该不是罗氏误记,而是如李文田所言"时时挖改"之故,亦可见明人之好改古书。上述诸例中,百衲闻本与初印本合者仅一处,余都与后印本、重修闻本合,很大程度上百衲闻本即属后印本系统,若修订本《旧唐书》要以百衲本为底本的话,需要注意这个问题。

(原载《中国典籍与文化》2020 年第 2 期)

---

① 《旧唐书》卷七六《恒山王承乾传》,第 2648 页。
② 罗士琳等:《旧唐书校勘记》,第 628 页。
③ 《旧唐书》卷七六《濮王泰传》,第 2655 页。
④ 罗士琳等:《旧唐书校勘记》,第 630 页。
⑤ 王方庆:《魏郑公谏录》卷二《谏移魏王居武德殿院》,中华书局,1985 年,第 22 页。

清代官员子弟科举的制度设计

刘佰合*

清代科举集前代之大成,已臻于成熟,形成了完备的体系和周密的制度,以设立官卷与亲族回避为核心的官员子弟科举考试制度①,亦为清代科举体系重要的构成部分,考察和厘清该制度的基本设计与运作情形,有助于深化清代科举制度研究。

一、独特的官卷制度

清代官员掌握着体制内外的各种资源,其子弟在和平民考生竞争时处于非常明显的优势地位,更可能因此导致科场弊案,这就和清廷开科取士、遴拔真才的目标产生矛盾,对官员子弟参加科举考试进行规范和限制的官卷制度应运而生。官卷作为一种独特的制度,不仅体现了对官员的笼络与照顾,更是对该群体的约束和限制。

康熙皇帝在创立官卷的过程中起到举足轻重的关键作用,康熙三十九年(1700)会试后,他敏锐地觉察到科场存在严重问题,接连发出两个质问,一问"今年会试所中,大臣子弟居多,孤寒士子,未能入彀,如此欲令人心服,得乎?"②再问"考取举人进士,特为得人耳。若或行贿夤缘而得之,则出身之本源不清,而欲冀他日之为忠臣良吏,得乎"?他提出"凡系大臣子弟,另编字号,令其于此中较阅,自必选择其文之优劣。大臣子弟,既得选中,又不致妨孤寒之路。如此,则于考试一事大有裨益"③。此处所谓"不致妨孤寒之路"颇关紧要,体现了康熙帝对

---

* 刘佰合,现为淮北师范大学历史文化旅游学院教授。
① 该论题尚少关注,未见有专文探讨,魏秀梅的《清代科场回避制度,1645~1906:以文场乡会试为例》(《"中央研究院"近代史研究所集刊》第16期)、李世愉的《清代科场回避述略》(《学习与探索》2007年第5期)、张学强等的《明清"冒籍跨考"现象探析——兼论对解决当代"高考移民问题的启示"》(《高等教育研究》2007年第5期)等文对与其有关的回避、冒籍等问题进行了较为深入的研究,但均未从官员子弟科举角度立论。
② 《清实录·圣祖仁皇帝实录》卷二〇〇,康熙三十九年七月乙卯,中华书局,1985年。本文征引的《清实录》均为中华书局1985~1987年版,以下不再一一注明。
③ 《清实录·圣祖仁皇帝实录》卷一九九,康熙三十九年六月丁亥。

科举考试社会作用的深刻认识,也是清代建立官员子弟科举体制的根本意义所在。但九卿科道初对康熙帝的方案抱持消极态度,康熙又令所倚重的李光地、张鹏翮等四人详议具奏,意在寻求支持。至十一月九卿最终议复,确立了官卷制度的基本框架,直隶各省乡试在京三品以上及大小京堂、翰詹科道、吏礼二部司官,在外督抚提镇及藩臬等官,"子弟俱编入官字号,另入号房考试","会试满合字号、南北字号亦编官字号,每二十卷取一卷。云南等四省中额仍照现例行,不另编官字号"①。

官卷之制初行于乡会试,康熙五十一年(1712)会试不再分南北字号的同时,停止编官号。部分边省乡试因官生人少而不分官民卷,后则分立,贵州因居官者渐多、人才渐好,且又添拨遵义一府,于雍正十三年(1735)实行乡试官民分卷,乾隆六年(1741)广西援贵州之例设立官卷。

官卷编入的资格限制主要包括应编官卷之官员和官员亲属范围两个方面,官卷制度初立之时议定,"八旗直隶各省现在文武大臣以下,京官文官以七品有职掌、武官佐领等官以上,外官知县、守备等官以上官员,其子孙、同胞兄弟及同胞兄弟之子,皆编为官卷"②。后经更动调整逐步形成定制,《钦定科场条例》载之甚明,"在京满州汉员文官京堂以上及翰詹科道、武官副都统以上,在外文官藩臬以上、武官副都统总兵以上,其子孙曾孙、同胞兄弟、同胞兄弟之子,皆编为官卷,其祖父伯叔毋庸编入"③。

应编官员范围呈现缩小趋势,逐步向高级官员集中,吏礼两部因掌官员考核与科场事宜,其司员子弟一度列为官生,后皆取消。另对候补、丁忧、降级、署理、休致等情形均有所说明,尤以休致官员的规定最为具体,除因老病自行具折乞休者准编入官卷外,其他情况皆不准编入,于此已将官卷编入与否和官员之考核紧密联系到一起了。官员亲属以子孙、同胞兄弟及同胞兄弟之子为基本范围,其后在略有扩展的前提下严格限定,乾隆五十一年(1786)以曾孙亦系一脉周亲、非与子孙情有分别,所以规定遇有曾孙应试者应一体编入官卷。乾隆十七年以"父与伯叔编列官生,名义殊觉未安"④为由,明确禁止直省乡试将官员祖父叔伯编为官生的做法;其后又规定恩养异姓之子及已出继之子均不准列入官生,若本官出继,其本生同胞兄弟及同胞兄弟之子亦不准入官卷,这些规定既与宗法体制相适

---

① 《清实录·圣祖仁皇帝实录》卷二〇二,康熙三十九年十一月丙午。
② 《钦定大清会典事例》卷三百四十五《礼部·贡举·设立官卷》,《续修四库全书》本,上海古籍出版社,2002年。
③ 《钦定科场条例》卷二五《设立官卷限制》,沈云龙主编:《近代中国史料丛刊三编》第48辑,文海出版社,1989年。
④ 《清实录·高宗纯皇帝实录》卷四一八,乾隆十七年七月丁卯。

应,亦为防止官卷过滥滋弊。

官卷本为防止和纠正官员子弟侵占民卷中额而设,如何设计其录取方式也就显得非常重要。康熙时按照官民卷大约同等比例方式确定官卷中额,顺天乡试满合字号因大臣子弟较多,"如民卷百卷取中五卷,则官卷二十卷取中一卷;其直省如定额十卷,民卷取中九卷,官卷取中一卷,其副榜亦照此计取"①。乾隆十六年(1751)按照"以官卷多少酌定中额"②原则,确定各乡试官卷中额,顺天贝字号、江苏、福建各四名,浙江六名,江西五名,河南、山东、山西各三名,南皿、北皿及湖南、广东等省各中二名或一名。

在实际运作过程中出现官卷录取过多过优的现象,违背了限制官员子弟的初衷,遂有减少官卷中额,甚至废裁官卷的建议,乾隆皇帝意识到官民分卷"立法之始,本为防弊,而彼时诸臣奉行者,不无偏袒子姓亲族之见,含糊具奏,分定中额,未免过多,遂使以怜恤寒畯之意,转成优幸缙绅之路,揆之情理,实未允协",提出"中额贵有限制,而立法务在均平"③的录取原则。按照该原则,各省乡试官卷按大、中、小省确定中额,直隶、江南、浙江等大省,入场官生二十名取中一名,三十一名取中二名;山东、河南、陕西等中省,十五名取中一名、二十三名取中二名;广西、贵州等小省,十名取中一名、十六名取中二名。顺天乡试,满洲、蒙古、汉军照小省取中,南北贡监照中省取中。该取中原则将定额录取与按比例录取结合在一起,官卷中数以定额为限,不得逾额多取,如官卷不敷,缺额则以民卷补足,相沿成为定例,仅在具体定额及比例方面偶有细微调整。

二、缜密的回避制度

清代朝野上下均以科举为至隆至要之抡才大典,入闱官员在科举体系中扮演非常重要的角色,或判卷衡文,或办理考务,若对子弟亲族稍有偏心徇私,则失考试公平,回避即为针对此潜在弊端的方法之一。回避之法始于唐朝,至清已趋于缜密,有亲族回避、籍贯回避、命题回避、阅卷回避、磨勘官回避等规定,其中以亲族回避最为严苛周备,本文所论即主要指此种回避。

顺治十五年(1658)题准,"凡乡会试考官、同考官、监临、知贡举、监试、提调之子及宗族应试者","照例回避"④,其后规定渐多,考官及其亲属范围逐步扩大,到光绪朝时堪称严密繁复。乡会试内帘主考、同考、内监试、内收掌,外帘知

---

① 《钦定大清会典事例》卷三四五《礼部·贡举·设立官卷》。
② 《清实录·高宗纯皇帝实录》卷四〇二,乾隆十六年十一月甲子。
③ 《清实录·高宗纯皇帝实录》卷五五七,乾隆二十三年二月壬午。
④ 《钦定大清会典事例》卷三四五《礼部·贡举·开报回避》。

贡举、监临、提调、外监试、外收掌，受卷、弥封、誊录、对读四所，"各官之子弟姻族俱令照例回避"。此所谓"子弟姻族"所涉范围极广，包括子弟、同族（含五服以内及聚族一处者）、外祖父、翁婿甥舅、妻之嫡兄弟、妻之姊妹夫、妻之胞侄、妻姊妹之子、嫡姊妹之夫、嫡姑之夫、嫡姑之子、舅之子、母姨之子、女之子、妻之祖、孙女之夫，及本身儿女姻亲，"概令回避，不准入场考试"，且"回避官生毋庸另行考试"①，这当中最核心者无疑是考官之子弟。从朝廷立法角度论，是要求考官子弟亲族回避以免嫌疑，而从考生方面来说，则意味着因父兄或其他亲族做考官而丧失入场考试的资格与机会。

回避之规对官员子弟参加会试和顺天乡试影响很大，对其他乡试影响相对较小，但江南乡试是为特例，部分官员子弟，其父兄并非入闱考官，亦须回避。江南乡试因江苏、安徽分省合闱，规定江苏人员现任安徽司道，安徽人员现任江苏司道以上等官，及江苏人任安徽学政，安徽人任江苏学政，并安徽人员现任江宁省城首府首县，"并未入场之各员，其同族有服制者，及外姻各项，俱令回避"；另外江苏人员现任安徽知府、直隶州，安徽人员现任江苏知府、直隶州者，"如遇所属州县开送帘官，其同族有服制者，及外姻各项，俱令回避，匿报者查出，本官革职"②。陕西乡试因系陕甘合闱，仿照江南乡试之例，亦行两省有关官员子弟回避，至光绪初年分闱而止。

雍正帝即位后对回避之法进行了较大改动，乡试从雍正元年（1723）、会试从二年（1724）开始考试回避官员子弟，此亦即回避卷之制，他认为"入闱各官为国家宣力，伊子弟反不得应试，殊属可悯"③。回避官员子弟考试主要有两种形式：一是"另行考校"，如元年在午门内试以四书文二题、经文一题、表策各一题，从中取四人为举人；二是"一体考试"，即回避官生与其他考生一道入场考试，但另编座号与字号，酌量取中入榜，其依据是雍正二年上谕，言"乡会试为抡才大典，内外帘官子弟理应回避，但跋涉数千里，志切观光，既至京师，不得与试，深为可悯……今科凡官员入闱者，其子弟著一体应试，将试卷另封进呈，朕派大臣校阅遴选，庶人才不致屈抑"④。乾隆九年（1744），乾隆帝再改回避之法，他以"各科回避官生多寡不一，若遇人少之年，则入彀甚易，于科场条例亦不画一"为由，决定"自以照旧回避为是，嗣后不必一体考试"⑤。乾隆九年（1744）和十七年顺天乡试和会试回避卷先后停止考试，该制自产生到废止为时甚短，不过二三十年时

---

① 《钦定科场条例》卷二六《回避》。
② 《钦定科场条例》卷二六《回避》。
③ 《清实录·世宗宪皇帝实录》卷一二，雍正元年十月丙子。
④ 《清实录·世宗宪皇帝实录》卷二三，雍正二年八月甲戌。
⑤ 《清实录·高宗纯皇帝实录》卷二二三，乾隆九年八月乙丑。

间,可视为清代回避制度的另类插曲,但其意义却不应完全被忽视。

清代官员异地为官,子弟多有随其生活者,在为官之地参加科举考试具有一定的合理性,但清代对官员子弟在其任职之地参加科举考试始终没有放开,明确规定"官员在现任地方令子弟等冒籍者,本生斥革,该员革职"①。《钦定科场条例》虽然是在《冒籍》卷规定官员子弟不得在现任地方考试,其实质则是另一种形式的回避,即地域回避,立法本意在防杜官员借机滋弊,这也就意味着官员子弟必须回原籍参加考试。例如晚清重臣张之洞原籍直隶南皮,因其父官于贵州而出生在贵州,并长于贵州、受教于贵州,但他的科举之路是从十三岁"回籍就试"、次年入南皮县学开始,十六岁时参加顺天乡试,中试第一名举人;虽然张之洞得科名甚早,但其回避经历却也十分典型,咸丰九年(1859)和十年两科会试均以族兄张之万为同考官而"循例回避"②,到同治二年(1863)癸亥科得中探花。

三、严厉的防惩制度

清代关于官员子弟科举的各项规定日趋繁复细琐,或为未雨绸缪而完善规条,或为针对科场弊案而亡羊补牢,既然有人试图突破禁令侥幸获中,就有必要制定后续规章,保证官员子弟科举相关制度的有效落实。

防惩制度以防为先,历代皇帝屡发谕旨,或剀切教导,或直言申斥,训诫大臣官员恪遵功令、持廉秉公、砥砺节操,试图从源头预防官员子弟违禁考试。为杜绝弊端而不断改进和完善各项条例,甚至发展到无以复加的地步,比如官员同胞兄弟及同胞兄弟之子准入官卷,但如该官本人出继,其本生同胞兄弟及同胞兄弟之子能否准入官卷就存疑问,遂定不准编入,或者官员改籍他省,则仍在原籍的同胞兄弟及同胞兄弟之子亦不准编入官卷;再如已有"本身儿女姻亲"回避的规定,光绪九年(1883)又明确规定未经成婚的儿女姻亲也在回避之列,堪称周密。预防之制还表现在设定各项考试过程中的程序性规范,例如考官入场之日,至公堂移会内外帘官及场内执事各官,"将应行回避各生姓名自行开出,汇单交知贡举、监临及至公堂监试御史详加覆核",然后由点名御史"于名册扣除,仍揭示贡院外照墙"③,以示公正。

防惩体系以防为先,却以惩为重,官员及其子弟如敢于违犯条例,以图侥幸,就要承担巨大风险,其惩罚具有两个特点:一是处分极重,二是株连范围很大。

---

① 《钦定科场条例》卷三五《冒籍》。
② 胡钧:《清张文襄公之洞年谱》,台湾商务印书馆,1978年,第11、23页。
③ 《钦定科场条例》卷二六《回避》。

官卷凡出现以不应编入之人编入、应编入之人而不编入的情况,均应"由部指参议处";处理人员株连范围很大,八旗官卷若混入民卷取中,"查系本家漏报,将本官革职、本生黜革"①,如系佐领漏报,则将其降二级调用,参领降一级调用,都统、副都统及总管内务府大臣皆以失于查察而罚俸一年。对于不应编入而假借冒充混入官卷者,或经查出与告发,照例治罪,本官革职、本生黜革,出结造送的教官州县均照循情例降二级调用,知府、直隶州、知州照蒙混造册例降一级调用,布政使降一级留任,巡抚与学政则罚俸一年。对应回避却不回避而中式者的处罚是"本官革职、该生黜革",江南与陕西乡试有关应回避的不入场官员,如匿报查出也是"本官革职"②。对允许子弟在任官地参加考试的情况是零容忍,处分亦很严厉。

四、官员子弟科举制度的实质

清代科举有另编字号以资识别之制,如卤字号、耳字号、丁字号、聿字号等,均含对特定地域或特定阶层的优待鼓励之意,但与前述另编字号不同,官员子弟科举制度设计与实施的实质则是对这一特殊群体的限制。

官卷之设,从表面看是对官员及其子弟的笼络及优待,因为官生中式比例要高于总录取比例,时有官卷过优之议,不断有官员试图将不应编入之人混入官卷,以致朝廷三令五申予以限制的状况也可说明此点。但若换一种角度审视,较之未设官卷之前,官员子弟的中式比例下降了;如果不立官卷,官员子弟与平民子弟一体应试,由于官员拥有更为丰富的资源和广泛的人脉,其子弟会有更高的取中机会,也就是说设立官卷、按比例定额录取的措施,实际上使官员子弟的录取比例及进取机会降低了。乾隆帝所谓官卷"既免滥取之弊,亦不致有妨孤寒"③的说法正体现了推行官卷制的真正用意,也就是不与民卷争额,从这种意义上可以说官卷制是对官员及其子弟群体的约束和限制,制度设计者试图借此防止其利益借助于特权在科举领域恶性扩张,从而保证科举体系的平稳运行,亦利于统治基础的稳固。

回避之例,本为防弊而制,对官员子弟进取功名的限制亦极明显,他们因父兄入闱而不能参加考试,对个体来说会减少甚至丧失获取功名的机会,就群体而言,官员子弟中式的数量亦受影响,其出路也因此产生一定程度的阻滞。诚如清

---

① 《钦定科场条例》卷二五《设立官卷限制》。
② 《钦定科场条例》卷二六《回避》。
③ 《清实录·高宗纯皇帝实录》卷五五七,乾隆二十三年二月壬午。

人福格所论,回避之例"似觉太严,竟有士子一连四五科皆以回避不得预试者。若当壮盛之时,蹉跎十余年,即成衰老,深为可惜"①。清代官员对这种阻碍和限制有着清醒的认识,并试图有所改变,其应对之策约有两途。积极之策是重新实行回避卷,睦朝栋、郭仪长先后建议回避士子另行考试,均被驳回,道光二十七年(1847)礼部尚书祝庆蕃再请,道光帝大为光火,斥祝"独出己见,率行面奏,实属沽名钓誉,冒昧渎陈",明确表态"回避士子另行考试,事属难行,叠奉圣训昭垂,岂容臣工任意渎请!"②部分官员为不碍子弟亲属考试取消极之策,往往托故请假不入闱场,事不罕见,但也可能面临制裁,如咸丰八年粮马通判萧鼎禧为其胞弟应顺天乡试,托病告假,被咸丰帝斥为"实属取巧规避,著先行交部议处,其有无营私肥己等弊,著俟刑部讯明后,照例办理"③;同治七年(1868)会试提调梁僧宝患病请假,仍令该员将应行回避之人照例回避,遂将部分官员的消极应对化于无形。

清代官员子弟科举体制确立之后未有巨大反复与曲折,在趋向繁复周密的同时,总体运行较为平稳,晚清科举变革过程中也没有成为舆论冲击的焦点,后随着科举制度废除而终止。官员子弟科举制度的核心本质是对特殊阶层的限制,这种限制同时在两个方面产生影响。一方面官员子弟的科举利益受到约束,甚至部分合理权利也被迫让渡,另一方面"不致妨孤寒之路"设计理念的实施,使平民获得了更多的进取和上升机会。这意味着社会基层的精英能够借助科举考试不断地流向统治阶层,在增强统治阶层活力的同时,更利于社会的稳定。官员子弟科举制度是寻求特殊群体与社会整体之间利益均衡的产物,制度设计者更倾向于通过限制官员子弟的科举利益,谋求科举体系有序运行和社会稳定的深层利益。

(原载《历史档案》2014年第3期)

---

① 福格:《听雨丛谈》卷二《科场回避》,中华书局,1984年,第41页。
② 《清实录·宣宗成皇帝实录》卷四四〇,道光二十七年三月庚子。
③ 《清实录·文宗显皇帝实录》卷二六二,咸丰八年八月己巳。

汪志伊《荒政辑要》所见之荒政思想

刘亚中*

汪志伊,字莘农,号稼门,安徽桐城人。乾隆八年(1743)正月十四日生,年二十九中乾隆辛卯科(1771)举人,嘉庆二十三年(1818)二月二十四日卒,享年七十六岁。一开始任四库馆校对,继而授官料理山西武乡县事,开始步入仕途,逐渐升任至福建巡抚等职,"(汪)公历任均有政绩可纪,实为嘉庆间督抚之冠"①。嘉庆七年(1802)五月,汪公受命赴江西办案,途次任江苏巡抚,遂开始辑《荒政辑要》一书有关资料,授予下属官吏,使之参照遵行,教导官员"大发其不忍人之心,实行其不忍人之政"②。该书写作目的在《荒政辑要·叙》里说得非常清楚,"地方官及委员必须逐条参究力行,方免遗滥错误之咎……予破冗纂辑是书,刊发各属官,盖冀历练深者,益扩其措施,历练浅者,亦有所依据……将见有荒岁而无荒民,亦如唐虞三代之世矣,岂不懿哉!"

清代是中国古代荒政发展鼎盛期,不仅荒政措施非常完备,而且出现了多部荒政著作。在这些著作中,以汪志伊《荒政辑要》较有影响力,作者在书中对荒政之策作了较全面论述,形成了具有一定特色的救荒思想。这些思想基本上代表了清前期人们对荒政认知的深度和水平。迄今为止,学界还没有仔细研讨汪志伊《荒政辑要》的论著,本文就其所体现的荒政思想试作浅探,以祈指正。

一、注重荒政人才的思想

人才是荒政得以有效实施的有力保障,即使有好的法规和制度,如果没有很好的官吏来推行实施,也不能使其发挥作用。汪公很注重人才,"所至必修治书院,以兴贤才为急"③,在"法"与"人"的关系上,人才是最为关键的,"详于议法,

---

* 刘亚中,现为淮北师范大学历史文化旅游学院教授。
① 萧穆:《敬孚类稿·记汪稼门先生退思图卷朋》,黄山书社,1002年。
② 汪志伊:《荒政辑要·叙》,尚义堂藏版,道光廿九年重刊。
③ 马其昶:《桐城耆旧传》卷九《汪尚书传第九十九》,清宣统三年刻本。

不如慎于用人。盖人正而弊自除也,顾(故)得人甚难"①。官吏素质及其是否认真行政,是民政好坏之关键,荒政更是如此,易于生弊,"灾务原属繁难,民情又多急迫,事本易于滋弊,吏遂缘以为奸"②,因而应该认识到荒政官员的重要性,"责任莫重于亲民之吏,盖天下之安危在民,而小民之休戚在吏"③,故而官吏如何行使荒政之权直接攸关百姓生死。

天灾发生是自然的,其可能造成的损失往往可以通过人的努力将其减少到最低限度。"救荒自古无奇策,救荒只患心不真,一片真心即奇策,真心安民不负君"④,故而首先要求地方官吏在天灾发生之前要"随时体察,早为防范"⑤,"如州县官不早扑除(蝗蝻)以致长翅飞腾者,均革职拿问"⑥;当天灾(蝗灾)发生之际,若"推诿迁延,(必)严参议处"⑦;要求地方主管官员,带领佐贰部属,轻骑简从,亲往现场救灾,不得随意扰民,"不得派民供应……马不得派自民间,如违例滋扰,跟役需索,借端科派者,该管督抚严查"⑧;要切实履行好赈济灾害过程中的一切工作,为疾病之民给医给药,收养弃儿,鼓励有能力之人收养;禁止辖区内卖牛宰牛,如有奸贩敢于贱价收买耕牛并偷宰,要"通饬文武各衙门,分路严拿,尽法究处,并将所贩之牛,全数入官"⑨。

汪公能做到为民着想,深知民饥盗起与统治安危之间的关系,"民非生而盗者也,食不继则民流为盗,抚有方则盗化为民"⑩。因而想通过著述来教育官员善抚有方,力求祛民疾苦。"为民父母者,独能晏然不为甫能一饱之民,画(划)长久之计乎? 故必虑终如始"⑪,"视民如子"是封建时代官僚士大夫所能达到的最高政治境界和要求,"治天下之道,所极意抚摩者,民也;所并力驱除者,盗也。民为国本,食为民天"⑫。所以实心实力去做好荒政工作,就是尽到了"为人父母"的职责,保民温饱,不致命丧饥馑。汪公有如此体恤民瘼之心,和他少年时就体会到稼穑之苦有关,他之所以自号稼门,是因为汪公"少年学稼,挥汗田端;问何

---

① 汪志伊:《敬陈吏治三事疏》,收录在贺长龄《清经世文编》卷一六《吏政二·吏论下》,光绪十二年思朴楼重校本,中华书局,1992年影印本。
② 汪志伊:《荒政辑要·叙》。
③ 汪志伊:《稼门文钞》卷一《实字说示江苏属官》,清嘉庆十五年刻后印本。
④ 汪志伊:《稼门诗钞》卷四《丙寅秋亲勘淮扬海三州郡水灾》,清嘉庆十五年刻后印本。
⑤ 汪志伊:《荒政辑要》卷四《督捕蝗蝻》。
⑥ 汪志伊:《荒政辑要》卷四《督捕蝗蝻》。
⑦ 汪志伊:《荒政辑要》卷四《邻封协捕》。
⑧ 汪志伊:《荒政辑要》卷四《捕蝗禁令》。
⑨ 汪志伊:《荒政辑要》卷八《禁卖牛宰牛》。
⑩ 汪志伊:《议海口情形疏》,收录在贺长龄:《清经世文编》卷八五《兵政十六·海防下》。
⑪ 汪志伊:《荒政辑要附论六条》,收录在贺长龄:《清经世文编》卷四一《户政十六·荒政一》。
⑫ 汪志伊:《议海口情形疏》。

自苦,惟门之寒;负耒而出,去莠多殚……念兹稼穑,邦本攸关……门署曰稼,毋忘艰难"①的缘故;取名志伊是以商汤名臣伊尹作为自己楷模榜样而"自名志伊"②的,因而少年时的经历成了汪公荒政为民思想的一个基础。

若将《荒政辑要》与清前期其他的荒政著作相比较,它们虽然都强调荒政人才的重要性,但侧重点还是不一样的。汪公与《康济录》的作者陆曾禹均强调荒政人才重要性,天下事未有不得人而理者也,"不得贤才而委之,则亲民之官不以实心行实政,而救灾恤患之无方"③。但怎样得贤才并使之发生作用呢?陆公认为"有一代之圣君必有一代之贤臣"④,而汪公在这方面没有过于强调"圣君"对"贤臣"出现的决定作用,而是直接强调责任就在施政救荒官员之本身,如"宰执当行八条""监司当行十条""太守当行十六条""牧令当行二十条"。

陆公认为,荒政实施效果的好坏,全在于帝王如何使用人,从而强调帝王的"识才"和"鉴才"能力,"君臣之间,皆以饥民为急,其用人也,互相斟酌,惟恐稍有不当"⑤,没有强调怎样发挥荒政官员主观能动作用,而汪公则不然,他指出施政官员必具备很高的行政素质,"地方官辄以为尽心尽力……为民父母者独能晏然已乎?盖必慎终如始"⑥。汪公推崇明代林希元的做法,以赏罚约束官员行为,求贤于赏罚之中,在救荒过程中要做到信赏罚,崇法度,荒政工作"事本易于滋弊,吏遂缘以为奸,非得其人不能理,非得其法尤不能理"⑦。如在捕蝗工作中,对工作执行不力的要"立参不职"⑧;地方水利倘若出现"坏久不修,修不完固,或因而害民者"⑨,地方官要追究一定责任,"从实按勘施行,遇该考满,务查水利无坏,方许起送……不次擢用"⑩。赏罚之功对于为政者来说非常重要,天下之政务莫大于赏罚。以赏罚之术来促使官员行政,而不单纯凭帝王识鉴,施政官员主观能动作用发挥最为重要。

---

① 汪志伊:《稼门诗钞》卷二《自号稼门箴》。
② 汪志伊:《稼门文钞》卷一《自署实心藏说》。
③ 陆曾禹:《康济录》卷三上《求才能以捍灾伤》,收录在《四库全书·史部·政书类》。
④ 陆曾禹:《康济录》卷三上《求才能以捍灾伤》。
⑤ 陆曾禹:《康济录》卷三上《求才能以捍灾伤》。
⑥ 汪志伊:《荒政辑要》卷九《还定安辑》。
⑦ 汪志伊:《荒政辑要·叙》。
⑧ 汪志伊:《荒政辑要》卷一《捕蝗十宜》。
⑨ 汪志伊:《荒政辑要》卷九《信赏罚》。
⑩ 汪志伊:《荒政辑要》卷九《信赏罚》。

二、救荒必标本兼治的务实思想

汪公对荒政的认识比较全面。荒政首先是仁义之政,"荒政者仁政也……有预备于未荒之前者,有急救于猝荒之际者,有广救于大荒之时者,有力行于偏荒之地者,有补救于已荒之后者"①,总之都是对受灾黎民百姓的利益善举之事。灾害发生对于人们生活影响极大,"水旱蝗蝻迫人沟壑,救之不力,与不救等,况民无籴所,劫掠必兴"②,灾害会带来严重社会危害,造成社会不稳定。正因如此,则荒政救灾工作相当重要,"救灾如救焚,救饥如救溺"③。

怎样根本性做好荒政工作呢?即时救济为治标,根治灾荒之源为治本。在《荒政辑要》正篇九卷中,卷五至卷八为治标之法,卷二、三、九为治本之术,这就避免了荒政著述中只论述即时救济的治标之说。在灾荒发生之时,最重要的当然是要及时解决灾民饥寒之苦,解民于倒悬之中,但要彻底清除灾害之苦和尽可能地避免灾情再度发生,就必须治本清源,这才是荒政的根本性工作。

在即时救灾的治标上,汪公强调尤其要做到以下几点。

首先,对报灾工作要求及时、快捷。清朝规定的报灾时间是:"夏灾不出六月,秋灾不出九月"④,汪公认为地方州县报灾时间应该更早些,因为"麦收在四五月,秋成在七八月,则是有收无收,荒熟早已定局,嗣后各州县被灾情形,应于五、八月内勘确通报"⑤,并从报灾情形之日算起,四十五日内由州县到府院查核灾情上报完毕,如有迟误,则计日处分。对于续灾上报,也有时间限制,旱灾限四十日之内,其他如水、霜、风灾等,若是重灾限十五日之内,其他限二十日之内必上报完毕,以免延误救灾时间。

其次,对勘灾工作要细致周密。当灾害发生以后,往往会出现人祸甚于天灾的现象,人祸除来自"地方刁民"外,更主要的是地方官吏所为。州县里保做荒卖荒,从中牟利,"所虑猾吏与贪官,忍心吃尽子孙饭,更恐蠹役与奸胥,侵蚀不顾民糜烂"⑥。各衙门书吏也视办灾为有利可图之事,给票造册均从中勒索,此弊最难清除,因而汪公要求地方官在复核时要特别留意和仔细。

最后,审户要具体切实。一州一县灾情定有不同,虽同村同庄灾情相差不

---

① 汪志伊:《荒政辑要》卷首《纲目》。
② 汪志伊:《荒政辑要》卷六《广籴粜》。
③ 汪志伊:《荒政辑要》卷五《急赈恤》。
④ 杨景仁:《筹济编》卷首《蠲恤功令》,光绪九年仲春武昌书局校刊。
⑤ 汪志伊:《荒政辑要》卷三《勘灾事宜》。
⑥ 汪志伊:《稼门诗钞》卷四《丙寅秋亲勘淮扬海三州郡水灾》。

大,但各户承受灾害程度定有差异。为了把有限的救灾物资发放到更需要救助的人手中,发挥其最大救灾作用,必做好审户工作。

清代对受灾户的审定划分了极贫、次贫等级,以备赈济,但"极次贫的划分无既定标准"①,导致实际上无可依据,再加上各地田亩多少不同,人口多少大小互异,办赈官员的认识也有分歧,所以在乾隆七年(1742)就山西、湖广、贵州等省份因为勘验等困难而不再划分等次,有些省份灾户也少分等次,致使灾户等次划分混乱,影响了救灾赈济实效。汪公在此问题上根据自己实践经验,制定了较为可行的操作标准,即将那些"产微力薄,家无担石,或户倾业废,孤寡老弱,鹄面鸠形,朝不谋夕者"②定为极贫之民;将那些"田虽被灾,盖藏未尽,或有微业可营,尚非急不及待者"③定为次贫之民;在救灾物资发放上,极贫无论大小人口全给,次贫者少壮丁男酌给,其他全给,在查报灾口情形时必须亲自验看,不能仅凭地保等地方上的汇报。除此之外,还区分有田散在各里而受灾有所不同者、佃户者、寄庄人户者、地方兵丁者、鳏寡孤独疲癃残疾之民、无田贫民因灾失业者等,均堪明灾情给予不同赈济。

在赈灾过程中,给钱粮衣物只是救急。但要真正彻底地摆脱灾荒之苦和恢复社会经济活力,还必须注重灾后重建工作,即治本,也就是要号召灾民重建家园,进行生产自救,重新树立生活希望,遂借鉴历史经验,不催小民之税。让流民回家生产,凡受灾"逃户复业者,宜给复三年"④。汪公在这一点上告诫地方官要时时以苍生为念,"四顾闾阎,居有定所乎?人皆完聚乎?食能果腹乎?田不荒芜乎?业不息惰乎?俗果朴而风果醇乎?一有不然,民情即为之不安"⑤。对于那些背井离乡、日夜悲啼、乞食在外的饥民,如果他们愿意回家但又无路费的,地方官应该给予一定资助,帮助他们回乡进行生产自救,实行"归流、弭盗、停征、教养"等多管齐下,此"四者皆仁政之大端,抚绥之急务"⑥。只有这样,才能在最短时间内使灾区恢复元气,否则,"若弭盗不归其流,则劫夺之患不息,教养不停其征,则妨民之困不除,农桑何由得盛,学校何从得兴?"⑦在这四项重要的灾后重建工作中,"停征"一项尤为突出,如果地方官严逼款项,追缴积欠,则丰年不如凶年,"举催积欠,胥徒在门,枷锁在身,求死不得,故流民不敢归乡",所以,"饥于年

---

① 李向军:《清代荒政研究》,中国农业出版社,1995年,第26页。
② 汪志伊:《荒政辑要》卷三《查赈事宜》。
③ 汪志伊:《荒政辑要》卷三《查赈事宜》。
④ 汪志伊:《荒政辑要》卷九《还定安辑》。
⑤ 汪志伊:《荒政辑要》卷九《还定安辑》。
⑥ 汪志伊:《荒政辑要》卷九《还定安辑》。
⑦ 汪志伊:《荒政辑要》卷九《还定安辑》。

者可救,饥于官者难逃"①,为官者"当以抚恤黎民为首务"②。

在治标治本问题上,汪公思想虽然存在救荒避灾的禳弭论,但其主导思想仍然是重民务实的。《荒政辑要》全书九卷,首一卷,虽然将"禳弭"单列一卷,但只有半卷内容属于真正禳弭论,其余各卷内容无不是从国计民生出发,论述赈荒济困之策。有善后之举,防范之法,还有糜粥之方、籴粜之议等,如煮赈时如何让久饿之人不至于得赈暴食而丧命,熬粥如何适宜于用旧锅而不是用新锅,均叙述详细。书中各条目列举都简明且细致,便于荒政官员查照实行,"教农桑,兴水利,裕积贮,尚节俭,敦风俗,以为民生计者,精益求精"③。这种注重实政的重民灾害观,是清前期经世致用思想在荒政方面的反映。清前期由于商品经济发展和"封建社会渐趋没落,政治经济日益衰败,一些有识之士往往鄙弃空谈的宋元理学,提倡新兴经世致用之学,即通经致用而留心时务"④,故而《桐城县志》上就说汪公是"政余惟好讲学,然不喜人立道学名称"⑤。

汪公一生为官突出一"实"字,"凡所行必本实心"⑥,曾就"实"字说于江苏省属官,又"自署晚年之号曰实夫"⑦,并给自己百年之后的阴宅署名为"实心藏"⑧,汪公"持躬清严……惟以反身实践为宗"⑨,讲求身体力行,以"实心、实力、实干"来要求和鞭策自己,时时担心并提醒着自己为官是否为老百姓办事了,在从山西灵石知县调任榆次时,他曾经这样检讨自己"奉来片檄量移官,弹指三年耻素餐;一担琴书一卷帖,去时犹似到时难"⑩。作为一名封建官员,有这样的境界和反躬自问精神实是难得!以时时自我检讨之心推行于荒政,不会做不到"情不切实"的。

三、灵活通变、劝富济贫的救荒思想

汪公每遇灾荒救济之后,都特别留意古人成法,也就是善于总结,将自己救灾济饥的施政方法与古人之法对照,"考诸古人成法,竟亦有合者,自是留意荒政

---

① 汪志伊:《荒政辑要》卷九《还定安辑》。
② 汪志伊:《荒政辑要》卷九《还定安辑》。
③ 汪志伊:《荒政辑要·叙》。
④ 王达:《中国明清时期农书总目》,《中国农史》2000 年第 1 期。
⑤ 廖大闻等:《道光续修桐城县志》卷一三《人物·宦迹》,道光十四年刻本。
⑥ 马其昶:《桐城耆旧传》卷九《汪尚书传第九十九》。
⑦ 汪志伊:《稼门文钞》卷一《晚年自号实夫说》。
⑧ 汪志伊:《稼门文钞》卷一《自署实心藏说》。
⑨ 廖大闻等:《道光续修桐城县志》卷一三《人物·宦迹》。
⑩ 汪志伊:《稼门诗钞》卷九《由灵石县调任榆次口号》。

益勤"①,故而汪公于嘉庆十一年(1806)在自己救灾济荒实践基础上,针对古人之说,"复加拣择,取其宜古宜今者,别类分门成书十卷"②,写就了《荒政辑要》。汪公认为"古人荒政,散见简编,良法美意固多,偏见私智亦不少"③,然而在实施荒政过程中,不能不学习和借鉴古人之法,但又不能照搬古人之法,因为古今有不同,南北有差异。如范仲淹知杭州时遇饥荒,谷价涨至每斗钱一百二十文,范仲淹将谷价提升到每斗钱一百八十文,于是招来了多处米商,继而谷价反而因粮多而大减。汪公认为此法也只有范仲淹知杭州才可实行,其他地方若随意效仿,会使"求粜之民,必且生谤"④,可能不仅没有招来米商,反而使谷价居高不降,故而"后世法令不可造次,须要揆时度势"⑤。

再如,"伐蛟之说,于宣歙之地为宜,与河朔之民言之,弗信也,捕蝗诸具,为兖豫梁宋之地所必备,执闽广吴越之民谋之,必笑且走矣"⑥。所以不能生搬硬套荒政之法,应该"随时地之宜而用之"⑦。在实际荒政中,汪公也切实做到了这一点。乾隆丁未年(1787)夏天,山西大同旱饥,而大同有许多来自关中陕西和河北的民工,因天灾无工可做,回乡又无资金,于是强取豪夺,扰乱社会治安,当地官员强行弹压无效,当时汪公正在大同办案,遂决计官资遣送民工归乡,每人给钱百文,分四路由官差护送,然后再对大同本籍灾民放赈灾粮,"郡遂以宁,此亦因地制宜之一法也"⑧。

救荒措施的实施关系到社会的方方面面。在救荒中,除官方政府出钱粮救助的主渠道之外,还应鼓励民间互为赈济,共渡难关,以便将灾害减少到最低程度,更重要的是这种措施会很好地化解社会矛盾,增进社会稳定和安宁。他曾说:"一家勤而富,役者百千夫;富济贫不足,贫资富有余;饥寒不相迫,盗贼自然无;又安有蚁聚,蜂屯意外虞。"⑨所以他不提倡"剥富",剥富会激化社会矛盾,而"劝富"则有利于缓解社会矛盾。

《荒政辑要》中多次提到"劝富济贫"。在卷六里有"劝富户业主当商"条,在卷七里有"劝捐粥""劝施粥""劝捐棉衣"等条,将其作为济灾度荒的一项重要工作来抓。在清前期有影响的荒政著作中没有哪一部像《荒政辑要》这样,多处提

---

① 汪志伊:《荒政辑要·叙》。
② 汪志伊:《荒政辑要·叙》。
③ 汪志伊:《荒政辑要·叙》。
④ 汪志伊:《荒政辑要·附论六条》。
⑤ 汪志伊:《荒政辑要》卷六《通商贩》。
⑥ 汪志伊:《荒政辑要·附论六条》。
⑦ 汪志伊:《荒政辑要·附论六条》。
⑧ 汪志伊:《荒政辑要·附论六条》。
⑨ 汪志伊:《稼门诗钞》卷二《保富箴》。

到"劝富济贫",只有陆曾禹《康济录》中有一条"劝富豪以助济施"提到此举,且论述比较少;而杨景仁《筹济篇》里说的是"安富以救贫",俞森《荒政丛书》里则没有明确的"劝富济贫"条目。

对于民间贫富互济行为,应由政府给予一定表彰,这些赈济行为可以分为三类:一类是"出粟助赈煮粥活人者"[①]为上等之助;二类是"富民巨贾趁丰籴谷归里平粜,循环行之,至熟方持本而归者"[②]为次等之助;三类是"借粟、借粮、借牛于乡人,待年丰而取偿者"为再次之助。但不论哪类行为,均属尚义之民。为褒扬其所为,由政府或给冠带,或奖匾额,或奖其子孙将来若犯杖罪可免,这种表彰也只是给予那些家宽殷实之户以荣誉称号和精神鼓励。

"劝富济贫"不仅仅是号召全社会共度灾荒之举措,同时也是政府官员行政能力的一个体现,对于民间自救行为应该也有相应措施引导:每遇水旱灾荒发生,必有饥馑,地方官先要出榜告示百姓"禁民劫夺"[③],再若有劫夺发生,则痛惩首恶,决不姑息;对于那些身为富民,但闭门屯粮不售的,先行劝导,给其政策和保障,对其粮价保值,允许他们随时取值。如果有灾民无现力支付其值,即由官府发给凭券,待将来有收成时一并还本付息,这些都由官府代为追偿,以免富民有后顾之忧,从而保证灾民互救;如若富民仍坚持囤粮不售,则规定他"非至丰稔不许出籴"[④],从而达到迫其售粮互救的目的。

* * *

结合以上论述,我们可以发现汪公荒政思想带有唯物主义色彩,《荒政辑要》有大量篇幅注重人的主观能动性的发挥,但同时也不排斥他有天命主义禳祴论,表现了对天命怀疑但又不得不屈从天命的复杂思想。如该著以一定篇幅介绍了"竭诚祷""扰龙事""伐蛟说""旱魃辨"等天命主义救荒观,即寄希望于神灵庇佑来免除灾害;在第九卷《穿井法》中,专门引用了徐光启迷信开井之说。这种复杂思想认识,代表了清前期士大夫们较普遍的认知水平,只不过有些人思想认识中朴素的唯物成分多一些,另一些人天命观重一点而已。如乾隆时期又一封疆大吏陈宏谋曾作《伐蛟说》,全篇介绍蛟如何生,如何作乱,说蛟形"似蛇,而四足细颈,颈有白婴(缨),本龙属也,其孕而成形,率在陵谷间"[⑤],通篇充斥着神秘和诡异;时监察御史曹秀先于乾隆十八年(1753)上疏言"遇有蝗蝻之地,即行敬谨誊

---

① 汪志伊:《荒政辑要》卷九《信赏罚》。
② 汪志伊:《荒政辑要》卷九《信赏罚》。
③ 汪志伊:《荒政辑要》卷八《弭盗贼》。
④ 汪志伊:《荒政辑要》卷八《弭盗贼》。
⑤ 陈宏谋:《伐蛟说》,收录在贺长龄《清经世文编》卷四五《户政二十·荒政五》。

黄,虔具酒醑,张幕焚香,告祭于神"①以祈求避灾;陆世仪作《除蝗记》也说,蝗"所至之处,必有神焉主之……神奉上帝之命,以守此土……故夫蝗之去,蝗之来,蝗之食与不食,神皆有责焉"②,因而避蝗灾也必须先祀神;所以汪公在《荒政辑要》中表现的天命主义禳弭论,并不属于当时官僚中突出的另类。

  当然,也有人能较客观地看待这一思想认识的实质,并利用其为荒政服务。《康济录》作者陆曾禹认为旱涝本无常,确实非神莫佑,但当"万民窘迫,四境彷徨之际"而去祈神祛灾,"不但不能救将来之饥馑,且不能慰怅望(惘)之民情矣"③。即仅仅祈祷没有什么作用,但又不能不祈祷,因为通过祈祷,"人君者因祈祷而念民艰,释冤狱,广平粜"④,从而达到施仁政目的。从陆曾禹在荒政中如何认识"祈神"上,可以看出他言在此而意在彼,对当时救荒论中天命观有较清醒认识。仅就这一点而言,汪公与陆曾禹相比就逊色了,不及陆曾禹看得那么透彻,但也从另一方面表明了汪公思想的矛盾性和复杂的两面性。

  (原载《中国农史》2006 年第 4 期,人大复印中心《经济史》2007 年第 2 期全文转载)

---

① 曹秀先:《请捕蝗先行蜡祭疏》,收录在贺长龄:《清经世文编》卷四五《户政二十·荒政五》。
② 陆世仪:《除蝗记》,收录在贺长龄:《清经世义编》卷四五《户政二十·荒政五》。
③ 陆曾禹:《康济录》卷三上《急祈祷以回天意》。
④ 陆曾禹:《康济录》卷三上《急祈祷以回天意》。

美国国会图书馆藏孤本《新安女行录》

赵 敏*

《新安女行录》二十卷,清代歙县人程云鹏撰。乾隆十五年(1750)刊本,曾先后为黟山李氏芸楼、南陵徐乃昌积学斋递藏,疑属孤本。[①] 此书载有丰富的明清徽州女性及社会生活史料,有较高的文献价值,但长期未见传本,至今没有学者介绍、研究和实际利用此书,仅见数处关联引用,均是引用《(民国)歙县志·艺文志》收入的沈一葵所撰之"叙"。笔者不揣谫陋,对此书作者生平、成书经过、版本情况做一简单梳理,期望能引起相关研究者的高度重视。

一、程云鹏的家世、生平与交游

程云鹏(1663~约1729[②]),字凤雏,一字卯斋,号华仲,歙县人。岁贡生。[③] 世居歙县岩镇樟森塘。[④]

新安程氏,皆自称为南朝梁、陈间程灵洗的后裔,但各支的来历、谱系,自明、清以来多所争议。[⑤] 程云鹏家族出自程灵洗十三世孙程珍[⑥],《新安女行录》卷十二末,刻有程氏印章二,其二篆文"忠烈王孙"。按《新安名族志》前卷"程出

---

* 赵敏,现为淮北师范大学历史文化旅游学院副教授。
① 《中国古籍总目》(中华书局、上海古籍出版社,2012年)未著录,笔者未能检到国内外其他藏书单位有收藏。承张奇峰先生无偿提供书影,谨表谢忱。
② 《新安女行录》卷一九所收牟钦元《懿孝程孺人行状》载:"癸卯,举子云鹏。"则其生年当为康熙二年(1663)。卒年不详,《新安女行录》中出现的最晚系年是"雍正六年二月",其外孙吴宁所撰"后序",结款"雍正上章阉茂",即庚戌,雍正八年(1730),其时程氏当已弃世。另一外孙吴宽在乾隆十五年(1750)所撰之"跋"也说"今外祖去人间世忽忽廿余年",上数二十年则雍正八年。由此可以推断,程氏离世,当在雍正六年二月至雍正八年间。
③ 程云鹏在《新安女行录》中自称"明经",则当为贡生。王庭桢修、彭崧毓纂《(同治)江夏县志》卷四《选举志》于岁贡列举甚详,然未见程氏名讳;沈一葵《叙》、胡润《序》均言程氏屡膺岁荐,皆推辞让贤。姑存疑。
④ 程云鹏:《新安女行录》卷一四,乾隆十五年刊本。
⑤ 明中叶程敏政回新安筹修《新安程氏统宗世谱》,修正宋人程祁《程氏世谱》,并撰写了多篇辨祁谱之文。此后,新安程氏各支多不满《统宗谱》对其谱系的修正,致有程敏政"冒祖附族"之说。
⑥ 《新安女行录》卷一二《旌节录叙》载:"予族分南北二宗,博士与槐塘,同出忠烈王长子文季后。十二传纂公,四子:琼、璇、珍、璘,珍,予与槐塘祖也;璘,河南博士祖也。"

黄帝重黎之后……十三世曰灵洗,当侯景之乱,起兵保乡里……十四世曰文季……二十七世曰沄",阙二十六世;歙县槐塘程氏"系出忠壮公十七世孙曰汾,仕唐歙州助防驱使,迁邑之河西"。岩镇程氏则"系出忠壮公十世孙曰汾,居河西"。一为"十七世孙",一为"十世孙",但都是程汾,居"河西",当为一人。宋人程祁纂《程氏世谱》三十卷,记传"珍生八子:洎、汕、浑、泽、沄、湘、淘、汾"①,则程汾为程沄之弟,其父程珍二十六世,程灵洗十三世孙,正合。

到清初时,程云鹏家族已多迁居外地,"散居湖广、维扬",虽"强盛过于他姓"②,然留在故乡之族人已然式微,"予家樟森塘,人最众多,贸迁扬州至少,百年来犹七八十人"③。"程氏多贸迁,先人之旧庐鞠为茂草。"④程云鹏祖程世宇,两子:长子程璜,早卒,其后移居江苏仪征;次子程琦,号魏园,即云鹏父。程氏祖、父生平状况不详,按陶窳叙述:"魏园父大周公世宇、母王孺人,鹿门偕隐。"以唐代诗人皮日休退隐鹿门比喻,至少应该是读书人。他父亲程琦似乎也没有获得什么功名,"魏园虽缵先人遗祉,未由蒙业而安"⑤。

云鹏母汪氏,歙县丛睦汪镜士之女,伯父汪继昌养为己女。汪继昌(1617~1683),字征五,号梅岸,歙县人。家世业盐,入浙江嘉兴商籍,顺治六年(1649)进士,历广西左江参议,至湖广按察副使、下江兵备道。汪氏自幼即受到良好的家庭教育,有比较高的文化程度,"四岁,母黄宜人教以《女孝经》《闺范》","五岁,伯父成进士,捷音至……意授家人作贺书,言雅而备理致"。长适程琦,"喜吟咏,蕴藉典雅,与魏园先生时相唱和",且"喜读《左氏传》,有得,笺注,几上朱墨斓斑"⑥。程云鹏成年后治《春秋》,撰《春秋约旨》,应该与母教直接相关。

顺治十五年(1658),汪继昌因事解职,居于江夏。⑦ 程云鹏说其父程琦曾"羁汉滨",推测应该是追随岳丈的原因。汪继昌卸任后,曾接受魏学渠资助,在杭州江干建园林一处,称魏圃⑧,程琦号魏园,或即与此园相关。程云鹏生于故里,幼年阶段是在歙县度过的,"余少与方君之铨同里居"⑨。后来,汪继昌遣人迎程云鹏之母入楚,"居汉上",程云鹏一家始得团聚。而他也入籍江夏,补县学

---

① 程敏政:《篁墩文集》卷一二,上海古籍出版社影印文渊阁四库全书,1987年。
② 程云鹏:《新安女行录》卷一四。
③ 程云鹏:《新安女行录》卷三。
④ 程云鹏:《新安女行录》卷一九。
⑤ 程云鹏:《新安女行录》卷一九。
⑥ 程云鹏:《新安女行录》卷一九。
⑦ 钱仪吉:《碑传集》卷七八,中华书局,1993年,第2238~2240页。
⑧ 沈季友:《槜李诗系》卷二五,商务印书馆影印文津阁四库全书,2005年。
⑨ 程云鹏:《新安女行录》卷六。

生员。此时他的年龄也不大,"明经幼籍江夏,有名于时,故穷于其身"①。

程氏在歙县并非大族,云鹏伯父程琪病逝时,"予父……幼,无一弓之田,叠遭兵燹"。不久,伯母携三子东徙依其从伯父程瓒于江苏仪征,后来移家湖北黄梅县。②而云鹏家则西上依外祖于江夏。以程云鹏自述"生不及事吾亲"推测,他成年之前,父亲当已去世。不过依外族而居,程氏家境似较优裕,所以程母才能"每岁令华仲朝谒名山,酬夙愿"。

这样的家庭结构与条件,使得程云鹏拥有了良好的受教育环境,他学传统经书,习举子业。但也非常关注时务,"生平喜谈王霸大略"③,"其胸中浩荡之气,实将空当世一切之所有"④。尤其专研河患,"尝作《河务心书》,为猾吏所攫去,易名献于河督",又有《河务新书》,亦佚。他学识驳杂,通天文历算,著《简平仪》一卷。以其"母亡于蛊,荆妻死于血,三子二女夭于惊与痘",遂习医术,得通,尤长于儿科。"予尝与姨弟郝怀怙过其家,偕张子谈读书经世之略,兵农礼乐之文,傍及轩岐杨赖诸子、杂技诸书","张氏子亡……四姑亡……临殁泣曰:'使程某在斯,不死予于庸医之手。'"⑤著有《伤寒问答》二卷(已佚),《慈幼筏》十二卷卷首一卷⑥,有康熙五十年(1711)石经楼刊本、康熙姑苏桐石山房刊本、乾隆十一年(1746)玉诏堂刊本,为《中国医学大成》影印收录。

程云鹏居江夏十余年,至其母病重,"扶归故里就医,不起。(其妻潘)孺人积瘁久,哀毁逾年,亦亡"。潘氏亡于"戊辰年(康熙二十七年,1688)六月"⑦,则程氏回歙县故居应该是康熙二十六年(1687),时年二十五岁⑧。

程云鹏游历极广,北到京师,南至江浙,名山胜地,多所亲至。"予尝历游名山,必先有华仲君题句,盘桓衍溢,多戚戚悲怀。"⑨更有甚者,"程云鹏……尝匹

---

① 程云鹏:《新安女行录》卷一八。
② 程云鹏:《新安女行录》卷一七。
③ 劳逢源修,沈伯棠纂:《(道光)歙县志》卷八之五,道光八年刻本。
④ 程云鹏:《慈幼筏》,康熙五十年石经楼刊本,卷首张希良《序》。
⑤ 程云鹏:《新安女行录》卷一七。
⑥ 张伟娜:《〈慈幼筏〉成书年代考》,《中华医史杂志》2010年第6期。《慈幼筏》为程云鹏自撰,托名"张介宾撰,程云鹏辑",当属书商所为。参考张伟娜:《〈慈幼筏〉成书年代考》,《中华医史杂志》2010年第6期。其实,清人多认定该书为程氏自撰,如赵学敏编《本草纲目拾遗》卷七《花部》即云:"江夏程云鹏著《慈幼筏》'痘门'载:'清地散花饮,凡痘见标三日。'"唐千顷《增广大生要旨》引《慈幼筏》亦作"程凤雏云"。
⑦ 程云鹏:《新安女行录》卷一八。
⑧ 程云鹏:《新安女行录》卷九。卷九《汪仲光孺人传》载:"程华仲曰:'三十年前,予返新安,徘徊通济桥,青栏坦级,周正完好。'"以康熙末年计,正合。
⑨ 程云鹏:《新安女行录》卷一九。

马塞外,穷河源,衰其诗曰《北征卷》"①。《北征集》已佚②,程氏穷河源之旅的经历与艰辛,我们今天无从得知,但这种行为在很大程度能够反映出程氏的性格与精神。

程氏交游亦广,见于《女行录》本书者,除了新安程氏族中及外舅丛睦汪氏之宦达、名人、学者外,还有汪洪度(1646~1722)、吴启元(1657~?)、吴瞻泰(1657~1735)、胡润(1654~?)、方苞(1668~1749)、吴瞻淇(1668~1735)、洪遴、费轩、徐禋、范龙威等。但程云鹏科举不得志,贡生终老,以坐馆为业,曾在扬州、淮阴等地族属门下授徒,兼以行医、诔墓、颂寿。虽小有文名,但毕竟人微行细,所以在他人诗文集中没有留下什么痕迹。所以我们对其生平的考察,主要依据《新安女行录》《慈幼筏》中的零星信息。

程氏妻潘氏死于难产,年二十六。妾童英,赎籍妓女,稍早潘氏而亡,年二十二。子女情况不详,其中有"三子二女夭于惊与痘"③。有一孙程雨鄂,生平不详。女适吴氏,婿"年不永",两外孙:吴宁(原名道宁),字符侣,号榕园,廪贡生。乾隆二十二年(1757)召试二等,候选训导。吴宽(原名道宽),字二匏,号袱芍,乾隆二十二年(1757)召试赐举人,授内阁中书,改汀州府同知,未逾月卒。兄弟俩俱擅文名,有著述多种。

二、《新安女行录》的成书

从大的背景与环境而言,《新安女行录》是明清历史、徽州地区社会状况的产物,也与程氏家族传承的历史相关。

徽州地区山多林深田少,"地隘斗绝,厥土骍刚而不化,高水湍悍少潴蓄,地寡泽而易枯……大山之所落,多垦为田,层累而上指,至十余级不盈一亩"④。于是,徽州人或从事商贸以为生计,或读书科考以谋发达。游宦、游学、经商,男丁多离乡在外。尤其是"服贾四方者,半土著,或初娶妇出,至十年、二十、三十年不归,归则孙娶妇,而子或不识其父"。这种状况下,妇女留守家乡,抚幼赡老,在家庭生活中的作用与地位非常突出。而妇女的节操与品行,是维系男丁游离家庭

---

① 劳逢源修,沈伯棠纂:《(道光)歙县志》卷八之五。
② 沈葆桢、吴坤修等修:《(光绪)重修安徽通志·艺文志》卷三四四,光绪七年刻本。《北征集》,《(光绪)重修安徽通志》卷三四四《艺文志》著录。程氏自著凡例说:"其直省他郡女行,载拙著文集。"其孙程雨鄂云:"先祖母……诸闻行,散见王父大人别集。"(卷一八《亡室潘孺人墓碣》评语)外孙吴宽云:"外祖邘斋程先生著述等身,集所为文近百卷。"(《跋》)程氏文集应已刊刻,未知佚于何时。
③ 程云鹏:《慈幼筏》,自序。
④ 宋希祖修,吴孔嘉等纂:《(顺治)歙志》卷一,顺治四年刻本。

正常状态的重要保障,而发达的宗族制度又从宗法族规角度加强了对妇女的控制。

徽州地区又是程朱故里,受理学思想观念的浸润很深。明清以来,当地文化教育事业比较先进,不少妇女能够读书识字,自小读《女孝经》《女范》等,接受传统节烈观教育,因此徽州妇女尽孝守节现象比较普遍,有"闺门邹鲁"之称。雍正元年(1723),两江总督查弼讷表奏所属"贞女节妇二百四十五人,内安徽所属九十一人,歙县二十六人"①,以至于"郡邑给额旌门,几于比屋可封"②,略见一斑。除了地方志书记载之外,年长程云鹏近二十岁的汪洪度③曾撰《新安节烈志》《新安女史征》二书,前书已佚,后书一卷,存留至今。稍小于程氏的吴瞻淇,也"偕在搜纂新安妇德"④。说明新安妇女问题已经引起了很多学者的关注。

在樟森塘程氏繁衍流播的关键时期,妇女起到过重要作用,"予先世每值不造,则赖母德以佑启后人。及观之闾左,征之郡邑,考诸书传所记载,亦往往而然"⑤。这种状况,自然会对程氏后代产生深刻影响,程云鹏纂辑《新安女行录》,既是为表彰徽州孝女节妇,也是为了完成他父亲的未竟遗愿,正如沈一葵在《叙》中的记载:"程子载拜曰:'生不及事吾亲,推吾亲之志而发幽光于潜德,吾愿足矣。'"⑥

吴宁在《后序》中说程云鹏爱读司马迁,他本人在"凡例"与诸卷篇中也大力表彰司马迁、班固、范晔、欧阳修等历史传记作者。程氏长期卖文为生,各种体裁的传记烂熟于心,这是《新安女行录》成书的前提。

程氏所撰"凡例",表明了他的撰述宗旨,即"或子孙力未及呈请,或当事因繁而滞格……以予所知者,纂录成编,务使贞幽显著于世,而采风者应易上闻。且各附其本家支谱之内,永堪百世……备国史采用"。并且向徽州所辖六县发出了征集素材、线索的公告,"祈六邑同志诸公矜悯潜德,各摭所闻见,或家乘传状,或核实懿美,详悉邮寄歙西岩镇本家庆源堂,撰论付梓,梓成列叙台衔,以彰扬扢风化之功"⑦。

明、清两代,朝廷对于节妇烈女的旌表逐渐制度化。清初顺、康、雍三朝,不

---

① 程云鹏:《新安女行录》卷一。
② 程云鹏:《新安女行录·凡例》。
③ 汪洪度(1646~1722),字于鼎,一字文治,号息庐,歙县人,寓居扬州。汪道昆之孙。诸生。游王士禛门,晚年归卧黄山。博雅多艺,工画,尤擅山水。
④ 程云鹏:《新安女行录》卷一《节烈吴孺人朱氏传》。吴瞻淇(1668~1735),字漪堂,歙县人。康熙四十二年(1703)进士,翰林院庶吉士。
⑤ 程云鹏:《新安女行录》卷一〇。
⑥ 程云鹏:《新安女行录·序》。
⑦ 程云鹏:《新安女行录·凡例》。

断下诏,申明旌表相关事宜,尤其是雍正,即位之初,于元年、三年连续两次上谕"旌表节义"。因此,程云鹏撰《新安女行录》,得到了地方官员的支持,徽州知府沈一葵、江南督学胡润、绩溪知县范龙威都为之作"序"。同时也得到了社会舆论的呼应,使其采集到了更加丰富的资料,保证了书的质量。

《新安女行录》计收录一百二十余篇文章,记载了数百位徽州女性的事迹,其材料来源大致有如下几种途径:一是史传已有,如卷三《耿夫人殉难传》记明末翰林院检讨汪伟偕夫人耿氏殉难自缢事,冯梦龙《甲申纪事》、王世德《殉难忠臣录》、傅维麟《明书》等都有记载,大略皆同。尤其是卷八《罗烈妇传》,记呈坎罗李氏易代之际,率十三人自焚于扬州。方苞先撰有"墓表",程氏即引之立传,以示不掠人之美。二是地方志书、族谱家谱所载、进行旌表建坊者,"兴朝之有专传无论矣,搜郡志,考家乘,又各六十余人"①,如卷十四《节孝坊题名记》等。三是事主家属或后代慕名乞文或以节孝事求入《新安女行录》者,如"东源洪子携其姊之行略,告于程子曰:'闻子搜辑女行,敢以吾姊氏请。'"②以至于连僧人都提供素材,"黄山廪峰师携其恩旌外祖母苦节及女侄烈君两吴氏诗传,请予叙"③。四是程氏亲自访问采集,他特别关注那些因家庭贫穷而不能申请朝廷、府县旌表的节妇孝女。

材料来源复杂,但程云鹏选择撰文入书则相当谨慎。除了出自本族或者他所熟知的人、事,凡传闻或他人请托的,必先予核实,"选言录行,标序盛德。或有传闻,或由请托,必袖米徒步,履其境地而核实以书,否则宁阙而不录"④。

《新安女行录》材料的搜集,应该在程云鹏回乡不久即已开始,他在《节孝坊题名记》中慨叹:"予搜求二三十年,然后叹吾乡风俗,虽多仁厚长者之行,而不能不坏于习气之相沿也。"⑤

《新安女行录》以文体分卷,前十卷为"传",卷十一为"表""赞",卷十二、十三为"序",卷十四、十五为"记",卷十六为"哀辞""诔""跋""书后",卷十七为"墓志铭",卷十八为"墓表""碑""碣",卷十九为"祭文""行状",卷二十为"纪异"。记载了徽州府下歙县、休宁、绩溪、祁门、黟县、婺源六县数百位妇女的事迹。

各卷诸传均单独成篇,陆续撰成,最后汇辑成书。从现有材料看,实际纂辑应当很早,胡润《序》说:"及余释褐,视学新安,晤程子于紫阳,则学益邃,著书日

---

① 程云鹏:《新安女行录》卷七。
② 程云鹏:《新安女行录》卷九。
③ 程云鹏:《新安女行录》卷一二。清僧人一智,字廪峰,又字石峰,号迂客、黄海云舫,俗家休宁吴氏。受知于黄山僧雪庄老人,从学,善画山水,多披麻皴。
④ 程云鹏:《新安女行录》卷首序。
⑤ 程云鹏:《新安女行录》卷一四。

益繁。因出《新安女行录》,命予序其旨意。"①胡润于康熙五十一年(1712)四月由左庶子出为江南督学,五十三年八月即为余正健所代。也就意味着早在康熙五十一、二年间,《新安女行录》已经有了雏形。但诸篇中出现的确切纪年,最晚的是卷十四《敕建节孝祠记》,文末曰:"时雍正六年二月",卷十六《旌节宋母纪事》作"戊申",即雍正六年。说明至早到此时,《新安女行录》还在修订补充中,这一过程很可能一直持续到雍正八年作者去世前。

《新安女行录》初稿完成后,程云鹏还曾分赠于传主家人、后代或朋友,"侄辈复将先生《新安女行录》邮寄于予,捧读之下,大为嫂氏侥幸"②。核实材料,征求评论。刻本每篇的圈点批注及评语就是通过这种方式获得的,其中有不少是传主后代或亲属的评语。

三、《新安女行录》的版本

《新安女行录》未见程云鹏生前刊刻的相关记录,到乾隆十五年(1750),由其外孙吴宁、吴宽兄弟刊行。此刊本传世稀见,多年来学者误以为已经佚失,2012年出版的《中国古籍总目》中也没有著录。现在所知仅美国国会图书馆收藏此书,应该属于孤本,原著录作"清雍正刊本",但书后吴宽"跋"作于乾隆十五年,则为乾隆刊本无疑。首页有朱文藏书印"积学斋徐乃昌藏书",目录页朱文藏书印作"李氏芸楼"。

该版本上下单边,左右双边,双黑鱼尾,白口。版心刻书名、卷次、篇名及页码。每半叶九行十八字,字大行疏,在清代家刻本中,尚属上乘。各卷字体不一,相异悬殊,应该出于多名刻工之手。卷十二末刻有两印,一为"程华仲字卯斋",一为"忠烈王孙"。

每篇文章都有圈点、批注,文后有同时或稍后人的点评:或评人物、史事,或发感慨、议论,或点评程氏的文章技艺。共涉及数十位文人学者,其中既有吴瞻泰瞻淇昆仲、吴启元、程鸣等知名文士,也有程氏弟子成聘等,尚有不少难以考证生平者。

吴宽"跋"叙述刊刻,语焉不详,不得其实。但从版本阙页、阙字等迹象判断,此书的刊刻、流传过程应该不大顺利。

卷十四《节孝坊题名记》页三前半空白,版心书名、卷次、篇名的字体与前后页不同。上方贴有一纸条,写"此处缺字,因无他本,无法补写"。当为收藏者

---

① 程云鹏:《新安女行录》,卷首序。
② 程云鹏:《新安女行录》卷一六。

所贴。

除此之外，尚有多卷阙文甚或阙页。

卷七《程门列女内传》页六末："休宁……顺治五年，山贼至，赴火死。婺：龙"，显然未完，文下当叙"婺源"程氏列女事，但下页仅一"钦"字即作结束，接程子质、程午桥评语。且版心书名、卷次、篇名的字体与前后页迥异。

卷十《奇节徐氏许氏传》第一页末"若曰我为妇人，苟有罪，圣人不肯宽"，下页接"山，廷域妻吴同时死贼"，互不衔接，应有脱文。下页版心书名、卷次、篇名的字体亦与前后页不同。

卷十二《汪烈妇传叙》页九下半页前半空，后半有文字，不与常同。且该页末云"尤见其培孤恤□，如意不"，文气未终。下页即接《旌节江母汪孺人传志序》。

卷十九《公祭许节母文》页十一，从"维年月日，许门节母汪太君，享春秋九十有一，考终内寝"始，到页末"至阅六十余年，始得见"，下页接"掷，毒灰四射，人人皮肉痛烂逃去……"，下文则程云鹏之妾童英事迹，显然所叙并非一人一事。则此处当有大篇脱文现象，少了《公祭许节母文》的后半截、"童姬传"的题名与前半截。但页十二、十三版心篇名仍旧是《祭许节母文》，字体则与页十二明显不同。

卷二十《贫婆传》，题名下五行空白，下页又一行空，第二行自"程氏世勋烈，而妇人死于贼者亦显"起，以下文度之，当为贫婆之语。则《贫婆传》容有六行阙文。

《新安女行录》刊刻之时，清廷文禁尚严，程氏所记列女节烈、孝行、懿德有不少与明、清易代史事相关，难免会触犯忌讳。诸卷的阙页、阙文，应该是刻成之后剜改所致。由于没有其他版本对照，这些阙失的文字无法补写，对于研究者不能不说是很大的遗憾。

四、结　　语

《新安女行录》主要记节妇烈女事，无疑是一部徽州妇女的血泪史。但与各地方志《列女传》不同，程氏注重交代事件的来龙去脉，并长于细节描写，因此，这部专门著作也就具有了自己的特点。

一、书中所记，多为程氏亲自采访所得，采访的人中有不少还是亲属、邻里、故人，相对真实可靠。详细叙述了妇女的婚嫁、生育年龄，以及丈夫亡故后经营生计、打理家政、赡老抚幼等事务。其中不少人物史事不见于方志与其他文献，是进一步研究徽州妇女史的重要史料。

二、书中有许多姻娅关系的说明，这在其他史料中较为少见。该书能够帮助研究者结合家（族）谱，深入梳理徽州地区程、胡、吴、汪、方等大姓氏之间的通婚情况,也可以借此理清一些著名人物的家世与行止。

三、该书保存了大量社会风俗史的资料,如居处衣食、节庆祭祀、建坊立祠、继宗迎养、慈善恤抚等。

四、程氏叙事与议论相结合,表达了很多自己对于社会、历史的看法。虽然《新安女行录》一书从根本上是维护与表彰传统社会秩序与伦理道德的,但程氏对女性在徽州社会中发挥的重要作用的认可与高度评价①,对"七出之条"等传统观念与习俗的批判,足以为研究者开启新的视角。数十位点评者也都有针对女性的相关议论,比较准确地反映了明清时期号称"闺门邹鲁"的徽州地区知识分子的女性观念。

以上四点,在一定程度上体现了《新安女行录》的文献价值与学术意义,应该引起研究者的高度重视。

(原载《图书馆杂志》2020年第6期)

---

① "程云鹏曰:予读浦阳《郑氏家训》曰:'守家规不听妇人之言。'未尝不叹其深入人情也。然而风移俗易,事或不然。大丈夫纲纪四维,经营四方,而门内之政,不得不谘于妇人。此非贤明而仁智能为一室之母仪者,孰能当此者乎?"见《新安女行录》卷五《吴母蒋母列传》。

转型与重构：论近代图书馆对方志学的影响

陈郑云[*]

晚清以来，受西方近代图书馆理念的影响，中国传统藏书楼向近代图书馆逐渐过渡转型。其职能不仅是收藏和整理文献，还担负起社会教育的职能，并为民众提供免费和平等的读书服务，同时还对读者实施积极的阅读指导。近代图书馆兴起后对传统方志学产生了怎样的影响？图书馆为什么能够成为方志学发展的重要辅助？这是研究近代图书馆与方志学互动关系时难以回避的问题。

目前涉及图书馆与地方志的成果主要有两大类：一是关于图书馆藏方志编撰与整理的研究。杨印民的《国家图书馆馆藏方志来源与书目编次》[①]、吉正芬的《美国主要研究型图书馆西藏旧方志收藏概况》[②]两篇文章，厘清了国家图书馆馆藏方志来源与书目编制情况，分析了美国研究型图书馆所藏的西藏旧方志的数量与分布特点。张毅的《民国时期国立北平图书馆抄藏方志述略》[③]、周艳的《"金陵大学图书馆农业图书研究部钞本"方志初探》[④]两篇文章则梳理了民国时期国立北平图书馆、金陵大学图书馆农业图书研究部收藏抄写时间较为集中、缮写精良的方志的基本情况，对抄藏方志的产生背景、具体种类、存藏情况及价值影响等进行初步探讨。二是关于图书馆与方志学关系的研究。曾荣的《论民国修志与图书馆事业的相互影响》[⑤]认为民国时期大规模编修地方志推动了近代图书馆事业的发展，近代图书馆事业的发展对民国修志亦有促进作用。李佳明的《高校图书馆与地方志收集工作研究》[⑥]指出高校图书馆应重视地方志的收集与珍藏工作，发挥高校图书馆服务于当地社会经济发展的功能。通观这些成果并未从方志学学科体系建设角度出发，探讨近代图书馆对方志学发展产生的影响，对近代图书馆与方志学互动关系的研究还有开拓的余地。基于此，本文拟

---

[*] 陈郑云，现为淮北师范大学历史文化旅游学院讲师。
[①] 杨印民：《国家图书馆藏方志来源与书目编次》，《中国地方志》2011年第12期。
[②] 吉正芬：《美国主要研究型图书馆西藏旧方志收藏概况》，《西藏研究》2018年第4期。
[③] 张毅：《民国时期国立北平图书馆抄藏方志述略》，《中国地方志》2018年第3期。
[④] 周艳：《"金陵大学图书馆农业图书研究部钞本"方志初探》，《中国地方志》2017年第4期。
[⑤] 曾荣：《论民国修志与图书馆事业的相互影响》，《图书馆理论与实践》2017年第11期。
[⑥] 李佳明：《高校图书馆与地方志收集工作研究》，《图书馆论坛》2018年第14期。

在前人研究成果基础上,探讨近代图书馆的兴起及其对方志学的促进作用。

一、近代图书馆直接推动了方志目录学的发展

随着西方历史学、地理学、图书分类法的传入,晚清图书分类逐步突破了传统"四部法",开拓了学科分工。清政府实行"新政",兴建新式图书馆,为推动学术文化进步提供了便利。沈祖荣说:"在规模较大的图书馆中,如北平之国立北平图书馆等处,图书馆员专精某项图书馆事业,诚为必要。将来图书馆学校学生应习高深图书馆学学术,如编目、分类、参考、官书管理等项,以应其需求,似无疑义。"[①]因此,新式图书馆兴起后,私家藏书楼因种种原因,或把方志等图书捐赠,或出售给图书馆,各地图书馆为读者检索、利用方志提供和编写各种目录、引得、索引等,这样极大地方便了读者和学者利用方志,促使目录学者根据工作经验而创编方志专科目录,从而导致了方志目录学的创立。[②]

图书馆直接推动了馆藏方志目录的编制。民国二年(1913),版本目录学家缪荃孙在清点前清内阁大库移交给京师图书馆的地方志时,编成《清学部图书馆方志目》。该目录按省、府、县排列,并以时代为序,著录明清时期志书1 900部,不全方志360部,各志冠以年号,注明卷册数、纂修人、版本、用名;不全者,仿《天一阁书目》例,记所存卷数。《清学部图书馆方志目》奠定了方志目录学的基础,也在当时图书馆界产生了很大影响,于是海内外图书馆都以网罗方志为重要职责,图书馆编著方志目录书之风兴起,尤其在20世纪30年代,方志目录书迭出,盛况空前。[③] 如民国五年(1916)前后,上海商务印书馆编译所附设图书馆出版《涵芬楼藏书目录·直省府厅州县志目录》,后增补成《涵芬楼直省志目》;民国二十年(1931),何澄一、江翰等人编著《故宫方志目》一卷、附录一卷,全书以直隶、盛京、吉林、黑龙江、热河、山东、河南、山西、江苏、安徽、浙江、江西、福建、湖北、湖南、陕西、甘肃、新疆、四川、广东等为序,凡著录故宫所藏收的明正德至清末民初各类志书1 400余种,并加注记,注录古今地名相异者之今名,附录中收入民国志书,末附书名笔画索引。后又于民国二十六年(1937)出版了《故宫方志目续编》。其后,全国各地大型图书馆编著馆藏方志目录,如民国二十一年(1932)谭其骧任北平图书馆馆员,负责整理馆藏方志。于民国二十二年(1933)编成《国立北平图书馆方志目录》,著录各种志书5 200余部,"是编所载,以省、府、厅、州、

[①] 沈祖荣:《中国图书馆及图书馆教育调查报告》,《中华图书馆协会会报》1933年第2期。
[②] 巴兆祥:《方志学新论》,学林出版社,2004年,第297页。
[③] 林申清:《方志目录学浅说》,《图书馆建设》1991年第4期。

县志为主，兼及边镇志、卫志、所志、关志、场志、盐井志等。其清末各直省、州、县所编修之乡土志，及江南、浙西私家所撰乡镇志，别为附录"。该目录并对所收志书进行甄别，"书有以志为名，而所记无关地方经制者，概不采入；书有不以志名，而所载为一地方掌故者，视其体例，以定去取"。该目录还注意区分志书的不同名称、不同版本，并注明各志的艺文、金石之卷数，考核古今地名，又附笔画索引，便利查用。该目录在民国时期馆藏方志目录中为最善。① 民国二十八年（1939）张政烺编制的《国立中央研究院历史语言研究所图书室方志目》，收录各类志书1900多种。民国三十年（1941）万斯年编创的《国立北平图书馆西南各地方志目》，收录四川、西康、广西、云南、贵州等西南5省各方志416种。民国二十五年（1936）编印《国立北平图书馆方志目录二编》，收录民国二十二年（1933）至二十五年入藏北平图书馆方志862部。朱士嘉在美国国会图书馆工作时，曾编制成《美国会图书馆藏中国方志目录》，由华盛顿美国政府印刷局1942年出版，内中著录中国地方志2939种；随后又作"续编"，增收方志300余种。

由民国时期图书馆学家、目录学家李小缘提出并经民国十四年（1925）中华图书馆协会年会通过实施的《各大学应设实用目录学课程以为指导学术研究之入门案》要求："各大学图书馆应自动规定于入学首数星期内，即施以图书馆及目录学等之讲演。"鉴于中国实用目录编撰之不发达，难以满足专门研究的需要，李小缘在《编制各学科专门书目录》"提案"中指出："一、中国实用目录向不发达，各学科专门研究者，每感缺乏材料不得入门之苦。二、适应各专门图书馆及专门研究者之需要。"②此提案通过并付诸实施，客观上促进了各大学图书馆编著藏方志目录。民国二十五年（1936）武汉大学图书馆编制《国立武汉大学图书馆方志》，著录各类志书有千种。此外，还有民国二十四年（1935）王齐宣编制的《金陵大学图书馆所藏两广方志录》、民国三十五年（1946）赵燕声编制的中法汉学研究所图书馆《馆藏乡土志辑目》及民国三十六年（1947）编制发表的《协和大学图书馆所存福建方志简目》等。

图书馆为方志联合目录、区域性的联合目录、方志专题目录的编制提供了资料保障。民国二十二年（1933）郑慧英整理广州大学等三家图书馆馆藏方志，编成《广东三大图书馆所藏全省方志录》。民国时期，朱士嘉经悉心调查研究，初步统计了我国宋、元、明、清及民国的地方志，编成《中国地方志统计表》。后又采录了包括国立北平图书馆、国立北京大学图书馆、大连图书馆、上海东方图书馆、故

---

① 衡中青：《中国地方志目录学整理述论》，《佛山科学技术学院学报（社科版）》2011年第6期，第57～62页。
② 李小缘：《编制各学科专门书目录》，《中华图书馆协会执行委员会：中华图书馆协会一次年会报告》，中华图书馆协会事务所发行，1929年，第226页。

宫博物院图书馆和天一阁、嘉业堂、天春园等著名私家藏书楼，以及美国国会图书馆、哈佛大学图书馆、日本内阁大库等五十余家国内外机构收藏的志书，编成《中国地方志综录》三册，其收录流存方志5 832种，凡93 237卷，由商务印书馆出版。全书依清代行政区划，按省、府、州、县及各志纂修先后次序排列，用表格形式著录，罗列了方志名称、卷数、纂修人、纂修年代、版本、庋藏单位，并设"备考"，附记有关事项。书后编绘有17种方志统计表、15幅方志统计图，书末附录《民国所修方志简目》《上海东方图书馆所藏孤本方志录》《国外图书馆所藏明代孤本方志录》以及书名索引。其后，他又陆续搜集到730种方志，编成"补编"。《中国地方志综录》和"补编"是我国第一部全国性地方志联合目录。在较长的时间里，它成为查阅中国地方志必备的工具书，发挥过很大的历史作用。① 此外，民国年间还编制成多种类型的方志专题目录。如以时间为限的方志目录，有《民国十九年来出版之地书简目》《民国二十年以来所修刻方志简目》等；以特定地区为限的方志目录，有《浙江地志存目》《浙江省地志统计》等；以时间和地方为限的方志目录，有《明修云南方志书目》等。

通过上述梳理可以看出，随着开放性新式图书馆的出现，方志目录工作得到了图书馆的重视，他们组织编制了各种方志目录，形成了研究和编制方志目录的热潮。图书馆推动了公共图书馆方志目录的编制，基本形成了以馆藏方志目录、联合方志目录、方志专目等为主的方志目录格局，为人们比较全面地了解历代方志的数量、流播状况和收藏情况以及有关志书的大体状况提供了可靠的依据，为各科研究中利用、翻检地方志书提供了极大方便，也为方志学本身的研究提供了基本的保障。这些都说明近代图书馆直接推动了方志目录学的形成。

二、近代图书馆客观加速了方志传播学与方志编纂学的发展

作为一种社会文化传播机构，图书馆是以交流和传播知识信息为目的。近代图书馆的兴起，一改传统藏书楼"尊经卫道"、对世人秘而不宣的宗旨。1910年12月，清政府颁布的《京师图书馆及各省图书馆通行章程》规定，图书馆的建立旨在"保存国粹，造就通才，以备硕学专家研究学艺，学生士人检阅考证之用"②，这就为方志传播提供了制度保障。

近代图书馆面向社会开放的方式，一方面拓宽了方志交流的路径，另一方面

---

① 许卫平：《中国近代方志学》，江苏古籍出版社，2002年，第152～154页。
② 《教育法令：学部奏拟定京师及各省图书馆通行章程折》，《教育杂志》1910年第2期。

也扩大了方志的传播面,使方志传播成为一种社会文化事业。一是图书馆在方志传播与方志知识传播的过程中承担着基础性的平台功能。在方志传播、共享和交流的过程中,图书馆既是方志文本的收藏之所,也是方志知识传播的温床。方志从成书之日起,多处于流动之中,有的从编纂单位流向官府,流向图书馆、藏书楼,有的再从这一图书馆、藏书楼流向另一图书馆、藏书楼,甚至是国外,有的则流向个人,一代传一代。① 以京师图书馆为例,通过清内阁大库拨交、国子监移藏、北海图书馆并入、民国教育部征集、坊间购得、各地捐赠等各种渠道,截至1933年收藏有方志3800余种②,这为读者用志和方志传播提供了必要的文献保障。从1915年12月第一份图书馆学期刊《浙江公立图书馆年报》创刊至1949年,全国各级图书馆机构编辑出版的图书馆学期刊,共陆续出现过一百多种③,刊发诸多涉及方志学的论文,有专究方志版刻者,有注意志书论著评介者,有侧重方志文献传播者,有侧重研究方志理论者。如黎锦熙于1939年在国立北平图书馆馆刊《图书季刊》发表《方志今议》一文,确立"明三术、立两标、广四用、破四障"的四项修志原则。所谓"明三术",即修志应先了解"续、补、创"三种方法;"立两标"即"地志之历史化,历史之地志化";"广四用",即方志可作"科学资源、地方年鉴、教学材料、旅行指南"之功用,以符合时代需要;"破四障",即志书编纂要"类不关文""文不拘体""叙事不立断限""出版不必全书"④。也就是说,图书馆既向学人和读者展示更丰富的方志文本资源,又为学人和读者提供发表方志论著和获取方志知识的期刊平台,提高学人在方志传播、获取和创新中的实践效率。在图书馆的方志传播过程中,图书馆打通了方志文本资源和受众之间的关系,形成了一个相对稳定、快捷、便利的方志传播系统。二是图书馆让方志收藏与方志编纂之间的转换协作更加畅通。图书馆既需要源源不断地收藏方志,同时又为方志编纂提供了大量的文献,这一方志传播循环往复的过程,让方志收藏与编纂之间的转换协作更加畅通。1935年上海市通志馆成立后,修志人员对拟收集的资料进行分类,并分别派员赴上海图书馆等藏书机构搜集志书。1943年,浙江省通志馆成立后,为了加强对图书馆资料的利用,一度研究"章乃羹提出的将通志馆搬迁至浙江省立图书馆附近的建议",认为如此"则征购图书之繁可省,成书之期可期",通志馆人士曾向浙江省立图书馆借阅"省志参考用书"三千余册,为编修浙江通志奠定了文献资料基础。⑤ 图书馆丰富的馆藏方志资源成

---

① 巴兆祥:《方志传播学的构建》,《中国地方志》2014年第5期。
② 袁同礼:《国立北平图书馆方志目录》,国立北平图书馆印行,1933年,第2页。
③ 张敏:《民国时期图书馆学期刊研究范围及学术意义》,《图书馆理论与实践》2015年第7期。
④ 黎锦熙:《方志今议》,《图书季刊》1939年第12期。
⑤ 曾荣:《论民国修志与图书馆事业的相互影响》,《图书馆理论与实践》2017年第11期。

为方志编纂过程中新的原材料和生产力,为方志文本的再整合和再创造打下坚实的基础。三是图书馆在方志传播与理论研究上建立了良好信息共享平台。在近代图书馆建设过程中,图书馆通常作为方志文本的收藏平台、传播平台和传播媒介,向学人和读者受众输出相关的方志信息,为学人的方志理论研究提供必要的方志文献资源。瞿宣颖在《方志考稿序》中称,他对方志学的认识与研究,离不开图书馆内收藏的志书,表示国立北平图书馆"号为藏志最富之区",使其"略窥方志之学";而他利用在燕京大学、清华大学诸校任教的便利,"渐得观其图书馆之藏书,所见益富",于是撰成方志学专著。[①] 可见,近代图书馆已融入了方志传播和方志理论研究的全过程,在二者之间建立了良好的信息共享平台。

三、近代图书馆间接拓展了方志批评学的空间

传统的方志批评除清代章学诚在《文史通义·外篇》中有专论外,更多的是以相对零散的形式存在于方志序跋、文集、书札、提要之中,论述或浅尝辄止,或只言片语,缺乏批评理论的系统化、规范化。从传播速度上看,尽管这些文献也大多刻印传世,但与近代报刊相比,依然相对封闭与滞后,流播速度不及报刊速捷。这种局面到近代报刊大量涌现时有了根本性转变。如前所述,从1915年至1949年,全国共陆续出现过一百多种图书馆学期刊。从内容上看,民国时期的图书馆学期刊,已成为方志学论著发表的重要阵地。伴随着民国时期图书馆编制方志目录,这些图书馆期刊为发表方志目录提供了平台。方志目录著作的出版,也激发了方志目录批评的发展,间接地拓展了方志批评学空间。

1935年1月,商务印书馆出版李泰棻所著的《方志学》,随即掀起方志书评热潮。《浙江省立图书馆馆刊》"书评"专栏刊发季歆为李泰棻的《方志学》所撰之书评,评价称:"全书都一册三百二十面,洋洋二十余万言,关于方志之意义价值以及编修方法等,可谓纲举目张,应有尽有。当兹各省竞重方志,与公私藏家争蓄邑乘风气方盛之际,此书宜值得推介于读者之前。"又说:"惟矣不无疵累处,既经吾目,不容缄默,辄撮陈于后,以商于著者。"其后,对于书中的"艺文不著生人著作之不当""余对方志内容之三增""余对方志内容之拟目及序例"等内容提出自己的观点,与著者商榷。季歆认为书中"对于近人研究方志学之成绩,如瞿兑之《方志考稿》、张国淦《中国古方志考》、朱士嘉《中国地方志综录》之类均得联类一述,即近年来新纂之著名邑乘,对于旧志改进者颇多,孰当孰不当,亦可详为臧否,以示来者也。"而且"全书校对殊草率,一翻自序,即有鲁鱼",其他错误"殆难

---

① 瞿宣颖:《方志考稿序》,《民国丛书·二编》81,上海书店出版社,1990年,第1页。

倭指计,统有望于再版时之订正"。总之,李泰棻"折中众说,佐以经验,撰为此书,虽中间瑕瑜互见,然而斐然述作,不失为近日出版界之明证"①。1933 年,《国立中山大学文史学研究所月刊》"介绍与批评"专栏发表罗香林为朱士嘉所编《中国地方志备征目》撰写的书评,批评方志研究现状,"吾国流传方志之富,及其关系民族国家生机生命生活之所表白,其事至明,其义至显。然而反观吾国学人从事方志研讨或考索者,聊聊可数。"指出方志研究不兴盛,是"因方志庋藏不一处购取无方,普通县邑,其学人不易聚集群材以自校核之故欤"。在这样的情况下,"中国地方志备征目之作,不容一刻缓也",而该编"应时势需要,根据国内外公私立图书馆,及各丛书,各私人收藏之中国地方志目编订而成"。他批评该目录"资料未征完备,故所录仍多挂漏,私家藏籍,未能遍考,固无论矣。即各地公家藏志,似亦仍多未采录者,信乎博综撰述,不易言也。以广东省为例,是编"遗漏必多",其他各省志,"有无遗漏,自亦滋人疑问";"于各志年代,亦往往有不慎误笔",希望"再版时酌量补正"。同时,他对于编纂备征目提出了自己的方法,"此类备征目,必先调查各省市公私立图书馆或藏书楼,将其所藏方志之种数、卷数汇刊为表,而后依其所藏,综核书名年代纂为备征详目,其曾经寓目者,则当各为提录,撷其精要,品其得失(略如瞿兑之氏《方志考稿》),记其庋藏所在,分时分地,汇订为编,使阅者一望而知何时何地有何种志书何种材料,须如何访取探究,盖不如此,不足以副征录方志之本义也"。作者的批评固有道理,但提出编纂备征目方法也值得推广。② 1932 年《国立北平图书馆馆刊》推介朱士嘉撰《中国地方志备征目》曰:"地方志书之重要,近颇惹人注意,以故公私搜藏颇成一时风尚。如国立北平图书馆、上海东方图书馆、天津任氏天春园、南浔刘氏嘉业藏书楼,莫不蔚为大宗,雄视海内,且有专目,以纲纪之。燕京大学图书馆亦正广事搜罗,且由朱士嘉君参考国内外二十二个公私图书馆方志目录,汇为《中国地方志备征目》一编,共著录四千九百十二种,欲按目购求,法之善也。"③1936 年,《图书季刊》推介谭新嘉编《北平图书馆方志目录二编》曰:"纵观全书,共收入省志县志八百六十二部,编次体例与二十二年该观出版之方志目录相同,各志下注明卷数、册数、纂修者姓名、版刊年月及有无艺文志、金石志等等必备之条款,卷末殿以索引,尤便检阅。"④1931 年,《国立北平图书馆馆刊》推介《故宫方志目》曰:"方志为研究一代史事、各地风俗之重要史料。周代且有专官以司此事,历代于此俱甚重视。六朝以降,地志之书,与日俱增,蔚为中国文献上之一大宗。以前言治术者,

---

① 季嵚:《书评:方志学》,《浙江省立图书馆馆刊》1935 年第 2 期。
② 佚名:《介绍与批评:中国地方志备征目一册》,《国立中山大学文史学研究所月刊》1933 年第 4 期。
③ 佚名:《新书介绍:中国地方志备征目》,《国立北平图书馆馆刊》1932 年第 4 期。
④ 佚名:《新书介绍:北平图书馆方志目录二编》,《图书季刊》1936 年第 3 期。

莫不以读方志为亟务,转至近代,乃遭忽视。迩来学术渐兴,方志又始重见于世。瞿君兑之《方志考》已稍稍发其闷藏。然全国之大,所谓方志者,究有若干?各地所藏方志究有几何?是皆亟应先知之事。已前学部所藏,方志目已辑成书。上海涵芬楼亦印有一目,此外尚不多见。今故宫博物院图书馆,以故宫所藏,益以清史馆近藏所收,自明正德以迄清季,共得一千四百余种,编为《故宫方志目》。"①1939年《图书季刊》推介朱士嘉《中国地方志综录》未收方志的《新修方志十二种》曰:"方志之书,体例与史略同,然所记载限于地方之史地,较史书为翔实,其足资行政之鉴法,与人民之观感者,较史尤为切。观夫历代所修方志,其保存史料,至称繁富。如地理之沿革,制度之损益,食货之盈虚,户口之息耗,学校选举之盛衰,社会风俗之纯驳,与夫人物之兴替,文献之征存,利弊得失,巨细革陈,而且资料又直接取诸官署档册,碑碣墓铭。顾炎武所谓'采铜于山'者也。宜为学术界所重视。"其后,逐一简评新修方志,先依次录志书名称、卷次、修纂者姓名、刊印时间、版本、卷目。再叙修志源流。后点评志书特色,如评《钟祥县志》"编辑尚称得体";评《犍为县志》"一洗志书惯习,尤为有识";评《榴江县志》"尚称详备,堪资参政";评《民国昭通县志稿》"体例多采新体,而资料亦翔实可征";评《咸宁长安两县续志》"体例多仿前志,间有增益"②。

当翻阅期刊史料时,"并不觉得它是只能折射历史的故纸堆,其朴实无华的文字总能给人耳目一新之感,其在某些领域取得的研究成就至今仍是我们难以企及的,其讨论的问题对我们今天仍有启发意义"③。这些民国时期的图书馆期刊在推动方志批评方面发挥了积极作用,刊载专论或批评旧志的得失利弊,或论述方志目录编纂方法,或评价方志论著,突破了传统方志批评的形式,逐渐向概念清楚、论证有力、论据充分、结构严谨、逻辑严密的论文和论著发展,间接重构了方志批评学的空间。

结　语

通过考察中国近代环境下图书馆事业与方志学发展之间的相互关系,同时观照当下图书馆事业的发展,进而思考未来图书馆与方志馆发展的路径与空间。由此,我们论述了近代图书馆与方志目录学、方志传播学、方志编纂学、方志批评学发展之间的关系,探讨中国近代社会中图书馆方志收藏与社会大众之间的用

---

① 佚名:《新书介绍:故宫方志目》,《国立北平图书馆馆刊》1931年第4期。
② 佚名:《图书介绍:新修方志十二种》,《图书季刊》1939年新12期。
③ 《图书馆学季刊·出版说明》,《中国图书馆学史料丛刊·图书馆学季刊1》,国家图书馆出版社,2009年,第2页。

志需求,并借此反思中国当下的社会用志需求与图书馆事业。然而,近年来各地方志馆建设方兴未艾,如何分析未来新兴方志馆事业的发展趋势,则需要借助新的理论进行思考。这些论题可以拓宽研究视野,促使研究者从社会学的角度而非图书馆的角度来思考自身发展。

(原载《图书馆杂志》2020年第10期,收入本书时略有改动)

胡适年谱思想略论

盛 菊*

年谱之作始自宋代,入清趋于极盛,其编撰体例随着胡适所著《章实斋年谱》的出版取得了新的进展,近年来学界已开始关注《章实斋年谱》在章学诚研究和年谱发展历程中的学术价值。[①] 但除《章实斋年谱》外,胡适尚有《吴敬梓年谱》《崔述的年谱》《齐白石年谱》《段玉裁年谱初稿》等年谱类著作,已就年谱体例的发展、年谱的功用与价值、年谱与传记的关系等问题形成了较为丰富、系统的思想。本文试就此进行初步梳理与分析,有不当处,敬请指正。

一、胡适对年谱体例的创新

胡适认为,以年月为经纬铺陈谱主生平的年谱旧体往往存有"偏于细碎而忽略大体"[②]的缺陷,他说"若年谱单记事实,而不能叙思想的渊源沿革,那就没有什么大价值了",年谱不仅要记载谱主的"一生事迹,还要写出他的学问思想的历史"[③]。为了实现这一目标,胡适在撰写年谱时对年谱体例多有改进与创新,具体说来,主要体现在以下几个方面。

第一,年谱应该揭示谱主学问思想的变迁沿革与发展脉络,总结其学术地位与学术贡献,尤其是学者型谱主的年谱更应着墨于此。胡适认为《章氏遗书》"编次太杂乱了,不容易看出他的思想的条理层次",而内藤虎次郎所编《章实斋先生年谱》又"太简略了,只有一些琐碎的事实,不能表见他的思想学说变迁沿革的次序",所以他在编章氏年谱时就把凡可以表示其思想主张、变迁沿革的著作,"都择要摘录,分年编入……这一番工夫,很费了一点苦心"[④]。胡适《章实斋年谱》最大贡献就在于通过精心提炼重要或精彩的言论,初步总结了章氏文史理论与

---

* 盛菊,现为淮北师范大学历史文化旅游学院副教授。
[①] 张爱芳的《论胡适〈章实斋年谱〉的学术价值》(《浙江学刊》2000 年第 1 期)与杜蒸民的《年谱学的一个新创例:胡适〈章实斋年谱〉述评》(《安徽师范大学学报》2001 年第 3 期)等文对此有较好的探讨。
[②] 欧阳哲生:《胡适文集》(10),北京大学出版社,1998 年,第 783 页。
[③] 胡适著,姚名达订补:《章实斋先生年谱》,商务印书馆,1933 年,"胡序",第 2~3 页。
[④] 胡适著,姚名达订补:《章实斋先生年谱》,"胡序",第 2~3 页。

方志理论的形成轨迹,突出了谱主的学术贡献,从而推动了此后章学诚研究高潮的到来。

胡适完成《齐白石年谱》初稿后,将其交黎劭西批评订补。黎添补了许多材料,尤其是在绘画与刻印方面。胡适颇为看重,因为"他能引用一些我不知道的文件来记叙白石在这两方面的经验与成就。特别是在学习刻印的经过,劭西的增补最可以补充我原稿的贫乏"①。这些增补材料的价值就在于能够有效说明谱主平生最大成就与贡献的发展轨迹。

胡适这一做法为年谱开拓了一个新路径,为后来学界借鉴和承袭,尤其对研究性年谱而言,揭示谱主学问思想及其变迁沿革已成为其主要目标与任务之一。例如,汤志钧编《章太炎年谱长编》、赵丰田编《梁启超年谱长编》都在其"例言"或"编辑说明"中陈明,年谱不仅记载谱主的主要事业,更要尽量表现他们的思想与学术情况,注重其思想变迁之轨迹。

第二,年谱须记载谱主交游活动,尤其是其学术交流、交往,并通过这一途径反映谱主的时代环境,这就使只载谱主个人行事的年谱旧例得以拓展。章学诚与同时代的学术大师如戴震、汪中、袁枚等人多有交往,对他们的学术观点与思想也不乏评论。这些评论有公平或正确可取处,亦有错误或不足取处。胡适认为"这种批评,不但可以考见实斋个人的见地,又可以作当时思想史的材料",所以他在《章实斋年谱》中将这些评论"都摘要抄出,记在这几个人死的一年"②。胡适分别将章学诚对戴震、汪中和袁枚的评论系于《章实斋年谱》中之乾隆四十二年、五十九年与嘉庆二年诸条之下,这种处理方式可帮助读者明了章学诚的识见,并进一步了解乾嘉时期思想界。

胡适在《崔述的年谱(上)》中非常注意记载崔述同期的著名学者,将阮元、焦循、陈履和等人的出生与江永、惠栋、全祖望、方苞等人的去世都记在相关条下,赵贞信继作之《崔述的年谱(下)》所载更众,不一一列举。但是胡适与赵贞信在《崔述的年谱》中对此均是简单记载,而崔述对同时代学者的评论于谱中却少有记载、说明与评论。

丁文江在编写《梁任公先生年谱长编初稿》的准备过程中,曾向梁氏朋友征求其一生书札近万封。胡适对这近万封书信颇为看重,认为它们是构成《梁任公先生年谱长编初稿》的"最重要的一批原料"。这些书信不仅可以反映梁启超与师友之间的学术交往,更可进一步折射出他们所处时代的发展变迁,所以胡适希望《梁任公先生年谱长编初稿》的出版"可以鼓励我们的史学者和传记学者去重

---

① 欧阳哲生编:《胡适文集》(7),第348页。
② 胡适著,姚名达订补:《章实斋先生年谱》,"胡序",第3页。

新研究任公先生,去重新研究任公和他的朋友们所代表的那个曾经震荡中国知识分子至几十年之久的大运动"①。

胡适这种拓展年谱体例的做法基本为学者接受,梁启超即对这种创新之法颇为认可,说它"可旁衬出谱主在当时的地位,总算年谱的新法门"②;甚至对胡著《章实斋年谱》颇多"苛评"的谭天,在其所著《胡适与郭沫若》中也未对此加以评论与批判。

第三,年谱不仅要记述谱主的成就、贡献与长处,也要指出他的错误与短处,可以进行评判与批评,胡适认为"这种批评的方法,也许能替年谱开一个创例"③。一般年谱往往只记谱主的成就,而对其错处加以回避或粉饰,但胡适的《章实斋年谱》不仅充分说明章氏的长处,也毫不客气地指出其不足,主要表现为评论章氏对汪中与袁枚批评的不恰当之处。汪中的《女子许嫁而婿死从死及守志议》痛论未嫁女子守贞及从死的非礼,"其用意与立言皆深可佩服",是一篇极重要的文字,但章学诚却作长文驳之。胡适于此批评章氏"此真'绍兴师爷'之伦理见解! 此等处又可见实斋对于当时负重名的人,颇多偏见,几近于忌嫉,故他对于他们的批评往往有意吹毛求疵,甚至于故入人罪"。而章氏之攻袁枚"则完全是以卫道自居了!""实皆不甚中肯。"④

胡适在编写《崔述的年谱》时也做了大量的批评工作,即在崔述的每一部书写定或刻成之年,指出该书的贡献与缺点,而分析其缺点的见解尤其可贵。例如崔述于1774年写定《救荒策》四篇,胡适评论其第一策"多迂腐之言;如云,'煤窟何众乎? ……泄地气不已甚乎? ……是以古者建国必多树木……古之炊爨皆取之于林麓,不取之深山重泉之下,夫是以天地之气完,而其力厚'。此说甚谬。多种树固可以减灾,然种树不是供炊爨的",而崔述"终不脱天人感应的迷信"⑤。此外,《吴敬梓年谱》对吴敬梓的思想、见解与作品也多有批评,兹不多论。

胡适在年谱中直接评论谱主的主张为很多学者接受,姚名达与赵贞信就是在认可与接受胡适相关做法的基础上,相继完成了对《章实斋年谱》与《崔述的年谱》的补订工作。梁启超则在一定程度上认可胡适的做法,他虽然觉得批评"不是做年谱的正轨","批评的字句应该和本文分开",但他主张作者可以"把自己的见解做成叙文,或做附录,专门批评谱主的一切,那么,纵使篇幅多到和年谱相

---

① 欧阳哲生编:《胡适文集》(8),第634、636、637页。
② 梁启超:《中国历史研究法(补编)》,《饮冰室合集·专集之九十九》,中华书局,1989年,第76页。
③ 胡适著,姚名达订补:《章实斋先生年谱》,《胡序》第3页。
④ 胡适著,姚名达订补:《章实斋先生年谱》,第103、110、111页。
⑤ 欧阳哲生编:《胡适文集》(7),第175、176页。

等,也不相妨了"①。当然也有人对此大不以为然。谭天就认为胡适将批评引入年谱的做法是"体例不纯",并且说"依我想,恐怕要变成'恶例'。因为年谱不是评传,年谱只编重于事实……年谱之例,实无需乎此等工夫。而况此例一开,将来做年谱的,滥发私见"②。当代学者对年谱中能否直接对谱主加以分析评论甚至批评一事仍有歧义,虽然多数以为"年谱一般只记事实,基本不作或极少作分析评论"③,但年谱不应为谱主曲笔、隐讳或粉饰已成为学界共识,这里应有胡适的一点功劳与贡献吧。

胡适对其于年谱旧例的变革非常得意,自谓"颇可以算是新的体例"④,虽有人将其指为"体例不纯",但更多的学者认可与接受了他的思路。何炳松认为做年谱不但对谱主"一生境遇和全部著作要有细密考证和心知其意的工夫,而且对于和他有特殊关系的学者亦要有相当的研究,对于他当时一般社会的环境和学术界的空气亦必须要有一种鸟瞰的观察和正确的了解"⑤。姚名达说他对胡适于年谱方面"所最佩服的,就是体例的革新:打破了前人单记行事的体裁;摘录了谱主最重要的文章;注意谱主与同时人的关系;注明白史料的出处;有批评;有考证"⑥。胡适所著最能体现年谱体例创新的著作《章实斋年谱》被学界誉为"上乘之作"⑦,其重要价值也表现在它对其后的年谱,尤其是研究性年谱的创作具有体例方面的示范性意义。

二、胡适对年谱价值的认识

胡适在治学过程中先后接触和阅读了大量年谱,并为章学诚、吴敬梓、崔述、齐白石等人编撰年谱,所以他对年谱的价值与功用有着明确的认识。

首先,作为一个学者,胡适充分意识到年谱的价值主要体现在资料的搜集与保存方面。评判一部年谱质量的高低,固然有多种因素,其中是否存有大量可用史料尤其不可忽视。胡适在阅读《叶天寥年谱》时,最初以为该谱"很不佳",但细读之后又给予该谱较高的评价,其中的许多记载对考察明末社会风气、明朝名士思想之陋、迷信之深以及明遗民生活等问题"皆有史料功用"⑧。与此相类,《罗

---

① 梁启超:《中国历史研究法(补编)》,《饮冰室合集·专集之九十九》,第81页。
② 谭天:《胡适与郭沫若》之《章实斋年谱》,上海书报论衡社,1933年,第3页。
③ 耿云志:《蓼草集》,中国社会科学出版社,2000年,第306页。
④ 胡适著,姚名达订补:《章实斋先生年谱》,"胡序",第3页。
⑤ 胡适著,姚名达订补:《章实斋先生年谱》,"何序",第1页。
⑥ 胡适著,姚名达订补:《章实斋先生年谱》,"姚序",第6页。
⑦ 仓修良等:《年谱散论》,《史学史研究》2001年第2期。
⑧ 曹伯言整理:《胡适日记全编》(6),安徽教育出版社,2001年,第273页。

壮勇公年谱》因为作者"毫不讳饰"的叙事风格,保留了许多记载白莲教与"记官兵之腐败,战事杀戮之惨"的重要史料,所以也倍得胡适青睐,称其为"第一流作品"①。丁文江在编《梁任公先生年谱长编初稿》时采用了大量梁启超的信札与许多同时人的记录,如康有为的《南海先生自编年谱》、梁启勋的《曼殊室戊辰笔记》等,使一些后来已很难得或不可得的资料通过这一年谱得以保存流传;另外由于丁文江并未来得及将年谱定稿,因此保存了许多没有经过最后删节的资料,正是对这两类史料的重视,胡适在《梁任公先生年谱长编初稿序》中指出,"我们在二十多年后,不能不承认,正因为这是一部没有经过删削的《长编初稿》,所以是最可宝贵的史料,最值得保存,最值得印行。"②

由于年谱本身具有保存资料的作用,胡适在编写章学诚、崔述与吴敬梓等人的年谱时就非常注意尽可能地收集相关资料,对年谱出版后新出现的资料也时刻予以关注,而搜集与利用材料的典型则是《齐白石年谱》。胡适在做初稿时主要利用了齐白石提供的材料,包括《白石自状略》《借山吟馆诗草》《入蜀日记残叶》《齐璜母亲周太君身世》《白石诗草自叙》等,后将其交给黎劭西、邓广铭二人批评订补。对黎、邓两人的工作,胡适最满意的就是他们为这部年谱增添了许多有价值的材料,如黎劭西通过走访齐白石和他的子女得到不少口头资料,又利用自己的日记考订了一些齐白石的事迹;邓广铭则从齐白石朋辈的著作,如王闿运的《湘绮楼日记》《湘绮楼全集》等中,搜辑齐白石的生平资料,正是由于胡适与黎劭西、邓广铭的通力合作,《齐白石年谱》虽然篇幅不大,却资料丰富,质量很高。

其次,做年谱有助于系统的史学训练。1922年2月26日,接到商务印书馆寄来新出版的《章实斋年谱》后,胡适在当晚日记中对写作该书作了一个总结:"此书是我的一种玩意儿,但这也可见对于一个人作详细研究的不容易。我费了半年的闲空工夫,方才真正了解一个章学诚。作学史真不容易!若我对于人人都要用这样一番工夫,我的《哲学史》真没有付印的日子了!我现在只希望开山辟地,大刀阔斧的砍去,让后来的能者来做细致的工夫。但用大刀阔斧的人也须要有拿得起绣花针儿的本领。我这本《年谱》虽是一时高兴之作,他却也给了我一点拿绣花针的训练。"③这里所谓"大刀阔斧"是指用一种远大识见来评判谱主的历史地位,而"绣花针儿的本领"是指用细密的工夫来搜求、考证谱主的事实;这两种工夫,尤其是"绣花针儿的本领"可以在做年谱的过程中得到系统训练。胡适希望大学历史学专业的教授与学生都可以通过作传记与年谱来"得点实地

---

① 曹伯言整理:《胡适日记全编》(6),第328页。
② 欧阳哲生编:《胡适文集》(8),第636页。
③ 曹伯言整理:《胡适日记全编》(3),第565页。

训练,做点实际的史学工夫"①,他本人更是身体力行。胡适在作《齐白石年谱》时就用这种"绣花针儿的本领",弄清楚了齐白石的生年,他对此甚是得意,说"白石老人变的戏法能够瞒天,终究瞒不过历史考证方法"②。梁启超对年谱的这一价值也有类似的看法,他说"做年谱不是很容易的事情,但我们可借来修养做学问的性情,可用来训练做历史的方法"③。

最后,年谱有助于人格教育与社会教育。胡适早在《竞业旬报》时期就创作了一批短篇传记,将他认为对国家与社会有贡献的人写出来,如姚洪业、杨斯盛、贞德、王昭君等,以期达到教育民众的作用。作为被胡适视为传记的一种特殊体裁,年谱当然也具有这种功用。胡适之所以做《章实斋年谱》,实缘起于一种深挚的爱国情怀,他自己说:"我做《章实斋年谱》的动机,起于民国九年冬天读日本内藤虎次郎编的《章实斋先生年谱》(《支那学》卷一,第三至第四号)。我那时正觉得,章实斋这一位专讲史学的人,不应该死了一百二十年还没有人给他做一篇详实的传……最可使我们惭愧的,是第一次作《章实斋年谱》的乃是一位外国的学者。"④

胡适在为凌竹铭编著的《詹天佑先生年谱》所作序文中,特意征引其中两段重要叙述,一是能充分体现八达岭山洞开凿工作之紧张与精细的材料,二是将京张铁路各项工程用款与京汉、京奉、平汉、津浦诸路进行比较的材料,并说"我引年谱中最使我感动的一段……这是一位土木工程师给一位伟大的前辈土木工程师写的传记里的最得意的一段文字","这样的比较,是竹铭先生对于这位伟大工程师的最谨严的颂歌。读这样年谱的人,都不能不敬爱这位毕生为国家尽力而自奉很俭朴的模范工程师"⑤。胡适之所以这样不吝言辞,是因为这些材料可以折射出詹天佑伟大的人格力量,年谱也正是通过这样的材料与这样的评论来体现它的人格教育与社会教育作用。

三、胡适对年谱与传记关系的表述

《四库全书总目》将其所收年谱分别附于史部传记类下的圣贤之属与名人之属,张之洞则在所撰《书目答问》中为年谱设专目归在史部谱录类之下。这一方面说明年谱逐步取得了独立类目的地位,另一方面也表明人们对年谱与传记的

---

① 欧阳哲生编:《胡适文集》(4),第597页。
② 欧阳哲生编:《胡适文集》(7),第349页。
③ 梁启超:《饮冰室合集·专集之九十九》,第88页。
④ 胡适著,姚名达订补:《章实斋先生年谱》,"胡序",第1页。
⑤ 欧阳哲生编:《胡适文集》(8),第647、648页。

关系并没有形成共识,而胡适对年谱与传记的关系则有相对较为明确的认识与表述。在其相关著述或日记中多次将传记与年谱并列,试将相关材料排比如下(文中着重号为引者所加):

> 《年谱》(指《章实斋年谱》)付印后,我才知道刘翰怡先生有此书;刘先生现在刻的《章氏遗书》,此书列入第十九卷,刻成之后,定可使我们添许多作传的材料……我希望刘先生刻成全书时,我还有机会用他的新材料补入这部《年谱》。①

> 他这一点牺牲的精神,竟使我不能不履行为吴敬梓作新传的旧约了。因此我把这两年搜集的新材料整理出来,作成这一篇年谱……现在吴敬梓的文集居然被我找着,居然使我能给他做一篇一万七八千字的详传,我觉得这是我生平很高兴的一件事了。②

> 晚上回家,把关于吴敬梓的材料理出来,预备作传……继续作《吴敬梓年谱》,完。此谱共五十五页,约一万六七千字,三日完成,颇能满意。③

> 自撰年谱,此为自传中最发达的体裁,为编年的大幅自传。汪辉祖的《病榻梦痕录》为最好的自撰年谱……我说,二千五百年中,只有两部传记可算是第一流的,(即为)汪辉祖的《病榻梦痕录》和王懋竑的《朱子年谱》。④

> 此谱(指《叶天寥年谱》)的最早部分很不佳,浮辞甚多,骈体尤可厌,故我两次都读不下去……我今天看完了,方觉得启明的赏鉴不差。此谱可算是一部好的自传。⑤

> (《罗壮勇公年谱》)书中大体用白话,文字甚朴素,在自传中为第一流作品。⑥

> 我盼望全书(指《崔东壁遗书》)出版后我能利用新出现的传记资料,继续写成我的"崔述年谱",完成我十四年介绍崔述的志愿。⑦

> 民国三十五年秋天,齐白石先生对我表示,要我试写他的传记。有一次他亲自到我家来,把一包传记材料交给我看。我很感谢他老人家这一番付托的意思,当时就答应了写传记的事……这本《白石年谱》大概不过三万字,

---

① 胡适著,姚名达订补:《章实斋先生年谱》,"胡序",第3～4页。
② 《胡适文存二集》卷四,亚东图书馆,1928年,第1页。
③ 曹伯言整理:《胡适日记全编》(3),第870、876页。
④ 曹伯言整理:《胡适日记全编》(6),第263页。
⑤ 曹伯言整理:《胡适日记全编》(6),第271页。
⑥ 曹伯言整理:《胡适日记全编》(6),第328页。
⑦ 欧阳哲生编:《胡适文集》(7),第135页。

是黎劲西、邓恭三和我三个人合作的成果。①

　　我引年谱(指《詹天佑先生年谱》)中最使我感动的一段……这是一位土木工程师给一位伟大的前辈土木工程师写的传记里的最得意的一段文字。②

从以上材料可以看出,在胡适的言说与话语系统中,他是将年谱基本等同于传记的,并把年谱视作传记之一种:

　　年谱……起于宋人为唐代韩、柳、杜诸家集作文谱诗谱,后成为中国传记最发达的体裁。③
　　中国传记旧体以"年谱"为最详。④
　　我是最爱看年谱的,因为我认定年谱乃是中国传记体的一大进化。最好的年谱,如王懋竑的《朱子年谱》,如钱德洪等的《王阳明先生年谱》,可算是中国最高等的传记。⑤

同时,胡适也注意到年谱与一般传记于编写体例和方法方面应各有特点,他在《黄谷仙论文审查报告》中论及年谱与传记:

　　"年谱"只是编排材料时的分档草稿,还不是"传记"。编"年谱"时,凡有年代可考的材料,细大都不可指充,皆须分年编排。但作"传记"时,当着重"剪裁",当抓住传主的最大事业,最要主张,最热闹或最有代表性的事件。⑥

又在《梁任公先生年谱长编初稿序》中说道:

　　在君最初的意思是要写一部现代式的《梁启超传记》,年谱不过是传记的"长编"而已;不过是传记的原料依照年月的先后编排着,准备为写传记之用……我们盼望,这部原料《长编》出版之后不久,就可以有新的、好的《梁启

---

① 欧阳哲生编:《胡适文集》(7),第346、350页。
② 欧阳哲生编:《胡适文集》(8),第647页。
③ 曹伯言整理:《胡适日记全编》(6),第262页。
④ 欧阳哲生编:《胡适文集》(10),第782页。
⑤ 胡适著,姚名达订补:《章实斋先生年谱》,"胡序",第2页。
⑥ 欧阳哲生编:《胡适文集》(10),第783页。"指充"当为"捐弃"。

超传记》著作出来。①

有的学者据此认为胡适将年谱与传记"严格区别开来"②,这种论说显然只是强调了胡适对年谱与传记关系表述的一个方面,而忽略了胡适所论是指年谱与一般传记的区别,而这一区别又是十分必要的。

胡适总体上是将年谱视为传记之一种,并注意到年谱作为传记之一种,在内容、体例、功用等方面又与一般传记有一定的区别。这种观点与认识在当时学界有着鲜明的特点,与当代学者对年谱性质的界定是基本一致的,例如来新夏认为"年谱是史籍中的一种人物传记,但它和一般传记有所不同"③;冯尔康也说年谱"是历史人物传记的一种体裁,或者说是别体"④。

总之,胡适关于年谱的认识与思想对年谱体裁的发展产生了重要影响,诚如有的学者所言,直到今天的各种年谱著作,"不管有意无意,实际上都基本上是沿着胡适的年谱体例思想编写的"⑤。

(原载《安徽史学》2005 年第 5 期)

---

① 欧阳哲生编:《胡适文集》(8),第 635、637 页。
② 耿云志:《蓼草集》,第 305 页。
③ 来新夏:《近三百年人物年谱知见录》,上海人民出版社,1983 年,"代序",第 1 页。
④ 冯尔康:《清代人物传记史料研究》,商务印书馆,2000 年,第 155 页。
⑤ 刘重来:《胡适与〈章实斋年谱〉》,中国历史文献研究会编:《章学诚国际学术研讨会论文集》,北京图书馆出版社,2004 年,第 252 页。

实地考察与顾颉刚的学术研究

牛继清*

顾颉刚先生是一位有"百科全书式"学术成就的学者①,虽然他一生基本在动荡不安的年代中度过,鲜有较长连续安定的学术研究时间,但还是留下了多达两千余万字的著述,"这一数量在古今中外的历史学家中是无与伦比的"②。这是一份非常丰厚的学术遗产。与之对应,顾颉刚一生学术研究和社会活动的领域之广也令人瞠目结舌,除了在古史考辨领域作出了巨大成就,"替中国史学界开了一个新纪元"③,并对中国历史地理学、中国民俗学都有开创之功以外,早在1924年,他就统计出自己涉及的领域有"历史、古物、文学、图书馆、教育、哲学、政治、社会、商业、编辑10种"④,而他曾痴迷也颇有研究的戏曲、从事的民俗调查研究以及后来致力甚多的边疆问题和民族问题等方面还没有包含在其中。实际上顾颉刚在各方面尤其是他在古史考辨领域的重大学术成就与他在上述领域中积累的广博深厚的知识有直接关系,这已为学界所肯定。正因为顾颉刚杰出的学术贡献,对他的研究已经成为现代学术史的热门话题之一。但目前学界对顾颉刚学术活动、学术思想、学术贡献的研究,除民俗学史的研究成果外,其他研究者尤其是研究顾颉刚史学的学者,大都看重其文献考辨成绩,很少有人注意到顾颉刚对于实地考察的重视、多年来进行的大量而广泛的实地考察以及对其学术研究的重要影响。史念海先生在《顾颉刚先生创立禹贡学会及其以后的二三事》一文中虽然有"实地考察和游踪的所至"一节⑤,但亦仅及历史地理方面,而

---

* 牛继清,现为淮北师范大学安徽文献整理与研究中心、历史文化旅游学院教授。
① 钟敬文先生1993年在顾颉刚先生百年诞辰纪念会上的讲话。转引自顾潮:《历劫终教志不灰:我的父亲顾颉刚》,华东师范大学出版社,1997年,第344页。为了方便叙述,此后行文中不再称先生,而直呼其名,非对先生有所不恭。
② 吴锐:《读顾颉刚〈鸟夷族的图腾崇拜及其氏族集团的兴亡〉》,《史前研究》,三秦出版社,2000年,第213页。
③ 胡适:《介绍几部新出的史学书》,原载《现代评论》第四卷第九十一~九十二期,引自顾颉刚:《古史辨》第二册,上海古籍出版社,1982年,第338页。
④ 顾潮:《历劫终教志不灰:我的父亲顾颉刚》,第88页。
⑤ 史念海:《顾颉刚先生创立禹贡学会及其以后的二三事》,载张世林编:《学林往事》,朝华出版社,2000年,第256~278页。

且因体例所限未能展开论述。笔者在阅读相关资料时深切体会到实地考察对顾颉刚学术研究所产生的启发和影响,一孔之见,不敢藏拙,敷衍成篇,以纪念先生一百一十周年诞辰。

一、顾颉刚重视实地考察的思想、学术渊源

顾颉刚小时候不经常出门,但在家里听祖父母、佣仆们讲故事,并阅读各种史书,也读陶渊明《归去来辞》《桃花源记》等,这一方面使他的"意识中发生了历史的意味",而潜移默化中自然也会使他对中国古代文人游历山水的传统风尚羡慕有加。11岁的他读过《纲鉴易知录》后,做成一册题为《恨不能》的自述,其"第二篇是《恨不能游尽天下名山大川》",很能体现出他当时的胸襟和抱负。上新式小学后,"最喜欢做的事情是'修学旅行'",小、中学期间,每到春秋两季,学校往往组织学生到附近的山水名胜旅行游览,先后游览了虎丘、天平山、无锡、常熟、南京、杭州等地,同时他与同学或独自到苏州附近、南京游览。后来他回忆说:"游览的嗜好似乎在我很幼的时候已经发端。……自从进了中学,旅行的地方远了一点,有时出府境,有时出省境,我高兴极了,无论到什么地方总要尽了我的脚力走。……每星期日,几乎必约了同学到郊外远足去,苏州城外的山径都给我们踏遍了。"①

这样的理想和经历使得成年后的顾颉刚更喜欢游历。大学毕业后。一方面自然是为实现饱览祖国山水名胜的夙愿,另一方面可能是经济上的逐渐自立,顾颉刚几乎无一年没有或远或近的游览。而社会动乱、战争频仍、遭遇曲折,时代和社会也逼迫他做不断的流转:1926年张作霖入关,通缉进步人士,顾颉刚遂南下厦门、广州等地任教;1937年抗战爆发,为躲避日本特务的缉捕,他远走绥远、内蒙古;同年应"中英庚款董事会"聘,任补助西北教育计划委员,到甘肃、青海等地考察;1938年至云南昆明,开始了长达七年的辗转西南的生活;抗战胜利复员回家,又因教育界人"口头上清高万分而实际则较及锱铢"及"勾心斗角的破坏行为","厌倦了教育界",投身商界,同时还在苏州、上海两地往来兼课。不久应挚友辛树帜先生的邀请到兰州大学任教,再次到陇西。中华人民共和国成立后,又于1956~1962年间先后到东北各地及广西、河南、湖北、河北、湖南、江西、内蒙古、广东、山东、天津等省市视察、参观。② 所以顾颉刚一生中足迹几乎遍布除新

---

① 顾颉刚:《古史辨》第一册,"自序",第6~16页。
② 参见顾潮:《历劫终教志不灰:我的父亲顾颉刚》;王煦华:《顾颉刚先生学术纪年》,载《纪念顾颉刚学术论文集》,巴蜀书社,1990年。

疆、西藏、台湾之外的全国其他地方,而对于上述三处他没有到过的地方,他也有着浓厚的兴趣和深厚的感情(详见本文第四部分)。90年代末,史念海先生在回忆中也特别强调说:"颉刚先生以学术名家,却并非终日伏处案头,不出户庭。颉刚先生亦喜游历,其游屐所至,可以说是无远殊届。"①

不管是在专门的实地考察、视察参观中,还是在社会和生活所迫的被动流徙中,顾颉刚每时每地都非常重视调查访问,并自觉地将调查访问所得与自己所从事的学术研究结合起来,取得了令学界瞩目的突出成就。这一方面是对中国历代史学家重视实地考察这一优良传统的发扬光大,同时也无疑受到了西方近代科学方法特别是田野考古学的深刻影响。

顾颉刚认为,对于自己疑古辨伪思想的形成产生最大影响的是南宋史学家郑樵、清代史学家崔述及同时代人胡适、钱玄同。他初上大学就开始系统接触郑樵的著述,以后辑、点《诗辨妄》,撰写《郑樵传》《郑樵著述考》,并认为这是自己"开始的研究文章"。他推崇郑樵,既因为其疑古辨伪思想,同时也是由于"他一生富于科学的精神,除了博览群书之外,还十分重视实地的考察。他最恨的是'空言著书',他为了研究天文,就熟读《步天歌》,在黑夜里朗诵一句即注目一星;为了考古就到四方去游历;为了做动、植物之学,就'与田夫野老往来,与夜鹤晓猿杂处'"②,所以在《郑樵传》中,他通篇表彰郑樵富于"核实"和喜欢寻出各种事物真面目的精神。实际上,他自己也在由不自觉逐渐发展到自觉地实践着郑樵的"科学的精神"。早在1919年,他就参与北京大学的歌谣征集活动,在苏州及附近地区搜集吴歌,"搜集的结果使先生知道歌谣也和小说戏剧中的故事一样会随时随地变化。为了说明它的意义,后来又扩大范围,连带及于方言、谚语、唱本、风俗、宗教各种材料"③。这是顾颉刚最早的社会调查活动,活动所取得的成绩以及意外的思想收获当然会对他产生巨大的鼓舞,使他的调查范围逐渐扩大。1925年,受北京大学"风俗调查会"之托,他与同仁容庚、容肇祖、孙伏园、庄尚严等到北京妙峰山调查进香风俗,调查成果发表在《京报副刊》六个"妙峰山进香专号",顾颉刚在专号(一)的《引言》中点明他们调查的目的说:"第一,在社会运动上着想,我们应当知道民众的生活状况。第二,从研究学问上着想,我们应当知道民众的生活状况。"④说明他热爱民众、重视现实,也已经比较清晰地认识到了社会调查与学术研究之间的有机联系,对于他而言,社会调查确乎成了"研究学

---

① 史念海:《顾颉刚先生创立禹贡学会及其以后的二三事》,张世林编:《学林往事》,第272页。
② 顾颉刚:《我是怎样编写〈古史辨〉的?》,原载《中国哲学》第二辑,引自顾颉刚:《古史辨》第一册,第11、10页。
③ 王煦华:《顾颉刚先生学术纪年》,《纪念顾颉刚学术论文集》,第1014页。
④ 引自王文宝:《中国民俗学发展史》,辽宁大学出版社,1987年,第46页。

问"的一个必要的组成部分。

顾颉刚虽然深受传统史学尤其是乾嘉史学的影响,以文献考辨见长,但西方近代史学的科学研究方法对于他的影响也不容忽视,他"常说我们要用科学方法整理国故",虽然他谦称"倘使问我科学方法究竟怎样?恐怕我所实知的远不及我所标榜的"①,但实际上并非如此。比如他一直重视考古工作及考古学在古史研究中的重要作用②,也自觉地利用传世或考古新发现的金文去印证、考辨古史。1926年在回顾自己"对于古史研究的进行"时,他首先叙述了考古学对自己的影响和自己对于考古学的认识与向往:

> 其一是考古学方面。十二年秋间,我到北京来,地质调查所的陈列已经开放,我进去参观,始见石器时代的遗物,使我知道古代的玉器和铜器原是由石器时代的东西演化而成的。圭和璋就是石刀的变相,璧和瑗就是石环的变相,铜鼎和铜鬲也就是陶鼎和陶鬲的变相。那时河南仰韶村新石器时代的遗物发见不久,灿然陈列,更使我对于周代以前的中国文化作了许多冥想。

而"(陈)万里游敦煌归来,说起陕西、甘肃一带有许多整个埋在地下的古城,正待我们去发掘,使我更为神往",同时他还殷切期望研究古代实物的人也"肯涉猎到辨伪方面"③。也正因为有了这样的认识,他对罗振玉、王国维的研究及成果给予了充分肯定和高度赞扬,推崇他们的古史研究的特点是"求真的精神,客观的态度,丰富的材料,博洽的论辨"。而这些都"是以前的史学家所梦想不到的,他们正为我们开出一条研究的大路",也开始"知道要建立真实的古史,只有从实物上着手的一条路是大路"④,所以一直神往能与王国维游处问学。他曾与傅斯年合作,创办中山大学语言历史学研究所,筹建中央研究院历史语言研究所,立志建设中国的近代史学。40年代中期,他在《当代中国史学》中总结说"西洋的科学的治史方法的输入""西洋的新史观的输入""新史料的发现"三个因素决定了近代"后期史学"的发展方向。从这些事情当中我们都可以明显地察觉到西方近代史学的科学研究方法对他产生的影响。有学者认为"古史辨运动是新历史考

---

① 顾颉刚:《古史辨》第一册,第94页。
② 顾颉刚所言"考古"有两种不同的内涵,或是指传统史学的游历考察,如其之言郑樵之"为了考古就到四方去游历";或是指近代田野考古学。
③ 顾颉刚:《古史辨》第一册,第57页。
④ 顾颉刚:《古史辨》第一册,第51页。

证学思潮的先导,它切实有力地推动了这一史学思潮的兴起"①,这是有道理的。

正是在"新史观"和"科学的治史方法"影响下,顾颉刚参与了多次古迹、古物调查及文物保护工作。1923年8月,就曾为中华教育改进社历史组起草保护古物的办法。12月,又受当时江苏省教育厅厅长蒋维乔的嘱托,偕同陈万里到河南视察新郑出土文物,先后到了郑州、开封、洛阳、巩县、石家庄、正定、太原、晋祠、龙山九处,"对上古建国之形势和中古佛教艺术的造诣有约略印象"②,可惜所作相关记载未能成文,在抗战中佚失。1924年与容庚等调查北京西山陆谟克学院发现的建筑物,并撰写调查报告。1931年由于怔忡病发作,他向燕京大学提出与同事去考察国民革命后各地古迹古物的现状,与容庚、洪业、吴文藻等人到河北、河南、陕西、山东等省调查古迹古物,并于稍后写成《辛未访古日记》。1947年,顾颉刚准备写一部自传,在他拟定的"自传计划"中,"河南访古"和"第二度访古旅行"分别被列成小节的题目③,可以看出这两次实地考察活动在他心目中的分量。因此《古史辨第一册自序》谈及自己因为"生计的艰窘"以至无法进行必要的实地考察时,他慨叹道:"有许多地方,在研究上是应该去的,但也没有能力旅行。不必说辽远的长安、敦煌、于阗等处,就是我研究孟姜女故事,山海关和徐水县两处都是近畿的这件故事的中心,并且是京奉、京汉两线经过的,大约有了四五十元也尽够作调查费了,可怜想了一年半,还只是一个空想。"出于对实地考察在历史研究中的重要性的明确认识,他还先后于1936年在燕京大学、1940年在齐鲁大学国学研究所开设了"古迹古物调查实习课"。这些言行清楚地表明,顾颉刚是自觉地将实地考察与社会调查当作研究学问的一条切实可行的途径和方法来运用的。

顾颉刚曾说自己从小就有一股"打破砂锅问到底"的"学""问"精神,他又一直非常关注国家、民族、社会、民众的现状与命运,这就使得他始终有一股强大的原动力在推动,所谓"旧问题方去,新问题又来,解决者才一二而勃起者又十百"④,因此就不断地深入社会,进行各种调查、考察活动,并注意种种社会现象。而深厚的国学根底和广博的知识结构又使得他在面对这些现象时能够触类旁通、举一反三,悟出很多为其他人所难以企及的道理来,因此实地考察对于顾颉刚巨大学术成就的取得有着不能低估的强烈影响。

---

① 侯云灏:《20世纪初近代科学的提倡与新历史考证学思潮的兴起》,《史学理论研究》2001年第4期。
② 王煦华:《顾颉刚先生学术纪年》,《纪念顾颉刚学术论文集》,第1018页。
③ 顾潮:《历劫终教志不灰:我的父亲顾颉刚》,"前言",第3页。
④ 顾颉刚:《史林杂识》,中华书局,1963年,"小引",第2页。

二、实地考察与顾颉刚的古史研究

顾颉刚一生学问的核心点在于古史考辨研究。不管什么时候、哪种环境,这都是他萦绕心怀、挥之不去的情感所系,如《史林杂识》"小引"所言:

> 通观五十年来积稿,虽所得有浅深,所论有然否,而有一主题思想坚持而不变者,曰对于战国、秦、汉时代学说之批判。战国之世,百家争鸣,皆欲以己说易天下,为欲起人信念,必求证于古人;然彼时社会已与古代截然异致,势不得不强古人以就我,而古史于是乎多歧。……前人之奋斗精神及其成就激励我辈,便欲清扫战国而下之疆障,以恢复古代史实之真面目。

同时他还清楚地认识到,自己"甚欲以现阶段之古史研究施以系统化,俾初学得承受较正确之古史常识",则"民族、疆域、政治、社会、宗教、学术各方面无不当注意者,规模大扩"①,而实地考察和社会调查也往往会触发他对古史领域某些重要问题的思考,促使认识的明了或进一步深化,对一些古代制度、名物做出了新的确当解释。1949年编印读书笔记《浪口村随笔》,"卷二述制度,为周秦之政治制度与社会制度作钩沉,拟以树立古代史之骨干者也。卷三考名物,此十年中学虽不进而舟车之辙迹弥广,即今可以证古,即边疆可以证中原,对于大小名物时有会悟,创为新解者也"②。有许多论述就是由实地考察和社会调查而触发的学术思考及心得。

顾颉刚一生绝大部分时间是学习、工作并生活在北京,于燕、赵、齐、鲁大地多所游历,随时随地注意观察,将当地习惯称之为"台"或是"冢墓"的古建筑遗址用古史知识做出了科学、合理的解释和说明:

> 古代无若后世之花园,其畜禽兽以自娱则有囿,其凌高以旷瞻则有台。国都之中,高台弥望,正犹今日大都会中园林之纷如也。抑王侯喜居垲爽之地,宫殿之基亦复翘然以高,倘北平故宫不幸湮废,则太和殿、乾清宫自千百年后人观之固皆台也。③

---

① 顾颉刚:《浪口村随笔》,辽宁教育出版社,1998年,"序"。
② 顾颉刚:《浪口村随笔》,"序"。
③ 顾颉刚:《浪口村随笔》,第88页。

并列举古代典籍所见春秋时楚国章华台、吴王夫差姑苏台、鲁邾卫诸国不知名之台,以至汉渐台、清瀛台等做进一步的说明,总结抽象出"台"在古代政治中的三种重要作用:"望祲祥,一也;练士卒,二也;备攻守,三也。"①

他还结合实地考察所生感想,对明堂、地室、中霤、造舟为梁等名物制度做了考释说明,都有独到且令人信服的结论。如讨论"地室"时他结合《左传》的记载、殷墟遗址发掘成果、当世山西富家藏物地窖三者而论,但并不满足于一见之得,反倒引申出了新的问题:"殷与楚、郑立国俱不在高原,掘地则及泉,地室中必潮湿,既幽且湿,未知其乐趣何在?"②1934 年,他偕"友人游百灵庙",见到了"穹庐"——蒙古包,经过对这一陌生事物的仔细观察,他恍然大悟,认定蒙古包顶上的"烟口",就是自己长期以来疑惑不解的《月令》"五祀"之"中霤",并纠正了汉儒郑玄注《月令》时以"穴居"释"中霤"的陈说。特别令人敬佩的是后来他读到清人程瑶田《释宫小记》,发现其中有一篇"中霤义述"与自己的见解相同时,并没有丝毫的隐晦,而是"喜有同心",评价说"皆极通达之论"③。《诗·大明》叙周文王娶妻的经过和排场时有"造舟为梁"之说,历代注经者不明就里,以为"造舟"乃天子特有之制,《毛诗》、郑注以来"连环作证",郭璞注虽略近其实,然又以等级制相释,反出歧义。顾颉刚游历西北时,知"皋兰北门滨黄河,当未建铁桥时,用巨舟二十四艘横亘河上",以行人马;又见临洮西门洮河上用十二艘船建成的永宁桥,乃"知文王当年亲迎于渭,亦设浮桥若是"④。

"明堂制度"肇自《孟子·梁惠王下》,记齐宣王就拆毁明堂建筑一事询问孟子意见,孟子答:"夫明堂者,王者之堂也,王欲行政则勿毁之矣!"《吕氏春秋·骄恣》《新序·刺奢》等也有记载,但均只讽刺齐宣王的过度奢侈和骄恣,未及"王政"之事。可是由于儒家学说影响的日益扩大,孟子之言遂成经典,明堂制度与周天子、"王政"打了死结,"喧呶二千载,成为古帝王宫室与政事中最博大之制度",而"后世言明堂者以为祭天祀祖于是,建宫行政于是,治历颁朔于是,立学尊师于是,朝觐于是,耕籍于是,养老于是,献俘于是"⑤。汉初,《淮南子》即言神农曾祀于明堂,至汉武封禅,济南人公玉带承燕齐方士之传统,上《黄帝时明堂图》,武帝即照图建明堂于汶上,"始拜明堂,如郊礼"⑥。大戴《明堂》、小戴《月令》也都详其形制,托黄帝、文王、周公之名,高远其所从来,使之成为汉代学术界的中

---

① 顾颉刚:《浪口村随笔》,第 89 页。
② 顾颉刚:《浪口村随笔》,第 91 页。
③ 顾颉刚:《浪口村随笔》,第 93 页。
④ 顾颉刚:《浪口村随笔》,第 98 页。
⑤ 顾颉刚:《浪口村随笔》,第 86 页。
⑥ 《史记》卷二八《封禅书》。

心问题。汉之后,明堂的营修和祀典靡代不有,其制度一直是历代礼制的核心问题,比如唐代,自高宗至玄宗近百年间,明堂之议喧喧嚷嚷、不绝于朝,而事实上也是修了毁,毁了又修,几经反复,劳民伤财。清儒惠栋著《明堂大道录》,根据历代史志与政书的记载,详述明堂制度的具体内容及历史变迁,是为集大成者。顾颉刚则以勇于疑古的气魄和扎实的古代文献功底,断言历代儒者盛誉之"明堂制度""于史源学之地位以观之,则固一必当怀疑之问题也"。经过对史源的追寻考索,结合现实社会的情况,他认为明堂无非是古代集合大众之场所,就同如"中产以上之家必有客厅,公署学校必有礼堂,地方必有会场","行礼集会之所,无古今一也",没有任何神秘可言。以如此简单明了而又令人折服的结论结束了纠缠两千年的历史积案,可谓快人朵颐。

结合民族学和民俗学的社会调查进行古代社会史的研究,顾颉刚更是取得了丰硕成果。载于《浪口村随笔》卷之二的"夫妇避嫌""赘婿""烝报""一妻多夫"等,卷之三"被发左衽""饮器"等都是依据考察调研得来的民族学、民俗学资料印证和解释古史的典范之作。尤其是"烝报"问题,"予在抗日战争中读《左传》而提出,胜利后编印《浪口村随笔》时次于卷二制度类,盖观于卫昭伯不愿烝于宣姜,而宣姜之母家齐人强之;宋公子鲍不愿烝于襄夫人,而以宋饥,襄夫人助之施,国人遂以之因夫人,知其为当时一种社会制度,初不计当事人之主观愿望也"①。他从《左传》所见春秋时代社会上存在的"烝""报"等婚姻形态以及历代经注家所谓"乱伦"的谴责入手,引用《汉书》所载周边乌孙、匈奴等民族父死妻其后母的"国俗"、清初太后下嫁摄政王等民族学资料印证。同时,他寓居四川,"闻川北有'大转房'之俗。其制,假如一家兄弟四人,伯妻死,季亦死,则叔纳季妻,仲纳叔妻,伯纳仲妻,各异其所居。如伯与季妻俱死,则仲居伯室,季居叔室,亦循序而更易"②。三者对比参证,得出了"烝""报"是"一种社会制度","非淫也,礼也"的结论纠正了两千年来经学家、史学家"以后世之伦理观念"指责此行为是"乱伦"的谬说。但他并不以此为满足,"自是以后,笔记中屡有此项记载",于1965年趁《历史研究》约稿之机撰写了两万字的《烝和报究竟是何等样的行为》初稿,后又拟定提纲,屡经修改,成四万余字的长文,并接受郭沫若的建议,改名为《由"烝""报"等婚姻方式看社会制度的变迁》,除了从《汉书》、各家《后汉书》《三国志》《晋书》《隋书》《金史》以至《旧约全书》等中外典籍中继续补充了大量古代世界各民族的相关资料外,还将这一社会制度同自己故乡苏州的"叔接嫂"习俗直接联系

---

① 顾颉刚读书笔记《愚修录》第十二册。转引自《由"烝""报"等婚姻方式看社会制度的变迁(下)》"附记",载中华书局编辑部:《文史》第十五辑,中华书局,1982年。

② 顾颉刚:《浪口村随笔》,第79页。

起来,并在论及社会变迁导致贞操伦理观念的出现和发展时进一步以现实中"'叔接嫂'的制度也只保留在农村里,被城市居民斥为不道德"来说明问题。虽然令人感到遗憾的是直到顾颉刚去世,这篇论文尚未最后定稿,尤其是提纲中拟定的"总结"没有写,但这篇论文还是产生了相当大的学术影响。①

三、实地考察与顾颉刚的历史地理研究

我国传统的沿革地理学向现代历史地理学的发展过渡,是在顾颉刚先生的积极倡导、带动、扶持并身体力行的努力之下完成的。沿革地理学也重视实地考察,如北魏郦道元作《水经注》即亲自考察了北方地区的主要河道,但终究是以文献考察为主。顾颉刚早年在燕京、辅仁两校讲授"沿革地理",创办《禹贡》,研究并倡导、鼓励学生研究历史上的地理问题,也都是以文献考察为主要方式的。但是他自己也清楚地认识到仅仅作文献考察是远远不够的。抗战时期旅居重庆,他不满意沿革地理的研究现状,语重心长地对当时作为他助手的学生史念海说应该用地理的变化来说明问题,希望史念海及所有"禹贡学会"的会员努力学习地理学。② 同一时期他对禹贡学会会员童书业、侯仁之两人研究问题的思路与方式的表彰则更能说明问题。1938年,童书业致书顾颉刚,认为黄河河患主要是因为战国以后中原各国"与水争地",使"河身渐束"所致。顾颉刚肯定"所论极是",并引证现实做进一步说明:"前数年长江常泛滥,论者多归咎于洞庭湖沿岸新辟之田亩日多,江水无所潴聚所致,河患之来亦当尔也。"③来年春夏间,他又接到学生侯仁之讨论运河的来信:

> 于山东省中运河今日之功用,获得一颇有意思且含有重要性之问题,虽漕运已废,而今日运河之为用不减漕运时代之重要,其交通运输功用犹其次者。水泉洼水之输泄与吞吐,于农田最关重要。……今山东之水利不治,农业之改进何得而谈。此后沿河之调查、整治、测量、疏导、堤防,正待吾人抉其病原,发其利害,以唤起国人之注意,后督促当事者之工作,则来日之大建设犹可期也。

对侯仁之信中有关运河漕运废后尚存泄洪保田功能的议论,顾颉刚大加赞赏,认

---

① 1981年,遗稿经王煦华先生整理,分上、下两部分在《文史》第十四、第十五两辑刊出。
② 参见史念海:《我与历史地理学的不解之缘》,载张世林编:《学林春秋》,中华书局,1998年,第33页。
③ 顾颉刚:《浪口村随笔》,第25页。

为:"此函胪陈削切,其所作论文以书本知识与实际经验合而为一,深信问世之后必可供建国之用。"并进而抒发感叹,抨击当政者的愚昧和麻木,"运河始于吴通邗沟而成于隋炀,元世祖承接其绪,遂开运输之大利。清末海运通畅,以为从此无所籍于运河,不复措意于此,而不知日就淤塞之结果,秋水时至,无所宣泄,便至遍地汪洋。肉食者鄙,未能远谋,一何可叹!"①

顾颉刚自己更是十分注意利用能够得到的任何机会对感兴趣的历史地理问题进行必要的实地考察。他穷一生治《尚书》,对《禹贡》留意尤甚,其中许多问题长期系于中怀,但凡稍有机会,就会进行实地考察来印证古史或纠正历代史家误解。如《禹贡》"九州"中有"梁州","此名为亘古学人所不能解",北宋乐史的《太平寰宇记》、元胡三省的《资治通鉴音注》、清毕沅的《关中胜迹图志》均认为得名于境内之"梁山";日本学者白鸟库吉《见于大秦传中的中国思想》以为得名于代表这一方位的"大梁星座";而高重源氏《尚书禹贡篇的真伪》则谓得名于关中与蜀地之间的栈道(桥梁)。抗战期间,顾颉刚连续数次往来于西北、蜀中间,知陕甘及蜀中均有呼山为"梁(樑)"的习俗,而1938年他"由西安乘飞机至成都,见终南之南,山头攒簇,曾无终极,因识古梁州之大势"。他由此悟出"梁州"乃是因其境内山头"绵密攒聚"而得名。并进而讨论了"梁"字字意演变的轨迹:"盖梁有兀然高出之义:水际以堤与桥为最高,故称堤与桥曰梁;屋宇以脊为最高,故名承脊之木曰梁;山以颠为最高,故山颠亦曰梁,梁转声而为岭,今言岭古言梁也。九州之中以梁州为最多山,有山即有颠,山多则群峰乱目,言梁州者犹之言'山州'耳,亦犹之称吴越间曰'江乡水国'耳。"②

由于黄河上游以及长期被误认为是长江源头的岷江上游都位于今青海、甘肃、四川三省交界处,而这一地区自古以来一直是藏、羌、氐等少数民族聚居区,历代舆地学家游踪罕至,因而自《禹贡》开始,各种沿革地理典籍对这一地区山川河道的记载或语焉不详,或多有疏漏。1937年,顾颉刚应"中英庚款董事会"之聘,任补助西北教育计划委员,与其他三位委员一同往西北考察教育,作补助教育经费的设计。在考察了兰州、临洮、西宁的教育后,其他委员先后离去,顾颉刚则仍留兰州主持"中英庚款西北教育委员会"会务。次年2月到8月,他先后到位于甘肃中南部的临洮、渭源、陇西、漳县、岷县、临潭、卓尼、黑错、夏河、临夏、永靖、和政、宁定、洮沙(今属临洮)等地考察教育,工作之余,他考察地理,印证古史,多有心得。《禹贡·导山》有"西倾、朱圉、鸟鼠,至于太华"的说法,应当是自西而东历数渭河流域及其以西的名山。但旧说朱圉山在"冀"(今甘肃甘谷),鸟

---

① 顾颉刚:《浪口村随笔》,第26~27页。
② 顾颉刚:《浪口村随笔》,第15~16页。

鼠山则在今甘肃渭源,朱圉山反倒在鸟鼠山之东,令人费解。清人王树枏曾作《望朱圉山过羲皇故里》诗,云:"伏羌(今甘肃甘谷)之西朱圉山,先儒传注相留传。朱圉反在鸟鼠下,导山次序毋乃颠?昔与陶君讨山脉,陈子为说洮西偏。中有一山类伏虎,两峰夹之雄且殷。'朱圉''祝敔'本同义,'卓尼'字变音流迁。土司取名实可证,有若'猪野'讹'居延'。古来地舆失图学,《禹贡》误说尤连篇……"王氏别出心裁,用诗的语言论证历史地理,以《禹贡》"导山"次序指出"先儒传注"的错误,接着从语音流变的角度推论"朱圉"即"祝敔",就是当时的"卓尼土司"所在地卓尼,不啻为一篇精当的考证文字。王说自然引起了正在从事《禹贡》研究的顾颉刚的关注,所以到卓尼后,他即偕同随行的王树民先生进行实地考察,证实了在上卓尼确有一座"类伏虎"的山,"登之以望,群山围峙,有若'圉'形;山色殷然,无疑'朱'号"。而此山也正好位于鸟鼠山之西,"意者其诚为此山耶?"但他并未轻易定论,而是留下了更深层的疑问:"洮水流域古时为羌狄所居,在秦长城之外,中原人士不易涉足,何以西倾、积石、朱圉、鸟鼠诸山名已皆主汉名汉文,且若是其雅驯耶?"①充分体现了他严谨扎实的学风。

四、实地考察与顾颉刚的边疆和民族问题研究

民族和疆域问题与古史研究同心连体。早在 1923 年,顾颉刚在其成名作《与钱玄同先生论古史书》中就已涉及相关问题。20 世纪 30 年代,我国面临深重的民族危机,导致边疆问题和民族问题变得异常复杂,满腔的爱国热情和对"亡国""灭种"的忧虑,使他更加自觉地关注我国的边疆和民族问题。1932 年 3 月 11 日他在致郑德坤的信中提倡"救国工作……史学系可以编中国民族史",并希望研究沿革地理的郑氏"证明东三省隶中国的版图,已有二千余年的历史",揭露日本人"说东三省本非中国的领土,以惑国际视听"的险恶用心。② 1934 年燕京大学排印的其《春秋战国史讲义》,第一编就是"民族和疆域",足见他对这个问题的关注,而对历史的关注实际上正是源于现实生活中的强烈焦虑。同年顾颉刚创办《禹贡》半月刊,在《发刊词》中论述了地理研究与民族意识的关系,并强调:"民族与地理是不可分割的两件事,我们的地理学既不发达,民族史的研究又怎样可以取得根据呢?"1935 年,日本侵略者策动并导演了所谓的"华北五省自治运动",民族危机进一步加深,顾颉刚倡导"禹贡学会"的会员积极研究边疆问题,亲自起草了《禹贡学会研究边疆计划书》,他在给胡适、傅斯年等人的信中说:

---

① 顾颉刚:《浪口村随笔》,第 117 页。
② 顾潮:《历劫终教志不灰:我的父亲顾颉刚》,第 151 页。

"禹贡学会,要集合许多同志研究中国民族演进史和地理沿革史,为民族主义打好一个基础,为中国通史立起一个骨干。"①"弟所以创办禹贡学会。发行《禹贡》半月刊,即是你们编《东北史》的扩大,希望兴起读者们收复故土的观念,为民族主义的鼓吹打一坚实的基础。"②1936年《禹贡》半月刊连续出版了西北、回教与回族、东北、南洋、康藏、察绥等专号,他还发起成立了"边疆问题研究会",陆续请徐炳昶等专家讲了绥远、西藏、新疆、云南等边疆地区的民族和宗教诸敏感问题。"七七事变"前后,他更是在北平《晨报》和《世界日报》、兰州《甘肃民国日报》等报刊连续发表有关边疆问题及民族团结的文章,痛斥汉奸,号召全国各民族共同抗战。1938年初,顾颉刚研究英、法、俄等帝国主义与中国边疆的问题,并写成了《英帝国主义与中国边疆》《俄帝国主义与中国边疆》《法帝国主义与中国边疆》三篇未刊稿,年底又为昆明《益世报》编《边疆周刊》,筹印"边疆丛书"。自此,边疆与民族问题成了他以后十余年间社会工作和学术研究的重点之一,凝结成了他的"排解不开"的"边疆情结"。

顾颉刚认为,"须知西北和西南的问题更严重的阶段在后面",而在抗战期间出现的一些少数民族自治的主张和要求又极大地影响到了全民抗战的政治大局。他一方面从稳定政局的角度出发,在昆明《益世报·边疆》上撰文认为"中华民族是一个",并和费孝通先生展开了讨论;同时热情倡导并积极参与边疆、民族问题的实地考察,找出解决问题的办法,增进民族团结,巩固边疆,消除隐患。并在《赖园杂咏》中表达了进行边疆考察的迫切愿望:"时临远客说边疆,听者眉飞气亦扬。何日挥鞭同出塞,争调炒面嚼全羊。"除了曾到过绥远外,他没有过直接考察边疆问题的机会,但三四十年代往来西北、西南的经历在一定程度上为他提供了考察各少数民族历史和现实问题的方便,由此探索与民族问题直接相关的边疆问题,创见良多。"吾游西北、西南,见蒙、藏、回、彝诸民,相其文化,叩其历史,知实为绝好之工作园地,而自恨不能久居也。"③"况播迁所及,随地有考察机会,故西南西北,貉国羌乡,咸多创获,远迈前修,他日整理成书,必可开拓知识之领域。"④《浪口村随笔》"卷六记边疆",其中有相当部分是他游历、考察的感想和心得,充分体现了他强烈的爱国热情和在民族边疆问题上的深谋远虑。

1937~1938年,顾颉刚考察西北教育,足迹所至主要在甘肃与青海两省交界的河、洮、湟、渭之间,要么是汉、藏、回等民族交错地区,要么是藏族或回、撒拉、保安、土等少数民族聚居区,语言不同,信仰复杂,民族矛盾时有发生。他每

---

① 顾颉刚致胡适(1935年9月4日),转引自顾潮:《历劫终教志不灰:我的父亲顾颉刚》,第167页。
② 顾颉刚致傅斯年(1935年10月23日),转引自顾潮:《历劫终教志不灰:我的父亲顾颉刚》,第168页。
③ 前揭顾颉刚:《浪口村随笔》序。
④ 顾颉刚:《〈边疆周刊〉发刊词》,(昆明)《益世报》1938年2月19日。

到一地,总要对影响当地的"种族宗教诸问题"进行比较切实详尽的调查研究。比如结合光绪《西宁府续志》《循化志》等地方志对以青海循化为中心聚居、由"马明心改革"与"苏四十三起义"揭开"新旧回教斗争史第一页"的撒拉族的历史和现实进行了考察调研,认定"撒拉、撒喇或撒拉尔应是番地川名而为移殖之撒马尔干人所沿用,无意中遂成其种族之名"。而"撒拉之血统成分,无疑为番多而回少。惟以回民个性甚强,故能同化番民而不甚为番民所同化。凡在此十三工中之番民,往往说撒拉话,信仰回教。……其身体强壮,性情勇敢,不耻作土匪,亦不畏造反"。因此,目前最重要的是"如何能使其在武化之外更有文化,如何能尽量发挥其特长,使之皆成国家劲旅,此皆吾人亟当思索之问题也"①。通过对历史、地域、语言、民俗等的全面考察,他认为历来被说成是吐蕃苗裔的青海土族"实当为蒙、番之混合种",而"由其风俗观之,女子所以裹足,或亦为与汉人通婚之结果"②。这些认识基本正确,为中华人民共和国成立后对这些少数民族的正式识别和定性提供了比较充分的理论依据。

在西北考察期间,顾颉刚对帝国主义在我国进行的势力渗透和分裂、颠覆活动所造成的边疆危机有了更清楚、更直接、更感性的认识。他看到西北处处有外国传教士,有些人甚至已经在当地活动了几十年,语言、装束与当地居民无异,他们的目的并不在于传教,而是通过赠送食物衣料等恩惠拉拢少数民族,挑起民族、宗教争端和部落战争,借此机会运送大量枪械到西藏、青海、西康等少数民族地区,进一步煽动这些少数民族抵抗甚至脱离中国政府。他曾看到过一张传教士遗留的"大西藏地图",将藏传佛教所达到的区域除东北、蒙古外都标作了"西藏",他由此想到:

> 日本人造伪满洲国,称为"民族自决",这种事大家知道是假的,"满洲国"有几个满洲人?但是这个"大西藏国"如果真的建立起来,称为"民族自决"是毫无疑义的,因为他们有自己的血统、语言、宗教、文化和一大块整齐的疆土,再加上帝国主义做后盾,行见唐代的吐蕃国复见于今日,我国的西部更没有安宁的日子了。③

所以向社会和政府提议应该对外国传教士的行动采取必要措施,并密切关注我国西北和西南的民族及疆域问题。正因为有了这样清醒的认识,当抗日战争中

---

① 顾颉刚:《浪口村随笔》,第 224~225 页。
② 顾颉刚:《浪口村随笔》,第 226 页。
③ 顾颉刚:《顾颉刚自传》,原载《东方文化》1~6 期,1993~1995 年,引自《世纪学人自述(一)》,北京十月文艺出版社,2000 年,第 24 页。

新疆提出所谓的"突厥民族自治"要求后,他当即写了《新疆种族》一文,对新疆开发的历史和当地各民族的来由做了系统而全面的考察,理清源流,辨明是非,驳斥了分裂主义者所谓新疆民族为"突厥族"和新疆应更名为"突厥斯坦"的谬论,反对分裂,维护统一,成了边疆民族地理研究"经世致用"的典范作品,并有力地推动了由徐松、魏源、屠寄等学者所开创的中国边疆历史地理研究传统的进一步发扬光大。

综上所述,以文献研究名家的顾颉刚先生,继承了郑樵等古代史学家"重视实地的考察"这一"科学的精神"。同时受西方近代科学研究方法的影响,非常注重利用一切机会进行实地考察,并自觉地将实地考察、社会调查工作与古史研究、历史地理、民族边疆问题、民俗学的研究结合起来,取得了令世人瞩目的丰硕成果,并直接促成了中国历史地理学、中国民俗学学科的形成和完善。

(原载《史学史研究》2003年第3期)

皖南事变后新四军的正规化建设
——以新四军第五师为例

杜 强[*]

新四军第五师(以下简称"五师")是新四军七大主力师之一,1941年2月正式建军。此前,五师经历了信阳挺进队、新四军豫鄂独立游击支队、新四军豫鄂挺进纵队等多个阶段(为避免称谓混乱,本文将五师正式建军前鄂豫边区新四军各部统称为"边区新四军"),是中国共产党开创鄂豫边区(以下简称"边区")的基本部队。与新四军其他师相比,五师处境更凶险。边区长期不与中共其他抗日根据地直接相连,还被日伪军、国民党的中央军、桂军、川军、东北军、西北军及鄂东地方军等各军防区分割为若干小块,俨然是一块"飞地"。况且,五师底子薄,基本是靠吸收反正伪军、国民党散兵、地方游击队员和新兵组建部队,其正规化建设相当艰难。

目前,学术界有关新四军正规化建设的研究取得了一些成果,主要是关于陈毅与新四军全军正规化建设的关系。[①] 尽管五师为抗战胜利作出了卓越贡献,却鲜被学者关注。本文拟以相关文件、档案、著作为基础,考察五师在皖南事变后的正规化建设,希望对抗日战争研究有所裨益。

一、皖南事变前边区新四军的状况

1937年10月,经国民政府同意,依据"取消红军名义及番号,改编为国民革命军,受国民政府军事委员会之统辖"的承诺[②],中共中央将原留守于南方八省的红军、游击队改编为新四军。1938年1月,新四军共辖四个支队,约10 300人;1939年,增编第五、第六支队和新四军豫鄂独立游击支队,年底时部队达5万人;1940年年底,新四军全军有9万余人。[③] 皖南事变前,新四军开辟了豫皖

---

[*] 杜强,现为淮北师范大学历史文化旅游学院讲师。
[①] 张艳华:《论陈毅对新四军正规化建设的贡献》,《抗日战争研究》1998年第3期。
[②] 《中共中央为公布国共合作宣言》(1937年7月15日),中共中央文献研究室、中央档案馆编:《建党以来重要文献选编(一九二一~一九四九)》第14册,中央文献出版社,2011年,第370页。
[③] 章绍嗣、田子渝、陈金安:《中国抗日战争大辞典》,武汉出版社,1995年,第244~245页。

苏、皖东、皖东北与鄂豫边等多块抗日根据地,成了华东、华中地区由中共领导下的抗日劲旅,成绩斐然。然而,由于部队发展较快,有些高级指挥员的建军方略偏离了中共中央的建军精神,导致新四军在发展过程中出现了一些问题。军事上主要是部队指挥不统一,一方面是军长难以完全统一调度各支队、挺进队;另一方面是各地区新四军的指挥也有问题,如苏北新四军各部指挥不统一①,皖东新四军"指挥不统一,内部外部情况均复杂"②,华中新四军"在建制上、指挥上亦完全不一致,问题亦多,在目前迫切需要建立有威信、有工作能力的华中总指挥部,在指挥上以至建制上统一我华中各部队"③。皖南事变前,新四军的政治思想建设取得了一定成果。然而,迫于国民党军长期围困的压力,新四军的政治工作有时与中共中央的政治原则不一致,还过于迁就国民党,虽然在陈毅、刘少奇的抵制下,此种情况有所好转,但难以彻底扭转局面。④ 各支队的政治工作也有偏差,如第三支队"政治工作容易中断"⑤,第六支队多"皮鞭动员",少政治动员。⑥ 事实上,除了当地国共力量悬殊,新四军自身的军事、政治问题也是导致新四军主力在皖南事变中遭受重创的重要原因,因此事变后中共中央与新四军新军部全力推动新四军的正规化建设。皖南事变前,边区新四军在边区党委领导下取得了成果,但亦有诸多不足。

1938年10月,中共中央根据国民党军队被迫从武汉周边撤退和日伪军尚未部署完毕的情势,要求留守当地的中共党员组建抗日部队,建立根据地,打击日伪军,支援正面战场。10月底,国民党军被迫撤离后,武汉外围抗日力量薄弱。而且国共内战时期,鄂豫皖根据地的主力红军和中共党员因反"围剿"失败而转移,原根据地未留下成建制的正规军。鉴于此,边区各地方党委接收了包含地方游击队、国民党溃散部队、新兵及反正伪军等各方人员参加新四军。11月,通过统战,中共豫南特委将国民党信阳县交通队、警察、县常备队整合为信阳挺进队。⑦ 同

---

① 刘少奇:《坚决粉碎顽固派的进攻》(1940年5月5日),中国人民解放军历史资料丛书编审委员会编:《新四军文献》(1),解放军出版社,1988年,第166页。
② 《刘少奇关于江北部队应向东发展向西防御致毛泽东等电》(1940年6月6日),《新四军文献》(1),第169页。
③ 《刘少奇关于华中部队亟需解决统一指挥问题致毛泽东等电》(1940年6月22日),《新四军文献》(1),第706页。
④ 《中共中央关于项英、袁国平错误的决定》(1941年1月),《新四军文献》(2),解放军出版社,1994年,第181页。
⑤ 《第四次繁昌战斗中的政治工作》(1939年),《新四军文献》(1),第349页。
⑥ 彭雪枫:《亟待解决的大问题》(1940年5月15日),该书编写组:《彭雪枫军事文选》,解放军出版社,1997年,第244~245页。
⑦ 鄂豫边区革命史编辑部编:《新四军第五师抗日战争史稿》,湖北人民出版社,1989年,第25~27页。

时,中共党员张体学在黄冈创建了鄂东抗日游击挺进队。① 这是中共开创的边区最早的两支武装力量。

1939年4月,中共中央认为,"华中是我党发展武装力量的主要地域,并在战略上华中亦为联系华北、华南之枢纽,关系到整个抗战前途甚大"②。随后,根据中共中央要求,边区新四军进行了两次整编。6月,以豫南、鄂东新四军为基础组建了豫鄂独立游击支队,在一定程度上解决了边区新四军指挥不统一的问题。③ 11月,边区新四军各部被整编为新四军豫鄂挺进纵队,并初步实现了统一指挥。整编后的边区新四军发展迅速,1940年1月,部队有9 000余人④,11月更发展到了1.5万人。⑤ 与此同时,边区新四军先后开辟了鄂中、襄河西等多块根据地。然而,反正伪军、游击队等在军中的人数远多于基干部队,如1939年6月,鄂西伪军1 200余人;1940年6月,鄂南、天汉地区伪军900余人;8月,应城、汉川、孝感地区伪军1 000余人先后向边区新四军反正。⑥ 而1939年春,李先念只带来了基干部队160余人。⑦ 与士兵来源复杂相类似,边区新四军干部队伍由延安派来的干部、原红四方面军的干部、当地干部和抗大教员组成。⑧ 底子薄,人员来源复杂,加上抗战初期中共在边区的主要任务是扩大抗日武装,因此部队的政治建设有些滞后。一般情况下,基干部队比较重视政治工作,可其他武装人员囿于过往经历,他们在入伍之初对新四军的政治工作持轻视、敷衍,甚至抵触态度,对上级政治训令也是不研究便执行或打折扣执行,还轻视政治干部、政治工作和政治机关。⑨ 政治不过硬,由此衍生出了一系列问题。

边区新四军的本位主义,主要表现为不同地区部队指挥官之间或不同出身的干部之间在缺乏了解的情况下不能通力合作,一时忽视了部队全局发展。1939年6月,边区试图整合边区内所有新四军由边区党委统一指挥,但只有豫

---

① 汪杰主编:《张体学在鄂东》,军事谊文出版社,1993年,第133~136页。
② 《中共中央书记处关于发展华中武装力量的重要指示》(1939年4月21日),《新四军文献》(1),第126页。
③ 鄂豫边区革命史编辑部编:《新四军第五师抗日战争史稿》,第56~57页。
④ 《先念部收复仙桃镇等地并扩大到九千人》(1940年1月3日),《鄂豫边区抗日根据地历史资料》第1辑,鄂豫边区革命史编辑部,1984年印印,第40页。
⑤ 《新四军豫鄂挺进纵队人马弹药统计》(1940年11月),《鄂豫边区抗日根据地历史资料》第1辑,第161~162页。
⑥ 《鄂豫边根据地概况》(1942年4月8日),湖北省档案馆藏,革命史档案,档号:GM3/1/020/001/0026。(以下省略"革命史档案")
⑦ 中共河南省委党史资料征集编纂委员会编:《豫鄂边抗日根据地》,河南人民出版社,1986年,第54页。
⑧ 《战史资料——五师概况》(1942年),湖北省档案馆藏,档号.GM3/1/025/001/0010。
⑨ 《巩固部队的政治工作——全师政治工作会议上的报告》(1941年6月),《鄂豫边区抗日根据地历史资料》第2辑,鄂豫边区革命史编辑部,1984年编印,第8~10页。

南二、三、五团交出了指挥权,独立游击第五大队、新四军第六游击队只交了部分,而鄂中地区的一、三、四团队则完全没交。① 部队内部还出现了彼此漠不关心、闹矛盾与闹独立等状况。如 1939 年,由反正伪军、中共鄂中区党委领导的两个中队、陈少敏领导的部队合编成了挺进团,可这三股力量彼此不互助,还不听团长许金彪指挥,最后只好分家、各自为战。② 总体上,受资历、文化程度、地缘、原军队背景差异等影响,边区新四军的干部相处不够和睦,"新与老,知识分子与工农,本地与外籍,一方面军与四方面军互相之间不融洽"③。11 月底,各方干部在四望山会议上加强了沟通,本位主义倾向有所克服,但彻底解决因背景不同、人事隔阂产生的本位主义问题是项长期工作。

同时,一些游击队员和新兵参军后仍保留着军事上的游击习气。游击战在中共军队中极富战略地位,尤其是正规军不足以与对手进行大规模正规战时,游击战是打击敌人的主要军事手段。但边区新四军不能完全适应正规军生活,不注重调整作战策略,军事上存在一些游击习气。1942 年 3 月,五师军事部在给中共中央的报告中提道:"(1939 年 12 月至 1940 年 8 月)部队来源及成分复杂,游击习气太深。"④具体而言,有人"存在着游击习气,随便脱离部队,不请假,不消(销)假";有人不适应操练制度,"早晨太阳出来了还不起床"⑤;有些部队受挫后不是总结经验、接受教训,而是选择逃跑。如 1940 年,平汉支队第二团人员逃跑、叛变达 2/3⑥;有些县招兵时称"参军可以解决生活问题,政治上出头角",但有人入伍后只讲个人实际获得,一旦发现承诺不能兑现即消极怠工,直至逃跑、变节。军事上的游击习气是边区新四军走向正规化的一大障碍。

另外,反正伪军、国民党溃散部队会把原部队的军阀作风带入边区新四军。皖南事变前,以新四军基干部队为核心组建的部队一直保持着中共革命军队的优良传统,如鄂中独立游击支队及信南三、五团队;而统战过来的部队一直存在打骂现象、自由散漫、家长作风,"惩罚不是带有教育意义的处理"⑦。

1940 年 11 月,鉴于华中敌后战场的形势,中共中央和毛泽东指出,"只有广大发展革命武装力量,以与全国力量相配合,才能制止投降,才能巩固统一战线,

---

① 朱玉主编:《李先念传(1909~1949)》,中央文献出版社,2009 年,第 332 页。
② 《战史资料——五师概况》(1942 年),湖北省档案馆藏,档号:GM3/1/025/001/0003。
③ 《战史资料——五师概况》(1942 年),湖北省档案馆藏,档号:GM3/1/025/001/0008。
④ 《三年来整训工作报告》(1942 年 3 月),湖北省档案馆藏,档号:GM3/1/025/009/0005。
⑤ 《三年来整训工作报告》(1942 年 3 月),湖北省档案馆藏,档号:GM3/1/025/009/0005。
⑥ 《战史资料——五师概况》(1942 年),湖北省档案馆藏,档号:GM3/1/025/001/0004。
⑦ 《三年来整训工作报告》(1942 年 3 月),湖北省档案馆藏,档号:GM3/1/025/009/0003、0005。

才能争取时局好转。而现实能够发展武装的地区,主要的只有山东与华中"①。其实,同年2月,中共中央即要求边区在一年内将新四军扩大到4万人。② 总之,严酷的抗日形势急需中共在边区扩大抗日武装力量,加强边区新四军的正规化建设显得尤为迫切。

二、皖南事变后五师正规化建设的举措

新四军在皖南事变中遭受重创后,中共中央意识到新四军的正规化建设迫在眉睫。1941年1月,中共中央宣布重建新四军军部,将原7个支队、纵队改编为第一至第七师,其中新四军豫鄂挺进纵队被编为第五师,由李先念兼任师长和政治委员。与此同时,中共中央要求50万八路军、新四军加强政治工作,加紧军事训练,摆脱地方性,坚决服从中共中央和毛泽东领导。③ 2月1日,毛泽东电告刘少奇,要求他注意加强李先念的政治领导力。④ 6月,全师政治工作会议在白兆山召开,会上,师政治部关于加强部队政治思想建设提出了七点要求:一是要求绝对执行党的政策,二是保持高度的政治觉悟与胜利信心,三是思想意识正确,四是内部团结一致,五是具备极高战斗力,六是克服非战斗减员,七是肃清奸细活动。⑤ 概言之,通过政治思想工作将五师建成政治可靠、内部稳定、战斗力强的抗日武装。此次会议在五师正规化建设进程中起了至关重要作用,既是五师正规化建设的开篇,又为部队指明了政治方向。7月,新四军军长陈毅也强调"建军成为当前迫切的任务",而建军应"从政治上着手,首先保证党在本军中的绝对领导权,排斥一切非革命意识"⑥。

根据中共中央的建军精神与新四军军长的命令,结合自身情况,五师的政治思想建设从树立政治机关与干部在军中的威信做起。皖南事变前,政治干部与机关在军中地位不高,被认为是同级军事长官的下属,甚至是"卖狗皮膏药的累赘";有军事行动不及时通知政治干部,对于整编部队、收留伤员、调动干部、打扫

---

① 毛泽东:《集中一切力量为发展武装建立根据地而斗争》(1940年1月28日),中国人民解放军军事科学院编:《毛泽东军事文选》第1卷,中国人民解放军战士出版社,1981年,第225页。
② 《豫鄂挺进纵队的工作指示》(1940年2月5日),《鄂豫边区抗日根据地历史资料》第1辑,第41页。
③ 《中央军委总政治部关于皖南事变后八路军新四军紧急工作的指示》(1941年1月20日),《建党以来重要文献选编(一九二一~一九四九)》第18册,第33页。
④ 《毛泽东、朱德、王稼祥关于今后华中战略任务致刘少奇等电》(1941年2月1日),《新四军文献》(2),第256页。
⑤ 《巩固部队的政治工作——全师政治工作会议上的报告》(1941年6月),《鄂豫边区抗日根据地历史资料》第2辑,第3~4页。
⑥ 陈毅:《论建军工作》(1941年7月),《新四军文献》(2),第867页。

战场、处理案犯也不与政治机关商量。对此,1941年6月,师政治部通告全师:政治干部代表党在军中行使最后决定权,政治干部与同级军事主官地位对等。①同时,陈毅意识到,"新四军政治机关的威信比八路军要差,因此其政治保证力量也较弱,应向八路军学习。首先应坚决反对不尊重政治机关的反党倾向"②。李先念也认为,"搞好部队的政治建军,与搞好部队的军事建设一样重要,如同一只鸟的两翼,缺一不可!只有把这个方面搞好了,才能使自己永远立于不败之地"③。陈毅、李先念厘清了军事干部同政治干部与政治机关的对等关系后,政治干部与机关的威信逐步树立起来。

同树立政治机关与干部威信相配合的是,五师努力将政治思想工作深入至部队基层。首先,李先念要求师、旅、团三级都要建立连队研究会,"抓好以支部为重点的连队政治思想工作","切实抓好(连)支部这个'基础'";其次,师党委要求"各连队支部(党员)都要上党课",还要求各支部党员"参加革命斗争锻炼;加强自我修养;加强党内教育与批评。通过党课教育,不少党员的思想觉悟出现了质的飞跃"④。随着政治思想教育下基层,部队政治觉悟和稳定性明显提高了,尤其是主力团,党员们"自动监视动摇分子,终夜不睡。(第)三九团参谋连长率一个连叛变,脱离该团已三日,结果被三个党员自动阻止,并将叛徒扣押……群众说党员是无线电"⑤。最后,通过奖惩巩固部队政治思想建设成果,完成出色的党支部会被评为"模范党支部",反之会受惩处。如1942年1月,师政治部处理了一个敷衍政治工作的党支部和张祥云、张俊祥、谢富林等7名党员。⑥

从源头上保证政治干部质量也是五师政治思想建设的重要举措。严把党员质量关是从源头上确保政治干部质量的前提。1942年,五师副政委陈少敏指出:"要加强政治斗争,并且要把政治斗争提高到主要地位,要缩小党的数量,提高党的质量,改造党的成分,把党内的封建势力驱逐出去"⑦,并于会后清除了党政军系统中有政治问题等五类不合格党员。⑧ 师政治部也要求"新党员入党必

---

① 《巩固部队的政治工作——全师政治工作会议上的报告》(1941年6月),《鄂豫边区抗日根据地历史资料》第2辑,第16～20页。
② 陈毅:《论建军工作》(1941年7月),《新四军文献》(2),第880页。
③ 朱玉主编:《李先念传(1909～1949)》,第398～399页。
④ 朱玉主编:《李先念传(1909～1949)》,第400页。
⑤ 《五师党的工作报告》(1942年1月30日),《鄂豫边区抗日根据地历史资料》第8辑,鄂豫边区革命史编辑部,1985年编印,第108页。
⑥ 豪枫:《X支部的大脓包开了刀——陈少敏同志亲自领导支部实施手术》(1942年1月),《鄂豫边区抗日根据地历史资料》第8辑,第254～263页。
⑦ 陈少敏:《在战斗中建设党》(1942年9月),《鄂豫边区抗日根据地历史资料》第8辑,第47页。
⑧ 陈少敏:《在战斗中建设党》(1942年9月),《鄂豫边区抗日根据地历史资料》第8辑,第89页。

需宣誓,最好是全营集体宣誓,这样能给以深刻的印象,一开始就加强了新党员的组织概念"①。多管齐下的策略基本避免了不合格党员流入五师政治干部队伍中。

组织指战员到抗大十分校系统学习政治与开展日常政治学习等策略,进一步提高了五师指战员的政治觉悟。在抗大十分校,政治队的政治课占到了总课程的60%,军事队的政治课占比也达到了35%。②学员学习政治的情绪很高,"上课的时候到了,同学们一排排的坐在地下的砖头上。膝盖上安置好了笔记本,准备记着。X部长远远的走来了,用一副笑脸回答几百个同学盼望的眼神,这一堂课是讲中国问题——这一门功课和X部长生动有趣的讲授,是同学们最爱听的"③。另外,政治学习日常化进一步推动五师的政治思想建设。1943年,排级教导队每年要学习政治课120小时④,而队员要依据所学,为战士授课。日常政治学习课程包括中国问题、汉奸汪精卫、中国国民党、中共简史等6大类54小类。⑤学后通过考试检验效果。如13旅的政治考场,"上午检验团营级干部,试场在该旅旅部,由方政委亲自主持,除个别因事请假外,多数干部均能准时到场。试场情绪之紧张,空气之严肃,耐人寻味。下午检查连排级干部,刘部长与各科长分别到各团监视。试场在各团政治处,由该团政治处主持,秩序均甚良好"⑥。试后据结果查漏补缺,总结经验。

1943年11月,中共中央派郑位三担任边区党委书记兼五师政治委员⑦,此举利于巩固之前政治思想建设成果与开展后续的政治思想工作。因郑位三在延安工作过,又任过二师政委,有解读中央政策和任师政委的工作经验,被中共中央认为是边区党委书记和五师政委的合适人选。⑧此前,在严酷战争环境中,李先念担任五师师长,兼边区党委书记和五师政委,既要领导军事斗争,又要做政工,压力颇大。郑位三接任后他压力减轻,可集中精力致力于军事建设和带兵打仗。

---

① 《巩固部队的政治工作——全师政治工作会议上的报告》(1941年6月),《鄂豫边区抗日根据地历史资料》第2辑,第25页。
② 《关于创建抗大十分校的工作》(1942年4月2日),《鄂豫边区抗日根据地历史资料》第4辑,鄂豫边区革命史编辑部,1984年编印,第12页。
③ 金铎:《我们紧张的学习生活》(1942年),《鄂豫边区抗日根据地历史资料》第4辑,第30页。
④ 《教导队各队军政文化课教育比例》(1943年),《鄂豫边区抗日根据地历史资料》第2辑,第194页。
⑤ 《政治教育课程及进度》(1943年),《鄂豫边区抗日根据地历史资料》第2辑,第201~203页。
⑥ 《十三旅干部政治文化总结——政治文化测验总结》(1943年5月4日),《鄂豫边区抗日根据地历史资料》第2辑,第179页。
⑦ 李先念于1944年初重新兼任五师政委。
⑧ 《中共中央书记处关于郑位三任第五师政治委员致陈毅等电》(1943年5月17日),《新四军文献》(3),解放军出版社,1994年,第685页。

政治机关与干部威信的确立,抗大教育与日常政治学习的开展,使得五师整体政治觉悟显著提高,这对消除本位主义起了重要作用。关键是部队人事安排合理化。李先念政治上讲"五湖四海"原则,安排军事经验丰富的干部任旅、团级指挥员;安排知识分子干部到政治教育、宣传、统战等岗位上;安排当地工农干部到地方军事与后勤部门任职。此举深受各方干部拥护,他们彼此合作,消除了隔阂。① 后来,五师老干部郑绍文回忆五师成功经验时说:"李师长使用干部,疑而不用,用而不疑。因为有这种特点,所以五师是发展很快,而且是从零星小块组织发展起来的……不讲山头与出身。"②

中共实施部队正规化建设的根本目标是实现由党绝对领导军队,因此五师很重视部队党的组织建设,尤其是基层党组织建设。确立由党绝对领导军队体制与加强部队基层党组织建设既是五师党建的任务,又是其正规化建设的重要步骤。1940年1月,刘少奇要求,"由纵队③首长组织纵队委员会,以理治、先念、质斌、少卿、少敏诸位同志组织之,以理治同志为书记,(纵队)中干部任免、部队行动之一切重要军事、政治计划,均需经纵队委员会讨论后执行"④。从制度上明确了党领导军队的原则,但此时部队政治水平不高,阻碍了目标的实现。由于政治思想建设的持续推进,到了1943年2月,"鄂中五师地区之党政军统一领导机关为鄂豫边区党委"⑤,实现了由党领导一切的目标。

强化部队党组织尤其是基层党组织,是正规化建设策略贯彻到部队基层的保障。1941年7月,陈毅强调,"党的组织工作,是部队政治工作的基础",而且"我们应加强党的支部,在连队中起到工作堡垒作用"⑥。五师加强部队基层党组织建设的途径主要有二种。其一,提高党员在五师中的占比。武汉沦陷前,"由秘密党(地下党)搞军队",沦陷初期,基本是数名党员骨干领导一支规模较大但成分复杂的抗日武装。⑦ 如五师第15旅,反正伪军占了多数。党员占比过低的部队稳定性较差,故边区新四军从1939年开始大力发展党员。1942年1月五师有中共党员约3 100人,占全师总人数的32.87%,且班以上干部基本由党

---

① 朱玉主编:《李先念传(1909~1949)》,第401~402页。
② 朱玉主编:《李先念传(1909~1949)》,第402~403页。
③ 指新四军豫鄂挺进纵队,即边区新四军1940年1月至1941年2月间的称谓。
④ 《刘少奇等关于鄂中、鄂东部队改称为挺进游击纵队致朱理治等电》(1940年1月3日),《新四军文献》(1),第558页。
⑤ 《中共中央书记处关于成立鄂豫边区党委致新四军等电》(1943年2月13日),《新四军文献》(3),第669页。
⑥ 《论建军工作》(1941年7月),《新四军文献》(2),第880页。
⑦ 须浩风:《鄂豫边党的发展情形》(1946年),《鄂豫边区抗日根据地历史资料》第8辑,第99~104页。

员担任。① 其二,师党委将党支部建到每个连队,并赋予支部八项使命与权力:一是负责军中党的一切工作,二是执行上级指令,三是负责提高支部内党员政治水平,四是密切军中党群关系与巩固党在军中的领导地位,五是领导青年队员工作,六是吸收新党员与候补党员的转正,七是领导指战员参加地方群众工作,八是巩固全连纪律。② 这八项使命与权力使连支部这个"小堡垒"将全连凝聚成一个"大堡垒"。"小堡垒"作用很大。首先,部队稳定性提高了。如1941年7月至1942年1月,五师党员逃亡27人(不含14旅第2纵队、第13旅直属队),占已知逃亡总人数的12.22%,党员总人数的1.23%,非党员逃亡194人,占已知逃亡总人数的87.78%,非党员总人数的4.4%③;部队虽有零星逃亡,但实施正规化建设之前那种一团逃亡人数占2/3的情况被杜绝了。其次,连支部的党员起了模范带头作用,党员"吃苦耐劳,作战勇敢,主力团党员战场喊话,鼓动克服动摇情绪,轻伤不下火线",而且党员"(出)公差不讲价钱,态度好,守纪律,学习精神好,讲破话少,有时能作些说服工作,非党员看得出,哪个是党员,欢喜在党员的班排长下面去当兵,被提拔的绝大多数是党员,党的威信高,有些非党员因未被批准入党而痛哭";再次,密切了党群关系,"好的党员能对群众解释工作,和群众对立的情况没有"④。事实上,前文提及的严把党员质量关、建立连队研究会、政工干部下基层等政治思想建设策略,同时也是强化党组织的举措。

  军事正规化是正规军的标志之一,五师的军事正规化建设主要包括部队编制与指挥体系的正规化、培养正规军事人才与训练部队正规作战能力等多个方面。皖南事变前,边区新四军指挥系统层级混乱。1939年11月以后,新四军豫鄂挺进纵队委员会能指挥各部,但部队基层是名目繁多和互不统属的团、大队、支队,而团级以下更乱,未按"团—营—连—排"层级鲜明地编制部队,这导致团级以下指挥员很难有效指挥部队。1941年2月,五师主力编制有第13、14、15三个正规旅,每旅下设3～4个正规团,全师按"师—旅—团—营—连—排"层级鲜明地编制部队⑤,部队编制实现了正规化。同时,五师确立了正规军的指挥规则——师长能指挥全师,旅长能指挥本旅内所有部队,往下以此类推,有不从者必受惩处,全师实现了军队指挥系统的垂直化管理,结束了以往基层部队指挥不灵的状况。

---

① 《五师党的工作报告》(1942年1月30日),《鄂豫边区抗日根据地历史资料》第8辑,第105页。
② 《巩固部队的政治工作——在全师政治工作会议上的报告》,《鄂豫边区抗日根据地历史资料》第2辑,第21—22页。
③ 《五师党的工作报告》(1942年1月30日),《鄂豫边区抗日根据地历史资料》第8辑,第105～106页。
④ 《五师党的工作报告》(1942年1月30日),《鄂豫边区抗日根据地历史资料》第8辑,第108～109页。
⑤ 《鄂豫边根据地概况》(1942年4月8日),湖北省档案馆藏,档号:GM3/1/020/001/0039—0041。

学习正规军事理论与培养军事技术骨干的主要途径有三种。一是组织营级以下干部集中学习基本战术理论和游击战术、射击、夜战、工事伪装术与特种武器使用要领①，待其学成后回部队推广；二是创办参训、译训、电话、无线电、司号、军需训练班培养军事技术人才；三是建立野战医院、兵工厂，培养后勤人才。②

军纪严明与军民关系融洽是正规军应有的素质。1942年，李先念通令全师，要求五师杜绝下级不服从上级命令、想来就来、想走就走等无组织和无纪律等情况；建立完善的请示报告制度，即使是分散作战，各部若有行动必须请示上级，行动毕后必须上报，坚决不能"先斩后奏"或"斩而不奏"③。此外，师党委要求军队不能扰民，更不能害民，要爱民。1943年初，李先念、任质斌等要求全师将爱民运动经常化、制度化。

带动地方部队走向正规化同样是五师正规化建设的重要工作。作为后备军，地方部队对五师主力意义非凡，"五师的成立是从地(方)武(装)一点一滴发展起来的，地方武装参加正规军是起着决定作用的，这是根据中央的指示去动员的。边区过去武装斗争的胜利，便在于执行也是根据这一规定"④。因此，从主力部队抽调军政干部按正规军的标准管理与训练地方武装，显得尤为必要。如此一来，主力部队不会因补入地方武装而素质下降，而地方武装因政治素质提高，力量加强。主力部队与地方武装相互促进，一起走上了正规化之路。

当然，五师在正规化过程中遇到了巨大阻遏。第一，边区处境凶险。边区无法获得其他根据地的直接支援，且被日伪军、国民党中央军第31集团军、西北军第2集团军与第33集团军、川军第22集团军、陕军第128师及鄂东程汝怀部⑤分割为许多小块，无法聚集大部主力集中整训。第二，五师军事压力大。抗战进入相持阶段后，国共关系由抗战初期的相对和谐变得日益紧张。1942年，国民党军与五师的摩擦战持续了8个月之久。日伪军亦经常"扫荡"五师。从1943年4月李先念等发给军部的电报可见其端："师主力在去年敌顽长期夹击中，一般的较为疲劳，故旧年后，决定主力整训，可中间遭到相当的阻碍，如敌进攻监、沔等地。"⑥但在中共中央正确领导与全师共同努力下，五师基本实现了正规化。

---

① 《三年来整训工作报告》(1942年3月)，湖北省档案馆藏，档号：GM3/1/025/009/0011。
② 《三年来整训工作报告》(1942年3月)，湖北省档案馆藏，档号：GM3/1/025/009/0009。
③ 李先念：《严正军风》(1942年)，《李先念文选(1935～1988)》，人民出版社，1989年，第45～46页。
④ 《关于地方武装的补充报告》(1942年2月3日)，湖北省档案馆藏，档号：GM3/1/025/013/0006。
⑤ 《鄂豫边根据地概况》(1942年4月8日)，湖北省档案馆藏，档号：GM3/1/020/001/0029。
⑥ 《李先念、任质斌、刘少卿关于整训情况及各旅活动位置致陈毅等电》(1943年4月24日)，《新四军文献》(3)，第678页。

1946年6月,中共中央以五师为主要基础组建了中国人民解放军的主力部队之一——中原解放军,充分肯定了五师的正规化建设成就。

三、正规化建军与边区的发展

五师的整体实力随着正规化建设的推进而增强。一方面部队人数持续增加,1943年为2.7万人①,抗战胜利时达5万人②;另一方面部队政治素质过硬,1944年3月,中共中央华中局致电郑位三、李先念时赞誉道:"你们创造了数(量)质(量)均相当强大的主力与地方军。"③实施正规化建设的五师,正规作战能力显著提高,保障了边区政权建设、经济工作与文教工作的开展。

第一,五师的正规作战能力实现了质变。在正规化建设之前,边区新四军只能在游击战中对抗小股日伪军和应对实力不强的反共军,但他们一般不与大股日伪军作战,对反共军也多持避让态度。避让反共军,一是要尽量维持国共合作,二是边区新四军不具备与国民党正规军对抗的实力。如1939年11月至1940年2月,战斗力不强的国民党鄂东地方军程汝怀部就能多次进攻、屠杀新四军指战员。而实施正规化建设后不到一年时间,五师即能主动进攻装备精良的对手。1942年年初,五师主动进攻拥有5 000余人、能获得日军直接援助、装备精良的伪定国军汪步青部,结果汪部很快被打垮,这对正在进攻长沙的日军构成了威胁,支援了正面作战的国民党军。④ 这次胜利反响很大,1942年2月21日,边区机关报《七七报》社论称:这次胜利震慑了武汉日军,五师名声显赫!同时,驻武汉日军第11军总前卫部队的指挥官因三攻长沙不克而泄气抱怨:蒋介石有300万保持战斗的大军,新四军(指五师)也日夜活动在武汉周围,这使"大东亚战争"前景堪忧。⑤

正规化的推进,使五师对国民党顽固派制造的摩擦能够应付自如。1941～1943年间,五师打垮了鄂东地方军程汝怀部,在军事实力支持下还与国民党桂军、川军、东北军、西北军达成互不侵犯协定,即使是面对训练正规、火力强大的国民党中央军也摸索出"(中央军)战术不机动,行动迟缓,最怕我突然之奔袭"的

---

① 《鄂豫边五师根据地概况》(1943年),湖北省档案馆藏,档号GM3/1/020/003/0004。
② 中共河南省委党史资料征集编纂委员会编:《豫鄂边抗日根据地》,第66页。
③ 《中共中央华中局关于开展第五师地区工作致郑位三等电》(1944年3月15日),《新四军文献》(3),第226页。
④ 《威逼武汉的侏儒山战役》,鄂豫边革命史编辑部编:《新四军第五师抗战历程》,湖北人民出版社,1985年,第79～80页。
⑤ 《今日的敌军》(1942年10月),周焕中主编:《特殊的战线》,武汉大学出版社,1991年,第263页。

应对之策。① 军事实力提升后,使五师有自信应对国共摩擦,一改保守退让之策。1944年,李先念按中共中央指示公开发出"人不犯我,我不犯人,人如犯我,我必犯人"②的自卫声明。

政治素质和战斗力的提高,为五师对日伪军发动战略反攻提供了条件。1945年4月13日,五师河南挺进兵团以两连兵力进攻寨高沟深、有重兵防守、被日伪吹嘘为"铁打的"合水镇,他们"同时从南门和西门进攻,不到两个小时,就拿下合水,活捉了伪二师师长张国威和四县联防司令员吴春亭以下官兵三百多人,击毙了敌遂西舞三县指挥官松木以下日伪军数十名"③。此役是一场主动攻打由日伪军重点防守的堡垒攻坚战,挺进团展现了不俗的战斗力。之后数月,挺进团与日伪军打了多次阵地战,新建了7个县政权,新辟了豫中南抗日根据地,队伍由出发时的1 000余人发展到8 000余人。④

第二,五师的发展壮大保障了边区抗日政权的建立与巩固。1938年10月至1941年1月,边区新四军在鄂中的应城、安陆、随县等控制了面积不大的基本区,同时以豫南信阳、罗山和鄂东黄陂等地的山区为中心打出了一片游击区,并在上述区域内建立了12个县政权。⑤但囿于实力,基层士绅、豪强不愿与边区新四军合作,民众想支持又担心遭报复,所以这些政权并不稳固。这种情况在五师通过正规化建设走向强盛后发生了根本改变。1941年2月至1945年8月,五师先后开进武汉郊外的汉阳、黄陂及邻近的汉川、孝感,挺进鄂东的黄梅、广济与皖西南的宿松,进军鄂南、豫中。在这4年多里,军队所到之处,抗日政权随之建立,到1945年8月时,五师在东起皖西宿松,西达鄂西当阳、宜昌,南达湘北南县,北达豫中舞阳的广阔区域内建立了66个党政军组织齐全的县政权⑥,构建了上至边区公署、下到乡政权的一套完整政权体系。具体如下,1941年4月,五师在其实际控制地域内按"三三制"原则,选举产生了边区最高行政机关——鄂豫边区行政公署,建构了"边区公署—专署—县—乡—保"层级鲜明的政权体系,到1944年底,全边区有公署1个,专署5个,县政权44个,乡政权800余个,保7 000余个。⑦更重要的

---

① 李先念:《一九四三年鄂豫边区的斗争》(1943年12月),《李先念文选(1935～1988)》,第55页。
② 《军委关于重申人不犯我我不犯人的自卫原则给五师的指示》(1944年12月25日),湖北省档案馆藏,档号:GM3/1/043/010/0001。
③ 黄林:《挺进河南》,中共河南省委党史资料征集编纂委员会编:《豫鄂边抗日根据地》,第398页。
④ 鄂豫边区革命史编辑部编:《鄂豫边区抗日民主根据地史稿》,湖北人民出版社,1995年,第366～367页。
⑤ 《艰苦奋斗的三周年》(1941年6月28日),湖北省档案馆藏,档号:GM3/1/039/006/0024。
⑥ 鄂豫边区革命史编辑部编:《鄂豫边区抗日民主根据地史稿》,第442页。
⑦ 《鄂豫边区根据地建设概况》(1940—1945),《鄂豫边区抗日根据地历史资料》第7辑,鄂豫边区革命史编辑部,1984年编印,第37～38页。

是,各级政权在军队的支撑下,控制了大片土地和大量人口。据载,1942年,边区基本区人口216.4万人,游击区人口257.1万人;1943年,基本区面积约2.38万平方千米,人口420万,游击区面积约16.79万平方千米,人口约500万;1944年,基本区面积约3.29万平方千米,人口约450万,游击区面积约6.8万平方千米,人口约600万;1945年1月,基本区游击区总面积约30万平方千米①,人口约1 085万。② 边区不断扩大,压缩了同地区汪伪政权的生存空间,限制了其资日能力,加速了日汪败亡。

第三,五师开展的爱民运动有力地支持了边区经济发展和维护边区民众利益。首先,五师彻底清除基本区的汪伪政权,避免民众同时被两个以上政权征收赋税,支持抗日政府废除一切苛捐杂税,整理田赋税捐,制定新税制。在新税制下,基本区民众承担的赋税比抗战前减少了5/6。③ 此举改变了以往贫者、弱者交税多,富者、强者交税少,赋税不均的状况。其次,五师设法在游击区和沦陷区向日本商人收税,减轻民众负担。如1942年4月,五师鄂东税务二分局税警队、手枪队60余人冲破新洲县日伪据点,冲入拒不纳税的井泽洋行(沦陷区),没收大量香烟、牛皮、皮油等折合3万余元,以抵其所欠税款,事后不仅据点内日伪军不敢追击,而且洋行老板宫冈表示"新四军大大的了不起,我们洋行交税,交税的"④。再次,五师支持商人们赴沦陷区经商,商人只要说货是"老四的"或"四老板的"(指新四军),伪警察、密探即不敢与之为难。⑤ 另外,五师支持法币和边区票在根据地内流通,同时抵制汪伪钞票流入,还协助地方部队、民兵查禁仇货。

第四,五师为边区国民教育发展提供了安全保障。据记载,到1941年5月时,边区各级政府在五师控制基本区内改造、兴建了公学1所,中学6所,小学248所,民办学校111所,还有被改良后的私塾185个,在校生10 944人。⑥ 随着根据地的扩大与巩固,学校数量和学生人数稳步增多。1942年以后,在各级、各类学校数量和在校学生人数持续增加的同时,边区各级政府陆续颁布了各种教育法规,边区国民教育逐渐步入正轨。虽然五师没有直接参与边区国民教育事业,但边区国民教育的成果是在五师创造的安定环境中取得的。

---

① 《豫鄂湘赣皖边区扩展面积三十万平方公里人口九百万》(1945年1月9日),中共河南省委党史资料征集编纂委员会编:《豫鄂边抗日根据地》,第213页。
② 《鄂豫边区根据地建设概况》(1940—1945),《鄂豫边区抗日根据地历史资料》第7辑,第34~41页。
③ 《艰苦奋斗的三周年》(1941年6月18日),湖北档案馆藏,档号:GM3/1/039/006/0027。
④ 刘川.周质澄,《向日本洋行收税》(1989年12月),周焕中主编:《特殊的战线》,第137页。
⑤ 《十五旅襄南敌伪工作的经过及经验》(1942年4月13日),周焕中主编:《特殊的战线》,第240页。
⑥ 《艰苦奋斗的三周年》(1941年6月18日),湖北档案馆藏,档号:GM3/1/039/006/0030。

结　语

　　对部队实施正规化建设既是中共军队在严酷战争环境中求生存、谋发展的策略,更是中共革命最终取得成功的主要原因之一。总体而言,五师的正规化建设在孤立少援①之处境中展开,这可与其他师的正规建设作比。因其余数师基础较好,根据地多集中于皖苏二省,又地近八路军山东根据地,故其正规化建设可利用已有基础直接开展,同时既能得到八路军帮助,又可彼此互助,如1938年9月豫东有中共武装数千人②,彭雪枫一次即带来了军政干部200人③,这使四师日后利用已有基础直接实施正规化成为可能。而且中共中央派八路军帮助他们建军,如1941年2月毛泽东、朱德等将八路军115师教导一旅编为三师第七旅④,帮三师建军,又如同年3月中共中央将八路军115师教导五旅编入四师,助其建设部队。⑤不仅如此,1941年7月二、三、四师临时由邓子恢、彭雪枫统一调度⑥,翌年10月一、六师领导机关合并由粟裕统一指挥⑦,如此一来各师建设部队时有可能协调互助、同步进行。然而五师不具备此条件,不可能仅依靠1939年1月由李先念带来的60余名干部⑧直接实施正规化建设,又无法从中共中央

---

① 关于五师的孤立少援处境,从两份电报可窥其一斑:1942年7月16日,中共中央致电李先念称,"五师在敌伪与顽军夹攻中,形势相当严重。我们对鄂中各方面情况知道得很少,特提出几点意见,仅作供参考之用"。参见《中共中央军委关于第五师在坚持与发展敌后斗争中需要注意的问题致李先念等电》,《新四军文献》(3),第638页。1942年7月18日,新四军电呈中共中央,"我们与五师电台经常不畅通或中断,所以压电报很多,甚至一个月以前的电报现才收到,已经完全失去时间性。另我们无鄂省五万分之一地图,许多地名找不着,增加指挥上的困难"。参见《陈毅、赖传珠提议第五师归中央军委直接指挥致中共中央军委电》,《新四军文献》(3),第639页。

② 其中西华1500人、魏凤楼1000人、睢县与杞县3000人,参见《彭雪枫报告毛主席电:目前河南近况,准备东进豫东》(1938年9月3日),中共河南省委党史资料征集编纂委员会编:《抗战时期的竹沟》,河南人民出版社,1985年,第56页。

③ 危拱之:《关于豫南武装工作补充报告》(1940年6月7日),中共河南省委党史资料征集编纂委员会编:《抗战时期的竹沟》,第99页。

④ 《毛泽东、朱德等关于教导一旅改编为新四军第七旅致彭德怀等电》(1941年2月20日),《新四军文献》(2),第207页。

⑤ 《中共中央军委关于张爱萍部编入新四军第四师致陈毅、刘少奇电》(1941年3月17日),《新四军文献》(2),第210页。

⑥ 《陈毅、刘少奇、饶漱石、赖传珠关于组织皖东北和淮宝部队临时指挥部致二师等电》(1941年7月23日),《新四军文献》(2),第612页。

⑦ 《中共中央军委、总政治部同意谭震林任新四军政治部主任致陈毅、饶漱石电》(1942年10月26日),《新四军文献》(3),第231页。

⑧ 1939年1月李先念带到鄂东的160余人中干部为60余人。参见周志坚:《随先念同志南进》,中共河南省委党史资料征集编纂委员会编:《豫鄂边抗日根据地》,第255页。

或兄弟根据地获得支援。在孤立少援的处境中,通过强化政治机关与政治干部地位、政治教育下基层、抗大教育、强化基层党组织等方式培养了一批政治干部,或将其他人员转化为政治干部,李先念等正是依靠这些自主培养的干部将五师建成了中共领导下的正规化党军。鉴于边区被强敌分割为若干小块、主力部队无法集中政训的情势,李先念先实现了部队编制的正规化和指挥系统垂直化管理,培养了一批军事技术人才,后又要求部队灵活利用战斗间隙,各部独自开展正规战训练。经历正规军事训练的五师,"(1943年底)形成了从武汉周围威胁日军的战略态势"[①]。尽管新四军各师的正规化建设基本由政治思想建设、部队党组织建设与军事建设三大部分组成,但从与其他师的比较中,可以看出五师的正规化建设呈现出自主性、独立性与灵活性等特点。殊途同归,五师与新四军其他师一样,成了中共领导下的抗日劲旅。

(原载《安徽史学》2020年第1期)

---

① 李先念:《一九四三年鄂豫边区的斗争》(1943年12月),《李先念文选(1935~1988)》,第53页。

汤志钧与台湾学术界的交往及其影响

武晓兵*

汤志钧，1924年生，江苏武进人，著名历史学家。众所周知，他的治学路数是由经学而中国近代史，由今文经学而康有为、戊戌变法，由古文经学而章太炎、辛亥革命，可以说在中国近代史、经学史、戊戌变法史、辛亥革命史等多个研究领域均有开拓，尤其他的经学史和戊戌变法研究更是极具造诣。[①] 改革开放以后，随着国内学术环境的改变和中外学术交流的热络，汤志钧多次应邀前往日本、美国、新加坡等国家及中国台湾和香港等地区讲学，为中国内地与其他国家和地区的学术交流和学术研究做出了重要贡献。1992年3月，他应邀担任台湾私立东海大学客座教授，为该校学生授课并多次发表演讲和报告，成为第一位在台湾地区高等学校讲学的大陆历史学家，在两岸史学交流史上具有重大意义。梳理和考察汤志钧与台湾地区学术界的接触和往来，不仅有助于我们了解两岸学术互动的面相及其所呈现的民族文化认同，还有助于丰富汤氏学术研究的应有图景。

一

在中华人民共和国史上具有重大转折性意义的改革开放，不仅推动国家走上社会主义现代化建设的发展轨道，而且也为中外文化学术的交流提供了重要契机。中国大陆学者积极尝试与海内外学术界进行接触、互动并建立联系，同时了解各地的学术动态和研究情况，以此来推动中国大陆学术研究的更新与发展。同时，其他国家和地区学界也由于资料、交流、合作等因素迫切想要了解中国大陆的学术状况。比较注意海内外学术研究情况的汤志钧，因其在中国近代史和经学史等研究领域的重要成就，自然受到了台湾学术界的重视。

---

* 武晓兵，现为淮北师范大学历史文化旅游学院讲师。
① 2013年，上海社会科学院举行《汤志钧史学论文集》首发式暨学术思想座谈会，为汤志钧九十华诞祝寿。会上，时任上海历史学会会长的熊月之说汤志钧对二十四史和经学的熟悉程度令人惊叹，"能大段大段背诵经书"，实为罕见。时任复旦大学历史系主任章清则通过举例改革开放初期海外的中国研究对汤志钧戊戌变法研究的征引和重视，说明了他在戊戌变法研究方面的学养。参见田波澜：《他是上海中国近代史研究的重镇》，汤志钧：《历史研究和史料整理》，上海社会科学院出版社，2017年，第148页。

早在他踏上宝岛之前,他的研究著述即已遭到台湾书商的翻印并在各种渠道中流传。1949年以后国民党退踞台湾并推行威权"戒严"体制,大多数大陆书籍被视为禁书,从而导致这些书籍只能在个别研究机构内部阅览或地下传播,甚至在一段时期内书商为了躲避政府审查,翻印大陆书籍常常窜改其作者信息、书名和内容。据台湾学者蔡盛琦研究,认为"大陆出版品并不曾在台湾中断过,六七十年代的文史科系大学生,几乎很少没读过大陆翻版书,在大学附近书店、书摊更充斥文史、政治、思想类的禁书,形成了出版界的'地下文化'"①。这种政治文化语境塑造的"地下文化"现象,林庆彰指为一种"台湾戒严时期所产生的文化畸形现象"②。例如,吕思勉、张舜徽等大陆学者的学术著作,都曾遭到书商的大量翻印和刻意篡改。③ 正是在这种翻印文化的背景下,汤志钧在20世纪50～60年代出版的戊戌变法研究论著如《戊戌变法人物传稿》《戊戌变法史论丛》等书④,被台湾书商翻印和散布,某种程度上说明了他的戊戌变法研究在台湾学术界的阅读市场。

　　改革开放初期,大陆学者在从事中外学术交流的过程中,有条件阅读到过去不常见到的台湾地区出版的文献资料和研究成果。汤志钧在赴日本讲学之际即多能留意台湾地区整理编印的史料,并发掘抄录来增补过去已研究过的论题。如他不仅专门介绍和摘录了《台湾日日新报》中的重要材料⑤,还在1982年发表《章太炎在台湾》一文,利用《台湾日日新报》所载新资料,进一步探讨了章太炎1898年12月到次年6月间在台湾的文化活动,并就章太炎对康、梁维新变法的态度提出更加充分的论证,得出结论认为"章太炎对康、梁的同情,是政治上的同情,是对康、梁变法维新事业的肯定。他在戊戌前后,思想上还停滞在'革政'阶段"。从而纠正了过去学界所认识的章太炎"忠告康、梁,劝其脱离清室"的论点。⑥

　　无独有偶,这一阶段的台湾历史学者也注意到汤志钧在中国近代史研究方

---

① 蔡盛琦:《台湾地区戒严时期翻印大陆禁书之探讨(1949～1987)》,《"国家图书馆"馆刊》2004年第1期。
② 林庆彰:《伪书与禁书·自序》,华艺学术出版社,2011年,第1～2页。
③ 详见林庆彰:《吕思勉先生著作在台湾的翻印及流传》《张舜徽先生著作在台湾的翻印及流传》,《伪书与禁书》,华艺学术出版社,2011年。
④ 汤志钧所著《戊戌变法人物传稿》,文海出版社和明文书局分别在1976、1985年出版;《戊戌变法史论丛》,谷风出版社1986年出版。汤志钧后来在访谈中也提到他在访学台湾地区和香港地区之际,数次发现有出版社未经其允许私自翻印他的著作。参见《坚守传统经学研究的耄耋老人:汤志钧副所长访谈录》,《岁月无痕　学者无疆——上海社会科学院老专家口述史》,上海社会科学院出版社,2018年,第135页。
⑤ 汤志钧:《台湾日日新报》,《乘桴新获——从戊戌到辛亥》,江苏古籍出版社,1990年,第408～416页。
⑥ 汤志钧:《章太炎在台湾》,《社会科学战线》1982年第4期。

面的成就。如王尔敏、郑宗义合撰的《中国近代思想史研究的回顾》一文，即对汤志钧的近代经学史研究给予了高度的评价。论者指出1949年以后中国大陆史学界在研究近代思想史方面"素来习惯以唯心与唯物的二分，和阶级立场的标准去把人物或思想评价定位"。并举例汤志钧在探讨清代常州今文学派研究方面即运用了阶级分析方法。汤志钧涉及思想史的研究并不多，主要是探讨康有为《新学伪经考》与大同三世思想的问题。他们认为，汤氏在这方面"用功颇勤"，"有一定成就"。并进一步介绍了他的相关研究如《清代经今文学的复兴》《近代经学的发展与消亡》《魏源的"变易"思想和诗、书古微》等文的思想观点，评论这些文章虽然存在"维系封建专制主义""儒家精神枷锁是何等严酷"等字句，但其研究"较一般大陆史家还是来得高明而有见地"①。

除了其研究著述在台湾地区被翻印以外，汤志钧与台湾学人的接触和交流渠道还体现在参加学术会议方面。譬如，1985年12月12～15日，"国际明清史研讨会"在香港大学召开。这次会议由时任该校文学院院长的赵令扬筹备组织，经他多方沟通和联络，最终邀请与会学者百余人。尤为注意的是，这次会议因有海峡两岸中国明清史研究者出席而别具意义，正如港大校长黄丽松在开幕致辞中指出的那样："是次研讨会具备之特殊意义，在于提供一极难得的机会。促进各地特别是海峡两岸明清史学人的学术交流。"②与会大陆学者有陈支平、杜婉言、邓开颂、冯尔康、关捷、黄冕堂、黄启臣、李时岳、李龙潜、刘大年、刘孔伏、潘良炽、钱伯城、汤志钧、汤明檖、唐振常、谭棣华、王钟翰、王春瑜、王戎笙、吴泽、韦庆远、叶显恩、喻松青、郑克晟等，台湾学者有陈捷先、戴玄之、冯明珠、黄彰健、贺凌虚、赖泽涵、刘石吉、缪全吉、孙广德、王家俭、谢延庚、徐泓、张彬村、张存武、张治安、张维安、庄吉发等。这次学术会议是1949年以后两岸明清史学界的首次对话和互动③，也是两岸未双向开放之前两岸史学界在大陆地区以外交流人数最多的一次。④他们围绕明清时期的政治体制、社会经济、对外关系、历史人物、学术思想等议题展开了热烈且友好的交流与讨论，在私下也多有互动。⑤两岸明清史学者"在一起既交流了学术信息，又增进了骨肉情谊"，"对推进明清史的研究，对促进海峡两岸学者的彼此了解和学术信息的交流，起了十分重要的作用"⑥。汤志

---

① 王尔敏、郑宗义：《中国近代思想史研究的回顾》，《六十年来的中国近代史研究》，"中研院"近史所，1988年，第39、42～43页。
② 刘詠聪：《记"国际明清史研讨会"》，《清史研究通讯》1986年第1期。
③ 王春瑜：《风雨故人来》，《光明日报》2000年7月13日。
④ 韦庆远：《国际明清史研讨会及港台地区档案工作与历史研究情况》，《湖南档案》1987年第1期。
⑤ 钱伯城：《记香港"国际明清史研讨会"》，《读书》1986年第9期。
⑥ 黄冕堂：《国际明清史讨论会在香港召开》，《文史哲》1986年第2期。

钧为这次会议准备了清代经学史研究论文,题目为"清代今文经学的兴替"①。该文从经学与政治关系的视角入手,通过讨论清中叶以后各个阶段今文经学的发展,窥探旧思想如何注入新内容而新思想又怎样未能冲决经学的藩篱等问题。②他选择清代经学史议题参加这次会议,是否有意为之,不得而知。不过,他在经学史研究方面的功力应该会给台湾学者留下了深刻印象。

二

20 世纪 80 年代末期,台湾当局调整大陆政策,允许台湾同胞回乡探亲,为台湾学者来往大陆提供了契机。他们借"探亲"名义得以往返大陆,或旅行或参访。1989 年,台湾学者林庆彰、傅武光、许政雄等人在大陆搜集资料之际,慕名拜会了汤志钧并对他做了两次学术访谈,先后刊发在他们经营的《国文天地》杂志上,其一围绕康有为、章太炎二人在五四以前的关系以及他们对新文化运动、五四运动的态度而展开③;其二则请汤志钧讲述了他个人的生平经历和治学历程,以及如何走上经学研究道路、又怎样从经学研究转向近代史研究、对章太炎和康有为的新认识和治学之道等。④《国文天地》杂志于 1985 年 6 月创刊,1988 年开始由台湾师大中文系一群中青年学人联合接管并出资经营,聘请著名经学研究大家林庆彰担任发行人兼社长,傅武光出任总编。汤志钧在两岸开放不久后即受到他们的关注,和台湾师大中文系的学术传统应有很大关系。王汎森曾在一篇忆文中提及他早期从事章太炎思想研究时说:"大概是 1980 年左右,我正在写《章太炎的思想》,那时大陆出版物在台湾是禁书,而在台湾与章太炎思想有关的研究并不多。当时章、黄学派的影响力以台师大中文系为主⋯⋯"⑤汤志钧是章太炎研究方面的权威学者,所以台师大中文系学人注意到他的研究与治学,应是很自然的事情。另外,该刊奉行宗旨在承继、发扬中国传统文化,正是基于这一宗旨,该刊在两岸开放前后曾积极呼吁和推动两岸学术交流,为两岸中国人的文化认同做出过重大贡献。此刊 1987 年 9 月即筹划了"海峡两岸学术交流与

---

① 该文应是汤志钧《清代今文学的复兴》(《中国史研究》1980 年第 2 期)一文的改版,后作为首篇文章收入到其《经学史论集》一书。台湾地区经学研究大家林庆彰主编的中国经学史论文集也收了此文,可见其重要性。参见林庆彰编:《中国经学史论文选集》(下册),文史哲出版社,1992～1993 年,第 623～644 页。
② 刘詠聪:《记"国际明清史研讨会"》,《清史研究通讯》1986 年第 1 期。
③ 傅武光采访:《访汤志钧教授谈康有为、章太炎与五四运动》,《国文天地》1989 年第 48 期。
④ 许政雄整理:《从经学到史学——汤志钧教授的学思历程》,《国文天地》1989 年第 52 期。
⑤ 王汎森:《记忆中的朱维铮先生》,复旦大学历史学系编:《怀真集——朱维铮先生纪念文集》,复旦大学出版社,2013 年,第 42 页。

中国的统一"座谈会,预测两岸开放以后直接交流的可能性、渠道、影响以及未来祖国的统一等问题,并为此向高层建言献策。① 之后还组织了多种与两岸学术文化交流相关的主题,比如"突破大陆学术资料流通的禁忌"②"海峡两岸论五四"③"海峡两岸论胡适"④等。

从1990年起,两岸史学界的直接交流才有了明显的突破,标志性的学术活动即当年8月在广东中山翠亨村举办的"孙中山与亚洲"国际研讨会。这次会议,成功邀请到30多位台湾学者参加,如蒋永敬、吕士朋、张玉法、胡春惠、李国祁、王家俭、赖泽涵、程光裕、朱浤源等,其中大多数学者都是第一次踏上祖国大陆参加学术会议。所以,这次会议被认为在两岸史学交流史上有破冰意义。⑤ 汤志钧参加了这次研讨会,并提交了论文,题目为"孙中山和自立军"。正是在这次会议上,汤志钧结识了吕士朋,为其后来前往台湾东海大学担任客座教授提供了可能。同年,汤志钧《乘桴新获——从戊戌到辛亥》一书由江苏古籍出版社出版。该书主要收录了汤志钧在20世纪80年代旅日讲学期间搜集整理的近代史料、调查访问、讲课记录以及围绕戊戌变法、辛亥革命、康有为、章太炎等所撰的论文和札记,受到了台湾学者的注意和好评。台湾政治大学吴圳义不仅对该书收录文章的内容概要一一介绍,并且对著者的主要论点给予了肯定评价。他虽说该书存在使用"阶级"等具有意识形态色彩的用语,但整体上"对于中国近代史上的两大历史事件——戊戌变法和辛亥革命,以及三位重要历史人物——孙中山、康有为和章太炎,尤其是后二者,曾旁征博引,做了相当深入的分析,使读者对于这些历史事件的来龙去脉,以及这些历史人物之相互关系和历史定位能有更深层的了解"。又指出该书资料方面的优点,即能够利用大量的第一手材料,"包括日本方面收藏的图书档册,甚至有些是尚未公开出版的资料"。而收录的"演讲后公开讨论的纪录,以及编著者实地采访康有为、梁启超和孙中山等人在日本的遗迹之纪录",都有相当的学术价值。⑥

次年,恰逢辛亥革命80周年,两岸举办了大量的纪念活动和学术活动。武昌举办了以"辛亥革命与近代中国"为主题的纪念辛亥革命80周年国际学术研讨会,除大陆学者与会外,众多台湾学者也出席了这次会议,两岸近代史学者围

---

① 《"海峡两岸学术交流与中国的统一"座谈会》,《国文天地》1987年第30期。
② 《"突破大陆学术资料流通的禁忌"》,《国文天地》1988年第37期。
③ 《海峡两岸论五四》,《国文天地》1989年第48期。
④ 《还他一个本来面目》,《国文天地》1990年第67期。
⑤ 黄彦:《"孙中山与亚洲"国际学术讨论会情况介绍》,广东省孙中山研究会编:《"孙中山与亚洲"国际学术讨论会论文集》,中山大学出版社,1994年。
⑥ 吴圳义:《评汤志钧编著〈乘桴新获——从戊戌到辛亥〉》,"国史馆"编印:《中国现代史书评选辑》第12辑,1994年。

绕辛亥革命研究的重要议题展开了热烈讨论和交流。据汤志钧回忆,两岸直接对话,求同存异,虽然过去曾有接触,但有的是在国外或中国香港地区,而以辛亥革命专题讨论来说,在大陆还是首次。① 同年11月16至17日,台湾高雄中山大学中国文学系举办了"第二届清代学术研讨会",邀请汤志钧参加,他未能成行,最后提交了一篇清代经学史论文,题目为"清代经今古文学的传承"②。

  1992年是两岸史学界直接交流的一个关键年份。这年,台湾当局进一步放宽两岸学术交流政策,开始允许更多大陆学者赴台或讲学或出席会议。故汤志钧终于在当年3月实现了他的首次台湾讲学。③ 这次访台是接受时任台湾东海大学文学院院长吕士朋的邀请赴该校担任客座教授,并为历史研究所和中文研究所讲授"戊戌变法史研究""经学专题研究"等课程,原计划三个月,后因赴日本讲学而缩短为两个月。据他回忆:"1990年11月,台湾东海大学文学院院长吕士朋教授两次邀往台湾讲学,谓大陆学者赴台正式讲学,尚乏先例,拟先由私立大学试办。"④对此,汤志钧先生之子汤仁泽教授曾查阅相关记录并告示笔者,说:吕士朋在1990年"孙中山与亚洲"研讨会上面邀汤志钧访台讲学;次年8月17日,复旦大学举办"第四届国际明史学术研讨会",以吕士朋为代表的台湾明史学界出席了这次会议,他们二人再次见面并提及访台手续即将办成事宜。⑤ 吕士朋为推动两岸近代史及明史领域的学术交流做出了重要贡献。而汤志钧此次访台也使他成为两岸开放以后第一位在台湾地区高等学校客座讲学的大陆历史学家,在两岸学术交流史上具有重大意义。

  台湾《联合晚报》为此报道:"这是大陆应邀来台的专业人员中,第一位正式开课讲学的资深教授。"由于大陆历史学家赴台客座讲学,实为罕见,所以"在校方的海报宣传下,许多研究生都慕名旁听,邻近东海的中兴大学、逢甲大学,也有师生前往一睹风采"。该报道还预测在汤志钧讲学之后,"可能有更多学校邀请

---

① 汤志钧:《由辛亥革命讨论会想起》,《汤志钧史学论文选集》,上海社会科学院出版社,2013年,第19页。
② 参见台湾中山大学中国文学系编印:《第二届清代学术研讨会论文集》,1991年。
③ 早在1990年,汤志钧已有意前往台湾,只是因台湾政策限制而未能成行。他在怀念夫人的文中说:"1990年4月5日,岳父郁元英在台湾病逝,慕云前往奔丧。限于当时规定,直系子女才能赴台,我只能草拟挽联,由她携台,联曰:绍敦惠、餐霞之遗绪,办义校、董本草、泽及万人,名垂千古。缕天禄、琳琅以传世,阐儒学,振礼乐,恸彻五中,空忆卌年。"参见汤志钧:《怀念郁慕云》,《文汇报》2015年10月17日。
④ 汤志钧:《港、澳、台学术交流》,汤志钧:《历史研究和史料整理》,第119页。
⑤ 2023年4月2日,笔者给汤仁泽教授去信请教吕士朋先生邀请汤志钧先生到东海大学讲学事,他回复信息说:"查阅父亲的记述,有关吕先生的有:一、1990年8月3日在粤出席孙中山与亚洲国际学术研讨会,台湾学者蒋永敬、吕士朋、李又宁等参加,吕先生面邀访台讲学。二、1991年8月17日在复旦参加明史国际学术讨论会,晤吕先生,谓访台手续即将办成。"谨致谢忱!

大陆专才来台授课,这也是两岸交流的必然趋势"①。此话着实不虚,台湾私立大学邀请大陆史学家客座讲学之后,受邀前往台湾客座讲学的大陆历史学家日渐增多,至今已成为两岸学术交流的重要渠道。② 汤志钧此次访台之行,台湾其他报纸如《"中央"日报》《联合时报》以及大陆《文汇报》等均做了相关报道,充分肯定了他在台湾讲学对两岸学术交流和两岸文化认同的重要意义。③

汤志钧在东海大学授课的具体情况,详见表1所示。

表1　1992年3~5月汤志钧在台湾东海大学授课情况④

时　　间	讲　座　主　题
3月26日	戊戌变法研究资料概述、戊戌变法研究近况
3月28日	经与经学
4月9日	戊戌维新与西学、中学
4月11日	秦汉博士和"儒家独尊"
4月15日	戊戌时期的学会和报刊
4月16日	戊戌维新与孔子改制
4月16日	王莽与刘歆

---

① 《东海有个大陆来的教授　汤志钧第一人　将停留3个月》,《联合晚报》1992年4月18日。
② 以台湾政治大学历史系为例,据该系官网公布的一份1990~2017年间客座教授名单显示,该系邀请的客座教授总计57位,其中大陆学者26位,占近一半。章开沅为首位客座的大陆历史学家,时间在1993年。其后,韦庆远、刘耿生、曹喜琛、杨奎松、杨国桢、阎步克、朱英、蒋大椿、陈国灿、张德信、高华、许宏、桑兵、华林甫、罗志田、陈红民、龙登高、沈志华、秦晖、茅海建、马俊亚、张建华、陈明、吴以义、江沛等相继在该系讲学。
③ 如台湾《"中央"日报》说:"上海社会科学院历史研究所教授汤志钧近日受东海大学文学院长吕士朋之邀来台讲学,两周以来,汤教授风趣的言谈,及丰富的学识涵养令东大中文、历史系师生如沐春风。"参见《汤志钧来台讲学,东大学者如沐春风》,《"中央"日报》1992年4月17日。《联合时报》说:"东海大学有位大陆来的教授,他脸上架着一副深度近视的黑框眼镜,说起话来略带江苏口音,全身都散发儒家气息。与他擦身而过,也许不觉他有什么特别之处,但他却是继美术系邀请大陆人士邢小刚后,第二位到东大授课的大陆学者——汤志钧教授。"参见《大陆儒者应邀东大讲授中国经学及戊戌变法,汤志钧满脑经典,讲课不必看稿》,《联合时报》1992年4月19日。大陆《文汇报》说:"经学家汤志钧教授应台湾东海大学文学院的邀请……所到之处,都给当地师生留下深刻的印象。短短两个月,汤教授在台湾与学生结下了深厚的友谊,与同行举行了有益的学术交流,也留下诸多感慨:大陆台湾隔水不通,许多资料也一劈为二,一部分在大陆,一部分在台湾,从研究历史的角度讲很不利,希望海峡两岸学者能多往来,多交流,共同研究。"参见《经学家汤志钧赴台讲学》,《文汇报》1992年5月21日。
④ 汤志钧:《港、澳、台学术交流》,汤志钧:《历史研究和史料整理》,第120页。

续 表

时　间	讲　座　主　题
4月18日	清代的汉学与宋学
4月23日	康有为与古、今文学
4月23日	康有为的大同思想和《大同书》
4月24日	清代今文经学的复兴
4月25日	龚自珍与魏源
4月30日	康有为和保皇会
4月30日	邵懿辰和戴望
5月2日	经学的改造
5月6日	关于自立军诸问题
5月7日	关于保皇会和康有为的评价
5月8日	经学和近代学术、如何研究经学

汤志钧在东海大学的授课获得了良好反响，一位听课学生发文说："汤先生深厚的国学基础，以及对史料的掌握，都令学生由衷佩服，往往一堂课下来，同学们的笔记上已抄满汤先生所征引的资料，那种信手拈来，不费吹灰之力的功力，亦令在座的韩籍同学赞佩不已。汤先生为人谦虚、随和，谈到近代经学的发展，便久久不能自已，说到激动处，精神便为之一振，连带的也感染到周遭的人，而引发共鸣，深有大师的风范。汤先生喜夜读，学生凡登门造访者，莫不热情相待，谆谆善诱，对于后辈，汤先生常以自身治学的经验相告，并多所勉励，其风趣而不失长者威严的谈吐，使人有如沐春风之感也。"①而台湾学生也给汤志钧留下了较好的印象，他说："台湾研究生的国学基础较好，文字、音韵、训诂受过专门训练，先秦、两汉古籍读过不少。上课认真听讲，学习气氛不错。他们对具体问题钻研较深，如交给我的学期论文有《欧阳修对于〈诗序〉的态度》《简评陈奂的〈诗毛氏传疏〉》《陈澧〈东塾读书记〉论性善义述评》等，都很具体。"对台湾文史研究的整体感受，他认为"他们对某些专题钻研较深，而对它的社会背景、历史渊源注目较

---

① 杨志远：《汤志钧》，《近代中国史研究通讯》第14期，1992年9月。该文后收入汤志钧的《历史研究和史料整理》一书。

少。如能上下贯通,左右呼应,那就更好了"①。从这一认识或可看出两岸文史研究的学风差异。

在讲课之余,汤志钧还受到台湾各大学和学术机构的邀请,发表了十余次的专题演讲,具体情况如表2所示。

表2 1992年3～5月汤志钧在台湾各大学和学术机构演讲情况②

时　　间	讲座主题	地　　点
4月15日	章太炎和古文经学	东海大学中文系所
4月20日	康有为和今文经学	台湾大学中文系所
4月22日	关于康有为的历史评价问题	成功大学中文系所
4月22日	经史关系论	中山大学文学研究所
4月22日	国学资料和收藏	中山大学文学研究所
4月27日	经学学派的传承	"中研院"文哲所
4月28日	四十年来的中国近代史研究	"中研院"近史所
4月29日	章太炎的历史评价问题	"中研院"近史所
5月1日	关于康有为的研究	中兴大学文学院
5月6日	近代经学与政治	东海大学政治系

通过这些在场学术活动的面对面交流,汤志钧结识了众多台湾知名学者,并与他们多次叙谈,如吕士朋、杨承祖、李田意、周法高、汪中、龙宇纯、古鸿廷、胡楚生、张玉法、张朋园、王叔珉、陈三井、吕实强、戴琏璋、林庆彰、陆宝千、刘凤翰、陶英惠、王尔敏、林满红、张存武、李恩涵、黄彰健、陈鸿森、许政雄、李伟泰、夏长朴、王寿南、蒋永敬、鲍国顺等③,为他与台湾文史学界的学术交往及其影响奠定了基础。此外,他还在台湾刊物上发表论文,如《刘师培和〈经学教科书〉》一文④,

---

① 汤志钧:《台湾讲学和历史研究答记者问》,汤志钧:《鳞爪集》,中国社会科学出版社,2000年,第119页。
② 汤志钧:《港、澳、台学术交流》,汤志钧:《历史研究和史料整理》,第121页。
③ 汤志钧:《家世·治学·撰述》,汤志钧:《清代经今文学的复兴:庄存与和经今文》,中国人民大学出版社,2015年,第259页。
④ 参见《东海学报》1992年第33期。台湾东海大学丘为君教授曾告知笔者,当时汤志钧此稿并未走匿名审查程序,直接由《东海学报》编辑部讨论通过刊登。

并接受"中研院"文哲研究所访谈,回顾了中国大陆过去的经学研究展望了未来两岸经学研究的动向和趋势。① 这次客座讲学之后,他的多种著作在台湾出版,如《戊戌时期的学会和报刊》(台湾商务印书馆,1993年)、《经学史论集》(大安出版社,1995年)、《章太炎传》(台湾商务印书馆,1996年)、《康有为传》(台湾商务印书馆,1997年)等。在这些著作的加持影响下,1997年11月29日至12月13日,汤志钧受"中研院"文哲所邀请再度赴台短期讲学,并先后在"中研院"文哲所、近史所、东海大学、中兴大学等机构和大学演讲五次,具体情况如表3所示。

表3 1997年11~12月汤志钧在台湾各大学和学术机构演讲情况②

时 间	讲座主题	地 点	备 注
12月4日	关于经子结集诸问题	"中研院"文哲所	载《中国文哲研究通讯》1998年第8卷第1期
12月10日	清末民初的"国学"和《国学概论》	中兴大学	
12月10日	经史纠误和辨明真伪	东海大学	载《史林》1996年第3期
12月11日	函札整理	"中研院"文哲所	载《中国文哲研究通讯》1998年第8卷第2期
12月11日	戊戌辛亥的文化思想和政治	"中研院"近史所	系张玉法命题,无讲稿,后写成文章,载《史林》1998年第2期

三

通过检索珍藏丰富图书资料的台湾"中研院"图书馆和台湾"国家图书馆",会发现汤志钧的大多数著作(无论大陆版还是台港版)均有馆藏。据此虽不能完全说明他的研究著作在台湾学界的影响力,但也可以视为一个影响表征。对于汤志钧学术研究在台湾地区的影响,或可以台湾地区硕博学位论文的征引情况,加以说明。2021年11月2~3日,笔者通过"台湾博硕士论文知识加值系统"检索"汤志钧"关键词,获取结果397条,分布时间在1998~2021年。从这些学位

---

① 蒋秋华访问,许政雄整理:《汤志钧教授访问记》,《中国文哲研究通讯》1992年第2卷第3期。后收入汤志钧《历史研究和史料整理》一书。
② 汤志钧:《港、澳、台学术交流》,汤志钧:《历史研究和史料整理》,第122页。

论文的专业学科归属来说,主要涵盖文学、历史学、社会学、教育学、档案学、管理学等不同学科。具体的征引情况如表4所示。

表4 汤志钧编著在台湾地区硕博学位论文(1998~2021)中的征引情况一览

书　　名	出版信息	形式	征引频次
康有为政论集	中华书局,1981、1998年	编者	72
经学史论集	大安出版社,1995年	著者	60
近代经学与政治	中华书局,1989、1995、2000、2008年;台湾商务印书馆,1992年	著者	55
章太炎政论选集	中华书局,1977年	编者	54
戊戌变法人物传稿	中华书局,1961、1982年;文海出版社,1966、1974、1976、1990年;汉京文化,1982、2004年;明文书局,1985年	著者	40
西汉经学与政治	上海古籍出版社,1994年	著者	36
章太炎年谱长编及增订本	中华书局,1979、2013年	著者	35
戊戌变法史论丛	湖北人民出版社,1957年;谷风出版社,1986年	著者	32
康有为传	台湾商务印书馆,1996年	著者	26
戊戌变法史及增订本	人民出版社,1984年;上海社会科学院出版社,2003年	著者	24
戊戌时期的学会和报刊	台湾商务印书馆,1993年	著者	21
改良与革命的中国情怀:康有为与章太炎	台湾商务印书馆,1991年	著者	20
康有为与戊戌变法	中华书局,1984年	著者	18
王韬日记及增订本	中华书局,1987、2015年	编者	17
章太炎传	台湾商务印书馆,1996年	著者	15
乘桴新获——从戊戌到辛亥	江苏古籍出版社,1990年	著者	14
近代上海大事记	上海辞书出版社,1989年	主编	14

续　表

书　　名	出　版　信　息	形式	征引频次
仁学	学生书局,1998年	校注	10
中国近代教育史资料汇编·戊戌时期教育	上海教育出版社,1993年	编者	10
陶成章集	中华书局,1986年	编者	9
庄存与年谱	学生书局,2000年	著者	5
戴震集	上海古籍出版社,1980年	校点	5
中国历史研究法	上海古籍出版社,1998、2003、2019年	导读	4
国学概论	上海古籍出版社,1997年;香港三联书店,2001年	导读	4
维新·保皇·知新报	上海社会科学院出版社,2000年	著者	4
诗古微	岳麓书院,1989年	审订	3
近代中国の革命思想と日本——汤志钧论文集	日本经济评论社,1986年	著者	2
清代经今文学的复兴——庄存与和经今文	中国人民大学出版社,2015年	著者	2
戊戌变法史论	群联出版社,1955年	著者	2
大同书	上海古籍出版社,2005年	导读	2
梁启超其人其书	中国人民大学出版社,2011年	著者	2
鳞爪集	中国社会科学出版社,2000年	著者	1
饮冰室遗珍	中国人民大学出版社,2016年	编注	1
梁启超全集	中国人民大学出版社,2018年	编者	1
梁启超致江庸书札	天津古籍出版社,2005年	校订	1

从表4可知,汤志钧著述在台湾学界影响最大者首推他整理的人物史料集,如《康有为政论集》《章太炎政论选集》《章太炎年谱长编及增订本》等。在两岸学术界,汤志钧整理的康有为、章太炎政论集,可以说是最为齐全也是最被广泛利

用的两种资料集。譬如,"中研院"院士王汎森在撰写《章太炎的思想(1868～1919)及其对儒学传统的冲击》(时报出版公司,1985 年)一书时,就充分利用了大陆学者整理的章太炎资料集,如汤志钧编《章太炎政论选集》《章太炎年谱长编》,朱维铮和姜义华编《章太炎选集》等。而在汤志钧的研究论著中,台湾地区硕博学位论文中征引最频繁的是他的《经学史论集》等经学史研究相关论著,其次是戊戌变法研究。

汤志钧所著《经学史论集》一书,由台湾大安出版社①出版,主要收录研究中国经学史的论文 18 篇,分上下两卷,可以说是其经学史研究的集中展示。上卷论述清代、近代经学发展状况和龚自珍、魏源、康有为、章太炎、刘师培、顾颉刚、蒙文通等人的经学思想,下卷则是偏重通论性的两汉和清代经学史阐述。该书的出版与台湾学术界的鼓励和约邀有关,作者在《序》中曾对该书缘起有过明确说法:"过去,我们和海外的接触较少,国内又有一些'左'的影响,专门从事经学研究的人数似乎不多。近十几年来,随着改革开放的进展,和对外交流的频繁,经学的研究,也就日益引起人们的注意,对此,我也有着切身的体会……1992 年上半年,我应台湾东海大学之邀,为该校中国文学研究所博士研究生讲'中国经学史'专题……感到台湾研究生国学基础较好,文字、音韵、训诂受到专门训练,对具体问题钻研较深,使我深受鼓舞。返沪后,正想把两汉和清代经学重作整理,突然患病,只可中辍。在我住院治疗期间,台湾大学中文系李伟泰教授两度来院访慰,情深意挚,感人至深。记得访台时,李教授曾陪我参观台湾若干学者集资成立的大安出版社,久欲撰文以应。今体力已渐恢复,既鉴于台湾学者对经学研讨之勤,又感于李教授垂念之诚,因将历年所撰经学史论文选择成册,分为两卷,上卷论述清代经学,下卷则与周予同先生合署,主要是通论和两汉经学中的几个问题。这些论文,有的写于三十年前,有的则为近年所写,如果出版后能引起同行的兴趣,进而促进海峡两岸的交流,那就非常荣幸了。"②从前述他在台湾讲学的授课情况和多次演讲题目来说,经学史主题也占主要位置。③ 在 2014 年的一次访谈中,当他被问及现在是否仍关注经学方面的研究,他说台湾学术界仍会给他一些经学方面的著作和期刊④,足见台湾经学研究界对其重视程度。

周武教授曾在一篇讲述汤志钧为人为学的访谈中说:"汤先生的论著大体集

---

① 大安出版社于 1974 年成立,由一群副教授、讲师和博士生联合出资成立,秉持薪传文化之精神,主要出版传统文史经典和学术著作。
② 汤志钧:《经学史论集·序》,大安出版社,1995 年,第 1~4 页。
③ 汤志钧在回忆 1992 年 3 月在东海大学讲学授课时,就提到他的经学史课程更受欢迎。参见汤志钧:《港、澳、台学术交流》,汤志钧:《历史研究和史料整理》,第 120 页。
④ 戴海斌、沈洁采访:《汤志钧先生访谈录》,《史林》增刊,2014 年。

中在四个研究领域：一是戊戌变法史，二是辛亥革命史，三是经学史，四是上海史。其中的每一个领域，汤先生都有自己独特的建树。由于他有关戊戌变法史、辛亥革命史和上海史方面的论著，大多是创辟榛莽、导夫先路之作，因此，他在中国近代史研究领域多方面的成就显然更受海内外学界推重。与之相比，他的经学史研究反而有点被遮蔽了。其实，这多少是对汤先生学问的误解。就学术理路而言，汤先生学术之路的起始点和立足点都在经学，他的近代史研究的真正切入点也在经学。经学分今文经学和古文经学，汤先生由今文经学而关注康有为，由康有为而研究戊戌变法；由古文经学而关注章太炎，由章太炎而研究辛亥革命。这种由经学史切入近代史的研究路径，是汤先生与绝大多数近代史家的最大不同所在。"①此论不差。汤志钧在经学史研究方面的学养和成就一定程度上确实"被遮蔽了"，其中的原因当然比较复杂，既有学术本身的原因，也有学术之外的原因。不过，根据以上对汤志钧研究著作在台湾学界被征引的情况来说，他的经学史研究最获重视，或许可以弥补过去对其学术图景的既有认识。

（原载《历史教学问题》2023 年第 6 期）

---

① 周武：《汤志钧：追求"经史合一"的真气》，《社会科学报》2014 年 10 月 9 日。

后小三线建设时代的企业与地方经济：
以安徽池州为例

李 云、徐有威[*]

上海小三线是 20 世纪六七十年代基于战备的因素建设起来的产物，它是全国 28 个省区市小三线中门类最全、人员最多、规模最大的综合性后方工业基地。在从建设到调整的 24 年间，上海小三线不仅为其所在地皖南的工业建设提供了一次重要机遇，而且对皖南山区经济的发展起到了重要的促进作用。上海小三线建设不仅给皖南留下了大量的物质财富，还留下了优秀的技术人才和丰富的精神文化，安徽也由此迎来了后小三线建设时代。所谓的后小三线建设，指调整之后的小三线建设企业在 1981 年至 2021 年期间在改革开放时代大潮中的发展变化，其对区域经济社会乃至中国经济社会发展都产生了重要影响。

安徽池州曾是上海小三线企事业单位在皖南最为集中的地区之一，小三线建设对于当地经济发展、产业转型、文化生活以及城镇化建设有显著的推进作用。在接收上海小三线企业的后小三线建设时期，安徽池州政府全力以赴盘活资产，搞活地方经济，这种工业投资的溢出效应对池州经济的增长发挥了重要的促进作用。基于学界已有的研究成果，笔者认为上海小三线仍有值得研究的学术空间，特别是在后小三线建设这一研究视野下的拓展。[①] 本文以实地调研为基础，运用档案、口述和报刊资料等，探讨后小三线建设时期的安徽池州通过横向联营、资产重组等方法获得地方工业及各项社会事业发展的历史事实，期望对当前安徽全面融入长三角一体化和现代化美好安徽建设提供有益的历史借鉴和发展启示。

一、小三线建设对池州经济社会发展的影响

1965 年至 1988 年期间，根据毛泽东和党中央、国务院以及中央军委在全国

---

[*] 李云，现为淮北师范大学马克思主义学院副教授；徐有威，现为上海大学历史系教授。
[①] 徐有威、陈东林主编的《小三线建设研究论丛》（第四辑）的副标题就是"后小三线时代与档案资料"，上海大学出版社，2018 年。

范围内建设小三线的指示,上海按照南京军区、华东局的总体部署,组织7万多名干部、知识分子、科技人员、工人和家属,组成小三线建设大军,在"备战备荒为人民""好人好马上三线"的时代旗帜下,在皖南和浙西的深山密林中建起了81家企事业单位。其中,位于安徽池州的20多家上海小三线企业及配套单位主要分布贵池东南部的梅街、棠溪、刘街和东至西部的合镇、建新、香口等乡镇,涉及机械、冶金、化工、电力、交通、通讯、卫生和文教等行业。

历史上,池州素来以农业为主,工业落后。已具备一定规模和生产能力的小三线工厂的迁建,以及大量工程技术、经济管理、医务文教人员的内迁,对池州工业经济和社会各项事业的发展起到了重要作用,主要表现在以下三个方面。

第一,改善基础设施条件。在电力方面,原来池州主要依靠柴油机发电和小水电站,功率很小,乡村山区无电可供。325电厂和703供电所的建立,促进了池州电力网及工农业的发展。在交通方面,由于工厂地处深山僻谷,交通条件落后,小三线建设者为小三线发展奠定交通基础的同时,也从根本上改善了池州交通运输条件,方便了群众出行,扩大了对外交流,促进了山货流通。八五钢厂在梅街白洋河上修建连通内外的大桥,东至507、305码头的建设,以及为小三线工厂的迁建而修筑的专用公路等,都是很好的案例。与此同时,上海小三线还为当地人民生产生活提供了很多方便,如长江医院和天山医院帮助地方治病救人;683车队、260通讯站等小三线企事业单位的兴建和发展,大大促进了地方公共事业的发展。这些基础设施的巨大改善,使池州相较于其他地区提前实现了通讯、通电和通路等,池州曾经由此一度荣获"小上海"的美誉。

第二,扶植地方工农业发展。上海小三线从人力、物力、财力和传递信息、发展横向联合上为当地工农业生产和发展提供了有力的支持和帮助。上海小三线的迁入,为池州带来了知识与技术,不仅为地方工业的发展提供技术人员,还帮助地方培训技术人才,同时还无偿支援钢材、水泥、拖拉机、汽车、化肥、机电设备等工业品。仅胜利机械厂给所在公社、队各方面的支援就达114万元。[①]

第三,丰富农民文化生活。小三线企事业单位周围的村庄实现通电,这让村民们不仅用上了照明灯,还看上了电影。小三线职工的海派文化生活、现代化的思想观念和对工作精益求精的敬业精神,都潜移默化地影响和改变着当地人的观念。

由上可知,上海小三线系统虽然独立于池州,但对池州的经济发展有很大帮助。它促进了池州电力、通讯、交通运输等方面的发展,道路、水利等基础设施也得到了巨大改善。同时对池州民众开阔视野、观念更新、改善物质生活等都创造

---

① 上海后方基地管理局党史编写组:《上海小三线党史》,1988年印刷,第48页。

了有利的条件。

二、后小三线建设企业的移交与改造利用

1985年,根据国务院办公厅指示和沪、皖两地关于上海皖南小三线的调整交接协议,池州境内的上海小三线企事业全部无偿移交给所在地经营管理。这些固定资产为池州地方发展壮大国有、乡镇企业提供必要的设备和资金。经过资产重组、联营合营等,部分有着上海小三线背景的企业,逐渐成为区域行业的强劲力量。

党的十一届三中全会以后,上海小三线企业在上海前方的大力支持下,生产经营实行大规模军转民,但随着经济体制改革的深入,这些企业产品单一,交通不便,信息闭塞,存在不少困难,迫切需要调整。为妥善解决这些困难和问题,根据全国小三线工作会议精神,上海、安徽于1985年1月在合肥就上海小三线调整问题进行协商,上海市表示愿意将小三线资产无偿移交给安徽,就近就地改造利用。

沪皖双方根据企业产品、地理情况,确定企业的分类,规定分期分批交接的单位及条件、进度、要求,池州小三线企业中动态交接的有2个,关停交接的有11个。贵池接收的上海小三线固定资产原值1.72亿元,净值1.07亿元,流动资金2773.6万元,专用资金结余款5万元,一次性补偿费227.9万元,上海留皖人员安置费270万元,实际接收的小三线资产共计1.39亿元。这些固定资产原值和流动资金相当于贵池国营预算内企业的12倍。[1] 上海后方化工公司移交给东至固定资产原值1.2亿元,净值0.67亿元,货币资金250万元。[2] 这是一笔巨大的经费,将为池州经济的增强提供坚实支撑。

上海与安徽协商决定将上海小三线企事业移交给安徽,这是我国经济体制改革、国防科技工业实行战略转移的需要。其时正值池州提出工业强市战略之际,大量小三线工业资产的注入,为池州经济发展带来了宝贵的机遇。

池州工业基础薄弱,技术人才缺乏。如何盘活这些资产,为振兴地方经济和现代化建设,尤其是为推动池州全面深化改革,建立新型港口城市发挥作用,这是摆在池州面前的一个重大课题。

第一,政府的高度重视为小三线企业的改造利用提供了有力保障。上海小三线的调整改造,不仅是一个经济问题,还是一个政治问题和社会问题。池州在

---

[1] 贵池县三线办:《贵池县小三线调整交接工作总结》,1988年5月4日。
[2] 李玉祥、谢光远:《送阅材料》,1987年3月5日,章炎盛提供。

"唱好三步曲，下活一盘棋"的指导思想下，成立了由13个主管部门参加的领导小组，主要负责加强行业指导，协助各地搞好利用改造规划，审批复产、改产方案，帮助疏通产供销渠道，加强企业管理，协调横向经济联合等。在人员配备上，地方政府的主要领导成为企业改造利用的骨干力量，如八五钢厂和325电厂是上海小三线企业中的大厂，为了利用搞活这些企业，池州县委、人大、政府、政协、纪委等五大班子的领导齐上阵助力。

东至为了使小三线企业尽快发挥效益，专门调入人员，成立小三线调整交接领导小组办公室、第二经济委员会，统管小三线的人、财、物，组织行业主管部门和接收单位进行调查研究，确定改造利用方向，还担负着聘请和培训人才，开发利用小三线资产的重任。

第二，制定优惠政策，帮助搞活企业。在坚持安徽和上海签订的商定协议的精神下，安徽以"搞活企业"、发展县级经济为原则，为企业提供减税让利、吸引人才、产供销渠道、行业归口管理等优惠扶持政策，并在能源、原材料供应、技改资金上给予支持和帮助。如为解决企业调整所需资金，地方政府规定企业三年内的利润不必上缴，可以全留。对于被接收的小三线企业在过渡期内的原料需求，由省计委予以调剂解决。

池州为搞活小三线企业，使之尽快发挥经济效益，对国家工作人员和专业技术人员一律实行优惠待遇，规定进山人员享受进山津贴、浮动工资，解决家属"农转非"和子女就业等；对招标或承包的企业，采取与效益挂钩的办法，见利提成。除此之外，东至为鼓励和支持县办工业、乡镇企业进驻小三线办厂，规定凡利用小三线已有设施办企业，三年内工房、宿舍不收租用费；办企业所需要的设备、材料等优先解决；设立税收专管员，税收归企业所属区、乡、镇所有。①

为搞活原八五钢厂，安徽省还给予特殊优惠政策，规定接盘八五钢厂的安徽马鞍山钢铁公司在承包期间，实行利润全留、减半征收增值税，其资金主要用于技术改造；生产所需的原材料、燃料，其指令性计划部分按国家规定的配额和渠道供应，其余实行市场调节；电力指标增加到6 000万度；解决家属子女"农转非"。此外，安徽还给予职工奖金、生活补贴等。② 这些政策措施为小三线企业改造利用创造了有利的条件。

---

① 中共东至县委、东至县人民政府：《关于"小三线"工作人员的优惠办法》，1986年10月12日；东至县小三线交接领导小组办公室：《交接工作情况》，1986年6月25日，章炎盛提供。
② 《贵池县人民政府 马鞍山钢铁公司关于承包经营贵池钢厂的协议》，1986年10月8日，贵池县调整交接小三线办公室：《安徽省皖南小三线交接和调整有关文件汇编》，1986年11月29日，未刊。张渭德提供。张渭德曾任安徽省贵池县副县长等职，负责安徽方面接收上海小三线企业的工作。

第三，利用已有的工业基础，开展多种形式的经济联合，组织产品对口、技术力量雄厚的大企业承包或经营。325电厂和八五钢厂属于一类企业，由于企业经营比较好，产品有发展前途，本着保护和发展生产力的原则，实行边生产、边接收、边承包。前者由贵池接收后更名为贵池发电厂，按所有权与经营权分开的原则，由望亭发电厂综合服务公司承包经营，并由其培养一批技术力量和管理人员；后者自贵池接收后易名为贵池钢厂，由马鞍山钢铁公司承包经营三年，并帮助培养一支能独立生产经营的职工队伍，疏通产、供、销渠道，使企业略有盈余，为地方自营创造必要条件。

池州接收的5个机械厂，属于关停的三类企业。为了搞活企业，发挥作用，采取对口接收和分步走的办法，先利用接收的设备，发展适销对路的传统产品和拳头产品，扩大接收企业的生产能力，然后在进行市场行情调查情况下，开展多层次、多渠道的横向经济联合，寻求单项产品的合作生产和联营，或利用已有设备优势开发新产品，以逐步提高设备利用率。通过以上措施，改造利用之举初见成效。通用机械厂接收前进机械厂，利用移交的技术、图纸，与上海开展联营协作，组织恢复皮带运输机的生产。江南轴承厂接收五洲机械厂后，与芜湖微型电机厂联营生产耐氟电机和分马力电机，后联合成立贵池模具厂，为芜湖生产电机模具，填补了贵池的一项空白。起重工具厂接收火炬机械厂后，分别与武汉起重设备厂、北京机床厂、上海工业大学、上海缝纫机工业公司等单位联营开发，生产和加工电动葫芦、链条、电磁钻等产品。①

东至本着"交接、管理、协调、开发"的方针，采取"走出去，引进来"的方式，盘活三线资产。其一，以提供厂房、设备、水电等生产设施和生活设施来吸引乡镇企业进山；其二，利用地方资源优势，开展横向联营，引进技术资金。至1993年，东至先后复产龙江水厂、305码头、自强化工厂、长江机修厂，同时扩建硫酸厂，新建氧化铁红厂、钢球厂等，利用资产3 300万元，占移交固定资产总值的48%；聚集和培养各类专业技术人员180人（其中工程技术人员128人），同10多个教学、科研等企事业单位建立技术协作关系。②

第四，组织"贵申情"联谊活动，谋求与上海的经济协作。在上海小三线长达24年的时间里，池州与上海结下深厚情谊。基于此，地方政府以"贵申情"为纽带，开展联谊活动，不仅得到了大量经济、技术和市场信息，还通过个别对口活动，巩固和新建立一些物资、技术的协作关系，同上海市有关单位签订了12个意

---

① 贵池县三线办：《贵池县小三线调整交接工作总结》，1988年5月4日。
② 东至县人民政府：《关于请求将我县化工基地（三线企业）列入重点技改专项扶持的报告》，1993年10月14日，安徽省东至县档案馆藏，档号：21-1-2-223。

向性经济技术合作协议,接受了一部分扩散产品加工业务。① 其时,上海不仅主动为池州提供信息,牵线搭桥,解决生产原料和产品销路问题,还派遣技术骨干、管理人才,帮助地方发展工业,并在培训生产技术骨干、衔接供销渠道、组织生产方面发挥积极作用,做到了"人走情更浓"。

当时,为加强两地的交流和联系,推进双方经济技术协作和联合,池州在上海特别设立了办事处,这是皖南地区在上海成立的第一个县级办事处,并与上海徐汇区结成了友好区县。②

池州根据"扬长避短、形式多样、自愿互利、共同发展"的原则,制定优惠灵活的扶持政策,广开门路,依靠省内外拥有雄厚经济实力和技术力量的大中型企业和大专、本科院校,积极开展多种形式的横向经济联系,引进技术、人才、产品、信息和资金等,开拓市场和协作配套,谋求各方合作,为小三线企业的改造利用和池州的经济建设提供支持。这样既保护和发展了生产力,又能把资源优势变为产业优势和经济优势,实现地方经济发展。

三、后小三线建设企业成为池州经济发展的新动力

20 世纪 50 年代,池州境内几乎没有任何现代意义上的工业。时至 20 世纪 60 年代初,池州的工业还是以食品和纺织业等为主。1970 年,池州才开始兴办"五小"(小家机、小化肥、小农药、小纺织、小粮油加工)企业。上海小三线企业及其辅助单位全部移交池州经营管理后,两地倾全力加以改造利用,从而实现了国家三线资产与地方国有、集体企业的资产重组,不仅填补了池州工业门类的空缺,而且有力地促进了工业经济的发展。其中,贵池电厂、贵池钢厂、池州家用机床厂、自强化工厂等成为池州工业的骨干力量,这些后小三线建设企业成为池州经济发展的新动力。

第一,电力工业。325 电厂是上海小三线的配套工程,池州将其接收后发电能力增加,随即成为池州利用产值最高、经济效益最好的企业。该厂年发电量在 3.6 亿度以上,年产值达 2 000 多万元,是池州工业企业年产值的四分之一,创利税 800 万元。③ 1986 年至 1987 年,该厂共发电 7.5 亿度,创产值 4 461 万元,实

---

① 省皖南小三线交接办公室整理:《贵池县横向经济联系的路子越走越宽阔——上海"小三线"交接后》,1988 年 3 月 10 日,安徽省池州市贵池区招商局档案室藏。
② 《一位上海籍安徽县长经历的上海小三线建设——安徽省贵池县原县长顾国籁访谈录》,徐有威主编:《口述上海:小三线建设》,上海教育出版社,2013 年,第 197 页。
③ 《贵池发电厂剪影》,《贵池报》1986 年 10 月 18 日,吴少华主编,徐有威执行主编:《安徽池州地区上海小三线档案报刊资料选编》,2017 年印刷,第 209 页。

现利税 1 352 万元。其中 1986 年该厂发电超 4 亿度,创造建厂以来最高纪录;1987 年,该厂成为池州地区唯一实现上缴利税超千万的企业。①

1988 年是池州电力工业发展的分水岭。1989 年贵池电厂由地方自主经营后,升级改造为一家总装机容量为 5 万千瓦、年均发电量达 3 亿千瓦时的火力发电厂,不仅填补了池州现代电力工业的空白,还成为池州企业利税大户和骨干企业。1990 年该厂共发电 2.3 亿千瓦时,供电 2.1 亿千瓦时,创利税 551.9 万元,上缴利润 191 万元,占全市工业企业上缴利润总额的二分之一。② 随之,池州不断加强基础设施建设,加大发展农村电网,大大扩宽地方电力的流通领域,进一步开拓电力供应市场,企业效益显著增长。2000 年,池州发电量达 3.16 亿千瓦时,产值 8 178 万元,利税 1 608 万元。其中,贵池电厂发电 3.075 亿千瓦时,产值 7 958 万元,利税 1 575 万元。③

1990 年 7 月,安徽省委、省政府提出开发皖江战略,贵池发电厂抓住机遇,一方面分离企业办社会的职能,另一方面进行设备改造、技术更新和产业升级,筹建现代化电力企业。步入 21 世纪后,根据国家新能源产业发展战略及相关政策,企业通过设备更新、技术改造、改革改制和资产重组,按照现代企业制度组建公司。公司寻找机会获得德国政府贷款 1 300 万欧元,通过贷款和自筹方式筹集 14 993 万元,建立农林生物质发电项目,由此闯出一条绿色发展新路,当前年发电量 1.6 亿千瓦时,产值 1.5 亿元,税收 1 000 多万元。每年可为当地农林和运输业带来超 7 000 万元的收入,实现了经济效益、社会效益和生态效益的统一。该公司被国家林业局和安徽省政府列为"国家林业生物质能源示范项目"和安徽省"861"行动计划项目。④ 电力工业大幅度的发展和电力供应的保证,不仅使其成为池州的支柱产业,而且极大地促进了工农业生产的发展和人民生活水平的提高。

第二,机械工业。池州接收的上海五家机械厂虽然属于关停企业,但却拥有固定资产 6 302 万元(净值 4 278.49 万元),流动资金 1 591.56 万元。⑤ 由此池

---

① 贵池县三线办:《贵池县小三线调整交接工作总结》,1988 年 5 月 4 日;《贵池发电厂今日起自主经营》,《贵池报》1989 年 1 月 1 日,吴少华主编,徐有威执行主编:《安徽池州地区上海小三线档案报刊资料选编》,第 209 页。
② 《贵池发电厂经济效益显著》,《贵池报》1991 年 3 月 2 日,吴少华主编,徐有威执行主编:《安徽池州地区上海小三线档案报刊资料选编》,第 252 页。
③ 池州市贵池区地方志编纂委员会编:《贵池市志(1988—2000)》,黄山书社,2009 年,第 156~157 页。
④ 钱学勤口述,余顺生、武昌和整理:《我所知道的上海小三线 325 厂》,徐有威、陈东林主编:《小三线建设研究论丛》(第三辑),上海大学出版社,2018 年,第 333~334 页。
⑤ 《贵池县境内小三线基本概况》,贵池县调整交接小三线办公室:《安徽省皖南小三线交接和调整有关文件汇编》,第 243~244 页。

州市属机械工业的技术装备、生产能力得到显著增强。如胜利机械厂将26台机器设备提前移交给池州家用机床厂,使该厂生产的多功能家用机床由1986年的310台增长到1987年的3 024台,企业开始扭亏为盈,实现利税69万元,产品销往22个国家和地区,创汇100万美元。① 永红机械厂由银河机械厂对口接收后,1987年扩大了农用拖车生产能力,年创产值180万元,获利7.7万元,分别比1986年提高110%和700%。②

  池州在对口接收了一批市属国有和集体机械企业的基础上,又通过改制、重组增强了境内机械工业的市场竞争力。池州以家用机床厂为核心,联合通用机械厂、银河机械厂、铸造厂等企业的设备和资产,于2006年组建安徽白鹰企业集团,下辖3家机床生产制造企业、2家贸易型公司和九华数控研究设计院,公司拥有的500多台生产设备,有近一半的生产设备来自上海小三线企业。在深化改革进程中,企业转换经营机制,不断优化产品结构,产品广泛用于航空航天、汽车、船舶、电力、纺织、信息产业等多个领域,建立了遍及世界130多个国家和地区的国际市场网络。其产量最高年产15 000多台,年创利税最多可达2 000万元。该公司作为池州重点骨干企业、安徽省优秀民营高新科技企业,还先后被国家经贸部批准为家用机床出口基地企业,列入安徽省出口创汇重点企业。③

  池州接收的技术装备支持了地方工业企业,扩大了机械工业产品生产,促进了企业的转型升级。同时,企业培养的一批技术力量和管理人员发挥了作用。起重工具厂接收火炬电器厂后,实施了整体搬迁和技术改造。其一,加强与武汉起重设备厂的协作关系,利用接收设备,扩大链条、葫芦的生产能力,转产的手拉葫芦成为省部优产品。其二,积极寻求新的合作伙伴,与上海缝纫机工业公司联合,生产加工缝纫机配件。随着国有企业改革的推进,企业着手改制后一分为三:一部分人利用工厂设备继续从事缝纫机配件生产;一部分人利用积累的生产技术、管理经验和创业资本,于2006年组建旭豪机械有限公司,专业从事特种工业缝纫机的研发、生产和进出口贸易,是国家缝纫机械协会会员单位、行业标准制定单位之一,被认定为安徽省高新技术企业和池州优秀民营科技企业;还有一部分人创立了安徽九华机械有限公司,继续从事电动葫芦、手动葫芦、轻小型

---

① 黄岳忠:《接收、利用皖南小三线发展安徽经济——上海市安徽省皖南小三线交接工作总结会议发言》,1988年8月19日,安徽省池州贵池区招商局档案室藏。黄岳忠时任安徽省经委副主任兼军工局局长。
② 贵池县三线办:《贵池县小三线调整交接工作总结》,1988年5月4日。
③ 张渭德:《上海小三线在贵池的往事回忆》,贵池区委党史研究室、贵池区地方志办公室编:《上海小三线在贵池》,团结出版社,2018年,第19~20页。

起重机械设备的制造和销售,产品远销欧美、中东等地区的几十个国家,是国家定点生产起重工具的专业单位,也是全国手拉葫芦行业协会会员。①

第三,冶金工业。上海小三线来到池州之前,池州尚无冶金企业。八五钢厂的建立,填补了池州冶金工业的空白。作为上海乃至全国小三线系统内最大的企业,八五钢厂拥有固定资产原值 8 017 万元,净值 5 460 万元,流动资金 3 081 万元。② 池州接收八五钢厂后,由安徽的马钢公司承包三年,1991 年由池州自主经营,属地方国营企业,被安徽省冶金厅列为地方冶金骨干企业。作为一座已初具规模的特种钢厂,贵池钢厂成为安徽省内第三大钢铁企业。这不仅对振兴地方经济有着举足轻重的作用,而且对合理布局长江沿岸钢铁生产企业和全省钢铁生产的发展有着重要的意义。在安徽省市两级政府的重点扶持下,该企业获得短暂的发展,一度成为池州的骨干企业,被列为市属工业前十强企业。1993 年有职工 1 336 人,产钢 3.8 万吨,销售收入 11 506 万元,实现利税 509 万元,利税、销售收入分别居池州企业的第一、二名。③ 此外,贵池钢厂还带动采矿、建材、机械加工等行业,这对振兴地方经济极为有利。

20 世纪 90 年代以来,随着国有企业改革与重组的推进,贵池钢厂在优胜劣汰的竞争机制中被淘汰。该企业在政府的扶持下,有过短暂的发展,但由于新旧问题的叠加,仍旧难以逃脱被市场淘汰的命运,1999 年依法破产。然而,企业留下的有形资产和无形资产,对池州经济发展仍然具有积极作用。

一方面,企业在改制中寻找新的出路。池州通过招商引资、利用厂房设施先后兴办电池厂、毛竹加工厂,在开办资金和产品开发等方面都得到小三线企业和回沪职工的帮助和支持。该厂在整合钢厂下属 507 码头资产、吸纳钢厂 150 余名职工后,与池州港务局重组贵池港埠公司,实现了较好的经济和社会效益。在不断整合、扩大、重组的基础上,公司已发展成为池州的骨干企业,是安徽省最大的冶金辅料生产企业,长江中下游地区重要的冶金辅料供应商,宝钢、马钢冶金辅料供应主要配套企业。另一方面,在无形资产方面,为适应国家产业政策,池州整合了贵池钢厂和多家小钢铁企业资源。安徽贵航特钢有限公司顺势而为,以贵航金属制品厂为依托,利用贵池钢厂的钢铁产能,整合资源,以商招商,在贵池前江工业园区建成年产 300 万吨规模的钢铁生产企业,获得了良好的经济效益,2014~2016 年连续三年蝉联安徽综合百强企业,2020 年位列中国制造业民

---

① 张渭德:《上海小三线在贵池的往事回忆》,贵池区委党史研究室、贵池区地方志办公室编:《上海小三线在贵池》,第 18~19 页。
② 贵池县调整交接小三线办公室:《贵池县小三线交接工作情况的汇报》,1987 年 4 月 13 日,安徽省池州市贵池区招商局档案室藏。
③ 池州市贵池区地方志编纂委员会编:《贵池市志(1988~2000)》,第 161 页。

营企业五百强,为池州跨越发展做出了新贡献。①

第四,东至化工园。上海小三线后方化工区的建立,为当今东至化工生产和经济建设打下了良好的基础。上海小三线工厂移交地方管理之后,东至化工行业开始有了一定的发展。当地政府依托原东至化工区的基础设施、化工设备、闲置厂房和周边土地资源,注入资金,开创化工生产新局面。

东至境内的上海小三线自强化工厂原投资3 071万元,形成固定资产2 368万元,占地412.38亩,拥有建筑面积35 514平方米,各种设备1 459台(套),移交净值2 300万元。② 1989年东至接管自强化工厂之后投资750万元,全面恢复自强化工厂生产,并将硫酸生产能力扩至年产2万吨。时至20世纪90年代,该企业因技术力量薄弱、管理人才缺乏,以及产品市场不稳定,生产难以为继,濒临破产倒闭的边缘。2000年后企业迎来新的转机,在整合上海小三线下属的红星机械厂、金星化工厂和卫星化工厂等企业资源的基础上,该公司进行了技术改造升级,深化人事管理体制改革,转换企业经营机制,转变职工的思想观念,改革企业产权制度,引进外商投资,逐步建立了现代企业制度,实现扭亏脱困,产生利润。

随后,该公司又引入外来资本扩充企业实力,重组更名为华尔泰化工股份有限公司。公司生产规模不断扩大,装置技术显著提升,经济效益大幅度攀升,发展成为以合成氨、硝酸、硫酸等基础化工产品为主线,以精细化工产品为方向的综合型化工企业,其中浓硝酸产销量位居国内首位。该公司拥有合成氨、硝酸、硫酸等成套装置及年吞吐总量为63万吨的长江危化品码头和件杂货码头,已成为东至重要的化工支柱企业和安徽化工行业的重点骨干企业,连续20年为东至利税首户。2020年9月29日,华尔泰化工股份有限公司凭借扎实的工艺技术、多元化产品形成的竞争优势等实现了资产证券化,在深圳证券交易所主板正式挂牌上市,成为东至县乃至池州市境内第一家有着昔日上海小三线背景的上市公司。

2004～2006年期间,池州政府借助长三角地区产业梯度转移和资本向内地转移的契机,依托华尔泰化工股份有限公司建立东至香隅化工园区,充分利用其技术、人才、管理、信息等优势,发展硝酸等基础化工的下游企业,不断延伸产业链条,发展化工产业集群,开始建立东至香隅化工园。该化工园成为池州市沿江产业发展的四大基地之一,也是安徽省最大的精细化工产业聚集地。2010年,

---

① 张渭德,《上海小三线在贵池的往事回忆》,贵池区委党史研究室、贵池区地方志办公室编:《上海小三线在贵池》,第20～21页。
② 安徽省东至县经济委员会:《东至县(三线)化工区简解》,1992年1月,章炎盛提供;《自强化工厂复产项目建议书》,安徽省东至县档案馆藏,档号:21-1-1-188。

该化工园已形成销售收入百亿元的化工特色工业园。2019年,入园企业已达58家,其中超亿元企业17家,10亿元以上企业3家,工业总产值达101.8亿元。①当前,化工产业作为东至县三大工业体系之一,是带动地方经济发展的重要力量。自强化工厂和香隅化工园的发展壮大与上海小三线化工基础有着密不可分的关系,也打破了当初"在山沟里继续办化工企业是没有出路的"的论断。②

由于化工园区的发展,企业数量逐渐增多,进而带动了人口就业,收益显著。香隅镇成为东至除了县城外最为繁华的乡镇,香隅人的经济思维也是最为积极活跃的,这一切与上海小三线建设直接相关。③

纵观池州20世纪八九十年代乃至21世纪初工业经济发展进程,其与上海小三线有着密不可分的关系。1979年国家对部分三线企业实行"关、停、并、转",拉开了城市经济体制改革序幕。上海小三线企业经历了转产民品、自谋出路、移交返城等一系列阵痛,这为安徽经济发展积蓄了基本力量,注入了动力。1988年贵池设立池州地区和撤县立市之初,把发展工业经济作为强市之路,抓住国家小三线建设调整之机,对口接收并改造利用一批上海小三线企业,实现了国家三线资产与池州国有企业的资产重组,继而通过组建企业集团、企业整合兼并等方式,促使池州国有企业实力显著增强,工业经济取得突破性进展。

1986年,上海小三线企业开始无偿移交给贵池,是年池州工业产值达1.78亿元,工业发展速度达43.3%,占工农业总产值的52.1%,首次超过农业产值。东至小三线化工企业的转产复产和化工产品区的形成,加快了工业的发展,全民所有制工业固定资产原值由1983年的2419万元增长到1987年的7827万元。1987年,全县工业总产值超过1.5亿元,占工农业总值的46.3%。④ 1988年年初,上海小三线交接工作全部结束,当年池州工业产值为2.56亿元,占全县工农业总产值60.4%。⑤

池州工业经济的发展离不开接收的上海小三线企业。1984年,池州境内的小三线企业工业总产值达1.13亿元,1980~1985年上半年,上缴国家税金

---

① 池州地区地方志编纂委员会编:《池州地区志》,方志出版社,1996年,第392页;安徽华尔泰化工股份有限公司:《安徽华尔泰化工股份有限公司首次公开发行股票(A股)招股说明书》,安徽华尔泰化工股份有限公司提供;方锦波采访安徽华尔泰化工股份有限公司董事长吴李杰,2021年2月22日,安徽东至县安徽华尔泰股份有限公司董事长办公室。
② 东至县人民政府:《关于东至化工区交接工作进展情况和今后工作意见的报告》,1985年8月29日,安徽省东至县档案馆藏,档号:21-1-1-152。
③ 方锦波采访安徽华尔泰化工股份有限公司董事长吴李杰,2021年2月22日,安徽东至县安徽华尔泰股份有限公司董事长办公室。
④ 东至县地方志编纂委员会办公室编:《东至县志》,安徽人民出版社,1991年,第274页。
⑤ 贵池市地方志编纂委员会编:《贵池县志》,黄山书社,1994年,第464~466页。

3 701 万元,创利润 4 613 万元。① 池州接收利用之初,企业就产生了经济效益。据统计,1987 年这些企业产值达到 2 100 多万元,创利税 629.5 万元,同时解决了 1 200 余人的就业问题。② 其中净增产值为 630 万元,销售收入净增 750 万元,利税净增 150 万元。该年,池州共净增工业产值 3 187 万元,净增销售收入 4 489 万元,净增利税 1 158 万元。③

另外,池州随着小三线企业的改造利用,冶金、机械、化学等工业取得快速发展,并日益成为地方经济支柱产业,逐步形成机械、冶金、纺织、化工、建材、轻工六大优势产业,这无疑对促进池州国民经济和社会发展具有重大意义。

四、余 论

从 20 世纪 80 年代中期直到时下,除了池州对于上海小三线企业的改造利用取得良好效果外,安徽的宁国、绩溪和旌德等曾经有着上海小三线企业落户的地区,也因地制宜盘活了小三线资产。宁国接收 13 个小三线单位,其中企业 5 个,事业单位 8 个,拥有固定资产原值 5 101.88 万元,净值 3 410.34 万元,国拨流动资金 1 045.3 万元。经该县利用改造后,1990 年这些企业的产值达 1.5 亿元,实现利税 2 000 万元,产值增加了 3.3 倍,利税增加了 4.2 倍。由此,1988 年宁国就摘掉了贫困帽子,1990 年成为比较富裕的县,1992 年进入安徽省综合经济实力十强县,1995 年进入全国综合经济实力百强县。④

上海小三线建设和发展时期,无论是上海先进的思想理念还是小三线企业带来的机械设备,都为当地的现代化发展奠定了基础,尤为显著的效果是经济效益的提高、观念和文化的变化以及物质生活的改善。⑤ 池州抓住国家开发浦东和安徽省委开发皖江战略决策的机遇,把目光聚焦长三角,广泛开展横向联营,推进了小三线企业的改造利用,取得了良好的社会效益和经济效益。上海小三

---

① 《三线交接顺利结束　调整利用全面展开》,《贵池报》1988 年 1 月 27 日,吴少华主编,徐有威执行主编:《安徽池州地区上海小三线档案报刊资料选编》,第 221 页。
② 《贵池改造利用三线企业初见成效》,《贵池报》1988 年 5 月 14 日,吴少华主编,徐有威执行主编:《安徽池州地区上海小三线档案报刊资料选编》,第 240 页。
③ 钱世托:《小三线调整交接工作的情况汇报》,贵池县调整交接小三线办公室:《贵申情材料汇编》,1988 年,第 20 页,安徽省池州市贵池区招商局档案馆室藏。钱世托曾任安徽贵池县副县长等职,负责安徽方面接收上海小三线的工作。
④ 宁国县人民政府接收沪属小三线办公室:《关于沪属"小三线"接收工作的总结》,1987 年 2 月 5 日,安徽省宁国市档案馆藏,档号：85-15.W-1-21;胡盛林:《关于小三线调整工作的总结报告》,1991 年 9 月,上海市档案馆藏,档号：B67-1-312。
⑤ 《生产、搬家、安置三不误的小三线调整——原上海市后方基地管理局局长王志洪访谈录》,徐有威主编:《口述上海：小三线建设》,第 62 页。

线与池州交融与共、和合共生,给双方带来了发展机遇,更为池州经济快速发展和社会进步发挥了重要作用。

如今,长江三角洲是国家经济发展最活跃、开放程度最高、创新能力最强的区域之一,在国家现代化建设大局和全方位开放格局中具有举足轻重的战略地位。推动长三角一体化发展,增强长三角地区创新能力和竞争能力,提高经济集聚度、区域连接性和政策协同效率,对引领全国高质量发展、建设现代化经济体系意义重大。① 作为长三角的成员之一,如何发挥优势融入长三角一体化,推动城市工业高质量发展,是安徽面临的新机遇和新挑战。2020 年 8 月,习近平总书记考察安徽时强调,要深化体制机制改革,加强城市基础设施、生态环境和营商环境建设,畅通与长三角中心城市连接的交通网络,提高生产生活便利化、舒适化程度,更好吸引和承接长三角地区资金、技术、产业、人才等的转移。② 因此,安徽要把握战略机遇,以求真务实、开拓创新的精神,根据全省各区域的特色优势,精准推动各地与沪苏浙的产业联动发展。而池州利用国家重大战略决策,依托丰富的地方资源,围绕努力打造承接长三角产业转移示范区、长三角重要旅游目的地、长三角重要休闲康养地、长三角绿色有机农产品生产供应地的目标定位,在推动创新共建、协调共进、绿色共保、开放共赢、民生共享上取得实质性进展。③

上海小三线经历了改革开放前后两个历史时期,它在建设和发展中积累的许多宝贵的经验和教训,对于加强沿海与内地的交流合作,实现区域协同发展具有一定的启示意义。特别是在改革开放初期,随着国际国内形势的发展变化,小三线建设进入"调整、改造、发挥作用"时期,小三线企业在改革中不断走向社会主义市场经济的过程,企业历经的兴衰成败,以及在人才引进、资产重组、横向联营、改制转型中积累的经验教训,定能为安徽深度融入长三角一体化发展和建设现代化美好安徽提供借鉴。

(原载《学术界》2022 年第 1 期)

---

① 《长江三角洲区域一体化发展规划纲要》,中华人民共和国中央人民政府网站:http://www.gov.cn/zhengce/2019-12/01/content_5457442.htm。
② 《下好先手棋,开创发展新局面——记习近平总书记在安徽考察》,新华社客户端:https://baijiahao.baidu.com/s?id=1675864641780346977&wfr=spider&for=pc。
③ 《开放发展,全方位融入长三角一体化发展——池州推进长三角高质量一体化发展侧记》,池州市人民政府网站:http://chizhou.gov.cn/OpennessContent/show/1110607.html。

日本文化视野中的"中国"

王智汪*

中国史籍最早提及日本的是《汉书·地理志·燕地》,即"乐浪海中有倭人,分为百余国,以岁时来献见云"[①]。《三国志·倭人传》则详细地记述了以邪马台国为中心的古代日本社会风貌和地理形势。与世界各民族文明一样,日本[②]同样创造了独特文明,但"中国"深深地影响了日本,中国对促进日本在儒学文化圈内的认同发挥了积极作用,"为形成地区认同提供了可能性"[③]。由于地理位置,古代的日本在对外交流中首选中国,如《汉书》中就有"东夷倭奴国王遣使奉献"[④]的记载,这些"朝贡贸易"表明"日本不仅在地理上,而且在政治上也构成了东亚世界的一部分"[⑤]。

中日文化史上的"中国"[⑥]叙事已经引起学界关注,战后初期的"中国研究"[⑦]也在很大程度上引领了日本社会的对中国认知,日本学者小森阳一在《作为方法的中国——评马场公彦〈战后日本人中国观〉》一书中得出"中国"之于日本是一种作为方法的存在的结论;李昕在其《论"欧化"时期日本中国观的转变及中日关系》[⑧]一文中则从日本的国民性、地理因素等方面分析日本的中国观,以及日本在不同历史时期定义"中国"的概念[⑨];王屏《论日本人"中国观"的历史变迁》一

---

* 王智汪,现为淮北师范大学历史文化学院教授。
[①]《汉书》第 6 册(《志》3),中华书局,1987 年,第 1658 页。
[②]《元史·外夷列传·日本》载:"古称倭奴国,或云恶其旧名,故改名日本",《元史》还介绍自汉、魏、晋、隋、唐以来日本使者到中国的情况。
[③] 梁云祥:《中日近代以来不同历史经历和发展道路对东亚地区认同的影响》,《日本学刊》2010 年第 1 期。
[④] 分别见于《汉书·东夷列传》和《汉书·光武帝纪》。
[⑤] 仁安:《日本起源考》,昆仑出版社,2004 年,第 39 页。
[⑥] 如 2014 年日本新曜社出版的马场公彦的《现代日本人的中国观》,认为中国是战后日本"想象的异邦"。吉田裕的《日本人的战争观》(新华出版社,2000 年)、子安宣邦的《东亚论——日本现代思想批判》(吉林人民出版社,2004 年)等著作都对"中国"进行了解读。
[⑦] 诸葛蔚东:《战后日本杂志中的"中国"——〈现代日本人的中国观:1972—1992〉评介》,《青年记者》2015 年第 2 期。
[⑧] 李昕:《论"欧化"时期日本中国观的转变及中日关系》,《辽宁行政学院学报》2013 年第 8 期。
[⑨] 涉及中日对"中国"研究的专著还有:杨正光《中日关系简史》(湖北人民出版社,1984 年);杨孝臣《中日关系史纲》(上海外语教育出版社,1987 年);林代昭《战后中日关系史》(北京大学出版社,1992 年);吴学文《当代中日关系》(实事出版社,1995 年);张蓬舟主编《近五十年来中国与日本》(3 卷 9 册,四川人民出版社,1985 年)。成书于近代的内藤湖南的《燕山楚水》、夏目漱石的《满韩处处》、芥川龙之介的《中国游记》通过对中国社会山水人情生活百态的描写来阐述其各自的中国观。

文指出日本的"中国"内涵建立在实力主义、现实主义和国家利益优先的原则之上;沟口雄三的《日本的中国学》则剖析了日本在认识中国的过程中产生的各种观点,评价了种种"中国"价值观。

一、东方的"中国"

在西方观念中,"中国"不仅是一个地理方位,更是一个文化符号。在西方人看来,遥远的东方就有两个不同的终点,其中,陆上终点称为"赛里斯"(seres),海上终点则称为"秦奈外"(inae);古代的中国除丝绸外,东方的亭、台、楼、阁、桥以及花瓶、瓷器乃至长城等都代表着西方对"中国"的最初印象,而诸如"丝国"的传说如"赛里斯"就是西方人对中国的较早称呼。另外,对中国的称呼还有"Cathe"(契丹),此为俄罗斯和东欧民族对中国的称呼。契丹王朝与北宋对峙,幅员辽阔,军容强盛,是当时亚洲地盘最大的国家。随着欧亚民族和西方的交流融合,"契丹"逐渐成为特指中国的土地的词记。在俄语、希腊语以及中古英语中,整个中国均被称为"契丹",如现在在俄语中中国的发音就是"Kitay"。18世纪以前,中国的精美瓷器在欧洲很受欢迎,人们以能获得一件昌南镇(景德镇)瓷器为荣。这样,早期的欧洲和南北美洲,就以"昌南"作为瓷器(china)和生产瓷器的"中国"的代称。除此之外,古印度称中国为"震旦";荷兰语专指华人为"西内逊";越南民间把中国说成"船国",把居住在越南的华人称为"三船"。

日本在隋唐前把中国称为"常夜国",唐到明治中叶,日本称中国为"Morokoshi""Kara",后来又称中国为"Toh"(唐)。从江户时代直到"二战"期间,日本用"支那"①指代中国,"支那"源自印度佛经日译本里对"秦"(chin)的讹音,早期"支那"并不含贬义色彩。比如,大正时期日本作家谷崎润一郎所著的《鹤唳》中有这样的对话:主人公靖之助的妻子不理解为何丈夫如此痴迷中国,

---

① "支那"一词最早是古印度对中国的称呼,在唐宋时已被音译成中文,也作脂那、至那、震旦、振旦、真丹等。古印度两大史诗《摩诃婆罗多》和《罗摩衍那》都曾以"cina"来指称中国。后来,西方各国流行的对中国的称谓"China",实由此演化而来。1713年,日本政治家新井白石作《采览异言》一书,在该书中,他将西方国家关于"China"的读音,标以片假名(チィナ),并在左下角附以"支那"两个小号字。此举成为日本地图史上以"支那"标称中国的开端。1823年,日本著名军国主义分子佐藤信渊著《宇内混同秘策》,书中称中国为"支那",强调中国懦弱卑下,表达了对中国的轻蔑态度和一种极为疯狂的征服野心。1888年,这本书被大量出版发行,成为日本侵华的舆论工具,日本陆军部还规定此书为全国陆军将士的必读书。《马关条约》签订后,日本全岛开始歧视华人,"支那"一词也成为日本人称谓中国的普遍用语,并从此带上了胜者对于败者的轻侮的情感和心理。此后,中国从民间到官方开始了长期抵制"支那"称呼的行动,但这一问题直到日本"二战"失败才有了根本解决的可能。

乐不思蜀,问:"支那是好地方吗?"丈夫答道:"好地方啊,那是像图画一样美的国度啊。"

虽然在唐宋时期,"支那"一词已经在中国出现,但此后它主要局限于佛教典籍中,并不曾广泛流行开来。中国人普遍以"支那"一词来称呼本国是从戊戌时期的梁启超等人开始的。而他们显然是受到了日语的直接影响,梁启超还曾使用过一个"支那少年"的笔名。1946年6月,中国以战胜国的身份派代表团到日本,用"命令"的方式通知日本外务省,今后不许日本再用"支那"一词称中国。同年6月6日和7月3日,日本外部和文部分别向日本各大报刊、出版社和大学,发出避免使用"支那"的正式文件,规定:"今后不必细问根由,一律不得使用该国所憎恶之名称。"

在中国文化中,"中国"一词的使用始于周朝。周人认为,自己的国家位于世界的中间,为"中国",中国成了周的代称。《礼记·王制》载:"中国夷戎,五方之民,皆有性也……中国、蛮、夷、戎、狄,皆有安。""中国"一词还具有了地理区域、民族类别及文化体系等多重涵义,如《周礼》载:"中国凡五服,远者五岁而朝";《战国策·秦策三》载:"今韩、魏,中国之处,而天下之枢也";《史记·天官书》载:"其后秦遂以兵灭六国,并中国。"此后,入主中原的各族全都以"中国"自称。《汉书·匈奴传下》载:"夷狄之人,其与中国①殊章服,异风俗";《晋书·宣帝纪》载:"孟达于是连吴固蜀,以图中国。"《左传》载:"凡诸侯有四夷之功,则献于王,王以警于夷,中国则否。"可见,中国的内涵,首先是一种文明,代表了"天下为公"的理想,而无"夷狄之维",体现了一种"国融天下"的政治情怀,正如国际儒联顾问张岂之先生认为的那样:"中华文明最大特色是文化与政治结合。"

了解中国,不能仅仅看其地理的横坐标,更要看其历史的纵坐标。中国农耕文明的精致程度为世界之最,并创造了郡县制、科举制等一系列使统一国家长治久安的有效运行制度,使得古典的中华文明一直是东亚唯一的普世文明。② 东亚"在由中国支配的这个传统秩序下,日本充其量只能扮演配角"③。再加上日本岛国的地理位置,地质灾害频繁,资源匮乏,这使日本与生俱来缺乏一种自信心,虽然它也一直不断地挑战这种位势,但在很长时间内一直无法成功,种种原因造成了日本民族"感哀"的情绪,而汉风唐韵的泱泱中华,优雅、从容、自信!为

---

① 此处是以"中国"代指魏,则因为魏据有"中国"之地。
② 学者刘仲敬对此持反对意见,认为隋唐也不是亚洲北部真正的主人,在某一段时间内,它在突厥面前是被动的。而许多历史学家故意忽略了隋唐中原以外的其他政治势力对中原的重大作用,因此丧失了适当的比例感。所以仅仅把视野放在中原内部,就会对中原本身的政治发展做出非正确适当的认识。
③ 朱宁:《变乱中的文明:霸权终结与秩序重建》,中国人民大学出版社,2000年,第214页。

此,遣隋使、遣唐使、遣渤海国使①络绎不绝,把"中国"这种"梦想的种子"带回日本,日本文化不断融合中国文化良性特质,从文字、服饰、建筑到儒学文化都一步步走向"中国化"。

对日本而言,如果"中国"首先是一种优越文化的话,那么"去中国化"就是日本成长起来的最显著的标志。近代,由于欧洲文明的传入,"日本人才得以在中华文明之外找到了能够与之抗衡的另一种文明,发现'中国中心观'的时代性错误"②。在与中国的一次次交战中日本淡化了与中国的文化联系,声称日本的文明来自海洋,与大陆无关,并逐渐形成"海洋的日本文明论":

> 如果结合中国史籍《后汉书》、日本史籍《日本纪》《古事记》《日本书纪》等文献可以看出,从先秦开始,中国大陆就不断有移民进入日本列岛,他们被称为"汉人""新汉人""吴人""唐人""渡来人""归化人"等。这些迁移潮中比较集中的几次有:秦汉时期,燕国和齐国民众为逃避战乱,分两路逃亡日本;魏晋南北朝时期,"五胡乱华",长期的民族仇杀,中原的名门望族不堪忍受,一部分去了日本,这些中土精英阶层成为"华夏文明的播种机"。③

日本前首相吉田茂在《激荡百年史》中说,秦始皇统一国家的时期,大概是长江流域哪个小国的遗民逃亡到日本列岛,带来了水稻农业。也就是说,"中国人"是组成日本民族的主体。④ 辜鸿铭先生在《中国文明的复兴与日本》一文中甚至断言:"应该说日本人是真正的中国人,是唐代的中国人。"⑤

---

① 渤海国存在的 229 年之中,曾遣使日本达 34 次,日本遣使渤海达 13 次,诗人王孝廉、裴廷负曾出访日本,他们为中日两国间的友好相处做出了贡献。
② 罗荣渠:《现代化新论》,商务印书馆,2006 年,第 276 页。
③ 2000 年 9 月,白石隆在《海洋帝国:如何思考亚洲》一书中,将大陆国家与海洋国家的对立进一步引申到"海洋亚洲"与"大陆亚洲"的对立,把日本与中国分别视为两种亚洲的代表。日本将中国的文明视为一个"反海洋亚洲"的"农本式文明"。
④ 1996 年开始,中国和日本的一些学者们组成"江南人骨中日共同调查团",对中国江苏省发掘出来的春秋至西汉时代(即公元前 6 世纪至 1 世纪)的人骨和差不多同期出土的日本北九州及山口县绳纹至弥生时代的人骨,进行了三年的对比研究。经过 DNA 检验分析,两者的排列次序某部分竟然一致,证明两者源自相同的祖先。或者说,日本人的祖先为中国人。
⑤ 民族学家认为,大和民族是由来自西伯利亚及中国东北的通古斯人、南洋群岛的马来人、中南半岛的印支人、长江下游的吴越人,及汉人和朝鲜人混合形成。

二、文化上的"中国"

从文化上看,"中国"一词不仅获得了人文和地理上的意义,同时也获得文学上①的意义。"中国"一词最早出于《尚书·梓材》,即"皇天既付中国民越厥疆土于先王"。今天出土的青铜器"何尊"②,其铭文上刻有"余其宅兹中国",这里的"中国"指天下之中的地方。与此相对应,中原之东的诸侯国,叫做"东国",如管、蔡之国就被称为"殷东国";齐、鲁等国也被列入"东国五侯";汉水流域诸国为"南国"。所以,"中国"是与"东国""南国"相对应的一个概念,是凝聚当时各族而形成的一个较高层次的"民族实体"。

历史上,"中国"一词从未被思想和学说瓦解过,一方面标志华夏民族的共同地域,另一方面则标志华夏民族与其他民族的分野。③ 如在《诗经》中,"中国"一词就反映了先民这种对"中国"的认知:"惠此中国,以绥四方"④;"惠此中国,以为民逑"⑤;因为当时"中国"与"四方"实质上已联结成为一个以"中国"共名的"大规模国家"或"大共同体"⑥。"女炰烋于中国,敛怨以为德"⑦,则反映了当时的政治危机,周厉王暴政荒淫使得"四夷交侵,中国微矣"。所以,时人的一切对"中国"的担忧都是可以理解的,因为他们(周人)面对的不是一般的封国,而是"中国"⑧,当时的"中国"周边南夷与北狄交侵,"不绝若线"⑨,"中国"危矣!可见"中国"象征着周王朝的使命和天意,蕴涵着当时"尊王"与"攘夷"的两大时代主题。在春秋大一统学说中,"中国"和"天下"终究是要合一的。⑩ 所以,学者翁独

---

① 如"中国花园"一直是俄罗斯文学中一个古老的母题。
② 1965年于陕西省宝鸡市贾村塬出土的"何尊"青铜器上的铭文:"唯王□□,宅于成周。复禀武王礼福自天。在四月丙戌,王诰宗小子于京室,曰:'昔在尔考公氏,克逨文王,肆文王受兹命。唯武王既克大邑商,则廷告于天',曰:'余其宅兹中国,自兹义民。呜呼!尔有虽小子无识,视于公氏,有爵于天,彻命。敬享哉!'唯王恭德裕天,训我不敏。王咸诰何:'赐贝卅朋,用作庚公宝尊彝。唯王五祀。"
③ 孟德声:《中国民族主义的理论与实际》,海峡学术出版社,2002年,第195页。
④ 《诗经·大雅·民劳》。
⑤ 《诗经·大雅·民劳》。
⑥ 张未民:《〈诗经〉与"中国"》,《光明日报》2012年9月3日。
⑦ 《诗经·大雅·荡》。
⑧ "中国"已不同于"国中",它除了"国之中"外,已将"中"作了优先性的强调,表明是指中央大邑,即京师。"国",对于诸侯,是周王室的封邦建国,即封国,而对于周王室,则是自封的受天命居天下之中的"中国"。"中国"超越"国中"的结果是,"中国"为周王室所专有,象征着天赋般的中央权力,而不会将其用在诸侯国身上。
⑨ 《公羊传·僖公四年》。
⑩ 陈玉屏:《略论中国古代的"天下""国家"和"中国"观》,《民族研究》2005年第1期。

健先生认为,"中国"之称或者是一种褒称①,从"中"的涵义来看,"中国"之"中","并非源自地域位置,而是源自'以我为中心'的政治理念"。

孔子作《春秋》,认为诸侯用夷礼则夷之,进于"中国"则"中国"之,这是典型的以文化区分"夷夏",而不是以血统为依据,体现了对中华文化的强烈认同。也就是说,只要接受中华文化,行儒家之制,就可以享有"正统"的地位,这使得"中国"一词延展出特定的时空关系,"它有一独特的文明秩序"②。所以历史上的匈奴、鲜卑、羯、氐、羌、契丹等民族,都是文化之正统,都名正言顺地融会于中国文化的血脉之中,如果没有民族之融合,也就没有今日中国的博大精深。实际上,春秋时代对于蛮、夷、戎、狄的称呼来说,并不是一种民族界线。《史记·匈奴列传》记载:"匈奴,其先祖夏后氏之苗裔也,曰淳维。"③《山海经·大荒北经》称:"犬戎与夏人同祖,皆出于黄帝。"意即匈奴人是夏的后裔,所以"中国"又是一种崇尚"大一统"文化上的天下观内涵,如顾炎武所谓的"亡国亡天下"之说,表明他理解的中国,"既不是国家,亦不是种族,却是一种文化"④。从这个意义上来说,"中国实为一文化体而非国家"⑤。由于"中国"所蕴含的这种独特的民族观,使得中华各民族几千年来能够融合在一起,并能够各自非常"自在"地发展。

同样,"中国"一词超越了种族及政治体系,使得西方学者很难理解这种以文化的"道统"来衡量"正统"或"正朔"的观念。因为在西方政治生活中,民族与国家常如影相随,"民族融合"即"国家凝成","国家凝成"亦是"民族融合"⑥。"对中国人来说,没有任何理由去放弃或改变自己的文化来强化国家忠诚感。"⑦"中国文化中居于主流地位的儒家思想,由于其仁义学说和主张行仁道,这就是所谓的'平天下'或'泛中华'的文化民族主义。"⑧所以,中国这样一个以文化为首位的观念深植人心,"使得'中国人'这个名词自正式出现在春秋时代以来,便是一个文化概念"⑨。

日本与中国的正式外交始于607年,即从小野妹子奉派赴"大唐"(隋朝)开始。⑩ 与中国"一衣带水"的日本,长期笼罩在中华文明的光环之下,以至于在一

---

① 翁独健:《在中国民族关系史研究学术座谈会闭幕会上的讲话》,《中央民族学院学院》1981年第4期。
② 金耀基:《中国政治与文化》,香港:牛津大学出版社,1997年,第177页。
③ 夏桀流放而死,其子獯鬻带着父亲留下的妻妾,避居北野,后代即是中国所称的匈奴。
④ 梁漱溟:《中国文化要义》,台北:正中书局,1989年,第196页。
⑤ 梁漱溟:《中国文化要义》,第22页。
⑥ 钱穆:《中国文化史导论》,台北:台湾商务印书馆,1999年,第230页。
⑦ 郑永年:《中国民族主义的复兴》,香港:三联书店,1998年,第132页。
⑧ 王鹏令:《民族主义与中国前途》,台北:时英出版社,1997年,第93页。
⑨ 余英时:《中国文化与现代变迁》,台北:三民书局,1995年,第62页。
⑩ 王屏:《论日本人"中国观"的历史变迁》,《日本学刊》2003年第2期。

定的历史时期内,中国成为日本的"心之故乡"①。也就是说,日本是中国的一种发展和延伸,日本文明自身具有浓重的"慕华"心理,至今"在日本的文化和社会生活、风俗习惯中还处处可以看到中国古代文化影响的烙印"②。中国"被挪移来指称日本而非中国本土,与近世日本思想史上日本主体性之发展桴鼓相应"③。日本著名学者内藤湖南曾把中国文化比喻为做豆腐时加的卤水,"儒道与神道暗合之处甚多"④。在日本的文化中有着"中国"的影子,今天所见的日流文化、韩流文化,恰恰是中国传统文化在成熟过程中所抹去的元素。所以,"从一个更广阔的范围来看,就会发现(中日民族之间)相似之处多于不同之处"⑤。

在日本思想发展史上,中国传来的儒学等正好对症下药地适应了古代日本民族生活及文化的需要,并将其本土化,到德川幕府时期,儒学(朱子学)成为日本的官学,但"日本认识儒学问题,绝不是简单的中华崇拜主义"⑥。因为日本在吸收中国文化的同时,根据自身的需要,以自己的特有方式来把中国思想加以"过滤",也就是说,"中国在江户汉学者眼中只是一个被有目的摘取而改造利用的对象,而不是被认真研究和认识的客体"⑦。这不仅源于日本对中华文明的认知,还反映了同一文明内部之间的冲突,近代中日关系的曲折发展正说明了这一点。

三、华 夷 之 辨

日本阳明学者佐藤一斋提出,从人的观点来看,有中心,有夷狄⑧,如何区别呢?谁真正得到孔子之道,谁就是中心,谁就是中华。南宋灭亡后,当时日本儒

---

① 如《日本书纪》提到的中国王朝有:周(2次)、汉(2次)、魏(3次)、晋(2次)、隋(1次)、唐(96次)、吴(31次)。
② 刘达临:《浮世与春梦》,中国友谊出版公司,2005年,第8页。
③ 黄俊杰:《论中国经典中"中国"概念的涵义及其在近世日本与现代台湾的转化》,《开放时代》2010年第9期。
④ 中村元:《东方民族的思维方法》,浙江人民出版社,1990年,第234页。
⑤ 中村元:《东方民族的思维方法》,第233页。
⑥ 王青:《日本近世儒学家荻生徂徕研究》,上海古籍出版社,2005年,第154页。
⑦ 钱婉约:《日本中国学京都学派刍议》,《北京大学学报(哲学社会科学版)》2000年第5期。
⑧ 《礼记·王制》则说:"东方曰夷。"日本有时也承认自己为"夷",如熊泽藩山则说,"蛮""戎""狄"等文字中都有"犬"或"虫"字,唯独"东夷"之"夷"字的中间支撑了一个"人"字,所以日本并非野蛮之国。如《后汉书·东夷传》中释"夷":"夷者,柢也,言仁而好生,万物柢地而出,故天性柔顺。"而《史记·匈奴列传》中释"戎":"急则人习战攻以侵伐,其大性也。"《左传·闵公元年》中说:"戎狄豺狼。"《左传·襄公四年》载:"戎狄无亲而贪……戎,禽兽也。"可见,中国史书对"戎""夷"之描绘也显然是有差别的,夷的习性似乎被贴上了"柔顺"和"仁"的标签。再如《说文解字》上"夷"字则是"人""尸"蹲踞之形。

学家痛感"春秋大义"在中国已不存在,日本人突然"发现",天下唯有日本仅存"春秋之旨"。司马迁说,"夫春秋,上明三王之道,下辨人事之纪"。"王道之大者也。"①自称为"日本国夷人"的荻生徂徕认为,如果夷进而为夏,就当视之为华。荻生徂徕的弟子太宰春台在其《经济录》中指出辨别夷狄的标准,在于礼义。有之,则为"中华";无之,则本为"中华"也可蜕变为蛮夷,所以日本备有礼义,故可获得"中华"之名。本来,四夷与诸夏区别的标准,不是"血统"而是"文化"。② 正如清初义士吕留良所说:"华夷之分,大于君臣之义!""华夷之辨主要不是以种族或种类,而是以文化(礼)作为标准。"③但在日本,"华夷之辨"则是与其意识上"中国"成长的"秩序之争论"交织在一起。明清变革给日本思想界产生了极大反响,他们认为曾是"夷狄"的满族征服"中国",道统在中国已经彻底失落,日本才是儒学的正宗。④ 日本开始与"中华"渐行渐远,曾经的"唐学"则被"兰学"取代,因为"辫子上的中国"已经不再是曾经的"大唐"了。中国搞"中体西用",日本搞"和魂洋才","去中国化"是此时日本文化最鲜明的特征:

当时在日本考察的何如璋先生深刻感受到了此时日本变革的坚决性,他在一次赴外务省公宴上发现,"筵馔西式,奏乐亦仿欧洲。日本虽僻处东隅,汉唐遗风,间有传者,一旦举而废"。黄遵宪⑤则说,此时的日本,"五经、四子,皆束之高阁矣"⑥。明治之前的日本文庙"规模一如中土",而今"西学大兴,各藩文庙,废弃者半"⑦。

先前,日本称呼中国为"中华",与中华相对的就是周边,但西方传教士利玛窦的《坤舆万国全图》使日本人看到了一直视为宏大无比的中华帝国实际上也是更为广大的全球的一部分,所以甲午战后,"日本朝野人士都认为,日本已经在精神上、文化上脱离了亚洲"⑧。日本在变法维新之后一步步走向强盛,而此时的

---

① 《史记·太史公自序》。
② 钱穆:《中国文化史导论》,第 39~40 页。
③ 王鹏令:《民族主义与中国前途》,第 93 页。
④ 日本籍华人学者藤原文亮在《圣人与日中文化》(社会科学文献出版社,1999 年)第五编《圣人观念对日本式华夷秩序的影响》中详细阐释了江户时代日本书人儒者的日本式华夷世界秩序观念;日本学者茂木敏夫在《变化的近代东亚国际秩序》一文中也指出以 17 世纪明朝灭亡、满族入主中原为契机,日本"小中华"意识增强,将自己看成是继承明王朝的正统,构想以自己为中心的秩序的确立。
⑤ 黄遵宪是中国近代著名政治家、外交家,他以《日本杂事诗》和《日本国志》两部不朽名著为发展中日友好关系做出了积极贡献。
⑥ 黄遵宪:《日本杂事诗(广注)》,岳麓书社,1985 年,第 649 页。
⑦ 黄遵宪:《日本杂事诗(广注)》,第 668 页。
⑧ 史桂芳:《简论近代日本人中国观的演变及其影响》,《世界历史研究》2007 年第 4 期。

中国在一次次的征服与被征服中频频断裂。晚清展现在世人面前的是一个"不安"的大陆,纵横千里之内,人烟寥落,户口榛芜。当时的游华日本人德富苏峰写道:"在北京车站也看到了中国苦力和船夫的嘈杂,就像树林里一群麻雀在聒噪。"① "开国"之后的日本,在文化与政治上追随西方,其中国观发生了重大变化。福泽谕吉曾在《脱亚论》一文中说:"所不幸者毗此二邻,一为支那、一为朝鲜……今之彼二国于我,有百碍而无一利,此乃我国之大不幸也。"日本文人认为那个猎奇与唯美的经典文本的中国已经毁灭了,昔日中国的辉煌和光荣已经成为明日黄花,而欧洲的先进制度技术却越发显得异彩纷呈,日本开始"用欧化对待西方,用天下观处理东方"②。中国已经不再是"学习"的对象,而是处于被"观察"的客体了。

从历史视野看,古代的东亚文化圈是以中国的历代王朝为中心,其时的日本已经和中国一样,在没有参照系的情形之中迷失自我。

> 所谓华夷秩序是一个开放的体系,军事力的强弱不是第一义的,主要是指文化的先进性。③
> 经济上的考虑即使有,也常常是次要的。④
> 中国与亚洲成为构成日本身份认同不可或缺的对象。⑤

总之,在脱亚的同时,日本也在更大范围内实践着"中国"⑥的梦想!日本学者会泽正志斋认为天皇"万世一系",皇统延绵,远远胜过"放伐"不断的中国。因此,日本才是真正的中华。这种借由文化的"道统"来争"正朔"的观念,如果从西方现代民族主义概念来看,无法得到合理的解释,明治后的日本"自我"认识或"自我"身份的确立,典型的是以中国这一"他者"作为参照物。

此时,东亚其他国家在还没有感觉到"自我"与"他者"的区别时,就被"他者"

---

① 德富苏峰著,刘红译:《中国漫游记,七十八日游记》,中华书局,2008年,第78页。
② 李冬君:《走出天下观——中日文化纵横谈》,《南方周末》2005年9月1日。
③ 王青:《日本近世儒学家荻生徂徕研究》,第154页。
④ 郑永年:《中国民族主义的复兴》,第73页。
⑤ 陈建廷、石之瑜:《中日合群?日本知识界论争"中国崛起"的近代源流》,台湾大学,2007年,第197页。
⑥ 后来日本发动侵华战争,不排除也带有一种代表"中国"再次"入主中原"的这种强盗的逻辑。甲午海战后,日本以君临天下的姿态把中国纳入其扩张的视野。高坂正尧在其所著《文明衰亡之时》一书中则指出,世界文明历经希腊、罗马、欧洲和美国各中心以后,正在转移到太平洋西岸的东亚地区,主要是日本。这样,日本经历了一个从不自信的国家逐渐走向一个自信的国家的过程,最后又发展到自信过头,后又随着日俄战争的成功,使得日本在穷兵黩武的路上越走越远,并最终成为"二战"轴心国集团的重要成员,而这一切的起点,也正是甲午战争开始的军国主义的恶性发展。

残酷地将其地区认同剥夺了。日本历史上三元国际观"本朝(日本)、震旦(中国)、天竺(印度)",开始向"本朝、唐、西洋"新三元国际观转化。① 日本认为中国已经没有维护这一秩序的能力,其"自我"认识是在与"中国"这一"他者"的比照中建立,"在对中华文化不断稀释的过程中,日本不但产生了自身独立的民族文化意识,而且一直追求与中华文化相对等的自主的文化地位"②。这意味着,"国家身份本身是无意义的,而只有在与其他国家的对比中才有意义"③。也就是说,日本只有依据中国文化发展的内在理路才能真正懂得中国。正如恩格斯在《英国工人阶级状况》一书中说:"历史就是我们的一切,我们比任何一个哲学派别,甚至比黑格尔,都要重视历史。"④

必须坚持的是,历史学家和历史著作都只能充当确切历史的播放器,而不是历史的化妆师。如果史实失真、思维偏差,就必然会导致歪曲历史真相。明治维新的成功和战后的崛起,使日本在亚洲处于主导地位,而当年的老大帝国——中国成了贫困与落后的代名词。近代的日本,已经习惯于一个积贫积弱的中国的存在。"中国地缘政治的特点往往有一种'灯下黑'现象,即地理上和中国越近的国家,因为恐惧害怕中国,战略上一般越是喜欢采取尽可能疏远中国的方针。"⑤在战略上,日本承袭了春秋战国时期"远交近攻"的地缘战略思想⑥,加强日美同盟,联合遏制中国。"二战"后,日本宣布放弃"脱亚入欧"政策,并于1957年提出成为"亚洲一员",但实际上日本与西方的关系远远超过了与中国关系,正如沟口雄三所说:"日本在考察世界的时候,时而以东方为立足点,时而以西方为立足点。"⑦冷战结束后,"中国的蓬勃发展打破了日本在亚洲的优越态势,他们从心理上很难接受在自己身边崛起和成长起来的中国"⑧。战后的中日之间更是渐渐变成普通邻国,中日关系之间主题词"变成了贷款、投资、商业、市场等,或许还可以再加上观光旅游的目的地"⑨。对今天的中国来说,普通大众大多是通过浅显的旅游书和日本动漫等来认识日本,中国学术界也缺乏"深入浅出"认识日本的途径。

---

① 王屏:《论日本人"中国观"的历史变迁》,《日本学刊》2003年第2期。
② 王青:《日本近世儒学家荻生徂徕研究》,第154页。
③ Anna Triandafyllidou, *National Identity and the other*, *Ethnic and Racial Studies*, vol. 21, no. 4 (July 1998), p. 599.
④ 《马克思、恩格斯选集》(第一卷),人民出版社,1995年,第650页。
⑤ 肖刚:《东南亚"中国观"的外部干扰变量》,《太平洋学报》2009年第8期。
⑥ 田庆立:《试论"他者"认识与日本中国认识形成的内在机理》,《日本学刊》2011年第6期。
⑦ 李玉等主编:《中国与日本》,北京大学出版社,1996年,第314页。
⑧ 田庆立:《试论"他者"认识与日本中国认识形成的内在机理》,《日本学刊》2011年第6期。
⑨ 傅谨:《中国对于日本的意义》,《人民政协报》2011年8月29日。

在日本人的思想里,中国文化与中国政权,成了截然不同的两个概念,古代的中国人和后来的中国人,似乎根本不是同一个"物种"。在日本人眼中,先秦时的中国人是勇武、博学、诚信、彬彬有礼、有责任感、包容、浪漫,无论贵族还是平民,许多人身上都流淌着贵族的血液;唐宋时的中国人,雍容文雅;明清时期的中国人已经麻木懦弱,毫无创造力。所以,他们对于传统的中国文化,是顶礼膜拜,如汉字和唐风在日本的遗存毋庸置疑地表明着中日的亲近,著名日本学者东乡平八郎甚至到处宣扬"一生低首拜阳明",但在现实的日本人心目中,"中国"权威进一步淡化,"现实的中国"和"理念的中国"在日本思想界已经分裂。

同样,国人因为近百年来对日本的复杂情绪,导致对日本的了解也失去了平心静气的可能。中国人心目中的日本也是"两个日本",一个是令人深恶痛绝的"侵略者日本",而另一个则是承汉风唐韵的"传统日本"。日本对中国的研究与解读,常常存在时间差的问题——日本了解中国,常追寻古代中国,这个"中国"成为文化正统性、文化优越性的象征,而非"现实的中国"而言,这与其说是对中国的反映,倒不如说是日本对其自身文化身份的表述。

总之,历史上中国是亚洲价值观的最重要的源泉,在中国国力增强的今天,我们不可以放弃这份丰富的历史遗产。反观历史,中华文明作为一种古老文明,早已流布世界,滋养着一个全球化时代的人类。尽管中日关系复杂多变,但中国和日本始终是"搬不走的近邻",这种地利之便没有改变。人们常用"一衣带水"形容两国相亲相近,这一点,同样也没改变,也无法改变。

(原载《国际论坛》2017年第2期)

《圣伯丁年代记》浅探：
兼论加洛林年代记的特点*

陈素娟

《圣伯丁年代记》(the Annals of St. Bertin)是加洛林时代重要的年代记之一，涵盖830～882年的加洛林王朝历史，是有关9世纪法兰克王国，尤其是秃头查理统治时期西法兰克王国历史的重要资料，对研究加洛林王朝后期历史具有重要价值。

西方历史学界对这一史料进行了大量的考证和辨析，其中英国著名历史学家简内特·L. 纳尔逊教授的成就最大。20世纪80年代，她发表题为《圣伯丁年代记》一文，从历史的角度讨论了史学界关于这一史料的争议，重新构建了历任作者尤其是普鲁登提乌斯和兴克马尔的写作背景、意图及写作特点，认为《圣伯丁年代记》并非加洛林统治者用于政治宣传的工具，其目标读者并非同时代人，其对后世历史学家的作用远比对同时代人的影响力要大。① 随后，她又发表两篇论文，探讨了《圣伯丁年代记》中所体现出来的丰富政治意识和实践。② 1991年，纳尔逊将《圣伯丁年代记》译成英文，并撰写了长篇导言，详细探析了《圣伯丁年代记》的背景、作者、内容、编著方式、版本信息等，成为中世纪史研究者探究这本史料的重要参考。③

国内相关研究相对较少，王晋新的《〈圣伯丁年代记〉探微》④一文从时代背景、基本面貌、性质属性及史学价值方面对其进行了较深入的讨论。讨论西方史

---

* 陈素娟，现为淮北师范大学历史文化旅游学院副教授。
① J. L. Nelson, "The Annals of St. Bertin", in *Politics and Ritual in Early Medieval Europe*, London and Ronceverte: The Hambledon Press, 1986, pp. 173 – 194.
② J. L. Nelson, "A Tale of Two Princes: Politics, Text, and Ideology in a Carolingian Annal", in *Studies in Medieval and Renaissance History 10*, New York, 1988, pp. 105 – 141; "Hincmar of Rheims on King-Making: the Evidence of the Annals of St. Bertin, 861 – 882", in *Coronations: Medieval and Early Modern Monarchic Ritual*, Ed. Janos M. Bar, Berkeley and Los Angeles, C. A. 1990, pp. 16 – 32.
③ J. L. Nelson, "Introduction of The Annals of St-Bertin", J. L. Nelson (Trans. and Annotate), *The Annals of St-Bertin: Ninth-Century Histories*, Manchester: the Manchester University Press, 1991, pp. 1 – 19.
④ 王晋新：《〈圣伯丁年代记〉探微》，《古代文明》2021年第1期。

学史问题的文章或者著作中也偶有提及此书。① 本文尝试在前人研究成果的基础上,进一步探析这部重要史料,分析其写作特点,讨论加洛林年代记的特点,以丰富加洛林史学研究,加深对中世纪早期西方史学的理解。

一、《圣伯丁年代记》作者与基本内容

(一) 书成于众家之手

《圣伯丁年代记》因其最初版本的发现地而得名,是《法兰克王室年代记》的续篇之一,主要记载加洛林王朝中期以后尤其是分裂后的西法兰克王国历史,与描述东法兰克王国历史的《福尔达年代记》堪称姊妹篇。其所载内容起于830年,终于882年,跨度长达52年。关于其作者,学术界普遍认为,先后有三位:虔诚者路易的宫廷牧师富尔克(Fulco)、特鲁瓦的普鲁登提乌斯(Prudentius of Troyes)和兰斯大主教兴克马尔(Hincmar of Reims)。

虔诚者路易的宫廷牧师富尔克是《圣伯丁年代记》的第一位作者。此人曾在宫廷首席牧师希尔杜因手下任职并接受写作训练。830年,希尔杜因支持地方贵族叛乱,被虔诚者路易革职,富尔克成为宫廷牧师。835年,兰斯大主教艾博因参与叛乱被逮捕入狱,富尔克升任兰斯大主教。效忠虔诚者路易之时,他着手编写830～835年的年代记相关条目。《圣伯丁年代记》拉丁文版的编者列维兰结合语言风格、人名地名的使用习惯,认定835年是富尔克写作的截止时间。② 当然,学术界也有不同意见。如纳尔逊教授认为,830～835年间的年代记也可能并非富尔克一人所作,而是由其领导的团队完成。③

第二位作者特鲁瓦的普鲁登提乌斯写作了835～861年的条目。普鲁登提乌斯出生于西班牙,后逃难来到法兰克。820年左右,他进入虔诚者路易宫廷,受梅斯大主教兼任宫廷牧师的德罗戈的委任,承担起年代记的编修任务。因为长期身居路易宫廷,普鲁登提乌斯掌握了绝佳的信息来源,能够在较短的时间内获悉并记载帝国境内发生的重大事件。其写作可以分为前后两个阶段:前期主要围绕统治者——虔诚者路易进行,记载了路易的征战、功绩、与诸子的关系等;后期由于作者在政治、地理以及个人关系上远离查理宫廷,其所记述的核心内容

---

① 参见赵立行:《西方史学通史》(第三卷:中世纪时期:公元5世纪至14世纪初),复旦大学出版社,2011年,第106～108页;王晋新:《〈福尔达年代记〉探析》,《东北师大学报》2019年第2期;朱君杙:《从王室宫廷到大主教区——论加洛林时代大年代记修撰中心的转移》,《历史教学》2016年第18期;朱君杙:《加洛林时代史学成就探究》,东北师范大学博士学位论文,2013年。
② J. L. Nelson, "Introduction of The Annals of St. Bertin", p. 6.
③ J. L. Nelson, "Introduction of The Annals of St. Bertin", p. 7.

也随之发生变化。

兰斯大主教兴克马尔是该年代记的第三位作者。他是西法兰克大贵族,早年曾在希尔杜因手下工作,后成为秃头查理的主要支持者和顾问,具有崇高的政治地位和卓越的政治敏感。861 年,普鲁登提乌斯去世后,其包括《圣伯丁年代记》在内的个人财产被转移到国王手里。兴克马尔获得"首次阅读普鲁登提乌斯所撰写的年代记"的机会,随后他向秃头查理恳求借阅这本书,进行抄录,并决定续写。① 纳尔逊教授分析,有两个因素促使兴克马尔续写《圣伯丁年代记》:第一,早在跟随希尔杜因工作之时,兴克马尔就阅读过《法兰克王室年代记》及富尔克写的《圣伯丁年代记》,对前辈所记载的峥嵘岁月充满了怀旧之情;第二,兴克马尔于 861 年完成了两部重要的作品,续写《圣伯丁年代记》成为其新的任务。②

(二) 基本内容

作为《法兰克王室年代记》的续作,《圣伯丁年代记》继承了前者的写作传统,以记载"国王的事迹"为己任。帝国分裂后,主要集中记载秃头查理统治时期的历史,兼及东、中法兰克王国的一些信息。国王的巡游、庆祝圣诞节和复活节的地点、大会议的召开、礼物的分发等是《圣伯丁年代记》关注的内容。从中可以看到加洛林王朝从帝国向王国演变、西法兰克王国从建立到近乎解体的过程,也可以看到 9 世纪以后加洛林王朝与周围地区的交往与冲突,还可以了解作为基督教世界中心的法兰克与异教邻国之间的关系。《圣伯丁年代记》的作者都曾大费笔墨记载北欧维京人对法兰克王国的侵袭以及法兰克人的回应,从年代记的历年条目看,841 年后只有 874 年和 875 年未曾提及维京人的活动。

相较于《福尔达年代记》,《圣伯丁年代记》信息量更大,既书写加洛林王朝上层政治制度的发展、政治结构的变化,也书写普通人日常生活,包括金钱、市场、外交、船只、蜂蜡等,甚至涉及作者们对于国王政策的批评意见。这些宝贵的资料,为后世研究这一时期的西欧历史,尤其是加洛林王朝社会状况与政治发展,提供了重要参考。

---

① J. L. Nelson, "Introduction of The Annals of St. Bertin", p. 10. 针对兴克马尔是否从 862 年开始写《圣伯丁年代记》,麦基特里克认为:"虽然兰斯的兴克马尔在《圣伯丁年代记》中谈到了特鲁瓦的普鲁登提乌斯什么时候停止写作,但是我们也不能就此判定兴克马尔是在 862 年开始写作的。"参见 McKitterick, R., *Charlemagne: The Formation of a European Identity*, Cambridge University Press, 2008, p. 55。

② J. L. Nelson, "The Annals of St. Bertin", in *Politics and Ritual in Early Medieval Europe*, p. 186.

二、《圣伯丁年代记》的写作特点

（一）从宫廷著史到私家著史的转变

751年，加洛林王朝建立后，在盎格鲁-撒克逊年代记编修传统的影响之下，欧洲大陆年代记写作逐渐流行。查理曼在位期间，组织了宫廷神职人员团队，进行年代记的写作。794年以后，亚琛逐渐成为皇室久居之地，皇室宫廷成为年代记写作中心。虔诚者路易统治时期，宫廷牧师负责《法兰克王室年代记》的续写工作。其中体现出来的政治和宗教偏见，使人们通常将其归于"官方修史"①。《圣伯丁年代记》最初也是由宫廷牧师在宫廷里完成的，但是，随着形势的发展，其写作地点逐渐转移到宫廷之外。②纳尔逊教授曾指出："只要年代记一直在宫廷里写作，其体现出来的连续性就会超越个体作者或者群体作者之间的差别。更为明智的方法是将《圣伯丁年代记》分成在宫廷写作的部分和在其他地方写作的内容。"③这一观点具有一定的合理性，反映出写作地点的变化对年代记写作的影响，即随着写作地点的变化，《圣伯丁年代记》逐渐从宫廷著史成为作者的私人作品。

843年，普鲁登提乌斯接任特鲁瓦主教，远离了秃头查理宫廷，其获取资料和信息的难度加大，写作的难度随之加大，因而年代记844～849年的条目显得混乱和零散，没有提及同时期其他史料记载的一些事件。此外，其对异端神学家哥特沙克的同情立场、与兴克马尔因为后者在特鲁瓦所拥有的教堂归属问题而产生的矛盾，使得普鲁登提乌斯更多地表达了个人的立场，甚至表达了对秃头查理的批评。在846年的条目中，他直言不讳地批评查理在埃佩尔奈召开的大会议上忽视主教告诫：

> 六月，查理违反常规在兰斯附近的埃佩尔奈召集大会议。会上，国家主教关于教会事务的最必要的告诫被视为无关紧要；自基督教时代开始以来，几乎从未发现对主教的尊敬被如此完全忽视。④

---

① 《法兰克王室年代记》原题为《大洛什年代记》，因为德国历史学家兰克注意到了其"官方性"特点，认为表达的是加洛林家族的立场，所以将其改名为《法兰克王室年代记》，被后世学者所沿用。
② 朱君杙曾撰文分析加洛林大年代记撰修中心的转移及其原因，参见《从王室宫廷到大主教区——论加洛林时代人年代记撰修中心的转移》，《历史教学》2016年第18期。
③ J. L., Nelson, "The Annals of St. Bertin", in *Politics and Ritual in the Early Medieval Europe*, p. 176.
④ J. L., Nelson (Trans. And Annotate), *The Annals of St. Bertin: Ninth-Century Histories*, p. 63.

846 年,秃头查理与维京人首领谈判,签订合约,对此,普鲁登提乌斯也提出了批评:

> 查理与格里弗里德在某些约定的条件下讲和。而其余的丹麦人则定居在那里,一直到三月,因为他们完全不受约束,所以必不感到丝毫的焦虑,更加野蛮,大肆踩躏、焚烧、俘虏。①

在 855 年的条目中,普鲁登提乌斯又间接批评秃头查理对于异端的态度:"许多违背天主教信仰的事情在查理的王国发生,而他自己也意识到了。"②在 856 年的条目中,他写道:"几乎查理王国内所有的伯爵都与阿奎丹人结成了反对他的阴谋,他们邀请日耳曼国王路易来实现他们的计划。"③普鲁登提乌斯写编年史的方式,与其说是由抽象的原则决定的,不如说是由他个人的政治忠诚和关系决定的。

作为兰斯大主教,兴克马尔远离查理宫廷,他的写作反映出法兰克教会高层的观点,代表的是个人的独特见解。在写作中,兴克马尔直白地表达了对一些人和事的看法:他批评图卢兹人"一贯背信弃义"④;他将路易二世权臣贝加莫主教哈甘诺描述为"既狡猾又贪婪的意大利主教"⑤。甚至在写秃头查理的妻叔康拉德伯爵时,兴克马尔的讽刺也极为直白,说:"他为人傲慢,对世界的了解极其肤浅,这对他本人毫无益处,对别人更没有好处了。"⑥对普鲁登提乌斯的评价也不高:"特鲁瓦的主教普鲁登提乌斯,原名加林多,出身西班牙,起初是一个非常博学的人。……但是,后来因为一些痛苦事情的刺激,他坚定地维护(哥特沙克)的异端思想,反对主教。他到死都在胡编乱造一些明显违背真理的事情。"⑦可以说兴克马尔对于时代人物的臧否评判,体现了极强的自我中心与道德意识。所以,纳尔逊教授认为,兴克马尔性格中最为重要的特点是喜欢评判别人的行为,证明自身行为的合理性。⑧ 其年代记"必须被解读为他本人对于自己亲自参与的同时代政治事件的一系列主观看法,是他对那些政治事件某种程度上即刻的

---

① J. L., Nelson (Trans. And Annotate), *The Annals of St. Bertin: Ninth-Century Histories*, pp. 74 – 75.
② J. L., Nelson (Trans. And Annotate), *The Annals of St. Bertin: Ninth-Century Histories*, p. 80.
③ J. L., Nelson (Trans. And Annotate), *The Annals of St. Bertin: Ninth-Century Histories*, p. 82.
④ J. L. Nelson (Trans. And Annotate), *The Annals of St. Bertin: Ninth-Century Histories*, p. 105.
⑤ J. L. Nelson (Trans. And Annotate), *The Annals of St. Bertin: Ninth-Century Histories*, p. 106.
⑥ J. L. Nelson (Trans. And Annotate), *The Annals of St. Bertin: Ninth-Century Histories*, p. 103.
⑦ J. L. Nelson (Trans. And Annotate), *The Annals of St. Bertin: Ninth-Century Histories*, p. 94.
⑧ J. L. Nelson, "The Annals of St. Bertin", in *Politics and Ritual in Early Medieval Europe*, p. 186.

认知和反应,他或多或少直接参与了这些事件。"①

《圣伯丁年代记》编写地点从宫廷转移到地方教会,作者们远离统治中心,又夹杂着宗教观点、政治立场以及个人利益及情感的因素,使他们的写作完成了从宫廷著史到私家作品的转变。

(二) 兼具教会著史与私人著史的性质

年代记字面意思是"一年一年的记录",来源于复活节表,作者多为教士,是中世纪早期修道院文化的特殊产物。《圣伯丁年代记》的历任作者都是教士出身,故年代记受到教会史学的影响。就兴克马尔来说,在9世纪20年代,他是圣丹尼斯教区的一名年轻教士,经常陪同希尔杜因一起出入宫廷,虽说当时希尔杜因并非年代记的执笔者,但是编修年代记是其责任所在。续写《圣伯丁年代记》可能是兴克马尔缅怀故人的一种方式。在他看来,神学和历史是相互联系的,错误的神学观念会导致对于历史的误读。作为法兰克的高级教会贵族,他有责任和义务,也有自觉,要维护基督教正统。所以,他借阅了普鲁登提乌斯的年代记,希望以此了解普鲁登提乌斯指控尼古拉斯教皇的原因,以及他对这段历史的描述。可见,兴克马尔的写作并不官方,其观点也不代表官方,甚至统治者都非其潜在读者。私人意志在兴克马尔那里得到了充分体现。

所以,《圣伯丁年代记》是一部兼具教会著史与私人著述的历史文献。"其作者的观点是宫廷教士和主教的,而非普通僧侣的,关注的中心是世俗统治者和大主教的事迹。然而,尽管关注公共事件,但主要代表的是个人的观点。该年代记并非受任何统治者之命而作,也不是'官方历史',也不具备官方宣传性。"②

三、从《圣伯丁年代记》看加洛林年代记的特点

(一) 史家著史意识日益凸显

有论者认为:"年代记是历史著作的原始形态,是中世纪史学发展的早期阶段。这是因为,年代记是按照年代顺序进行的简单编排和罗列,并没有试图完整地表述一个故事,而只是将时间、地点、人物、事件以及最简单的文字记录下来。"③诚然,早期的年代记常将大事小情混杂在一起,进行简单描述,缺乏轻重、详略之分。包括古老的《圣阿曼德年代记》在内的早期年代记,形式更像年表,语

---

① J. L. Nelson, "The Annals of St. Bertin", in *Politics and Ritual in Early Medieval Europe*, p. 190.
② J. L. Nelson, "Introduction of The Annals of St. Bertin", p. 2.
③ 张广智:《西方史学史》,复旦大学出版社,2000年,第78页。

言简洁,内容随意,少有作者主观意识的体现。后世史家常据此批判其缺乏历史意识。其实,重视记述,而缺乏阐释,恰恰是早期年代记的基本特点。"年代记作者常常仅仅满足于描绘那个世界,而拒绝接受这样的观点,即平凡的现象经过他们的挑选,也会产生意义,出现解释和发展的意识。"①但是,在加洛林年代记发展过程中,受分裂社会背景的影响,史家的著史意识日益凸显。

考察《圣伯丁年代记》的写作就会发现,史家著史意识在不断提升,尤在普鲁登提乌斯和兴克马尔身上表现突出。在840~843年加洛林家族三兄弟的纷争中,普鲁登提乌斯选择支持秃头查理,因此在写作中将洛塔尔一世描绘成挑起内战的元凶和祸首,而将秃头查理和日耳曼路易两人描写成和平爱好者,只是在兄长洛塔尔步步紧逼下,他们才不得不卷入战争。840年的年代记写道:

> 洛塔尔在听到父亲去世的消息后,立即打破成例,离开了意大利,冲进高卢。他对皇帝的头衔垂涎已久,因此纠结了手下大部队,反对日耳曼路易和秃头查理两位皇弟,先后对他们发动战争,但是都未曾取得成功。无论他多么虚荣自负,曾经多么无情,事态终究暂时朝向好的一面发展了。然而,洛塔尔并未停止对兄弟们的阴谋诡计。由于他贪婪与残忍的本性,他依然时刻准备谋害他们。②

这一记载与同属查理阵营的尼特哈德《历史》中的记载不谋而合③,与同一时期《福尔达年代记》的记录则大相径庭:

> 洛塔尔从意大利来的时候姗姗来迟,法兰克人推选他为统帅,继任皇位。法兰克人都说:已故皇帝弥留之际,指定洛塔尔为统辖王国之人,并将象征君主的权杖和皇冠也授予了他。但是洛塔尔的兄弟们却并不认可这一安排,他们筹划发动了对洛塔尔的叛乱。首先发难的是日耳曼路易,他率领强大的东法兰克军队,前来夺取莱茵河以东的王国领土。④

---

① Ernest Breisach, *Historiography: Ancient, Medieval & Modern*, The University of Chicago Press, 1994, p. 102.
② J. L. Nelson (Trans. And Annotate), *The Annals of St. Bertin: Ninth-Century Histories*, p. 49.
③ 《历史》为加洛林时代历史学家尼特哈德所作。关于这本书的特点参见拙作:《尼特哈德〈历史〉中的古典史学传统》,《淮北师范大学学报》2016年第6期。
④ Reuter T. (Trans. And Annotate), *The Annals of Fulda: Ninth-Century Histories*, Manchester: Manchester University Press, 1992, p. 18.

对同一历史事件的记载,并行的两部年代记有着两种截然不同的说法,体现出年代记作者的政治立场的差异。《圣伯丁年代记》作者支持的是西法兰克王国和秃头查理,其写作必然站在西王国的立场之上。同时,教职的变化、与宫廷生活的疏离、与兴克马尔在教会地产方面的矛盾、对异教徒的同情以及与秃头查理政见的不同,都使得普鲁提乌斯在年代记的写作中表现出不同的个人情感倾向与个人观点。858 年,西法兰克王国贵族森斯的维尼洛、布鲁瓦伯爵密谋邀请东法兰克国王日耳曼路易取代秃头查理入主西法兰克王国时,作为其中一员,普鲁登提乌斯在记录此事时,却并未提及涉事贵族的名字。①纳尔逊教授评价道:"毫无疑问,普鲁登乌斯编撰年代记的方式由其个人的政治忠诚和关系决定,而非抽象原则决定。"②

作为秃头查理倚重的大臣之一,兴克马尔更是凭借崇高的政治地位及其与君主秃头查理的亲密关系,对材料任意剪裁。因此,其写作无法做到真正的"秉笔直书"。其记载中的前后矛盾,恰是其个人立场的反映。例如,当洛塔尔二世试图跟原配妻子离婚,立情妇为后时,兴克马尔坚持基督教关于婚姻不可解除的教义,坚决反对③;而当秃头查理本人希望儿子结巴路易离婚另娶时,兴克马尔却选择避而不谈。

由于神学观点和个人立场的不同,兴克马尔甚至篡改了前一个作者普鲁登提乌斯的作品。849 年的年代记条目强烈谴责异端哥特沙克,说他"因为学识而自我膨胀,沉溺于错误的信条","在虔诚的动机掩盖下,远赴意大利,却在羞辱中被驱逐"④,这些说法既不同于普鲁登提乌斯的写作风格,也与其对哥特沙克的同情相违背;行文中还赞许地提到此次谴责哥特沙克的宗教会议是由"受人尊敬的兰斯大主教兴克马尔主持的"⑤。结合普鲁登提乌斯与兴克马尔之间的矛盾,有理由推测,兴克马尔对普鲁登提乌斯的原文做出了篡改,使其更加符合自己的意思。"指控他人伪造的人,本身就是一名伪造者。"⑥兴克马尔甚至还"经常冗长地引用官方文件。当他这么做时,它们(指官方文件——引者注)就会被当他在特定情境下的立场或者行为的辩护词"⑦。

某种程度上,篡改恰恰是著史意识的体现。在评价兴克马尔的写作时,纳尔

---

① J. L. Nelson (Trans. And Annotate), *The Annals of St-Bertin: Ninth-Century Histories*, p. 88.
② J. L. Nelson, "The Annals of St. Bertin", in *Politics and Ritual in Early Medieval Europe*, p. 182.
③ J. L. Nelson (Trans. And Annotate), *The Annals of St-Bertin: Ninth-Century Histories*, p. 106.
④ J. L. Nelson (Trans. And Annotate), *The Annals of St-Bertin: Ninth-Century Histories*, p. 67.
⑤ J. L. Nelson (Trans. And Annotate), *The Annals of St-Bertin: Ninth-Century Histories*, p. 67.
⑥ J. L. Nelson, "The Annals of St. Bertin", in *Politics and Ritual in Early Medieval Europe*, p. 190.
⑦ J. L. Nelson, "The Annals of St. Bertin", in *Politics and Ritual in Early Medieval Europe*, p. 186.

逊如此写道:"虽然查理曼支持写作,但是宫廷教士们更是为自己写作当代史。正如时人所言,'任何有学识的人都不会怀疑,将做过的或者已经发生的事情写在年代记中供后人学习,是一种最古老的习俗,这种习俗一直流传至今'。这里强调的是'有识之士的著史意识,而不是国王的价值。'"①"我们阅读兴克马尔的年代记时,不能将其当作一个坏的历史作品来读。它是对当时的政治事件的一系列主观或者瞬间的感知与反应,兴克马尔本人或多或少地直接参与了这些事件。"②

其他的同类作品也表明,加洛林年代记并非原生态,而是经过作者谋篇布局的历史著作,表达了强烈的著史意识。《法兰克王室年代记》的756年条目写道:"为什么德西德里乌斯(Desiderius)能够登上王位,他又是如何登上王位,关于这些话题,我们在后文中再做交代。"作者的谋篇布局在行文中显而易见。在759年的条目中,作者记载了丕平的儿子丕平(与父亲同名)的出生,又写其"三岁的时候就死掉了"。同一年的条目写了两三年后发生的事情,可见,这部年代记经过了裁剪加工。《福尔达年代记》详细地描述858年日耳曼路易受邀侵入西法兰克王国这一事件,在882～887年的条目中,表现出对东法兰克王国的胖子查理及其宠臣力乌特沃德(Liutward)的不满情绪。这些都表达了作者强烈的著史意识,其写作并不只是记录已经发生的事件。西蒙·麦克林说:"从严格的意义上说,这部作品并不是对于'宫廷'或'官方'的记载;相反,它主要反映的是那位大主教个人的观点。"③蒂姆·罗伊特也认为,以年代为框架组织起来的事件内容,不再仅仅是备忘录,已经演化成为一种复合型的历史叙述,它们记载各类事件,对其进行评价,甚至试图对其加以解释。④

(二) 年代记书写受到政治的强烈影响

正如麦基特里克教授所言,"如果对700～900年的认识完全依赖于这个时期产生的史书,我们必须接受将对法兰克人的夸耀和赞美作为8世纪和9世纪研究的关注点。他们极力标榜加洛林社会统治精英的自信与伟大,赞扬其在学术思想和文化艺术中的活力"⑤。加洛林时期是撰写年代记的高峰,数量增多,

---

① J. L. Nelson,"The Annals of St. Bertin", in *Politics and Ritual in Early Medieval Europe*, p. 174.
② J. L. Nelson,"The Annals of St. Bertin", in *Politics and Ritual in Early Medieval Europe*, p. 190.
③ Simon Maclean, *Kingship and Politics in the Late Ninth Century: Charles the Fat and the End of the Carolingian Empire*, Cambridge University Press, 2004, p. 24.
④ Reuter T., "Introduction for The Annals of Fulda", in Reuter T. (Trans and Annotate), *The Annals of Fulda*, p. 1.
⑤ McKitterick R., "Introduction: Sources and Interpretation", in McKitterick, R. (ed.), *The New Cambridge Medieval History*, Volume II c. 700 -900, Cambridge University Press, 1995, p. 3.

内容丰富,主题范围广泛,其书写受到了政治的影响。

虽然纳尔逊教授强调《圣伯丁年代记》的"非官方性",认为它"并非在君主要求下产生,其作为政治宣传的功用很小。其关注的是公共事件,但它主要代表的是个人对事件的反应"①。但是,作为加洛林时代历史书写的主要形式之一,年代记反映出政治兴衰、统治的延续和中断,其写作势必受到政治形势的影响。

830年,洛塔尔一世发动叛乱,希尔杜因支持叛乱集团,从而中断了年代记的写作。在富尔克续写年代记初期,他遵循《法兰克王室年代记》传统,按年份顺序记载每一年发生的事件。但是,832～833年,他却一反传统,集中叙述了虔诚者路易与其儿子们之间的纷争,忽视其他事件的记载。究其原因,在于833年加洛林帝国爆发了反对虔诚者路易的叛乱,国内形势紧张,国王虔诚者路易与诸子之争成为重要的政治问题。834年的条目中,作者表达出同情虔诚者路易的政治立场:

> 这位皇帝一直被囚禁在亚琛,他始终没有得到丝毫人道主义对待。相反,他们正变本加厉地、残暴地对待他,妄想通过昼夜不停地身心折磨,摧垮皇帝坚强的意志,迫使皇帝遁入修道院。但是皇帝反复重申:即使身不由己,也绝不会遁入修道院。②

7个月后,叛乱被镇压。833～834年的年代记恢复了连续性。虔诚者路易恢复统治后,836～839年的年代记则相对完整,更多关注宫廷,体现了此时王室统治的稳定。

840年,虔诚者路易去世,加洛林三位王子展开权力之争。一时之间,政局动荡,《圣伯丁年代记》的写作反映出这种形势:几乎没有记载从虔诚者路易去世到丰特努瓦战役爆发之前的这段历史的相关记载。③ 究其原因,可能是丰特努瓦战役之前,在与长兄洛塔尔一世的对峙中,秃头查理与日耳曼路易处于劣势。在动荡不安的时局中,普鲁登提乌斯无法获得稳定的写作环境。当丰特努瓦战役胜败已分,在相对稳定的环境下,《圣伯丁年代记》的写作才得以继续。

统治者的鼓励是加洛林年代记迅速发展的原因,也是王室宫廷一度成为年代记主要编写阵地的原因。因此,加洛林年代记的很多内容都与王室政治决策

---

① J. L. Nelson, "Introduction for the Annals of St. Bertin", in *The Annals of St Bertin*, p. 2.
② J. L. Nelson (Trans. And Annotate), *The Annals of St. Bertin: Ninth-Century Histories*, p. 28.
③ 关于这一时段的历史,主要史料是加洛林时代历史学家尼特哈德的《历史》。

和计划相关,有着维护王朝统治权益、美化统治者的政治目的。《梅斯年代记》的编撰目的是解释加洛林家族取代墨洛温王朝、掌握政权的合理性,对于加洛林家族极尽歌颂,而对墨洛温王朝则极尽贬低。《法兰克王室年代记》"以基督教信仰为叙事架构,以加洛林君主为颂扬对象,进而构建出一个强盛的法兰克国家形象"①。其中包含一些对矮子丕平篡夺王权的虚构和不实的记载,目的也在于证明其篡位是军事成功、教皇支持和法兰克人选举的结果,进而证明751年加洛林王权确立具有合法性。② 9世纪70年代后,东法兰克王国对意大利王国的政治野心逐渐上升,这在《福尔达年代记》的写作中亦有所体现。

法兰克帝国分裂后,年代记写作传统受到影响,其写作不再以整个加洛林王朝为对象,而是相对集中于加洛林世界的某一个部分。843年之后的《圣伯丁年代记》和《圣瓦斯特年代记》关注西法兰克王国,《福尔达年代记》则关注东法兰克王国。

(三) 体现出宗教服务于世俗政治的功用

中世纪年代记是在基督教历史和基督教神学背景下形成的。③ 加洛林年代记的兴起最初是由于统治者希望复兴拉丁文化,但是年代记的写作更多是由于教士阶层的兴趣,而非皇室的热情。④ 大多数年代记撰写者是神职人员,基督教信仰决定了其写作必然包含大量有关基督教的内容,体现出宗教服务于世俗政治的功用。在863年的条目中,兴克马尔详细记述了自己与教皇尼古拉斯一世就洛塔尔二世离婚案的往来信件,目的是希望借助罗马教会对洛塔尔二世及其支持者施加压力,从而为秃头查理夺取政治利益。此外,他还记载了很多其他的教会文件,如864年科隆大主教冈瑟尔(Gunther)和特里尔大主教修特古德(Theuguad)向罗马教廷递交的自我辩护宣言的清单,867年教皇哈德良二世(Hadrian Ⅱ)讨伐阿纳斯塔西乌斯的檄文⑤,以及869年洛塔尔二世去世,秃头查理趁机占领其王国时,与当地主教互相致辞的文告和878年教皇约翰八世所颁布的对抢占教产之人进行绝罚的文告。这些记载基本都与世俗政治相关联,目的都是服务世俗政治。

---

① 陈文海译注:《法兰克王家年代记》,人民出版社,2019年,第85页。
② McKitterick R., "The Illusion of Royal Power in the Carolingian Annals", *English Historical Review*, 115 (2000), p. 4.
③ McKitterick R. (ed.), *Carolingian Culture: Emulation and Innovation*, Cambridge: Cambridge University Press, 1994, p. 199.
④ J. L. Nelson, "The Annals of St. Bertin", in *Politics and Ritual in Early Medieval Europe*, p. 191.
⑤ J. L. Nelson, "The Annals of St. Bertin", in *Politics and Ritual in Early Medieval Europe*, pp. 145–150.

在同时代其他年代记中,这一特点也多有体现。最显著的体现是,从《法兰克王室年代记》开始,加洛林年代记系统运用基督纪年法,并频繁记载重要的基督教节日如复活节、圣诞节以及各类宗教活动。《法兰克王国年代记》从759年到808年,几乎每年都提到统治者庆祝复活节和圣诞节的地方以及方式。陈文海认为,这是"以显性的方式将加洛林法兰克历史置于基督信仰的框架之中……将加洛林法兰克的发展历程与基督诞生后的线性时间链条捆绑在一起,也就意味着加洛林法兰克是基督家族的组成部分,支持加洛林君主、匡扶法兰克国家也就成了上帝的分内之事"①。这一评论,精辟地道出了年代记作者借宗教为世俗政治服务的本质。

《法兰克王室年代记》《圣伯丁年代记》《福尔达年代记》等多次记载加洛林君主的涂油加冕礼,目的在于凸显加洛林王朝的神圣性,为加洛林王权寻求合理性。即使是年代记中常用的奇迹也是为政治服务。年代记作者们努力将加洛林统治者塑造成理想中基督教君主的形象,认为法兰克人作为罗马帝国的后继者,是上帝的选民。他们一再强调,上帝是法兰克王国的庇佑者,多次显示奇迹襄助了法兰克人,从而使加洛林王朝的篡权具有宗教上的合法性。麦基特里克教授认为:"法兰克年代记明确地将法兰克与整个基督教历史和基督的生活联系在一起。"②

可以说,加洛林时代绝大多数年代记作者的神职身份并未减弱他们对于世俗统治者的依赖与支持力度。早期的基督教史家们曾反对史学写作依附于世俗政权并为世俗政权服务的倾向。优西比厄斯就曾经说过:"我将以不可磨灭的文字,记录那些为灵魂安宁所进行的最为和平之战,并教导人们勇敢地为真理而不是国家政权而奋斗。"③但是,梳理加洛林年代记就会发现,神职出身的加洛林史家们并未遵从早期基督教教父们的教诲,反而将自己的著述建立在为世俗统治者们服务的目的之上。究其原因,在于9世纪中期,加洛林世界内忧外患,在这一时代背景下,出身教会的加洛林贵族心忧天下,一方面,他们努力通过教会与神意,为加洛林王权的合法性寻找证据;另一方面,他们以基督教的理想化君主为楷模,希望为加洛林君主们树立榜样,为其提供借鉴,使其更好地履行保护教会和人民之责。与"政教之争"高潮时期不同,加洛林时期出身教会的年代记作者并不主张"教权至上"、教会可以废黜君主。因为这一时段,世俗君主牢牢控制着教会的各个方面,大主教、主教、修道院长的选任以及调迁都掌握在世俗君主

---

① 陈文海译注:《法兰克王家年代记》,第64~65页。
② R. McKitterick, *History and Memory in the Carolingian World*, Cambridge: Cambridge University Press, 2004, p.99.
③ 绍特维尔著,何炳松等译:《西洋史学史》,商务印书馆,1929年,第312页。

手中,基督教会的权力较为弱小。在社会现实压力下,史学家们不得不以所服务的政治派别为判断标准,其史学写作和评论也都受到政治现实的影响,从而使得加洛林时期的史学具有强烈的世俗性,其写作注定无法脱离政治环境的影响而独立存在。

[原载《史学理论与史学史学刊》2022年上卷(总第26卷)]

地缘政治研究中的"盎格鲁-撒克逊"传统

王存胜*

一般说来,人类的生存模式和行为方式很大程度上是包括地理环境在内的各种环境的产物,其中尤以地理环境的影响最为经久和深刻。地缘政治学就是一门强调从地理空间的角度对国际关系进行研究的学问。它主要探讨各种地理环境以及与之密切相关的技术、组织、人口等因素的变化发展对国际关系实践的影响。①

一、地缘政治研究中的"国别倾向"

地缘政治学正式诞生于 19 世纪末 20 世纪初,那是"一个政治上和认识上非常动荡不定的时代",强调"生存斗争的必要性与淘汰选择的合法性"。地缘政治学不可避免地受到那个时代的知识水平和政治气候的浸润,自产生之日起,就带有明显的以"生存竞争"和对抗为特征的时代烙印。② 尽管学界对地缘政治学的定义众说纷纭,究其实质,地缘政治研究之重点在于探讨地理环境与国际权势竞争间的互动关系,强调地理环境对特定国家在国际权势竞争中的制约性或促进性作用,并且力图在对具体地理环境考察的基础上,形成某种对现代国际关系的整体性解释框架。"'地缘政治学(或地理政治学)'不是一个关于政治与地理之间的普遍联系的术语,而应当被理解为是关于地理和政治、战略的相关性研究中的一个概念的和术语的传统。"③

虽然技术、组织、人口等因素的改变,往往导致地理因素在政治上和战略上的相关性也随之变化,但一国所据有的自然地理空间基本上是恒定的,故而对国家的发展趋向和行为方式(特别是对外行为方式)有着最为经久的影响。在现代国际体系中,不同国家所占据的地理空间无论在规模上还是自然特征上差别很

---

* 王存胜,现为淮北师范大学历史文化旅游学院副教授。
① 时殷弘、魏长春:《保罗·肯尼迪的战略思想》,《美国研究》2001 年第 2 期。
② 杰弗里·帕克:《二十世纪的西方地理政治思想》,李亦鸣等译,解放军出版社,1992 年,第 10 页。
③ Osterud Oyvind, "The Uses and Abuses of Geopolitics", *Journal of Peace Research*, Vol. 25, No. 2, 1988, pp. 191–192.

大,"尽管主权国家被视为全球拼图中的主要组成部分,但它们远不像一幅拼图那样拼板大小相对统一"①。这种地理条件上的差异,往往导致国家的发展趋向和行为方式表现出明显不同的特征。地缘政治理论的形成和发展,自然会受到其主要理论论说者所代表的具有特定地理特征的国家的利益诉求和政策关切的影响,所以,地缘政治研究并非完全是价值中立的学问,而往往表现出特色鲜明的"国别倾向"。这种影响的主要后果,就是在地缘政治研究中形成了多个"国别倾向"的思想传统。整体上来看,西方地缘政治研究中存在着三大思想传统:以英美为主体的"盎格鲁-撒克逊"传统、德国的"地缘政治学"(Geopolitik)和法国的维达尔传统。② 其中,尤以反映海洋性国家[Maritime power,或岛屿国家(Insularity state)]的利益需求和现实政策关切的"盎格鲁-撒克逊"传统影响最大。

(一)现代国际关系中的海洋性国家

人类自古就在利用海洋,但是在全球范围内开发海洋并对之进行"革命性"的利用,则是在欧洲人进行地理大发现之后。现代国际关系的形成与人类在全球范围内对海洋的开发利用几乎同步进行。"由于现代世界体系的形成之时,同时也是人类在全球范围内对海洋的利用和控制的肇始,一个全新的海权时代开始了。"现代国际关系是在一个被海洋包围的远为广大的地理范围内发展起来的,因此,某种程度上可以说,现代国际体系就是"一个独特的海洋体系"。海洋成为在现代国际关系发展中有着举足轻重影响的因素。③

在此大历史背景下,一批仗侍海洋所供给的巨大能量的国家开始崛起——16世纪的西班牙和葡萄牙,17世纪的荷兰,18、19世纪的英国和20世纪的美国。与大陆性国家相比,这些国家的海洋性特征极为明显,主要体现在它们的社会发展和权势兴盛很大程度上与海洋密不可分。海洋性国家一般位于濒临海洋的岛屿或半岛上,不仅获得了海洋"天险"为其提供的得天独厚的安全保障,而且占据了自由进出海洋的有利地理位置。正是借助于海洋提供的便利,这些国家的经济发展与世界其他地区的经济有着密切的联系,往往以外向型的商业、贸易为经济命脉。最后,基于上述两点,控制海洋,特别是控扼关键性的海上战略要道,与它们的国家安全和经济发展生死攸关,因此,在国家权势的建设上强调保

---

① 杰弗里·帕克:《地缘政治学:过去、现在和未来》,刘从德译,新华出版社,2003年,第84页。
② 吴征宇:《霸权的逻辑:地理政治与战后美国大战略》,中国人民大学出版社,2010年,第36~40页;杰弗里·帕克:《二十世纪的西方地理政治思想》,李亦鸣等译,1992年。
③ Modelski G. and Thompson W. R., *Sea Power in Global Politics 1494 - 1993*, London: Macmillan, 1988, p.4.

持优势性的海上力量为核心。①

纵览现代国际关系历史的发展,这些海洋性国家相继在不同程度上实现了对国际体系的主导,甚至可以说成为现代国际关系中成功"领导者"(或霸权国)的"不二人选"。美国国际政治学者乔治·莫德尔斯基在对近 500 年来的国际关系史进行细致研究后指出,在此期间登上"世界领导者"宝座的国家必须具备四项资格要素:(一)有利的地理位置,特别是岛屿性的地理位置;(二)有着内在凝聚力、开放性的和有着团结能力的社会;(三)领先性的经济;(四)具备全球范围内力量投放能力的政治-战略组织。② 能够具备这些资格要素的自然非海洋性国家莫属。"海上霸主"英国在 18、19 世纪执欧洲国际体系之牛耳,20 世纪全球性国际体系的领导者角色由美国扮演,就是最好的例证。

(二) 海洋性国家的战略文化传统

一个民族或国家的战略文化传统往往是其生存和发展的本能性反应,是在长期的历史发展进程中基于多种因素的综合而逐渐浮现的。"只集中于狭隘的现实主义构成要素——物质实力、其分配的变化及外部的威胁——的大战略算计是根本不全面的。它不能解释国家所实际作出的行动。相反,国内各集团,社会观念、宪法的特征、(有时是通过国际相互依存表现出来的)经济制约因素、历史上的社会趋势以及国内政治压力在大战略选择中起着重要的,实际上是关键性的作用。"③然而,一民族或国家之战略文化传统必须在相当大程度上反映客观的地理政治现实。"一国的形状和位置是决定一国决策者的战略思维方式的关键要素。……如果说地理状况对威胁评估施加了一种支配性的影响,那么它同样能够塑造关键性的战略信条。"④

海洋性国家独特的地缘政治环境形成了特有的战略文化传统。⑤ 由于在国家安全、社会发展中占据至关紧要的位置,海洋始终是这些国家战略传统中关注

---

① Dehio L., *The precarious balance: the politics of power in Europe, 1494 - 1945*, London: Chatto&Windus, 1963, pp.25, 50.
② Modelski G., *Long Cycles in World Politics*, London: Macmillan, 1988, pp.217-233.
③ 理查德·罗斯克兰斯、阿瑟·斯坦主编:《大战略的国内基础》,刘东国译,北京大学出版社,2005 年,第 5 页。
④ 威廉·默里、马克·格里姆斯利:《论战略》,威廉·默里、麦格雷戈·诺克斯、阿尔文·伯恩斯坦:《缔造战略:统治者、国家与战争》,时殷弘等译,世界知识出版社,2004 年,第 1~11 页。
⑤ 关于海洋性国家的战略文化传统形成的内在机制,美国学者马克·布罗利有着精辟的分析,可参见 Brawley Mark. R., *Liberal Leadership, Great Powers and Their Challengers in Peace and War*, Ithaca, N. Y.: Cornell University Press, 1993. 时殷弘:《国际政治的世纪性规律和马克·布罗利的启示》,《世界经济与政治》1999 年第 3 期。

的重点,其战略擘画主要是围绕着如何有效控制海洋和利用对海洋的控制实现其主导性世界地位而进行的。尽管随着主客观条件的发展变化,这一战略文化传统的阶段性侧重点会有所不同,但是,主要根据客观地理条件树立的战略性目标和实现这一目标的意志,总是时隐时现地存在着,具有延续性。

二、"盎格鲁-撒克逊"地缘政治思想传统

地缘政治研究中的"盎格鲁-撒克逊"思想传统反映的就是这些占主导地位的海洋性国家的历史经验和战略关切。这一思想传统的核心主体由三位代表人物的学说所构成,他们是:阿尔弗雷德·马汉的"海权论"(Sea Power)、哈尔福德·麦金德的"心脏地带学说"(Heartland of the Continent)、尼古拉斯·斯皮克曼的"边缘地带学说"(Rimland of the Continent)。

(一)马汉的"海权论"

美国的阿尔弗雷德·马汉是最先感知到国家特性和权势来源不同的人之一,在著名的"海权论三部曲"[①]中提出了影响深远的"海权论"。

马汉明确肯定了海洋在现代历史发展和国家昌盛中的重大作用,"海洋是人们借以通向四面八方的广阔的共有地","一个国家像我们早已说明的那样,不能无限期地依靠自己供养自己;使它与其他各地联系并使自己的力量不断得到补充的最便利的途径就是海洋"。海洋已经成为现代国家繁荣兴旺的重要源泉,"合理地使用和控制海洋,只是用以积累财富的商品交换环节中的一环。但是它却是中心的环节,谁掌握了海权,就可强迫其他国家向其付特别的税,并且历史似乎已经证明,它是使国家致富的最行之有效的办法"[②]。

在此基础上,马汉首次系统地阐述了有关利用和控制海洋的战略性思想——"海权论"。"海权"一词是马汉发明的。"海权"主要包括两重含义:一种是狭义上的"海权",指通过优势海军实现对海洋的控制,这要求国家在"平时和战时都要创建、支援和发展一个国家的海上力量";另一种是广义上的"海权",这不仅包括上述"海军优势控制海洋",还包括那些与维持某个国家的经济繁荣密切相关的其他海洋要素,"海上商业、海外属地和进入外国市场的特权合起来,造就国家的'财富和强盛'"。因此,海权的发展"不仅包括用武力控制海洋或其任

[①] 马汉"海权论三部曲":《海权对历史的影响(1660~1783)》(1890年)、《海权对法国大革命和帝国的影响(1793~1812)》(1892年)、《海权的影响与1812年战争的关系》(1905年)。
[②] 马汉:《海权对历史的影响(1660~1783)》,安常忠等译,解放军出版社,1998年,第259、289页。

何一部分的海上军事力量的发展,而且还包括一支军事舰队源于和赖以存在的平时的贸易和海运发展"。海权的实质在于强大的海军与繁荣的海上贸易的完美结合。① 所以,马汉指出,并非所有国家都可以发展和掌握海权,一国要发展海权需要具备六个要素条件:地理位置、自然构造、领土范围、人口数量、民族特征和政府特点。

在此海权思想的指导下,马汉对 17、18 世纪的相关历史实例进行了详细考察,特别是"英国的海上霸权"——海权起作用的首要范例——成为其考察的核心主题。通过考察,马汉进一步断言,英国能在战争中赢得胜利,"是由于在和平时期利用海洋获得财富,战争期间利用它的规模巨大的海军、依靠它的大批的生活在海上或靠海洋生活的臣民",两者是相辅相成的,"英国政府的优势在于能利用它的威力巨大的海上力量这个武器。海上力量使它富有,并反过来保护了使它致富的贸易"②。

马汉基于历史经验总结而形成的海权思想,反映了海洋性国家在现代国际关系史上的发展轨迹,并揭示了这些国家兴盛的"奥秘"——"对海洋的控制"(command of the sea),也正是因为这一巨大贡献,马汉被誉为"海权之父"。

尽管马汉本人对历史研究中的简单化保持着警惕,但事实上,由于马汉过于追求"不变的或者是不可改变的"普遍原理,最终不可避免地滑向了强调"海军至上主义"(Navalism)的决定论。他夸大了制海权在英国历史上历次战争中的影响力,忽略了英国的"大陆义务"(The Continental Commitment)在其成功中的作用。③ 另外,马汉的思想植根于过去,其理论观点主要是从一段特殊历史时期(17、18 世纪)里的特定国家(英国)的历史经验中总结出的,因此对过去的迷恋使他没有注意到当时乃至以后的历史发展趋势。正如有学者所指出的,"马汉论述海权在欧洲和美国的对外扩张中的影响之时,正是工业革命造就的新工具开始侵蚀作为其学说基础的原则和理论之时"④。

(二)麦金德的"心脏地带学说"

正值"海权论"在欧美世界大行其道之时,英国地理学家哈尔福德·麦金

---

① 菲利普·A. 克罗尔:"阿尔弗雷德·赛耶·马汉:《海军史学家》",彼得·帕雷特:《现代战略的缔造者:从马基雅维利到核时代》,时殷弘等译,世界知识出版社,2006 年,第 438~447 页。
② 马汉:《海权对历史的影响(1660—1783)》,安常忠等译,第 419~420 页。
③ 菲利普·A. 克罗尔:"阿尔弗雷德·赛耶·马汉:《海军史学家》",彼得·帕雷特:《现代战略的缔造者:从马基雅维利到核时代》,时殷弘等译,第 438~447 页。
④ Kennedy P., *Strategy and diplomacy, 1870 - 1945: eight studies*, London, G. Allenand Unwin, 1983, pp. 43 - 46.

德①开始指出马汉"海权论"的不足。

麦金德接受了马汉的"海权论"的核心论断,即英国等海洋性国家在世界上优势地位的取得和维系很大程度上仰赖于制海权。但是,他也看出了马汉思想中存在很大的片面性。首先,马汉过于强调海洋力量的"一枝独秀",以致忽略了现代历史上的另一大发展趋向——陆上力量的发展("陆权")。麦金德指出,世界历史基本上是陆上人和海上人之间的反复斗争的过程,长期以来在斗争中占据主导性的是大陆力量。即使是在海洋性国家崛起之时,陆上强国也在同步发展。"都铎世纪曾经目击西欧在海洋上的扩张,也看到了俄国的势力从莫斯科穿过西伯利亚。哥萨克骑兵席卷亚洲的向东猛扑,差不多和绕道好望角一样孕育着巨大的政治后果。"②此外,麦金德对马汉的"海权"的论述也不完全认同。他认为,海上力量强盛的根本在于据有一个安全、富饶的陆上基地,海洋性国家优势海权的获得离不开陆上资源的支持。"海上的人力必定要由陆上某处的富饶资源来供养;如果其他方面条件相等——例如本国的安全和人民的精力——那么有更充沛的资源作为基础的国家便能控制海洋。……归根到底,海上强国基本上取决于适当的基地,物产丰富而又安全的基地。"③

更为关键的是,麦金德敏锐地洞察到,时代条件已经发生了重大改变。一方面,以地理探险为核心的"哥伦布时代"在 1900 年左右接近结束,世界已经变成一个"封闭的体系","每一种社会力量的爆发,不会在周围的某个不为人知的空间和野蛮的混乱中消失,而是在地球遥远的一边引起强烈的反响"。在此"封闭的体系"中,海洋性国家无法单凭自己的优势海权来维持其主导地位,而必须积极干涉对自己具有重大意义的地区事务。另一方面,工业革命引发的技术进步使地理环境对各国权势增长施加的机遇和限制发生了变革,新趋势导致海洋性国家与大陆性国家之间的力量对比开始变得不利于前者。其中表现尤为突出的是铁路激发了大陆性国家的巨大潜力,"现在横贯大陆的铁路改变了陆上强国的状况;铁路在任何地方都没有像在闭塞的欧亚心脏地带,像在没有木材或不能得到石块修筑公路的广大地区内所发挥的这种效果。铁路在草原上创造了更加伟大的奇迹"④。

因此,在新的时代中,拥有巨大幅员规模的大陆性国家比仰赖于持续的海外

---

① 麦金德的地缘政治观点在 1904 年的《历史的地理枢纽》一文中首次提出,在 1919 年的《民主的理想与现实》一书中又得到修正与发展,1943 年在美国《外交》杂志上发表的《圆形的世界与赢得和平》一文中又做了最后的补充和改进。
② 哈尔福德·麦金德:《历史的地理枢纽》,林尔蔚等译,商务印书馆,1985 年,第 58 页。
③ 哈尔福德·麦金德:《民主的理想与现实》,武原译,商务印书馆,1965 年,第 41、43 页。
④ 哈尔福德·麦金德:《历史的地理枢纽》,林尔蔚等译,第 59 页。

领土扩张的海洋性国家更具优势,马汉对海洋性国家保持主导性地位的乐观自信被彻底动摇了,代之而起的是麦金德对大英帝国在与大陆性国家权势竞逐中的劣势的忧心忡忡。正是基于这种担忧,麦金德提出了"心脏地带学说"。

麦金德指出,位于狭小的不列颠岛上的英国之所以能够获得海上优势,进而以海上力量包围欧陆"大半岛",取得对世界的主导权,主要得益于欧陆"大半岛"的内部分裂,使之无法联合成一个更大的海上力量基地。但是现在,伴随着现代技术的发展,欧、亚、非三洲合一的大陆被连接为一体,成为一个"世界岛"。这一"世界岛"既蕴含有岛的优势又有着不列颠岛难以匹敌的广大资源,成为全球政治竞争中最有权势潜质的场所。

在这个"世界岛"上存在着一片广大的地区,麦金德最初将其称之为"枢纽区域",后修改为"心脏地带"。这一地区与沙俄帝国的疆域几乎一致,三面(除西面外)环山,区域内的河流主要流向北冰洋和内陆湖,历来是海洋性国家无法进入的地区。进入"后哥伦布时代","心脏地带"不仅出现了俄罗斯、普鲁士和奥匈帝国"三处合一的广大的人力基地",而且新技术的发展极大地提升了陆上力量,故而,"心脏地带"具备了一统欧亚大陆、建立世界性帝国的能量。东欧地区则成为控制这一"心脏地带"的关键。据此,麦金德提出了著名的三段式警句:"谁统治了东欧谁便控制了'心脏地带',谁统治了'心脏地带'谁便控制了'世界岛',谁统治了'世界岛'谁便控制了世界。"

麦金德担忧,设若东欧和"心脏地带"被一个强大的陆权国家统一,它就会发展成一个巨大的海权基地,足以对英国的世界性主导地位构成致命威胁。为了应对这一可能的巨大威胁,麦金德建议大英帝国在维持其海权优势的同时,必须要积极介入、干预欧洲大陆事务,特别是防止东欧和"心脏地带"落入一国之手。①

"心脏地带学说"的提出,显示了麦金德对海洋性国家的特征和利益诉求的认识比马汉更为成熟、完整。他肯定了陆上力量的客观存在以及相对于海上力量的更大优势,从而矫正了马汉片面强调海权的弊端。基于此,麦金德进一步完善了海洋性国家在新的时代条件下维护其主导性地位的战略规划,那就是在保持优势海权的同时,必须积极干预欧陆事务,未雨绸缪,防止欧亚大陆为单一陆上势力所统一。

当然,每个人都是其所生活的时代的产儿。麦金德的思想形成于19世纪末,正值英国在欧亚大陆上与俄国展开"大博弈"之时,这自然成为其地缘政治论述核心——海权和陆权大对抗——的主要现实参照。正如学者指出的,"心脏地

---

① 哈尔福德·麦金德:《民主的理想与现实》,武原译,第61~70页。

带的论题深深地植根于不列颠帝国的历史经验,而且它的兴起在很大程度上是那个时代的产物"①。归根结底,麦金德的思想反映了大英帝国的传统恐惧感,即对单一强权控制大陆和丧失其权势根本的海洋优势的恐惧。②

(三)斯皮克曼的"边缘地带学说"

囿于英国的狭隘视野,麦金德并未注意到对大英帝国的霸权更为致命的威胁。19世纪末20世纪初,现代国际关系发生了"革命性的变革",很大程度上英国霸权存在和赖以维持的欧洲国际体系已经无可挽回地衰落了,代之而起的是一个囊括欧洲,并超出欧洲一隅的更为恢宏的全球性国际体系。③ 这是"世界政治轴心的转移"④。在这个宏大的全球舞台上,受限于小国寡民的先天性规模劣势,英国已无力延续其宏图霸业,其主导地位为另一新的更为强势的海洋性大国——美国取代。美国不仅具有海洋性国家的优势,而且拥有英国难以比拟的巨大的国家规模,更适合于在全球舞台上扮演领导者的角色。随之,一种与美国相适应的、新的地缘政治论述也就出现了,这就是尼古拉斯·斯皮克曼的"边缘地带学说"。⑤

与马汉、麦金德理论中凸显的"地理决定论"倾向不同,斯皮克曼认为,尽管地理因素对国家的安全和外交政策有着深刻影响,但是,地理条件仅仅是众多影响因素中的一个,其必须和其他因素结合起来才能发挥作用。⑥ 此外,他还指出,地理环境虽是经久的因素,但其影响并非恒常不变,随着技术的进步,地理环境在政治上和战略上的意义和价值会发生变化。"地缘政治分析与纯粹的地理分析不同,其主要的特点就在于它所研究的是动态的形势而不是静态的形势。地理因素不会改变,但它们对外交政策的意义却会改变。"⑦

在此新地缘政治观的指导下,斯皮克曼批判性地继承了肇始于马汉、中经麦金德修正的地缘政治思想,进一步发展出了"边缘地带学说"。

第一,斯皮克曼承认海洋已经成为现代世界的重要组成部分,"海上活动是

---

① 杰弗里·帕克:《二十世纪的西方地理政治思想》,李亦鸣等译,第10页。
② 邵永灵、时殷弘:《麦金德与盎格鲁-撒克逊民族的恐惧》,《欧洲》1997年第6期。
③ 时殷弘:《现当代国际关系史(从16世纪到20世纪末)》,中国人民大学出版社,2006年,第125～140页。
④ 杰弗里·巴勒克拉夫:《当代史导论》,张广智、张宇宏译,上海社会科学院出版社,1996年,第四章《从欧洲均势到全球政治时代》。
⑤ 斯皮克曼的两部代表作:《世界政治中美国战略:美国与均势》(1942年)和《和平地理学》(1944年)。
⑥ Spykman N. J., "Geography and foreign policy I", *American Political Science Review*, Vol. 32, No. 1, 1938.
⑦ 尼古拉斯·斯皮克曼:《和平地理学》,刘愈之译,商务印书馆,1965年,第20页。

新型地缘政治结构——海外帝国——的基础"。而且,美国自身也具备了海洋性国家的特性:"西半球是一个大陆块,它被三个大洋包围着,即大西洋、太平洋和北冰洋。"所以,在斯皮克曼看来,控制海洋在美国对外战略中占据着不可替代的位置,是其维护国家安全并实现全球性主导地位的先决性条件,"只有利用海上交通,美国的势力才能影响欧洲和远东,而欧亚各国的势力,也只有越过海洋才能实际上接触到我们"。

第二,斯皮克曼吸收了麦金德的全球性视野和地理分析框架。他指出,世界已经联结成了一个整体,擘画美国的安全战略和外交政策必须从全球着眼。由于美国在地理上是被欧亚大陆和非洲、澳洲所"包围",而且旧世界的整体实力远超美国,"我们面临着完全被包围的可能,在这种包围的情况下,我们将不得不同整个欧亚大陆的联合势力相对抗。这样,东半球实力中心的力量就会占压倒的优势。这样,我们就不可能维护我们的独立和安全"。鉴于此,斯皮克曼认为,欧亚大陆对于美国的国家安全和世界地位来说是极其关键的地区。① 麦金德对海洋性国家丧失其权势优势的恐惧也为斯皮克曼所承继。

第三,斯皮克曼论述了"边缘地带"在世界政治中的战略地位。斯皮克曼虽然认可欧亚大陆对美国的国家安全和世界主导地位至关重要。但是,站在新时代的海洋性大国——美国的立场上,他并不完全认同麦金德对欧亚大陆地缘政治动态形式的论述。首先,麦金德带有明显的欧洲中心特征的地缘政治分析,并不符合主导全球性国际体系的美国的战略视野。其次,由于过于强调自然地理因素而忽略其他因素的作用,导致麦金德夸大了欧亚大陆"心脏地带"的重要性——其地缘政治论述的核心。从俄国的经济的和地理的现实来看,并没有显示出来"心脏地带"现在或不久的将来是世界交通、机动和潜在实力的中心。此外,"欧洲大陆上的冲突一定要循着陆海势力对抗的形式"的论断也与历史实际相悖,"从来就不曾发生过单纯的陆上势力与海上势力的对抗。历史上的阵营总是某些边缘地区的国家和大不列颠对抗另一些边缘地区的国家和俄国,或者是大不列颠同俄国一道对抗一个统治边缘地区的强国"。

与麦金德的看法相反,斯皮克曼指出,是"边缘地带"而非"心脏地带"一直在欧亚大陆上占据着核心地位。从历史上来看,这里集中了世界上大多数人口和资源,世界多个古老文明大都发源于这些地区。② 此外,"边缘地带"在世界地缘政治格局中占据着一个关键的战略位置,它处在大陆心脏地带和边缘海之间,

---

① 尼古拉斯·斯皮克曼:《和平地理学》,刘愈之译,第43~64页。
② Spykman N. J., *America's strategy in world politics: the United States and the Balance of Power*, New York: Harcourt Brace & Co., 1942.

"它面对两个方面,必须起海陆两面的作用,并且从海陆两面保卫自己。……它的水陆两面的性质是它的安全问题的基础"。而且,美国历次参与欧洲大陆事务的现实经验,也证明了"边缘地带"比"心脏地带"更具战略价值,"美国在 30 年之内已两次卷入战争,对我们安全的威胁,每次都是欧亚大陆的边缘地区眼看要被一个单独的强国所统治",第二次世界大战"实质上是一场争夺欧亚边缘地区沿海地带控制权的斗争"[①]。

所以,斯皮克曼断言,"边缘地带"(大致与麦金德的"内新月形地带"一致)并非像麦金德所描述的那样,仅仅是在海权和陆权间扮演从属地位角色的地区,它同样是世界政治权势竞争中独立的权力中心,而且是比"心脏地带"更具权势潜质的中心。[②] 于是,斯皮克曼修改了麦金德的警句,改为"谁支配着边缘地区,谁就控制欧亚大陆;谁支配着欧亚大陆,谁就将掌握世界的命运"。当然,斯皮克曼并没有把"边缘地带"的所有地区都同等看待,他认为,欧洲和远东两个地区最为重要,"欧洲和亚洲的势力分布,无论在战时与和平时期都和它(美国)有永久的利害关系"[③]。

基于上述分析,斯皮克曼提出,要保障国家安全和维护其世界性主导地位,美国必须要保持对全球海洋的垄断性控制,以实现美国在全球范围内活动的自由,尤为关键的是取得太平洋和大西洋上的制海权,保证美国通往欧洲和远东的战略通道的畅通。此外,美国还必须走出"孤立主义",积极参加和干预欧亚大陆的政治事务,在"边缘地带"建立和维持均势,防止这些地区为单一的压倒性强权所控制。

斯皮克曼的"边缘地带学说"既保留了马汉与麦金德所持有的海洋性国家的特有视角,同时又展现了新时代里海洋性大国——美国的鲜明特色,对"二战"后美国的全球战略有着重大影响。

三、结 论

从上述马汉、麦金德和斯皮克曼所提出的三大地缘政治学说来看,尽管在理论侧重点和具体表述上存在较大的分歧,特别是马汉的"海权论"与被视为"陆权论"代表的麦金德的观点常常被看做是两种对立的理论。但是,从它们思想的核心关切和逻辑思路来看,三大地缘政治学说实际上有着较强的内在一致性。它

---

① 尼古拉斯·斯皮克曼:《和平地理学》,刘愈之译,第 181 页。
② 吴征宇:《霸权的逻辑:地理政治与战后美国大战略》,第 36~40 页;杰弗里·帕克:《二十世纪的西方地理政治思想》。
③ 尼古拉斯·斯皮克曼:《和平地理学》,刘愈之译,第 78 页。

们主要是以海洋性国家的特殊利益诉求作为其理论关注的焦点。在现代国际关系的权势竞争中,以英美为主要代表的海洋性国家一直占据着主导地位,如何维系这种主导地位就成为马汉、麦金德和斯皮克曼进行地缘政治思想探究的相同的核心问题,三大思想家的一切理论分析皆为寻求这一问题的解决之道。这也正是"盎格鲁-撒克逊"地缘政治思想传统的重心之所在。

马汉首倡控制海洋为实现海洋性国家主导性优势地位的关键。由于海洋在现代世界中的巨大乃至决定性影响,对于海洋性国家来说,实现和保持对海洋的控制不仅是其国家安全之关键所在,而且也与其国家繁荣兴旺和发展息息相关。当然马汉对海权之过分强调主要是基于其时代条件(主要是技术条件)。而麦金德重点关注的是工业革命引发的技术进步所导致的海权和陆权之间力量对比变化,给海洋性国家的主导性地位带来的挑战。在新的时代条件下,海洋性国家无法单凭自己的优势海权来维持其主导地位,而必须积极干涉对自己具有重大意义的欧亚大陆事务,特别是加强对控制欧亚大陆至关紧要的"心脏地带"的影响。20世纪初,现代国际关系实践空间之扩展和新的海洋性大国——美国之崛起,交会作用于地缘政治思想家的意识所产生的认知反应,就是斯皮克曼的"边缘地带学说"。斯皮克曼在继承马汉和麦金德所开创的地缘政治思维的基础上,肯定了以远东和欧洲为主体的"边缘地带"在世界政治权势竞争中的重要性,从而进一步完善了这一地缘政治思想传统。"海权""海权和陆权""'心脏地带'和'边缘地带'"相互支撑,相互补充,构成了一套对世界政治进行分析的地缘政治理论框架,并在这种认识的指导下形成了海洋性国家独有的战略思维。

鉴于海洋在现代世界中的重大价值以及海洋性国家的影响,地缘政治研究中的"盎格鲁-撒克逊"思想传统反映了世界政治中现实的一面,具有重大的理论意义和现实价值。但是,这一思想传统主要是以英美为代表的海洋性国家的历史经验作为现实依据的,毕竟仅仅是这些国家对世界政治形势的特有认识和理解,并不是对世界政治地理格局的完整认识,更不具有道德优越性。与此相对的是,还存在着代表大陆国家的利益诉求的德国"地缘政治学"(尽管需要警惕德国"地缘政治学"之危害性,但无法掩盖其学说中合理性的部分)和反映海陆复合型国家的利益关切的法国维达尔传统。所以,在学习和借鉴"盎格鲁-撒克逊"思想传统时,尤其要注意到这一思想传统很大程度上所仰赖的客观地理条件,不能简单模仿和生搬硬套。

(原载《世界地理研究》2012年第3期)

"弗劳德病":科学主义史学的理性缺失

李 勇*

弗劳德(James Anthony Froude,1818~1894),英国史学家,托马斯·卡莱尔(Thomas Carlyle)的得意弟子,1892 年接替弗里曼(Edward Augustus Freeman)任牛津大学钦定教授。其历史著作有《从沃尔什倒台到伊丽莎白去世的英国史》(History of England from the Fall of Wolsey to the Death of Elizabeth)、《18 世纪爱尔兰的英国人》(The Englishin Ireland in the Eighteenth Century)、《西印度群岛上的英国人》(The English in the West Indies)、《托马斯·卡莱尔》(Thomas Carlyle)等。学术史上,其名被冠于治学粗心之现象,即所谓"弗劳德病"(Froude's Disease),对他而言这是一桩不幸,也是不公的事件。学界已探讨弗劳德与卡莱尔的关系[1],他与弗里曼之间就英国史撰写所发生的争执[2],"弗劳德病"一词对弗劳德构成的伤害[3],以及科学主义史学对这一事件出台所发生的效用[4],解决了一些与本课题相关的重要问题。然而,还有其他一些问题有待进一步澄清,例如,"弗劳德病"一词出台和在欧美以及中国衍义的大致脉络是什么,弗里曼与弗劳德之争的原因有哪些,如何看待弗里曼等人的这种污损同行的行为等,这些就需要加以深入而细致的讨论。本文拟就这些问题展开探究,敬请方家教正。

一、术语"弗劳德病"的形成和衍义

自 1856 年弗劳德出版《从沃尔什倒台到伊丽莎白去世的英国史》前两卷,到 1870 年 12 卷本全部面世,乃至 1888 年出版《西印度群岛上的英国人》,这一时

---

* 李勇,现为淮北师范大学历史文化旅游学院教授。
[1] Waldo Hilary Dunn, Froude and Carlyle: A Study of the Froude and Carlyle Controversy, New York: Longman, 1930.
[2] Paul Herbert, The Life of Froude, New York: Charles Scribner's Son, 1905.
[3] Andrew Fish, "The Reputation of James Anthony Froude", Pacific Historical Review, Vol. 1, No. 2, Jun., 1932, pp. 179–192.
[4] Ian Hesketh, The Science of History in Victorian Britain: Making the Past Speak, London: Pickering & Chatto, 2011.

期,《爱丁堡评论》(Edinburgh Review)、《评论季刊》(Quarterly Review)、《绅士杂志》(Gentleman's Magazine)、《威斯敏斯特评论》(The Westminster Review)、《双周论坛》(Fortnightly Review)、《北不列颠评论》(North British Review)、《当代评论》(Contemporary Review)、《麦克米兰杂志》(Macmillan's Magazine)、《黑森林杂志》(Blackwood's Magazine)、《雅典娜》(Atheneum)等,都发表过关于弗劳德历史著作的评论文章。这些文章中,既有赞歌又有微词。饶有意味的是,这些评论本身在经济主张、政治观点、道德观念、宗教倾向等方面,就互为轩轾,甚至在弗劳德的历史著作使用材料问题上都见仁见智。①

按理说,弗劳德出版史著,学界或褒或贬,再有弗劳德回应,作出辩解乃至反驳,这些原本都是史学生态中最正常不过的争鸣现象。可是,值得注意的是,有人却始终盯着弗劳德著作中的所谓"不确切"不放,并将其污名化。这个人就是弗里曼。弗里曼乃弗劳德同时代的英国历史学家,主要研究领域也是英国史。1867~1876年出版《诺曼征服史》(History of the Norman Conquest),1884年接替斯塔布斯(William Stubbs)任牛津大学钦定教授。从1864年直至1892年他去世,弗里曼对弗劳德及其著作一直口诛笔伐。他对弗劳德穷追猛打,言辞激烈,自称"痛打弗劳德"(Belabouring Froude)②,这里略举几例,以见其情。

弗里曼评论弗劳德说:"其观念是恶劣的,其观念的实施也是恶劣的。通篇漏洞百出,无法弥补,一无是处。"③又道:"反对弗劳德著作的主要理由是,其任一标题下乃至全书中,充满瑕疵。那些瑕疵就是对事实的完全粗心和辨别正误的完全无能……对英国法律令人震惊的无知……对于英国早期历史和世界通史同样是令人震惊的无知。"④还曰:"我没有说弗劳德先生肆意错误描述某事情;是说他不知道什么是真相,或者如何去寻找真相。这部书不尊重真相,而真相才是应该写的。我坚持认为,说它不是'一部诚实的书',这还是公正的。"⑤

有西方学者回顾这段弗里曼批评弗劳德的历史,曾生动地描述弗里曼的状态为:"他极度凶残地剖析弗劳德,不厌其烦,年复一年……他暴跳如雷,捶胸顿

---

① Andrew Fish, "The Reputation of James Anthony Froude", *Pacific Historical Review*, Vol. 1, No. 2, Jun., 1932, pp. 179 – 192.
② Paul Herbert, *The Life of Froude*, p. 151.
③ Andrew Fish, "The Reputation of James Anthony Froude", *Pacific Historical Review*, Vol. 1, No. 2, Jun., 1932, p. 185.
④ Andrew Fish, "The Reputation of James Anthony Froude", *Pacific Historical Review*, Vol. 1, No. 2, Jun., 1932, p. 185.
⑤ Andrew Fish, "The Reputation of James Anthony Froude", *Pacific Historical Review*, Vol. 1, No. 2, Jun., 1932, p. 186.

足,吹胡子瞪眼睛,义愤填膺。"①

事实上,尽管弗里曼极其粗暴地对待弗劳德,并给世人造成弗劳德不确实、不诚实的印象,然而他并未从一般意义上弄出"弗劳德病"这个污名来。

明确提出术语"弗劳德病"者,是法国学者朗格诺瓦(Charles Victor Langlois)和瑟诺博斯(Charles Seignobos)。1897 年,他们出版《史学导论》(*Introduction aux études historiques*),国内或汉译成《史学原论》。此书第二编第五章"考证与考证学家",明确提出"不确切之病"(maladie de l'inexactitude)和"弗劳德病"(maladie de Froude)这两个义同名殊之术语。② 从书中内容来看,朗、瑟二氏的"弗劳德病"的概括,一定受到弗里曼和费希尔(Herbert A. L. Fisher)的影响。书中论史学观念和方法时不止一次提到弗里曼,而弗里曼曾"作为'科学'学派史学家的声望,诱导许多人接受这种荒唐。他几乎无休止的重复就是要建立一个要义,那就是弗劳德永远也不讲真相"③。可以想见,作为英国科学主义史学派的代表、牛津大学钦定教授的弗里曼,对于其批评弗劳德的言论,同时代的两位法国学者在撰写史学理论与方法著作时不会不关注。至于费希尔的影响,可以从《史学导论》说明"弗劳德病"所举的例子推导出来。朗格诺瓦、瑟诺博斯列举弗劳德 1886 年出版的《海洋之国即或英国及其殖民地》(*Oceana, or, England and Her Colonies*)中论述阿德莱德(Adelaide)为例,说弗劳德的叙述与实际不符。这个例子来自费希尔。费希尔也是科学主义史学派的代表人物,供职于牛津大学,弗劳德去世后,他在 1894 年 12 月的《双周论坛》上发表《近代史学家及其方法》("Modern Historians and Their Methods"),宣扬史学的科学主义理念,把弗里曼和弗劳德加以对比,认为弗里曼还不是最为地道的科学主义史学家,而弗劳德绝对不是科学主义史学家。他征引弗劳德《西印度群岛上的英国人》和《海洋之国即或英国及其殖民地》中的不确切之处,其中就有弗劳德在后一书中关于阿德莱德的"错误"叙述。④ 在费希尔看来,"弗劳德在论说上注定不能取得任何进展,而这种论说是不会被错误摧毁的",这里有个潜台词,那就是弗劳德的书错误严重。可是,他仍然认为弗劳德是"差不多 40 年来英

---

① Andrew Fish, "The Reputation of James Anthony Froude", *Pacific Historical Review*, Vol. 1, No. 2, Jun., 1932, p. 185.

② Char. V. Langlois, Char. Seignobos, *Introduction aux études historiques*, librairie Hachette Et Cie, 1898, pp. 101 – 103.

③ Andrew Fish, "The Reputation of James Anthony Froude", *Pacific Historical Review*, Vol. 1, No. 2, Jun., 1932, p. 188.

④ Herbert A. Fisher, "Modern Historians and Their Methods", *Fortnightly Review*, LXII, Dec., 1894, pp. 803 – 816.

国史学最权威者之一"①。由此可见,费希尔对弗劳德褒贬兼有,朗格诺瓦、瑟诺博斯并未全面吸纳费希尔的说法,而是选取费希尔举出弗劳德叙述阿德莱德有误的例子,结合弗里曼的弗劳德不确实、不诚实的观点,在《史学导论》中转化出"弗劳德病"来。

朗格诺瓦、瑟诺博斯的《史学导论》出版后,被译成多种文字,这里仅以英译和汉译为例,一斑窥豹,认识"弗劳德病"一词衍义的大致情况。

1898年,伯利(G. G. Berry)就把此书译成英文,亦名《史学导论》(*Introduction to the Study of History*)。他译"maladie de l'inexactitude"成"Chronic inaccuracy"②,义为"不确切的慢性病"或者"不确切的不治之症",结果是"不确切"程度加深了,但是基本含义未变。他又译"maladie de Froude"为"Froude's Disease"③,含义未有任何变化。在伯利英译本影响下,英语世界普遍接受这一说法,以至于美国教会大学皮特·古尔德(Peter Guilday)指出:历史研究的粗心大意"法国人称之为'弗劳德病'"④。甚至到了1994年,普林斯顿大学的格拉夫顿(Anthony Grafton)写《脚注:从德·图到兰克》("The Footnote from De Thou to Ranke"),还把史著中容易识别的错误习惯地称为"弗劳德病"⑤。可以说,弗里曼是损害弗劳德的始作俑者,也是最为强烈者、最为执着者;而费希尔褒贬兼有,其所举之例成为攻击弗劳德的弹药;朗格诺瓦、瑟诺博斯是最后的宣判者和行刑者。需要说明的是,著名史学史家汤普森(James Westfall Thompson)的《历史著作史》(*A History of Historical Writing*)中有"弗劳德疏忽"(the blunders of Froude)的提法,意思是弗劳德在历史著作中因粗心造成的错误,而把这种错误方式或现象名为"弗劳德疏忽",把这种做学术的倾向写成"Froudacity"⑥。这个"Froudacity"可以译成"弗劳德倾向"。这是"弗劳德病"在英文世界的一个变相说法。

汉语文献中,李思纯以法文本为底本,参考英译本,把朗格诺瓦、瑟诺博斯的

---

① Andrew Fish, "The Reputation of James Anthony Froude", *Pacific Historical Review*, Vol. 1, No. 2, Jun., 1932, p. 189.
② Ch. V. Langlois, Ch. Seignobos, *Introduction to the Study of History*, translated by G. G. Berry, New York: Duckworth & Co., 1899, p. 125.
③ Ch. V. Langlois, Ch. Seignobos, *Introduction to the Study of History*, translated by G. G. Berry, pp. 125–126.
④ Peter Guilday, "Arthur O'Leary", *The Catholic Historical Review*, Jan., 1924, Vol. 9, No. 4, p. 539.
⑤ Anthony Grafton, "The Footnote from De Thou to Ranke", *History and Theory*, Dec., 1994, Vol. 33, No. 4, Theme Issue 33: Proof and Persuasion in History, p. 60.
⑥ James Westfall Thompson, *A History of Historical Writing*, Vol. 2, New York: The Macmillan Company, 1942, p. 306.

著作译为《史学原论》,把"maladie de l'inexactitude"译为"不确实之病",将"maladie de Froude"译作"Froude氏之病"①。译者未用英译之义,而是直取法文原意。而孙秉莹、谢德风翻译汤普森《历史著作史》,把"the blunders of Froude"译为"夫劳德说过的一些错话",而把"Froudacity"意译成"夫劳德式的鲁莽"②,这就变成是"the blunders of Froude"的直译。孙秉莹、谢德风的译法被当代研究西方史学的中国学者所采用,或称"弗劳德式的鲁莽"③,或把"弗劳德式的鲁莽"和"弗劳德病"并称。④ 可见,当代中国研究西方史学史的学者在这个问题上兼取朗、瑟二氏最初的含义和后来汤普森的变相之义,但是本质含义未曾有变。

二、"弗劳德病"一词背后复杂的学术与社会因素

"弗劳德病"一词的出笼,表面上始于弗里曼和弗劳德之间的个人之争,实际上反映了西方近代以来史学中的科学主义和人文主义包括浪漫主义之争。争执的结果是英、法科学主义派史学家,具体说是朗格诺瓦、瑟诺博斯、弗里曼、费希尔集体毁灭了英国浪漫主义史学家弗劳德的名声。

弗劳德是19世纪英国浪漫主义史学家,继承了其导师卡莱尔的衣钵,其史著充满激情、狂热和强烈的民族主义。古奇(G. P. Gooch)在《19世纪的历史学和历史学家》(History and Historians in the Nineteenth Century)里,把他列在卡莱尔之后,对其浪漫主义文学手法评论道:他"天生就是小说家,以最为简朴的手段产生效果。读其书那种感受,用航行来比喻,犹如一叶扁舟轻松驶过那晶莹的水面,令人心旷神怡。还没有哪一位英国的历史学家具有这样简易、流畅和清澈的笔调"⑤。汤普森在《历史著作史》中,把他列在麦考莱(Thomas Babington Macaulay)和卡莱尔之后,并称他们是"英国三位伟大的文学家兼历史学家,他们的著作根本上就是文学作品"⑥。他在论弗劳德史著中的浪漫主义时说:"弗劳德是一位文学艺术家,而不是主张科学主义史学的人。他的著作带

---

① 朗格诺瓦、瑟诺博斯:《史学原论》,李思纯译,商务印书馆,1933年,第85~87页。
② J. W. 汤普森:《历史著作史》下卷第三分册,孙秉莹、谢德风译,李活校,商务印书馆,1996年,第19页。
③ 例如:张广智主著:《西方史学史》,复旦大学出版社,2000年,第193页。张广智主编,易兰著:《西方史学通史》第五卷《近代时期(下)》,复旦大学出版社,2011年,第188页。
④ 例如:张广智主编,易兰著:《西方史学通史》第五卷《近代时期(下)》,复旦大学出版社,2011年,第188页。张广智主著:《西方史学史》(第四版),复旦大学出版社,2018年,第230页。
⑤ G. P. Gooch, History and Historians in the Nineteenth Century, second edition, London: Longman, Green, And Co., 1913, p.334.
⑥ James Westfall Thompson, A History of Historical Writing, p.294.

有偏见,犹如一位辩护师。……其书中的人物经其文艺魔力而个性化,变得有人情味与合乎情理,而不是那种传统意义上的圣徒和魔鬼。"[①]中国的西方史学著作和教材一般都把他列入浪漫主义史学家,恕不赘述。

不幸的是,弗劳德声名鹊起的时代,正是西方史学专业化、学科化时期。这一时期,受自然科学影响,西方史学中科学主义史学派占据主导地位,对于浪漫主义史学的这种文学倾向非常不屑。

西方科学主义史学是很难用一两句话进行高度概括的。不过,从19世纪勃兴到20世纪达到顶峰,可分成三大支派,即史料搜求派、规律探求派和定量分析派,其方法特征或可比喻为"剪刀加糨糊""鸽子笼"和"计算机加数理模型"。科学主义史学偏重史料的搜求与考证,归纳历史发展的共性,进行精准的数量分析,一言以蔽之,是按照笛卡儿针对史学非科学的责难而进行的自然科学化,即把历史学做成像自然科学一样的科学。当然,在弗劳德、弗里曼所处的时代,西方史学还未走到"计算机加数理模型"阶段,而是处于"剪刀加糨糊""鸽子笼"时期。

浪漫主义史学在欧美不同国家表现形式各异,主要特征也不相同,同样难以给予精准的定义。然而,可以肯定它是人文主义史学在18世纪末到19世纪的一个特殊形态,其特征可以概括为:偏重历史情节的设置,充满想象和修辞;偏重历史特殊性,包括凸显民族国家、历史人物的个性;偏重历史情感的挖掘和渲染,揭示历史中的感情世界。总体而言,浪漫主义史学的这些特征,与科学主义史学追求史料精准性和历史共性的特征大异其趣。

弗里曼、费希尔是牛津大学科学主义史学或者说是向科学主义史学过渡的代表,而朗格诺瓦、瑟诺博斯则是法国典型的科学主义史学代表,在某种意义上,两位法国科学主义史学家与两位英国科学主义史学家一道,把弗劳德这位英国浪漫主义史学家掀翻在地,并冠之以"弗劳德病"加以嘲讽。当然,这4位史学家角色不同,在污名化弗劳德过程中所起的作用也不同。弗里曼是故意的、主动的,规定了"弗劳德病"的内涵;费希尔则是被动的,稀里糊涂地做了助力者,提供了具体例证;朗格诺瓦、瑟诺博斯发明了概念,以英国人谈英国人,顺水推舟,用英国人制造的内涵和提供的材料,做成一顶污名之帽扣到弗劳德头上,成为最终的行刑人。死去的弗劳德无法抗议,活着的其他浪漫主义学者即使抗争也改变不了既成事实,可谓哑巴吃黄连,有苦说不出。同时,英国的其他科学主义史学家却视为理所当然。伯利把《史学导论》译成英文,请鲍威尔(F. York Powell)写了篇《致读者》,其中有言:"历史必须做科学的研究,它不是风格的问题,而是

---

① James Westfall Thompson, *A History of Historical Writing*, p.307.

确切、丰富、观察和理性的正确性问题","历史学必须像做生物学和化学那样以科学的精神进行"①。这位鲍威尔也是一位科学主义史学派的人物,正是他在1894年接替弗劳德做牛津大学的钦定教授,在《致读者》里没有在意"弗劳德病"一词的公正性问题。科学主义已经让他觉得这样对待弗劳德是理所当然,而变得麻木了。

"弗劳德病"一词是科学主义史学与浪漫主义史学之争的产物,朗格诺瓦、瑟诺博斯以之标识科学主义史学与人文主义史学的主张不同,显然是前者的主张占了上风。史学史上,史著中史料出问题包括史料不准确,这是任何史学家都避免不了的,也是不可能完全克服的,科学主义史学家丝毫不例外,弗里曼的史学中存在着史料错误的现象,这当然毫不奇怪。可是,为什么不用"弗里曼病"或者其他人冠名的"病",而偏偏用"弗劳德病"来概括这一现象呢?这个贬义词,在某种意义上是科学主义史学家的发明,用一位浪漫主义史学家的污名来指代所有史学家的粗心大意所造成错误的这种现象。

然而,行文到这里,对这个问题的探讨还不能画上句号,因为有个现象耐人寻味,那就是弗里曼去世后,斯狄芬斯(W. R. W. Stephens)编《弗里曼的生平与书信》(The Life and letters of E. A. Freeman),对弗里曼批评弗劳德之事保持沉默。赫伯特(Paul Herbert)在《弗劳德传》(The Life of Froude)中使用的几条材料,可以解释这个现象,而且对于认识弗里曼的另一面相特别有价值,姑且归为两类转述于下。

第一,弗里曼私下对弗劳德的评价用词严重不当。弗里曼去世后,其藏书被转至曼彻斯特的欧文学院,藏书中就有弗劳德的《从沃尔什倒台到伊丽莎白去世的英国史》,书中有弗里曼的批语,批语中有"畜生""呸""我能活到那天吗?把詹姆斯·安东尼·弗劳德的心肝给挖出来""建议校长把弗劳德安排去碎石、喂猪,或者其他什么事情,就是不要去写什么乱七八糟的东西""弗劳德确实就是最可恶的写过一部书的坏蛋"等。② 弗里曼的这些批注,完全超出学术之外,已经不像一位学者的言辞了,足见弗里曼私下对弗劳德厌恶到了无可复加的地步。这正好说明为什么斯狄芬斯对两人之间的争执不置一词了,因为一旦涉及则不可避免地展现弗里曼的这种非学术、不理性;同时也说明今天不能仅仅从学术分歧的角度,而是要从多角度去认识弗里曼对弗劳德的批评了。

弗里曼为什么会有这样的表现呢?概而言之,这里还有复杂的社会因素。

---

① F. York Powell, "To the Readers", Ch. V. Langlois, Ch. Seignobos, *Introduction to the Study of History*, tran. by G. G. Berry, London: Duckworth and Co., 1898, pp. Ⅵ-Ⅶ.

② Paul Herbert, *The Life of Froude*, New York: Charles Scribner's Son, 1905, pp. 152 – 153.

关于社会因素影响弗劳德史学声誉的问题,古奇作过分析。他指出,弗劳德对亨利八世极尽歌颂之能事,无论是亨利八世解散教会还是处死托马斯·摩尔等人,以及个人私生活等方面,弗劳德都给予全面辩护和完全肯定;相反,对伊丽莎白女王却没说多少好话,对苏格兰玛丽女王也多有微词,对爱尔兰民族持蔑视态度,这些是学界包括弗里曼在内批评他的重要原因。① 关于弗里曼不满弗劳德,汤普森也发现其中的社会因素,他指出:弗劳德是强烈的帝国主义者和统一派;而弗里曼是自由主义者,爱尔兰自治的热烈支持者,反对英格兰的大国主义,自然就以为弗劳德在替专制主义辩护。② 两位史学史家的解释非常有道理,确有事实依据,恕不赘述。弗劳德被弗里曼批评得忍无可忍,就向《星期六评论》编辑部提出请求,希望组织专家对其著作进行核查,审查其中的错误是否像弗里曼所说的那么严重,从而还自己一个清白。但是,弗劳德的这一请求被编辑部拒绝了,根本原因就是这家刊物崇尚自由主义,与弗劳德推崇专制主义格格不入,具体可参见赫伯特《弗劳德传》。同时,在信仰方面,弗里曼属于高教会派(High Church),主张恢复天主教的诸多传统,而弗劳德却极力推崇宗教改革,这也是弗里曼揪住弗劳德不放的原因之一。除此之外,恐怕还有纯属弗里曼个性、私德因素,这就是赫伯特《弗劳德传》提供的第二类材料。

第二,弗里曼想博得关于16世纪英国史的声望。1857年4月27日,弗里曼给挚友胡克(Dean Hook)写信说:"你知道的,我对16世纪是外行。我打算通过没完没了地痛打弗劳德,获得世人的信任,因为别人以为我了解那些时期比我实际了解的要多。"③在批评弗劳德之后,他又给胡克写信:"我发现我有声望了,有人以为我了解16世纪,实际上我完全无知。"④就此事而言,他对于挚友坦诚之至,但是对于弗劳德却用心不良。反过来说,弗劳德熟悉16世纪的英国史,学界反响大,似乎抢了同样研究英国史的弗里曼的风头,所以弗里曼才"痛打弗劳德",将其名声弄臭,同时自己作为弗劳德的批评者自然就获得了声望。想博得学术声望,是每位学者的自然理想,完全合乎情理,可是弗里曼使用的手段未免有失道义。

总之,弗里曼表面上以弗劳德史著"不确实"为由猛烈抨击弗劳德,从学术理念上代表了科学主义史学的主张;实际上又代表了学术观念之外与弗劳德政见、宗教观念不同的人们发声。另外多少还体现了他想扳倒潜在的学术对手,而把优秀的同行弄得臭名昭著的个人愿景。

---

① G. P. Gooch, *History and Historians in the Nineteenth Century*, pp. 332-339.
② James Westfall Thompson, *A History of Historical Writing*, p. 316.
③ Paul Herbert, *The Life of Froude*, p. 151.
④ Paul Herbert, *The Life of Froude*, p. 151.

三、"弗劳德病"体现科学主义派的非科学精神

无论是弗里曼还是费希尔,他们批判弗劳德,既有弗劳德难辞其咎之分,又有对他的误批错判之处。关于这一方面,西方学者早就提供了一些感性材料,使得今天能够顺理成章地理解这个问题。古奇在《19世纪的历史学和历史学家》中提供材料表明,弗劳德关于克伦威尔早年生活的叙述几乎没有一句不是错的;在弗劳德编辑的《卡莱尔回忆录》本子里,诺顿(Charles Eliot Norton)在前5页中就发现有130处错误。① 汤普森也指出,弗劳德不仅在校对时,而且在抄写资料时,都表现为疏忽大意,甚至对文字中逗号的倒置都毫不在意。② 例如,弗劳德书中有一个明显的错误例子,是1864年1月30日弗里曼在《星期六评论》上指出的。法国的一个省的名字为吉耶纳(Guienne),可是弗劳德把它跟一个小镇的名字吉斯尼(Guisnes)混淆了。③ 从这些事实上看,弗劳德难辞其咎,在这个方面受到指责,毫不冤枉。还有,在知识背景和道德问题上,弗里曼的批评是有道理的。这一点,古奇在《19世纪的历史学和历史学家》中曾经指出过,多少有为弗里曼辩护嫌疑的赫伯特在《弗劳德传》中也承认过。赫伯特说:"我想,弗劳德《英国史》中有两个污点,弗里曼算是击中了,一个是知识上的,另一个是道德上的。"④赫伯特所谓"知识上的"是指包括弗劳德对亨利八世时期司法方面知识的缺乏在内,其所谓"道德上的"系指包括他对伊丽莎白行为的评判在内,这两点都包含在弗里曼批评的范围内,看来弗里曼没有诬枉弗劳德。古奇评论弗里曼说:"他指责弗劳德无视亨利八世的残暴,这一点是正确的。他抱怨弗劳德忽视了考察王室与议会、朝廷的关系,也是公正的。他提醒人们注意校对上的疏忽和细节差错,没有超出权利范围。"⑤这样看来,弗里曼所指出的弗劳德历史著作问题的种类大体上是得到学术史家认可的。但是,在具体问题上,弗里曼和费希尔也有批评错了的地方。费希尔认为弗劳德关于南澳大利亚的阿德莱德的叙述有误,这就是错误的,下文论朗格诺瓦、瑟诺博斯未加考证就采纳费希尔之说,将作具体说明。至于弗里曼的错误批评,赫伯特在《弗劳德传》中就提供一个典型例子。1870年2月5日,弗里曼在《星期六评论》上发表文章,说弗劳德述及西班牙无敌舰队(the Armada)错误地把皇家方舟(the Ark Royal)写成雷利方舟(the Ark

---

① G. P. Gooch, *History and Historians in the Nineteenth Century*, p. 337.
② James Westfall Thompson, *A History of Historical Writing*, p. 306.
③ Paul Herbert, *The Life of Froude*, p. 153.
④ Paul Herbert, *The Life of Froude*, pp. 161 – 162.
⑤ Paul Herbert, *The Life of Froude*, pp. 160 – 161.

Raleigh)。其实,"雷利方舟"意思就是"雷利的船",以船员的名字"雷利"来命名,这是弗劳德从手稿里发现而用在自己的著作里的。看来是弗里曼不了解这一情况,说弗劳德错了,恰好相反是他自己弄错了。① 弗里曼和费希尔的错误性质与弗劳德无异,可是弗劳德是被批评者而前两者则是批评者,这从道义上说不公平,从学术上说不科学。尤其是,弗里曼把弗劳德的具体错误加以概括,作出一般性的结论,说弗劳德的著作没有说出真相,可谓以偏概全、有点夸大其词了。

朗格诺瓦、瑟诺博斯在《史学导论》中煞有介事地长篇大论什么是史料、如何搜集史料、如何考证史料,特别是如何鉴定原始史料、如何校勘、如何辨伪,来不得半点疏忽和差池,这阵势弄得史学俨然与自然科学无异。可实际上,他们说一套做一套,在弗劳德问题上就是这个样子。他们在没对费希尔批评弗劳德之词做出鉴定之前,就贸然吸纳其错误的举例,这本身是违背科学精神的。对于费希尔的观点和材料片面选择,舍去对自己观点不利的说法,截取有利的材料,这同样与科学精神背道而驰。费希尔发表在《双周论坛》上的《近代史学家及其方法》中,认为弗劳德《海洋之国即或英国及其殖民地》述澳大利亚南部小城阿德莱德有误。弗劳德述其所见为:阿德莱德建在平原上,小河从旁边流过,有 150 000 人口,人们宁静无欲,无片刻纷扰。费希尔指出,小城建在山岭高地,无河流经过,人口不过 75 000 人,弗劳德游历之时正赶上当地发生饥馑,因此阿德莱德根本就不是弗劳德所描述的那样。可是,朗、瑟二氏未考订弗劳德、费希尔两人不同说法孰是孰非,就直接采纳费希尔的说法。对此,后人批评道:"事实上,据朗格诺瓦和瑟诺博斯导致对于中伤性错误的重复。朗格诺瓦依据 1894 年 H. A. L. 费希尔的一篇论文,将其纠正'弗劳德病'基于弗劳德描述南澳大利亚的阿德莱德的一句话里。批评反驳了这句话的 4 点说法;但是,关于前两点弗劳德绝对正确而费希尔绝对错误,关于第三点弗劳德比批评者更接近正确,至于第四点,两人都错了。这个事实很奇怪,过去五十六年里竟然所有关于方法的著作,其历史学方法都没有最大限度地去纠正对一个人的不公正,而这个人的不确切总体上足以使得如此夸张性的批评是不必要的。"② 还有,前面已述,费希尔并没有完全否定弗劳德,相反充分肯定了弗劳德的学术贡献和地位,可是朗、瑟二氏仅使用"一位很有天赋的作家"一语带过③,没有忠实地引用费希尔的言论,这也不像

---

① Paul Herbert, *The Life of Froude*, p. 161.
② Wilson Gee, Fred A. Shannon's review of "Social Science Research Methods", *The Mississippi Valley Historical Review*, Vol. 37, No. 3, Dec., 1950, p. 568.
③ Ch. V. Langlois, Ch. Seignobos, *Introduction to the Study of History*, translated by G. G. Berry, New York: Duckworth &Co., 1898, p. 125; Char. V. Langlois, Char. Seignobos, *Introduction aux études historiques*, librairie Hachette Et Cie, 1898, p. 101.

是科学主义史学家自我标榜那样的著述风格；更为严重的是，对待史学的评判标准是双重的，他人史料有错误可以原谅，弗劳德使用史料出错就要付出污名"弗劳德病"的代价。关于这些科学主义史学派人物的不当做法，后人已经提出批评。除去赫伯特《弗劳德传》之外，还有其他学者发出不平之声，有论者说："弗劳德及其著作一直受到诽谤。这些不恰当的控告，被再三重复，没有受到可能更了解情况者的验证。"① 还有论者道：弗劳德"并非自己比较好斗，只是他不幸受到不分青红皂白和毫无原则的伤害"②。

看来，在19世纪末倡导科学主义史学的一些人，尤其是朗格诺瓦、瑟诺博斯，在其鼓噪科学主义的理论著作《史学导论》中，对一些历史事实的处理并未完全践行科学的精神。

本来弗劳德按照自己的兴趣，写16世纪英国史，涉及这时期有争议的历史人物诸如英王亨利八世、伊丽莎白、苏格兰玛丽女王，又涉及英格拉与爱尔兰之间的民族关系、宗教改革和反改革等敏感问题；其专制主义、民族主义以及过度赞扬宗教改革的思想倾向，自然成为奉行自由主义和主张回归基督教传统的弗里曼无休止批判的对象。加之，弗劳德风头十足，可是治学严谨程度不够，引起弗里曼以"不确切""不诚实"为由，奋起"痛打弗劳德"。弗劳德去世后，费希尔本来想以第三方的身份把弗里曼和弗劳德争执的公案做个裁断，不料其指摘弗劳德关于阿德莱德的"错误"记述的文字，成为朗格诺瓦、瑟诺博斯《史学导论》批评治学粗心大意的典型案例，并总结出"弗劳德病"这一术语。随着《史学导论》在各国的翻译与流传，"弗劳德病"也变得世人皆知了。颇具讽刺意味的是，自诩为科学主义史学的朗格诺瓦、瑟诺博斯在这个问题上，却违背了科学精神。科学主义史学家的主张与其实践未必一致，值得怀疑。弗劳德史著中的问题，是史学家中比较普遍存在的现象，只不过有数量和程度上的差异而已，却由弗劳德来冠名，这对他是极其不幸和不公的事情。总之，弗劳德史著中的知识不足、史料错误和道德尺度被批判，那是其应受之分，但被冠名于一种史学的粗心大意为"弗劳德病"，则实属过分，体现了科学主义史学的理性缺失。

（原载《史学史研究》2023年第1期）

---

① Andrew Fish, "The Reputation of James Anthony Froude", *Pacific Historical Review*, Vol. 1, No. 2, Jun., 1932, p. 192.
② Andrew Fish, "The Reputation of James Anthony Froude", *Pacific Historical Review*, Vol. 1, No. 2, Jun., 1932, p. 179.

析"二战"欧洲中立国之"中立"

陈安全[*]

第二次世界大战期间,作为战争中心和主要战场的欧洲,几乎被战火燃遍,却仍然有几个小国幸免于难,这就是西班牙、葡萄牙、瑞士和瑞典。[①] 这几个国家都奉行了一种战时中立政策。那么它们究竟实行了什么样的中立政策?它们为什么能保持中立?中立的实质如何?对这些具有典型意义的关于中立国的问题的探讨不仅有助于我们对"二战"有更深刻、更全面的认识,而且肯定会给当代战争与和平问题以有益的启示。

然而,遗憾的是目前学术界对这些问题的研究是不够的,人们对"二战"的研究主要集中在交战大国和一些主要问题上,对战争中默默无闻的小国多少有些忽视了。[②] 本文试图对这一问题进行一种综合考察,以期能得出一些客观的结论和有益的启示。

一

1939年9月4日,佛朗哥宣布西班牙在业已发生的军事冲突中保持中立。在递交给西方首脑的备忘录中,佛朗哥呼吁各国仿效西班牙的榜样保持中立,他说:"我向各国领导人的责任感和良知呼吁,呼吁他们尽一切努力来制止当前的冲突。"[③]随后的几个月,西班牙较平静地与交战双方保持了正常关系。1939年12月22日签署了正式的德西贸易协定,西班牙原则上同意出口那些德国所需

---

[*] 陈安全,现为淮北师范大学历史文化旅游学院副教授。
[①] 第二次大战中欧洲还有几个中立国。爱尔兰是英联邦成员国中唯一没有参战的国家,但作为一个海洋国家,它在"二战"时期中立的背景、处境、政策和地位与大陆中立国明显不同,不具有典型意义,故不纳入考察范围。梵蒂冈、安道尔、圣马力诺、摩纳哥和列支敦士登是如此之小,一般不将其作为国际关系运动的考察对象,本文亦将其略去。
[②] 就国内史学界而言,论及此问题的专著尚无,学术论文有金重远:《评佛朗哥在二战中的"中立"政策》,载《世界历史》1991年第6期;陈安全:《析二战中西班牙之中立》,载《淮北煤师院学报》1997年第1期。
[③] 伊·米·马依斯基:《西班牙史纲:1918~1972》,生活·读书·新知三联书店,1983年,第287页。

要的货品。① 1940 年 2 月法国与西班牙达成了一项相当广泛的贸易协定。1939 年 9 月英国与西班牙政府互换意见,达成一项正式的战时贸易协定。1940 年 3 月 18 日英西之间再次达成几项协议,英国提供给西班牙一笔 200 万英镑的贷款用于西班牙在英镑区的采购,西班牙则承诺不将从英镑区获得的物品再出口。② 1940 年 5 月 8 日意大利与西班牙签订经济协定,将西班牙在内战中欠意大利的债款从 75 亿里拉减为 50 亿里拉,规定双方的贸易额增至 3.7 亿里拉。③ 然而就在此时,战局的发展诱使西班牙开始快速向战争边缘靠拢。6 月 3 日,法国败局已定,佛朗哥致函希特勒,表示愿以任何最适合于德国的形式进行合作,他说:"我热切希望您不要把我忘了,我再次保证,如果您需要的话,我愿为您效劳。"④ 6 月 12 日西班牙宣布此后为"非交战国",而非"中立国",佛朗哥对此的解释为对轴心国民族同情心的一种表示。6 月 14 日,西班牙军队公然占领了国际共管地丹吉尔。19 日佛朗哥向柏林递交了备忘录,宣称如果有必要的话,准备放弃中立,立即参战。然而,此后直到 1941 年 2 月,在德国急需配合攻击直布罗陀而多次敦促西班牙参战时,佛朗哥却极力推诿,双方一直未能达成协议,佛朗哥从要求参战到回避战争让希特勒空喜一场。1941 年 6 月 22 日,苏德战争爆发的第二天,西班牙外长苏涅尔即通知德国大使施托雷尔,请求德国允许长枪党参加这场反对共同敌人的斗争,以回报当年德国所给予的"兄弟般的帮助"。于是,"二战"中以"蓝色师团"闻名的西班牙"志愿部队"很快组成,7 月 13 日离开西班牙,8 月 20 日由德国出发参与进攻苏联。西班牙虽未正式对苏宣战,但实际上已加入了对苏联的进攻,这是佛朗哥政权又一次蠢蠢欲动的表现。但柏林希望西班牙会很快成为积极的交战国的想法又一次落空了。苏涅尔对此次出兵的解释为:"作出这种声援的姿态,当然同西班牙全面地最终参加到轴心国一边作战是两回事,西班牙要到适当的时候才能参战。"⑤1942 年 11 月盟军在北非登陆时,西班牙于 11 月 12 日发布了局部动员令,但于 12 月 7 日告知美国:"对于交战双方,西班牙打算保持一种不偏不倚的政策,军队严格保持采取守势。"⑥到 1943 年,随着大战形势的转折,西班牙的立场开始转变。1943 年 8 月西班牙召回"蓝色师团"。10 月佛朗哥宣布西班牙从"非交战状态"转为"中立国"。1944

---

① 阿诺德·托因比、维罗尼卡·M. 托因比编:《大战和中立国》,上海译文出版社,1995 年,412 页。
② D. A. Puzzo, *Spain and the great powers, 1936-1941*, Columbia University Press, 1962, p. 218.
③ 阿诺德·托因比、维罗尼卡·M. 托因比编:《轴心国的初期胜利》,上海译文出版社,1983 年,第 368 页。
④ 海因茨·赫内:《第三帝国军事情报局内幕》,世界知识出版社,1988 年,第 335 页。
⑤ 伊·米·马依斯基:《西班牙史纲:1918~1972》,第 297 页。
⑥ 阿诺德·托因比、维罗尼卡·M. 托因比编:《大战和中立国》,第 465 页。

年5月3日美国与西班牙达成协议,西班牙政府同意限制运载矿物去德国,并限制轴心国特务在西班牙的活动,美英则取消对西班牙的石油禁运。1945年4月11日西班牙同日本断交。5月8日德国无条件投降当天,西班牙宣布与德国断交。① 随着战争的结束,西班牙的战时中立政策寿终正寝。

　　1949年9月1日葡萄牙发表了一份宣告中立的官方声明。10月9日萨拉查在国民大会的演讲中,确认葡萄牙对英国的友谊和对英葡同盟的绝对忠诚②,但葡萄牙决心保持中立,直至民族的荣誉、利益和承担的义务使其放弃为止。③当欧洲形势进一步紧张时,葡萄牙致力于改善、加强同西班牙的关系。1939年12月西班牙与葡萄牙签订商业协定。1940年7月29日,双方签订了1939年2月友好互不侵犯条约的附加议定书,规定双方协商以保证各自的独立与完整。④苏德战争爆发后,萨拉查政权更加重视同德、西的关系。1942年2月和12月萨拉查与佛朗哥两次会晤,双方重申了中立立场,并表示了将"伊比利亚和平区"发展为"伊比利亚和平集团"的愿望。⑤ 1942年2月20日日本占领葡属东帝汶,葡政府提出了一份抗议,但也仅此而已。⑥ 1942年8月与盟国签订的贸易协定中,葡萄牙仍然坚持"自由买卖"的钨应按75%的比例分配给德国,25%分配给盟国。⑦ 1942年9月葡军事代表团访问了德国。随着大战的转折,葡开始加强同英美的关系。1943年8月17日签订英葡协定,同意将亚速尔群岛上的军事基地使用权交给英国。10月12日英军在亚速尔登陆,当天葡发表声明,宣布葡的中立一直是以英国有权援用英葡同盟为条件的。1944年11月28日又与美国达成秘密协定,同意美军使用亚速尔基地。1944年5～6月,萨拉查向美英提出停止对德出口钨的形式上的保证。⑧ 随着德国的败降,葡断绝了同德国的外交关系。1945年9月5日,葡恢复对东帝汶的管辖权。

　　瑞士早在欧洲战云密布的时候就开始着手为其中立做出了一系列的准备。1939年8月31日联邦委员会通知欧洲列强,若发生武装冲突瑞士将中立。9月

---

① 阿诺德·托因比、维罗尼卡·M. 托因比编:《大战和中立国》,第474～480页。
② 长久以来葡萄牙一直保持着与英国的同盟关系。18世纪以来,日渐衰落的葡萄牙在外交和财政上越来越依附于英国,但到20世纪30年代后半期,随着萨拉查政权与德国、西班牙的接近,英国受到了一定程度的排挤。
③ 阿诺德·托因比、维罗尼卡·M. 托因比编:《大战和中立国》,第504页。
④ S. G. Payne, *A history of Spain and Portugal*, London, 1973, p.670.
⑤ 格·尼·科洛米耶茨:《葡萄牙现代史概要》,江苏人民出版社1973年,第79页。
⑥ 查·爱·诺埃尔:《葡萄牙史》,江苏人民出版社,1974年,第397页。
⑦ 阿诺德·托因比、维罗尼卡·M. 托因比编:《大战和中立国》,第136页。
⑧ S. G. Payne, *A history of Spain and Portugal*, p.670;格·尼·科洛米耶茨:《葡萄牙现代史概要》,第80页。

2 日瑞士军队进行了总动员,420 万总人口中服兵役者达 43.5 万人。① "假战争"期间瑞士军队部分减员,保留了约 20 万武装部队。这一时期与交战双方的贸易基本正常,不仅与德、意的贸易有所发展,且于 1940 年 4 月 25 日同英、法达成了一项全面的战时贸易协定。② 随着德军西线进攻的临近,5 月 10 日瑞士再次进行武装部队总动员,并在所有的战略据点和交通要塞布置了警戒。意大利的参战和法国的败降完全改变了瑞士的形势。此时,瑞士着手加强内部的抵抗意志和能力。1940 年 7 月日武装部队总司令吉桑发布了一道命令,宣布"即使我们不能赢得直接的胜利,我们也将战斗"。经济上采取各种措施增加国产食品的数量,其中在 1940 年 11 月公布了一项国家农业计划——"沃伦计划",以增强自给自足的能力。③ 同时,瑞士不得不对轴心国做出一系列的妥协让步,交出了在法国被击败后属于那些被拘留的波兰和法国士兵的军用物资。实行新闻检查,禁止报刊刊登对轴心国敌视甚至带有不适当批评性质的文章和评论。应德国的要求于 1940 年 11 月 6 日开始实行灯火管制。在经济方面,1940 年 8 月 9 日与德国达成贸易协议,瑞士工业必须供应德国在其作战中所需要的货物,并为德、意货物运输提供便利。1941 年 7 月 18 日签订新的范围广泛的贸易协定,将对德信贷限额增至 8.5 亿法郎,而且是无息的。④ 与盟国方面,尽管历经周折于 1940 年 10 月 15 日达成英瑞协议,英国同意当瑞士库存不足两个月时,允许瑞士进口一些必要的日用品,但由于瑞士对德的经济让步,英国立即加强了对瑞士的经济封锁,1941 年 9 月 9 日禁止瑞士所有的工业原料通过封锁线。⑤ 盟军在战场上的战略转折并未带来瑞士处境的立即改善。1943 年到 1944 年 8 月盟国多次要求瑞士断绝同德国的石油及其他货物运输,瑞士都加以拒绝。只有在 1944 年夏天盟军反攻大陆抵达瑞士边境打破了瑞士被轴心国长达 4 年的包围后,瑞士的政策才有了改变。1944 年 9 月 12 日瑞士宣布解除灯火管制,10 月 1 日发布禁令,禁止所有的战争物资出口。⑥ 11 月 15 日联邦议会对盟国不要庇护战犯的要求给出回应:"对那些犯有违反战争法令罪行的人或过去的经历证明其观念与法律和人道主义的基本传统不相符的人,一概不能收容。"⑦1945 年 3 月 8 日与盟国达成协议,同意完全停止德、意经瑞士的铁路交通,并阻止轴心国领导

---

① U. Schwarz, *The Eye of the Hurricane: Switzerland in World War Two*, Westview Press, 1980, pp. 2 - 3, 69;另见埃·邦儒尔:《瑞士简史》,江苏人民出版社,1974 年,第 636 页。
② U. Schwarz, *The eye of the hurricane: Switzerland in World War Two*, p. 76.
③ 余开祥:《西欧各国经济》,复旦大学出版社,1987 年,第 363 页。
④ U. Schwarz, *The eye of the hurricane: Switzerland in World War Two*, pp. 84 - 88.
⑤ 阿诺德·托因比·维罗尼卡·M. 托因比编:《大战和中立国》,第 336 页。
⑥ U. Schwarz, *The Eye of the Hurricane: Switzerland in World War Two*, pp. 65, 94.
⑦ 马尔克·维米埃:《移民、难民在瑞士的历史》,武汉大学出版社,1991 年,第 80 页。

人向瑞士转移隐匿资产,盟国同意取消对瑞士的海上封锁。① 到战争结束时,除了纳粹在瑞士的资产结算和与苏联的关系外,在大部分问题上瑞士已基本与盟国恢复了正常关系。

大战爆发时,瑞典宣布中立。1939 年 11 月 3 日苏芬战争爆发,瑞典没有像其他斯堪的纳维亚国家那样宣布中立,仅宣布为"非交战国"。瑞典在苏芬战争期间罄其所有的武器弹药供芬兰使用,允许芬兰在瑞典招募了约 8 000 名全副武装的军事人员,并于 1940 年 1 月同意盟国提出的准许战争物资过境运往芬兰的要求。到苏芬战争结束时,瑞典总共向芬兰提供了价值 4 亿克朗的赠品和借款。② 然而,瑞典并未使这种援助发展为直接的军事援助。1940 年 1 月 17 日瑞典公开宣布不允许交战国军队通过或在瑞典领土上建立外国基地。③ 2 月拒绝了芬兰关于派遣军队支援的请求,3 月 2 日拒绝了盟军借道援芬的试探,11 日再次拒绝了芬兰关于盟军借道的请求。④ 4 月 9 日德军"威悉河演习"开始,瑞典通知挪威既不能以武器援助,也不能允许向挪威出口武器弹药。当挪威战事平息时,瑞典处境大为改变,其政策也随之改变。7 月 28 日与德国正式缔结一项协定,允许德国军队和军需物资经由瑞典从挪威的一处运往另一处。9 月 14 日达成一些新协定,扩大过境运输量,并允许过境士兵携带武器。⑤ 苏德战争爆发后,1941 年 6 月 25 日瑞典宣布接受德国要求,允许德军第 163 步兵师假道瑞典由挪威开往芬兰,允许德国飞机飞越瑞典领空,德军舰只可在瑞典领海停留超过 24 小时。⑥ 随着战争进程的转折,瑞典对德国的让步一个个地取消了。1943 年 8 月 5 日瑞典宣布取消德国的过境运输。9 月 23 日与盟国达成伦敦协定,同意削减对德出口价值的 30%,1944 年铁矿石的最大出口量降到 750 万吨,削减价值 50% 的滚珠轴承出口。⑦ 1944 年 9 月 9 日,瑞典取消了除医务车辆外所有德国经过瑞典的车辆过境权。1945 年 1 月完全停止同德国的残留贸易。5 月 7 日,瑞典通知德国大使中断两国外交关系。⑧

四国正是以上述各种国内外措施在大战时执行了所谓的中立政策,免遭战

---

① U. Schwarz, *The Eye of the Hurricane: Switzerland in World War Two*, p. 98.
② F. D. Scott, *Sweden: the nation's history*, Minnesota University Press, 1978, p. 504.
③ H. S. Nissen, *Scandinavia during the Second World War*, Minnesota University Press, 1983, p. 81.
④ 阿诺德·托因比、维罗尼卡·M. 托因比编:《轴心国的初期胜利》,第 141 页。
⑤ H. S. Nissen, *Scandinavia during the Second World War*, p. 106;阿诺德·托因比、维罗尼卡·M. 托因比编:《大战和中立国》,第 277、282～286 页。
⑥ R. Phillips, *Society, state, and nation in 20th-century Europe*, New Jersey, 1996, pp. 319 - 320.
⑦ T. K. Derry, *A history of Scandinavia*, Minnesota University Press, 1979, p. 347.
⑧ H. S. Nissen, *Scandinavia during the Second World War*, p. 290; S. G. Payne, *A history of Scandinavia*, p. 350.

火侵袭。然而,中立不是一厢情愿的,除了自身的努力以外,中立地位的维持还有赖于一系列的外部因素,有赖于交战双方的理解和许可,有赖于双方的不干涉。

二

从整体上看,第二次大战可以分为两个阶段。在前期阶段,轴心国势力猖獗一时,此时对中立国独立和中立的威胁主要来自轴心国。在这种情况下,四国都对轴心国做了最大让步,希特勒的目的基本达到,无需对其实施军事占领,而盟国方面对此也是理解的。

在1939年10月9日下达的准备对西线进攻的第6号作战指令中,希特勒命令"在西线的北翼必须做好通过卢森堡、比利时和荷兰的领土实施进攻作战的准备"①。后来的西线战役德军毫无顾忌地践踏了这几个低地中立小国,而瑞士则得以幸免,这无疑得益于瑞士不同于低地国家的地缘环境。法国败降后,瑞士处于轴心国的四面包围之中。在包围瑞士的四年中,希特勒确实没有进攻瑞士,分析起来,大概有这几点因素对希特勒产生了影响。第一,瑞士已向德国做出了让步,基本满足了希特勒的要求。第二,瑞士幅员狭小,资源贫乏,既无原料和剩余食品等战利品可资补给,而且对德国有吸引力的瑞士黄金储备已经转移到美国的诺克斯堡②,因此对德国而言,一个破坏无遗、贫乏枯竭的瑞士将是一个负担而不是资产。第三,从军事角度来看,由于瑞士的山地环境,由于瑞士人民坚强的抗敌决心和正确的战略部署,拿下瑞士将是一种费时费力的事。德军总参谋长哈尔德认为"汝拉山区的边界不能提供一条令人满意的攻击点,沿着轴心国边境方向,瑞士的地势提高,连绵着森林覆盖的山峰。……瑞士的边界是坚固的"③。第四,对瑞士境内连结欧洲南北交通的穿越阿尔卑斯山隧道的考虑。战争期间,瑞士确定了国家新的防御战略——内堡战略,即放弃边境防御,坚守阿尔卑斯山区。1943年3月,吉桑在会晤德国党卫队司令官舍伦贝格时表达了这样一种观念,瑞士将拼死抵抗入侵,包括炸毁哥大隧道和辛普伦隧道。④ 因此德国人知道若入侵瑞士,将无法保障德、意之间的主要交通线,这将是一个严重损失。"加上事实上瑞士已陷入轴心国的包围之中,处于孤岛状态,因此希特勒并

---

① 瓦尔特·胡巴奇编:《希特勒战争密令全集》,军事科学出版社,1989年,第19页。
② 拉多·山多尔:《多拉报告》,群众出版社,1980年,第36页。
③ U. Schwarz, *The Eye of the Hurricane: Switzerland in World War Two*, p.61.
④ U. Schwarz, *The Eye of the Hurricane: Switzerland in World War Two*, p. 123; R. Phillips, *Society, state, and nation in 20th-century Europe*, p.321;埃·邦儒尔:《瑞士简史》,第640页。

不想和瑞士打一仗,而宁可满足于瑞士为他开足马力生产供应各种物资,来往于德国和意大利的车辆以战后总结算为托词,免费在瑞士过境。希特勒认为当德国战胜强敌之日,四面受敌的瑞士自当不战而降。"① 正是出于以上战略得失的考虑,希特勒没有将瑞士这块衔在嘴边的"瘦肉"吞下。交战的另一方盟国在这一时期对瑞士向德国做出的让步,除了施以经济上加强封锁和外交上的抗议外,同时亦是理解的,"他们意识到有必要避免提出极端的要求,否则将可能导致外交上的破裂,甚至会促使德国进攻瑞士。瑞士既承担了作为盟国在轴心国利益的外交代表的职责,而且通过日内瓦的国际红十字会,它还负责照管在轴心国家里成千上万战俘的福利,因此,瑞士的独立对盟国是极可宝贵的"②。

  对交战双方而言,瑞典的重要性主要不在于它的战略位置,而在于它的优质铁矿石资源,德国钢铁大王蒂森确信:"没有瑞典的铁矿石,德国就注定要在这场战争中打败仗。"③ 德国充分认识到从瑞典进口铁矿石的重要性,但德国对北欧的政策一贯立足于北欧国家的继续中立将最好地服务于德国在这一地区利益这样的假设,1939 年希特勒"一再表达了这样一种观点,德国没有理由插手北欧或者挪威海岸的事务,维持现状是最好的选择"④。苏芬战争的爆发使北欧的形势发生了变化,德国从消极地满足于维持现状变成积极地筹划军事行动,以确保德国在这一地区的利益。1940 年 3 月 1 日下达的关于"威悉河演习方案"的指令,明确指出行动的目的在于"防止英国入侵斯堪的纳维亚半岛和波罗的海,保护我们在瑞典的矿石基地,扩大海空军进攻英国的出发地区"⑤。4 月 9 日,德军实施"威悉河演习方案",占领了挪威和丹麦。希特勒为什么没有占领瑞典?看来是以下几点因素促成的。第一,占领丹麦、挪威已保障了德国北翼的安全。第二,瑞典已承认德国的优势,向德国作出了种种妥协,德国不仅获得铁矿石的正常供应,而且获得了在瑞典的过境运输权。⑥ 第三,苏联当时的立场。1940 年 4 月 13 日苏联向德国提出强硬声明,"高度重视保障瑞典的独立","希望瑞典的中立

---

① D. Fahrni, *An outline history of Switzerland*, Helvetia, 1984, p. 90;拉多·山多尔:《多拉报告》,第 36 页。
② 阿诺德·托因比、维罗尼卡·M. 托因比编:《大战和中立国》,第 343 页。
③ 亨利·米歇尔:《第二次世界大战》,商务印书馆,1980 年,第 75 页。
④ H. S. Nissen, *Scandinavia during the Second World War*, p. 62.
⑤ 瓦尔特·胡巴奇编:《希特勒战争密令全集》,第 34 页;T. K. Derry, *A history of Scandinavia*, p. 334.
⑥ 大战中瑞典出口增长最多的是向德国出口的铁矿石。1940 年向德国出口的铁矿石占其出口总额的 80%,1943 年 1 080 万吨铁矿石中有 1 030 万吨是运往德国的。参见施拉普金·π·A:《瑞典》,商务印书馆,1959 年,第 42 页;阿诺德·托因比、维罗尼卡·M. 托因比编:《大战和中立国》,第 112 页;H. S. Nissen, *Scandinavia during the Second World War*, pp. 270 – 271.

不致受到破坏"①。这无疑是德国不敢对瑞典轻举妄动的一个重要原因。第四，如果进攻瑞典，必将遭到瑞典的拼命抵抗，德国所依赖的宝贵的铁矿石供应也将因此中断。战略得失的考虑使希特勒没有占领瑞典。后来在准备进攻苏联的"巴巴罗萨"计划中，希特勒再次提到："德军能否以较强兵力从罗瓦尼埃米及其以南地区出发实施这一作战行动，取决于瑞典是否准许使用其铁路实施开进。"②而战役一开始，瑞典就满足了德国的要求，再次消弥了双方可能发生的冲突。从交战的另一方来看，盟国在这一时期对瑞典的处境是体谅的。1942年10月丘吉尔在同后来出任瑞典驻英国大使的博赫曼会谈时说道："我们不希望再有一个德国人的牺牲品，我们所要求的一切便是：你们在一旦遭到袭击时能够捍卫自己，不再做出任何不必要的让步，而且能够尽快撤销那些已经做出的让步。"③可见，除了外交上略表不满外，盟国并不愿将瑞典拖入战争的漩涡。

　　西班牙作为轴心国的政治盟国在大战伊始迫于自身的困境而宣布中立，这一点德国是深为理解的。当时德国驻西班牙大使施托雷尔向柏林报告："由于内战，西班牙无法在经济上参加为时超过几个月的战争。"因此，柏林当局对西班牙的中立并没有异议，并且责令施托雷尔向西班牙政府请求协助德国促使拉美各国保持中立。④ 1940年6月佛朗哥政权准备参战的积极姿态，并未立即引起希特勒的兴趣，因为他预计英国将很快求和。到了8月，形势变了，那时已能看清对英的战争将是长期的，于是德国人制订了一项新的作战计划，即将英国人赶出地中海，切断大英帝国海上生命线，这一计划的核心是攻占直布罗陀要塞并控制该海峡——代号"菲力克斯"。⑤ 这样，西班牙的立场就变得至关重要，争取西班牙参加战争配合德军行动一时成了德国外交的焦点。在1940年9月到1941年2月这段时间，尽管德方多次催促，甚至希特勒亲自上阵劝说，西班牙却以种种借口拒绝参战。⑥ 希特勒后来也承认："由于极端贫困和毫无准备，西班牙参战只能是一个沉重的负担"，因此"西班牙的中立是它当时能够给予德国唯一可能的帮助"⑦。盟国方面对西班牙的中立无疑是极其欢迎的。丘吉尔指出："西班

---

① 沃尔科夫：《第二次世界大战内幕》，军事科学出版社，1992年，第124页。
② 瓦尔特·胡巴奇编：《希特勒战争密令全集》，第67页。
③ 阿诺德·托因比、维罗尼卡·M.托因比编：《大战和中立国》，第293页；R. Phillips, *Society, state, and nation in 20th-century Europe*, p.320.
④ 伊·米·马依斯基：《西班牙简史：1918～1972》，第288页。
⑤ 瓦尔特·胡巴奇编：《希特勒战争密令全集》，第55页。
⑥ 关于这一过程的详情，参见前注金重远文、陈安全文。另见保·施密特：《我是希特勒的译员》，人民出版社，1982年，第185页；尼·冯·贝格：《希特勒副官的回忆》，吉林人民出版社，1984年，第265页。
⑦ 《阿道夫·希特勒遗书》，伦敦，1961年，第46页，转引自伊·米·马依斯基：《西班牙史纲：1918～1972》，第290页。

牙可以帮我们很多忙,但对我们可以危害更大……我们就是希望西班牙保持中立","西班牙置身事外,对我们有莫大的裨益。"①因此盟国在这一时期除了在政治上鼓励西班牙中立(如 1942 年 11 月盟军反攻北非时,罗斯福向佛朗哥担保这决不是针对西班牙的利益,它将完全受到尊②),在军事上做好西班牙参战的准备外,在经济方面对西班牙采取了一条"中间路线","既不能让西班牙因饥荒而陷入混乱,或同轴心国合作,或采用小动作的政策来损害盟国,而另一方面,也不允许它累积足够的资源从而再出口,或用于它自己同英国的作战,或被轴心国所利用"③。盟国的这种争取政策鼓励了西班牙的不参战。

1939 年 10 月 9 日萨拉查在国民大会所作的演讲中透露,如果葡萄牙保持中立,德国曾表示将尊重其领土完整和海外属地,而英国也没有以两国间的历史性同盟和友谊为名向葡萄牙提出什么要求迫使它参战——确实,英国政府倒表示了赞同葡保持中立,认为那是维护两国共同利益的最好方法。④ 这说明大战伊始,双方对葡的中立都是支持的。随着战局的发展,交战双方都对葡萄牙和葡属大西洋岛屿产生了浓厚的兴趣。尽管希特勒一直希望夺取葡属各岛,可是由于其军事顾问们的反对,加上西班牙的态度,只得做罢。这一时期,英美方面也一直对葡属大西洋诸岛有很大兴趣,曾计划占领亚速尔群岛。但由于遭到葡的强烈抗议和反对,英、美只得借葡的中立来加强对轴心国的抵抗。1941 年 7 月 14 日,美国副国务卿索姆纳·韦尔斯声明,大西洋各岛保留在友好国家手中对美国来说是至关重要的,因此美国政府渴望葡的主权始终不受侵犯。为了打消葡的疑虑,反击德国人在英葡之间的挑拨,1941 年 1 月 23 日艾登声明,英国的胜利将"保证各国按自己的方式生活的权力"⑤。由于轴心国、同盟国对葡的企图都未得逞,由于葡与西班牙的关系得到了稳固,这些都促使葡在战争前期成功地保持了中立。

当战争形势发生转折后,盟国加大了对中立国的压力,对中立国威胁最大的现在是盟国而不是德国。为了适应形势,四个中立国都先后逐步取消了对德国的让步,开始向盟国靠拢。对此,希特勒虽然恼火,却又无可奈何,因为此时他已是自顾不暇,是没有力量干涉中立国事务的。当 1943 年 7 月 29 日瑞典通知德国过境运输必须停止时,希特勒平静地接受了这一事态的发展,因为此时他还有其他许多更重要的问题,比如墨索里尼倒台,盟军对法国的压力不断增大,"所有

---

① 温·丘吉尔:《第二次世界大战回忆录》,商务印书馆,1975 年,第 2 卷下部第 4 分册,第 770、773 页。
② S. G. Payne, *A history of Spain and Portugal*, p.686.
③ 阿诺德·托因比、维罗尼卡·M. 托因比编:《大战和中立国》,第 448 页。
④ 阿诺德·托因比、维罗尼卡·M. 托因比编:《大战和中立国》,第 504 页。
⑤ 阿诺德·托因比、维罗尼卡·M. 托因比编:《大战和中立国》,第 509、520~530 页。

这些结合起来,迫使希特勒从挪威撤出军队前往法国而不是在北欧开辟新战线。……当瑞典对德国进口和过境便利严加限制时,已很少有遭到德方报复的风险"①。1943年10月12日英军在亚速尔登陆,对此,葡萄牙事前一直害怕德国的空中报复或西班牙的入侵,已与英国制订了详细的防卫计划。但事态的发展却异常平静,两天后德国才发表了一份声明,对这种明目张胆违反中立的行为提出抗议,但表示鉴于葡萄牙只是在压力下才这样做的,因此或将不至于产生政治后果,同时暗示其他中立国要警惕被卷入类似的阴谋活动中去。②仅此而已。当轴心国处于全面颓势时,希特勒是不愿意也没有能力去开辟反中立国的新战场的。

就这样,依靠在战争不同阶段采取灵活的妥协政策,四国博取了交战双方优势者对中立的认可和维持,而处于劣势者或者出于理解,或者出于无奈,眼睁睁地看着中立国为敌方服务却无力干涉。

三

现代世界大战是一场总体战,弱小中立国家在各个方面都与交战双方有着千丝万缕的联系,仅仅以一纸宣言就企图避开战火是不太可能的。中立小国必须在战争中小心翼翼地审时度势,向战争中的优势者妥协。这样,四国的战时中立随着大战进程的发展就有了一种明显的倾向性。

在战争的前期阶段,轴心国势力盛极一时,横行欧洲,残存的中立小国也就不得不向这种优势低头。西班牙此时为轴心国摇旗呐喊,跃跃欲试;瑞士和瑞典不得不答应轴心国的种种要求,服务于轴心国的战争经济,满足其战略需要;即使是英国的传统盟国葡萄牙也不得不将大部分战略物资卖给轴心国。战争发生转折以后,尤其在战争后期,在盟国日益强大的军事、政治、经济压力之下,中立国纷纷取消对轴心国的让步,即使作为轴心国政治盟国的西班牙也不得不向盟国靠拢,逐步放弃对轴心国的支持,直至最终同其断交。因此,正如摩根索指出的:"有关中立的权利、义务的国际法规并不是独立存在的,它们只是当时法律、经济、政治及军事等条件的表现,如果这些条件改变,规则也就随之改变。"③换言之,中立是可变的,是有弹性、有倾向性的。从总体上看,四国在大战前期可以称之为"亲轴心的中立国",在大战后期则是"亲盟国的中立国"。

---

① H. S. Nissen, *Scandinavia during the Second World War*, pp. 273, 291; F. D. Scott, *Sweden: the nation's history*, pp. 507 – 509.
② 阿诺德·托因比·维罗尼卡·M. 托因比编:《大战和中立国》,536页。
③ 转引自冯绍雷等:《国际关系新论》,上海社会科学出版社,1994年,第180页。

在国际法上,一国选择了中立,就获得了某些权利,并且承担某些义务,这些权利和义务便构成了中立法。"二战"年代,关于中立的国际法权威解释应是1907年的海牙第五公约和第十三公约,其中第五公约第二条规定:"禁止交战国的军队和装载军火或供应品的运输队通过中立国领土",第十三公约第一条规定:"交战国必须尊重中立国的主权,并避免在中立国领土或领水内,从事任何可能构成违反中立的行为",第六条规定:"禁止中立国以任何方式将军舰、弹药或任何作战物资,直接或间接供给交战国。"[1]若以这些条款来衡量的话,交战双方都曾粗暴地践踏了中立国的权利,而四国也都未能完全履行自己的中立义务,它们唯一真正做到的或许只是没有宣战,没有正式加入战争。从这个角度而言,对四国这种"战时中立"的最恰当称呼,或许还是佛朗哥在大战中期所宣称的"非交战国"[2],这就是战时中立的实质。

由此引申开来,"二战"后世界政治、经济、军事、思想文化的联系更为紧密,一体化的趋势日益加强,尽管由于各种各样的原因,出现了更多的形形色色的中立,然而对外部世界的依赖性使得各个中立国都不可能做到真正的"不偏不倚"的中立,中立的实质只是非交战。

战争与和平仍是当代世界所面临的重大问题。第二次大战时中立国的战时中立实践告诉我们,中立非但不能阻止大国间的战争,而且自身的存亡亦取决于大国的利益,中立国的和平愿望无法消弥大国的争霸野心。因此,世界和平的希望是不能寄托于中立之上的。中立是可以理解的,但决不值得推崇,一个国家、民族的利益只有与世界的利益相一致时,其利益才是永久的、稳固的!

(原载《史林》2004年第2期)

---

[1] 《国际条约集:1872~1916》,世界知识出版社,1986年,第376~378页。
[2] 一般而言,非交战国是指形式上没有宣战,但不受义务约束与交战各方保持同等关系的国家,它不能动用本国武装力量,但可以利用提供武器、军需品、基地等手段参与战争,以利于交战一方。参见苏联外交部外交学院编:《国际法辞典》,新华出版社,1989年,第118页。

下编

简帛文献与中国早期史学史研究

靳 宝*

简帛文献中有不少与史学史直接相关的内容,如清华大学收藏的楚竹书《系年》,记录了从西周至战国早期的历史,是一部带有独特编纂意识的史书,让我们看到了战国史学的某种原始形态,对中国早期史书的形成也有更为直接而深入的了解。清华大学所收藏的楚竹书《楚居》《良臣》及睡虎地秦墓竹简《葉书》等史篇,一定程度上展示了中国早期史学中"世"类史书的某种形态,推进了关于《世本》成书及来源的认识,有助于深入思考《世本》与《史记》的关系。马王堆汉墓帛书《春秋事语》和清华简《越公其事》等大量"语体"类文献,不仅有助于认识《国语》的形成背景、史学价值,而且丰富了对中国早期史学中"语"类史书叙事的了解。可以说,简帛文献中的史类文献,从某一层面再现了战国史学的繁荣,拓展和丰富了我们对先秦史学史的认识。

一、《系年》与中国早期史书的编纂

大量简帛史类文献发现之前,研究中国早期史学所能够利用的史料,不外乎《春秋》及"春秋三传"、《国语》《战国策》《竹书纪年》《世本》等。而《左传》《国语》《战国策》,羼入了战国之后的编纂因素,很难再现春秋战国史书的原始形态。西晋时汲冢墓出土的《竹书纪年》虽是战国魏国史官所编纂的一部编年体史书,但缘于当时的保护条件,传世的只是清人辑佚出来的一部文献。《世本》同样具有这方面的窘境,且有更多的争议。在这种情况下,20世纪以来出土的简帛文献,特别是近些年发现的史类文献,对于我们了解和认识春秋战国史学的历史面貌和史书的形成及原始形态,显得尤为珍贵。

清华简《系年》是继《竹书纪年》之后又一部新发现的战国史书,被学界誉为中国史学史上的重大发现,与《左传》《竹书纪年》《国语》等史著一样,代表了先秦史学创作的最高成就。[①]《系年》的出现,就像曾侯乙墓编钟改变我们对音乐史

---

* 靳宝,现为中国社会科学院历史理论研究所副研究员。
① 许兆昌、齐丹丹:《试论清华简〈系年〉的编纂特点》,《古代文明》2012年第2期。

的认识一样,也会改变我们对先秦史学的认识。① 这些高度评价,道出了《系年》在中国史学史上的地位和价值。的确,《系年》所展现出来的史书编撰、叙事风格、著史观念,既有战国史学的共性,又有自身的独特性。如果对清华简作整体性审视,更有助于我们认识这一点。

史书的编纂,是史学成果最便于集中体现的所在,也是传播史学知识的重要途径。② 中国的史书编纂,多讲史体和史例。史体是指史书的体裁,史例是指史书内部在组织形式上的安排。从《系年》整体叙事来看,它是遵从编年记事这一早期史体的。总的来看,《系年》有两种编年记事形式。第一种是明确"表年以首事"③,不过往往用某年的时间坐标书写两年或多年的历史,这一现象在《系年》中是常例;而且"《系年》既不像《春秋》那样本来便是鲁国史书,也不像《竹书纪年》那样于周室东迁后用晋国及后来的魏国标年,而是对各诸侯国各以其君主纪年"④。第二种是以世系为序进行书写,其中有的文中还有明确纪年。虽然《系年》没有严格按照"通比其事,列系年月"⑤,或"以事系日,以日系月,以月系时,以时系年"⑥这一成熟编年体编纂原则进行书写,但我们不能由此而否定《系年》为编年体史书这一判断,只能说它是一种编年体早期史书的代表,与《汉纪》这样成熟的编年体史书是有差距的。

如果从战国史学的发展特点和历史地位来看,显然这种认识也是成立的。白寿彝在谈到先秦时期史学发展特点时说:"所有这些,说明史学的一些主要方面都已经有了,但基本上都还处于早期状态,还没有达到成长的阶段。"⑦此即为"中国史学的童年"。他举例说,如《春秋》及"春秋三传"是先秦时期最主要的史书,但都还是按年编次,连首尾起讫的原因都还不显著,这说明它们对于史书应具的规模还是不够的。⑧ 因此,我们在考察中国早期史书形态时,这样的理论指导显得尤为重要。显然,我们不能拿成长阶段的编年体编纂原则与童年时期的编年记事作对等评判。

许兆昌、齐丹丹认为《系年》是一部纪事本末体史书,并提出"我国纪事本末体的形成当可上溯至战国中晚期,提前一千年之久,甚至早于纪传体的出现,《系

---

① 李守奎:《清华简〈系年〉与古史新探》,《光明日报》2015年12月10日。
② 白寿彝:《中国史学史》第一册,上海人民出版社,1986年,第23页。
③ 杜预:《春秋经传集解》序,十三经注疏本,中华书局,2009年,第3696页。
④ 李学勤:《清华简〈系年〉及有关古史问题》,《文物》2011年第3期。
⑤ 荀悦:《汉纪·序》,张烈点校,中华书局,2002年,第1页。
⑥ 杜预:《春秋经传集解》序,第3695页。
⑦ 白寿彝:《中国史学史》第一册,第49页。
⑧ 白寿彝:《中国史学史》第一册,第49~50页。

年》的出土,无疑具有改写中国古代史学发展史的重大意义"①,恐怕言过其实。从史例层面言,纪事本末书写手法(简称纪事本末法)在中国早期史学发展中是常见的。《国语》就提供了纪事本末法叙述历史的范式。②《左传》关于晋文公重耳的叙述,是编年史中典型的纪事本末法。白寿彝对《左传》的这一史学创新称赞有加,"《左传》把记事本末体和传记体运用于编年史之中,作为编年体的补充,这是很重要的创举。对于后来编年史的体裁是有影响的"③。从其解读语境来看,这里的"纪事本末体"理解为"纪事本末法",似乎更符合他所要表达的意思。这也说明,史书编纂过程中,多种书写形式的综合运用,早在先秦史学中已有很好的体现,开创了中国古代史学的一个优良传统。《系年》的独特价值就在于,"提供了战国时期史书编纂中体裁融合的范例"④。从这一点来讲,《系年》有着类似《左传》的史学创举。

选取何种材料进行编纂,显示出编纂者的历史见识。据相关研究,《系年》的史料来源,一是本于西周王朝史官的原始记录,包含"书"类、"语"类文献,二是诸国史记,三是少量的传闻故事。⑤ 对于诸国史记,有"春秋"纪年类史料,还有"世系"谱牒类史料,这类材料具有很高的史料价值和史学价值。从所采诸国史记的国别来看,主要以楚、晋、郑为主,与《左传》的郑、晋、魏为大宗相对比,其共同点是重视有关郑国、晋国史记的选取,不同的是《系年》偏重楚国的史料采择。这让我们看到了战国史学的区域特征,这也正是春秋战国时代背景的史学反映。蒙文通的《中国史学史》提出晚周史学三系的认识,即南方楚人、东方鲁人和中原三晋,"故书传之陈古史,驳文虽多,要不出此三系"⑥。这对我们分析《系年》,乃至整个清华简史类文献的史学价值,是有启迪意义的。如果以此反观简帛文献与传世文献有关史料选取的差异及所表达的不同历史观念,也就好理解了。

秉笔直书是中国史学的优良传统,也是历代史家追求的理想目标。从史学功用角度讲,史学的另一项重要传统就是书法不隐。秉笔直书,说明的是某人做了某事,属于陈述,即记录的直笔,齐太史兄弟"崔杼弑其君"就是典型代表;书法不隐,说明的是做某事的是某人,属于判断,即定性的直笔,晋太史董狐"赵盾弑其君"是典型体现。⑦ 需要注意的是,孔子所言的"书法不隐"与今文经学家积极

---

① 许兆昌、齐丹丹:《试论清华简〈系年〉的编纂特点》,《古代文明》2012 年第 2 期。
② 陈其泰:《〈国语〉的史学价值和历史地位》,《中国史研究》2015 年第 2 期。
③ 白寿彝:《中国史学史》第一册,第 231 页。
④ 杨博:《裁繁御简:〈系年〉所见战国史书的编纂》,《历史研究》2017 年第 3 期。
⑤ 参见杨博:《战国楚竹书史学价值探研》第二章,上海古籍出版社,2019 年。
⑥ 蒙文通:《中国史学史》,上海人民出版社,2006 年,第 20 页。
⑦ 参见刘家和:《史学、经学与思想》,北京师范大学出版社,2005 年,第 31 页。

追求的"一字褒贬"不能相提并论。孔子修《春秋》,追求直笔下的"微言大义",把秉笔直书与书法不隐相融,是中国早期史学的重要开创。朱熹《朱子语类》卷八三曾言:"《春秋》只是直载当时之事,要见当时治乱兴衰,非是于一字上定褒贬。"以往我们并没有很好地注意到这一层区别。

《系年》在一定程度上继承了《春秋》的这一优良传统。虽说是以楚国为中心进行选材和记录,但"楚师无功,多弃旃、幕,宵遁""楚人尽弃其旃、幕、车、兵,犬逸而还"这样的叙事,显然是秉笔直书。再如第五章记楚"伐息赣陈"事中的"息妫过蔡",《左传》《史记》记述含蓄,称蔡侯对息妫"弗宾""不敬",而《系年》则直言"蔡哀侯妻子"。这样的事例,在《系年》及清华简的其他史类文献中还有很多。《系年》的叙事,不仅实现了直笔,还体现了编纂者"多闻善败以鉴戒"的编纂意图和叙事视角。通鉴观念、盛衰观念在《系年》中有很好的体现。① 更为突出的是,《系年》在记述西周直至战国时期历史发展上有重要影响的历史事件时,不同于《左传》《国语》的是,它并没有选取有关卜筮的材料,也没有记述类似《左传》的神异预言,更多地从人的活动方面进行考察。这种述史的平实,在一定程度上体现了战国时人著史的理性观念,开《史记》叙事之先河。② 这些均说明,《系年》继承并发展了《春秋》所开创的秉笔直书与书法不隐二者相融的史学传统。

以《系年》为代表的简帛史书,让我们对战国时期盛行的著史观念有了很好的了解,如叙事跳出了时间的绝对限制,有选择地重视特殊国别与重点人物,以标志性人物作为一个时代的结束,当时存在一个共享西周—春秋—战国年代史观的现象。③ 从而使得我们对战国史学发展有了新的认识:一是编年记事下多种叙事方法的融合是战国史书编纂的常态,也是一种优良史学传统;二是晚周史学三系是存在的,区域文化影响下的区域史学是战国史学繁荣的重要体现,三是秉笔直书与书法不隐相融的史学传统是承接相续的。

二、《楚居》与"世"类史书的起源

《世本》的成书年代及其性质,是中国史学史上非常重要的问题。自清人秦嘉谟根据其辑佚的《世本》,提出了一个中国史学史上非常重要的命题,即"太史公书采《世本》,其创立篇目,如本纪,如世家,如列传,皆因《世本》"④。这一论断

---

① 参见杨博:《战国楚竹书史学价值探研》,第139~157页。
② 杨博:《战国楚竹书史学价值探研》,第166页。
③ 参见杨博:《战国楚竹书史学价值探研》,第163~164页。
④ 秦嘉谟:《世本辑补》卷首《诸书论述》,宋衷注,秦嘉谟等辑:《世本八种》,中华书局,2008年,第3页。

影响很大。梁启超就提出《世本》"为《史记》之蓝本"①。吕思勉也有同样的看法。②

其实,对秦嘉谟这一论断的质疑,源源不断。特别是从史学史视野对此作新的评定,试图纠正以往的偏识,厘清这一史学问题。对于所谓《世本》开创综合体通史,白寿彝对此表示出某种质疑,"历史的发展在这时究竟还没有走完一个阶段,通史的写作仅是在未成熟的酝酿中有了开始,它们还不能完成通史写作的任务"③。故他把《世本》当作先秦通史性质的史书看待。谢保成进一步提出,"通常将《世本》视为综合体通史的先驱,认为在历史编纂方面是一种创意。若弄清楚'世'与《世本》的关系,称其为专项史料汇编更符实际。要说其对《史记》体例有多少直接影响,恐怕只是臆想而已"④。乔治忠、童杰从史学史的学术层次考察了《世本》的成书年代及其史学价值,提出《世本》并非先秦史书,乃是刘向编辑的图书之一。⑤ 这些思考和论述,虽然推进了我们对《世本》成书年代和史学价值的认识,但还是没有厘清《世本》的渊源和"世"类史书的原始形态,说服力不强。而简帛文献的发现,为此问题的深入探讨提供了非常重要的材料。

中国史学早期,有"世"这一历史编纂形式。《国语·楚语上》云:"教之世,而为之昭明德而废幽昏焉,以休惧其动。"韦昭注:"世,谓先王之世系也。"鲁国夏父弗忌为宗伯,欲改昭穆,升僖公于闵公之上时,有人以"宗庙之有昭穆也,以次世之长幼,而等胄之亲疏"表示反对,进而说"工史书世,宗祝书昭穆,犹恐其逾也"⑥。可见,春秋战国时期史官所书写的"世"确实存在并有一定的劝诫意义。《周礼·春官·小史》曰:"小史掌邦国之志,奠系世,辨昭穆。"郑玄注引郑司农云:"系世,谓帝系、世本之属是也。"何以称"世本",《周礼·春官·瞽矇》郑玄注云:"世之而定其系,谓书于世本也。"所谓"世之而定其系",就是一种历史编纂,所成的史书就叫世本。上引《国语·楚语上》韦昭注引陈瑑曰:"教之'世',即《周官·小史》所奠之系。"这又说明,郑玄所言的"世本"就是楚太傅所教的"世"类文献。

目前所见文献最早提到《世本》这一书名的是西汉图书整理者刘向,司马贞《史记索隐》引西汉刘向之言称:"《世本》,古史官明于古事者之所记也,录黄帝已来帝王诸侯及卿大夫系谥名号,凡十五篇也。"《汉书·艺文志》载"《世本》十五

---

① 梁启超:《中国历史研究法》,上海古籍出版社,1998年,第14页。
② 吕思勉:《吕著史学与史籍》,华东师范大学出版社,2002年,第110页。
③ 白寿彝:《中国史学史》第一册,第244页。
④ 谢保成:《增订中国史学史·先秦至唐前期》,商务印书馆,2016年,第144页。
⑤ 乔治忠、童杰:《〈世本〉成书年代考论》,《史学集刊》2010年第5期。
⑥ 《国语·鲁语上》,徐元诰撰,王树民、沈长云点校:《国语集解》,中华书局,2002年,第165页。

篇,古史官记黄帝以来迄春秋时诸侯大夫"。班固《汉书·司马迁传》认为司马迁在编撰《史记》时采纳了《世本》。显然,这里的"世本"指的是刘向编辑后的一部书,与郑玄所言的"世本"不是同一内容。刘向编辑的《战国策》,是由"或曰国策、或曰国事、或曰短长、或曰事语、或曰长书、或曰修书"①的众多零星文献修补校订,编辑成的一部书,定名为《战国策》。由此来看,刘向所说的《世本》也很可能由众多的类似文献汇编而成。司马迁在叙述其编纂《史记》时所采用的史料,对此已有了某种提示。《史记·三代世表》序言:"余读谍记,黄帝以来皆有年数。稽其历谱谍终始五德之传,古文咸不同,乖异。夫子之弗论次其年月,岂虚哉!于是以《五帝系谍》《尚书》集世纪黄帝以来迄共和为《世表》。"《索隐》曰:"(谍)音牒。牒者,纪系谥之书也。下云'稽诸历谍',谓历代之谱。"这说明,"谍记"是记系谥之书,历谱谍则指历代年谱,二者似乎是有区别的。但从司马迁整个叙述来看,二者又是统一的。故《史记·十二诸侯年表》序云:"历人取其年月,数家隆于神运,谱谍独记世谥,其辞略,欲一观诸要难。"谍记也好,谱谍也好,都是记世谥的,与"世"类史书的记述主体一致。

秦汉简牍的发现,为我们认识这一史学现象提供了实例。1975年睡虎地秦墓出土一部竹书,整理者最初称《大事记》,后又称《编年记》。当时,傅振龙就提出标题当定为"牒记"②,但没有过硬的史料支撑,这种看法也就没有被学界采纳。直到2002年湖北荆州印台60号汉墓出土一批竹简,有类似睡虎地秦墓竹简的编年记,且标题书写为"葉书"二字。2004年,荆州松柏1号汉墓出土一批木牍,其中有一种亦为"葉书",记载秦昭襄王至汉武帝七年历代帝王在位的年数。受印台汉简与松柏汉简的启示,李零称睡虎地秦简《编年记》为《葉书》,并认为"葉书"应读"牒书",其实就是世表、年表和月表一类东西。③陈伟经过对秦汉简牍的分析,认为简牍中的"牒书"含义比较宽泛,一般不具备世表、年表一类特定含义。他怀疑"葉书"的"葉"应读为"世",二字通假。葉(世)书,应是与《国语》"世"、《周礼》"世系"以及秦汉时流行的《世本》大致类似的文献,为记叙世系之书。④

睡虎地秦简、岳麓秦简、印台汉简、松柏汉简有关帝王年世的书写,至少让我们看到了"世"这一类史体的不同形态,当然还相对简略,并未形成一定规模的成文史书。很可能,《世本》就是刘向将司马迁曾阅读过的"五帝德""帝系姓""谍记""历谱谍""五帝系谍""春秋历谱谍",以及出土的睡虎地《葉书》、清华简《楚

---

① 何建章:《战国策注释》附录四"刘向战国策序",中华书局,1990年。
② 傅振龙:《云梦秦墓牒记考释》,《社会科学战线》1978年第4期。
③ 李零:《视日、日书和葉书——三种简帛文献的区别和定名》,《文物》2008年第12期。
④ 陈伟:《秦汉简牍"葉书"刍议》,《简帛》第十辑,上海古籍出版社,2015年。

居》等文献整理而成的一部史书,定名为《世本》。郑玄所言"世之而定其系,谓书于世本也",或许从中可探寻刘向命名《世本》的学术来源。

清华简还有关于楚先世的一部文献,记述从季连到楚悼王间的迁徙过程及相关史事,涉及 32 位楚先王、楚公、楚王,从传说时代延至战国中期。整理者命名为《楚居》,就缘于传世《世本》中的"居篇"。简文没有对先祖降生进行过分渲染,也抛弃了流传甚广的陆终六子拆剖胁生的传说,以更加平实而理性的视角叙述楚世系。还有学者把清华简《良臣》看作"世"类文献的衍生。① 这些又从另一层面说明《世本》中的某些篇章在战国时期是存在的,也让我们对《世本》的原始形态有了更多的了解。

虽说《世本》乃刘向编辑而成的一部史书,但从司马迁引用的相关"世"类文献、简帛文献中的"世"类文献来看,"世"类文献所呈现出来的以人为主、以时为轴的基本叙事方式,确实对《史记》的传记体开创具有某种启示意义。当然,我们不能对这种启示有过高的评定,也不能因《世本》非先秦史书而否定这一启示意义。

三、《春秋事语》与"语"类史书的繁荣

《国语·楚语上》申叔时与楚庄王在谈太子教育时涉及诸多历史编纂形式,其中"教之语,使明其德,而知先王之务用明德于民也"。韦昭注:"语,治国之善语。"这说明,春秋时已有"语"一类体裁的史书。② 春秋时诸侯国史,其中一种形式就是记言,或以记言为主,或记事又记言。③ 传世的《国语》,是汇集各诸侯之"语"而形成的一部重要史书,成功地创设了记言为主的史书体裁。④《汉书·艺文志》将其与《左传》列为"春秋"类,刘知幾将其列为"六家"之一。然而长期以来,《国语》作为"春秋外传"而存在,是一部被边缘化的史书。原因之一,就是没有充分揭示《国语》何以称为"语",这种史书体裁为何产生于战国前期,书中记载的"语"究竟有哪些不同的类型和宝贵的价值。⑤ 而马王堆帛书《春秋事语》、清华简《越公其事》等的发现,为我们了解战国"语"类史书提供了实例。

---

① 杨博:《战国楚竹书史学价值探研》,第 50 页;杨栋、刘书惠:《由〈吕氏春秋·尊师〉论清华简〈良臣〉中的"世系"》,《四川文物》2015 年第 5 期。
② 瞿林东:《中国史学史纲》,北京出版社,1999 年,第 143 页。
③ 白寿彝:《中国史学史》第一册,第 211 页。
④ 陈其泰:《〈国语〉:"记言"史书的成功创设及其丰富内涵》,《史学理论与史学史学刊》2012 年卷,社会科学文献出版社,2012 年,第 135~154 页。
⑤ 陈其泰:《〈国语〉的史学价值和历史地位》,《中国史研究》2015 年第 2 期。

马王堆帛书《春秋事语》，其体例与《国语》接近，先叙事后议论，记言是重点，最后用事件的结局来证明自己的观点，注重前后因果关系，有"综其终始"的写作追求，且一些篇章中的见解还是很深刻的，显然这是经过编纂而成的。说其为战国时的一部史书是没有问题的。张政烺当时就指出："这在春秋时期的书籍中是一种固定的体裁，称为'语'。"① 只不过，《春秋事语》叙事简单，事件的本末记述不够完整，内在逻辑性也不强，更符合早期史书的一些特征。② 值得注意的是，《春秋事语》整体上反映了法家思想对史书编纂的影响，这或是战国末期至秦汉之际史学观念的特点以及发展状况。③ 这些让我们看到了战国"语"类史书的多样性。《国语》只是流传于世且带有经学化的一部"语"类史书。再有，《春秋事语》的议论多为《左传》所无，侧重对历史事件的进程作多方面、多层次的再现性或完善性展示，除了具有再现历史真实面貌、反映当时历史形势、揭示某些历史规律的历史价值外，还具有改变叙事的展示视角、省文可知以及准确鲜明地再现或表现人物的历史表达及其文学上的价值。④ 故《春秋事语》的发现，使我们对战国史学的发展状况有了更多的了解和认识。

清华简《越公其事》11章，是目前所见楚竹书"语"类文献中篇幅最长者，主要记述"句践灭吴"，这一叙事主题与《国语·吴语》《国语·越语上》《越语下》"语"类史篇密切相关。如果将其与《左传》《国语》等传世史书叙事对比，有助于我们了解战国时期的史书形态。从具体叙事来看，《越公其事》的记述形式，没有采用君臣问答或单纯叙述的方式，而是进行了分类总结和概括，再以时间的次第分别叙述，既有政论的特点，又不失记事的大体；"五政"是作者对句践灭吴历史经验的总结，依次排列，不仅有具体的施政内容，而且有施政次序，具有明显的史论特点。⑤ 当然，就整体的越国灭吴历程来看，《越公其事》的记载与传世文献相比，要简略一些，时间线亦不明显。⑥ 句践攻打吴王的背景性描述，《越公其事》略之，且其对具体战役的记载也很少。总体而言，就清华简而论，《系年》与《越公其事》是两类史书的代表，前者可以视为春秋类记事文献，后者可以视为语类文献，是两篇各有价值的优秀史书。⑦

由《越公其事》、郑国"语"书等来看，"语"类文献的叙述主题都表达出"多闻

---

① 张政烺：《〈春秋事语〉解题》，《文物》1977年第1期。
② 王莉：《〈春秋事语〉研究二题》，《古籍整理研究学刊》2003年第5期。
③ 罗新慧：《马王堆汉墓帛书〈春秋事语〉与〈左传〉——兼论战国时期的史学观念》，《史学史研究》2009年第4期。
④ 龙建春：《〈春秋事语〉记言论略》，《江淮论坛》2004年第2期。
⑤ 杨博：《战国楚竹书史学价值探研》，第123～124页。
⑥ 熊贤品：《论清华简七〈越公其事〉吴越争霸故事》，《东吴学术》2018年第1期。
⑦ 李守奎：《〈越公其事〉与句践灭吴的历史事实及故事流传》，《文物》2017年第6期。

善败以鉴戒"的编纂意图,显示出战国史学"资政"功能的特点。如果从更为广泛的简帛"语"类文献出发,"过去我们的印象,古代史书,'春秋'最重要,但从出土发现看,'语'的重要性更大。因为这种史书,它的'故事性'胜于'记录性',是一种'再回忆'和'再创造'。它和它所记的'事'和'语'都已拉开一定距离,思想最活跃,内容最丰富,出土发现也最多"①。尤其是清华简中为数不多的"语"类文献带有明显的历史化倾向,这就提示我们墓主更重视有依据的历史,而不是"大众之语"②。

对于出土文献的史学价值,王国维早已明确指出"古来新学问起,大都由于新发见"③。就中国史学史研究而言,出土文献,尤其是简帛史类文献,同样具有重要的推动作用。西晋时汲冢出土的《竹书纪年》,不但补充了传世文献的记载,更因其内容与儒家经典在叙述与认识上的差异,激发了人们对史学自身的反思,引起了关于经史关系、史体史例、疑古证经等一系列问题的探究,对晋唐间史学的发展带来了深刻的影响。④ 清华简《系年》等简帛史类文献的发现,为我们深入了解先秦史学面貌提供了更为丰富的实例,让我们对战国史书编纂、历史叙事、史鉴思想、史学传统等有了新的认识,既看到了战国史学的共性,也认识到战国史学的多样性,这对先秦史学研究无疑会带来更多启示与反思。可以说,这是继《竹书纪年》之后再一次激发了学界对史学自身的反思,必将推动中国古代史学史,特别是先秦史学史的深入研究。因此,对于简帛文献在史学史研究中的价值和地位,我们不能以"边角料"的态度待之,既要做减法,更要做加法,要充分认识到它们对于史学史研究的重要性和独特性。

(原载《中国史研究动态》2019 年第 5 期)

---

① 李零:《简帛古书与学术源流》,生活·读书·新知三联书店,2007 年,第 202 页。
② 李守奎:《〈越公其事〉与句践灭吴的历史事实及故事流传》,《文物》2017 年第 6 期。
③ 王国维:《最近二三十年中中国新发见之学问》,《王国维遗书》第五册《静安文集续编》,上海古籍出版社,1983 年,第 65 页。
④ 邱锋:《〈竹书纪年〉与晋唐间的史学》,《史学史研究》2013 年第 1 期。

《大学》篇"格物"本义新思

凌俊峰*

一、问题的提出与学术史回顾

《大学》篇是《礼记》中的一篇重要学术文献,它创造性地提出人的内在修为与外在功业之间的关系,被总结为"三纲领八条目",也被宋代儒学家拔高为《四书》的首篇,被认为是"初学入德之门"①的重要文献。然而由于宋代理学家的过度推崇,人们对《大学》篇的认识掺杂了太多理学的色彩。宋儒在拔高"正心、诚意、格物、致知、修身、齐家、治国、平天下"的理论体系的同时,对这一体系提出了太多的私人意见。格物学说尤其是这样,以程颐为代表的理学家认为原本《大学》中本来有关于解释格物、致知之义的内容,但是却因错简而亡佚了。出于构建新儒学系统的需要,朱熹在《四书章句集注》中大胆地将程颐的意见补入经文。他认为:

> 右传之五章,盖释格物、致知之义,而今亡矣。闲尝窃取程子之意以补之曰:所谓致知在格物者,言欲致吾之知,在即物而穷其理也。盖人心之灵莫不有知,而天下之物莫不有理,惟于理有未穷,故其知有不尽也。是以大学始教,必使学者即凡天下之物,莫不因其已知之理而益穷之,以求至乎其极。至于用力之久,而一旦豁然贯通焉,则众物之表里精粗无不到,而吾心之全体大用无不明矣。此谓物格,此谓知之至也。②

由于《四书章句集注》的深远影响,这一说法也被人们熟知。但是宋儒的私人见解不能代表先秦思想的原始形态,且这一解说过于繁复抽象,让学者不知要领,我们不能因为这个说法广为传播就不假思索地接受这个观点。我们要讨论的是《大学》篇的"格物"在先秦时的含义,而非宋明理学家叠床架屋的格物思

---

* 凌俊峰,现为北京师范大学历史学院博士研究生。
① 朱熹:《四书章句集注》,中华书局,1983年,第3页。
② 朱熹:《四书章句集注》,第7页。

想史。

在汉儒的学术体系中,格物学说远不及其在宋儒学术体系中的地位。而郑玄在注解《礼记》时,对格物的意见是这样的:"格,来也。物,犹事也。其知于善深,则来善物。其知于恶深,则来恶物。言事缘人所好来也。此致或为至。"①

汉儒与宋儒两派学者在一些问题上是有共同意见的。汉儒释"格"为"来",宋儒释"格"为"至",无论是物来就我还是我至于物,其实都指向物我关系。在认识论的角度上说,"物"与"我"的关系构成了格物的全过程,若"正心、诚意、格物、致知、修身、齐家、治国、平天下"是一个完整的体系,这一体系中就应该没有"知恶深则来恶物"的含义指向。郑玄的本意认为先秦时《大学》篇展现的认识论内涵为:对善良德行了解得深入,则能认识到善良之物,对邪恶德行了解得深入,就能认识到邪恶之物,是人受到外在事物影响,却相对忽视了人在认识外物的主动权。八条目中的其他七个,都要求培养人们的善良德行,而不培养恶的德行,这是郑玄观点颇值得质疑的地方。

除此之外,近人章太炎也提出:"汉人短名理,故经儒言道亦不如晚周精至。然其高义傥见,杂在常论中者,遂为宋明心学导师。"尽管对郑玄饱加赞扬,但是他不完全赞同郑说。他指出:"郑王于道最卓,而非本记文旨。"②原因是:"当云知至而后物格,于本记之文为因果相倒,犹惧非作者意也。"③即郑玄的体系在逻辑上把"格物"与"致知"的顺序颠倒了,这个观点也得到了毛子水的赞同。钱穆先生则认为:

> 格物,即止于至善也。为人君止于仁,为人臣止于敬,此即君与臣之至善。在未能致知以前,尚未能真知其为至善之义,则变其辞曰格物。必待知之既至,然后知万物之皆备于我,然后知亲民即我固有之明德,而止于至善之意始诚。故曰:知止而后能定、能静、能安、能虑、能得也。④

但是应当注意,钱穆先生将"格物"与"止于至善"之间直接建立联系,却直接跳过了"八条目"中其他步骤。

近世佛教高僧印光法师认为:"倘人欲之物,不能极力格除,则本有真知,绝难彻底显现,欲令真知显现,当于日用云为,常起觉照,不使一切违理情想,暂萌

---

① 吕友仁主编:《礼记正义》,上海古籍出版社,2008年,第12317页。
② 章太炎:《章太炎全集》,上海人民出版社,1985年,第五册,第63页。
③ 章太炎:《章太炎全集》,第五册,第62页。
④ 钱穆:《四书释义》,九州出版社,2011年,第300页。

于心。"①以此看,其解释"格"为"格除",认为格物为革除人欲,显示真心。而由此"格物而致知,由致知而克明明德"。以融汇儒佛的角度解释"格物",而彰显道德修养的指向,即"诚明一致,即凡成圣"。这一思路与王阳明心学颇为接近。

当代学者们也有一些思考,或力图从宋学角度思考格物概念,或阐述格物学史,成果蔚然可观,但试图从源流本义上去思考格物概念的研究,在众多的研究中只是一小部分。饶宗颐在《固庵文录》的《格物论》一文中提出:"格物者,谓成于物而动不失其正也,格物之格之训得于物,以本乎天道,循乎德性,故能如此仁民爱物,物我一间,固一致也。"②这种解释思维,亦回归到德性与"仁民爱物"的角度。

张岱年在其著作中提出:"《大学》'格物'之'格',应训为'量度之也','格物'即衡量事物的本末先后。"③又如裘锡圭,他在《说格物》一文指出郑注不合经旨。同时,他认为在战国时代,出现了"强调外在事物是知识源泉的思潮",这个时期的格物思潮,被赋予了时代新义。所以冯友兰曾经说"格物"学说为"必须和外物接触,然后才知道正确和错误",裘锡圭认为这种说法大体可信,且进一步提出(格物)"可能有强调跟事物接触的主动积极性的意思"④。

张学君发表过《〈大学〉原貌与"格物"本义考》,这篇文章认为:"(格物的本义)即尽物之性。通观《大学》全文,'格物致知'的要领在于守静。"⑤廖永安的硕士论文《原格物致知》认为:"(格物)原本侧重于人的道德修养而言,兼带有认识上的意义。"⑥王前、李贤中在《"格物致知"新解》中提出"通过使某种事物处于适当位置上,以获得有关事物的本质和规律性的知识"⑦。

二、述评与新思

一方面,与宋以后的格物思想相比,先秦时期格物思想尚不具有一定的系统性,学者们对仍处于萌芽状态的它自不会有太多兴趣。另一方面,思想材料与理论深度的有限也制约了研究工作的进行。在"格物学史"大热的背后是"早期格物思想"乏人问津的无奈。上述研究固然都是有意义的探索,但在一些具体的认

---

① 印光法师:《印光法师文钞二》,巴蜀书社,2015年,第33页。
② 饶宗颐:《固庵文录》,辽宁教育出版社,2000年,第197页。
③ 张岱年:《中国古典哲学概念范畴要论》,中华书局,2017年,第280页。
④ 裘锡圭:《裘锡圭学术文集》,第五卷,复旦大学出版社,2012年,第319页。冯友兰观点亦见此。
⑤ 张学君:《〈大学〉原貌与"格物"本义考》,《江汉大学学报(人文科学版)》2010年第2期。
⑥ 廖永安:《原格物致知》,湖南师范大学硕士学位论文,2011年,第1页。
⑦ 王前、李贤中:《"格物致知"新解》,《文史哲》2014年第6期。

识上,笔者却有一些新的想法。

朱翔飞曾发表过《〈大学〉"格物"解平议》一文,对许多说法都提出了一些个人意见,惜乎破而不立,没有折中诸说,有所发明。但是该文提出"以本经证本经,严格遵循文本"①的治学经验与思考路径,这个意见相当可贵。如果我们没有"本经"来探索格物本义的话,那么就应该找相近学者的意见作为佐证或推断的依据。

为了认识这篇文献的重要思想命题,首先,应该了解该文献的成型年代与作者。而这一问题古今学者业已多有探讨,如朱熹就提出过:"子程子曰:《大学》,孔氏之遗书,而初学入德之门也。右经一章,盖孔子之言,而曾子述之。其传十章,则曾子之意而门人记之也。"②此说影响甚广。当然,这个说法也有许多学者进行过质疑。近代对这个问题加以探索的学者众多,其中又以劳榦与钱穆最为代表。劳榦认为:"《论语》仁义分别言之,而时以礼代义,而《大学》《孟子》皆并言仁义,故《大学》实远于《论语》,而近于《孟子》,《孟子》深明仁义之辨,开宗明义答梁惠王之言即开始发挥,而全书几无不承此以为关键",《大学》"国不以利为利,以义为利"的结论,实为"孟子之教"。而《大学》是性善论,故晚于孟子。③ 现代有部分学者也提出一些新意见,如梁涛先生《〈大学〉早出新证》提出:"近代以来认为《大学》晚出的各种理由均不能成立,《大学》应成于曾子或其弟子之手。通过与帛书《五行》经、传的对比,认为传统分《大学》为经、传两个部分不能成立,《大学》应为独立的一篇。程颢修订的《大学》最接近原貌。"④贾艳红、姜亦刚《〈大学〉的著述时代考》提出:"《大学》的著述时代当在战国末至秦初。这可以从《礼记》所据之'记'的时间,《大学》被秦火壁藏的特征,《学记》的成书年代,引用《尚书》等几方面得以证明。"⑤胡治洪《论〈大学〉的作者时代与思想承传》认为:"《大学》为特重德性德行亦即内圣外王之道的曾子学派的作品,其文本完成于战国中前期至西汉初期二三百年间。"⑥

学者们众说纷纭的观点,充实了对《大学》篇的认识,但是以目前的资料,想要从中得到一个确定的答案,可以说是徒劳无功。我们只能跳出这个不能取得定论的问题,尽可能用《大学》的思想线索为我们的研究服务。从这个角度上看,罗新慧指出:"《大学》一篇是由曾子创建其理论框架,而由曾子一系的儒家弟子

---

① 朱翔飞:《〈大学〉"格物"解平议》,《孔子研究》2003 年 1 月。
② 朱熹:《四书章句集注》,第 3~4 页。
③ 劳榦:《〈大学〉出于孟学说》,郑良树编著:《续伪书通考》,台湾学生书局,1984 年,第 874 页。
④ 梁涛:《〈大学〉早出新证》,《中国哲学史》2000 年第 3 期。
⑤ 贾艳红、姜亦刚:《〈大学〉的著述时代考》,《山东师范大学学报(社会科学版)》1998 年第 3 期。
⑥ 胡治洪:《论〈大学〉的作者时代及思想承传》,《陕西师范大学学报(哲学社会科学版)》2008 年第 5 期。

进行补充而成的。"①这是抓到了问题关键的。而本文拟讨论之主题,正得益于这样的总结才得以开展。

既然《大学》篇的学术基础是由曾子奠定的,那曾子在个人的著作中是否会对"格物"提出一些见解呢？我们知道,曾子的思想在《论语》《礼记》与《大戴礼记》"曾子十篇"中都可见,但遍观这些文献,我们发现,曾子学说中充满了内在心性修养和讨论礼制的内容,却无对外认识论的材料。这一情况的出现也是相当可惜的。若"格物"这一重要命题真的是由曾子本人总结、发展并最终在《大学》篇中明确提出的,那么在他的个人著作中,竟无一语涉及此,这是不符合常理的。且曾子在孔子弟子之中,性格内向保守、对师说默识心传,较少提出个人意见,在其后又将自己的学说传授给子思,开创了"七十子时期"极重要的一脉学统,那在"孔子—曾子—子思"这一脉学术传统中寻找"格物"学说之真意则成了唯一的思考方式。既然从现存材料中我们没有发现曾子对这个学说的系统解释,那我们上溯孔子,下寻思、孟,说不定也可以找到一些线索。

三、"格物"与"尽物之性"的逻辑关系

孔子去世之后,儒家学派逐渐发生了分裂与演化。大要言之,大约是两个路径,即曾子、子思以降的"传道"系统和子夏的"传经"系统。可以说这两个大的学术流派彼此之间存在着师法传承的对立,又在一定程度上相互借鉴。这种矛盾关系影响到了中国古代学术思想史上的"经今古文之争""汉宋之争"等重大命题,其宏旨非本文所能囊括,然而其都以述先圣之言的方式继承与发展了孔子的思想,并都认为自己最得孔学之精义。

曾子—子思—孟子,被后人逐渐认为是"道统"。曾子是孔子晚年最得意的弟子,将孔子的学术观点"默识心传",进行总结并予以升华。以曾子专门向孔子求学的经历来看,他是跟着孔子亦步亦趋,并以自己的个性、学术兴趣为基点逐渐建立一个围绕着孔子,并有所创新的学术体系。后学只能站在孔子的立场上,替孔子总结符合儒家义理的学说。曾子以后的子思,更是承接自己老师的学术路径,并直接上承祖父孔子的遗义,想要表达一个承接与创新孔子思想的新系统。故子思在其口授心传的《中庸》篇中,他提出:

> 唯天下至诚,为能尽其性;能尽其性,则能尽人之性;能尽人之性,则能尽物之性;能尽物之性,则可以赞天地之化育;可以赞天地之化育,则可以与

---

① 罗新慧:《曾子与〈大学〉》,《济南大学学报》1999年第9卷第6期。

天地参矣。①

此为《中庸》第二十二章。"诚",一般有两说。朱熹谓"诚"为"真实无妄"②,这是受到佛老二教影响后的说法,而《中庸》的内证为"诚者自成也"③,二说皆深刻可立,且能够相互参证发明。这条材料指出,一个人只有真实无妄地反躬自省,才能让自己的人格走向完成,将其天赋之性发挥到极致;将其天赋之性发挥到极致之时,才能穷尽天下万物之性;能穷尽天下万物之性,则可以赞助天地之化育,并与天地并列为三(或参于天地)。在人格修为走向完成之时,便可穷尽天下万物之性,这是一种由内而外的认识观。而张学君的《〈大学〉原貌与"格物"本义考》一文在这个问题上的看法是与笔者一致的。

为什么说这种认识与《大学》的体系是相似的呢?我们通过分析三纲领八条目,可以得知:格物是获取知识、完善道德的手段,而《中庸》则反向地指出:知识的获得、德性的完善可以让人们穷尽万物之性。假如在"尽(人)性"的功夫上做得不到位,则不能尽万物之性,这两个概念恰好互相是彼此的充分必要条件。我们可以得出这样的结论:"格物"可以"致知","致知"可以"修身",而实现了"修身"的人,对万物之性也是通达的。

然而,一方面,"尽物之性"在《中庸》中只出现一次,在证据上仍显不足;另一方面,《中庸》的作者在谈到这个重要认识论问题的时候,也没有做适当的解释。比起孔子的学说,子思、曾子的理论缺少了"活泼泼的"内容与诠释,呈现一种单纯哲思与内省的倾向,而这正是孔子殁后传道派学术发展的大势。考虑到子思师承曾子,这两位学者在观点上接近是情理之中的。但另一点,"尽物之性"也是一个颇为抽象的话题,其内涵与外延值得我们思考,将其与"格物"直接画上等号,也有草率之嫌。

何为"尽物之性"?《说文解字》释"性":"人之阳气性善者也。"④从此处看似不能索解。段玉裁注:"《论语》曰:性相近也。《孟子》曰:人性之善也,犹水之就下也。董仲舒曰:性者,生之质也。质朴之谓性。"⑤在这个语境下,董说可从,其余说法都难免有比喻论证的成分,兹不取。由此可知,"尽物之性"为竭尽全力了解外物的特质,这正是其与"格物"可以找到共同点的地方,但究竟是认识物的哪一方面特质,这些材料仍显得不够。

---

① 朱熹:《四书章句集注》,第32页。
② 朱熹:《四书章句集注》,第31页。
③ 朱熹:《四书章句集注》,第33页。
④ 许慎:《说文解字》,中华书局,2020年,第337页。
⑤ 段玉裁:《说文解字注》,中华书局,2013年,第506页。

四、体会德义：格物学说的萌芽形态与特点

正如前面所说，曾子、子思的思想过于抽象，缺少例证，我们只能上溯到他们想要代表的孔子。在儒家学派内部寻找一些认识论的内容，试图充实我们的认识。孔子作为儒家宗师，他的言论被系统地记录与整理在《论语》中，且都是在认识具体事物中的生动例证，我们可以总结相关材料如下：

> 子曰：为政以德，譬如北辰，居其所而众星共之。①
> 子谓仲弓曰："犁牛之子骍且角，虽欲勿用，山川其舍诸？"②
> 子曰："知者乐水，仁者乐山。知者动，仁者静。知者乐，仁者寿。"③
> 子曰："岁寒，然后知松柏之后凋也。"④

如上述材料，足以让我们看到孔子在认识外物上的独特眼光。在观察外物上，他并不重视其客观性状，如北极星之灿烂、山川之秀美等，而重视从外物之处体会一种德性精神。真正为孔子所关注的，正是北极星的正中、山的厚重、水的灵动等价值。这些价值恰恰是和人格修为相结合的，是物的特性在人的德性上的一种比附，更是一种德性修养的指导。

孔子究竟是如何从物的客观性上体验出主观德性的呢？这个问题仍然需要我们加以理论上的思考。

事物只有在其与其他事物的比较中，方能见其本质。孔子认识外物，似未将事物并列举出，但是其背后概莫能外，也延续了这种思维模式。我们且看这样的一个例子：子曰："岁寒，然后知松柏之后凋也。"⑤孔子此句话甚简明，然若想深入分析这句话背后的外物认识思想，当首先将其扩充至如下的样子：天气寒冷，才知道松柏是后凋谢的，而其他树木都先它们而凋谢。君子也应当像松柏一样耐得住困苦的环境，忍受住折磨却不变初心，傲骨挺立，不能像一般人一样意志不坚，随波逐流。

从此可知孔子在这句话中的思维模式。第一步，在松柏与其他树木的比较中，发现其"后凋"之特点；第二步，将这一特点与人的道德修为比附，实现由物特

---

① 杨伯峻：《论语译注·为政篇第二》，中华书局，1980年，第11页。
② 杨伯峻：《论语译注·雍也篇第六》，第57页。
③ 杨伯峻：《论语译注·雍也篇第六》，第62页。
④ 杨伯峻：《论语译注·子罕篇第九》，第95页。
⑤ 杨伯峻：《论语译注·子罕篇第九》，第95页。

点的不同跨越到不同的人某方面德性特点的不同,即君子像松柏一样具有"后凋"之德性特点。第三步,由于君子大人与常人德性在该方面特点的不同,指出君子要像松柏一样坚强。通过这三步的跨越,客观之物已然成了德性之物,成了砥砺个体德行的一种手段。另有证据见于《礼记·聘义》:

> 子贡问于孔子曰:"敢问君子贵玉而贱碈者何也?为玉之寡而碈之多与?"孔子曰:"非为碈之多故贱之也,玉之寡故贵之也。夫昔者,君子比德于玉焉:温润而泽,仁也;缜密以栗,知也;廉而不刿,义也;垂之如队,礼也;叩之,其声清越以长,其终诎然,乐也;瑕不掩瑜,瑜不掩瑕,忠也;孚尹旁达,信也。气如白虹,天也;精神见于山川,地也。圭璋特达,德也。天下莫不贵者,道也。《诗》云:'言念君子,温其如玉。'故君子贵之也。"①

这段材料在《荀子》《孔子家语》等文献中也多次出现,可以说得到了儒家学者的认同与传播。材料中所说的"比德于玉",是一个抽象原则。在具体的认识上,又以玉的多方面本质,抽象出主观德性的本质,比如,玉与碈比起来,显得温润而泽,这是它的特点;由此进行抽象的比附,君子与小人相比,也应该有温润而泽的特点,故以此特点回到主观个体,为个体提供进德修业的指导方向,也就是"温润而泽"。这正与前面所说孔子的外物认识逻辑完全相同。

如此,则可以由外物认识上实现致知进德,这正是"格物"思想的早期形态与背后的思维逻辑,经曾子、子思等后儒总结发展,成为"尽物之性"或"格物致知",也唯有这样的思维模式,才能实现"修身""正心""诚意","致知在格物""唯天下之至诚,为能尽其性,能尽其性则能尽物之性,能尽物之性则能赞天地之化育"的正反向跨越。故格物思想的要领不在道家式的守静与虚无,而是在动中活泼泼地把握外物的德义,这是笔者观点中不同于张学君的地方。

五、总结与反思

如上所见,早期的外物认识思想是充满着道德理性精神的。以上述思想家为代表的知识分子,在认识外物时,不注重探究其科学性,而重视阐发道德性,其最终目的也落实在人格完善上。而这个传统,恰恰是深刻影响到中国人思维方式的。在中国文学的历史上,借物喻情成了重要的表达方式。文学家在创作时,对自然界的外物加以描写、歌颂,借此阐发德义,砥砺道德,成为文学作品中的重

---

① 李学勤主编,郑玄注,孔颖达疏:《礼记正义》,北京大学出版社,1999 年,第 1669~1670 页。

要一隅,这一思想对中国人潜移默化的作用是使德育与美育合流在一起,道德教育可以不是空洞的教条宣教,而是美的教育、诗性的教育。从这个角度上说,孔子深得其精髓。他主张的诗教,在"起兴"之中就表达了借物喻情的因素,从而有了活泼泼的生命力。在充分肯定情欲基础上铺垫开来的儒家学说,自然也带有了人文主义色彩,这种精神难以用定义加以阐释与言说,而深入《诗经》以降的中国文学作品中却可以体会。而理学家将格物指向孝慈等人伦实践活动,阳明心学认为其为"致吾心之良知于事事物物也"①,那则是程朱理学、阳明心学特有的学术体系,本文不涉及对此的讨论;胡适将"格物致知"比附于科学,认为那是"大胆假设、小心求证"的实证方法,则更没有把握到这种精神内核,是一种新背景下的阐释,对当代人们认识"格物"也产生了极其巨大的影响。

《大学》的"三纲领八条目",借助外物认识论,上升到民本思想与保持社会稳定的基本原则,归结于政权的合法性与统治的稳定性问题,要求统治者修身立德、敬天保民。它并不涉及宗教与彼岸世界,而通过呼吁人与人之间的相互同情与尊重、宣扬仁爱的精神,从人类社会内部寻找社会秩序得以稳定的根据,参与构建了中国文化赖以建立的根基。②

(原载《中国传统文化研究》2021 年第 2 期)

---

① 王守仁:《王阳明全集》上册,上海古籍出版社,1992 年,第 45 页。
② 蒋重跃:《〈大学〉思想体系的中国特质——基于元典和古代诠释传统的本体论透视》,《南京大学学报(哲学·人文科学·社会科学)》2017 年第 5 期。

论秦汉相权之变迁

李新城[*]

在中国封建主义中央集权政体下,皇权自然是至高无上的,而相权则是仅次于皇权的重要权力形式。相权与皇权之间有着既互相依存又互相对立的复杂关系。一方面,皇权需要相权的辅佐和支持,只有这样,才能保证国家机器的正常运行;另一方面,相权又是对皇权的一个潜在的威胁,往往遭到猜忌和压制。随着中国封建中央集权制的发展和皇权专制制度的完善,相权逐渐被分割分散,并变得对皇权的依赖性越来越大。

目前,学术界在研究秦汉时期相权变化时,多局限于皇权与相权的冲突,而对当时的政治局势和统治指导思想因素却有所忽略。本文拟按时间顺序,结合各时期的政治局势和统治指导思想来说明秦汉时期相权由集中到分散、由一人到多人的变化轨迹。

一、秦和汉初

自秦始皇至西汉孝景帝时期相权由丞相独立拥有,权力很大,有很强的独立性。"相国、丞相,皆秦官,金印紫绶,掌丞天子助理万机。"[①]在这一时期,中央设丞相一职总行相权。丞相地位显赫,职责无所不包。白寿彝先生主编的《中国通史》第四卷在论及秦汉时期相权时将其归纳为五点。

[1] 丞相有选用官吏之权。丞相有权任命四百石以下的中都官和郡国官,对六百石至二千石的高级官员的任用,其荐举权力也很大。

[2] 丞相有诛讨百官与执行诛讨之权。"丞相典天下诛讨赐夺,吏劳职烦,故吏众。"[②]

[3] 丞相有主管郡国上计及考课之权。丞相主管郡国上计与考课,并根据官吏治绩的好坏奏行赏罚。丞相府也是京畿各郡的上诉机关。

---

[*] 李新城,现为华东师范大学助理研究员。
① 班固:《汉书》卷一九《百官公卿表》,中华书局,1962年。
② 孙星衍:《汉官六种》,中华书局,1990年。

[4] 丞相有总领百官朝议与奏事之权。秦至西汉,凡遇重大事件,皇帝常召集百官朝议,或者群臣上议,谓之集议,由丞相主持。集议结果由丞相领衔奏事,皇帝裁决。

[5] 丞相有封驳与诤谏之权。丞相对于皇帝的诏令有不符合法律、制度的,有封驳诤谏之权。有时皇帝不听谏阻或议不行,便是丞相的过失,丞相就要向皇帝申请辞职,甚至被免职。丞相甚至有代行天子事之职。"建元中,丞相(卫绾)以景帝病时诸官囚多坐不辜者,而君不任职,免之。"颜师古注曰:"天子不亲政,则丞相当理之,而绾不申其冤。"①

这一时期相权的独立性和集中性是由当时的形势所决定的。首先,自秦至汉初,宰相制度处于草创阶段,秦始皇统一六国后,一直忙于北逐匈奴,南服蛮夷,巡视全国,未来得及对宰相制度进行规范和完善便短命而亡。西汉王朝建立在长期战乱之后,经济凋敝,民不聊生。于是,他们的主要精力放在安辑流民,恢复生产,重建被破坏的封建经济秩序上,政治上"汉承秦制",变动不大。其次,汉初陆续为相者都是曾经跟随刘邦出生入死而且已经封侯的开国元勋,有着丰富的政治、军事经验,对新王朝的稳定起着重要的作用,身份比较特殊。最后,从秦至汉初,统治阶级的主导思想发生了较大的变化。秦王朝用武力统一六国,又欲迅速树立威信,巩固统治,唯有任用严刑猛政,纯任法家。但秦王朝法令愈滋而乱愈作,结果是国运不长,短命而亡。西汉统治者吸取秦亡的教训,面对立国之初的现实情况,采用黄老思想作为统治主导思想,借以恢复经济,稳定社会秩序,除长期战乱之弊。加之当时维护刘氏汉家,处理异姓王等问题也多赖功臣之力,所以在相权问题上也就没有什么太大的变动。秦至汉初,尤其是汉初,丞相受到极大的尊重。丞相参与国事大政方针的制定,皇帝甚至还亲自到丞相府与之议政。史载:"丞相旧位在长安时,有四出门,随时听事……每国有大议,天子车驾亲幸其殿。"②"汉典旧事,丞相有请,靡有不听……王者待之以殊礼。在舆为下,御坐为起,入则参对而议政事,出则监察而董是非……"③

但是从一开始,皇帝就对相权心存顾虑,时刻提防任何可能的威胁,努力使相权仅处于从属地位。秦始皇时已经以设左、右丞相和御史大夫的方式对相权进行分散和制衡。皇帝还亲揽政务,独断一切大小事情,使丞相和百官仅处于执行皇帝意志的地位。秦始皇躬亲政务,"至以衡石量书,日夜有呈,不中呈,不得休息",这样做的结果是"天下之事无大小皆决于上","丞相诸大臣皆受成事,倚

---

① 班固:《汉书》卷四六《卫绾传》。
② 孙星衍:《汉官六种》。
③ 孙星衍:《汉官六种》。

辨于上"①。不仅如此,皇帝还对丞相的一举一动都十分敏感,唯恐对自己至高无上的地位造成威胁。如"始皇帝幸梁山宫,从山上见丞相车骑众,弗善也"②。又秦二世时,赵高为打击李斯的势力,便向二世进谗说:"且丞相居外,权重于陛下","二世以为然,欲案丞相。"③连对刘邦一片忠心,而且还知道多所自抑,"素恭谨"的萧何也未逃脱被猜忌的命运,甚至被刘邦"下廷尉,械系之"。当有人问及这事时,刘邦道出了个中缘由"吾闻李斯相秦皇帝,有善归主,有恶自予。今相国多受贾竖金,为请吾苑,以自媚于民,故系治之"④。

这时期相权的集中性和独立性也是显而易见的,可相权的这样一种情况却是与皇权专制制度相抵触的。随着政治局势的稳定和封建专制制度的发展,如此集中的相权必然要被分散和转移,皇权必定要加强对它的控制。这种显著的变化是从孝武帝时开始的。

二、武昭宣时期

武昭宣时期是西汉王朝的全盛时期,各项制度趋于完善,国威远扬。相权在这时开始被分散并逐渐向内朝官手中转移。这也预示着相权以后变化的趋势。

相权很大,集中在离皇帝较远的外朝官丞相手中的现实与皇帝想加强自身权力,经常在内廷处理事务的愿望发生了矛盾,于是,经常在皇帝身边的中朝官便派上了用场。汉武帝时期,中朝官尚书异军突起,侵夺了很大一部分原属于丞相的权力。这也是相权由外朝向内朝转移的开始。

尚书,从名义上讲,只是少府的下属机构,负责接收和起草文件。但事实上,由于他们可以比较自由地接近皇帝,皇帝也觉得这些人较外朝官易于控制,于是,皇帝就逐渐有意识或无意识地把一些原本应交给外朝丞相的事情交给身边的尚书去做,而且下意识地把尚书等内朝官引以为自己人,觉得他们更可靠一些。就这样,尚书等内朝官的实际地位很快就超过了外朝官,包括外朝官的首领丞相。尚书职权的加强和随之而来的"领尚书事"的出现,都标志着身为外朝官首领的丞相的权力的缩小和相权的被分散和向皇权靠拢。与汉初相比,这时候的情况是"用人行政,领尚书者定于禁中,丞相奉行而已,权遂归尚书","大臣有罪,则尚书劾之;天子责问大臣,则尚书受辞;选第中二千石,则使尚书定其高下;

---

① 司马迁:《史记》卷六《秦始皇本纪》,中华书局,1959年。
② 司马迁:《史记》卷六《秦始皇本纪》。
③ 司马迁:《史记》卷八七《李斯列传》。
④ 班固:《汉书》卷三九《萧何传》。

吏追捕有功,则上名尚书因录用之;刺史奏事京师,则见尚书"①。汉初那种相权集中于丞相一人之手的情况一去不复返了。相权中能体现其独立性的决策权、选官权和劾案百官权都已经由丞相手中转移到了内朝官尚书手中,进而集中于皇帝手中。从此,以丞相为首的外朝官差不多只有执行诏令的份了。

到汉武帝的时候,国初的功臣集团已渐渐地自然消亡,功臣集团的影响也随之消失,皇帝终于可以完全按照自己的意志行事了。从汉武帝开始,改变了汉初先封侯后拜相的惯例。"先是,汉常以列侯为丞相,唯弘无爵。上于是下诏曰:'……封丞相弘为平津侯。'其后以为故事,至丞相封,自弘始也。"②这样就使为相者无阀阅可骄而感帝之恩宠,成为皇帝意志的执行者。不仅如此,皇帝在委政权臣亲信之外,还大力加大御史大夫的监察权力。丞相在这时的处境已经不怎么样了。石庆为丞相时,"事不关决于庆,庆醇谨而已。在位九岁,无能有所匡言"③。

这时期外戚集团凭借着皇帝的宠幸在王朝政治中起着越来越大的作用。汉武帝末,以"大将军光秉政,领尚书事,车骑将军金日䃅、左将军上官桀副焉"④。而这时的丞相车千秋则被排除在辅政大臣行列之外。霍光是外戚出身,在几乎整个昭帝时期独揽朝中大权。当时丞相已经显得很无奈,"时大将军光秉政,议者或言光置宰相不选贤,苟用可颛制者"⑤。连废昌邑王刘贺这样的大事,也是等事情决定好之后才通知丞相杨敞的。杨敞始则惊惧不知所措,随即便唯光命是从,领衔上奏。丞相领衔上奏的虚权尚在,面子上还算过得去。应该讲,霍光只是借皇权之名行独断之实而已。但霍光以外戚身份独揽大权,架空了皇帝,皇帝必然要借助其他势力来重立威信,这就为西汉以后的政局演变埋下了伏笔。

宣帝即位初,霍氏家族的霍山仍领尚书事,权势遮天,引起了宣帝的不满。宣帝为改变君弱臣强的局面,撇开霍山控制的尚书机构,转任同在内朝的中书,这样就出现了霍山所讲的"后上书者益黠,尽奏封事,辄下中书令出取之,不关尚书,益不信人"⑥的情况。宣帝在消灭了霍氏之后,曾经对中央权力归属问题做过一些调整。例如,宣帝躬亲政务,任用像张安世和魏相这样的贤臣,丞相的权力有所恢复,但好景不长,宣帝为了确保自己的权力,重蹈任用外戚的老路,外朝官员毕竟不如自己家人那么值得信赖。从此,西汉的政治舞台上便一直活跃着

---

① 王光祥:《略论我国封建专制体制下的相权及其形式演变》,《北京大学研究生学刊》1991年第2期。
② 班固:《汉书》卷五八《公孙弘传》。
③ 班固:《汉书》卷四六《万石传》。
④ 班固:《汉书》卷七《昭帝纪》。
⑤ 班固:《汉书》卷六六《蔡义传》。
⑥ 班固:《汉书》卷六八《霍光传》。

外戚们的身影,直到外戚王氏取汉而代之。这是武帝和宣帝所始料不及的。

这一阶段的变化也是和当时的具体情况相适应的。正如吕思勉先生在其所著的《秦汉史》中所讲的那样:抚循失职之民,翦灭功臣,辑和外国,削弱同姓王,皆所以使秩序不乱,民遂其生者也。然仅能维持现状而已,自晚周以来,众共谓当改正之事,未之能改也。此乃天下初定,有所未皇云尔,固非谓其不当改。治安既久,不复乐以故步自封,终必有起而正之者,则汉武帝其人也。汉武帝即位于文景之治之后,所面临的复杂情况远非黄老思想的俭约无为所能应付的,必须要有所更正以适应已经改变的形势。于是汉武帝逐渐改变汉初不尚兴作、清静无为的黄老思想,在以往诸帝的基础上加以发展,形成适应其多所设施、兴造功业需要的一系列政策,其中包括加强皇帝与中央权力和改黄老政策为崇法尊儒,法儒并用。在已经改变了的形势和统治主导思想的共同影响之下,汉武帝开始加强对相权的控制,表现就是内朝官的兴起,内朝官侵夺了许多原属于丞相的相权。原来无所不统的丞相日益向单纯的政令执行机关演变。这时期,丞相在名义上还是百官之首,还有显赫的声望。在以后的时间里,丞相的官爵品级也被降低,连名义上的百官之长也难以维持。

三、元成哀平时期

从元帝开始,西汉王朝逐渐走向衰落,这时期最为显著的特点就是外戚势力活跃在政治舞台上,与皇室争权并最终取而代之。中央政府设立了仿古制的三公官,外朝的丞相被一分为三;内朝尚书机构职权继续扩大并开始涉足一般的行政事务,相权进一步向皇权靠拢。

汉元帝被称为"柔仁好儒",不顾汉宣帝的劝诫,改变了"霸王道杂用之"的"汉家自有制度","纯任德教",选用被汉宣帝称之为"不达时宜,好是古非今,使人眩于名实,不知所守"的儒生,"委之以政",结果却是"孝宣之业衰焉"[1]。

从成帝开始,汉中央官制有了很大的变动。首先是仿古制的"三公官"的设置。成帝时,何武建言,"今末俗之弊,政事繁多,宰相之才不能及古,而丞相独兼三公之事,所以久废而不治。宜建三公官,定卿大夫之任,分职授政,以考功效"[2]。不久,即绥和元年,成帝就"赐曲阳侯根大司马印绶,置官属,罢骠骑将军官,以御史大夫何武为大司空,封列侯,皆增奉如丞相,以备三公官焉"[3]。不久,

---

[1] 班固:《汉书》卷九《元帝纪》。
[2] 班固:《汉书》卷八三《朱博传》。
[3] 班固:《汉书》卷八三《朱博传》。

丞相连原来那种在百官中的至尊地位也丢掉了。哀帝元寿二年，丞相"更名大司徒""复赐大司马印绶，置官属，去将军，位在司徒上"①。外朝设大司徒、大司马、大司空，原来由丞相掌握的那部分相权被一分为三，互不统属，互相制衡。皇帝又把这些集中起来的权力交给内朝官尚书，使尚书的权力继续扩大。这时，尚书除了令和仆射之外，又分曹理事，扩大了规模。而且几乎和外朝政府机构设置对口管理机关，开以后三省六部制的先河。《汉书》卷一〇《成帝纪》中颜师古注引《汉旧仪》讲"尚书四人为四曹，常侍尚书主丞相御史事；二千石尚书主刺史二千石事；户曹尚书主庶人上书事；主客尚书主外国事。成帝置五人，有三公曹，主断狱事"。

西汉后期由于外戚势力在政治舞台上的活跃和皇帝成为外戚争权夺利的工具，尚书机构名义上集中了权力，但由于皇帝被控制在外戚手中，他们也难以发挥应有的作用，仅成了一个办事机构，起着一种上传下达的作用。真正的实权掌握在外戚手中。其中最典型的便是外戚王氏。王根、王凤、王商、王莽相继掌握实权。有些皇帝虽欲有所作为，却都是心有余而力不足，以失败而告终。如哀帝"睹孝成世禄去王室，权柄外移，是故临朝屡诛大臣，欲强主威，以则武宣"，却得到"享国不久"②的命运。而这时的外戚王莽却不断地由"新都侯、大司马、领尚书事"进位为"安汉公""假皇帝"，最终取代炎刘，建立了王家的新朝。外戚乱政，权臣窃命，从而导致改朝换代的现实不仅给身为外戚的王莽，也给中兴汉家的刘秀留下了极为深刻的印象，并且深深地影响着以后政局的变动。

不管是三公官的设立还是王莽的篡汉，都与儒学的发展有着紧密的联系。儒学在汉武帝时代虽经董仲舒的改造被定于一尊，但在武昭宣时代，仍是法儒并用，外儒内法，仍然是像汉宣帝所讲的那样"汉家自有制度，本以霸王道杂用之"，并非"纯任德教，用周政"③。但是元成哀平时期，许多皇帝和大臣都出身儒门，信奉儒家所推崇的三代政治，尤其是周代的政治制度被视为最完美的政治模式。所以才有了在久废不治的时候，要用周代的三公官来取代丞相，隐含的意思就是现在的久废不治是由于没有采用周代的政治制度所造成的。王莽篡汉也从这种社会思潮中获益不浅。出身儒门的皇帝大臣在精神信仰的鼓动下，试图在现实政治中实行那种理想的政治制度，王莽也是推行周政最坚决的人之一，而且在取代汉朝之后，完全按照周制设计自己的新朝，真可谓是儒家理想政治制度一次大实践。可结果却是天下大乱，令人大失所望。这似乎印证了宣帝对元帝所讲的

---

① 班固：《汉书》卷一一《哀帝纪》。
② 班固：《汉书》卷一一《哀帝纪》。
③ 班固：《汉书》卷九《元帝纪》。

那句话"乱我家者,太子也"。

四、东汉前期

东汉前期是指光武帝和孝明帝统治时期。光武帝鉴于西汉之弊,在中央设置三公官,有位而无权;又改变西汉以功臣为相的做法,在内朝设立尚书台,有权而位卑,自己总揽大权,"而功臣不用"。光武帝还大力打击外戚的势力,并且御下极严,"以吏事责三公",甚至自己选官。这样,皇权得到极大的加强,大有合相权于皇权之势。但皇权过强也使相权无法发挥应有的匡扶之责,皇权被窃取的可能性就非常大,这就给东汉以后政局的发展带来了不利的影响。也就是说,光武帝在吸取西汉灭亡教训的时候,矫枉过正了,过犹不及。

《东观汉记·显宗孝明帝纪》中记载:"初,世祖闵伤前世权臣太盛,外戚预政,上浊明主,下危臣子。汉家中兴,唯宣帝取法。至于建武,朝无权臣,外族阴、郭之家不过九卿,亲属势位,不能及许、史、王氏之半。至于永平,后妃外家贵者,裁家一人备列将校尉,在兵马官,充奉宿卫,阘门而已无封侯预朝政者。"又如"建武元年,拜御史中丞。光武特诏御史中丞与司隶校尉、尚书令会同并专席而坐。故京师号曰'三独坐'"①。光武帝在战争中夺取天下,"知天下疲耗,思乐息肩",开始以"柔道"治天下。光武帝继续采用汉武帝重用内朝官员的办法,扩大尚书机构,正式成立尚书台,加重尚书职权。在给予功臣和外戚物质上的优待的同时,防范他们干预朝政。东汉的中央权力主要集中在扩大了的尚书台,他们控制了如召辟官吏、劾案考课大臣、搜捕诛伐等大权,甚至连典章制度中例行的事他们也有权做出改变和更正。凡是有国家机密大事,都由皇帝和尚书商议决定,徒有宰相虚名的三公根本无权参与。直接代表皇帝意志的尚书台成为凌驾于三公之上、附属于皇权的决策机构。这时的尚书台下设六曹分职理事:三公曹主地方官的考察;吏曹主官员的任用;民曹主修缮营建;二千石曹主刑法;南、北主客曹主少数民族事务。这样,尚书台掌管了民政、吏治、司法等各种政治事务,成为事实上的相权拥有者,真可谓是"众务悉归尚书,三公但受成而已"②。尚书台的首领"录尚书事"也同时由几个人担当,进行分权制衡,防止有人专权。

在外朝,光武帝沿袭西汉旧制并略加变通继续设置三公官:太尉、司徒、司空。三公名义上皆为宰相,分别负责一些事务,在国家有事时,有权共争之。可实际上,三公有位而无权,很难有所作为。皇帝对三公毫不客气地大加贬抑。

---

① 范晔:《后汉书》卷二七《宣秉传》,中华书局,1965年。
② 杜佑:《通典》卷一一《职官四》,中华书局,1988年。

"光武、明帝躬好吏事,亦以课覆三公,其人或失而其礼稍薄,至有诛斥诘辱之累。任职责过,一至于此。"①不仅如此,在谶纬迷信盛行的东汉,三公还经常因为天有灾异而被责贬。三公的这种"任之轻而责之重"的日子确实不好过,他们但求避祸,不敢有任何造次,甚至连汉初仅有的几位可以参与决策的开国元勋之一李通也"为大司空,性谦恭,常避权势,谢病不视事"②,其他的人就更不用说了。

总之,东汉初期在内朝设尚书台,外朝分设三公,确实起到了加强皇权的作用,成功地解决了西汉后期"权臣太盛,外戚干政"的问题。然而相权的这种变化也潜伏着极大的危机:皇权和相权本来是互相依赖的关系,不可过于偏废,否则就会使国家机器无法正常运行,使相权难以发挥其应有的辅弼作用。在东汉后期皇朝衰落的时候,皇权的过于强大和相权的过于依附于皇权,使三公面对外戚和宦官轮流挟主专政的局面束手无策,难以有所匡扶,这是光武帝和汉明帝所始料不及的。东汉一代外戚、宦官之祸之惨烈,与相权的过于微弱有着极大的关系。

五、东汉中后期

东汉中后期上起于汉章帝,下迄于汉献帝之禅位、曹魏之代兴。这时期皇帝多为外戚和宦官所立,双方轮流挟主执政,朝廷纲纪大乱。官僚士大夫阶层对相权的过于微弱和相权在外戚宦官乱政面前的无能为力的状况大为不满,并且思考建立一种正常的君相关系,以保证国家机器的正常运行。他们在对光武帝的过分压抑相权进行反思之后,纷纷强调要尊崇重用三公,恢复秦和西汉初丞相独掌相权的独相制,恢复正常的政治秩序。

汉章帝时期是一个过渡时期。汉和帝时已经是朝纲不振,外戚开始登上政治舞台。接下来的诸帝多被操纵在外戚和宦官手中,即使想有所作为,也是迫于形势,心有余而力不足。这时候,内外朝官的界线开始变得模糊,三公中也有兼领录尚书事,参录尚书事者,但这时他们即使有了冢宰之名,也由于朝中大权都集中于外戚和宦官手中,争权努力都以失败告终。这就更引起人们对现实的不满,要求改变的呼声越来越高。

外戚、宦官轮流执政是这时期的最大特色。外戚多充任侍中、大将军等内朝官,侍中有权审查尚书奏事,能够和尚书等官员一样秉持朝政。同时,这些外戚还有临朝的太后在朝中做靠山,皇帝对他们的信任要比对那些尚书的信任大得

---

① 范晔:《后汉书》卷三三《朱浮传》。
② 范晔:《后汉书》卷一五《李通传》。

多。这时候尚书台就显得有些疏远了。从章帝以后,东汉诸帝大多都是幼年即位,外戚为专政擅权,贪立幼主,所以年轻太后临朝的事件屡见不鲜。这些年轻的太后临朝不便接触大臣,就只有任用自己的娘家父兄来协助处理朝政,于是外戚就利用皇帝外家的身份顺利地获取了权力。如梁冀专政,"百官迁召,皆先到冀门笺檄谢恩,然后敢诣尚书"①,如此这般"受命于公室,谢恩于私门"。外戚的专横跋扈引起皇帝的不满。幼年即位的皇帝在长大之后,不甘心受外戚的挟持,想夺回大权。这时他就只能利用身边的心腹宦官发动政变,除掉外戚的势力。皇帝亲政之后,必定要重用参与夺权有功的宦官,于是又造成宦官专权的局面。例如单超等五名宦官因灭外戚梁冀有功而被同日封侯。宦官凭借自己容易接近皇帝的便利条件,被"寄之国命",从而"手握王爵,口含天宪","举动回山海,呼吸变霜露。阿旨曲求,则光宠三族;直情忤意,则参夷五宗"②,至此,"汉之纲纪大乱","虽时有忠公,而竟见排斥",政局混乱,人不安位。

鉴于这种情况,人们都借旧制对现实提出抗议。如安帝时,"时三府任轻,机事专委尚书,而灾眚变咎,辄切免公台。(陈)忠以为非国旧体,上疏谏曰:'……今之三公,虽当其名而无其实。选举诛赏,一由尚书,尚书见任,重于三公,陵迟以来,其渐久矣……又尚书决事,多违故典,罪法无例,诋欺为先,文惨言丑,有乖章宪。宜责求其意,割而勿听。上顺国典,下防威福,置方圆于规矩,审轻重于衡石,诚国家之典,万世之法也。'"③尚书郎仲长统则说:"光武夺三公之重,至今而加甚,不假后党以权,数世不行,盖亲疏之势异也","夫任一人则专,任数人则相倚,政专则和谐,相倚则违戾……未若置丞相自总之,若委三公,则宜分任责成。"④可见,东汉晚期要求加强相权的呼声日益高涨,人们普遍要求改变对三公"任之轻而责之重"的状况。这时候曹操的势力已经崛起,顺应着历史的潮流,"建安十三年夏六月,罢三公官,置丞相、御史大夫。癸巳,曹操自为丞相"⑤。至此,相权又恢复到秦和西汉初的那种由丞相独揽相权的形式。但汉祚已终,不久便换了天下,魏朝受汉禅代立。

从东汉之初,光武帝就奖掖儒学。儒学也沿着自身发展的惯性继续向着经学化、谶纬化的方向发展,东汉一代迷信大行。章帝时,通过白虎观会议把儒学经典谶纬化、官方化,进一步强化了自汉武帝开始的儒学独尊地位。按照阴阳五行、天人感应等理论,人们都密切关注着天象的变化,以解说人事。凡是天有灾

---

① 范晔:《后汉书》卷三四《梁冀传》。
② 范晔:《后汉书》卷七八《宦者列传》。
③ 范晔:《后汉书》卷四六《陈忠传》。
④ 范晔:《后汉书》卷四九《仲长统传》。
⑤ 范晔:《后汉书》卷九《孝献帝纪》。

异,就被理解为朝廷政有不善,讼有不平,理有不正,都是上天的警戒和谴责。皇帝至尊,当然不可能错,最多也只是受到蒙蔽,那么只有具体负责行政,执行皇帝意志的尚书和有名无实的三公委屈地做皇帝的替罪羊,因为从理论上讲他们负有"佐天子理阴阳,顺四时"的职责。虽然借灾异罢免大臣也有皇帝玩弄权术的原因,但是其中也有人们普遍接受的思想信仰所起的作用。要不然,三公也犯不着每遇灾异就自请处分了。

综上所述,秦汉时期相权的变迁形式上经历了一个从秦和汉初的独相制到内朝官兴起,占有大部分相权,再到汉末的独相制的循环。但实质上,皇权对相权加强控制,使其不断地向皇帝容易掌握的身边近臣手中转移,最终集中在皇帝手中,取消相权的独立性是在所难免的。所有的变化都是为了保证皇权的至高无上性。这种变化除了人们所强调的权力冲突原因以外,还和当时的统治指导思想和社会形势以及社会思潮有着紧密的联系。我们在考察这一现象的时候,这些因素不应该被忽略。

[原载《华东师范大学学报(哲学社会科学版)》2001年第4期]

因地而生：历史时期的佛教与徽州社会

王开队*

一、引　　言

徽州自南宋后素有"东南邹鲁"之称，其独特的自然和人文条件造就了徽州独特的历史文化地理单元并延续至今，成为中国丰富多彩的地域文化的重要组成部分。就历史时期徽州文化的内涵而言，其无疑是极为丰富的。[①] 从学术发展的内在脉络而言，历史时期我国地域文化的区域多样性在相当程度上决定了20世纪80年代以来国内史学研究的区域视角转向，"把目光从庙堂之上转移到山野之间，着意于追寻区域或地方历史发展的内在脉络（及其与王朝脉络之间的关联），探究其自身的历史发展模式，应当是我们重建中国历史叙述与阐释体系的努力方向"[②]。作为历史时期内涵丰富的徽州文化的重要组成部分，佛教的存在、发展与徽州社会息息相关，对其做系统的梳理和探讨无疑将是考察传统徽州社会的一个重要途径。

然而，由于理学的影响，古徽州士人似乎对佛教在徽州社会中的影响力持否定态度，譬如，近人许承尧在《歙事闲谭》中曾言及"徽州不尚佛老之教，僧人道士，惟用之以事斋醮耳，无信崇奉之者"[③]。不过，这种看法着实与徽州在明清时期寺院遍布之实际情况不相符合。从历代徽州方志所载寺院状况来看，南宋淳熙《新安志》仅载僧寺40余所，至明弘治《徽州府志》则增至260余所，而清道光《徽州府志》更增至430余所，足见佛教在徽州的发展和影响。清人陈廷熙亦言"自后梁以来，其间人事之变迁，村落之灭没，何以胜纪？而独兹古刹千有余年，

---

* 王开队，现为教育部人文社科重点研究基地安徽大学徽学研究中心教授、博士生导师。
[①] 有关徽文化内涵及其外延长期以来学界论述颇多，可参见叶显恩的《徽州文化的定位及其发展大势——〈徽州文化全书〉总序》(《黄山学院学报》2005年第2期)、栾成显的《徽州文化的形成与演变历程》(《安徽史学》2015年第2期)、程必定的《徽文化的基本价值及其现代意义》(《安徽师范大学学报(人文社会科学版)》2008年第6期)、王世华的《徽文化是当代文化建设的宝贵资源》(《安徽日报》2019年6月25日)、周晓光的《徽文化的历史贡献与当代价值》(《安徽日报》2018年11月12日)、刘伯山的《徽州文化的基本概念及历史地位》(《安徽大学学报(哲学社会科学版)》2002年第6期)等。
[②] 鲁西奇：《中国历史与文化的"区域多样性"》，《厦门大学学报(哲学社会科学版)》2010年第6期。
[③] 许承尧撰，李明回、彭超、张爱琴校点：《歙事闲谭》，黄山书社，2001年，第607页。

犹能后先相继而存之,且加宏壮焉。岂释氏之教果高于儒耶?"①更说明了部分古徽州士人对佛教在徽州社会得以长期存在是有理性认知的。自20世纪50年代大量徽州文书发现以来,徽学逐渐发展成为重要的地域性显学,但是目前学界对于历史时期徽州佛教的发展始终缺乏一个较为系统的梳理②,这也使得我们对于历史时期徽州文化的认知缺了佛教文化这一重要领域。近年来徽学及佛教史等相关研究领域的不断拓展与深化,已经使历史时期徽州社会广泛存在着佛教信仰这一历史事实得以逐步呈现③,由此我们可以对历史时期徽州佛教的发展概貌略做讨论,并以此窥见历史时期徽州文化的丰富性。

二、佛教在徽州发展的四个历史阶段

佛教作为一种外来宗教,学界一般认为其传入中国是在东汉明帝时期。至于其传入中国的具体路径亦有陆路和海路两途说。皖南地区相对中原地区来说是开发较晚的地区,即便是在长江中下游地带,其开发亦滞后于南京、苏州、杭州等地,更遑论处于万山之中的徽州地区了。从相关史料来看,历史时期佛教在徽州大体经历了四个发展阶段。

(一)萌芽期——汉晋至南北朝

与汉明帝关系极为密切的楚王刘英无疑是中国佛教发展史上不得不提的人物,其与安徽,特别是皖南佛教发展的关系又特别密切。永平十三年(70),刘英因谋逆被告发,被贬至丹阳郡泾县。时泾县多为山越人所居,生存环境恶劣,史

---

① 〔清〕陈廷熙:《清道光十四年重建觉乘寺碑》,原碑现存绩溪县蜀马村蜀马小学。
② 以20世纪初徽文化集大成的20卷本《徽州文化全书》(安徽人民出版社,2005年)为例,其中独缺"徽州宗教"的研究,佛教于其中亦难觅踪迹;而近年来集多方力量合纂的《徽州文化史》(安徽人民出版社,2014年)仅在第一卷中个别地方提到两宋及之前徽州的佛教。遍检各类徽学研究论著,对于历史时期徽州宗教之研究也多集中于民间信仰方面,以佛教为主题的研究专著或系统论述未见。究其原因可能有二:一则徽学作为20世纪50年代以来迅速成长起来的地域性显学,传世文献与民间文献极为丰富,而民间文献又多为社会经济史方面内容,在研究者相对有限的情况下其可选择的研究空间较为宽裕;二则在传统徽州的文本叙述中,深受理学影响的话语主导叙述者们对于佛教多带有异样的眼光,这对于后世相关研究也有一定影响。
③ 相关研究参见阿风的《从〈杨干院归结始末〉看明代徽州佛教与宗族之关系——明清徽州地方社会僧俗关系考察之一》(《徽学》2000年卷,安徽大学出版社,2000年)、王振忠的《华云进香:民间信仰、朝山习俗与明清以来徽州的日常生活》(《地方文化研究》2013年第2期),丁希勤的《古代徽州宗教信仰研究》第三章相关内容(安徽师范大学出版社,2013年)、陶明选的《明清徽州佛教风俗考》(《法音》2014年第6期)、曹刚华的《佛教与晚明士绅社会形成之再观察——以休宁仰山为例》(《史林》2019年第2期),以及王开队、宗晓婷的《谁的空间:明代徽州仰山佛教圣神空间的营造》(《徽学》第十一辑,社科文献出版社,2018年)等相关内容。

籍中多有两汉被贬之人至此之记录。而刘英被贬,《后汉书·光武十王列传》载:"帝以亲亲不忍,乃废英,徙丹阳泾县,赐汤沐邑五百户。遣大鸿胪持节护送,使伎人奴婢妓士鼓吹悉从,得乘辎軿,持兵弩,行道射猎,极意自娱。男女为侯主者,食邑如故。楚太后勿上玺绶,留住楚宫。"① 可见,对其个人生活待遇大多得以保留,此时佛教作为神仙之术理应不会受到多大影响。当刘英被贬至泾县时,其所信奉的佛教自然也就可能传入到了泾县。而泾县与徽州毗邻,彼时徽州亦为中央王朝编户齐民之地,有歙、黟二县之设,佛教此时是否已借此传入徽州并有所表现,由于材料的缺乏,我们不得而知,不过,由于两地距离甚近,或者徽州此时亦多少受到佛教些许影响。

魏晋南北朝时期,受北方战乱的影响,历史上第一次移民浪潮出现,大量北方移民开始移居南方江淮等地,受此影响许多僧人随之来到南方弘扬佛法,徽州佛教的发端亦受到了此浪潮的影响。当然,海上之路可能也是佛教传入中国的重要渠道。譬如,梁启超先生即认为,"佛教之来,非由陆而由海,其最初根据地,不在京洛而在江淮。……天竺大秦贡献,皆遵海道。凡此皆足证明两汉时中印交通皆在海上,其与南方佛教之关系,盖可思也"②。此说虽有臆断之处,但海上交通之发展对于增进中外经济文化交流之益处自然是毫无疑问的。东吴在两汉的基础上进一步加强了海外交通,其曾专门设立安典船校尉以管理造船业,与此同时为了适应海外交通的需要也加大了沿海地区的开发力度。周振鹤先生曾指出:"在吴国存在的短短半个多世纪中,就在滨海地带接连设置了罗阳、罗江、东安三县,并为其他四县:始阳、温麻、原丰、同安的建立打下了基础。还以章安县为根据地,向内推进,建立了临海与南始平二县。这一势头与秦汉时期花了四百五十年才建立三县的速度相比,雄辩地表明了三国时期的航海事业有了很大的进步。"③ 徽州作为广义江南的重要组成部分,海上之路对于徽州的外在影响亦应予以考虑。徽州最早见于记载的寺庙是休宁县万安镇的南山庵,是由东晋僧人天然于泰(太)兴二年(319 年)所建,此可视为佛法在徽州的初兴。④ 需要注意的是,由于此为后世方志所载,考虑到明清史志多有"建构"之风,当时徽州社会经济的发展相对滞后,以及人口较少等因素,再加之当时佛教在江南地区传播道场的建设尚未大规模开展,徽州此时是否已进入佛教道场建设时代,可能还需要

---

① 范晔:《后汉书》卷四二《光武十王列传》,中华书局,1965 年。
② 梁启超:《佛教之初输入》,见《佛学研究十八篇》,中华书局,1989 年。
③ 周振鹤:《从历史地理角度看古代航海活动》,《历史地理研究》第 2 辑,复旦大学出版社,1990 年,第 309 页。
④ 程敏政纂修:《休宁县志》卷五《寺观》,明弘治四年刻本,收入《北京图书馆古籍珍本丛刊》29,书目文献出版社,1991 年。

进一步考察。根据史料记载,在梁天监年间,受封为大德禅师的宝志公驻锡休宁仰山开山传法,是为仰山佛法弘扬之始。或许是邻近东晋南朝统治中心的缘故,朝廷向佛的风气影响了徽州①,才使佛教在此有了一定的发展。这一时期徽州地区新建的寺院达到五所,分别是祁门县的普福庵,歙县的任公寺、向杲院,黟县的闲居尼寺和广安寺。② 这五所寺院的建立表明,此时徽州地区佛法的传播区域已经由休宁扩展到祁门、歙县、黟县,佛教的影响范围有所扩大。由于缺乏文献记载,佛教在这一时期是通过什么样的途径传入徽州的,我们尚不得而知。不过,通过文献考察我们可以大致认定的是,此时徽州与外界连接的主要通道是以歙县为中心向东至今杭州以及向东北至今宣城、南京等地③,这一时期的移民也大多通过这两条路线进入徽州腹地,由此可以想见此时佛教或许也是顺着这两条路线进入徽州腹地的,而囿于史料,目前尚难以佐证。显然,此时的徽州佛教尚为发端阶段,与后世不可相提并论。

(二) 发展期——隋唐至两宋

自公元前后进入中国的佛教历经魏晋南北朝的涵化熔铸,在流布地域上才大为拓展。④ 这一时期的徽州由于大量北方移民的进入,一方面区域经济的开发使得社会亟须精神世界的重构,这为包括佛教在内的诸多信仰找到了生存的土壤,另一方面社会经济得以持续发展,也为佛教在内的各种宗教活动提供了必需的物质条件。

就前者而言,移民初入徽州面临的首要问题就是生存压力。唐宋时代北方黄河、淮河流域开发已较为成熟,由于徽州地处南方万山之中,山林茂密、山多田少,加之开发较晚,这一时期徽州的生存环境还较为恶劣,"新安为郡,在万山间,其地险狭而不夷,其土驿刚而不化。水湍悍,少潴蓄。自其郡邑,固已践山为城,至于四郊都鄙,则又可知也。大山之所落,深谷之所穷,民之田其间者,层累而上,指十数级不能为一亩,快牛剡耜不得旋其间,刀耕而火种之。十日不雨,则昂天而呼。一遇雨泽,山水暴出,则粪坏与禾荡然一空。盖地之勤民力者如此"⑤。由是可见,如何处理好与徽州自然环境的关系是唐宋时代徽州百姓解决生存的重要问题。而在这一过程中,佛教由于各种灵异之事则获得了难得的发展机遇。

---

① 翟屯建:《徽州文化史·先秦至元代卷》,安徽人民出版社,2015年,第67页。
② 彭泽修、汪舜民纂:《徽州府志》卷十《寺观》,明弘治十五年刻本,收入《北京图书馆古籍珍本丛刊》29,书目文献出版社,1991年。
③ 参见陈琪:《徽州古道研究》第一章《徽州古道的前世今生》相关内容,安徽师范大学出版社,2016年。
④ 张伟然:《中国佛教地理研究史籍述评》,《地理学报》1996年第4期。
⑤ 罗愿撰,肖建新、杨国宜校著:《〈新安志〉整理与研究》卷二"贡赋",黄山书社,2008年,第62页。

譬如,黄山基于黄帝之传说,隋唐之时,修仙炼骨者于此极为兴盛,然释门于此也多有发展。有禅师志满者,年少之时见到沙门作佛事,沉浸其中而不舍离去,后到颍川龙兴寺出家,听闻洛下神会禅师法行高深、弟子众多,于是他南游到黄山灵汤泉所,结茅庵在此修行。在他采黄连的时候被百姓看到,然而,此时黄山尚多虎豹之患,是故百姓请求他镇此。志满禅师以虎亦有佛性,所以焚香祝压之,因此虎患渐息,遂成大禅院。虽然志满禅师于唐顺宗永贞元年(805)示寂,但其弘法之举却影响深远。① 此后不久,天竺国的麻衣禅师于中和初年卓锡黄山翠微峰下,其编麻为衣,冬夏不易,据传得其麻缕可燎疾,光大佛法,是为翠微寺开山之祖。②

更为灵异的是祁门西峰寺清素禅师。祁门为县始于唐大历年间,"唐大历元年析黟县六乡及饶州浮梁地置祁门县"③,其西南地区原属浮梁县(今景德镇),而浮梁早在唐代即为重要的茶叶集散地,据唐歙州司马张途《祁门县新修闾门溪记》记载:"山且植茗,高下无遗土。千里之内,业于茶者七八矣。由是给衣食,供赋役,悉恃此祁之茗。色黄而香,贾客咸议,愈于诸方。每岁二三月,赍银缗缯素求市,将货他郡者,摩肩接迹而至。"④山林经济对当时祁门百姓生存来说至关重要。不过,囿于当时水利设施建设的滞后,山林经济的发展在相当程度上还依赖于降雨等自然环境。"唐末有僧清素自言从五台来,眉目端秀,发覆额,倜傥多异。时县人郑传保据,号司徒。师造其垒,求安禅之地。……传尝以久旱,结采为楼,从师求雨。师表竹于楼之四隅,曰'雨于竹外'。已而果然。扬州旱,令属郡遍祷群祀。雅梦伟人自称汪王,为雅言,师乃水晶宫菩萨也,有五龙,可往求之。乃请师,师曰'吾已遣施雨扬州三昼夜矣'。杨氏封禅大德,住山十七年,聚僧数百人,一旦尽散其众而逝,其骨身在今塔下。始师尝作歌偈,有'文殊遣我来'之语。元丰三年赐号慧应大师,饶州亦奏请赐神慧禅师。绍兴十三年八月加神慧永济禅师。"⑤这一记载颇为清晰地叙述了清素禅师因祈雨灵验而在五代至南宋屡获地方及中央册封的前后,是佛教信仰与唐宋徽州地方开发互动的翔实写照。

这一时期由于北方移民大量涌入,自然促进了徽州的地方社会经济发展,与此同时,这一时期徽州地方社会经济的发展也为佛教在徽州的进一步发展提供了必要的物质基础,这一点可从佛教道场的修建上窥得一斑。唐宋时期徽州佛教道场的修建与两种力量密切相关。其一为地方政府,如唐僧本(元)立游歙时,

---

① 闵麟嗣:《黄山志定本》卷二下,民国二十四年安徽丛书编印本。
② 释超纲辑:《黄山翠微寺志》卷上,《中国佛寺志丛刊》第13卷,广陵书社,2006年。
③ 王让修、桂超万纂:《祁门县志》卷一,清道光七年刻本。
④ 张途:《祁门县新修闾门溪记》,载周绍良主编:《全唐文新编》,吉林文史出版社,2000年,第9760页。
⑤ 罗愿撰,肖建新、杨国宜校著:《〈新安志〉整理与研究》卷四《祁门·僧寺》,第126～127页。

见齐云山盛景,于是造访刺史韦绶,请求建寺弘法,焚香修祭,元和四年(809)韦绶建石门寺于石桥岩下,设石室、石讲堂、佛像等,是为齐云山佛法之兴。① 再如黄山著名的祥符寺,前身为汤院,"唐开元天宝间志满禅师创始,大中五年,刺史李敬方感白龙现,建龙堂于汤池之西。天祐二年,刺史陶雅建寺号汤院,南唐保大二年敕为灵泉院,宋大中祥符元年敕改今名"②。其二为具有一定势力的地方人士,这类在史籍中多以"邑人"名称出现,如唐宋时期邑人张八九与僧简共建山房寺、汪同太与僧日赞共建大杞寺、邑人汪愿与僧人应机共建大田寺等,再如今歙县之长庆寺塔为北宋重和二年(1119)歙县黄备"邑人"张应周捐善修建,后多有重修,至今长庆寺塔上尚保留有后世歙县地方张氏对于重修长庆寺塔的碑铭记载。

　　需要指出的是,这一时期尽管理学已在徽州发端,但并未在社会意识上占据绝对主导地位,加之地方社会经济发展的需要以及唐宋时代儒、释、道关系的相对融洽,使得佛教在徽州获得了较好的发展机遇,在官方和民间"邑人"的双重支持下,各地佛教道场得以不断兴建,志满、清素等有名望的高僧不断来到徽州弘法,可谓徽州佛教史上的较快发展期。

(三) 鼎盛期——明中期至清前期

　　就徽州历史发展而言,因徽商之盛,明清无疑是其发展史上的高峰时期。与之相关的是,这一时期佛教在徽州的发展也迎来了鼎盛期,其中又以明嘉靖、万历至清康熙年间仰山、黄山等佛教名山在徽州的发展表现最为突出。

　　仰山,又名莲花山,位于休宁县境东南。旧传萧梁时宝志公至此开山,《弘治徽州府志》载仰山"有宝公祠在焉,水旱祷之皆应"③。至元末兵燹,仰山"复为荒莽,樵者蹂为乌薪之窟",而后又有"堪舆家睥睨其地,故豪右谋为窀穸"④,仰山之地多被地方豪右建为墓地。明朝建立后,仰山佛教开始走向复兴。太祖时仰山建有灵谷寺,"然人迹不通,不能居人,徒有空祠耳"⑤。此后为了重建仰山寺庙,地方士绅于隆庆三年(1569)延请僧人守静暄公主持仰山佛寺事务。暄公及其性玉、性觉二徒便合地方之力,在不懈努力之下逐渐完成仰山寺的重建,"不十余年,撤旧鼎新,遂成一大道场,如天降地涌,四境之内,人人知有三宝矣"⑥。万

---

① 鲁点:《齐云山志》卷二,四库存目丛书本。
② 闵麟嗣:《黄山志定本》卷二《建置》。
③ 彭泽修,汪舜民纂:《弘治徽州府志》卷一《地理一·山川》,《天一阁藏明代方志选刊》21~22,上海古籍书店,1964年。
④ 程文举:《仰山乘》卷一《缘起》,见《中国佛寺史志汇刊》第2辑第21册,台北:明文书局,1980年。
⑤ 程文举:《仰山乘》卷一《缘起》,见《中国佛寺史志汇刊》第2辑第21册。
⑥ 释德清著,孔宏校:《憨山老人梦游集》卷一三《新安仰山宝志公画像感应记》,《明清四大高僧文集》,北京图书馆出版社,2005年。

历三十七年(1609),仰山寺受朝廷赐额为真觉禅寺,守静暄公所居龙山庵也受赐额为龙山禅寺,至此,仰山佛教声望日隆,不但先后有雪浪、蘗庵等高僧住锡,而且有专门山志《仰山乘》之编纂。颇有意思的是《仰山乘》以"嫁接"之法将一个佛教名山的发展历程在文本之中得以完整展现。①

黄山本为道家圣地,据《黄山图经》载:"黄山旧名黟山……即轩辕黄帝、浮丘公、容成子栖真之地。"②唐宋时期黄山道教盛极一时,先后建有升真观、城山观、松谷庵等。佛教虽在唐代即已传入黄山,但直至明代其依然难以与道教相提并论。至明朝早期,由于交通不便,这一时期黄山新建的寺院只有御泉庵与水晶庵,皆规模较小。明宣德年间李德庄重建松谷庵,改为寺庙,名松谷寺,松谷寺由道观变为寺院可谓黄山佛教发展史上的标志性事件,说明佛教可能开始在黄山的宗教发展史上逐渐占据上风。至万历三十四年(1606),普门和尚驻锡黄山,黄山佛教因此迎来了发展的高峰。万历三十八年(1610),普门和尚进京请求敕封,朱砂庵得到万历皇帝御书"护国慈光寺"匾额,一时间成为江南名刹。明清鼎革之际,黄山成为遗民的重要避难所,渐江、汪沐日、凌世韶等人纷纷剃发为僧,驻锡黄山,这无疑促进了黄山佛教的发展,使得清朝初年黄山高僧驻锡,信徒云集,香火鼎盛。释超纲主持翠微寺期间,"当今康熙丁巳十六年间……本邑诸绅士公启特请嘉禾雨峰和尚,主持法席于康熙戊辰……庚午腊月施衣钵传戒焉"③。修撰的《翠微寺志》,这也是黄山历史上第一部寺庙志;此外,康熙五年黄僎等捐款重修慈光寺大殿,"四年后落成,耗银四万余两,慈光寺殿宇雄丽,有藏经阁一百余间,为新安梵宇之冠"④,而康熙四十年,在中洲和尚的住持下,慈光寺又维修寺宇,大殿高悬康熙手书"黄海仙都"匾额。至此,黄山佛教迎来了其发展史上的鼎盛时期。

这一时期除名山佛教以外,徽州各地佛教寺院之建设也有长足的进步,特别是在明嘉靖、万历之际以及清初顺治、康熙时期。在这一过程中,不仅地方政府和有一定影响的士人参与其中,而且引起了万历、康熙等帝王的重视,更为重要的是,由于徽商的成功,大量具有一定经济基础的地方宗族也参与其中,共同塑造了徽州佛教发展史上的鼎盛时期。

---

① 参见王开队、宗晓垠《谁的空间:明代徽州仰山佛教圣神空间的营造》(《徽学》第十一辑,社科文献出版社,2018年)及曹刚华《佛教与晚明士绅社会形成之再观察——以休宁仰山为例》(《史林》2019年第2期)。
② 佚名:《黄山图经》,国家图书馆出版社,2013年,第280~281页。
③ 释超纲辑:《翠微寺志》,《中国佛寺志丛刊》第13卷,第23~24页。
④ 闵麟嗣:《黄山志定本》卷二《建置》。

(四)衰落期——清乾隆以后

明清之际尽管徽州佛教保持了相对高速的发展态势,但是受制于区域整体环境限制,加之天灾人祸频仍,实际上已经出现了一些衰退的迹象。以仰山佛教为例,尽管在万历时期仰山佛教迎来了其发展史上的高光时刻,但是毕竟地处偏僻,发展空间较为有限,特别是清初三藩之乱给仰山佛教带来了毁灭性的灾难,史载三藩之乱期间皖浙交界地区"三载刀兵,即深山穷谷,金身亦难藏匿"①,其在之后的地方文献中已鲜有记录。较之于仰山毁之于兵火,黄山则受天灾影响更大。乾隆二年,慈光寺遭遇火灾,藏经阁焚毁,大殿倒塌,次年,僧悟千略作小修,但慈光寺百年兴盛不复存在;又,乾隆二年,"黄山蛟水发,石裂山颓,祥符古寺顷化乌有,山氓之漂没者数百人,翌日水平,尸横满野"②。《歙事闲谭》载"送谭影序中,言黄山佛寺,旧有七十余,而祥符最著且古。自康熙间水绝,余亦大半淹废,今存者惟慈光与云谷"③;迨至咸丰年间,受太平天国兵乱影响,翠微寺、福固寺、松古寺、大悲院、师子林、继竺庵、横坑庵等寺院都毁于兵火。受制于咸、道以后徽商财力的衰退,大半有名望的佛教道场难以得到地方财力的有力支持,至此,徽州之佛教走向全面衰落。

纵观佛教在历史时期徽州的发展脉络,我们不难看出,汉晋以后,佛教开始传入徽州。由于此期尚属佛法初兴,只有少量寺院见于记载,名僧大德更是极为少见。隋唐时期为徽州佛教的极大发展时期,见于记载的寺院不断增多,高僧名宿迭出。承五代佛法之过渡,两宋时期徽州佛教迎来了快速发展时代,寺院的赐额、敕改、新建以及名僧的数量都获得了迅速提升。元末丧乱,徽州大量佛寺在至正壬辰兵乱中毁坏严重。迨至洪武初,徽州地方对元末被毁的寺庙进行重建和归并,并实现了寺院创建的规范化,寺院和僧人数量也比元代有所提升。与此同时,万历以后名山佛教的快速发展成为这一时期徽州佛教的重要特点,不仅仰山佛教实现了再度复兴,黄山佛教也在各方支持下趋于鼎盛,延至清前期形成徽州佛教发展史上的高峰。不过,乾隆以降特别是在"咸同兵燹"之后因各种天灾人祸的影响徽州佛教则不断趋于衰落。

三、历史时期佛教与徽州社会的融合

包括徽州在内的广义江南自唐宋以后在中国历史发展中的地位不断提

---

① 吴兆泰纂修:《尚相公像记》,乾隆《札溪吴氏宗谱》卷一五《记》,札溪吴氏宗族藏。
② 《黄山志》编纂委员会:《黄山志》,黄山书社,1988年,第218页。
③ 许承尧撰,李明回、彭超、张爱琴校点:《歙事闲谭》,第955页。

升,这无疑是与其日渐发达的经济、文化分不开的。寺院为佛教三宝所依,其对于衡量一个地区的佛教发展程度具有重要意义。相较于周边江、浙地区而言历史时期徽州的佛教实在算不得发达,即便是与同在皖南的池、宣等地相比,地藏道场、黄檗祖庭亦毫无疑问比徽州任何一座佛教道场更为出名。然而,历史时期徽州佛教道场的数量与周边地区相比却显得较为出众,特别是在明清时期,如以嘉靖时为例,徽州府县均寺院数量即为皖南各府县之首①,这说明徽州著名的佛教道场虽然不多,但是总体数量及县均数量却很高。其中显然可见佛教在徽州的发展具有自身的特色,那就是唐宋以后徽州佛教的宗教影响力虽较之周边为弱,但是其与徽州社会的融合却较为充分,这可以从以下三个方面看出。

其一,由于外来人口大量涌入,唐宋及以后生存问题成为徽州社会的主要矛盾,生产设施特别是水利设施建设相对滞后,以祈雨为重点的与自然沟通的媒介作用成为徽州社会接纳佛教的重要诱因。如前所述,"新安为郡,在万山间,其地险狭而不夷,其土驿刚而不化。……十日不雨,则昂天而呼。一遇雨泽,山水暴出,则粪坏与禾荡然一空。盖地之勤民力者如此"。② 对于徽州的普通百姓来说,长期以来忧虑就是"新安所产米谷,不足民食之半,向籍外来,每遇新陈未接,艰于籴买,米贵人惶,而挟借抢攘,为害叵测"③。如何处理好与徽州自然环境的关系无疑是唐宋以后徽州百姓解决生存的重要问题,而佛教似乎则在徽州地方的祈雨活动中发挥了较为显著的作用。麻衣禅师是见于史籍较早的一位参与祈雨者,"俗传祈雨甚灵验"④,于是徽州地方社会将其作为神祇予以崇祀。前述西峰寺无疑是其中极为突出的案例,其不仅因祈雨灵异而受到唐宋两代中央的不断封赐,而且直至明清时期也因其在地方祈雨中的特殊作用享有殊荣,如今祁门县闪里镇港上村西峰寺村民组即尚存有万历三十五年"上元山题修清素塔疏文碑",该碑由当时赐进士第南尚宝卿豫章祝世禄撰写,由乡进士知祁门县事西蜀李希泌篆额、赐进士第四川参政邑人谢存仁书丹,记录了清素禅师创建西峰寺的相关事迹,对其祈雨灵异事迹特有详述。此外,历史时期徽州地区与佛教祈雨相关的记载还有不少,譬如,龙吟寺旁的龙吟石,"从新兴寺可至,按龙吟之声若物

---

① 明代嘉靖时期今皖南辖徽州、太平、宁国、池州四府及广德直隶州,据《嘉靖太平府志》《嘉靖池州府志》《嘉靖宁国府志》《嘉靖徽州府志》及《嘉靖广德州志》统计可知,嘉靖朝时太平府境有寺院109所,县均约36所,池州府境有寺院64所,县均约11所,宁国府境有寺院128所,县均约21所,徽州府境有寺院241所,县均约40所,广德州境有寺院57所,县均约29所。单纯从数字对比来看,无论是总数还是县均数,徽州都是第一。
② 罗愿撰,肖建新、杨国宜校著:《〈新安志〉整理与研究》卷二"贡赋",第62页。
③ 傅岩:《歙纪》,黄山书社,2007年,第57页。
④ 刘汝骥:《陶甓公牍》卷一二,官箴书集成本,黄山书社,1997年。

戛铜器,为雨征,间击之而声似之,辄得雨"①;莲花山状若莲花,中有佛堂及有龙湫,祷雨辄应;龙泉在龙泉寺后,旱祷即应。② 这些类型多样的佛教自然灵异与佛教僧人、寺庙共同构成佛教祈雨的重要载体,成为徽州社会祈雨的重要灵应工具,是徽州社会与自然地理环境沟通的重要媒介。佛教亦因此在徽州社会获得了一定的生存空间。

其二,唐宋以后徽州发展成为宗族社会,理学亦逐渐成为徽州社会的主导意识形态,尊祖与守孝这两大重要社会准则使得佛教参与徽州社会事务的机会大为增加。汉晋以至唐宋,随着北方大族的不断迁入,徽州逐渐发展成为典型的宗族社会,所谓"千年之冢,不动一抔;千丁之族,未尝散处;千载谱系,丝毫不紊"③。祠、墓、谱是为维系宗族的三大支柱,其中祠和墓作为一定的实体空间进行日常维护自是难免。僧人以行善度世为要,祠和墓作为宗族供奉祖先的依托所在,在此二者间僧人与宗族自然就有了结合的机会。这类事迹在徽州历史上并不鲜见,如婺源僧神秀者,虽出家为僧,见祖上祠堂倾圮,仍行医取资,孜孜不倦,后倡出缗钱,协助族人新修祠堂。④ 再有如报慈庵僧者,报慈寺本祁门程氏祖祠,祠中奉程氏诸祖,入田饭僧,每岁清明藏事,则合族燕享,盖三百年矣。由于年久倾圮,成化庚寅新修其庵,而住山僧真瑞及其徒世食于程氏祖祠,此次重修亦因效力颇多而受到称赞。⑤ 不仅如此,历史上祠、庙一体现象在徽州也较为常见,如著名的杨干院即是如此。⑥ 至于守孝,更是作为"东南邹鲁"的徽州最为重要的社会准则之一。那么,如何才能更为突出地体现守孝呢?虽有如"凤仪,字廷瑞,行济二六,号竹涯,事亲孝,处兄弟友,克自树立,尝施木助造佛宇以祈母寿"者⑦,但是毕竟少数,葬礼无疑才是最重要的体现方式。尽管历史上徽州对丧礼中使用僧道不乏反对之声,因为"治丧而用浮屠,无论丧礼不足观,就使桑麻哭泣,备物祭奠,一一禀礼,而其陷亲不义不孝之罪"⑧,此外,"棺殓之费仅数十金,而僧道之追荐,冥器冥材之焚耗,求神散福之食用,往往数倍于此"⑨。然又

---

① 闵麟嗣:《黄山松石谱》,丛书集成续编本第94册,台北新文丰出版公司,1988年。
② 彭泽修,汪舜民纂:《弘治徽州府志》卷一《地理一·山川》,《天一阁藏明代方志选刊》21~22。
③ 赵吉士撰,周晓光、刘道胜点校:《寄园寄所寄》卷一一,黄山书社,2008年。
④ 程敏政:《新安文献志》卷四五《婺源三梧镇汪端公祠堂碑》,四库全书影印本。
⑤ 程敏政:《篁墩文集》卷一四《祁门善和程氏重修报慈庵祠宇记》,四库全书影印本。
⑥ 参见阿风:《从〈杨干院归结始末〉看明代徽州佛教与宗族之关系——明清徽州地方社会僧俗关系考察之一》,《徽学》2000年卷,安徽大学出版社,2000年,第116~126页。
⑦ 程典辑:《休宁荪浯二溪程氏宗谱》,《美国哈佛大学哈佛燕京图书馆藏中文善本汇刊》第十三册,商务印书馆,2003年,第359页。
⑧ 吴翟:《茗洲吴氏家典》卷二,黄山书社,2006年,第119页。
⑨ 刘汝骥:《陶甓公牍》卷一二,官箴书集成本。

"恐致乡人非议"①,于是,依据财力差异,历史上徽州之丧礼"惟尚七七从事浮屠,而设吊之期,或五日,或三日,或一日,视家道丰约,宾朋多寡,届日鼓吹迎宾"②,成为一种常见的变通之法。

其三,明代嘉靖、万历以后随着徽商群体的日渐壮大,作为群体性的徽商开始大量活跃于各地,与此同时大量士绅阶层与留守妇女亦因此并存于徽州社会,这为佛教影响力在徽州社会的拓展提供了较大的空间。唐宋以后,出于解决生存压力需要,以徽州土产之茶、木行商于他处便成为徽人解决生存之计的重要手段,"徽之俗,一贾不利再贾,再贾不利三贾,三贾不利犹未厌焉"③。明代以后,随着商品经济的日渐活跃,特别是嘉靖以后,以至有"无徽不成镇"之说,凡举盐、典、米、木、茶等徽商皆有相当影响,自然积累了大量财富。"予邑编氓贾居十九,其巨者高轩驷马,俨然缙绅;次亦沃土自豪,雄资足赡,自谓无求于人;最次亦逐什一,征贵贱,饱暖其妻孥,而悠游以卒岁。"④随着徽商的成功,一方面积累大量财富,加之徽俗本就重视儒业,读书之人自然随之增多,而明中后期社会的相对固化,举业日渐艰难,这就为徽州士绅阶层的壮大提供了土壤;另一方面,"歙人多外服贾,其贫者趋事尤蚤"⑤,大量男子在尚未成年之时便外出学习经商,即便是成年婚后也多以在外经商为主,势必使得徽州存在大量的留守妇女。无论是为数可观的士绅还是大量的留守妇女,作为徽商崛起后徽州社会的重要组成部分,相较于一个较为完整的社会体系,这二者对于精神世界的追求似乎更为重视。以士绅而言,深受程朱理学影响的徽州士子对于心性的执着自然使得其对佛教世界的心性超脱有潜在的认可,因此大量的政治失意者投身佛门也便顺理成章。明清徽州佛教山林拥有"佛光四面现方华,钟鱼隐隐传天梵"之境界⑥,均可体现出佛门清修之地的宁静放达,这种宁静放达无疑可满足明末遗民在徽州山水中所寻求的对内心哀思的释放。于是,游寺、访僧、捐助寺院以至出家为僧者在明清之徽州屡见不鲜。以妇女而言,则更易理解,大量成年男子的外出,使得妇女既需承担家庭日常劳作之重任,又要恪守"三纲五常"之伦纪,精神压力之重可想而知。虽无法如士大夫般追求心性之超越,但是精神之慰藉确是无疑需要的,于是,吃斋念佛、以求庇佑、烧香还愿这些佛门中事自是成了徽州妇女日常生活的重要组成部分,更有随女尼远奔他乡烧香还愿者,所谓"观音大师著慈悲,

---

① 吴翟:《茗洲吴氏家典》卷二,119页。
② 许承尧撰,李明回、彭超、张爱琴校点:《歙事闲谭》,第608页。
③ 倪望重等修:《祁门倪氏族谱》卷下《诰封淑人胡太淑人行状》,国家图书馆藏清光绪二年刻本。
④ 黄开簇纂修:《虬川黄氏宗谱》卷四《云景黄翁六十寿序》,国家图书馆藏清道光十年刻本。
⑤ 鲍琮纂修:《棠樾鲍氏宣忠堂支谱》卷二一《中宪大夫肯园鲍公行状》,国家图书馆藏清嘉庆十年刻本。
⑥ 赵吉士撰,周晓光、刘道胜点校:《寄园寄所寄》卷三,第172页。

诞日烧香远不辞,逐对岑山潜口去,相随女伴比丘尼"①。

通过上述我们不难看出,历史时期之徽州由于先天自然地理条件的制约,在早期生产设施特别是水利设施建设尚不发达的情况下对于农业民族来说生存环境相对恶劣,借助山区小环境气候多变的有利因素佛教在徽州先民祈雨活动中扮演了重要角色。佛教这种与自然沟通的媒介作用在这一时期徽州社会亟须精神世界重构的形势下获得了一定的生存空间。随之由于徽州宗族以及理学的发达,尊祖与守孝成为徽州社会重要准则,佛教亦通过维护祠堂、祖墓以及葬礼等获得了诸多参与徽州日常社会事务的机会。在明清徽商达到鼎盛的时期,借助士绅阶层追求心性超脱以及大量留守妇女需要精神慰藉这一机会,佛教又在徽州百姓日常精神世界中占据了相当位置。由是,由生产活动到生活活动、由物质世界到精神世界,佛教亦成为历史时期徽州社会不可或缺的组成部分。

四、佛教得以融入徽州社会的主要原因

宗教本身的传播及其存在无疑是多种因素的综合结果。"宗教有地区性、民族性。一定环境的群众的自然条件、文化传统、社会风习对宗教的滋长、传播起着决定性的作用。……中国疆域辽阔,南北文化的差异较大,长期形成的地区文化不能不影响到群众民俗的生活习惯,汉传佛教在中原地区呈现为不同的面貌。"②历史时期在不同地区影响宗教传播及存在的因素自然也是千差万别的。那么,历史时期特别是唐宋以后佛教何以在以理学著称的徽州获得相对充裕的发展空间呢?综合来看以下三点原因可能较为关键。

一是较好地适应了普通民众的现实需求。由于徽州处万山中,山多田少,在早期的移民开发中其生存环境相对恶劣,而古徽州又属巫蛊盛行之地,无论是佛教的祈雨灵异还是志满、麻衣等禅师可伏虎患、燎疾之传说对于解决普通百姓的生计来说都是具有非比寻常的意义的。尽管自南宋以后徽州便素有"东南邹鲁"之称,至明清时更是以"程朱故里"而显于世,但是以学理化和政治化为主要特征的程朱理学其受众终究有限,难以满足普通民众特别是下层民众的全部现实需求。加之两宋以来儒、释、道的合流,在徽州儒、道发展的同时,佛教借助儒、道二者随之传播亦不足为奇了。事实也证明,即便是明清时期之徽州理学占据社会意识主流的形势下,普通民众并未对佛教有绝对的抵触,在生老病死等问

---

① 许承尧撰,李明回、彭超、张爱琴校点:《歙事闲谭》,第207页。
② 任继愈:《中国居士佛教史》"序言",见潘桂明:《中国居士佛教史》,中国社会科学出版社,2000年,第1~2页。

题上大多时候要求助于佛教的精神安慰,这一点可以从明清时期徽州佛教寺院遍布乡里以及"华云进香"等各类宗教活动成为日常生活的重要组成部分看得出来。①

二是较好地处理了与理学之间的关系。佛教初入徽州时理学尚未形成,至理学形成以后直至明清理学在徽学鼎盛之际,佛教在徽州的发展都较为注意与理学之间关系的处理。从相关史籍中我们不难看出,历史时期徽州佛教发展的重点是乡村以及山区,而较少在人口相对较多的都邑发展,这在某种程度上可以看做是佛教注意与理学在徽州的发展上进行空间错位的表现。不仅如此,历史时期徽州佛教亦往往借助当地士绅的力量进行发展,如嘉靖年间,文坛领袖王世贞曾带领三吴两浙一百多名文士组成社团,由徽州本地文人汪道昆负责接待,入黄山游览,盛况空前②,一时间佛、儒交融,这也直接助推了黄山的佛教发展,这一时期祥符寺、翠微寺等得到了修缮。可以说,借助受理学熏陶的徽州士绅力量是佛教在徽州发展的重要途径之一。

三是较好地借助了徽商及徽州地方宗族的雄厚财力。佛教不事生产,就历史时期徽州佛教而言若无徽商及徽州地方宗族支持,则其发展亦无从谈起。事实上,也正是在徽商及地方宗族力量的支持下徽州佛教之发展才较为顺利。譬如,宣德年间,馆田李氏李德庄重建松谷草堂,改为寺庙,名松谷庵;岩镇潘之恒在普门开山时,给予大量资助,之后普门进京请封,潘之恒又为他提供了财力资助;康熙五年(1666年),为了迎接七层万佛像,歙人黄僎等捐建慈光寺大殿,并修藏经阁一百余间,四年建成,共费银四万余两。③ 如上述徽商及地方宗族支持徽州佛教发展之事例不在少数,这说明历史时期佛教借助徽商及地方宗族力量以实现其自身发展是较为成功的。

当然,历代诸如万历、康熙、乾隆等朝对仰山、黄山佛教的特别关注及高僧大德的不懈努力也是历史时期佛教之所以能在徽州取得如此成就的重要原因。不过,宗教信仰首先来源于现实需求,而历史时期在相对特殊的自然、人文环境下徽州发展成为较为独特的历史地理单元。徽商、理学与宗族构筑起徽州社会的三驾马车,佛教若无法契合徽州社会的现实需求,无法借助徽商、理学与宗族这三种徽州社会主导力量,则自然无法获得相对充裕的发展空间。

---

① 王振忠:《华云进香:民间信仰、朝山习俗与明清以来徽州的日常生活》,《地方文化研究》2013年第2期。
② 事见《王弇州诸人游歙》,载许承尧撰,李明回、彭超、张爱琴校点:《歙事闲谭》,第413页。
③ 闵麟嗣:《黄山志定本》卷二《建置》。

五、小　　结

　　佛教作为一种外来文化，尽管 10 世纪以前在中国的传播本身已具有空间扩展的含义，但是无可否认的是，10 世纪以后佛教在中国的传播则更注重与中国社会特别是各个不同地域的社会实际相结合。而徽州作为历史时期北方移民的集中迁入地，其历史发展无疑是中原世家大族与南方山越在山多田少、生存空间极为有限的自然地理环境下的结合典型，其文化基因具有既善于坚守、又善于融合的两面性。从历史时期佛教在徽州的发展来看，我们不难得出以下认知。其一，佛教是徽州历史文化的重要组成部分，而非无关紧要的部分，这一点无论是历史文献对徽州佛教道场的记录还是相关佛教史迹抑或留存至今的佛教与徽州建筑及其他文化载体的融合都可以充分证明。其二，佛教与历史时期徽州社会的结合极为紧密，较之周边表现出一定的地域性特征，与周边地区存在重要佛教道场或著名高僧大德因而拥有较强宗教影响力不同的是，历史时期的徽州佛教道场普遍规模较小，但数量众多，其广泛存在于徽州的各个角落，与徽州社会的生产、生活实际需求密切相关。其三，佛教在徽州的发展历程表明了历史时期的徽州文化具有极强的包容性，无论是在两宋以前徽州社会的不断重构还是在两宋以后徽州社会的日趋稳定，佛教与徽州社会的融合特别是对于徽商、理学以及宗族这些徽州社会主导力量的借助都是较为成功的，这表明了在号称"东南邹鲁"的徽州，其文化是具有极强的包容性，同时也反映了历史时期以儒家文化为代表的中国传统文化具有极强的包容性。

　　当然，就历史时期佛教在徽州的发展及其延伸而言，其如何适应徽州历史环境并完成自身的"徽州化"同时进而如何有效参与历史时期徽州的"地域化"历史进程，还有很多的研究空间。无论如何，区域历史的复杂性和多元性是我们在从事区域历史研究时需要时刻注意的重要问题，在考察历史时期不同地域佛教的发展演进时，因时因地也是我们必须要遵循的基本准则。

（原载《江汉论坛》2020 年第 5 期）

唐代颁赐铁券的对象及其特征

洪海安*

铁券是帝王笼络、驾驭功臣的工具,也是功臣享有免除一定法律惩罚特权的凭证。目前学术界虽对铁券做了不少研究,但对唐代铁券的研究仍有不少问题需进一步探讨。笔者以搜集到的有限史料为基础,拟对唐代铁券颁赐的对象及其基本特征等问题进行初步钩沉索隐。不妥之处,祈请方家匡正。

一、唐代铁券的颁赐对象

铁券自西汉初出现后,被历代王朝的统治者视为维护统治的圭臬,加以沿袭。经魏晋南北朝至唐代,铁券制度得到充分发展。有唐一朝,曾颁赐过大量的铁券。其对象主要有以下几种。

(一)开国元勋

李渊建唐后不久,便论"太原首功",颁《褒勋臣诏》,对开国十七位功臣特恕免死诏。史载:"始,高祖论太原首功,诏尚书令秦王、尚书左仆射裴寂、纳言刘文静恕二死;左骁卫大将军长孙顺德、右骁卫大将军刘弘基、右屯卫大将军窦琮、左翊卫大将军柴绍、内史侍郎唐俭、吏部侍郎殷开山、鸿胪卿刘世龙、卫尉少卿刘政会、都水监赵文恪、库部郎中武士彟、骠骑将军张平高、李思行、李高迁、左屯卫府长史许世绪等十四人恕一死。"[①]这次是用诏书形式许诺功臣享有免死的特权,并未建制铁券实物,或许是因建国初期仓促之故,但其免死诏书所体现的功能和性质与实物铁券本质并无区别。李世民也是唐朝第一个获赐免死特权的帝王。

(二)靖难功臣

安史之乱爆发后,肃宗、代宗、德宗时期为了平定叛乱不得不颁赐了众多铁券。代宗时期颁赐大量的铁券赏赐平定安史之乱的功臣,《册府元龟》卷一三三

---

* 洪海安,现为陕西师范大学西北历史环境与经济社会发展研究院办公室主任,讲师。
① 欧阳修等:《新唐书》卷八八《裴寂传》,中华书局,1975年。

《帝王部·褒功第二》载:"(宝应)二年七月……河北副元帅怀恩、河东副元帅光弼、幽州节度怀仙、李抱玉、郭英乂、辛云逸、田神功、孙志直、白孝德、令狐彰、李宝臣、薛嵩、田承嗣、张献诚、鱼朝恩、程元振、仆固场、高彦崇、浑日进、李建义、李光逸、杨崇光、李怀光、张如岳、白元光、温如雅、拓跋澄泌、高晖、卢钦友、成惟良、曹楚玉等各赐铁券,以名藏太庙,尽画像于凌烟之阁。"其中郭子仪、李光弼、仆固怀恩等人都是靖难的主要功臣,雍王李适是继李世民之后唐朝第二个获赐铁券的帝王。①

德宗时,为消除藩镇之祸决计削藩,导致田悦、李纳、李惟岳联合叛乱,"泾原之变"后,德宗仓皇出逃至奉天,朱泚公然称帝,李怀光解奉天之围后遭到疑忌也走向反叛,更是加剧了政局的动荡。李晟担当平叛收复京师的重任,兴元元年(784)五月,李晟收复了长安,平朱泚之乱。德宗闻捷报喜极而泣,回京后,"上思晟勋力,制纪功碑,俾皇太子书之,刊石立于东渭桥,与天地悠久,又令太子书碑词以赐晟"②,并赐其铁券,免十死③。由上可知,这时期政局动荡,战乱不断,武功大兴,因军功获赐铁券的不乏其人。

(三) 强藩悍将

安史乱后,藩镇势力日益强大,故唐代中后期获赐铁券多为藩镇将帅。"唐兴以来,方镇非大忠大勋则跋扈者,朝廷或不得已而加之"④,而安史之乱爆发后,肃、代、德宗时期都曾不惜以节度使、铁券为诱,消弭内战,如河朔平定后,李忠志、李怀仙、薛嵩、田承嗣"各举其地归国,皆赐铁券,誓以不死"⑤,"朝廷亦厌苦兵革,苟冀无事,因而授之"⑥,安史降将摇身成为唐朝节度使。田承嗣因叛逆反复,朝廷曾两次颁赐其铁券。朝廷审时度势的权宜之计,虽取得一时的统一与安宁,却为后来的藩镇割据和叛乱埋下了祸根。"方镇之患,始也各专其地以自世,既则迫于利害之谋,故其喜则连衡而叛上,怒则以力而相并,又其甚则起而弱王室。唐自中世以后,以功弥乱,虽常倚镇兵,而其亡也亦终以此。"⑦

建中年间,朱滔、李希烈等人一同僭号称王。兴元元年(784),德宗下罪己诏,为拉拢王武俊、田悦、李纳等人,赐其三人铁券⑧,并答应其父死子代节度使

---

① 王溥:《唐会要》卷一《帝号上》,上海古籍出版社,2006年。
② 刘昫等:《旧唐书》卷一三三《李晟传》,中华书局,1975年。
③ 董诰等:《全唐文》卷八一四《赐陈敬瑄太尉铁券文》,中华书局,1983年。
④ 司马光编:《资治通鉴》卷二三八,中华书局,1956年。
⑤ 《旧唐书》卷一四二《李宝臣传》。
⑥ 《资治通鉴》卷二三八。
⑦ 《新唐书》卷六四《方镇表序》。
⑧ 宋敏求编:《唐大诏令集》卷六四《赐李纳王武俊田悦等铁券文》,商务印书馆,1959年。

的请求。为巩固统治,唐廷用铁券争夺中间力量,弱化叛乱势力。晚唐,中央势力日渐衰弱,唐廷不得不经常利用铁券来安抚强藩悍将。景福二年(893),邠州节度使王行瑜居功跋扈,求尚书令,昭宗不得已赐其"尚父",并赐铁券。① 乾宁二年(895),浙东节度使董昌僭号称帝,昭宗以钱镠为浙东招讨使。次年四月,钱镠便斩董昌,平定浙东。乾宁四年(897)九月,昭宗赐其铁券,并图形凌烟阁。②

(四)归附蕃酋首领

历经高祖至玄宗的励精图治,唐王朝势力不断强大,疆域不断拓展。随着大唐帝国的兴盛,吸引了不少周边少数民族归附入朝。武则天、唐玄宗朝,对归附外蕃首领多数赏赐铁券,以示褒奖,这也是唐代边疆羁縻政策中一个重要的政治策略。证圣元年(695),吐蕃赞婆以所部及兄子莽布支等内降,武则天皆赐铁券以示天恩。开元、天宝年间,唐玄宗曾多次颁赐铁券给外蕃首领。如石国怀化王那俱车鼻施、护密王子颉里匐、登里伊罗密施突骑施可汗和三姓叶护都摩度阙颉斤等人都曾获赐铁券。贞元二年(786)八月,唐德宗赏赐铁券给西镇节度顿啜护波支。

用赏赐铁券方式与外族盟誓换来边疆的安宁,这对稳定和巩固唐朝统治起着积极的作用。但自德宗后不见有外蕃首领获赐铁券相关史料记载,这与唐朝中央集权日渐衰落有着直接的关系。

(五)其他幸臣

唐代的宦官也能获赐铁券,这是一个特殊的现象。宦官本是"掖廷永巷之职,闺牖房闼之任"③,无权过问军政大事。安史之乱后,藩镇兴起,为强化皇权,帝王在政治上大力扶植宦官势力,使之与藩镇相抗衡,这为宦官走上揽权干政的道路提供了一个重要的契机,因此,宦官也有机会获赐铁券。

程元振在拥翼代宗帝王过程中起到至关重要的作用,史载:"张皇后谋立越王,元振见太子,发其奸,与李辅国助讨难,立太子,是为代宗。"④宝应元年(762),因吐蕃南下入寇,代宗仓皇东幸,时值卫兵离散,驻扎陕州的神策军使鱼朝恩"悉军奉迎华阴,乘舆六师乃振"⑤,代宗转危为安。安史之乱平定后,代宗对有功的阉宦也赏赐了铁券,史载:"鱼朝恩寄崇师律,程振元勋高佐命,各加实

---

① 《旧唐书》卷二〇上《昭宗纪》。
② 欧阳修:《新五代史》卷六七《吴越世家》,中华书局,1997年。
③ 范晔:《后汉书》卷七八《宦官传》,中华书局,1973年。
④ 《新唐书》卷二〇七《宦官上·程元振传》。
⑤ 《新唐书》卷二〇七《宦官上·鱼朝恩传》。

封二百户……仍各赐铁券,以名藏太庙,画像于凌烟阁。"①僖宗时,宦官田令孜则因"从僖宗幸蜀,銮舆反正","有匡佐之功"②而获赐铁券。文德元年(888)二月,"僖宗暴不豫。……及大渐之夕,而未知所立。群臣以吉王最贤,又在寿王之上,将立之,唯军容杨复恭请以寿王监国。三月六日,宣遗诏立为皇太弟"③,及"帝崩,定册立昭宗,赐铁券,加金吾上将军"④。宦官杨复恭因拥立昭宗之殊功,也获赐铁券。

此外,铁券颁赐在某种程度上与帝王的个人喜爱也有着很大关系,这导致受宠幸的大臣也有机会获赐铁券。例如中宗复位后,用铁券赏拥立之臣,术士郑普思以妖术而受宠,竟然也被中宗赏赐铁券。⑤ 最为典型的就是唐玄宗宠幸安禄山,安禄山善于取媚于唐玄宗,故其宠"固不可摇"⑥。天宝七载(748),玄宗赐其铁券。⑦ 天宝十四载(755)十一月,安禄山率二十万大军起兵叛乱,从此,唐王朝进入了历史的转折点,安史之乱也是唐朝由盛转衰的标志。

二、唐代铁券颁赐的基本特征

唐代铁券的颁赐是与唐代社会状况息息相关的。与其他朝代的情况相比,唐代的铁券颁赐呈现出下列特点。

(一) 颁赐范围广

唐代获赐铁券者上至王室贵族,下至出身卑微的寒族,对象范围日益扩大化。唐建国之初,至中宗、睿宗朝所赐铁券之人,多为关陇集团人物,或是贵胄子弟,这一时期,铁券颁赐数量并不多,范围也不广,且获赐者大多为朝廷大臣。天宝七载(748),曾为互市郎⑧的安禄山获赐铁券,"开启了地方官吏获铁券之先河"⑨。

安史之乱后,寒族获赐铁券者也大有人在,如严庄为进士不中的士子;田神

---

① 《全唐文》卷四九《册尊号赦文》。
② 《旧唐书》卷一八四《宦官·田令孜传》。
③ 《旧唐书》卷二〇上《昭宗纪》。
④ 《新唐书》卷二〇七《宦官上·程元振传》。
⑤ 《资治通鉴》卷二〇八。
⑥ 《资治通鉴》卷二一五。
⑦ 《资治通鉴》卷二一六。
⑧ 《旧唐书》卷二二五上《逆臣上·安禄山传》。
⑨ 冯贺军:《唐朝皇帝与铁券颁赐》,《紫禁城》1997年第4期。

功"家本微贱"①;李忠臣"以材力奋"②;梁崇义早期"以概量业于市"③;陈敬瑄"少贱,为饼师"④;王建"少无赖,以屠牛盗驴贩私盐为事,里人谓之贼王八"⑤。由于获赐铁券者多为藩镇将帅、地方官吏,新兴庶族地主阶层日益崛起,中枢机构趋向多元化,皇权日渐走向衰落。

(二) 以褒奖功臣为主

唐代统治者比较注重笼络功臣,往往把对功臣的封爵赐券当作一项重要国策加以实施。唐初,高祖李渊论"太原首功",颁赐免死诏赏赐开国功臣。武周、中宗、睿宗时期是唐朝内部最高统治者权力争夺最为激烈一段时期,中宗、睿宗都是在他人兵变拥立之下即帝位的,因此,他们复位后赏赐功臣铁券是必不可少的。长安四年(704)末,春秋已高的武则天身染沉疴,惟有张易之、张昌宗兄弟侍侧。神龙元年(705)正月二十二日,张柬之等人以诛二张为名,发动了军事政变,逼迫武则天退位。中宗复位后不久便封张柬之、桓彦范、崔玄暐、敬晖、袁恕己五人为王,并赐铁券以示殊荣。同时获此铁券还有武攸暨、武三思、杨元琰、杨执一等16人。⑥中宗即位后,统治昏暗,景龙四年(710)六月,韦后谋害中宗,欲图临朝称制,临淄王李隆基率刘幽求等人诛杀了韦后及其党羽,拥立其父睿宗即位。刘幽求在政变中出谋划策立下汗马功劳,被封为徐国公,并赐铁券,史载:"以卿忘躯殉难,宜有恩荣,故特免卿十死罪,并书诸金铁,俾传于后。"⑦

平定安史之乱过程中,为褒奖靖难功臣颁赐了大量的铁券。至唐中后期,中央集权弱势,藩镇势力日渐强大,以致君主频仍仓皇出幸避难,在动乱平息后,帝王多对扈从功臣赏以铁券。如德宗时,意图遏制藩镇势力,从而引发了河朔三镇的相继叛乱。初,成德节度使李宝臣之子李惟岳叛乱,其弟惟简奔至京师,德宗因猜忌将其"拘于客省"⑧。"泾原之变"后,李惟简赴难至奉天,并从浑瑊率师讨贼,频战屡捷。李怀光反叛时,德宗又徙山南,惟简以三十骑追从,及德宗还京后,被"封武安郡王,号'元从功臣',图形凌烟阁,赐铁券"⑨。广明元年(880)十二月,黄巢攻入潼关,僖宗仓皇出逃,四川节度使陈敬瑄亲率三千精兵护卫,京城

---

① 《旧唐书》卷一二四《田神功传》。
② 《新唐书》卷二二四下《叛臣下·李忠臣传》。
③ 《新唐书》卷二二四上《叛臣上·梁崇义传》。
④ 《新唐书》卷二二四下《叛臣下·陈敬瑄传》。
⑤ 《新五代史》卷六三《前蜀世家·王建传》。
⑥ 《资治通鉴》卷二〇八。
⑦ 《旧唐书》卷九七《刘幽求传》。
⑧ 《新唐书》卷二一一《李宝臣附子惟简传》。
⑨ 《新唐书》卷二一一《李宝臣附子惟简传》。

收复后,僖宗"赐以铁券,恕其十死"①以酬其功。光启二年(886),田令孜与王重荣争夺安邑、解县两池盐利,致使兵变,僖宗不得不再次逃亡山南,在逃亡途中,神策军使王建护佑僖宗冲过火烧的栈道,脱离了危险。太子少保孔纬、翰林学士承旨杜让能不顾危难一直追随僖宗,朱玫之乱平息后,僖宗还京赐王建、孔纬铁券。昭宗即位后为褒美杜让能扈从僖宗之功赐其铁券。② 乾宁二年(895),凤翔节度使李茂贞率兵逼京,昭宗出幸,华州节帅韩建尽力护驾而获赐铁券。③ 可见,至唐末,铁券仍然是统治者维护统治的有力工具。

(三) 羁縻少数民族首领

唐王朝自建国后,疆域不断拓展,至玄宗时已是一个势力强大的帝国。这个阶段,周边的很多民族与唐王朝建立了密切的联系。用铁券来安抚或拉拢少数民族首领,不仅巩固了王朝统治,也有利于增强民族凝聚力,对其他民族也具有感召力。早在汉高祖刘邦时就已经将铁券作为外交手段。时匈奴势力强大,经常南下入侵。为了稳定统治,还曾以铁券的形式和异族来盟定誓约。《太平御览》卷七七九引《三辅故事》载:汉高帝九年,刘敬(娄敬)奉命出使匈奴,与其划地为界,"作丹书铁券曰:'自海(今贝加尔湖)以南,冠盖之士处焉。自海以北,控弦之士处焉。'割土盟子然后还"。唐朝在维护统治者利益时,也将铁券充分运用在外交政策中。

开元二年(714),契丹首领李失活以突厥默啜政衰,率部落与颉利发伊健啜来归,玄宗对其归附十分欣喜,故赐以丹书铁券加以笼络。④ 二蕃在东北防御体系中占据了举足轻重的位置,其归附对唐朝廷的意义不言而喻。天宝年间颁赐的主要对象是外蕃首领。这些外蕃首领获赐铁券的原因无非是"效勤弥亮,果能率众相归降,斯尽节于朝廷,且立功于疆场。信义若此,嘉尚良深",故而"是用授卿宠章,荣彼蕃部。今赐卿丹书铁券,传之子孙,永固河山,有如日月"⑤。由此可知,唐玄宗这种用铁券对诸族的安抚与控制,是对周边少数民族首领实行羁縻政策的一种体现。西部、北部地区形势的稳定,有助于唐朝的安定。

然而,铁券羁縻的作用也是有限的,这种政策主要是以唐朝的整体实力强盛为基础,唐长孺先生指出,仪凤以前,唐朝国力强盛,而周边诸族势力相对衰弱,唐朝处于明显的优势,后来双方力量对比开始发生变化,唐朝的攻势战略受到挑

---

① 《唐大诏令集》卷六四《赐陈敬瑄铁券文》。
② 《旧唐书》卷一七七《杜审权附子让能传》。
③ 《唐大诏令集》卷六四《赐韩建铁券文》。
④ 《新唐书》卷二一九《北狄·契丹传》。
⑤ 《全唐文》卷三九《赐三姓叶护都摩度阙颉斤铁券文》。

战,逐渐转为守势。① 而这些外族首领来唐臣服,有利于边疆的稳定,同时也有利于提高唐朝的威望。因此,对外蕃首领的臣服,多赏赐其铁券以示殊荣,达到羁縻之功用。随着唐中央集权不断式微,唐廷很少颁赐铁券给少数民族首领。从时间上看,这种用铁券羁縻的政策主要是在唐朝的整体实力强盛时期。

三、唐代铁券颁赐所反映的问题

深入分析唐代的铁券颁赐情况,我们还可以看出下列问题。

(一)唐代统治者比较重视武将

从唐代颁赐铁券对象的整体来看,明显地发现,文臣能获赐铁券的寥寥无几,如中宗时张柬之、崔玄暐等五王,宠信的术士郑普思;僖宗时,文臣孔纬,昭宗时的杜让能。而以武功获赐铁券者甚多,尤其是唐中后期,下面列举一些获赐铁券者情况以资说明:《新唐书》卷九〇《柴绍传》云柴绍"幼矫悍,有武力,以任侠闻"。《旧唐书》卷一二〇《郭子仪传》云郭子仪"始以武举高等补左卫长史"。《旧唐书》卷一一〇《李光弼传》云李光弼"善骑射"。同书同卷《辛云京传》云辛云京"代掌戎旅,兄弟数人,并以将帅知名"。《旧唐书》卷一二一《仆固怀恩传》云仆固怀恩"皆以善格斗"。同书同卷《李怀光传》云李怀光"少从军,以武艺壮勇称"。同书同卷《梁崇义传》云梁崇义"以升斗给役于市,有膂力,能卷金舒钩"。《旧唐书》卷一三三《李晟传》云李晟"善骑射"。《旧唐书》卷一二四《令狐彰传》云令狐彰"善弓矢,及策名从军"。同书同卷《薛嵩传》云薛嵩"有膂力,善骑射,不知书"。《新唐书》卷二一〇《田承嗣传》云田承嗣"世事卢龙军,以豪侠闻"。《新唐书》卷二一一《藩镇镇冀·王武俊传》云王武俊"甫十五,善骑射"。《旧唐书》卷一〇九《白孝德传》云白孝德"骁悍有胆力"。《旧唐书》卷一三二《李抱玉传》云李抱玉"好骑射,常从军幕",等等。

由上可见,获赐铁券者大多数"善骑射""善弓矢""骁悍",以军旅而进。随着均田制的解体,府兵制破坏后,募兵制开始实行,它使骁勇善战、出身寒族、无党派的武士受到统治者的青睐。安史之乱后,中央与地方的战争频繁,军功兴盛。总之,唐代武功不断,为武将建立显赫军功提供了契机。

除此之外,唐中后期,获赐铁券者不仅是武将为主,且多为藩镇节度使。史云"武夫以功起行阵,列为侯王者,皆除节度使"②,如安禄山、郭子仪、李光弼、仆

---

① 孙继民:《唐代行军制度研究》,台北·文津出版社,1995年,第21~23页。
② 《新唐书》卷五〇《兵志》。

固怀恩、郭英义、辛云京、侯希逸、田神功、孙志直、白孝德、张献诚、李怀光、令狐彰、田承嗣、李宝臣、李怀仙、梁崇义、薛嵩、李纳、田悦、王武俊、陈敬瑄、朱温、李茂贞、王行瑜、王建、韩建、钱镠等人，皆曾为节度使。唐末，获赐铁券的强藩悍将在势力强大后，欲图灭唐取而代之。天复四年(904)八月，朱温弑杀昭宗。开平元年(907)四月，朱温在大梁即帝位，史称后梁，唐朝至此灭亡。

(二) 藩将在唐代有较大影响

唐代获赐铁券者中不少是蕃将(这里外蕃首领不计入)，见表1所示：

表1 唐代获赐铁券的蕃将统计表

赏赐者	获赐者	民族成分	典籍出处
唐高祖	刘政会	匈奴人	《新唐书》卷一、《新唐书》卷七一上
唐高祖	窦琮	鲜卑人	《新唐书》卷一、《旧唐书》卷五八
唐高祖	长孙顺德	拓跋人	《新唐书》卷一、《旧唐书》卷五八
唐高祖	李多祚①	靺鞨人	《旧唐书》卷七、《资治通鉴》卷二○七
唐玄宗	安禄山	粟特人	《旧唐书》卷二○○上《安禄山传》、《安禄山事迹》卷上
唐肃宗	阿史那承庆	突厥人	《旧唐书》卷二○○上、《新唐书》卷二二五《逆臣上》、《资治通鉴》卷二二○
唐代宗	侯希逸	高句丽人	《旧唐书》卷一二四《侯希逸传》
唐代宗	李纳	高句丽人	《旧唐书》卷一二四《李纳传》
唐代宗	李怀光	渤海靺鞨人	《旧唐书》卷一四二、《新唐书》卷二二四
唐代宗	李抱玉	安国人②	《册府元龟》卷一三一
唐代宗	白孝德	安西胡人	《册府元龟》卷一三一、一三三

① 据两《唐书》和《资治通鉴》中相关记载考证，李多祚应获赐铁券，故这里将其列出。
② 隋末大乱，安兴贵与弟安修仁密谋引众胡起兵，执李轨归唐，河西始平。故兄弟在唐初武德年间享有极高待遇，赐实食封六百户，时李靖仅有五百户。后安兴贵子安元寿还陪葬太宗昭陵。安氏久为凉州豪族。安史之乱后，李光弼神将李抱玉上书，自称本姓安氏，为安兴贵后裔。因耻于与安禄山同姓而改姓李氏(见《旧唐书》卷一三二《李抱玉传》，第3646页)。

续　表

赏赐者	获赐者	民族成分	典籍出处
唐代宗	李光弼	契丹	《旧唐书》卷一一〇、《新唐书》一三六
唐代宗	仆固怀恩	铁勒仆固人	《旧唐书》卷一二一、《新唐书》卷二二四
唐代宗	仆固玚（仆固怀恩之子）	铁勒仆固人	《册府元龟》卷一三一、一三三
唐代宗	白元光	突厥人	《册府元龟》卷一三一、一三三
唐代宗	拓跋澄泌	鲜卑人	《册府元龟》卷一三一、一三三
唐代宗	李宝臣	奚人	《旧唐书》卷一一、《新唐书》卷二一一
唐德宗	李惟简（李宝臣之子）	奚人	《新唐书》卷二一一
唐德宗	王武俊	契丹怒皆部	《新唐书》卷二一一《藩镇镇冀·王武俊传》
唐德宗	顿啜护波支	回纥人	《唐大诏令集》卷六四、《全唐文》卷四六四
唐僖宗	拓跋思恭	党项人	《西夏书事》卷三

　　由表1可知，有唐一代，获赐铁券的蕃将共21人，安史之乱后番将获赐的人数大大超过安史之乱前。安史之乱前，获赐铁券多为少数民族首领。番将能够获赐铁券主要有以下两个原因。

　　第一，与唐朝重视边疆蕃将政策相关。"武德年间的统一战争，蕃姓大将仍为朝廷依靠的基本力量"①。玄宗时，李林甫专权，欲杜绝边帅入相之路，乃奏言："文臣为将，怯当矢石，不若用寒畯胡人，胡人则勇决习战，寒族则孤立无党，陛下诚以恩洽其心，彼必能为朝廷尽死。"②时边防军需要扩大，且内附的诸少数民族多安置于边境，以募兵方式组建边军有利于吸收善战的蕃兵，扩大了兵源，故玄宗采纳之。《册府元龟》卷一二四《帝王部·修武备》载："（开元）八年八月诏：宜差使于两京及诸州且拣取十万人，务求灼然挠勇，不须限以蕃汉，皆放蕃（番）役差科，唯令围（团）伍教练。"陈寅恪先生指出番将与李唐一代"至

---

① 马驰：《唐代蕃将》，三秦出版社，1990年，第14页。
② 《资治通鉴》卷二一六。

深至巨""相始终"①。唐朝采取以夷制夷,冀图利用他们游牧民族身上继承的勇武善战的特性来维护边疆之安宁,取得积极的成效。

第二,边境之地胡化。强大的唐帝国建立之后,大量蕃胡内附和迁徙,唐王朝对西北归顺内属的少数民族进行安置,西起甘、凉,东迄幽、燕,外族逐渐融合于汉族者不下数十万。此后北方氏族之驳纯驳杂,已达无可究诘的地步。②开元五年(717),玄宗复置营州于旧城柳城,营州都督宋庆礼屯田八十余所,"并招辑商胡,为立店肆"③,"不数年,居人蕃辑"④。河朔地区胡化,对唐中央政治产生了重要的影响。陈寅恪先生认为安史之乱及藩镇割据都与河朔地区有关,指出"一为其人之氏族本是胡类,而非汉族;一为其人之氏族虽为汉族,而久居河朔,渐染胡化,与胡人不异"⑤。河北诸镇不但上层将帅胡性浓厚,社会基层亦然,整个社会有着浓郁的胡化风气。这种胡化也是唐代民族融合现象的体现。

安史之乱前后,蕃将大量进入统治阶级,他们在平叛、维护唐廷统治利益中也起到了重要的积极作用。朝廷历来重用蕃将蕃兵,不仅因为其骁勇善战,而且因为蕃将一般是较为纯粹的武人,不易培植朝中势力干预政治,容易为中央所控制。至唐中后期,蕃将成为政治舞台上的重要角色。

(三)唐代有滥赐铁券的情况

唐初铁券的颁赐在对象、资历、威望等各方面的要求是十分严格的。只有对国家有重大贡献方可获赐殊荣,故而在安史之乱前,获赐铁券者多为朝廷重臣、贵胄子弟。总体来说,这个阶段,唐朝统治者颁赐铁券态度较为谨慎,数量也相对少些。

安禄山叛乱后,唐朝中央控制力虚弱,为了早日平息安史之乱,代宗在广德元年(763)七月,颁赐了大量的铁券,一方面是为了褒奖平定叛乱的功臣,另一方面是安抚归降的安史之乱主要将领。据《册府元龟》卷一三三记载:"河北副元帅仆固怀恩、河东副元帅光弼、幽州节度使李怀仙、李抱玉、郭英乂、辛云逸、田神功……成惟良、曹楚玉等,各赐铁券,以名太庙。"⑥代宗一次就赏赐铁券30多人,这也表明中央势力日渐弱化,统治者往往不惜用铁券来赏赐和安抚,铁券的

---

① 陈寅恪:《金明馆丛稿初编》,上海古籍出版社,1980年,第276页。
② 岑仲勉:《隋唐史》,中华书局,1982年,第468页。
③ 《新唐书》卷一八五下《宋庆礼传》。
④ 《旧唐书》卷一三〇《宋庆礼传》。
⑤ 陈寅恪:《唐代政治史述论稿》,陈寅恪:《隋唐制度渊源略论稿(外二种)》,河北教育出版社,2002年,第189页。
⑥ 王钦若等编纂:《册府元龟》卷一三三《帝王部·褒功第二》,中华书局,1960年。

赏赐也随之泛滥。至唐末,统治者赏赐铁券的要求不断降低,这时有一些无勋功显著者也能获赐铁券,滥赏的结果是神圣的铁券遭到蔑视,一些获赐者往往恃券益加骄恣跋扈,甚至出现公然对抗朝廷者,如田承嗣、李茂贞、王行瑜等人。安史之乱后尤其是唐末,铁券的褒奖和安抚功能、效果与唐初迥然不同。

综上所述,唐代因时因需颁赐了大量的铁券,铁券颁赐的对象范围明显扩大,尤其是在安史之乱后。在铁券颁赐的过程中,颁赐铁券的对象发生变化,也呈现了诸多的时代特征。中央政权强盛时,颁赐铁券可以宣扬皇权,巩固社会的和谐统一,还作为一种羁縻民族的政治工具,发挥了有效的、积极的作用。皇权衰弱时,统治者常常不惜赏赐铁券以姑息、安抚,甚至在唐末有所泛滥,随着唐中央集权日益衰弱,藩镇势力增强,铁券政治功能也日渐衰落,终究未能挽救唐朝最终走向灭亡的政治末路。

[原载《陕西师范大学学报(哲学社会科学版)》2010年第5期]

史学理论视野下的唐修正史探析

张 峰*

唐初史学因史馆制度的确立和八部正史的纂修而备受学界关注,学者从朝廷对史学的重视、史馆制度的确立、正史编纂的成就和监修人员的作用等视角进行了有益的探讨①,不少见解对我们很有启发。但是,从史学理论的角度对此问题的考察,尚显不足。唐初正史的编纂有着特定的时代背景与学术生态,我们应回到历史"现场",摆脱单一的视角或仅就某部正史的编纂来概括唐初史学整体面貌的做法,从史学发展的连续性和整体性中探寻其因果关系,进而把握史学演进的阶段性特点与内在逻辑,由此才能进一步深化对于唐初史学的整体认识。

一、唐初正史编纂的原则

以往有关唐初正史编纂问题的研究,多着眼于当权者注重以史为鉴,发挥史学的"鉴戒"功能,从而服务于当朝的统治。实际上,唐初当权者虽然注重发挥史学为现实政治服务的功能,但是他们清楚地意识到求真是致用的基础,故而仍然重视以学术质量衡量前代各史编纂的优劣,进而决定重修与否。在笔者看来,唐初史学发展的兴盛与当权者对修史事业的重视有很大关联,一方面当权者需要从近世的朝代兴亡中总结出经验教训,以巩固新王朝的统治;另一方面,随着国家的统一,开始对前代的历史撰述进行全面诊断,除了给梁、陈、北齐、北周、隋等王朝编纂新史之外,还要检视前代各朝所修断代史的学术价值。这就决定了唐初正史的编纂遵循着二重性原则:一是历史鉴戒的需求,二是学术考量的标准。

武德四年(621),时任起居舍人的令狐德棻上疏唐高祖李渊,指出编纂前代史的重要性与紧迫性,他说:"窃见近代已来,多无正史,梁、陈及齐,犹有文籍。至周、隋遭大业离乱,多有遗阙。当今耳目犹接,尚有可凭,如更十数年后,恐事迹湮没。陛上既受禅于隋,复承周氏历数,国家二祖功业,并在周时。如文史不

---

* 张峰,现为西北大学历史学院教授、博士生导师。
① 关于这方面的研究成果,可以参见瞿林东:《唐代史学论稿》,北京师范大学出版社,1989年;谢保成:《隋唐五代史学》,商务印书馆,2006年;陈其泰:《中国古代设馆修史功过得失略论》,《河北学刊》2003年第5期;瞿林东:《论唐初史家群体及其正史撰述》,《人文杂志》2015年第6期等。

存,何以贻鉴今古?如臣愚见,并请修之。"①令狐德棻因担任起居舍人,所以较为关注纂修前代史。他的上疏有两个值得重视的维度。第一个维度是从学术承继的角度而言的,认为近代以来多无正史,当局应大力搜求史料,接续前代修史的传统。第二个维度是从政治统绪的视角立论的,唐承隋建,而隋由周来,唐初建立了统一的帝国,应纂修前朝史以明唐朝政权的渊源。令狐德棻的建议,使唐高祖下诏撰修北魏、北周、隋、梁、北齐、陈六个朝代的历史,并强调各史撰述应"务加详核,博采旧闻,义在不刊,书法无隐"②,这显系以学术标准要求"六代史"的编纂。

高祖所开启的修史事业,虽未成功,但却启示着他的后继者唐太宗继续从事这项未竟之业。贞观三年(629),太宗将史馆正式移于门下省,这反映了国家对于修史事业的重视达到了一个新的高度,因为"南北朝时著作局掌修国史,隶属于秘书省,唐高祖武德年间亦然。唐朝实行的三省六部制度,三省是中书、门下、尚书,秘书省虽然也称作'省',但地位远为低下。唐太宗把史馆移于门下省,把修前代史的'秘书内省'设在中书省,都是重视史学的行政措施"③。继而,太宗下诏撰修梁、陈、北齐、北周、隋五个朝代的历史。这五个朝代的兴亡距离唐朝的建立时间不久,其兴亡教训正可为唐朝统治提供借鉴,所以"五代史"的编纂饱含着深刻的历史鉴戒思想和政治性需求。

值得注意的是,此次修史,太宗未对高祖时倡议编纂的北魏史有所提及,高祖武德年间之所以拟修《魏书》,缘于《魏书》撰成后"众口喧然,号为'秽史'"④,故有重修的计划,但当唐朝廷将编纂前朝史作为一项大型学术工程加以实践时,史官对于纂修梁、陈、北齐、北周、隋"五代史"均无异议,唯独对于重修北魏史有着不同看法,结果"众议以魏史既有魏收、魏澹二家,已为详备,遂不复修"⑤。也就是说,魏史已有魏收、魏澹两家且各具特色,故未重修。这实际上是对魏收《魏书》学术价值的肯定,因此唐初由修"六代史"转修"五代史",正是以学术水平的标准作为评判依据和撰修原则的。

同样,以学术标准衡量前朝史编纂的优劣,还体现在唐初所修晋史方面。有关《晋书》编纂的原因,不少学者从政治的角度作了考察,如陈寅恪认为:"盖重修

---

① 《旧唐书》卷七三《令狐德棻传》,中华书局,1975年,第2597页。
② 《旧唐书》卷七三《令狐德棻传》,第2598页。
③ 乔治忠:《中国史学史》,中国人民大学出版社,2011年,第163页。
④ 《北齐书》卷三七《魏收传》,中华书局,1972年,第489页。
⑤ 《旧唐书》卷七三《令狐德棻传》,第2598页。

晋书所以尊杨皇室,证明先世之渊源。"①李培栋则认为推动唐太宗重修《晋书》的主要原因,在于"一系列政治事件对太宗的刺激",包括"皇位继承问题上的严重斗争","他对勋戚功臣们的猜忌怀疑"和"太宗本人对历史记载的恐惧心理"等,除此之外,"借机重审李唐家世也可以是一个原因;并且,唐太宗那种华夷一家的民族观,以及唐初仍盛行的门阀崇拜观念,也都有必要在重修晋史时表现出来。这些都是敕修《晋书》的原因"②。这些因素对于唐太宗重修《晋书》或许不无影响,但仍无明文可以论证两者之间的直接关系。

笔者认为,在高祖武德五年与太宗贞观三年的修史计划中,均未提及晋史的重修问题,这应与诸家晋史在唐初尚存于世且时人对其价值认识不足有关。但随着唐初政局的稳定,"五代史"编纂的成功,尤其是存世各家晋史的缺点不断暴露出来,遂使重修晋史的问题被提上了日程。根据文献记载,贞观二十年(646)闰三月四日③,唐太宗下《修〈晋书〉诏》,正式启动《晋书》的重修工作。固然,《晋书》的编纂有着政治性的考量,这从太宗诏书中有感而发的"大矣哉,盖史籍之为用也"④的言论可见一斑。但是在太宗的《修〈晋书〉诏》中,他更多的是从学术上指明《晋书》重修的原因:

> 晋氏膺运,制有中原,上帝启元石之图,下武代黄星之德。及中朝鼎沸,江左嗣兴,并宅寰区,各重徽号,足以飞英丽笔,将美方书。但十有八家,虽存记注,而才非良史,书亏实录。绪烦而寡要,思劳而少功。叔宁课虚,滋味同于画饼;子云学海,涓滴埋于润流。处叔不预于中兴,法盛莫通于创业。洎乎干、陆、曹、邓,略纪帝王;鸾、盛、广、崧,才编载记。其文既野,其事罕传。遂使典午清高,韫遗芳于简策;金行褒志,阙继美于骊原。遐想寂寥,深为叹息。宜令修国史所更撰《晋书》,铨次旧文,裁成义类,俾夫湮落之诰,咸使发明。⑤

太宗认为晋代继承了曹魏的统绪而据有天下,对其历史应加以总结、书写。尽管唐初存世晋史"十有八家",但这些著述仅仅具有保存史料的价值,难副"实

---

① 陈寅恪:《李唐氏族之推测》,陈寅恪:《金明馆丛稿二编》,生活·读书·新知三联书店,2001年,第332页。
② 参见李培栋:《〈晋书〉研究(上)》,《上海师范大学学报》1984年第2期。
③ 关于《晋书》编纂的时间,学术界有始于贞观十八年(644)和贞观二十年之说,此处根据王溥《唐会要》卷六三《修前代史》(中华书局,1955年,第1090页)的记载。
④ 宋敏求编:《唐大诏令集》卷八一《修〈晋书〉诏》,商务印书馆,1959年,第467页。
⑤ 宋敏求编:《唐大诏令集》卷八一《修〈晋书〉诏》,第467页。

录"之名。太宗一一分析诸家晋史的不足,强调应"更撰《晋书》,铨次旧文,裁成义类"。

无独有偶的是,唐初史家在《晋书》卷八二为两晋史家群体作传时,对时人撰述晋史成就的评价同样不高,如文中提及王隐的《晋书》"混淆芜舛,良不足观";虞预见闻太少,所著《晋书》窃取王隐之作,"未足多尚";干宝和孙盛两人虽有良史之才,但所著《晋纪》和《晋阳秋》"惜非正典";谢沉的《晋书》"奇词异义,罕见称焉";《汉晋春秋》的作者习凿齿与《晋纪》的作者徐广"俱云笔削,彰善瘅恶,以为惩劝。夫蹈忠履正,贞士之心",但"背义图荣,君子不取"①。据此来看,唐初史家以学术标准衡量两晋史家的晋史编纂,认为这些著作各有不足,这成为他们重修《晋书》的一个重要原因。《晋书》撰成之后,"自是言晋史者,皆弃其旧本,竞从新撰者焉"②。可见,唐修《晋书》与前代所修晋史在流传过程中,优胜劣汰,而非唐初当权者运用行政的力量废除前代所修晋史,这充分体现了唐修《晋书》的学术价值与生命力。

因此,我们今天对于唐初正史编纂问题的考察,除了重视当权者注重"以史为鉴"的编纂原则之外,还应观照他们从学术质量的标准对前史编纂优劣的评定,进而决定他们是否编纂前代各史。政治性需求与学术性考量共同构成了唐初正史编纂的指导思想。

二、唐初正史编纂的演进

从唐初"八史"编纂的时间来看,它们的成书有着先后的顺序,其中"五代史"完成于贞观十年(636),《晋书》纂成于贞观二十二年(648),《五代史志》撰成于显庆元年(656),《南史》与《北史》成书于显庆四年(659)。这一浩大的学术工程前后历时30年,参与史家数十人,是中国历史编纂学史上的盛大壮举。透过对于这次修史实践相关史料的分析,我们会发现,唐初正史的编纂有着循序渐进的过程与内在演进的逻辑。

从唐高祖武德年间诏修"六代史"到太宗贞观三年改修"五代史",反映了唐初政治家、史学家对集众修史模式的探索与调适。在唐之前,尚未有官方组织多部正史同时编纂的先例,故而高祖武德年间下诏纂修"六代史",可以看做是唐初集体修史的一次有益尝试,但是这次修史工作"由于缺乏组织工作的经验,故未

---

① 参见《晋书》卷八二"史论",中华书局,1974年,第2159页。
② 刘知幾著,浦起龙释:《史通通释》卷一二《古今正史》,上海古籍出版社,1978年,第350页。

能取得具体的成果"①。其后,"太宗复敕修撰,乃令德棻与秘书郎岑文本修周史,中书舍人李百药修齐史,著作郎姚思廉修梁、陈史,秘书监魏徵修隋史,与尚书左仆射房玄龄总监诸代史"②。这次修史有两个值得重视的变化:一是,令李百药修《北齐书》、姚思廉修《梁书》与《陈书》,而李百药与姚思廉两位史家不仅有家学渊源,而且对于北齐、梁、陈各朝的历史已有所撰述,易于成功。二是,当权者汲取武德年间修史失败的教训,重视发挥魏徵、令狐德棻等史臣对整个修史工作的组织与协调作用,其中魏徵负责对各史"总加撰定,多所损益,务存简正"③,令狐德棻则"总知类会梁、陈、齐、隋诸史"④。由于这次修史有上述变化,历经七年之后,修成"五代史",共247卷。

唐初当权者与史官有了"五代史"编纂成功的经验,遂将这种集众修史的模式运用于《晋书》的纂修,太宗在修《晋书》诏书中所说"其所须,可依修五代史故事"⑤,颇能反映两次修史活动之间的内在联系。根据文献记载,《晋书》的重修工作始于贞观十五年(641)⑥,但延至贞观二十年才正式启动。此次修史,政府组织了更为庞大的修史群体,《旧唐书·房玄龄传》记载了这次修史的大致情况:房玄龄"与中书侍郎褚遂良受诏重撰《晋书》,于是奏取太子左庶子许敬宗、中书舍人来济、著作郎陆元仕、刘子翼、前雍州刺史令狐德棻、太子舍人李义府、薛元超、起居郎上官仪等八人,分功撰录,以臧荣绪《晋书》为主,参考诸家,甚为详洽"⑦。可知在这次政府组织的修史活动中,既有领衔修撰的房玄龄、褚遂良,又有善于制定史书体例的令狐德棻,还有谙熟天文、历算、阴阳之学的李淳风等专门人才。郑樵说《晋书》之纂,"皆随其学术所长者而授之,未尝夺人之所能,而强人之所不及"⑧,正是对当时参修《晋书》各人分工的描述。经多位撰修者的共同努力,用两年时间完成了一部规模达于132卷的《晋书》。⑨

《五代史志》的编纂同样起于贞观十五年(641),但太宗一朝进展甚少。永徽元年(650),唐高宗又诏令狐德棻监修《五代史志》,至显庆元年(656)方成30卷

---

① 瞿林东:《盛唐史学的总结性工作》,《唐代史学论稿》,第4页。
② 《旧唐书》卷七三《令狐德棻传》,第2598页。
③ 参见《旧唐书》卷七一《魏徵传》,第2550页。
④ 《旧唐书》卷七三《令狐德棻传》,第2598页。
⑤ 宋敏求:《唐大诏令集》卷八一《修〈晋书〉诏》,第467页。
⑥ 《旧唐书》卷七九《李淳风传》记载李淳风于贞观"十五年,除太常博士。寻转太史丞,预撰《晋书》及'五代史',其《天文》《律历》《五行志》皆淳风所作也"(第2718页);李延寿自撰的《北史·序传》(中华书局,1974年)中也提及了贞观十五年的这次《晋书》纂修,"十五年,任东宫典膳丞日,右庶子、彭阳公令狐德棻又启延寿修《晋书》,因兹复得勘究宋、齐、魏三代之所未得者"(第3343页)。
⑦ 《旧唐书》卷六六《房玄龄传》,第2463页。
⑧ 郑樵:《通志二十略·校雠略》,中华书局,1995年,第1822页。
⑨ 按,《晋书》本包括目录、叙例各1卷,这两部分内容在流传的过程中散佚,现存《晋书》130卷。

篇幅。从正史设立书志的发展历程来看，《史记》与《汉书》首先开创了在纪传体史书中设列书志的传统，但这一统绪在《三国志》《后汉书》的编纂中未能得到很好的延续，至沈约编纂《宋书》、萧子显编纂《南齐书》和魏收编纂《魏书》时，又重新将典志纳入正史撰述之中，可知到了南北朝时期典志入史又成惯例。而"五代史"的编纂仅有纪传而无典志，则应与唐初当权者考虑纪传易成而典志难撰的实际情况有关；加之武德年间修史无得而终，致使太宗贞观三年的修史集中在易于编纂的"五代史"纪传方面。"五代史"纪传编纂成功之后，唐朝廷几乎同时展开了对《五代史志》的编纂和对《晋书》的重修。但从实践的层面来看，《五代史志》的编纂迟迟未有进展，而《晋书》的重修工作则于贞观二十二年首先告竣。《晋书》是一部涵括本纪、列传、典志、载记四部分内容的完整史著，其中的典志对于后来成书的《五代史志》的编纂应具有借鉴意义。这表现在参与《晋书》撰修的李淳风、李延寿、敬播、令狐德棻等人同时又是《五代史志》的编纂者，可以说唐初史官将《晋书》典志编纂的成功经验又移植到了高宗永徽年间重新启动的《五代史志》编纂上，这也为《五代史志》的顺利完成提供了保障。

《南史》与《北史》是唐初最后成书的两部正史。太宗贞观十七年（643），李延寿始撰南、北二史，至高宗显庆四年（659）撰成两书，凡十六载。李延寿何以能够在唐初编纂了六部正史之后撰成《南史》《北史》，这实与他本人具有丰富的修史经验有很大关联。贞观年间，李氏在颜师古、孔颖达名下参撰《隋书》[①]；贞观十五年（641），他担任东宫典膳丞，因得到令狐德棻的提携而得以参修《晋书》；其后，李延寿又受诏参与《五代史志》的修撰。由此看来，唐初组织的三次正史编纂，李延寿均参与其中，这不仅为他《南史》《北史》的编纂积累了丰富的经验，而且因参与官方修史，得以阅览皇家藏书，还为他南、北二史的编纂提供了史料的准备。据此来看，李延寿南、北二史的撰述，虽然在起始时间上与《晋书》《五代史志》的编纂极为相近，但是他的两部史著相较唐初所修其他诸史，历时最久，成书时间也最晚，这使得李延寿可以在参与唐初皇家正史编纂的同时，随时汲取官修史书的有益做法，从而不断完善《南史》与《北史》的编纂。因此，在某种意义上，可以将李延寿的《南史》《北史》看做是唐初三次大规模修史结出的"花朵"。

三、唐初正史编纂的风格

班固撰成《汉书》之后，纪传体断代史撰述蔚成风气，在其影响之下，魏晋南北朝时期产生了一大批影响至今的史学名著，如《三国志》《后汉书》《宋书》《南齐

---

① 《北史》卷一〇〇《序传》，第3343页。

书》《魏书》即是典型的代表。唐初编纂正史,同样继承了前代采用的纪传体撰写断代史的做法。相较于纪传体断代史撰述的兴盛,纪传体通史的撰述在《史记》之后的漫长岁月中则显得较为寥落。不过,唐初当权者与史官在继承前代纪传体断代史做法的同时,注重发扬纪传体通史撰述的传统,从而使唐初正史的编纂呈现出断代与会通两种不同的风格。

采用纪传体编纂断代史,"正好与中国古代皇朝周期性的更迭相适应"[1],这种修史范式自东汉以降,直至唐初,无改斯道。在纪传体断代史编纂已成为官方修史范式的背景下,对于李延寿"拟司马迁《史记》"[2]之法,连缀宋、南齐、梁、陈、魏、北齐、北周、隋八代之书而撰成的《南史》与《北史》,唐初当权者不但没有排斥,反而给予了肯定,将之与所修六部纪传体断代史并列。这一方面反映了唐初当权者对不同风格史著的包容,另一方面则彰显了纪传体通史编纂自身的优点。

纪传体断代史自有其优长与特色,但也存在着割断历史前后联系的缺点。李延寿编纂《南史》《北史》贯通南北二朝,使人们能够于一书之中纵观南朝历史的演进或北朝历史发展的脉络,打破了过去各史断代记事的做法,从宏观的视野梳理了南北朝历史的走向。尤其是,"八书"的本纪因限于断代而难顾全局,时而对易代之际的历史记载重复,又或因为正统观的因素而有意识地忽略某些史实,致使南北朝史事的记载有所割裂。李延寿有鉴于此,按照时间的顺序为南北朝时期的帝王设立本纪,删去"八书"记载中的重复,增补遗漏,特别是增补西魏帝王事迹入《北史》,连缀前后史实,弥补了"八书"记事的缺陷。作为全书的纲领,南、北二史的本纪贯穿了南朝和北朝两条线索,从而达到了提挈南北二朝史事的目的。再者,《南史》与《北史》列传的设置亦明显贯穿着"通史"的理念。"南北朝年祀短促,一人辄历仕数姓,故有身卒齐朝,传编宋史,事在魏代,人入《齐书》。于此而言限断,颇难位置得宜"。在这种情况下,李延寿整合"八书"内容,变断代之体"为通史之体"[3]。除了一般人物列传体现了"通史"编纂的理念之外,《南史》与《北史》之类传贯串南北朝时期各类人物并以类区分,亦有着明显的"通史"特性。

正是由于《南史》《北史》有着突出的优点,所以在唐代广为流传,受到社会上层与一般读书人的青睐,甚至在代宗时期还被建议作为科举考试的基本史籍。其时,洋州刺史赵匡提议科举取士者应"兼通三史以上",这些基本的史籍包括"《史记》为一史,《汉书》为一史,《后汉书》并刘昭所注《志》为一史,《三国志》为一

---

[1] 陈其泰:《再建丰碑:班固和〈汉书〉》,生活·读书·新知三联书店,1994年,第265页。
[2] 《北史》卷一〇〇《序传》,第3345页。
[3] 余嘉锡:《四库提要辨证》卷四"史部二·北史一百卷"条,中华书局,1980年,第206页。

史,《晋书》为一史,李延寿《南史》为一史,《北史》为一史。习《南史》者,兼通《宋》《齐》志;习《北史》者,通《后魏》《隋书》志"①。由此透露出唐代士人所读的基本史籍涵括《南史》与《北史》,尽管赵匡的这一建议未被采纳,但是据此可知南、北二史在当时颇为流行且受到重视。

唐初正史编纂所形成的断代与会通两种风格,对唐代之后历史编纂的走向产生了深远的影响。一是唐代设馆编纂纪传体断代史的做法一直为后世所承继。二是李延寿的南、北二史在唐代的流传中已表现出强大的生命力,在宋代更是受到时人好评,晁公武认为《南史》与《北史》"删繁补缺,过本史远甚,至今学者止观其书,沈约、魏收等所撰皆不行"②。司马光亦指出:"李延寿之书亦近世之佳史也……叙事简径,比于南、北正史,无烦冗芜秽之辞。窃谓陈寿之后,惟延寿可以亚之也。"③故而,有宋一代通史编纂盛行,应与李延寿《南史》《北史》编纂成书后在宋代形成的广泛影响有所关联。

四、唐初正史编纂的性质

长期以来,学术界对唐修八史性质的认识较为模糊,笼统地认为这八部正史皆为官修。形成这种认识的原因,在于唐初设馆纂成六部正史,加之李延寿为史馆中之史官,多次参与正史编纂,遂将他的南、北二史与其他六部正史同立官修之列。这种认识实未能深察官修与私撰的差异,以及唐初所修八部正史的不同特性。在笔者看来,唐修正史在性质上可以分为官修史书和私撰史书两大类型。

第一类型是官修正史,主要有《周书》《隋书》和《晋书》3 部。这一类史书编纂的特点在于,完全由官方主导,组织修史团队,参修人员分工协作,在历史撰述中注重反映官方的意志。譬如,《周书》的编纂主要由令狐德棻、岑文本和崔仁师三人合力完成,在修史过程中,三人分工明确:令狐德棻从总体上负责全书的编纂,岑文本主要撰写《周书》的史论④,崔仁师由令狐德棻奏引"佐修周史"⑤,负责史料的搜集及作为助手协助令狐德棻的编纂工作。《隋书》的编纂与《周书》同时展开,由魏徵肩负其事,且"《隋史》序论,皆徵所作"⑥;其他参与撰修的人员有颜

---

① 参见杜佑:《通典》卷一七《选举五》,中华书局,1988 年,第 422~423 页。
② 晁公武著,孙猛校证:《郡斋读书志校证》卷六《杂史类》,上海古籍出版社,1990 年,第 241 页。
③ 司马光:《与刘道原书》,载司马光著,李之亮笺注:《司马温公集编年笺注》第 5 册,巴蜀书社,2009 年,第 79 页。
④ 《旧唐书》卷七〇《岑文本传》,第 2536 页。
⑤ 《旧唐书》卷七三《令狐德棻传》,第 2598 页。
⑥ 参见《旧唐书》卷七一《魏徵传》,第 2550 页。

师古、孔颖达、许敬宗、敬播、李延寿等,他们各有分工,相互协作,集体完成了《隋书》的编纂。《晋书》的撰修,更能体现唐初官修史书的规模与格局。参与《晋书》编纂的 21 人,各有专长,皆一时之选。具体来说,史馆将这一学术群体的职能划分为三组:第一组"掌其事",分别为房玄龄、褚遂良和许敬宗,他们负责监修工作;第二组"分工撰录",包括来济、陆元仕、刘子翼、卢承基、李淳风、李义府、薛元超、上官仪、崔行功、辛玄驭、刘胤之、杨仁卿、李延寿、张文恭 14 人,主要负责本纪、典志、列传和载记的具体撰写、校勘;第三组"详其条例,量加考正",主要有令狐德棻、敬播、李安期、李怀俨 4 人,负责《晋书》编纂的发凡起例、查漏补缺、审核定稿等工作。这三组分工明确,组织严密,确保了《晋书》编纂的顺利完成。故而,白寿彝认为,《晋书》"是众手成书的第一部真正的纪传体官史",充分"体现了7 世纪前叶唐家皇朝学术上的组织力量"①。

第二种类型是私修正史,主要有《北齐书》《梁书》《陈书》《南史》和《北史》5 部。李百药的《北齐书》与姚思廉的《梁书》《陈书》可以看做是官方意识形态主导下的私修史书。这三部正史同是贞观三年奉诏撰修,并且魏徵还曾"各为总论"②,可以看出他们与官方有着密切牵涉。然而,我们认为这三部史书与《周书》《隋书》《晋书》的官修性质还是有所差异,原因在于李百药与姚思廉所撰之书,皆代有积累,编次笔削全由个人,这与官方组织、成于众人之手的官修史书有所不同,因而仍可以看做是私修之作。李百药在撰述《北齐书》之前,他的父亲李德林于北齐时期已参与了齐史的编纂,至隋代又以内史令的身份编纂齐史,惜乎未成,然而他对北齐史撰述所作的努力,却直接为李百药撰成《北齐书》奠定了基石。贞观年间,李百药奉诏撰修《北齐书》,接续了李德林的修史事业,大到全书的谋篇布局、主要观点,小到史料搜集、篇章核对,全由李百药一人完成,因而《北齐书》的编纂主要体现的是李德林、李百药父子的史学思想。《梁书》《陈书》的编纂同样是由姚察、姚思廉父子接力完成。姚察在南朝梁时已担任著作佐郎,梁亡入陈,他"知撰梁史事";陈灭入隋后,文帝下诏授予姚察秘书丞一职,"别敕成梁、陈二代史"。对于梁、陈二书的编纂,姚察贡献巨大,其子姚思廉言:"梁、陈二史本多是察之所撰,其中序论及纪、传有所阙者,临亡之时,仍以体例诫约子思廉,博访撰续,思廉泣涕奉行。"③姚思廉于隋时受父遗命编纂梁、陈二书,曾上疏炀帝完成父亲的修史之志,但因时代环境的变迁,他的撰史工作并未如愿。直至贞观年间唐太宗诏修"五代史",适逢其会,姚思廉受诏撰修梁、陈二史。于是,他以

---

① 白寿彝:《白寿彝史学论集》(下),北京师范大学出版社,1994 年,第 965 页。
② 《旧唐书》卷七一《魏徵传》,第 2550 页。
③ 以上引文参见《陈书》卷二七《姚察传》,中华书局,1972 年,第 348~354 页。

父之底稿为本,完成了梁、陈二书。据此来看,《梁书》与《陈书》的编纂,凝聚了姚氏父子两代人的心血,是他们历经陈、隋、唐三朝探索的结晶。

此外,李延寿的《南史》与《北史》虽与《北齐书》《梁书》《陈书》同为私修正史,但是两者之间又有细微的差异,这表现在南、北二史并非李延寿奉诏撰修,而是先行私撰,然后获得官方认可。李延寿虽三入史馆,参与了《隋书》《晋书》《五代史志》的编纂工作,但是他的《南史》与《北史》却并非纂成于馆阁。南、北二史的编纂,肇始于李大师,完成于李延寿,可以看做是他们父子私撰的结果。但不容否认的是,这两部私撰的史书在当时得到了官方的高度认可,两书初稿完成后,李延寿先将《南史》"呈监国史、国子祭酒令狐德棻,始末蒙读了,乖失者亦为改正,许令闻奏。次以《北史》谘知,亦为详正"。在南、北二史流布之前,他又"遍谘宰相",然后才上疏高宗,奏明撰述两书的旨趣、规模与艰辛历程。① 高宗阅读其书,甚为欣赏,并亲自"制序"②,遂使南、北二史与当时新修"六代史"同列共传,构筑了唐初历史编纂的空前盛举。

如果将唐初所修八部正史纳入二十四史编纂的长时段中予以考察,我们不难发现,这一时期所修正史正处在私撰向官修的转型阶段。在唐之前所纂修的正史,如《史记》《汉书》《三国志》《后汉书》《宋书》《南齐书》等多属私撰,这类正史的编纂基本反映了编纂者的史学观点、见解与思想;至唐代正式设立史馆于禁中,官修正史开始出现了,同时私人所撰正史也带有较为浓厚的官方色彩,呈现出私撰向官修过渡的特色。唐代以后所修正史,除欧阳修之《新五代史》外,多为官修史书,反映的是朝廷的意旨与撰述旨趣。这种正史编纂范式的转换,正是从唐初演化而来并不断发展、定型的。

(原载《求是学刊》2018 年第 6 期)

---

① 参见《北史》卷一○○《序传》,第 3344~3345 页。
② 王溥:《唐会要》卷六三《修前代史》,第 1091 页。

论北宋西北熟户的发展与国家认同
——以党项小胡部族为例

王道鹏[*]

西北地区是农耕民族与游牧民族的杂居、交融地带,自唐、五代以来,西北地区民族变动频繁,因而在族际互动中逐渐孕育出熟户群体。[①] 关于熟户的定义,淳化五年(994)宋琪曾说:"大约党项、吐蕃风俗相类,其族帐有生户、熟户,接连汉界、入州城者谓之熟户,居深山僻远、横过寇略者谓之生户。"[②]《宋史·吐蕃传》则言:"内属者谓之熟户,余谓之生户。"[③]宋琪所言是狭义上的熟户,仅限于党项、吐蕃。本文所论熟户依据《宋史》,是广义上的属户[④],即接受了宋王朝的统治,逐渐适应了宋代社会生活的少数民族部落。本文所论国家认同是指熟户在宋代社会发展中形成的对宋王朝的认同,主要侧重熟户在文化、心理上的反映。

小胡族属于宋代熟户群体,亦称小湖族。尽管相关传世材料记载较少,但近年来新发现了俄藏黑水城"宋西北边境军政文书"、小胡族族人墓志、小胡族所在地区的佛教石窟造像记等材料,学术界对其的研究成果增多[⑤],但未见从国家认

---

[*] 王道鹏,现为安徽师范大学历史学院讲师。
[①] 李埏《北宋西北少数民族地区的生熟户》(《思想战线》1992年第2期)认为:"边疆少数民族有生熟户之分,盖自宋始。"杜建录《宋代属户史论》(《宁夏社会科学》1992年第1期)从广义上认为熟户即为属户,并对属户的社会地位、军事组织、经济生活等相关问题展开论述。韩国学者金成奎在《宋代的西北问题与异民族政策》(汲古书院,2000年)一书中设有"宋代熟户的形成及其对策"一章,把熟户分为"移住型"和"献地型",并对统治政策作了概述。陈武强、格桑卓玛《简论北宋对西北缘边吐蕃熟户的政策》(《北方民族大学学报》2010年第6期)认为北宋根据边情和统治需要,对缘边吐蕃熟户实行了封爵、给田免租、通贸易和恤刑等四个方面的优抚民族政策。王明珂《食物、身体与族群边界》(《第六届中国饮食文化学术研讨会论文集》,中国饮食文化基金会,2000年)认为:"至少在唐、宋以来,由食物之生、熟已延伸为'陌生'与'熟识',以及'野生'与'驯熟'。"
[②]《宋史》卷二六四《宋琪传》。
[③]《宋史》卷四九二《吐蕃传》。
[④] 归明人群体不在此文探讨的范围之内。
[⑤] 关于小胡族的研究比较零散,汤开建在《五代辽宋时期党项部落的分布》(《西北民族研究》1993年第1期)中对小胡族的概述精当。张多勇、庞家伟在《宋代华池县内部御夏堡寨遗址考察研究》(《西夏研究》2012年第3期)中对小胡族的族源和分布有新的提法。根据新材料进行整理研究的有孙继民:《俄藏黑水城文献宋代小胡族文书试释》,《中华文史论丛》2007年第2辑;段双印、白保荣:《宋金保安军小胡等族碑碣资料综合考察与研究》,《宁夏社会科学》2014年第5期;刘振刚:《志丹城台寺石窟历代题记的识读与分析》,《敦煌研究》2015年第5期。

同角度对其进行论述。本文结合前人成果,拟从熟户部族个案的角度考察小胡族在宋朝的发展,并试图以小胡族为例窥探熟户在发展中逐步形成的国家认同感。

一、宋王朝的部族分化政策与小胡族等熟户国家认同的培育

宋王朝建立之后,归附到宋王朝的蕃部,"虽各有鞍甲,无魁首统摄,并皆散漫山川"[①],民族凝聚力不强。面对这种状况,宋王朝一般会采取措施对部族进行分解,进一步削弱熟户部族的凝聚力。原本统一的部族被分解之后,宋王朝的组织方式便被渗透到部族内部,从而进一步加强了对部族的管理,达到分而化之的目的,培育出国家认同感。

(一)宋王朝对小胡族等熟户的分解

蕃部素有"以种族为贵贱"[②]的传统,社会等级分明。作为部族的统领者,首领安定下来整个部族便能安稳,因此宋王朝必定对部族首领进行分解。小胡族首领也接受了宋王朝的授官,现将史料可考的首领、职官整理如表1所示。

表1 小胡族首领接受宋朝官职表[③]

世代	姓名	时间	官职	史料出处
第一代	朗阿(?—1009)	大中祥符元年(1008)	侍禁	《续资治通鉴长编》卷七〇,宋大中祥符元年十二月[④]
		大中祥符二年	(追赠)下班殿侍	《先合人之墓碣》

---

① 《宋史》卷二六四《宋琪传》。
② 《续资治通鉴长编》卷三八九,宋元祐元年十月,中华书局,2004年(以下如未作说明均同)。
③ 本表是在段双印、白保荣的《宋金保安军小胡等族碑碣资料综合考察与研究》的基础上有所增补。其中世代标记仅是据文献所见。代际关系如下:经段双印、白保荣二位先生推测朗阿是胡怀节的父亲。据文献叙述,笔者认为嗜鬼应该是与胡怀节同时代的人物,可能是朗阿的子或侄。段双印、白保荣二位先生认为,"此(胡继谔神道碑)与胡怀节墓碣首题所衔官职基本吻合。地望也在胡氏家族墓地山脚下,二人(胡怀节与胡继谔)为父子关系无疑"。从文献上看胡继谔与胡守清、胡守中、擦也香是父子关系。段双印、白保荣二位先生认为胡子常"当是胡继谔之子或堂侄。胡继谔去世后,继任者可能就是胡子常"。从文献上看胡子常与胡经臣大抵同属第四代,但胡继谔之后的继承人很可能是胡经臣。胡守中、擦也香虽在材料中未见职官信息,但作为首领的子弟,宋朝政府也应该是给予授官的。
④ 《续资治通鉴长编》卷七〇,宋大中祥符元年十二月,文渊阁四库全书本。中华书局点校本此条作"部道族",其他文字与文渊阁四库本同。又据《宋史》卷四九一《党项传》载:"大中祥符元年,鄜延路铃辖言,小湖、卧浪族军主最处近塞,往时出师皆为前锋,甚著诚节。诏补侍禁。"将文渊阁四库本《续资治通鉴长编》与《宋史》材料相对照后发现,年代、职官均同,大体可以判断是同一事件,故此条用文渊阁四库本。

续　表

世代	姓　名	时　间	官职	史料出处
第二代	胡怀节	大中祥符三年	三班奉职	《先合人之墓碣》
		大中祥符四年	右班殿职	《先合人之墓碣》
		天禧三年(1019)春	右侍禁	《先合人之墓碣》
		天禧四年五月	击贼有功,并进秩。	《宋史》卷四九一《党项传》
			西头供奉官、阁门祗候、保安军德靖寨本族巡检	《先合人之墓碣》
		(逝后)	内苑使、本官阁门祗候、本族沿边巡检、赠左千卫将军	《胡继谔神道碑》
第三代	喏嵬	天禧四年五月	击贼有功,并进秩。	《宋史》卷四九一《党项传》
	胡继谔(999—1045)①		先后授予右侍禁、阁门祗候、内殿承制、殿侍、巡检	《胡继谔神道碑》
		庆历元年(1041)十月	虢州都监	《续资治通鉴长编》卷一三二,宋庆历元年七月
		庆历二年	亳州都监	《胡继谔神道碑》
第四代	胡守清	庆历元年	悉领父之诸部	《欧阳修全集》卷一〇三《论乞放还蕃官胡继谔札子》
	胡守中			《宋朝诸臣奏议》卷一二五吕诲《上英宗请重造蕃部兵帐》

① 段双印、白保荣二位先生认为,胡继谔生于咸平四年(1001),"约卒于庆历三年(1043)或稍后一点时间"。此说有误,据墓志中"二年自虢州移□□(至亳)州驻泊□□(亳都)监三年"来看,此"二年"应是庆历二年(1042),在亳州三年而终,卒年应是庆历五年(1045)。又据墓志中"享年四十有六"提示,则生年在咸平二年(999)。

续表

世代	姓 名	时 间	官 职	史料出处
第四代	擦也香			《宋朝诸臣奏议》卷一二五吕诲《上英宗请重造蕃部兵帐》
	胡子常		三班奉职	《陕西通志》卷三三《选举》①
	胡经臣			《宋会要辑稿》方域二〇之六
不知	（本族巡检胡）		本族巡检	《何家圪石窟题铭》
不知	又捡曬宁		敦武郎	《南宋建炎二年十二月小胡等族火捺屈轻申状为供申见管马步军事》

从表1可以看出：蕃官大多统领其所在地的蕃部，迁转到其他地区较少，表1中仅见胡继谔改任虢州都监、亳州都监。首领的职官品级不高，大都是低级武职，执掌权较弱，本部巡检已是较高的职官。宋王朝对蕃官本身也有一套考课迁转的分化体系，对蕃官子嗣的承袭也以职官推行分化。② 可见，宋王朝对部族首领的分解方式主要是职官迁转、地域迁移。此外，宋王朝的纳质、入蕃学等措施也起到了分解的作用。

对于蕃部的平民，宋王朝则会使之入籍，以便加强管理。宋王朝官员察其有无向汉之心，如若发现其迹可疑，多会将其迁移到其他地方。另外，蕃兵对于西北边防有着重要意义，因此宋王朝从蕃部中抽调精壮力量组建蕃兵、弓箭手等，听候指挥。小胡等族的兵员构成情况是："马军二十八人，系中下等：二十三人弓箭手，五人余丁。步人八十人：七十四人堪出战——四十二人弓箭手，三十二人余丁……"③ 孙继民认为："蕃兵内部也有马军和步人的区分，马军和步人之内还有弓箭手和余丁的区分，马军之内应有上等和中下等的区分，步人之内在临战之前可能还有堪出战和不堪出战的区分。"④ 可见，小胡等族兵种较多，这无疑会改变了以往部族体制下的领兵结构，对部族兵力产生分流的作用。蕃部中的寒

---

① 沈青崖等编纂：《陕西通志》卷三三《选举》，文渊阁四库全书本，第552册，第836页。
② 参见陈武强：《试论北宋西北边区的蕃官行政法制》，《贵州社会科学》2007年第8期。
③ 孙继民：《俄藏黑水城所出〈宋西北边境军政文书〉整理与研究》第101件《南宋建炎二年（一一二八）十二月小胡等族火捺屈轻申状为供申见管马步军事》，中华书局，2009年，第191页。
④ 孙继民：《俄藏黑水城文献宋代小胡族文书试释》，《中华文史论丛》2007年第2期。

门子弟也可因战功授官。可以说,对于一般蕃众的分解方式是人口迁移、兵种分流和社会流动。

(二)部族分化政策与国家认同的培育

宋王朝的部族分化政策对蕃部产生了重要的影响,这主要表现在以下两点。

一是建构出部族对宋王朝的国家认同。从实际效果看,宋王朝对小胡族的政治构建是相对成功的。宋王朝以职官作为权利杠杆,以政治隶属关系将蕃部人力资源变为可用资源。部族首领变成宋王朝蕃官,即从部族权力结构转变为王朝权力结构,听从宋王朝的指挥。从特点来看,宋王朝倾向扶持归属蕃部首领家族。宋王朝经营西北,由于客观条件的限制,不可能处处分兵把守,汉官统领,而据蕃部"以种族为贵贱"的习俗,可依靠首领来维持对蕃部长期统领。例如刘平曾建言:"招集土豪,授以职名……勇者贪于禄,富者安于家,不期月而人心自定。"①宋王朝扶持蕃部首领家族的统治策略有三个特点。其一,仕途宽广。一可因功绩而获得升迁,二可父死子继,兄死弟袭。其二,经济上待遇丰厚。例如胡继谔曾获得赏银400两、食邑300户、赐田等待遇。其三,封赏扩展到首领之外其他家族成员。庆历元年(1041)胡继谔之妻被封为"金花县君"。②可见,宋王朝极力将蕃部首领纳入蕃官体系,蕃部首领也同时积极适应。蕃官接受了宋王朝授官、赐田等方面的政治优待,同时也需要逐步放弃原有的部族体制、部族观念等,接受宋王朝管理体系的约束。宋王朝的管理体制实际上是对蕃官再塑造,从而构建出国家认同。诚如张齐贤所言:"招诱远处大族首领,啖之以官爵,诱之以货财,推恩信以导其诚,述利害以激其志。"③宋王朝扶持首领家族的统治政策,能够保证蕃部首领对宋王朝的国家认同可以随代际延续下去。"祖、父有族帐兵骑者,子孙即承其旧……如此,则熟羌之心皆知异日子孙不失旧职,世为我用矣。"④

对于兵员来说,新的领兵结构会构建出新的社会认知。史载小胡族统辖下的蕃官屈轻的一次军事活动要求,"往来防护过往及惊移人户,不管别有劫夺钱物去讫"⑤。这既反映了当时蕃兵多有劫财劫物的社会现象,也反映了军纪会对

---

① 赵汝愚编:《宋朝诸臣奏议》卷一三二《上仁宗乞选用酋豪各守边郡》,上海古籍出版社,1999年。
② 《胡继谔神道碑》,见段双印、白保荣:《宋金保安军小胡等族碑碣资料综合考察与研究》,《宁夏社会科学》2014年第5期。
③ 《续资治通鉴长编》卷四九,宋咸平四年十月。
④ 《宋史》卷一九一《兵·蕃兵》。
⑤ 孙继民:《俄藏黑水城所出〈宋西北边境军政文书〉整理与研究》第22件《南宋建炎二年(一一二八年)十二月德靖寨呈状为差拨蕃官往来防护事》,第42页。

蕃兵具有潜移默化的作用。宋王朝给予蕃兵一定的优惠待遇,那么蕃兵逐步会认识到衣食来源于宋王朝,而不是部族首领。另外,蕃兵遵从调遣,"德靖寨蕃部弓箭手不少,往往尽随种谔出界"①,小胡族首领的兵权受到削弱,部族兵力转化为宋王朝的可用兵力。对于宋王朝而言,在汉官的直接领导之下会进一步增进蕃兵与汉官、汉兵的社会联系,加深蕃兵对宋王朝的认同。蕃部寒门子弟在发展过程中也可因战功成为统领,自然会效忠宋王朝。

二是原来的民族习俗受到冲击,民族意识逐步被剥离。首先,蕃部主客观念受到冲击。在战争背景下,能打胜仗才是宋王朝所看中的,对蕃部客户中有功者多有提拔。常有"客户或以功为使臣,军班超处主家之上",造成"主客族帐,混淆莫纪"。遇有战事"军兴调发,有司惟视职名,使号令其部曲,而众心以非主家,莫肯为用"②。但在战时状态下,选用蕃部人才不问门第的呼吁越来越有影响。熙宁三年(1070)韩绛言:"蕃部子孙承袭者多幼弱,不能统众,宜选其族人为众信伏者代领其事。"③熙宁六年,王安石言:"今宜令蕃兵稍与汉同,与蕃贼异,必先录用其豪杰。"④因此在宋王朝的管理下,蕃部"以种族为贵贱"的习俗受到较大冲击。其次,蕃部危害国家认同的传箭习俗被阻止。党项、吐蕃素有传箭习俗,宋琪言:"其俗多有世仇,不相来往,遇有战斗,则同恶相济,传箭相率,其从如流。"⑤可见,传箭是党项、吐蕃族增加内部凝聚力、唤醒民族意识的重要手段。熟户如若传箭起兵反宋,其危害性不言而喻。宋代文献中关于熟户传箭起兵的事例较少,主要发生在天圣三年(1025)六月的熟户传箭起兵,很快被宋王朝镇压下去。⑥ 同年十月,环庆路蕃官遇埋又"杀牛犒蕃部,传箭欲寇山外"。但此事引起宋王朝的重视,诏"部署司察其巨猾者,即加捕诛,若事有未便,且取酋豪禁质之"⑦。此次传箭起兵被消灭在萌芽状态。此后,熟户传箭起兵的记载未再见于宋代史籍中。一方面部族分化政策割裂了部族凝聚力,另一方面在宋王朝的严密监察下,传箭习俗没有滋长的环境。正如王安石在熙河之役后所言:"羌兵自此无传箭。"⑧

---

① 《续资治通鉴长编》卷三一七,宋元丰四年十月。
② 《宋史》卷一九一《兵·蕃兵》。
③ 《宋史》卷一九一《兵·蕃兵》。
④ 《宋史》卷一九一《兵·蕃兵》。
⑤ 《宋史》卷二六四《宋琪传》。
⑥ 《续资治通鉴长编》卷一〇三,宋天圣三年六月。
⑦ 《续资治通鉴长编》卷一〇三,宋天圣三年十月。
⑧ 王安石撰,李壁笺注,高克勤点校:《王荆文公诗笺注》卷二八《和蔡副枢贺平戎庆捷》,上海古籍出版社,2010年。

二、小胡族等熟户的地域认同及其对国家认同的影响

城寨①在熟户的发展过程中有着重要的作用,宋王朝因战争的需要在经营西北地区时修筑了约500座城寨。城寨或建在熟户部落内部,或因战略需要而建在距离熟户部落较远处。大中型城寨一般选址在地势平坦的河谷地带,熟户多聚居在其周围。例如"秦州自昔为用武地,城垒粗完,数十年戎落内属益众,物货交会,闾井日繁,民颇附城而居"②。范仲淹"在延州时,筑青涧城,垦营田,复承平、永平废寨,熟羌归业者数万户。在庆州时,城大顺……又城细腰、胡卢,于是明珠、灭臧等大族皆去贼为中国用"③,从而形成多民族杂居聚落。城寨内部建有"营房、廨舍、仓库、炮台、草场、散楼子等"④,也有个别城寨建有文化场所,如怀戎堡建有"镇静斋"。⑤ 城外一般建有民居、寺观、酒家、烽火台等,也有埋葬汉蕃士卒的坟墓,如塞门寨"收藏汉、蕃遗骸。本寨管下地分到二十副,埋瘗□(讫?)"⑥。四周便是耕田和少量牧地。

党项"俗皆土著,居有栋宇"⑦。"从党项的民族属性和人文背景来分析,它与北方系的游牧民族大相径庭……至多是一个'北方化'了的民族。"⑧因此党项归属蕃部能够逐步适应定居化社会生活,对其所在地域产生地域认同。另外,重视血缘的传统还会在相当长的时期内有所保留。因此小胡族在地域认同和血缘认同相合的基础上产生新的历史文化记忆。

(一)小胡族等熟户地域认同的形成及延续

小胡族主要居住在"德靖寨为中心的义正、樊川、洛河川一带"⑨,华池境内

---

① 参见罗球庆:《宋夏战争中的蕃部与堡寨》,《崇基学报》1967年第2期;江天健:《北宋陕西路沿边堡寨》,《北宋对于西夏边防研究论集》,华世出版社,1993年;任树民:《北宋西北国防城寨的建筑规模及其战略地位》,《中国边疆史地研究》1994年第4期;程龙:《论北宋西北堡寨的军事功能》,《中国史研究》2004年第1期;雍际春、吴宏岐:《宋金元时期陇西、青东黄土高原地区城镇的发展》,《中国历史地理论丛》2004年第4期;张多勇:《宋代大顺城址与大顺城防御系统》,《西夏学》第7辑,上海古籍出版社,2011年;梁伟基:《北宋西北沿边堡寨金汤城探微》,《中国文化研究所学报》2014年第1期。
② 尹洙:《河南先生文集》卷四《秦州新筑东西城记》,《宋集珍本丛刊》第3册,线装书局,2004年。
③ 罗从彦:《豫章罗文集》卷七《遵尧录》,《宋集珍本丛刊》第32册。
④ 李华瑞:《宋夏关系史》,中国人民大学出版社,2010年,第219页。
⑤ 张维编:《陇右金石录》卷三《怀戎堡碑记》,甘肃省文献征集委员会排印本,1943年。
⑥ 《延安市文物志》编纂委员会:《延安市文物志》,陕西旅游出版社,2004年,第372页。
⑦ 《旧唐书》卷一九八《党项传》。
⑧ 杨蕤:《西夏地理研究》,人民出版社,2008年,第373~374页。
⑨ 段双印、白保荣:《宋金保安军小胡等族碑碣资料综合考察与研究》,《宁夏社会科学》2014年第5期。

可能也有少量分布,华池寨主胡永锡可能属小胡族。① 此处有正川、樊川、洛河川,水源充足,"山外沃野,居民富腴"②,适宜长期定居。小胡族所在区域多民族杂居,包括小胡族、氁名族③、田族、铁匠族、讹族、卞移族、第十九族等④,也有汉官、汉兵、汉民。

小胡族等族在定居背景下,逐渐培育出地域认同。首先,小胡等族逐渐遗忘"贱土贵货"⑤的社会传统。何家垯石窟题铭中有"地主吃多香"字样,表明小胡等族适应了农耕生产与相应的社会生产关系。祈福内容也可体现出古代中国的小农意识,多"祈求见存者家眷平安"⑥,"愿舍财施主增幅(福)增寿,合家安乐"⑦。其次,小胡族自觉修筑城寨,抵御外敌,保卫家园。"胡继谔乞修鹞子城……只差本族熟户人工,官给口食"⑧治平四年(1067)胡经臣亦参与到荔原堡的修建当中。⑨ 小胡族在战斗中也多有功绩,"王师每出,籍其(朗阿)向导"⑩,喏嵬、胡怀节击贼有功。小胡族参与抵御外敌入侵活动,对内增强地域认同,对外已形成敌我意识。最后,小胡族首领统领地方社会,形成"宋王朝—小胡族首领—地方社会"的政治链条。小胡族首领长期在诸族中居于主导地位,作为宋王朝在地方的代表,需要按照宋王朝的要求管理好其他部族,成为地方社会的管理者。其他部族的首领也多被授官,如"承节郎权氁名族火捺屈轻"⑪。

孟子说:"民之为道也,有恒产者有恒心。"⑫小胡族世居此地,在血缘认同和地域认同相合的背景下,将胡字延伸到地名。史籍中有"胡家川庄""胡家川寨",前者是居住地名,后者是城寨名。先有胡家川庄,后有胡家川寨。从名称构建的角度看,首先"胡"是小胡族的简化符号。宋王朝对归属蕃部赐姓、赐名以示旌宠,未被赐者多自改仿效。大中祥符元年(1008),宋廷赐朗阿汉名忠顺⑬,但未

---

① 参见周峰:《甘肃合水安定寺石窟金代党项人题记考释》,《西夏学》第8辑,上海古籍出版社,2011年。
② 〔宋〕尹洙:《河南先生文集》卷六《上吕相公书二首》之二,《宋集珍本丛刊》第3册。
③ 参见孙继民:《俄藏黑水城文献宋代小胡族文书试释》,《中华文史论丛》2007年第2辑。
④ 《城台石窟题铭》,段双印、白保荣:《宋金保安军小胡等族碑碣资料综合考察与研究》,《宁夏社会科学》2014年第5期。
⑤ 《续资治通鉴长编》卷二三三,宋熙宁五年五月。
⑥ 刘振刚:《志丹城台寺石窟历代题记的识读与分析》,《敦煌研究》2015年第5期。
⑦ 《何家垯石窟题铭》,段双印、白保荣:《宋金保安军小胡等族碑碣资料综合考察与研究》,《宁夏社会科学》2014年第5期。
⑧ 范仲淹撰,范能濬编集,薛正兴校点:《范仲淹全集》附录一《范文正公遗迹》,凤凰出版社,2004年。
⑨ 参见徐松辑,刘琳等校点:《宋会要辑稿》方域二〇之六,上海古籍出版社,2014年。
⑩ 《续资治通鉴长编》卷七〇,宋大中祥符元年十二月,文渊阁四库全书本。
⑪ 孙继民:《俄藏黑水城所出〈宋西北边境军政文书〉整理与研究》第101件《南宋建炎二年(一一二八)十二月小胡等族火捺屈轻申状为供申见管马步军事》,第192页。
⑫ 杨伯峻译注:《孟子译注》卷五《滕文公章句上》,中华书局,2010年。
⑬ 《续资治通鉴长编卷》卷七〇,宋大中祥符元年十二月,文渊阁四库全书本。

赐姓,可能从此时小胡族首领自行简化为胡姓。自第二代胡怀节始,汉姓、汉名成为大多首领的选择,也有少数仍沿用蕃名。总体来看,小胡族首领对汉族姓名文化认同度较高。① "家"字颇有主人翁的意味,是前文已言地方社会统领地位的反映,显示出较强的地域认同意识。"川"是所在地区地理环境的反映。"于胡家川庄北面书案山上修筑一寨……下面川口。"②此后胡家川庄、胡家川寨也成为新的强化地域认同的标识。宋室南迁,金王朝统治北方地区,小胡族首领统率下的小胡等族的兵力有所壮大,已经超出了宋代的十四指挥。元明时期仍能见到胡字符号,如城台石窟天顺五年(1461)所立题记中有"胡永仓""胡永福"。③"现在的义正乡还有胡老庄、胡西山、胡盘山,樊川有胡梁山、胡台,金鼎镇有胡兴庄、胡阳湾等地名。"④小胡族的后裔可能多融入汉人中,胡字因被建构到社会文化体系中而得以保留,演化成适应定居化社会生活的文化符号。

城寨对于其他熟户而言同样具有重要的影响。其一,城寨为熟户提供安全保障。李继和认为:镇戎军寨"若防守得宜……缘边民户不废耕织,熟户老幼有所藏匿"⑤。范仲淹知边时与熟户约定:"贼大入,老幼入保本寨,官为给食;即不入寨,本家罚羊二;全族不至,质其首领。"⑥其二,城寨增强熟户对宋王朝的政治认同。熙宁五年(1072)文彦博言:"且须增固熙城,使有保民之利;安存番部,弥坚向汉之心。"⑦元丰四年(1081)九月收复兰州,经略司言:"今招纳已多,若不筑城,无以固降羌之心。"⑧其三,城寨促使熟户形成地域认同,塑造出熟户特质。城寨是熟户生产生活的依托,汉蕃长期定居在堡寨周围,"城里是汉家,城外是蕃家"⑨,容易形成纵横交织的社会联系。经济往来中,交换方式多样,如环州汉蕃"赊买羊马、借贷钱物,并须用文约,立限交还"⑩。汉蕃之间对土地的使用已出现"典买、租赁、合种"⑪等形式。雇佣关系也已出现,有沿边军民之逃者为熟户畜牧。⑫ 宋王朝虽对汉蕃通婚多有禁令,但"戎人杂耕……往往结为婚姻,久而

---

① 个别首领习得表字文化,如胡继谔字则玉。
② 范仲淹撰,范能濬编集,薛正兴校点:《范仲淹全集》附录一《范文正公遗迹》。
③ 刘振刚:《志丹城台寺石窟历代题记的识读与分析》,《敦煌研究》2015年第5期。
④ 段双印、白保荣:《宋金保安军小胡等族碑碣资料综合考察与研究》,《宁夏社会科学》2014年第5期。
⑤ 《续资治通鉴长编》卷五〇,宋咸平四年十二月。
⑥ 《宋史》卷三一四《范仲淹传》。
⑦ 文彦博撰:申利校注:《文彦博集校注》卷二〇《言洮河》,中华书局,2016年。
⑧ 《续资治通鉴长编》卷三一六,宋元丰四年九月。
⑨ 《续资治通鉴长编》卷五〇五,宋元符二年正月。
⑩ 徐松辑,刘琳等校点:《宋会要辑稿》兵二七之二二。
⑪ 徐松辑,刘琳等校点:《宋会要辑稿》兵二七之二三。
⑫ 参见《宋史》卷二九一《王博文传》。

不归。"①宋王朝对于熟户的管理,"给以缘边闲田,编于属户"②,"籍保伍以教耕战"③,有渐行汉法的趋势。史料中见有"窖藏斛斗及木栅屋舍"④等定居化特征,可见熟户建立了丰富的社会联系,对生活地域产生依赖,形成熟户特性,即"熟户恋土田,护老弱、牛羊,遇贼力斗"⑤,"重田利,习地势,父母妻子共坚其守"⑥。

(二) 小胡族等熟户对宋王朝认同想象

小胡族等熟户对宋王朝的认同想象是多方面的,首先,"政治组织本身就是文化的一种特质"⑦,宋王朝与首领家族的密切联系,宋王朝向蕃部首领强调忠君,蕃部首领也借助忠君观念来展开对国家认同的想象,能够培育出忠君爱国的观念。胡怀节的墓志撰写者以"输忠竭节之臣"作为墓志开篇,并叙述到其"少遵父训,长有贤德,继绍其节"⑧。胡继谔继承了忠君传统,"为勤功忘家州","忠良抚弱,遏强披弩执锐"⑨。胡家的忠君传统是可以想象的。其次,在社会生活中多有表现,尤其在佛事活动中表现得较为突出。党项原本尊佛,北宋中后期西北地区较为集中地出现大量佛教建筑,小胡族所在区域就有一些佛教建筑。如东华池砖塔,建造于元符二年(1099);盘龙寺石造像塔、双塔寺、宝宁寺(宁静寺)等,建造于宋代。⑩

小胡族大抵从宋初就接受了宋王朝的管理,到了北宋中期以后已有年头,基本上能够人心安定。因此小胡族在适应了宋朝社会环境和物质生活得到满足后,在文化上有所需求。另加上佛教与政治杂糅的背景,小胡等族的佛事活动也有政治因素。城台石窟嘉祐三年(1058)题记中有"施者共祈,皇帝万岁,臣宰千秋"⑪。何家坬石窟题记中有"皇帝万岁,重臣千秋,风调雨顺,天下人安"⑫。这两条题记虽很大程度上是汉人所写格式文书,但反映出熟户祈福对象已经超出家庭、部

---

① 《宋史》卷三三二《李师中传》。
② 《续资治通鉴长编》卷一三二,宋庆历元年五月。
③ 《续资治通鉴长编》卷二九〇,宋元丰元年七月。
④ 《续资治通鉴长编》卷四三四,宋元祐四年十月。
⑤ 《宋史》卷一九一《兵·蕃兵》。
⑥ 《续资治通鉴长编》卷一三四,宋庆历元年十一月。
⑦ 克拉克·威斯勒著,钱岗南、傅志强译:《人与文化》,商务印书馆,2004 年,第 42 页。
⑧ 《先合人之墓碣》,转引自段双印、白保荣:《宋金保安军小胡等族碑碣资料综合考察与研究》,《宁夏社会科学》2014 年第 5 期。
⑨ 《胡继谔神道碑》。
⑩ 参见华池县志编纂委员会编:《华池县志》,甘肃人民出版社,2004 年,第 780~783 页。
⑪ 《城台石窟题铭》。刘振刚先生文中第 43 条所录碑文漫灭不清,且与段、白先生文中此条录文内容差别较大。
⑫ 《何家坬石窟题铭》。

族,可视为借佛教文化为宋王朝求福的社会现象。这种现象,体现出熟户对宋朝的认同想象,并对熟户及其后代具有宣教作用。佛寺题记中可以寻觅到胡族的踪迹,有维那头(佛教僧官名)"小胡",施主"胡娘""胡元","本族巡检胡"。[①]其他熟户也多建有佛教建筑。一般认为,佛教建筑大规模出现是战争背景下需借助佛教文化进行心理慰藉的反映。[②]笔者以为,从宋初时归属的蕃部,愿意接受宋王朝的统治逐步稳定下来,形成了地域认同之后需要文化建设,佛教建筑即是其表现之一。同时也与宋王朝的支持密不可分。蕃部多信奉佛教,官方多修建佛教建筑来凝聚蕃部,如城台石窟的修建者是"武功郎权鄜延路兵马钤辖,兼第柒将统制西路军民杨仲"[③]。各地佛法不一,如吐蕃信佛"多知佛而不知戒",宋人认为可"用夏变夷","以中国法教驭之"[④]。

三、小胡族等熟户首领的国家认同困境

处在民族大融合时期,宋人处理民族关系的思想也随之进一步发展。例如王安石[⑤]、蔡奕[⑥]等从政治发展需要的角度提出"变夷为汉"的观念,苏轼从儒家士大夫的立场和与黎民共居的生活体验角度提出"华夷两樽合"[⑦]等容纳性观念。尽管如此,但熟户与宋王朝之间的认同仍然是有困境的。

(一)小胡族等熟户国家认同困境产生的原因

宋人在观念上对蕃戎之性尚有另一番概括。范仲淹虽是典型的士大夫,深受蕃族尊敬爱戴,却认为:"大率蕃情黠诈,畏强凌弱。"[⑧]张齐贤言:"戎人之性,变诈多端。"[⑨]夏竦认为:"羌戎之性,贪利畏威……汉强则助汉,贼盛则助贼,必矣。"[⑩]总体来看,这些人一方面表达出对蕃族的鄙夷,暗含华夷有别、夷卑夏尊,

---

① 《何家坬石窟题铭》。
② 参见姬乃军:《延安宋代石窟产生的历史条件》,《陕西省考古学会第一届年会论文集》,《考古与文物》编辑部,1983年;韩伟:《陕西石窟序言》,《磨砚书稿:韩伟考古文集》,科学出版社,2001年;李静杰:《陕北宋金石窟题记内容分析》,《敦煌研究》2013年第3期。
③ 刘振刚:《志丹城台寺石窟历代题记的识读与分析》,《敦煌研究》2015年第5期。
④ 张维编:《陇右金石录》卷三《广仁禅院碑》,第38页。
⑤ 《续资治通鉴长编》卷二三三,宋熙宁五年五月。另参见郑炜:《王安石民族关系思想初探》,《烟台大学学报》2009年第4期。
⑥ 刘挚撰,裴汝诚、陈晓平点校:《忠肃集》卷一二《直龙图阁蔡君墓志铭》,中华书局,2002年。
⑦ 苏轼撰,王文诰辑注,孔凡礼点校:《苏轼诗集》卷四二《用过韵,冬至与诸生饮酒》,中华书局,1982年。
⑧ 《宋史》卷一九一《兵·蕃兵》。
⑨ 《续资治通鉴长编》卷四九,宋咸平四年十月。
⑩ 夏竦:《文庄集》卷一四《陈边事十策》,《宋集珍本丛刊》第2册。

另一方面是对"非我族类,其心必异"观念的继承,认为熟户不能忠君。实际上,宋代也存有熟户叛离的现象,战争时期里应外合的手段多有运用,因此宋王朝对熟户采取抚用和防范并存的方式。然而,要处理好抚用与防范这对矛盾是极为不易的。在实践中,熟户对宋王朝的贡献与所取得的社会地位是不匹配的。再加上汉官多有贪功生事等偶发性事件,因此在实际的发展过程中,熟户与宋王朝之间存在认同困境。

(二)宋王朝对小胡族等熟户"防"与"用"的讨论

小胡族统辖的兵力较强,对于宋王朝具有重要价值。庆历元年(1041)四月,曾"亲到蕃官胡继谔本族"①的尹洙说:"虏不至者,非继谔之强能自支虏而莫敢犯也。"②同年六月,王尧臣言:"蕃官胡继谔界族帐不多。"③可见,实力也不是很强。二十二年之后小胡等族有所发展壮大,嘉祐八年(1063)吕诲言:"胡守清族下从来富庶,人马强壮。"④治平四年(1067)统计称,"小胡等十九族兵六千九百五十六、马七百二十五"⑤。

从表1来看,宋王朝与小胡族在西夏立国前关系较为密切,相互信任。西夏立国后与宋王朝的关系变得紧张,臣僚们在如何对待小胡族的问题上也有一番讨论。宝元二年(1039)六月,夏竦认为:胡继谔"与贼世仇,受国厚恩,势必向汉",要"及早羁束"⑥。庆历元年六月,王尧臣上言:"自元昊反……近界熟户亦遭杀虏。蕃族之情,最重酬赛,因此衅隙激怒之,可复得其用。"⑦两者都主张利用蕃部与西夏的敌对情绪。然而尹洙认为,"内属之户,为虏所取者,固为虏用矣;未其取者,虏一扰之,则我疑之","最可备者,保安胡继谔族",应"早图之",保证纯洁性,免"为其所扰"⑧。可见主要基调是"用",但"防范"始终不能消除。

(三)小胡族等熟户首领的政治命运

小胡族首领在这种纠葛的社会文化心态下政治命运会怎样呢?是接受宋王朝的安排,还是反抗?

胡继谔继承前两代对宋王朝尽忠的传统,功绩不菲,庆历元年(1041)获得赴

---

① 尹洙:《河南先生文集》卷二〇《奏为金汤一带族帐可取状》,《宋集珍本丛刊》第3册。
② 尹洙:《河南先生文集》卷六《上吕相公书二首》之二,《宋集珍本丛刊》第3册。
③ 《续资治通鉴长编》卷一三二,宋庆历元年六月。
④ 赵汝愚编:《宋朝诸臣奏议》卷一二五《上英宗请重造蕃部兵帐》。
⑤ 《宋史》卷一九一《兵·蕃兵》。
⑥ 夏竦:《文庄集》卷一四《陈边事十策》,《宋集珍本丛刊》第2册。
⑦ 赵汝愚编:《宋朝诸臣奏议》卷一二五《上仁宗乞用泾原路熟户》。
⑧ 尹洙:《河南先生文集》卷六《上吕相公书二首》之二,《宋集珍本丛刊》第3册。

京面圣的机会,宋廷也是想以此进一步加强与小胡族首领的联系,为朝廷所用。然而在进京途中因"庞籍言继谔诛剥蕃部,其下多怨谤",朝廷"令部署司择诸族酋长才勇者代继谔领其众",但"及继谔至京师,陕西转运使卞咸乃言边人颇思继谔"①。两者所言反差较大,从后来的处理结果和欧阳修所言"况彼初心,又无显过"②来看,显然卞咸之言属实。事情虽得到卞咸的澄清,但负面影响不能随之而散,值得从对熟户的"防"与"用"问题上深入思考。据"不复加罪"③,又据"庆历元年□□□□生(圣)上以祀礼□□□□公□□□闻职事□□",大致可以推断胡继谔在京师受到较高的礼遇。但十月却将胡继谔调任虢州都监,"二年自虢州移□□(至亳)州驻泊□□(亳都)监三年"④,一调再调,可见胡继谔依然享有原来的政治待遇,但宋王朝已经对胡继谔失去了政治信任,诚如欧阳修所说:"虽曰居官,乃是囚系。"欧阳修根据时属"西鄙用兵之际",主张"广推恩信,抚御蕃夷",尊重胡继谔"乞移一京西地凉之处"⑤的意愿。但欧阳修的建议并没有消除朝廷的防范,胡继谔最终客死他乡。

上例可见宋王朝对熟户防范之重,失于存抚,因此熟户多有叛逃。如同属保安军的李金明,宝元二年(1039)六月夏竦曾称其"受国厚恩,势必向汉"。但后来"李金明三十余族……尽为元昊以利招诱"。小胡族首领胡守清死后,其弟胡守中、擦也香也先后叛逃。"(胡)守中相继走投西界。保安军累行公牒取索,得守中等","斩讫","擦也香于前年走投夏国乞兵,却来本族界上招诱自己手下人马"⑥。直至靖康元年(1126)正月,宋廷仍下令小胡等族勘会有无"逃背人曾经推恩人体例"⑦。可见,小胡等族依然有叛逃的现象。

四、结　论

宋臣多有对熟户定位的言论,如贾昌朝言:"属户者,边陲之屏翰也"⑧,韩琦言:"以城寨包卫熟户,使诸族知有家计,则可以相为表里,号为篱落之固。"⑨可

---

① 《续资治通鉴长编》卷一三二,宋庆历元年七月。
② 欧阳修撰,李逸安点校:《欧阳修全集》卷一〇三《论乞放还蕃官胡继谔札子》,中华书局,2001年。
③ 《续资治通鉴长编》卷一三二,宋庆历元年七月。
④ 《胡继谔神道碑》。
⑤ 欧阳修撰,李逸安点校:《欧阳修全集》卷一〇三《论乞放还蕃官胡继谔札子》。
⑥ 赵汝愚编:《宋朝诸臣奏议》卷一二五《上英宗请重造蕃部兵帐》。
⑦ 孙继民编著:《俄藏黑水城所出〈宋西北边境军政文书〉整理与研究》第9件《北宋靖康元年(一一二六年)正月统制司吴湛申鄜延路经略使衙状为无捉获逃背人推恩例事(一)》,第16页。
⑧ 《续资治通鉴长编》卷一三八,宋庆历二年十月。
⑨ 韩琦:《忠献韩魏王家传》卷七,《宋集珍本丛刊》第6册。

见,宋王朝对熟户的整体定位是实现"以蛮夷攻蛮夷"政治构想的"保塞者"。①然而在民间层面,两位碑文撰写者认为小胡族的两位首领已与汉人无异。韩某认为胡怀节是"本土人也"②。郑襄叙述胡继谔在亳州去世后由第五子护丧抚柩归故里③,是汉人叶落归根的观察视角。

  从民族融合发展历程来看,宋代熟户的形成与唐代的民族互动是密切相关的,"熟羌乃唐设三使所统之党项也"④。进入宋王朝,熟户接受新的政权统治,宋王朝为熟户的发展提供了物质保障和发展空间。熟户群体在新的社会、政治环境下长时间的生存与发展必然会有入乡随俗的适应性,从而逐步产生国家认同,也在一定程度上培育出忠君爱国的观念。但是长期以来的民族隔阂仍发挥着强大的历史惯性作用,造成熟户与宋王朝之间的认同困境。尽管熟户能够扎根在宋王朝统治区域,对宋王朝形成一定程度的国家认同,但尚未能形成不可动摇的认同感。

(原载《中国边疆史地研究》2018年第1期)

---

① 《宋史》卷一九一《兵·蕃兵》。
② 《先合人之墓碣》。
③ 参见《胡继谔神道碑》。
④ 《宋史》卷一九一《兵·蕃兵》。

"太虚无形"与"太虚即气"的语言分析

路传颂*

张载哲学究竟是气本论(或称"气一元论")还是虚气相即论(或称"虚气二元论")①,这是20世纪60年代以来宋明理学研究最具争议的问题。气本论的支持者认为,气是构成世界的基本实体,太虚是气的本来状态,所有关于太虚的陈述、事实,都可以还原为关于气的陈述、事实,因此,气是比太虚更根本的实在。虚气相即论的支持者则认为太虚是与气截然不同的实体,他们或认为太虚与气是宇宙中两种最基本的要素或力量,或认为太虚是比气更根本的实在、神体,太虚与气是体与用或本体与现象的关系。

两派学者在阐释张载哲学的内涵时,依据的文本资料是相同的,结论却截然相反。本文发现,双方在解读《正蒙·太和篇》"太虚无形"章的时候,都误解了文本的句法结构,而纠正这个错误将有助于平息关于"太虚"真实含义的争论,还原张载虚气关系论的本来面目。

一、"太虚无形"章的重要性

《正蒙·太和篇》集中体现了张载的宇宙论和本体论,其中有几个章节格外重要,是气本论和虚气相即论双方都无法回避的。两派学者对这些章节中的一些关键术语的含义作出了完全不同的解释。兹将相关章节摘录如下:

> 太虚无形,气之本体,其聚其散,变化之客形尔;至静无感,性之渊源,有识有知,物交之客感尔。客感客形与无感无形,惟尽性者一之。②

---

* 路传颂,现为西北大学中国思想文化研究所副教授。
① 有些学者可能会抗拒"二元论"这个名称,因为在很多人看来,二元论意味着实在是由相互对立乃至相互斗争的两类实体构成。但其实,二元论的主张是:实在由两种基本实体组成,其中任何一种都不能还原为另一种。与此相对,一元论则认为只存在一类实体,对于表面上看似不同的两类事物,可以通过将一种事物还原为另一种事物来证明两者其实是同一的。因此,二元论的关键在于世界可以分析为两种要素,而不在于这两种要素彼此之间是和谐、相互依赖的,还是对抗的、相互分离的。所以,任何主张太虚与气是构成世界的两种不同的基本要素的观点,都是二元论。
② 《张子全书》,西北大学出版社,2015年,第1页。

> 知虚空即气,则有无、隐显、神化、性命通一无二。①
> 气之聚散于太虚,犹冰凝释于水,知太虚即气,则无无。②

双方争论的关键在于如何理解"气之本体"中的"本体"一词,以及"知太虚即气""知虚空即气"中的"即"字。气本论的拥护者认为"本体"是指本来而恒常的状态,因此太虚就是气的一种存在状态,那么"太虚即气"中的"即"字就应该被释为谓词"是"。③ 虚气相即论的拥护者则认为这里的"本体"是"形上本体",太虚是形而上的本体,气是形而下的现象,"太虚与气正表征着两个不同层面的存在"④。既然如此,"太虚即气"的"即"字就不可能是"是"的意思。他们把"即"训为与"离"对举之"即",如牟宗三说:

> "虚空即气",顺横渠之词语,当言虚体即气,或清通之神即气。言"虚空"者,乃是想以一词顺通佛老而辨别之也。虚体即气,即"全体是用"之义(整个虚体全部是用),亦即"就用言,体在用"之义。既可言虚体即气,亦可言气即虚体。气即虚体,即"全用是体"之义,亦即"就体言,用在体"之义。是以此"即"字是圆融之"即"、"不离"之"即"、"通一无二"之"即",非等同之即,亦非谓词之即。⑤

按照这种解释,"虚空即气"的意思就是太虚与气不可分离,太虚与气圆融无碍、通一无二。

两种不同的解释各自形成一个内部融贯的解释框架。如果"本体"的意思是"本来状态",太虚与气就是同一种存在,那么"即"当然就是"是";反之,如果"即"就是谓词"是",那么太虚与气当然就是同一种存在。同理,如果"本体"是指形上本体、气是形下现象,且本体与现象是两种存在,那么"即"自然不是谓词;反之,如果"即"是"不离"或"接近"之意,当然也就意味着太虚与气是两种不同的存在。"本体""即"这两个语词的两种不同解释,在两派学者各自的解释框架内部互为犄角,相互支撑。

在此情况下,似乎只有折断其一角,以确凿的证据、充分的理由,或校准"本

---

① 《张子全书》,第 1 页。
② 《张子全书》,第 2 页。
③ 杨泽波:《"太虚即气"之"即"当为"是"义考论——对牟宗三解读的反思》,载《复旦学报(社会科学版)》2022 年第 1 期。
④ 丁为祥:《虚气相即——张载哲学体系及其定位》,人民出版社,2000 年,第 65 页。
⑤ 牟宗三:《心体与性体》上册,吉林出版集团有限责任公司,2013 年,第 396 页。

体"的含义,或厘定"即"字的含义,才能作出令人心悦诚服的裁决,结束这场旷日持久的学术争论。最近,杨泽波从用字习惯、理论目的、历史阶序三个方面力证"太虚即气"的"即"字是谓词"是"。杨泽波统计了张载《正蒙》《横渠易说》《经学理窟》《张子语录》等著作中的87处"即"字,指出除了9处属于引用典籍,其余有28处是"即是"连用,有23处可确定是"是"之意,有22处是其他含义,有3处含义不定,只有2处是表达"接近"之意。① 杨泽波还提出几点反对牟宗三对"即"字的解释的理由:第一,张载以太虚为气,这是他批驳释老的思想根据;第二,张载以气为本,无法说明善的来源,这是他受到二程、朱熹批评的主要原因,如果太虚如牟宗三所说是道德的创生实体,二程、朱熹的努力就是没有意义的;第三,牟宗三是为了服务于自己对宋明理学史的解释框架而对张载思想作了"六经注我"式的解读,结论并不可靠。②

在笔者看来,杨泽波的理由和论据有一定说服力,然而未必能让虚气相即论的拥护者信服。首先,虽然统计数字能够很好地支持一种观点,但基于统计数字的论证不像演绎论证那样能确保其结论的可靠性,所以无论张载的著作中有多少"即"字作"是"字解,都不能保证"太虚即气""虚空即气"的"即"字也是谓词。其次,如同"本体"与"即"的解释互为犄角一样,虚气相即论的拥护者也对张载对释老的批评、程朱对张载的批评提出了融贯的、自圆其说的解释。最后,质疑动机虽然不是完全不合理,但不能证明牟宗三的论证的结论无效,因为即使是出于"六经注我"的动机,也不能否认在细节问题上能够做出"我注六经"式的诠释。因此,我们需要更为直接的证据来打破解释上的逻辑闭环。

杨泽波的论证类似于校订图书时所用的外证法,即使用本书之外的其他著述来校勘本书的谬误,他一方面考察"即"字在《正蒙》其他章节中的含义,另一方面参照更宏大的理论问题,来论证"虚空即气"的含义。然而,至少就"知虚空即气"章本身而言,我们缺乏直接的文本内证来说明"即"字指的是"是"而非"不离"或"接近"。作为气本论立场的支持者,笔者也觉得训"即"为"不离"殊为牵强,但我们需要比"感觉"更有力的证据。

既然直击"即"字一角,不能完全说明"太虚"的含义以及太虚与气的关系,"本体"这个犄角就显得尤为重要了。那么,"太虚无形"章是否能为"本体"一词的含义提供直接的文本内证呢?笔者认为,第一,"太虚无形"章的文本足以说明

---

① 杨泽波:《"太虚即气"之"即"当为"是"义考论——对牟宗三解读的反思》,载《复旦学报(社会科学版)》2022年第1期。杨泽波列举的两处意为"接近"义的文本,其中之一是"凡某人有不善即面举之",在笔者看来,此处的"即"字应该训为连词"则"。
② 杨泽波:《"太虚即气"之"即"当为"是"义考论——对牟宗三解读的反思》,载《复旦学报(社会科学版)》2022年第1期。

"太虚"一词的含义;第二,"太虚无形"章的文本足以证明"本体"不是形上本体,而且《正蒙》一书的几处文本能够为"'本体'不是形上本体"的结论提供旁证。然而,所有这些文本内证的可能性,都因为长期以来误读"太虚无形"章的句法结构而被遮蔽了。

二、"太虚无形"章的句法分析

传统上,"太虚无形,气之本体"一句有两种主流的解释。第一种解释是:太虚之中或太虚之始没有形体,这是气之本体。如熊刚大说:"空虚之中,初无形体,乃气化本然之体段。"王夫之说:"于太虚之中具有而未成乎形,气自足也,聚散变化,而其本体不为之损益。"刘僙说:"言太虚之中,本无一物。"冉觐祖说:"太虚之始,无有形状。"第二种解释是:太虚是无形的,这是气之本体。如刘玑说:"太虚无形可见,而实气之本体。"方潜说:"太虚无形,如澄清无波,原是水之本体。"①两种解释虽有细微不同,但都是把"太虚无形"理解为主谓结构,无论是"太虚没有形体"还是"太虚是无形的",都是把"太虚"当主词,"无形"当谓词。气本论的拥护者与虚气相即论的拥护者都接受了"太虚无形"是主谓结构的理解模式,如张岱年说:"气未聚而无形之状态,是谓太虚。"②林乐昌说:"本章论述太虚之本然状态,强调太虚是气之本体。"③

然而,明代学者吴讷提供了另一种解读,暗示"太虚无形"不是主谓结构。他在解释"太虚无形"章时说:

"太虚无形",即气之本体。在人"至静无感",即性之渊源,道之体也,万殊之所以一本也。"其聚其散,变化之客形",是气之流行。在人"有识有知,物交之客感",是性之发见,道之用也。一本之所以万殊也,体用一原,隐显无间,惟穷理尽性之人能一之也。说者皆谓张子曰太虚为太极,不知张子言"太虚无形,气之本体",犹周子所谓阴静;"其聚其散,变化之客形",犹周子所谓阳动。而其所以神化之妙,是太极也。若张子果如说者,以太虚为太极,何后篇又言太极耶?又谓横渠"太虚"之说,本是说无极,其说近是。盖周子所谓"无极而太极者",言无极之中阴阳未分,而有太极之理至;动极而静,静极复动,分阴分阳,方见太极之妙,太极本无极也。正如张子言太虚无

---

① 林乐昌:《正蒙合校集释》上册,中华书局,2012年,第17~22页。方潜的意思是说:太虚是无形的,就像澄清的水是没有波浪的。
② 张岱年:《中国哲学大纲》,江苏教育出版社,2005年,第69页。
③ 林乐昌:《正蒙合校集释》上册,第22页。

> 形之中有神化之理，至其聚其散，方见神化之妙，神化本无形也。①

吴讷这段话有如下四个要点。第一，一再强调"太虚无形"是气之本体，显然是把"太虚无形"视为一个整体，并将之与"至静无感"相对照；第二，吴讷认为"太虚无形"是阴静，"其聚其散"是阳动，显然是把"太虚无形"和"其聚其散"看作气的两种不同状态；第三，吴讷说"太虚无形"是气之本体，"其聚其散"是气之流行，又说"至静无感"是道之体，"有识有知"是道之用，气之本体与流行，对应于道之体与用，下面又说"一本之所以万殊也，体用一原，隐显无间"，可见"体用一原"的意思并不是指两种不同存在之间的圆融相即，而是指道之体与道之用皆根源于道，即所谓"一原"；同样，气之本体与气之流行，都根源于气，即所谓"一本"，本体是气之隐幽，流行是气之显明。相反，如果太虚与气是两种不同的存在，无论二者彼此如何"圆融"，如何"无间"，终究是"二物""二本""二原"，又如何能够"不二"呢？第四，吴讷以"太虚无形"解周敦颐"无极而太极"之"无极"，以"其聚其散"释"太极"为神化之妙，也就是说，"太虚"内涵神化之理，"神化"是气之流行而非"体"，如此一来就没有必要将"太虚"解释为"太虚神体"。

先抛开二、三、四点不论，此处需要格外关注第一点。根据吴讷的解读，"太虚无形"不是主谓结构，而是和"至静无感"一样的并列结构。这提醒我们，气本论与虚气相即论两派学者都没有严肃对待"太虚无形"章行文对仗工整的句法和修辞特点。为了突显这些特点，这里将该章的关键部分分段排列如下：

> 太虚无形，气之本体；其聚其散，变化之客形尔；
> 至静无感，性之渊源；有识有知，物交之客感尔。

上半句讲天道，下半句讲性理。讲天道，则"太虚无形"对"其聚其散"（都是并列结构），"气之本体"对"变化之客形"；讲性理，则"至静无感"对"有识有知"，"性之渊源"对"物交之客感"。但讲天道与讲性理也一一对应："太虚无形"对"至静无感"；"气之本体"对"性之渊源"；"其聚其散"对"有识有知"；"变化之客形"对"物交之客感"。很显然，如果"太虚无形"是主谓结构，与之相对的"至静无感"也应该是主谓结构，"至静"就成了谓述的主体，"无感"是对"至静"的谓述。但这样一来，我们就犯了一个范畴错误，即把抽象的性质理解成现实存在的对象、具有独立性的实体，因为"至静"不是一个实体，因此，"太虚无形"绝不是主谓结构。

"虚"和"静"是形容词，用以描摹事物的特征、状态，"太"和"至"是程度副词，

---

① 林乐昌：《正蒙合校集释》上册，第18～19页。

意为至极、非常。"太虚"是虚之极致,"至静"是静之极致;"太虚"是形容某个事物具有"虚之极致"的特点,"至静"是说某个事物具有"静之极致"的特点。因此,从语词本身的含义来看,"太虚"和"至静"本义都是形容词,用于描述事物所具有的特征或状态。但是,从实际语用角度来看,"太虚"和"至静"都被用作指称状态的抽象名词。本章中的"太虚"既然和"至静"对文,就不可能是指称实体的专有名词。当然,"太虚"还可以引申为具有这种状态或性质的事物,即无形之气,张载有时候的确把"太虚"用作专名,与"天"同义,但张载所谓的"天"实际上就是太虚无形之气。

因此,"太虚无形"和"至静无感"是两个并列结构的同义复叠词组①,"太虚"和"至静"是肯定的说法,"无形"与"无感"是否定的说法。肯定的说法和否定的说法相互补充而表达一个完整的意思:虚,不至无形,不足以谓之"太虚",静,不至无感,不足以谓之"至静";"无形"是"虚"之极致;"无感"是"静"之极致。张棠、周芳在注释本章时说:"气本无形而虚,性本无感而静。"②因此,在翻译"太虚无形"的时候,无论是增加"之中""之始",还是增加谓词"是",都不如增加连接词"而"来得恰当,因为"而"字经常用于连接肯定的说法与否定的说法,如"浓而不烈""肥而不腻"。

《正蒙·太和篇》中的其他材料也可以为"太虚"和"无形"是同义词的观点提供旁证。张载说:"气之为物,散入无形,适得吾体;聚为有象,不失吾常。太虚不能无气,气不能不聚而为万物,万物不能不散而为太虚。"③这里既说"气之为物,散入无形",又说"万物不能不散而为太虚","散入无形"和"散而为太虚"是一个意思。王夫之在注解"散入无形"时说:"散而归于太虚,复其絪缊之本体。"④也是用"太虚"解"无形"。吴讷曰:"散入无形,即气之本体。"冉觐祖曰:"'无形',是本体。"华西闵曰:"无形,是气之体。"⑤可见"无形"是"太虚无形"的缩略语(同样,我们也可以把"太虚"视为"太虚无形"的缩略语)。所以,"太虚无形,气之本体"是说:太虚无形这种性质或状态,是气之本体;"至静无感,性之渊源"是说:至静无感这种状态,是性之渊源。

由此也可见,"气之本体"的"本体"不是形上本体之意,而是"本然而恒常之

---

① 或许有人会说,"太虚无形""至静无感"应该读为"太虚者,无形也","至静者,无感也"。按照这种读法,"太虚无形"的确可翻译成"太虚是无形的",但它表达的意思是太虚的东西是无形的东西,亦即太虚之物没有形状,就如"至诚无息"意为至诚之道没有止息。这反而说明"太虚"和"至静"是形容词。
② 林乐昌:《正蒙合校集释》上册,第21页。
③ 《张子全书》,第1页。
④ 林乐昌:《正蒙合校集释》上册,第25页。
⑤ 林乐昌:《正蒙合校集释》上册,第25~26页。

状态"①。尽管我们也可以像吴讷那样把这个"本体"理解成"体用"之"体",但正如吴讷的解读所显示的那样,作为"体用"之"体"的"气之本体",并没有指称某种超越于气、比气更根本的实在,恰恰相反,"体"是气的隐幽状态,是与显明的"流行"(用)相对的状态;"气之本体"与"气之流行"皆本于"气"这个本原。所以,"本体"即本来状态。

此外,我们还有其他一些理由支持气本论的拥护者对"本体"一词的解释。一是,在"太虚无形"章中,"本体"与"渊源"相对,熊刚大把"渊源"解释为"本原"②,高攀龙把"渊源"解释为"本始"③,可见"本体""渊源""本原""本始"都有"本来的""本然的""原始的"之义。

二是,"体"本身就既有"恒常"义,又有"状态"义。先看"恒常"义。张载说:"散入无形,适得吾体;聚为有象,不失吾常。"④"体"与"常"互文见义,都是指经久不变的常态或本性。张载又说:"聚亦吾体,散亦吾体"⑤,"散入无形,适得吾体"与"聚亦吾体"相反相成,"聚为有象,不失吾常"与"散亦吾体"相反相成,可见"体""常"同义,无论是聚是散,都是吾体,都是吾常。刘僅的注解也说:"有常之谓'体',不易之谓'常'。"⑥所以,"体"即恒常。再看"状态"义。"体"字本来就可以指事物的状态或形态,如"固体""液体""气体"。"太虚无形"章说:"太虚无形,气之本体;其聚其散,变化之客形尔。"无形是气的本体,聚散是气的客形,"本体"与"客形"相对,二者是气的不同状态,可见"体"与"形"同义,今人合而言"形体",古人则两字互文通用。《正蒙》其他篇也可提供一些旁证:

> 健、动、陷、止,刚之象;顺、丽、入、说,柔之体。⑦

此处是"象""体"互文。又如:

> 两体者,虚实也,动静也,聚散也,清浊也,其究一而已。⑧
> 一物两体,气也;一故神,两故化,此天之所以参也。⑨

---

① 张岱年:《中国哲学大纲》,第69页。
② 林乐昌:《正蒙合校集释》上册,第17页。
③ 林乐昌:《正蒙合校集释》上册,第20页。
④ 《张子全书》,第1页。
⑤ 《张子全书》,第1页。
⑥ 林乐昌:《正蒙合校集释》上册,第25页。
⑦ 《张子全书》,第43页。
⑧ 《张子全书》,第3页。
⑨ 《张子全书》,第4页。

长久以来,人们习惯于从矛盾双方对立统一的辩证法角度理解"一物两体",但是唐纪宇最近指出,"两体"是无形与有形的二分,"一物两体"是指气是有形无形两种形态贯通为一的实有。① 如果这种观点成立,"一物两体"和"一本万殊""体用一原"一样,是指气这种实体可以具有虚—实、动—静、聚—散、清—浊、有—无、隐—显等不同形态,所谓"神"就是指这个"一物""一本"或"一原"的变化莫测。因此"体"即形态、状态。合而言之,"本体"即本来而恒常的状态。②

　　以上,我们根据"太虚无形"章的句法分析说明"太虚"与"无形"是并列结构的同义词,由此得出"本体"是本来而原始的状态、本然而恒常的状态的意思。因此,"太虚无形,气之本体"的意思是,气原本是没有形状的。然而从句法分析入手,我们还能指出该章文意释读的另一个错误,因为没有注意到对仗、回文的修辞手法,人们对"其聚其散"的解读也有分歧,有人认为"其"指太虚,有人认为"其"指气。③ 但"其聚其散"对"有识有知","其"与"有"相对,"其"不是代词,而是动词。"其"犹"有"也④,所以"其聚其散"就是"有聚有散"。"太虚无形"章的意思是:太虚无形,这是气的本然状态;有聚有散,这是气在彼此交感过程中表现出的暂时的物理形态;至静无感,这是心性的本然状态;有识有知,这是心性在与物交互运动中表现出的暂时的心理状态。

三、"知太虚即气"的语境分析

　　如上所述,对"本体"一词的解释与对"即"字的解释,在气本论与虚气相即论各自的解释框架内互为犄角。我们已经直击"本体"一角,运用句法分析,以章节文本为内证、以其他章节为旁证,说明"太虚"是无形之意,"本体"是本来状态之意。由此可知,"太虚即气"的"即"字,应该训为"是"。但是接下来,本节首先将根据更为直接的文本语境来说明"即"的含义,然后将结合中国天文学史的相关内容,对前人关于"即"字的理论语境分析稍作补充。这些工作将丰富我们对"太虚"的理解,但是笔者想先谈谈"即"字的词典含义。

　　"即"在甲骨文中的形象左边是一个食器("皀"),右边是一个坐着的人(后讹为"卩"),本义是走近去吃东西,如《说文》曰:"即,就食也。"引申而有接近及走上、登上之义。所以"即"字确实可以训为"不离",但"即"字在字典中并无"圆融"

---

① 唐纪宇:《一物两体:张载气本论中的"性"之观念探析》,《中国哲学史》2020年第4期。
② "本来而恒常的状态"可引申为"内在本性"。在后世的哲学文献中,"本体"经常用来表达"内在本性"之意。
③ 林乐昌:《张载两层结构的宇宙论哲学探微》,《中国哲学史》2008年第4期。
④ 裴学海:《古书虚字集释》,上海书店出版社,1996年,第377页。

"通一无二"之义。因此,虽然"即"字可训为"不离",但"太虚即气"不能解读为太虚与气圆融无碍、通一无二,而应该被解读为"太虚不能无气"①,亦即太虚不能独立于气而存在、太虚在存在论上依赖于气,换言之,太虚不是能够独立存在的实体。但是,"太虚不能无气"丝毫没有气不能独立于太虚而存在的意思。太虚是气的状态、特征或性质,那么太虚当然不能离开气,就像"苏格拉底的勇敢"不能独立于苏格拉底而存在;但是气却可独立于太虚而存在,正如苏格拉底可以失去他的勇敢变得胆怯,气也可以从无形聚而成有形。所以,即使"即"是与"离"对举之"即","太虚即气"的意思也可以是"太虚没有气和万物之外的独立存在"②。

接下来再看文本语境。牟宗三不仅在解读"知虚空即气,则有无、隐显、神化、性命通一无二"一句时将"即"训为相融不离,在解释"知太虚即气"时也是如此,然而后一句较为完整语境是"知太虚即气,则无无"。后半句省略了一个"知"字,按照文义应该是"知无无",即"知道不存在无"。这句话体现了"太虚即气"与"无无"在认知上的逻辑关系:"太虚即气"是"无无"的证成理由。我们试将对"即"的"不离"解释代入进去:"知道太虚与气相即不离,就知道不存在无了。"是不是有点莫名其妙?再将"即"释为"是":"知道太虚就是气,就知道不存在无了。"是不是就顺理成章了?既然气是有,那么知道太虚就是气,自然就知道太虚不是无了;知道太虚不是无,自然就知道不存在无了,即不存在所谓的能生"有"且与"有""体用殊绝"的"无"。所以,"太虚即气"之"气""强调的是其实有之义"③。从这个角度来说,"太虚即气"的字面涵义是太虚是气,但它所表达的哲学含义是太虚非无、太虚实有。

这就必然涉及"太虚即气"的理论语境分析了。陈来在为杨立华的《气本与神化:张载哲学述论》一书写的序言中说:"肯定太虚即气,其目的乃是为了彻底在宇宙和人生上反对'无'的虚无主义世界观,强调虚空不是虚无,无形的虚空仍然是气的实在。"④这把握到了张载哲学反佛老世界观的理论语境,但"太虚即气"还有另外一层理论语境,即张载哲学的自然哲学语境,尤其是张载的天文学观念。⑤

"太虚"一词本指天文、物理意义上的宇宙空间,该词首见于《庄子·知北游》

---

① 《张子全书》,第1页。
② 杨立华:《隐显与有无:再论张载哲学中的虚气问题》,《中国哲学史》2020年第4期。
③ 唐纪宇:《一物两体:张载气本论中的"性"之观念探析》,《中国哲学史》2020年第4期。
④ 杨立华:《气本与神化:张载哲学述论》,北京大学出版社,2008年,序第3页。
⑤ 聂启阳最近的研究弥补了这方面的不足,但他的文章受到以"不离"训"即"的影响,试图证明"即"字既有"不离"义,又有"是"义。(聂启阳:《他山之石:张载"太虚即气"命题的天文学初诠》,《自然辩证法研究》2021年第8期)

"不过乎昆仑,不游乎太虚",张载继承并改造了这一概念:

  由太虚,有天之名。①
  地纯阴凝聚于中,天浮阳转旋于外,此天地之常体也。恒星不动,纯系乎天,与浮阳运旋而不穷者也。日月五星逆天而行,并包乎地者也。地在气中,虽顺天左旋……②
  太虚无体,则无以验其迁动于外也。③

  按照李约瑟的说法,张载的天文学继承了宣夜说的说法④,认为地是纯阴凝聚而成,悬浮于宇宙的中央("地纯阴凝聚于中""地在气中");天是浮动的阳气,循周天而左转。宣夜说还认为空间是无限的,这种宇宙观具有浓厚的道家理论色彩。⑤《庄子·逍遥游》说:"天之苍苍,其正色邪?其远而无所至极邪?"就是以设问的形式表达空间无限的观念。据《晋书·天文志上》记载:"宣夜之书亡,惟汉秘书郎郗萌记先师相传云:'天了无质,仰而瞻之,高远无极,眼瞀精绝,故苍苍然也。'"所以宣夜说和庄子一样,都是以"无极""苍苍"解释自然之天。张载继承了道家以"太虚"为天,以"太虚"为空间的观念,但他并不认为空间是绝对的虚空(类似于牛顿的绝对空间),因此才屡次申言看似空无一物的空间,其实是未聚无形状态的气,不存在彻底虚无的绝对空间。在张载这里,空间不是容纳气的容器,而是气的一种存在形式,太虚无形之气无边无际、空阔辽远,肉眼看上去显出苍苍之色,因此而有"天"之名。

  张载说:"由气化,有道之名。"⑥又说:"太和所谓道,中涵浮沈、升降、动静、相感之性,是生絪缊、相荡、胜负、屈伸之始。其来也几微易简,其究也广大坚固。"⑦可见"太和"就是气由散而无形到聚而有形,再到散入无形的运动历程。整个宇宙空间都是气的表现形式,看似"至虚",实则"至实",充斥着浮沉、升降等各种物理量之间的相感相荡,"广大坚固"。甚至可以说,太虚就是各种量的相互作用之网,世界上"没有孤立的事物,具体事物都在同异、屈伸、有无'相感'的关系网中"⑧。张载以气解释虚空,可能是为了解释地体悬于宇宙中央的原因。

---

① 《张子全书》,第3页。
② 《张子全书》,第4页。
③ 《张子全书》,第5页。
④ 李约瑟著,梅荣照等译:《中国科学技术史》第3卷,科学出版社、上海古籍出版社,2018年,第123页。
⑤ 李约瑟著,梅荣照等译:《中国科学技术史》第3卷,第118页。
⑥ 《张子全书》,第3页。
⑦ 《张子全书》,第1页。
⑧ 冯契:《中国古代哲学的逻辑发展》下册,上海人民出版社,1983年,第773页。

由此可见,张载以气规定"太虚",既是为了捍卫客观实有的、道德化的世界观,同时也可能包含了完善其天文宇宙观的目的。

四、"气"的语义分析

"太虚无形"之"太虚"与"无形"同义,意为没有形状、没有形体,指虚无无形这种状态或性质,又可引申为具有这种状态或性质的太虚之气。"知太虚即气"之"太虚"指空间、天,甚至整个世界,所谓的空间、天,也都只是气的存在形式。[1]所以太虚既是无形之气,又是浩瀚无垠的空间,"是无限大和无限小的统一"[2]。"太虚"的诸种含义都依赖于气这一概念,这一点已经无可置疑。但是,为了兑现上文的承诺,还原张载虚气关系论的本来面目,我们还需要进一步考查"气"这个术语的语义学特征。

"气"和"金""木""水""火""土"等一样都是不可数名词。可数名词,例如"猫",指称可以个体化的东西,即具有内在统一性、不可分的整体;一只猫就是一个整体,不可能被一分为二而成两只猫。不可数名词,例如"水",通常指称不可个体化的事物:一滴水可以被分成两滴水。不可数名词具有累计指称的语义属性,如两滴水的总和仍然是一滴水。可数名词却不具有这种特征:两只猫的总和并非一只猫。但是,有些不可数名词可以指称一些在原则上可以个体化但通常并不被个体化的东西,例如"米"虽然是不可数名词,但是米粒是可个体化的,只是我们通常并不会真的"数米而炊"。"气"也是此类不可数名词。

"气"在原则上可以用来指称个体化的、没有形体的、"最细微最流动的物质"[3],"气"还可以累计指称的方式指一定量的气的总和。在此意义上,"气"既可指未成形质的、连续性的、无限大的原初物质,亦即元气或太虚。又可指已成形质的、离散性的、中等尺度大小的"物",如"散殊而可象为气"[4]之"气"就是指由气凝聚而成的物;这里的"散殊"不是"聚散"之"散",而是各不相类、各有区别之义,两句话的意思都是说,由气凝聚而成的物从气构成的空间中突显出来,彼此分殊。当然,在原则上,"气"也可以累计指称的方式指称由气构成的整个世界,既包含太虚,也包含物。

当"气"指称最细微的物质的时候,"气"就是指太虚无形之气,在此意义上,

---

[1] 在伦理学和道德心理学语境下,"太虚"还有其他含义,限于文章主题,本文仅考察形而上学语境里的"太虚"。
[2] 《蒙培元全集》第3卷,四川人民出版社,2021年,第8页。
[3] 张岱年:《中国哲学大纲》,第65页。
[4] 《张子全书》,第1页。

太虚与气是同一关系。当以累计指称的方式使用"气"时,"气"指的是有形之物。张载说:"气之聚散于太虚,犹冰凝释于水。"①这里以气拟冰,以太虚拟水,冰是有形象之物,"水"则在累计指称的意义上指江河湖海,所以"气"指的是有形之物,"太虚"指的是有形之物存在于其中的由气所充满的宇宙。在这个意义上,谈论太虚与气的关系,其实是在谈论太虚与物的关系。

因此,如果把太虚与气的关系理解成无形之气与有形之气的关系,尽管非常接近哲学史真相,但可能并不充分,因为气既包括无形之气,也包括有形之物。因此,我们无法独立于"物"这一范畴来谈论太虚与气的关系。然而谈到了"物",我们还需注意"形"与"象"之别,张载既说气聚成形,又说气聚则有象,如"感而生则聚而有象"②"凡可状,皆有也;凡有,皆象也;凡象,皆气也"③。"形"与"象"两个同义词合而成"形象",单言"形"与单言"象",皆可并包一切有形象之物。然而,和所有的同义复词一样,细究起来"形"和"象"未可概同。《周易·系辞》说:"在天成象,在地成形。"似乎"象"指天体以及风雨云雾雷电等天文、天气现象,而"形"指具体可触摸的东西。钱锺书说:"物不论轻清、重浊,固即象即形,然始事之雏形与终事之定形,划然有别。'形'者,完成之定状,'象'者,未定形前沿革之暂貌。"④据此,"象"有可状之貌而未定形,"形"则有确定的外貌、形制。可见"物"这个词指涉天地间一切有形有象的存在。在这个意义上,"物"和"太虚""气"一样,都指涉整个物理世界。

综上所述,我们真正需要关注的,不只是太虚与气的关系,而是太虚、物、气三者之间的关系。太虚是无形无象之气,物是有形有象之气,气则贯通于无形与有形、太虚与万物之间。无形之气是本体,有形之气是流行,气则是体用之"一原",万殊之"一本",此之谓"显微无间"。整个世界在无形与有形之间转换,但终归是实有之气。

中国古代哲学家所使用的词汇往往是多义词,这需要我们结合上下文判断术语在某个语境中的确切含义。而且他们往往会用到对偶、互文等修辞手法,"参互成文,合而见义",我们需要通过上下文的互相发明,确定术语的含义。总之,留心古代思想家用来描述世界的词汇、语句本身的特点,可以帮助我们更准确地理解他们的思想。

(原载《中国哲学》2022 年第 5 期)

---

① 《张子全书》,第 2 页。
② 《张子全书》,第 3 页。
③ 《张子全书》,第 54 页。
④ 钱锺书:《管锥编》第 2 册,生活·读书·新知三联书店,2001 年,第 933 页。

苏轼《观自在菩萨如意轮陀罗尼经》抄考

吴海萍*

宣城广教寺位于安徽省宣城市宣州区城北敬亭山南麓。该寺历史久远,唐末会昌法难后由宣州刺史裴休重建于大中己巳年(849),建刹千间,佛殿前有千佛阁、慈氏宝阁,并掘有金鸡井。之后又屡有扩建,经过百余年发展,于北宋时发展至顶峰。僧人惟真建御书阁贮藏宋太宗所赐御书,又有里人郝允李为祝母寿建观音殿。元初设御讲僧,获赐紫金袈裟,座下数百人,可惜元末毁于兵火。明朝洪武年间,有僧人于故址创庵,并于洪武辛未年(1391)立为丛林。明末广教寺再次被毁,此后未再复建。至乾嘉时期,大殿又废,仅存石佛殿二进,而且很快圮废,现仅存双塔和金鸡井。广教寺经元明两次兵燹,已成废墟,但"两浮屠犹峙于山门之前",亦称双塔寺。①

广教寺双塔分东塔和西塔,学界依据西塔石刻跋文,定双塔建于北宋绍圣三年(1096)。② 双塔兼具唐塔方形楼阁式外观形式和宋塔砖木混用的内部结构,既沿袭了唐代的风格,又具有浓厚的宋代建筑特征,是一组较为独特的古建筑。嵌于塔上的苏轼写经石刻尤为难得。双塔具有珍贵的艺术、科研、历史价值,1988年列为全国重点文物保护单位。文物部门先后多次对广教寺遗址进行考古发掘,并对双塔进行修缮保护。笔者有幸参与2014年的考古发掘,并得同事诸多帮助,登上西塔勘察苏轼写经石刻。本文以此为基础,着意对苏轼写经石刻的内容、时间等进行考证,以期窥知原貌。

---

* 吴海萍,现任职于安徽大学徽学研究院。
① 鲁铨、钟英修、洪亮吉、施晋纂:《嘉庆宁国府志(一)》,清嘉庆二十年刻,据民国八年泾县翟氏宁郡清华斋影印本影印,《中国地方志集成》之《安徽府县志辑43》卷一四,江苏古籍出版社,1998年,第464页。
② 笔者以为,广教寺西塔现存石刻资料和相关文献记载均没有提及双塔,不能据此确定双塔的建造时间。北宋郭祥正(1035~1113)于熙宁元年(1068)至三年之间曾与宣州知州余良肱、宣州盐税蒋之奇游宣城广教寺,作诗《游石盆寺呈蒋殿院兼简余光禄》,其中写道"山僧构亭又高绝,群峰叶叶如青莲。崔巍宝塔挂落日,沉砀冰壶撑钓船"。据此可以推测,至迟在北宋熙宁三年,宣城广教寺已经建塔。郭祥正:《游石盆寺呈蒋殿院兼简余光禄》,见《青山集》卷一五,北京图书馆出版社,2004年。傅璇琮主编,祝尚书卷主编:《宋才子传笺证 北宋前期卷》,辽海出版社,2011年,第855页。

一、关于广教寺双塔石刻内容的考证

（一）西塔石刻

经实地考察，现存广教寺西塔石刻位于塔内第二层西面壁门上方，横向嵌入，四周镶砖框。石刻高约32.5厘米，宽约46.7厘米。刻石文字为阴刻正楷书体，文字尚且可辨，主要内容包括《观自在菩萨如意轮陀罗尼经》咒语部分、苏轼落款及刻石跋文。

西塔石刻《观自在菩萨如意轮陀罗尼经》咒语文字是：观自在菩萨如意轮陀罗尼曰：/南谟佛陀耶南谟达摩耶南谟僧伽耶/南谟观自在菩萨摩诃萨具大悲心者/怛姪他 唵 斫羯啰伐底 震多末尼/摩诃钵蹬谜 噜噜噜噜底瑟咤 篅入声/啰 阿羯利沙也 吽 泼莎诃此名根本呪 唵/钵蹋摩震多末尼 篅啰 吽此名大心呪 唵/跋剌陀 钵亶谜 吽此名随心呪/

苏轼落款是：元丰四年二月二十七日责授黄州团练副使/眉阳苏轼书以赠宣城广教院模上人。刻石跋文是：绍圣三年六月旦日宛陵乾明寺楞严/讲院童行徐怀义摹刊于石普劝受持/同增善果。后附咒音注释：呪音：蹬徒亘谜莫计咤 陟加篅市悦/泼普活蹋徒合剌耶达亶多辛。

西塔现存石刻资料在《安徽通志稿·金石古物考》中亦有收录。该书记录广教寺第一则拓片资料是："观自在菩萨如意轮陀罗尼经 在宣城县北门外广教寺塔上，拓本高一尺二寸，广一尺五寸二分，十六行，行字不等，正书。"[①]并录有原文。经与实物比对，此则拓片在内容、尺寸、行数、字数、字体、文字书写等方面，与现存实际情况完全一致，确实拓于西塔石刻。

另有三种文字记载没有收录苏轼写经具体内容，但在石刻位置、写经时间、刻石时间等方面与现存实物有明显差别。《两浙金石别录》依据道光咸丰年间"浙江海宁僧六舟拓本"，记载刻石时间是"绍圣三年六月"，但没有明确石刻位置。[②] 而

---

① 徐乃昌修纂：《安徽通志稿·金石古物考》，《石刻史料新编》，台北：新文丰出版公司，1982年，第3辑，第11册，第417页。
② 顾燮光：《两浙金石别录》，《石刻史料新编》第3辑，第10册，下卷，第462页。

嘉庆《宁国府志》①和《安徽金石略》②则称"塔经火毁,石亦腐不可拓",依据传抄拓本记载石刻位置在"塔颠"或"塔顶",刻石时间是"绍圣四年五月朔"。比较合理的解释是,《两浙金石别录》依据的"浙江海宁僧六舟拓本"是六舟和尚从西塔上拓得,而嘉庆《宁国府志》和《安徽金石略》所依据的传抄拓本很有可能拓于现在已经完全无法识读的东塔石刻。

(二) 东塔石刻

经实地勘察,东塔石刻位于塔内第二层西面,字迹剥蚀严重,仅能识读个别文字,与嘉庆《宁国府志》和《安徽金石略》中"塔经火毁,石亦腐不可拓"的记载相符合。东塔拓片以《如意轮陀罗尼经》之名收录于《北京图书馆藏中国历代石刻拓本汇编》第四十册,说明如下:"北宋绍圣四年(1097)五月一日刻。石在安徽宣城广教寺塔上,况夔笙旧藏。拓片高40厘米,宽80厘米。苏轼正书。"③与实物相符,可以确定出于广教寺东塔。

东塔拓片内容包括苏轼写经正文、苏轼落款、刻石跋文。正文如下:观自在菩萨如意轮陀罗尼/经云观自在菩萨白佛言世尊我今有大陀/罗尼明呪所谓无障碍观自在莲华如/意宝轮王第一希有能于一切所求之事/随心饶益皆得成就世尊大慈听我说者/我当承佛威力施与众生乃至世尊赞菩/萨言如是如是汝能慈愍诸有情类我加/护汝菩萨既蒙佛许悲愿盈怀即于佛/前而说呪曰/南谟佛陀耶南谟达摩耶南谟僧伽耶/南谟观自在菩萨摩诃萨具大悲心者/怛姪他　唵　斫羯啰伐底　震多末尼　摩/诃钵蹬谜　噜噜噜噜底瑟咤　篅入声啰　阿羯利沙也　吽　泼莎诃(此名根本呪)　唵　钵蹋/摩震多末尼　篅啰　吽(此名大心呪)　唵　跋剌陀/钵亶谜　吽(此名随心呪)/尔时观自在菩萨说是大轮陀罗尼已大/地六

---

① 嘉庆《宁国府志》记载:"苏东坡观自在菩萨如意轮陀罗尼石刻　在郡北门外十里广教寺塔颠,塔经火毁,石亦腐不可拓,仅向收藏家借得一阅,今录书刻月日摩勒姓名于右。元丰四年二月二十七日责授黄州团练副使眉□苏轼书以赠宣城广教模上人。绍圣四年五月朔宛陵郡人汪遵昱施财上石乾明寺楞严讲院行者徐怀义谨劝募刊。"鲁铨、钟英修,洪亮吉、施晋纂:《嘉庆宁国府志(二)》,清嘉庆二十年刻,据民国八年泾县翟氏宁郡清华斋影印本影印,《中国地方志集成》之《安徽府县志辑44》卷二〇,第42页。另有嘉庆《宣城县志》和光绪《宣城县志》也有记载,其文记载苏轼的写经时间是绍熙四年(南宋,1193年),刻石时间是绍圣四年(北宋,1097年),文内互相矛盾,明显错误,不予采信。
② 《安徽金石略》记载:"宋苏轼书陀罗石刻　绍圣四年,在宣城,存。石在宁国城北门外十里广教寺塔顶。塔经火毁,石亦腐不可拓,仅庆故家借得一本。今录其书赠月日及摹刊姓名,《陀罗尼》世多有,故不录。元丰四年二月二十七日责授黄州团练副使眉山苏轼书以赠广教模上人。绍圣四年五月朔宛陵郡人汪遵昱施财上石乾明寺楞严讲院行者徐义谨劝募刊。"赵绍祖:《安徽金石略》,《石刻史料新编》第1辑,第16册,第3卷,第11680页。
③ 北京图书馆金石组编:《北京图书馆藏中国历代石刻拓本汇编》(第40册·北宋),中州古籍出版社,1989年,第144页。

种震动天龙药叉犍闼婆等诸有/宫殿亦皆旋转迷惑所依一切恶魔为障/碍者见自宫殿皆悉焰起无不惊怖乃至/于地域中受苦众生皆悉离苦得生天上/观自在菩萨如意轮陀罗尼。

苏轼落款是：元丰四年二月二十七日责授黄州团练副使眉阳/苏轼书以赠宣城/广教院模上人。

刻石跋文是：绍圣四年五月朔宛陵郡人孙汪遵昱施财上石。

综合上文对广教寺西塔现存石刻及《北京图书馆藏中国历代石刻拓本汇编》收录拓片资料的对比分析，可以梳理出苏轼写经及两次刻石的逻辑顺序：元丰四年(1081)苏轼写《观自在菩萨如意轮陀罗尼》赠给宣城广教院景模上人[①]；绍圣三年(1096)六月旦日，"宛陵乾明寺楞严讲院童行徐怀义"刻石，摹刻了苏轼写经中的咒文部分，石刻后被嵌于广教寺西塔上，现存实物目前尚能识读；绍圣四年(1097)五月朔日，"宛陵郡人孙汪遵昱"施财刻石，摹刻了苏轼写经的全部内容，石刻后被嵌于广教寺东塔上，现存实物早在清代乾嘉时期已经"腐不可拓"。

二、关于苏轼书写《观自在菩萨如意轮陀罗尼经》的考证

首先，从内容上看，苏轼写《观自在菩萨如意轮陀罗尼经》，依据的是《观自在菩萨如意轮咒课法并序》，并非流通译本。历史上《观自在菩萨如意轮陀罗尼经》有四个流通译本，都产生于唐代，分别是菩提流志译本[②]、义净译本[③]、实叉难陀译本[④]和宝思惟译本[⑤]，以义净译本最为通行。经比对，发现广教寺双塔上苏轼写经依据的是，北宋天台宗僧人净觉仁岳法师参考义净译本改编的《观自在菩萨如意轮咒课法并序》（下文简称《课法》）。

据仁岳法师自序推测其编修《课法》的经过，大致如下：仁岳法师"于讲习之暇，务求课念之益，因发经藏，得如意轮咒"，并认为如意轮咒"凡四本，详其文，实同出而异译也"；杭州天竺寺遵式法师"常观此经，知利物之要，特爱义净所译，咒

[①]《嘉庆宁国府志》记载，模上人是宣城广教院文鉴继真禅师弟子景模，为古隐蕴聪禅师法孙。文鉴继真禅师，字希道，工于诗，与梅尧臣引以酬唱。弟子景模集其遗诗，李公择(李常)为之作序，张尚英、滕达道(滕元发)为之作跋。就笔者所见，尚没有发现资料能证明苏轼与宣城广教院有直接关系。但景模集其遗诗，请李公择、张尚英、滕达道等人作序写跋，而这些人均是苏轼好友，以此推测景模与苏轼可能发生联系，从逻辑上可以成立。鲁铨、钟英修，洪亮吉、施晋纂：《嘉庆宁国府志(二)》卷三一，第322页。

[②] 菩提流志译：《如意轮陀罗尼经》，《大正新修大藏经》，第20册，No.1080,台北：白马书局，2003年。

[③] 三藏法师义净译：《佛说观自在菩萨如意心陀罗尼咒经》，《大正新修大藏经》，第20册，No.1081。

[④] 实叉难陀译：《观世音菩萨秘密藏如意轮陀罗尼神咒经》，《大正新修大藏经》，第20册，No.1082。

[⑤] 天竺三藏宝思惟译：《观世音菩萨如意摩尼陀罗尼经》，《大正新修大藏经》，第20册，No.1083。

辞易诵,乃镂板模印,诒厥四辈"。仁岳认为,义净译本"颇略所说法式,但云摄心口诵,至于事仪观想,曾未点示受持之际"。因此"辄采诸文,为之补助原始,自末总成七科。一法式,二观想,三礼赞,四持诵,五忏愿,六证验,七释疑"①。遂成《课法》,其中第四部分"持诵"是对义净译本的缩写(下文简称仁岳改本)。根据现存广教寺西塔石刻实物资料和《北京图书馆藏中国历代石刻拓本汇编》中所收录的广教寺东塔苏轼写经拓片资料,可以确定苏轼写经之正文(下文简称苏轼写本)正是根据仁岳改本依经录文。下面即对义净译本、仁岳改本和苏轼写本进行简单比较。

三个版本都包括三个部分。第一部分是教起因缘部分,义净译本"如是我闻……即于佛前以大悲心而说咒曰"段,计约340字。仁岳改本"经云观自在菩萨白佛言……即于佛前而说咒曰"段,计约116字,略去了义净译本的场景描写,保留了对受持大陀罗尼明咒殊胜功德的称颂,缩写了世尊称赞观自在菩萨的言论。苏轼写本同于仁岳改本。

第二部分是咒文,三本正文相同,均是85字。区别体现在咒语命名、个别字注音及写法上。义净译本咒语第一段无命名,第二段命名为"大心咒",第三段命名为"随心咒";仁岳改本则将咒语第一段命名为"根本咒",第二、三两段命名同于义净译本;苏轼写本同于仁岳改本。义净译本注"篅"为"入声";仁岳改本注"侘"为"丑家切",注"篅"为"市传切",注"亶"为"多旱切";广教寺东塔上苏轼写本注"篅"为"入声",西塔上苏轼写本注"蹬"为"徒亘",注"谜"为"莫计",注"咤"为"陟加",注"篅"为"市悦",注"泼"为"普活","蹋"为"徒合",注"剌"为"耶达",注"亶"为"多辛"。在个别字写法上也有差别,如"谟/摩/莫""他/侘/咤""攞/啰/啰""痾/阿/阿""发/发/泼""莎/沙/莎""菴/唵/唵""踏/蹋/蹋"和"刺/喇/剌"。

第三部分是法化流通部分,义净译本"尔时观自在菩萨摩诃萨……一切大众皆悉欢喜信受奉行"段,计约1 100字;仁岳改本"尔时观自在菩萨……受苦众生皆悉离苦得生天上"段,计约77字,仅是对义净译本这一部分开头几句的缩写,略去义净译本中赞叹法化、咐嘱流通的大段内容;苏轼写本基本同于仁岳改本,只是将仁岳改本的"陀罗尼"改为"大轮陀罗尼",计约79字。

通过对比分析可以确定,苏轼写本在经文内容、咒语命名等方面基本同于仁岳改本,只是略去了仁岳改本中这一部分的前后按语,可以确定是据此而写。二

---

① 〔宋〕仁岳:《观自在菩萨如意轮咒课法并序》,《乾隆大藏经》,第139册,No.1571,彰化:宝印佛经流通处传正有限公司乾隆版大藏经刊印处,1997年。注:《大正新修大藏经》中并没有注明《观自在菩萨如意轮咒课法》为仁岳所撰,收录内容不及《乾隆大藏经》完整。《大正新修大藏经》,第46册,No.1952。

者仅在咒音注释和个别字写法上略有别,但并不影响文义理解。

其次,苏轼据《课法》写经,在时间和人物关系上可以成立。仁岳法师没有明确交代其编修《课法》的具体时间,据其自序可以推测大概。仁岳称"先天竺法师讳遵式"①,说明《课法》编修于遵式法师示寂之后。据《佛祖统纪》记载,遵式法师示寂于明道元年十月八日②,即1032年,仁岳法师示寂于治平元年三月二十五日③,即1064年。可以确定,《课法》成书于明道元年(1032)至治平元年(1064)之间,苏轼于元丰四年(1081)据此写经,在时间逻辑上完全可以成立。

从相关人物关系看,即便《课法》在其编成后没有普及,苏轼也极有可能看到该书。仁岳有弟子七人,分别是吴兴子昉法师、钱塘可久法师、钱塘惠勤法师、雪川梵慈法师、永嘉乃仁法师、超果灵照法师、枢密胡宿(胡则之子)。④ 苏轼于熙宁四年至七年(1071—1074)任杭州通判时,曾与仁岳弟子可久、惠勤为师友。⑤元丰二年(1079)苏轼任湖州太守时,复信可久称:"承法体安隐,甚慰想念。北游五年,尘垢所蒙,已化为俗吏矣。不知林下高人犹复不忘耶! 未由会见,万万自重。"⑥据此可知,苏轼与可久禅师交往密切,苏轼诗作《上元过祥符僧可久房萧然无灯火》⑦亦可证。苏轼完全有可能从仁岳法师弟子那里见到《课法》,并于元丰四年(1081)据此写经。

综合全文所述,本文结论是:第一,通过对《观自在菩萨如意轮陀罗尼经》内容的分析,结合对相关时间及人物关系的考察,可以确定苏轼写《观自在菩萨如意轮陀罗尼经》依据的是仁岳法师修订的《观自在菩萨如意轮咒课法并序》。第二,通过对现存广教寺西塔石刻实物资料和相关拓片资料的互证可以明确,苏轼写经曾被两次摹刻,第一次由宛陵乾明寺童行徐怀义摹刻于"绍圣三年六月旦日",第二次由宛陵郡人汪遵昱施财摹刻于"绍圣四年五月朔"。近人施蛰存在《北山集古录》中说:"宋崇宁初,禁苏门文字,东坡书迹石刻,划凿殆尽。近世传

---

① 仁岳:《观自在菩萨如意轮咒课法并序》,《乾隆大藏经》,第139册,No.1571,第213页。
② 志磐:《佛祖统纪》,《新编卍续藏经》,第131册,No.1491,台北:新文丰出版股份有限公司,1994年,卷一〇,第161页。
③ 志磐:《佛祖统纪》,《新编卍续藏经》,第131册,No.1491,卷二二,第227~228页。注:《释氏稽古略》记载仁岳法师圆寂于三月二十四日。〔明〕觉岸:《释氏稽古略》,《新编卍续藏经》,第132册,No.1496,卷四,第113页。
④ 志磐:《佛祖统纪》,《新编卍续藏经》,第131册,No.1491,卷二五,第259页。
⑤ 志磐:《佛祖统纪》,《新编卍续藏经》,第131册,No.1491,卷二二,第229页。
⑥ 苏轼:《北游帖》(又称《致坐主久上人尺牍》),刘正成主编:《中国书法全集》,荣宝斋,1991年,第33卷《辽宋金编·苏轼卷一》,第124~125页。
⑦ 查慎行:《苏诗补注》,《钦定四库全书·集部》,广陵书社,2010年,第9卷,第6页。

拓,皆后人复刻。惟安徽宣城之观自在菩萨如意轮陀罗尼明咒……是宋时原刻也。"并作诗盛赞:"东坡墨妙总消磨,幸有遗珠逸网罗。应是慈悲无障碍,大轮明咒辟群魔。"

(原载《文物》2018 年第 3 期)

劝募与捐献：宋代南方桥梁建设中民间资金筹措方式述论

祁琛云[*]

宋代是我国桥梁建设史上的重要时期，相关研究成果比较丰富，研究内容涉及宋代桥梁建造的主体、资金与劳动力的来源等。[①] 但由于各自关注的地区和造桥主体不同，对建设资金来源途径的分析存在偏差和不够全面。具体表现为：一是就研究所涉及的地域而言，主要集中在福建、四川等地，对宋代其他南方地区桥梁建设经费筹措方式观照不够。二是就桥梁建设主体而言，相关研究比较集中地讨论了佛教徒在南方尤其是福建地区桥梁修造中的贡献，对其他参与桥梁建设的主体涉及不多，尤其是对为桥梁修造提供大量资金的富民阶层未做专题性探讨。三是以上成果集中讨论了宋代僧侣、官员、士人等群体在桥梁修造过程中的作用与贡献，但未能将他们参与桥梁建设的原因，置于两宋时期国家财政管理体制结构性调整对地方社会经济发展的影响、宋代地方官员选用与管理制度对基层治理的影响等时代大背景下进行探讨。有基于此，本文以散见于文集、方志中的宋代《桥记》文献为依据，以民间资金的融入途径为主要研究对象，在宋代地方官、佛教徒、富民大族参与南方地区桥梁建设资金筹措方式的基础上，对各种筹资方式的占比做了统计分析，以相对精确的数字展示建设主体在造桥资

---

[*] 祁琛云，现为河南大学历史文化学院教授。
[①] 关于桥梁建设的主体，部分学者关注到佛教徒在宋代桥梁建设中的活跃程度，如方豪的《宋代僧徒对造桥的贡献》（《宋史研究集》第 13 辑，台北：编译馆，1981 年，第 231～258 页）、杨文新的《宋代僧徒对福建桥梁建造的贡献》（《福建教育学院学报》2004 年第 1 期）等文从不同角度探讨了宋代佛教徒在造桥资金筹募、建设工程监管及桥梁管理方面的贡献。宋燕鹏等讨论了南宋时期地方士人群体参与桥梁建设的行为及原因（宋燕鹏、张素格：《南宋地方桥梁的修建与士人参与》，《山西师范大学学报》2013 年第 1 期）。关于建设资金问题，商秀叶对两宋到明代福建地区桥梁设施建设的经费来源、投资主体做了考察，指出桥梁设施投资主体呈多元化发展态势，其中积累大量财富的富民大族与受福田和因果业报思想影响的僧人是重要的投资人（商秀叶：《10～15 世纪福建桥梁投资问题研究》，云南大学硕士学位论文，2011 年）。另有两篇学位论文对宋代《桥记》文献进行整理研究，分别是姚晶的《南宋桥记整理与研究》（湖南师范大学硕士学位论文，2020 年）和杨苏杭的《6～12 世纪桥记整理与研究》（湖南师范大学硕士学位论文，2021 年），两文均对宋代《桥记》资料做了统计与整理，并讨论了桥梁修造与经费问题。上述成果从不同角度对宋代桥梁建设加以探讨，不同程度地涉及浩桥资金的来源问题，为本文的撰写提供了重要参考。

金筹措中的贡献。同时从宋代财政中央化及地方官员籍贯回避制度等造成的"郡县空虚"的背景下,分析地方官员向民间劝捐造桥资金的动因;以南北朝以来佛教中国化的历程及福田观念影响下,僧侣阶层由与民争利的社会群体向热心公益的民间精英转型为背景,分析佛教徒积极参与建设经费募捐的原因;从南宋时期以富民大族、知识阶层为主体的地方势力的崛起,及其对参与主导基层事务的强烈诉求着手,分析富民主动或被动捐献修造资金的主、客观原因。通过考察桥梁建设资金筹措的主要方式,并综合分析各种社会力量参与造桥资金筹集的原因,以期更加全面地展示宋代基层桥梁建设筹资方式多元化的特征,及南方民众在地方治理和基层建设中的作用与贡献。

一、地方官员劝捐筹措

宋人赵汝愚称:"若夫除道路、治桥梁,盖是有司之职。"①王遂也认为"抑治其道路,太守责也"②。可见架桥修路既是地方政府和官员的应有之责,桥道畅通与否也是评价地方治理的重要标准。但受地方财力所限,无论是肩负有司之责的地方政府还是代天子治理一方的州县官员,都难以满足水乡地区对桥梁设施的巨大需求。出于区域社会经济发展和政绩的考虑,当面对桥道不兴,交通阻断,民众病涉的问题时,一些有作为的地方官员会出面向民众劝捐修桥资金,劝捐的主要对象是掌握大量财富的中产以上的富民,劝捐的方式包括亲自劝谕和捐俸倡劝。

(一)地方官员亲自劝谕

地方官员向富民劝捐修桥资金的过程多见于宋人撰写的"桥记"中,比较典型的有北宋钱公辅的《利往桥记》和南宋赵敦临的《重建惠政桥记》。《利往桥记》详细记录了北宋中期苏州吴江县知县、县尉劝谕城中富户捐钱造桥的事迹。吴江县城被吴淞江一分为二,居民隔限南北,交通极为不便。仁宗庆历末,当地居民集资修建寺院,知县李问、县尉王庭坚等"呼富民譬晓,以奉释氏,不若助县官兴学"。于是富民绅士捐钱数百万缗为兴学之费,然而适逢朝廷禁止州县创立新学。李问认为,"民既从,财既输矣,倘不能作一利事以便人,吾何以谢百姓?"在其劝谕下,富户转而捐资造桥,一举解决了吴淞江两岸居民的往来之苦,被百姓

---

① 赵汝愚撰,叶德辉辑:《宋赵忠定公奏议》卷一《乞免除拆居民屋宇疏》,《丛书集成续编》第45册,上海书店,1994年,第952页。
② 王遂:《重造十桥记》,康熙《建宁府志》卷四二《建宁纪述》,《中国地方志集成·福建府志辑5》,上海书店出版社,2000年,第623页。

称为"利往桥"①。明州奉化县原有惠政桥,高宗建炎四年(1130)毁于战火,官府以府库空虚,"不欲重劳",不加修造,百姓用木板搭桥。绍兴初,又被洪水冲垮,伤者达数十人。县令赵子琚因无钱修复,感伤泪泣说:"桥不时修,令过也。"县邑富人被县令的爱民之心所感动,称"此可爱吾财而不能成一桥,以戚吾贤大夫"?于是相互激劝,"翕然输金,醵财鸠工",加以重建。② 赵县令在兵火之后公私交困的情势下,为了使富人出钱修桥,不惜放下父母官的威仪,垂泪激劝,可谓用心良苦。

(二)地方官员捐俸倡劝

为调动富民捐钱修桥的积极性,部分官员主动捐出俸金私钱以示倡劝。如孝宗淳熙间,徽州境内的两处石桥,便是在知州曹耜主动捐劝下,由富人出资创修。史载徽州"山多涧谷,水贯其间,脉络如织,断崖绝壑",地形复杂,交通落后。淳熙七年(1180),曹耜任知州,称"桥梁不修,昔人以为刺史之过,乃出私帑,属富民,梁其险绝之涂而安夫人之所甚病"。在其倡劝下,富人程仔等积极出资响应,在相公湖旁修建石桥两座。③ 另如严州淳安县的百步渡位于商道要冲,"旧有桥名百丈,规模狭小。浮桥仅阔七尺,乘不得并舆"。因地方财政困难,前后数任县令均未能改变现状。宁宗庆元三年(1197),新任知县郑某实地视察后决定撤旧创新,"度其费非二百万不可"。为筹集经费物资,郑知县主动捐俸钱二十万,米三十石为富民倡,"同僚亦各翕然捐俸为之助"。受县官劝捐的感染,全县大姓相聚共议称:"今邑大夫有济人之心如此,盍相与赞成之?"于是各仿其尺度分节以造,官民齐心协力,"不日而成浮桥"。该桥虽成于众手,然而知县郑某捐俸倡劝当居首功。④ 宋理宗绍定二年(1229),广州东莞县创修德生桥,以费用浩大,摄县事赵汝汉"约费啬用,铢积所余,益以私钱,首为之倡"。乡士吴克宽、邓林积极响应,"力赞公决,从英豪大家传相应和,更出藏镪,以佐其费"。德生桥最终在官民共同捐助下顺利重建。对于县官和乡民在建桥过程中的贡献,时人梁该在《重建德生桥记》中称:"微公(赵汝汉)首奋为倡,则众未必应,事未必集;微吴、邓诸

---

① 钱公辅:《利往桥记》,钱毂编:《吴都文粹续集》卷三六《桥梁》,文渊阁四库全书第1386册,台湾商务印书馆1986年影印本,第186~187页。
② 赵敦临:《重建惠政桥记》,光绪《奉化县志》卷三《建置下》,《中国方志丛书·华中地方》,台北:成文出版社有限公司,1975年,第159~160页。
③ 吴儆:《相公桥记》,程敏政辑撰,何庆善、于石点校:《新安文献志》卷一二《记》,黄山书社,2004年,第343页。
④ 胡朝颖:《重修百丈桥记》,嘉靖《淳安县志》卷一五《文翰三》,《天一阁藏明代地方志选刊》,上海书店出版社,1981年,第17~18页。

君董其役,同出一意,及善治有方,则未必亟成。"①官员捐俸倡劝的行为,无论是为了解决民生问题还是出于政绩的考虑,都是值得称赞的。

二、佛教徒募捐筹集

宋代僧侣群体受佛教热衷社会公益趋向及佛家福田观念的影响,主动地参与到桥梁道路建设中,成为推动宋代地方交通事业发展的重要力量。佛教徒对桥道建设的支持,主要体现在建设经费的筹募方面,其募集资金的方式包括主动发起的募捐和受官方委托而进行的募捐活动。

(一) 僧侣首倡的募捐行为

受"平治险路"的观念影响,佛教徒普遍对路桥建设十分关注,主动出面筹集资金并加以兴造。如徽宗时简州重修通惠桥的工役,由当地僧人士贤主动发起并募捐造桥资金。据《通惠桥记》载,简州通惠桥被洪水冲垮后,官府惮于兴工,迁延不顾,"民病涉久"。崇宁三年(1104),有乡僧士贤者,"奋然以缘化从事,即旧址架石磴而广之……经费不资,未尝以闻有司,借民力而功成,水患遂弭"②。在官方不作为的情况下,僧人士贤代行官府之责,主动化募资金,重修桥梁,造福一方。

南宋以降,佛教徒更加频繁地参与造桥经费的筹集活动。如饶州庆善桥、婺州石板桥等的重建工程都得益于僧侣的积极募捐。庆善桥创于北宋景祐年间,范仲淹曾为桥写桥名。之后百余年间,桥道摧圮,当年修造的桥屋也坍塌不可用。高宗绍兴间,浮图氏法照、惠才等相继劝民捐钱加以修葺,务在坚久耐用。③ 婺州兰溪县位于水路交汇之处,有"板桥届其中途",岁久桥坏,"行旅病涉",严重影响民众的出行安全。广智寺僧可威立志重造板桥,"因旧增新,縻金钱二百万,募缘仅二十万",其余皆可威"倾竭衣钵,以足其费"。从高宗绍兴三十一年(1161)至孝宗隆兴二年(1164),前后历时四年,终于修造成功。对于释可威募捐钱财,代替官府再造桥梁的壮举,乡居士人苏简大加赞赏,称当地官府坐视桥梁毁坏不顾,而可威作为方外之人,"非有吏责,而视朝涉者,若己褰裳,惕然有不安乎其躬者,诚可书也"④。在苏简看来,可威作为方外人士,独任修桥之责,代官府架桥

---

① 梁该:《重建德生桥记》,民国《东莞县志》卷九〇,《中国地方志集成·广东府县志辑19》,上海书店出版社,2003年,第875页。
② 袁辉:《通惠桥记》,袁说友等编,赵晓兰整理:《成都文类》卷二五《记》,中华书局,2011年,第514页。
③ 洪适:《盘洲文集》卷三一《庆善桥记》,《宋集珍本丛刊》第45册,线装书局,2004年,第238~239页。
④ 吴师道:《敬乡录》卷七《重修板桥记》,《丛书集成续编》第149册,上海书店,1994年,第551页。

铺路,其行为值得大书特书。

佛教徒除身体力行,四处化募修桥资金外,还通过撰写通俗易懂的疏文,向民众募捐建设经费,宋人金盈之的《僧化结路建桥疏》,生动地描述了僧人通过化缘推动地方交通建设的过程。其曰:

> 这一条行路,乃万代安津,殊途同归,举足蹋著。只为间多泞泥,所以难济往来。直须高架横桥,庶得同登彼岸。卒乍间教一下手,好这一段话头;衷私里愿我发心,须借大家结末。无钱难为作要,有铁方可做针。用仗半句一言,自效善财童子;不惮千门万户,皈投多宝如来……将见下盘基址,巩金石于千年;上□檐楹,跨虹霓于万丈。作大方便,无上因缘。①

这段疏文用佛家特有的通俗语言将僧人募捐的行为刻画得淋漓尽致。从中不难看出,佛教徒热衷于公益建设的精神和设法筹集修路造桥经费的用心。

(二) 官方委托的募捐活动

两宋时期,多座桥梁建设经费多是在官方授意或委托下,由佛教徒向民间募捐,如剑州的武侯桥、漳州的虎渡桥、雷州的百丈桥等。武侯桥位于剑州闻溪,相传诸葛亮曾作石栈于溪上,"以通道于剑关",即为此桥,历时既久,毁损严重。高宗绍兴二十三年(1153),官府迁址创石桥以济民,并授意"邑子贾凌、浮图道暄等七人诱乐施者助其役"②。漳州城北的虎渡"当溪海之交,飘风时至,篙师难之"。旧时渡口有浮桥以济行人,岁久坠毁。理宗嘉熙二年(1238),知州李韶兴工重建,"时郡无盖藏",李韶授意郡人陈正义,佛者廷浚等向民间募捐,廷浚与其徒净音、德垕、师照、法耸等"奉命惟谨,南走交广,北适兴、泉,露宿风餐,求诸施者"③。造桥之费"靡钱楮三十万缗",绝大部分是廷浚师徒奔走募捐所得。南宋前期,雷州富民冯氏在城东的特侣塘修造百丈桥"以便负贩",之后岁久桥坏,行旅维艰。宁宗嘉定十六年(1223),知州陈斌命报恩寺僧妙应即旧创新。妙应受命后,"缘化人间,功苦食淡,昼作夜息,率其徒五十余辈,巧者运谋,壮者竭力,伐石海山,水航陆负,肩赪足茧,人不告劳",用钱一百余万,前后历时一年方才竣工。对妙应师徒数人凭一己之力,筹百万之资,创百丈石梁的事迹,宋人李仲光

---

① 金盈之:《新编醉翁谈录》卷六《僧化结路建桥疏》,《全宋笔记》第 85 册,大象出版社,2019 年,第 247~248 页。
② 房芝:《重修武侯桥记》,民国《剑阁县续志》卷九《艺文》,四川省国营安县印刷厂,1984 年,第 123 页。
③ 黄朴:《虎渡桥记》,沈定均修,吴联薰增纂,陈正统整理:《漳州府志》卷四三《艺文三》,中华书局,2011 年,第 1979~1980 页。

称赞不已。他说该桥"成而败,坏而葺,举事者凡四",最后成于缁流之手。分析其所以成功的原因,则"意其学以利物为方便,故不惮劳;以坚固为定力,故不作辍;无妻孥之累,故不营己私;持报应之说,故不肆欺弊。其用心也一,故大者倡,小者和,不待劝而勤且力"①。正是因为佛教徒具备不惧辛劳、不言放弃、不营私利、不事欺妄的品质,才能做到倡捐如流,完成政府所完不成的事业,这也是地方官员委托僧侣募捐造桥资金的主要原因。

关于佛教徒在地方路桥建设经费筹集中所表现出来的优势与贡献,北宋名臣余靖曾做过系统论析,他说:

> 今夫地征物赋,官司列榜笞,谨期会,上监下督,民犹有靳固而遁负者;至以西方之教,一呼于众,则发畜积割珍爱,欣然无所惜,其故何哉?盖儒以礼法御当世,使人迁善而去恶;佛以因果诲未来,使人修福而避祸。然世有积善而遇祸,积恶而蒙福者,虽有仁智,无如之何。释之徒则曰:彼前世之所为,今获其报耳;今世之修,报在来世……故无刑而威,无爵而劝,归之者如川之流,壅之不停,去之不竭。②

在动员民众参与地方建设方面,佛教的祸福因果之说的确比官府的威刑鞭笞更见效果。正因如此,在官府的委托下,宋代佛教徒频繁地参与地方公共建设,并在很大程度上取代了政府在建设中的组织与管理职能。尤其是在建设经费筹集方面,佛教徒更是利用其广泛的社会影响力,积极募捐,对在地方财政困难的景况下缓解建设资金不足的问题有重要贡献。

三、富民大族捐献资金

宋代富民阶层是近二十年来宋史研究的热点问题,以林文勋教授为首的一批学者对宋代富民问题进行持续系统的研究。关于宋代富民阶层的构成,笔者结合文献资料及相关研究成果,认为大致包括文献中经常出现的富人、富户、富商、大姓、巨族、豪民等,亦即学者所谓的"社会中间阶层"的一部分。富民阶层的崛起是宋代社会经济发展的显著特征,富民在宋代基层治理中发挥着重要的作用,是推动地方发展与维护基层稳定的重要力量。如梁庚尧先生所说的,正是由

---

① 李仲光:《百丈桥记》,嘉庆《雷州府志》卷一八《艺文》,《中国地方志集成·广东府县志辑33》,上海书店出版社,2003年,第494~495页。
② 余靖:《武溪集》卷七《筠州新砌街记》,《丛书集成续编》第124册,台北:新文丰出版公司,1988年,第470页。

于"富家负起经济上较大的责任",才使得贫富差距不断加剧的宋代"未发生大规模的农村变乱"①。在政府财政日趋紧张的情况下,无论是否出自自愿,富民都是基层建设最主要的出资人。以桥梁建设为例,不管是地方官员劝捐还是佛教徒的募捐,其主要对象都是掌握大量财富的富裕阶层。除了被动接受劝捐与募捐外,广大基层富民还通过主动捐献财物,积极融入桥梁建设。

(一)富民自发捐钱造桥

除受官方或僧侣劝谕捐钱修桥外,出于树立和维护家族权威的目的,主动发起并捐献建设资金,也是部分心系乡间的富人支持桥梁建设的主要方式,如北宋名士郑侠笔下的泉州富民陈彦远便是如此。据郑侠描述,陈彦远是一位"家富而笃义,好学而力行"的乡曲富人,常以捐助公益建设为志业,举凡"郡县之学有废而不修,道路桥梁有坏而不通,必先出财以助公府之费,而不汲汲于因果之施,丝发无所干公府"。像陈彦远这样热心公益而不图回报、不借机干预地方政务的富民并不多见,故郑侠认为其"颇不类世俗所为者"②。另如汉州富绅章和仲自发出资创修文明桥的行为也广为时人传颂。汉州德阳县略坪乡地处山区,交通闭塞,"民生不蕃,百物不昌",当地大族富户多迁居他乡。高宗绍兴间,富人章和仲出于改善交通、方便乡民的愿望,主动发起修桥工役,所有费用均由和仲提供。据李良臣的《文明桥记》载,该工程"役五千五百夫,共享钱盖无虑三千缗,皆和仲任之。初不以丝发累他人"。对于章和仲舍私财谋公利的义举,良臣不吝溢美之词,他说:"仆窃尝谓人情大率多私自营,其能公众人以为心者鲜矣!脱有能者,非力之靳必财是啬。嗟乎!斯桥之建,其利否独和仲系耶?和仲乃置是不问,断然决诸心……至于父子督役,晨出而暝休,且视弃其材不营粪土,非己之便而便众人,其用心果何如哉?"③章和仲以"非己之便而便众人"的胸怀出资建桥,体现了宋代基层富民心系乡梓的情怀与担当意识。

南宋前期吉州庐陵县富田镇富户邹氏耗巨资创修桥梁的义举,得到名臣周必大的盛赞。富田镇常年洪水泛滥,乡人出行维艰。富人邹昶慨然念之,"鸠工运石,为梁以济……为屋二十四间以庇行人"。该工程规模大,耗时长,自绍兴三十年(1160)至乾道二年(1166),前后历时七年才建成,"靡金谷以万计",皆出于邹昶一人之力。落成之时,乡贡进士田亮功、曾同文等率众作诗咏之,且求记于周必大。必大对邹昶倾尽家资造福乡里的善行赞叹不已,称"力可兴利济人者有

---

① 梁庚尧:《南宋的农村经济·前言》,新星出版社,2006年,第2页。
② 郑侠:《西塘先生文集》卷三《温陵陈彦远尚友斋记》,《宋集珍本丛刊》第24册,第537~538页。
③ 李良臣《文明桥记》,杨芳灿等撰,四川文献研究社主编:《四川通志》卷三三《舆地志》,台北:华文书局,1967年,第1378页。

三:郡邑以势,道释以心,富家以赀。然势者或病于扰,而其成也苟。心者必借于众,而其成也缓。赀高者又丰入而啬出,瘠彼而肥己,能推惠者几何人哉?今邹氏赀未高也,而乐善如此,是宜一乡称之,文士赋之,乡先生诏之"①。在周必大看来,有能力兴利除弊的除了官府外,还有僧道等宗教人士及富裕民众,此三者又各有其不足。尤其是民间富人,往往"丰入而啬出",像邹昶这样出资谋公利者少之又少,所以值得称颂与尊崇。另如孝宗淳熙间,抚州宜黄县跨溪大桥"圮朽摧折",行旅病涉,在官府财力不足而当地众多大姓又吝于输财的情况下,富绅涂祥仲主动向知县周梦若请缨,愿出资再造石梁。他亲自勘察地形,进行规划,众役并举,"一金一粟,悉取于家,而无靳色"。建成后,昔日坎坷化为坦途,知县周梦若亲自撰文纪其事迹,称"以数十年已坏之梁,人惧其难成,而君办之于一日。以阖邑万户之众不肯受其责,而君独任于一己,则君之义风可嘉矣"。特名为"立义桥"②。周梦若之所以称赞涂氏造桥之举,是因为面对危桥,当地富有力者多避之不及,祥仲却主动承担重任,解乡民于病涉之困,与为富不仁的豪富之流形成鲜明对比。

如前所述,无论是通过官方劝捐还是主动捐献,作为民间财富的主要掌控者,基层富民主动捐钱修桥,解决了困扰民众出行难的问题,属于利公利民的善行义举,因而也得到时人的赞誉和传颂。

(二)大族累代出资创修

除以个人名义捐钱修桥的开明富绅外,还有一些乡间大族几代人持续不断出资创建或重修桥梁,改善基层交通状况。廖寅在《宋代两湖地区民间强势力量与地域秩序》③一书中,对宋代两湖地区世家大族在基层建设中的贡献多有论述。其实两湖之外的其他地区,也普遍存在著姓巨族集资造桥的史例,其中不乏一族数代人历时数十载,持续不断出资创修桥道,改善乡村交通状况的善举,尤其以北宋后期至南宋前期的明州鄞县朱氏及南宋高、孝间的池州欧阳氏最具代表性。

朱氏世居明州鄞县勾章镇。该镇位于四明山麓,"千岩万壑,昼夜争流"。唐代县令王某即山之麓,叠石以障水势,即著名的它山堰。"自堰距江绵数里,南列市廛,北立官镇,居多衣冠族,人物繁庶,乃邑之一墺区也"。然而每当山水暴涨之时,"江涛怒浪,舟楫难济"。神宗熙宁间,"里人朱文伟慨然以为利涉大川,必

---

① 周必大撰,王瑞来校证:《周必大集校证》卷二八《邹公桥记》,上海古籍出版社,2020年,第428页。
② 周梦若:《立义桥记》,光绪《抚州府志》卷八《津梁》,《中国方志丛书·华中地方》,台北:成文出版社有限公司,1976年,第155页。
③ 廖寅:《宋代两湖地区民间强势力量与地域秩序》,人民出版社,2011年。

假桥梁,于是捐己帑以经营之……惜工未竟而没焉"。其子用谧祖述先父遗愿,续资创修,"其幕载,始成,往来之人莫不德之"。南宋高宗建炎初,朱氏之桥毁于兵火,自此废而不修,"官私睥睨而不敢举,以事重而费不赀也"。绍兴中,知县高某"叹是桥实为要津,若废而不葺,其如前人之功利何? 重虑劳民,未轻兴举,乃见乡之耆老,必勉为之倡"。朱文伟之孙朱世弥、世则以为该桥由父祖创建,作为后辈有责任修护重建,不应烦劳官府出面倡劝,称:"我祖我父首创此桥,今罹煨烬,每一见之,辄为痛心。矧重烦邑大夫之激劝,其容已乎?"兄弟二人于绍兴十五年(1145)出资重建,总费用二十余万缗,均出自朱氏一族。郡人唐昌言盛赞朱世弥昆仲的义举,称"祖父之建立,初非一身一家之利,孰肯继述于既废之后乎? 亦可见仁人孝子之用心矣"①。该桥自北宋熙宁至南宋绍兴间,朱氏一族三代持续创修再造,足见富家大族对基层建设的重要贡献。

与四明朱氏相类似,池州欧阳氏也是当地望族,"衣冠之盛,人物之繁",富甲一方。高宗绍兴和孝宗淳熙间,欧阳氏祖、孙两代人相继出资,在当地创修三座桥梁以通行旅,其善行被时人广为传颂。据宋人柯咏的《广利桥记》载:南宋初,有欧阳元善者,"众皆推其为欧氏之白眉也,素怀长者之诚心,而动有仁人之操履"。他曾于绍兴二十三年(1153)"率众竭力首建欧阳之桥",又于绍兴三十年(1160),创建乌龙大桥。二桥建成后,以其所居之里杜屋乃"士大夫商贾往来冲要之所",而"路断而迂,溪深而隘,素乏徒杠,人皆病涉"。于是出资预备工料,谋再建桥梁于杜屋,然因故中辍,事遂暂寝。至孝宗淳熙间,元善之孙欧阳茂林欲继承先祖遗愿兴建杜屋桥,称:"吾之祖尝建立桥于吾之里矣,二桥成而吾祖长往,至今犹未有慨然继其志者,不惟行者有跋履之劳,而前人愿望亦且湮郁而未伸,吾其可以已乎?"于是发诚意,募善信,"命匠鞭之以石,砌之以砖,群工毕集,焕然一新"。竣工后,茂林以为桥在广利王庙之侧,因命名为广利桥。对欧阳氏热衷公益建设的行为,柯咏赞叹不已:"桥之不朽,则欧阳氏之德不朽。历千古而利人者,亦桥也。桥之利人,则欧阳氏之德利人,桥与德其又相为名实者欤?"②欧阳家族的持续付出,极大地改善了当地交通状况,也因此得到乡间士民的爱戴与赞誉。

四、结　语

宋代是历史上中央政府高度集权的时期,从宋初为防止地方割据而进行的

---

① 唐昌言:《百梁桥记》,高宇泰:《敬止录》册一三《山川考六·桥》,杭州古旧书店,1983年,第1~2页。
② 柯咏,《广利桥记》,康熙《建德县志》卷一〇,《古今图书集成》第124册《职方典》卷八〇九《池州府部》,中华书局影印本,1934年,第37页。

集权措施开始,朝廷不断将地方政府手中的权力收归中央,尽可能地限制地方长官的自主权,尤其是对财政的支配权。通过"制其钱谷",将大部分地方财税转运至朝廷,或由朝廷异地直管,这便是宋代财政中央化的过程。在这一国策的主导下,各级地方政府所掌握的财富十分有限。在北宋前期国家基本保持稳定的情况下,地方政府还可以拿出一部分资金支持基础建设,大量工程多是在这一时期兴建的。从中后期开始,内忧外患不断,地方政府开支随之增加,财政吃紧,对地方建设投入不断压缩。尤其从以理财为主要目的的王安石变法开始,财政中央化的趋势日益加剧,导致北宋中期以后地方财政日趋紧张,多数州县府库空虚,除应付政府运转与地方治理所必需的开支外,其余由官方财政支持的事务或束之高阁,或推向民间。南宋以降,受战争、冗官及国土面积大幅减少的影响,政府收入与支出严重失衡,地方政府忙于应付朝廷需索,可用于建设的经费越来越少,这也是南宋时期大批基础设施常年得不到修缮而毁坏废弃的主要原因。本文所讨论的桥梁建设事业,按照传统儒家的政治理念,架桥铺路,责在有司,桥道畅通与否,是考察地方官政绩的重要观测点,即所谓的观政之要。然而在地方财政极度困难的情况下,地方官连创修官署的钱都拿不出来,如何会将有限的资源用于徒杠、舆梁等公共基础建设上来?因此要解决江南水乡的交通问题,只能通过发动民众捐钱捐物,想方设法将民间财富融入地方建设中来。无论是官员劝捐还是民众捐献,都是财政中央化趋势下的无奈选择。各阶层民众或受官府督劝,或为出行方便,或受某种观念的影响,纷纷出资修桥,于是便形成了民财官用、多途融资的桥梁建设经费筹措模式。这种由民众广泛参与的方式不仅普遍存在于宋代基层事务的运作中,也渗透到元明清时期以乡绅为主导的基层社会的各层面,对宋以后基层治理有深远影响。

(原载《史学月刊》2022 年第 7 期)

明唐顺之《左氏始末》刍议

李德锋[*]

从文献接受史的角度而言,经典文献在传播过程中总是伴随着阅读者对其新的内涵的赋予,依随着这一过程,又产生新的文献经典,这在中国史学发展史上是一个普遍的现象,故中国古代改编、续作、增补成为文献产生的诸种基本形态,且起源较早。早在先秦,最典型的莫过于诸国国史之与《春秋》,以及《春秋》之与《左传》的关系。依循这一思路,《左传》之后,仅从书名判断,《四库全书总目》就著录有《左觽》《左传评》《左传纪事本末》等三十余种,未题录者亦当不在少数,明中叶唐顺之撰有《左氏始末》就是其中一部。它反映出唐顺之对《左传》的理解和认识,也通过这部文献表达了唐顺之及其时代的学术特点和要求。

唐顺之(1507—1560),字应德,号荆川,人称荆川先生,明朝正德嘉靖年间武进人。先后历任兵部主事、翰林院编修、春坊右司谏、职方员外郎、太仆寺少卿、通政司右通政、右佥都御史、凤阳巡抚等职。以文著称于世,又两任史职,即嘉靖十二年(1533)和嘉靖十八年(1539)两次任翰林院编修职。于文学史上,他是"王唐""嘉靖三大家""嘉靖八才子"和"明六大家"中的健将;思想史上,黄宗羲《明儒学案》明确把他归为"南中王门学案";史学史上,著有《左编》《右编》《广右战功录》《左氏始末》《精选〈史记〉〈汉书〉》《两晋解疑》《两汉解疑》等。

一、《左氏始末》类例简论

关于《左氏始末》卷数,据唐顺之儿子唐鹤征所作《陈渡阡表》言为八卷,"先考所著有文集二十卷,所纂集有《诸儒语录》十卷、《儒编》三十卷、《左编》一百四十卷、《右编》五十卷、《文编》六十四卷、《稗编》一百二十卷,五《编》皆自为序。《左氏始末》八卷、《批选周汉文》十二卷"[①]。《千顷堂书目》《明史·艺文志》《国史经籍志》《经义考》等书目均题作十二卷。考之民国唐鼎元所撰《唐荆川先生著述考》和今人所编《北京图书馆古籍善本书目》,以及国家图书馆馆藏明嘉靖四十

---

[*] 李德锋,现为内蒙古大学历史与旅游文化学院教授。
[①] 常州市唐荆川研究会编:《唐荆川诗文集》附录一《陈渡阡表》,凤凰出版社,2012年,第635页。

一年唐正之刻本,确为十二卷。唐鹤征所作《陈渡阡表》在1599年左右,因其文开首即言:"呜呼!惟我先考荆川府君殁垂四十年,开阡于陈渡亦三十有五年矣。"①按,唐顺之逝年为嘉靖三十九年(1560),由此断定《陈渡阡表》的撰写时间应在1599年左右。而唐顺之弟唐正之刊刻《左氏始末》在嘉靖四十一年(1562)。依常理来讲,唐鹤征在撰《陈渡阡表》时亦应能看到这一版本,不知其何谓八卷。盖唐鹤征所言八卷为笔误,抑或《左氏始末》另有一唐鹤征看到的家藏未刊版本,确为八卷。

关于《左氏始末》的体裁、体例,顾名思义,《左氏始末》因其名为"始末",故其体裁为纪事本末体,这一点可以直接从其具体标目上看出。如"弑"类,下分"鲁桓弑隐公""鲁共仲弑子般闵公""齐无知弑襄公""齐商人弑舍"等十八目,突出了"弑"这一历史主题,这是典型的纪事本末体裁。又如"逐"类,下亦分"鲁季子氏出昭公""鲁季氏出哀公""卫孙林氏出献公""卫孔悝出辄""郑祭仲出昭公"等八目,其显然也是以事件原委来命题的。《左氏始末》依据一些史料,围绕某一历史主题,把相关记载摘录成篇,从而构成了这一历史主题发生的原委,如"弑"类下"鲁桓弑隐公"就摘取《左传》不同部分的记载编集而成:

隐公元年。惠公元妃孟子。孟子卒,继室以子,生隐公。

宋武公生仲子,仲子生而有文在其手,曰为鲁夫人,故仲子归于我。生桓公而惠公薨,隐公立而奉之。

四年。秋,诸侯伐郑。宋公使来乞师,公辞之。羽父请以师会之,公弗许,固请而行。

十一年,羽父请杀桓公,将以求大宰。公曰:"为其少故也,吾将授之矣。使营菟裘,吾将老焉。"羽父惧,反谮公于桓公而请弑之。公之为公子也,与郑人战于狐壤,止焉。郑人囚诸尹氏,赂尹氏而祷于其主钟巫,遂与尹氏归而立其主。十一月,公祭钟巫,齐于社圃,馆于寪氏。壬辰,羽父使贼弑公于寪氏,立桓公而讨寪氏,有死者。②

虽然此段还是能够看到史料摘编的痕迹,各部分之间衔接不够紧凑,但大致还是能够反映"鲁桓弑隐公"这一事件的来龙去脉,这段内容基本上是与题目相对应的。

但有的标目也并非全然如此,如果单纯从标目上来看,有的更近乎于人物类

---

① 常州市唐荆川研究会编:《唐荆川诗文集》附录一《陈渡阡表》,第630页。
② 唐顺之:《左氏始末》卷二《鲁桓弑隐公》,嘉靖四十一年唐正之刻本。

传,如"后"下分"周褒姒""密康公""鲁敬嬴""晋骊姬"等诸目。又如"宗"下分"周王子克子颓""周襄王大叔带""周王猛敬王子朝""鲁括""鲁季孙肥"等十一目。再如"幸"下分"晋筮史""卫梦卜""曹公孙疆"等三目,均是以人物来加以分类的,其他如"奸""乱""盗""镇""名臣"等类基本上是这一特征。但仔细考察这些人物传记的具体内容,《左氏始末》又不是严格意义上的历史人物传记,很少把传主的名字、地望,甚至是人生经历完整地记载下来,往往只就某一历史主题搜集史料编辑而成,如在"宦"下"吴阍"仅引《左传》以记曰:

襄公二十九年,初,吴人伐越,获俘焉,以为阍,使守舟。吴子余祭观舟,阍以刀弑之。①

吴阍之所以能够进入《左氏始末》,完全是因其弑吴子余祭这一事件。当然,这一历史事件与吴国的败亡有着或多或少的联系,无怪徐鉴在为其所作序文时称:"《左氏始末》者,毗陵荆川唐先生所手编也。起自后妃,终乎礼乐、方技,人系其事,事归其汇,盖取左氏所传《春秋》百四十二年行事,与夫《国语》《史记》外传所错出者,悉属而比合之。凡十四目,为卷十二。"②之所以名其为"始末",盖"人系其事,事归其汇"的说法更有助于理解这一名称。从具体内容来看,其确为纪事本末体。

《左氏始末》各部分内容极不均衡。有的类目分为多卷,如"镇",就分为五卷,"弑"分录于卷二和卷三的前半部分,而"后""宗""宦""幸""奸"则合为一卷,"战""戎"合为一卷,"礼乐""方技"合为一卷,其他类别基本是一类一卷。具体到各类下每一条目,内容也是千差万别,有的多达数千言,甚至上万言,如"后"之"晋骊姬"、"乱"之"鲁家臣"、"镇"之"齐桓公"等,有的则仅有寥寥二三十字,如前举"宦"下"吴阍"。又如"幸"之"卫梦卜"亦摘录《左传》哀公十六年事记曰:

卫侯占梦,嬖人求酒于大叔僖子,不得,与卜人比而告公曰:"君有大臣在西南隅,弗去,惧害。"乃逐大叔遗。遗奔晋。③

寥寥数语,基本交代清楚了小人害政的史实。如果单纯从具体的分类来看,

---

① 唐顺之:《左氏始末》卷一《吴阍》。
② 唐鼎元:《唐荆川公著述考·左氏始末条后》,国家图书馆藏民国铅印本。另,据嘉靖四十一年唐正之刻本,具体的分类亦非徐鉴所言的"十四目",而是十五类,依次为后、宗、宦、幸、奸、弑、逐、乱、盗、镇、战、戎、名臣、礼乐和方技。不知徐鉴所言"十四目"从何而来,抑或是查数时有所遗漏。
③ 唐顺之:《左氏始末》卷一《卫梦卜》。

有些也存在名实不相符的缺憾,如密康公为周诸侯国密国国君,放在"后"类下,列"密康公"一目,显然不合适。但如果就密康公贪恋三个同姓女子而致灭亡的史实来看,这与褒姒、敬嬴、骊姬以女祸乱政的实质是一样的,归于"后"类亦未尝不可。这样名实不符的情况还广泛存在于"戎""镇"和"名臣"等类别中。《左氏始末》卷十有"戎狄"目,但考之文中具体内容的题目,仅"戎"一字。卷九"镇"类下列"吴夫差"和"越勾践",而实际内容则把两者合二为一。卷十一"名臣"类下分"晏平仲""公孙介""鲍叔牙""斗子文""乐喜""范蠡""季札""子臧"和"介子推"等九个篇目,而实际内容还有"柳下惠"和"子贡"等内容。上述种种情况,如果仅从《左氏始末》文本的编排形式而言,其确实一定程度上表现出明代中后期私人史著中广泛存在的随意性。①

尽管《左氏始末》从题目上来看,多为人物类传的形式。就其具体内容而言,多围绕一个历史事件选辑《左传》等史料相关记载,前后文之间的逻辑联系也不是特别紧密,体例上显得有点驳杂,但通读全文,辅以一定的知识基础,其体裁作为纪事本末体的形式基本还是能够做到首尾一贯,叙述脉络也是比较清晰的,并且相比较于较为严格的《左传》这一编年体体裁,《左氏始末》改编年体为纪事本末体的做法,在历史事件呈现的完整性和本末性方面还是相对突出的。

二、《左氏始末》史源考略

顾名思义,《左氏始末》由《左传》改编而来,《左传》肯定是其基本的一个史料来源。除此之外,《左氏始末》还有哪些史料来源呢?正如徐鉴序文中所言,《左氏始末》的史料除来自《左传》之外,还有《国语》《史记》等其他文献史料,唐一麈为此书作序时也说:"《始末》以左氏内传为主,而反纤悉委曲有逸出于外传《史记》者,亦入焉。"②

具体看来,《左氏始末》以《左传》记载为主干。就其客观内容而言,有的篇章甚至可以说直接是对《左传》的抄录,如其卷一"宗"目《周王子克子颓》篇有关"王子克之乱"的记载:

> 桓公十八年,周公欲弑庄王而立王子克。辛伯告王,遂与王杀周公黑肩。王子克奔燕。
>
> 初,子克有宠于桓王,桓王属诸周公。辛伯谏曰:"并后匹嫡,两政耦国,

---

① 《中国史学史》编写组编:《中国史学史》,高等教育出版社,2019年,第247页。
② 唐顺之:《左氏始末》卷首《唐一麈序》。

乱之本也。"周公弗从，故及。①

文中，除"子克有宠于桓王"句中"克"字，《左传》作"仪"字，其他一仍《左传》。按，《史记·周本纪》"王子克"下《集解》："贾逵曰：'庄王弟子仪也。'"②应该来讲，《左传》的记载亦无不可，但前面称"克"，后又转称"子仪"，容易引起歧义，而《左氏始末》统称"克"则更为一贯。

又如其后关于"周王子颓"的记载也基本上是承袭《左传》，虽然引文较长，但为了进一步说明《左氏始末》史源性，我们还是照录如下：

庄公十九年，初，王妾姚嬖于庄王，生子颓。子颓有宠，蒍国为之师。及惠王即位，取蒍国之圃以为囿，边伯之宫近于王宫，王取之。王夺子禽、祝跪与詹父田，而收膳夫之秩。故蒍国、边伯、石速、詹父、子禽祝跪作乱，因苏氏。秋，五大夫奉子颓以伐王，不克，出奔温。苏子奉子颓以奔卫。卫师、燕师伐周。冬，立子颓。

二十年春，郑伯和王室，不克，执燕仲父，遂以王归，王处于栎。秋，王及郑伯入于邬。遂入成周，取其宝器而还。

冬，王子颓享五大夫，乐及遍舞。郑伯闻之，见虢叔，曰："寡人闻之，哀乐失时，殃咎必至。今王子颓歌舞不倦，乐祸也。夫司寇行戮，君为之不举，而况敢乐祸乎！奸王之位，祸孰大焉？临祸忘忧，忧必及之。盍纳王乎？"虢公曰："寡人之愿也。"二十一年春，胥命于弭。夏，同伐王城。郑伯将王，自圉门入，虢叔自北门入，杀王子颓及五大夫。郑伯享王于阙西辟，乐备。王与之武公之略，自虎牢以东。

王巡虢守。虢公为王宫于玤，王与之酒泉。郑伯之享王也，王以后之鞶鉴予之。虢公请器，王予之爵。郑伯由是始恶于王。③

与《左传》相比，《左氏始末》在以下诸方面有所改动。一是在"王妾姚嬖于庄王"句中"王"字后"姚"字前加一"妾"字，非常直接地说明了周庄王之妾名姚的观点，从而解决了"王""姚"串联在一起所造成的周庄王之妾究竟是"姚"还是"王姚"的问题，虽然这种做法还有待于进一步商榷，但起码文意表述更为明确。二是在"执燕仲父"后，直接记载"遂以王归，王处于栎"，相比较于《左传》，省略掉了

---

① 唐顺之：《左氏始末》卷一《周王子克子颓》。
② 司马迁：《史记》卷四《周本纪》，中华书局，1959年，第151页。
③ 唐顺之：《左氏始末》卷一《周王子克子颓》。

主语"郑伯",这并不影响文意的表达。三是在"自虎牢以东"之后,阙载"原伯曰:'郑伯效尤,其亦将有咎。'五月,郑厉公卒"①等内容,关于这段阙载,客观上《左氏始末》确实省略了一些史实,但就文字的发展脉络,结合其后仍有郑伯招待周惠王的史实而言,《左传》此处多出郑伯即郑厉公去世一节,确实显得突兀,《左氏始末》的处理则使文脉更为畅通。其余部分,则是完全承袭《左传》。又如,"宦"类下"吴阍""邾阍"等记载也来源于《左传》。

除《左传》外,《左氏始末》还充分参考了其他文献史料。有的来源于《国语》,如"密康公",《左氏始末》记载比较简略:

> 恭王游于泾上,密康公从,有三女奔之。其母曰:"必致之于王。兽三为群,人三为众,女三为粲。王田不取群,公行下众,王御不参一族。夫粲,美之物也。众以美物归女,而何德以堪之?王犹不堪,况尔小丑?小丑备物,终必之。"康公弗献。一年,王灭密。②

对比《国语》,除"兽三为群"前多一语气词"夫"字和"况尔小丑"句后多一"乎"字,可以说《左氏始末》全然承袭《国语·周语上》。又如"鲁括",也基本全袭《国语·周语上》的记载。还如"周褒姒":

> 宣王之时,有童谣曰:"檿弧箕服,实亡周国。"于是宣王闻之,有夫妇鬻是器者,王使执而戮之。夏之衰也,褒人之神化为二龙,以同于王庭,而言曰:"余,褒之二君也。"夏后卜杀之与去之与止之,莫吉。卜请漦而藏之,吉。乃布币焉而策告之,龙亡而漦在,椟而藏之,殷、周,莫之发也。及厉王之末,发而观之,漦流于庭,不可除也。王使妇人不帏而噪之,化为玄鼋,以入于王府。府之童妾未既龀而遭之,既笄而孕,当宣王而生。不夫而育,故惧而弃之。为弧服者方戮在路,夫妇哀其夜号也,而取之以逃于褒。③

此段也来源于《国语·郑语》的记载。

有的篇章则来源于《史记》,如"宦"类下"齐竖人貂"记载管仲将死,齐桓公问谁人可继为相:

---

① 杨伯峻编著:《春秋左传注》,中华书局,1990年,第217页。
② 唐顺之:《左氏始末》卷一《密康公》。
③ 唐顺之:《左氏始末》卷一《周褒姒》。

初,管仲且死,桓公问曰:"群臣谁可相者?"管仲对曰:"知臣莫如君。"公曰:"易牙如何?"对曰:"杀子以适君,非人情,不可。"公曰:"竖刁如何?"对曰:"自宫以适君,非人情,难亲。"桓公不用其言,齐遂乱。①

与《史记·齐太公世家》相比,《左氏始末》在此段文字的开首、结尾处稍有出入,即改"管仲病"②为"管仲且死",改"管仲死,而桓公不用管仲言,卒近用三子,三子专权"③为"桓公不用其言,齐遂乱"。中间还忽略了管仲对齐桓公提议开方为相的否定记载,即"公曰:'开方如何?'对曰:'倍亲以适君,非人情,难近。'"④又改"竖刀"为"竖刁",结合《左氏始末》认为此"竖刁"就是《左传》中所言之"竖貂",这样的改动还是很有必要的。可以看出,《左氏始末》"齐竖人貂"的记载,相比较于《史记·齐太公世家》虽然多有改动,但基本上是在其基础上改动而来的。

有的史料来源于更晚的文献,如《柳下惠》篇其开首即言:

鲁柳下惠者,鲁公族展氏也。仕鲁为士师,三黜不去。

翻检先秦时期有关柳下惠的一些文献记载,如《论语》《国语》等,都未有如此记载,其较早出现于宋代苏辙的《古史》中,亦存于稍早于唐顺之的明人薛应旂的《四书人物考》中。其下又记载了柳下惠对自己怀才不遇的坦然:

人曰:"子未可以去乎?"曰:"直道而事人,焉往而不三黜?枉道而事人,何必去父母之邦?"故鲁虽不能用,终身不去鲁。

此段应是以《论语》作为最基本的史料来源,也存于苏辙《古史》和薛应旂《四书人物考》。接着又记载"展喜犒齐师"事:

僖公二十六年,齐孝公侵鲁。僖公使展喜犒师,受命于禽,以往曰:"寡君闻君亲举玉趾,将辱于敝邑,使下臣犒执事。"齐侯曰:"鲁人恐乎?"对曰:"小人恐矣,君子则否。"齐侯曰:"室如悬磬,野无青草,何恃而不恐?"对曰:"先王之命,昔周公、太公股肱周室,夹辅成王。成王劳之而赐之盟,曰:'世世子孙,无相害也。'载在盟府,太师职之。桓公是以纠合诸侯,而谋其不协,

---

① 唐顺之:《左氏始末》卷一《齐竖人貂》。
② 司马迁:《史记》卷三二《齐太公世家》,第1492页。
③ 司马迁:《史记》卷三二《齐太公世家》,第1492页。
④ 司马迁:《史记》卷三二《齐太公世家》,第1492页。

弥缝其阙,而匡救其灾,昭旧职也。及君即位,诸侯之望曰:'其率桓之功。'我敝邑用不敢保聚,曰:'岂其嗣世九年,而弃命废职?其若先君何?君必不然。'恃此以不恐。"齐侯乃还。

此段存于《左传》僖公二十六年,亦为《古史》《四书人物考》几乎原封不动地承袭。接着,《左氏始末》记载了"齐求岑鼎"的典故,这部分内容不见于《古史》,但存于《四书人物考》。其下各部分内容,《左氏始末》与《四书人物考》都决然相似,考虑到薛应旂稍早于唐顺之并与其交好[①]的史实,我们认为唐顺之《左氏始末》可能参考了《四书人物考》。不尽相同的是,"批评臧文仲祭祀海鸟"事在《古史》和《四书人物考》均见,但《左氏始末》不载。《四书人物考》如此记载这两件事,"公乃以岑鼎往鲁,适有海鸟曰爰居"[②],把本不相干的两件事牵扯在一起,《左氏始末》则把"祭祀海鸟"事与"齐求岑鼎"事完全剥离开来,还是比较有见地的。

当然,《左氏始末》的史料也并非源于单一的历史文献,也存在一个不断积累的过程,而其更为原始的史源也应包括《论语》《国语》和《左传》等先秦文献。也就是说,更为原始的文献经过后人的补充和完善后,又被《左氏始末》所辑录,也如其卷一一《名臣·介子推》篇,全文如下:

晋介子推,文公之微臣也。始,文公为公子,出亡,从者五人。既归而即位,群臣多自以为功,推窃耻之。文公之元年,秦送文公至河。舅犯曰:"臣从君周旋天下,过亦多矣。臣犹知之,况于君乎?"请亡,要文公而与之盟。时推在船中,笑曰:"天实开公子,子犯以为己功而要市于君,固足羞也,吾不忍与同位。"乃自隐。文公新立,周宣王以弟带难出居郑,告急于晋,文公方发兵,是以赏从亡者未至推,推亦不言禄,禄亦不及。推曰:"献公子九人,唯君在矣。惠怀无亲,外内弃之;天未绝晋,必将有主,主晋祀者,非君而谁?天实开之,二三子以为己功,不亦诬乎?窃人之财,犹谓之盗,况贪天之功以为己力乎?下义其罪上赏其奸,上下相蒙,难与处矣!"其母曰:"盍亦求之,以死谁怼?"推曰:"尤而效之,罪有甚焉。且出怨言,不食其禄。"母曰:"亦使知之,若何?"对曰:"言,身之文也;身欲隐,安用文之?文之,是求显也。"其母曰:"能如此乎?与女偕隐。"至死不复见。推从者怜之,乃悬书宫门曰:

---

① 关于唐顺之与薛应旂交谊,参见拙文《唐顺之与东林学派》,常州市唐荆川研究会编:《唐荆川研究文集》,南京大学出版社,2010年,第174~185页。
② 薛应旂:《四书人物考》,明嘉靖刻本。

"龙欲上天,五蛇为辅。龙已上天,四蛇各入其宇,一蛇独怨,终不见处所。"文公出,见其书,曰:"此介子推也。吾方忧王室,未图其功。"使人召之,则亡。遂求所在,闻其入绵上山中,于是文公环绵上山中而封之,以为介推田,号介山,曰:"以记吾过,且旌善人。"①

此段文字,其较为初始的史料来源应该是《史记》卷三九《晋世家第九》,从《左氏始末》"文公之元年"之下的事件脉络和主干记载,都与《史记》比较相似,只是在具体措辞上有所改动,如《左氏始末》之"舅犯",《史记》记曰"咎犯",考虑到《史记》"狐偃咎犯,文公舅也"②的记载,《左氏始末》的记载概为一种略记,亦无不可。另,《左氏始末》以"要文公而与之盟"的记载代替了《史记》"重耳曰:'若反国,所不与子犯共者,河伯视之!'乃投璧河中,以与子犯盟"③的记载。其他大多是一些字词的改动,如"二三子以为己功"之"功",《史记》记为"力";"犹谓之盗"之"谓之",《史记》记为"曰是";"龙已上天"之"上天",《史记》记曰"升云"等④,不一而足,但基本意思是与《史记》相同的。只是此段开首即载介子推简介及文公出亡事,则与《史记》差别很大,《史记》并未作过如此集中的记载。与这一记载比较相似的是郑樵的《通志》,该书卷九〇《列传第三·介子推》起始即言:"介子推,文公之微臣也。始,文公去国,从者五人,将归即位,群臣多自以为功,推窃耻之。"⑤其后的记载也与《左氏始末》决然相似,且《左氏始末》与《史记》关于咎犯与重耳结盟之事记载不同者,与《通志》最为接近。由此看来,关乎介子推,《左氏始末》最直接的史料来源当是基于《史记》编纂而成的《通志》,在此基础上,也直接参考了《史记》的相关记载。

就《左氏始末》的某一篇章内容而言,其也是对《左传》《国语》和《史记》等史料的综合运用编纂而成,即如上举"宦"类下"齐竖人貂"就综合运用了上述史料。其对《史记》的运用已如上举。此文开首即言:

> 僖公二年,齐寺人貂始漏师多鱼。十七年,齐侯之夫人三:王姬,徐嬴,蔡姬,皆无子。齐侯好内,多内宠,内嬖如夫人者六人:长卫姬,生无亏;少卫姬,生惠公;郑姬,生孝公;葛嬴,生昭公;密姬,生懿公;宋华子,生公子雍。公与管仲属孝公于宋襄公,以为太子。易牙有宠于长卫共姬,因寺人貂以荐

---

① 唐顺之:《左氏始末》卷一一《介子推》。
② 司马迁:《史记》卷三九《晋世家第九》,第1656页。
③ 司马迁:《史记》卷三九《晋世家第九》,第1660页。
④ 司马迁:《史记》卷三九《晋世家第九》,第1662页。
⑤ 郑樵:《通志》卷九〇《介之推》,中华书局,1987年,第1176页。

羞于公,亦有宠,公许之立无亏。管仲卒,五公子皆求立。①

此段则基本全袭《左传》,但在一些细节上亦有所调整或变动,如《左传》称"雍巫"者,《左氏始末》据《史记·集解》"贾逵曰:雍巫,雍人,名巫,易牙字"②改动而来。这就为其后"易牙"的历史登场理顺了思路,其言:

> 冬十月己亥,齐桓公卒。易牙入,与寺人貂因内宠以杀群吏,而立公子无亏。孝公奔宋。

其后又围绕着齐国乱政的主题,分别摘录了《左传》中的相关内容:

> 十八年春,宋襄公以诸侯伐齐。三月,齐人杀无亏。
> 齐人将立孝公,不胜,四公子之徒遂与宋人战。夏五月,宋败齐师于甗,立孝公而还。秋八月,葬齐桓公。③

这是《左氏始末》对各种文献史料的一种综合利用,也由此而言,《左氏始末》的相关篇章不是仅仅对某一单一史料的利用,而是为了说明一个主题,综合运用了诸多史料,不管是从整体上来讲还是就某一篇章而言,呈现出较为多样的史料来源。

《左氏始末》主要是综合《左传》《国语》和《史记》等相关的记载编辑而成,如果仅从史源性角度来讲,毋庸讳言,其并没有多少史料价值,其价值主要体现在错综排比、分类,甚而是其编纂动机,以及附着于其上的历史思想和史学思想。

三、《左氏始末》编纂意义发微

首先,已如前言,关于《左氏始末》对于《左传》的错综排比,在介绍此书的史料来源时多少已涉及。并且,这一看似纯粹体裁方面的改变,在明代,乃至中国古代史学体裁演变历史上都有着特殊的含义。因为《左氏始末》是改《左传》编年体为纪事本末体,故在交待某一件事情的原委时,选取《左传》中有关某一事件前后发生顺序的记载,而忽略其中与此事件关涉不大的其他事件的记载,这就使得

---

① 唐顺之:《左氏始末》卷一《齐竖人貂》。
② 司马迁:《史记》卷三九《齐太公世家》,第1494页。
③ 唐顺之:《左氏始末》卷一《齐竖人貂》。

某一历史事件以较为完整、集中的方式呈现出来,从而改编年体为纪事本末体。唐顺之这一改编年体为纪事本末体似乎纯粹是体裁方面的客观改动,但其实也包含着丰富的时代史学内涵,成为明朝中后期史学转向的一个风向标。

在纪事本末体产生之前就已经产生的编年体和纪传体,其重心较多地集中在纪年和记人上,更多的是对历史发生信息的搜集和呈现。一般以袁枢《通鉴纪事本末》为标志的纪事本末体体裁产生以后,学者们逐渐超越了纪年、记人的传统思路,开始较为深入地关注丰富的社会历史内容,关注历史演进的大势。这本身就说明史家有着较强的问题意识,深入到对客观历史的主观认识层面,这就使得附着于客观史实的许多现实需求得以展开,如经世致用,如以史为鉴。系统考察这一史学呈现方式发展的轨迹,虽然自袁枢《通鉴纪事本末》产生以后,赢得了学者的广泛认可,但把这一体裁广泛运用到历史编纂领域的则首先出现在明朝,特别是明朝中后期,相对比较著名的有如嘉靖末高岱的《鸿猷录》,万历末冯琦、陈邦瞻的《宋史纪事本末》和陈邦瞻的《元史纪事本末》等。而在此之前,明代还有两部利用纪事本末体来改编编年体的史著。一是傅逊的《左传属事》,"仿建安袁枢纪事本末之体,变编年为属事,事以题分,题以国分,传文之后,各隐括大意而论之"①。仅从其分类来看,如在"周"下分为"桓王伐郑""子克子颓子带之乱""定灵昏齐"和"刘康公败于茅戎",凡此种种,其纪事本末的特征还是非常明显和严格的。二是唐顺之的《左氏始末》。相比较于《左传属事》,结合前面有关《左氏始末》纲目以人分、实际内容以事分的类例分析,如同样有关子克、子颓,"后"下记为"周王子克子颓",这更生动、直接地体现了历史编纂方面由记人、纪年向纪事转变过程中的痕迹。虽然在体例方面不够成熟,但在我们全面认识纪事本末体这一体裁发展演变过程上却具有典型的意义。

当然,从整体上来讲,《左氏始末》纪事本末体的体裁属性和特征还是值得肯定的。明代学者沈懋孝在与他人讨论代表史学诸体的所谓"史家七略"中,就把唐顺之所编的《左氏始末》作为典型的代表之一,并对其"首尾瞭如当日事"的特性赞赏有加:"次四曰大事始末之略,如诛诸吕、定七国之属,并以纪事本末为宗,稍芟繁复,合以《寰宇通志》《左氏始末》及《左编》一书,必使首尾瞭如当日事。"②

其次,唐顺之对春秋战国这段历史的评价最为直观地体现在其《左氏始末》的分类上。唐顺之对于春秋战国这段历史以及《春秋》"微言大义"的理解较多地是认为春秋"无义战""无义会义盟""无义杀":

---

① 永瑢等:《四库全书总目》卷二八《左传属事》提要,中华书局,1965年,第232页。
② 沈懋孝:《长水先生贲园草·与郭祠部论史事书》,明万历刻本。

复侵伐有贪兵,有愤兵,有应兵,有讨不睦,有以夷狄侵中国,有以中国攘夷狄,有以中国借夷狄而戕中国者,故战有彼善于此者,要之无义战。盟会有解仇,有固党,有同欲相求,有同力相援,有同患相恤,有以夷狄受盟,有以夷狄主盟者,故会盟有彼善于此者,而要之无义会义盟。杀大夫有诛叛,有讨贰,有愎谏,有借以说于大国,有为强臣去其所忌,故杀大夫有彼善于此者,要之无义杀。①

故,依托于春秋这段历史所编纂的《左氏始末》,在所分的十五个类别中,从题目上来讲,较为直接地谴责了"无义战""无义会义盟""无义杀"思想的内容就有"弑""逐""乱""盗""镇""战"等诸种,与此相类的还有"宦""幸""奸"等类别。即使从题目上来看比较中性的一些词目,如"后""宗"也多是反映四季失时、纲常失序的史实。"礼乐"也多是对于"非礼也"的历史情实的集中摘录:

> 桓公五年。秋,大雩,书,不时也。凡祀,启蛰而郊,龙见而雩,始杀而尝,闭蛰而烝。过则书。
>
> 僖公三十一年。夏四月,四卜郊,不从,乃免牲,非礼也。犹三望,亦非礼也。礼不卜常祀,而卜其牲、日,牛卜日曰牲。牲成而卜郊,上怠慢也。望,郊之细也。不郊,亦无望可也。
>
> 襄公七年。夏四月,三卜郊,不从,乃免牲。孟献子曰:"吾乃今而后知有卜筮。夫郊,祀后稷以祈农事也。是故蛰启而郊,郊而后耕。今既耕而卜郊,宜其不从也。"

在这些四季失时背后的"微言大义"就是纲常失序:

> 文公元年。于是闰三月,非礼也。先王之正时也,履端于始,举正于中,归余于终。履端于始,序则不愆。举正于中,民则不惑。归余于终,事则不悖。
>
> 文公六年。闰月不告朔,非礼也。闰以正时,时以作事,事以厚生,生民之道,于是乎在矣。不告闰朔,弃时政也,何以为民?②

应该说,《左氏始末》在"礼乐"中多是对四季失时、纲常失序的记载,是唐顺

---

① 常州市唐荆川研究会编:《唐荆川诗文集》卷一七《读春秋》,第469页。
② 唐顺之:《左氏始末》卷一二《礼乐》。

之对春秋战国史的历史认识。

与"礼乐"比较相类似的还有"方技",也多是对四季失时相伴而生的纲常失序的记载:

> 襄公二十八年。春,无冰。梓慎曰:"今兹宋、郑其饥乎?岁在星纪,而淫于玄枵,以有时灾,阴不堪阳。蛇乘龙。龙,宋、郑之星也,宋、郑必饥。玄枵,虚中也。枵,耗名也。土虚而民耗,不饥何为?"既而,宋、郑果饥。裨灶曰:"今兹周王及楚子皆将死。岁弃其次,而旅于明年之次,以害鸟帑。周、楚恶之。"十二月甲寅,灵王崩。乙未,楚子昭卒。①

因"淫于玄枵"而"宋、郑必饥","以害鸟帑"而"周、楚恶之",这都是因纲常失序而四季失时的表现。这样的记载在"方技"篇当中比比皆是。应该也是唐顺之对春秋战国这段历史认识的整体反映。

当然,从《左氏始末》篇目设置来看,有一个篇目比较特殊,就是"名臣",收录了晏平仲、公孙介、鲍叔牙等11位历史上颇有作为,或者说唐顺之比较认可的一些历史人物,其目的也无非存恶扬善、讽喻古今,如在"子贡"篇末,辑录《史记·仲尼弟子列传》以为结:

> 故子贡一出,存鲁,乱齐,破吴,强晋而霸越。子贡一使,使势相破,十年之中,五国各有变。
>
> 子贡好废举,与时转货赀。喜扬人之美,不能匿人之过。常相鲁卫,家累千金,卒终于齐。②

充分肯定了子贡对鲁国的历史贡献。但相比较于《左氏始末》对春秋、战国历史的批判,肯定或褒扬的内容是比较少的,这整体上应该是与唐顺之"春秋无义战"这一历史认识相一致的。

再次,经史关系认识中唐顺之的史学自觉意识有了一定程度的觉醒。经史关系,一直以来,是中国古代学术思想中一个重要的问题。有关经史关系的思考,按照钱大昕的认识,起码从宋代以来存在着一种"荣经陋史"的倾向,其言:"经与史岂有二学哉。昔宣尼赞修六经,而《尚书》《春秋》实为史家之权舆。汉世刘向父子校理秘文为六略,而《世本》《楚汉春秋》《太史公书》《汉著纪》列于《春秋

---

① 唐顺之:《左氏始末》卷一二《方技》。
② 唐顺之:《左氏始末》卷一二《子贡》。

家》《高祖传》《孝文传》列于《儒家》,初无经史之别。厥后兰台、东观,作者益繁,李充、荀勖等创立四部,而经史始分,然不闻陋史而荣经也。自王安石以猖狂诡诞之学要君窃位,自造《三经新义》,驱海内而诵习之,甚至诋《春秋》为断烂朝报。章、蔡用事,祖述荆舒,屏弃《通鉴》为元佑学术,而十七史皆束之高阁矣。嗣是道学诸儒,讲求心性,惧门弟子之泛滥无所归也,则有诃读史为玩物丧志者,又有谓读史令人心粗者。此特有为言之,而空疏浅薄者托以借口,由是说经者日多,治史者日少。彼之言曰,经精而史粗也,经正而史杂也。"①

时至明朝中后期,在中央集权松懈、史料流传广泛、历史内容丰富以及阳明心学兴起的时代背景下,以"六经皆史"说为主要代表,反映了史学自觉意识的觉醒。相比较于经,史学更具有了独立的地位。其中,唐顺之就是这一史学自觉意识觉醒学术态势发展链条中的重要一环,其曾在自序其《杂编》时称:"语理而尽于六经,语治而尽于六官,蔑以加之矣。然而诸子百家之异数,农圃、工贾、医卜、堪舆、占气、星历、方技之小道,与夫六官六艺之节脉碎细,皆儒者之所宜究其说而折中之,未可以为赜而恶之也。善学者由之以多识蓄德,不善学者由之以溺心而灭质,则系乎所趋而已。史家有诸志,《杂编》者,广诸志而为之也。以为语理而不尽于六经,语治而不尽于六官也,故名之曰《杂编》。"②唐顺之认为"语理而不尽于六经,语治而不尽于六官",史家之志亦有其存在的价值。

唐一麐继承了唐顺之的这一思维成果,其在为《左氏始末》作序时,就充分论证了《左传》之于《春秋》的贡献:

> 善乎!庄周之论也,曰《春秋》以道名分,又曰《春秋》经世。先生之志,圣人议而不辨。《春秋》者,正名分以经世王道而已。是故桓文之霸、吴楚之僭、乱臣贼子之篡弑,始末之见于纪载者,虽班班可考,然皆王法之所禁,而《春秋》之所不与,其何暇过而问焉也哉?虽然,有天下之势,有一国之事,情势通乎天下者,既随时以轻重,而情在于各国者,复相与参错其间,苟非迹其事而较其始末,则其是非得失兴坏理乱,尚不能识其所由来,而何以定其褒贬予夺之所在?兹左氏之于《春秋》,固不得而废之也。

唐一麐继承了唐顺之的思路,认为《春秋》服务于经世致用而倡扬王法,其重心仍然是在于"褒贬予夺"的历史认识和评论,但历史认识和评论必须依附于具体的历史史实,脱离了历史史实的历史评论,则丧失了其立论之源和依据,而《左

---

① 钱大昕:《序》,见赵翼:《廿二史札记》附录二,中华书局,2013年,第928～929页。
② 常州市唐荆川研究会编:《唐荆川诗文集》卷一〇《杂编序》,第284页。

传》之于《春秋》的意义,亦在于兹。紧接着唐一麐又论证了《左氏始末》之于《左传》,甚而之于《春秋》的解经意义:

> 族大父荆川先生之治《春秋》,尝谓圣人有是非无毁誉,一本之心,直道之自然,既超然特出于简易直截之见,其于左氏,则务使学者反复参究,融会联络,以得乎所以见于行事之实。且夫先经以起义,与后经以终事,是左氏之所以善考证也。而事或错出,文或片见,则执经以求其断案者,每病于条理之难寻,而属辞比事之旨因亦以不白于世。于是乃合其始末,而次叙之以为一书,然后事归其类,人系其事,首尾学脉通贯,若一开卷而了然如在目中矣。岂非读《春秋》者之一大快也哉?①

认为《左传》的编年体裁不免有割裂史实的缺憾,即所谓"事或错出,文或片见",而《左氏始末》改编年体为纪事本末体,则会取得"首尾学脉通贯,若一开卷而了然如在目中矣"的效果,对于了解相关史情更为直接,当然对于理解依附于其上的经义的理解可能也更为有益。

以"义"而言,由《春秋》到《左传》至《左氏始末》,这是三者逻辑上的递进关系,而就"言"而论,其顺序应该相反,《左氏始末》补充说明《左传》,而《左传》是对《春秋》的补充,对此,徐鉴亦有云:

> 呜呼!前事之不忘,后世之师也。尼父裁其义,左氏核其事,先生辑其全,善虽小不遗,言无微不采,周之所以王,周之所以衰,华衮之所由荣,斧钺之所由辱,上下千载,洞若观火。是左氏羽翼乎圣经,而先生又羽翼乎左氏也。②

还有,从唐顺之所言之"一本之人心,直道自然",亦多少可以看出老庄之学以及阳明心学对唐顺之《左氏始末》编纂的影响。

当然,唐顺之有关史学独立价值的思考,也是有限度的,主要还是依附于史以解经的思路。从某种程度上来讲,史学之价值是依附于经的,其所赋予史学之独立地位也是有限度的。其还言:

> 《春秋》自于稷、澶渊两会之外并不书其故,而至于盟会侵伐,则绝无一

---

① 唐顺之:《左氏始末》卷首《唐一麐序》。
② 唐鼎元:《唐荆川公著述考·左氏始末条后》。

书其故者,非略也,以为其会、其盟、其侵、其伐、其战既足以著其罪矣,不必问其故也。杀大夫必名,亦有不名但书其官,如宋人杀其大夫司马者;亦有并其官不书,如曹杀其大夫者,此非略也,以为义系乎其杀之者而不系乎其杀者。义系乎其杀之者,则其杀也足以著其罪矣;义不系乎其杀者,则不必问其为何人与其为有罪无罪焉可焉。说《春秋》者不达其意而琐为之说,曰:"其会也以某故,杀某大夫也以某故,至于盟战侵伐亦然。"是皆无益于《春秋》也,而徒为蛇足之画者。①

唐顺之认为《春秋》的本旨是讽喻古今,具体的史实是服务于这一本旨的。史实对于这一本旨是非常重要的,但如果脱离了这一本旨,仅仅局限于一些史事的考实,则是舍本而逐末的做法,"而徒为蛇足之画者"。虽然史学在唐顺之的学术思想中已得到了一定程度的重视,但史学仍然是作为经学的一种附庸而存在,并没有具备独立的学术品格和地位。而史学有关于这一点的真正意义上的突破,到了其后的王世贞、李贽那里才出现。

[原载《南开学报(哲学社会科学版)》2021年第2期]

---

① 常州市唐荆川研究会编:《唐荆川诗文集》卷一七《读春秋》,第469~470页。

乞留：明代舆论的清官期盼与官员调留

展 龙*

在中国历史上，官员在任满当迁、丁忧当服、患疾当免、受诬当贬、获罪当惩时，吏民集体上书或诣阙吁请留任，是谓乞留。汉唐以来，有关乞留的记载不绝于书，但作为一项颇具"民主"色彩的特殊制度，乞留现象的频繁发生和相关制度的有效推行当在明代。当时，作为一种集体性、自觉性社会舆论，乞留现象纵贯终明一代，且表现出时间长、次数多、规模大、影响深的时代特征，实为中国古代所仅见。乞留故事的此起彼伏，赓续不绝，曲折表达了广大民众对清官群体的集体祈盼和无限眷恋，充分彰显了民众舆论力量对明廷执政理念的预警、矫正和干预。而官方对乞留行为的诸般应对，不仅折射出明代治吏方略的演进轨辙、政治意蕴及其时代特质，凸显了明廷对民望、民意、民心的顺应和尊重，而且反映了此期民众话语力量的日趋强化和民主自觉意识的日渐勃兴，一定程度上对整饬纲纪、澄清吏治、伸张正义、淳化民风起到了极其重要的推动作用。然而，对明代乞留这一重要问题，迄今论者尚少。① 有鉴于此，本文拟围绕明代社会舆论中的"清官"话语，结合官员铨选、考核、任期、致仕、丁忧、诣阙等制度，对明代乞留的演进轨迹、生成机制、表达形式和社会功能予以较为深入、全面的探讨。

一、明代乞留的演进轨迹

明代乞留现象的发生表现出鲜明的阶段性特征。明初，在官方的倡导、鼓励和褒奖下，乞留现象渐多，相关制度初具。承此，永宣时期，乞留现象一如既往，络绎不绝。至英宗时，乞留现象臻至频繁。尔后直至明亡，乞留现象趋少，这既

---

* 展龙，现为中国社会科学院历史理论研究所研究员。
① 隋喜文先生的《明代的乞留》一文简要介绍了明代乞留的类型及作用(《北京社会科学》1986 年第 4 期)。郭培贵先生在《明史选举志考论》自序《〈明史·选举志〉编纂考述及研究意义》中介绍了明代民众乞留地方官员制度的特色及意义(中华书局，2007 年，第 21～22 页)。赵克生先生在《明代国家礼制与社会生活》中编《丧服制度与明代文官的丁忧、夺情和匿丧》中描述了明代官民保留丁忧地方官的情形及原因(中华书局，2012 年，第 178 页)。拙文《明代官员久任法研究》在论及明代官员久任原因时，也将"乞留"视为原因之一(《清华大学学报》2013 年第 4 期)。

反映了明中期以后吏治不治、人心浇薄的态势,也印证了乞留之于明代兴衰的重要意义。

洪武时,太祖鉴于元季吏治纵弛,重绳贪吏,奖拔清官。当时,群臣每有小过便严加惩处,但若为清官廉吏,便既往不咎,甚至大加赏赉,破例超擢。这一点,在吏民乞留时表现得尤为突出。如洪武二十九年(1396),灵璧知县周荣、宜春知县沈昌、昌乐知县于子仁、新化县丞叶宗等坐事逮讯,民众叩阍乞留,奏称其贤,太祖大喜,提拔四人为知府,"由是长吏竞劝,一时多循良之绩焉"①。同年,定远知县高斗南、永州知府余彦诚、齐东知县郑敏、仪真知县康彦民、岳池知县王佐等人犯事,耆民奔走阙下,陈列善政,乞求留任。太祖听从民意,留任不罚,并赐赏衣钞,对乞留耆民也赐给旅费,以示褒奖。② 在太祖看来,治国安民须重视民意,"夫国之大权惟赏与罚,故赏无私赏,必因民之所共好而赏之;罚无私罚,必因民所共恶而罚之"③,乞留作为至公无私的民意表达,实际是对官员政绩的最高表彰,其背后所蕴含的深层意义在于"人君狩于四方,询于民情,知政之得失,然后赏罚行焉,所以官之贤否民情为验"④。依此,太祖对乞留的推扬,实则是对民意的尊重和对清官的褒奖。洪武十八年(1385)七月,丹徒知县胡孟通、县丞郭伯高以事当逮,耆民韦栋等诣阙乞留,太祖特命释放。太祖明白,胡孟通等为民所乞,在于其平日为政,"能尽父母斯民之道",而韦栋等之所以愿意诣阙举留,则在于"令丞之政,境内怀泽,审如是官得其人矣"⑤。同年,金坛县丞李思进亦坐事,邑民诣阙乞留,太祖命留任,理由是:"尔为政有方,士民乐业……朕非私尔,特为民也。"⑥总体上,太祖时期对乞留持鼓励态度,与此期允许民众状奏地方官员的规定有一定联系,"官吏有能清廉直干,抚吾民有方,使各得遂其生者,许境内耆宿老人,遍处乡村市井士君子人等连名赴京状奏"⑦。

永宣时期,承太祖遗风,仍鼓励乞留,尤其是"承流宣化"⑧的地方守令,因"国家置守令,但欲其得民心"⑨,故每有吏民乞留,朝廷多能准允。如吉水知县钱本忠,素有廉名,因事罢官,父老奔走乞留,得以还任。永乐中卒官,百姓号泣,

---

① 《明史》卷二八一《循吏传》,中华书局,1974年,第7191页。
② 《明史》卷二八一《循吏传》,第7190页。
③ 《明太祖实录》卷一七四,洪武十八年七月乙丑,"中研院"史语所,1962年影印本,第2645页。
④ 《明太祖实录》卷一七四,洪武十八年七月乙丑,第2646页。
⑤ 《明太祖实录》卷一七四,洪武十八年七月乙丑,第2646页。
⑥ 《明太祖实录》卷一七四,洪武十八年七月乙丑,第2647页。
⑦ 朱元璋:《大诰·民陈有司贤否第三十六》,《续修四库全书》本,第254页。
⑧ 《明史》卷二八一《循吏传》,第7192页。
⑨ 《明史》卷二八一《循吏传》,第7190页。

留葬吉水。① 东阿知县贝秉彝,善于决狱,凿渠引水,民食其利。永乐初,朝廷征用,耆老诣阙乞留,许之。② 洪熙元年(1425)五月,贵池典史金兰以政绩显著,调任京师,父老诣阙,称其"施政宽厚,有爱民心",请复其任,仁宗以为百姓"能致数千里乞留,是不负朝廷使矣",遂升金兰为本县知县。③ 宣德时,会宁知县郭完廉洁正直,爱民勤事,却被奸民诬告,耆老乞留,宣宗说:"今一人言其恶,而众人称其善",遂命陕西按察司特加辨明,以防冤枉。④ 山西参政樊镇,考满当升,然"吏民信服,乞留再任",升秩正三品。⑤ 南城人邓棨,永乐进士,授监察御史,巡按苏松,"清慎有威望",任满将去,父老赴阙乞留,得请。⑥ 与吏民乞留官员相联系,永宣时期往往按照民众意愿,允准官员复任久任。如永乐时,汶上知县史诚祖,廉平宽简,政绩显著,擢济宁知州,仍视汶上县事。后屡次当迁,均被乞留,在任二十九年,卒后,县民"留葬城南,岁时奉祀"⑦。蠡县吴祥,永乐时任嵩县知县,阅三十二年,至宣德中卒于任。临汾人李信,永乐时任遵化知县,阅二十七年,至宣德才升任无为知州。涓县人房岩,宣德间任邹县知县,阅二十余年,至正统卒于任。⑧

英宗时,吏民乞留现象日盛,"吏治淳厚,部民奏留率报可"⑨,以致"秩满奏留者,不可胜纪"⑩。据笔者考察,有明一代,英宗时期乞留次数最多,仅以"乞留"为关键词在《明实录》检索:太祖、成祖时,吏民乞留各11次,仁宗时4次,宣宗时53次,英宗时153次,宪宗时18次,孝宗时10次,孝宗时10次,世宗时25次,穆宗时4次,神宗时36次,光宗时9次,熹宗时4次,思宗时无"乞留"记载。不仅如此,这一时期很多乞留事件,英宗都亲自过问。如正统九年(1444)五月,均州知州王从,秩满当升,民众数百人称其"从政勤廉,抚民有方",乞留复任,英宗从其请。⑪ 清河知县李信圭,正统元年(1436),因侍郎章敞举荐,擢蕲州知州,清河民众诣阙乞留,命以知州治理县事,在清河达二十二年。⑫ 陈复,正统时任

---

① 《明史》卷二八一《循吏传》,第7192页。
② 《明史》卷二八一《循吏传》,第7194页。
③ 《明仁宗实录》卷一五,洪熙元年五月戊寅,"中研院"史语所,1962年影印本,第305页。
④ 《明宣宗实录》卷三五,宣德三年正月己酉,"中研院"史语所,1962年影印本,第887页。
⑤ 《明宣宗实录》卷一一一,宣德九年六月壬子,第2488页。
⑥ 《明史》卷一六七《邓棨传》,第4506页。
⑦ 《明史》卷二八一《循吏传》,第7192页。
⑧ 《明史》卷二八一《循吏传》,第7192页。
⑨ 《明史》卷二八一《循吏传》,第7200页。
⑩ 《明史》卷二八一《循吏传》,第7199页。
⑪ 《明英宗实录》卷一一六,正统九年五月乙亥,"中研院"史语所,1962年影印本,第2351~2352页。
⑫ 《明史》卷二八一《循吏传》,第7198页。

杭州知州,廉静无私,遭逢丧葬,部民乞留,英宗下诏留任。① 陈璇任浙江按察使,严惩污吏,缓解民困。后因同僚诋毁去任,"行李萧然,唯图书数册",军民号泣拦道,诣阙奏留,英宗从之。② 较之永宣,英宗时期民众对乞留行为已习以为常,对乞留官员和留任官员的认识也趋于理性和务实。盖因如此,这一时期对民众乞留大都批准,但对官员去世后的祠祭行为,已不再如永宣一样予以认可,如处州知府李信圭,为政宽简,后将调任,民众拦道乞留;及卒,又立祠奉祀,但官府认为"信圭之事,乃职分当为",不可祠祭,遂毁其祠。③ 综上,这一时期乞留现象之所以频发,英宗之所以准许民众乞留,并升以禄位,固然与地方缺官现象严重、部分官员的推助、太祖遗训的影响等不无关联,但究其根本,则在于"固为民计"④。

成化以降,世风日下,人心浇薄,吏治废弛,乞留现象趋少,且乞留往往发生在官员任满之际。如成化年间,镇江府知府姚堂,"治有善状",任满将去,县民乞留,遂升其俸,复任三年。⑤ 广东左布使张瑄,在任九年,吏民怀服,秩满当去,但因战事频仍,官民千余人奔走乞留,遂再任三年。⑥ 邠州知州王谏,在任期间,"赋平讼简,盗贼不生,流亡复业",考满将代,州人相率乞留,复任三年。⑦ 四川乌撒军民府同知刚正,"抚字有方",九年秩满,族民乞留,再任三年。⑧ 瞿式耜,万历末任永丰知县,有惠政,后调江陵,永丰百姓夹道乞留,遂命再任。⑨ 但较之以往,此时明廷对乞留现象的应对趋于漠然。如成化时,兵部郎中邹袭因事降德安府同知,张旺等百人乞留,吏部称"其奏保出于公论",宪宗虽复其官,但仍斥责吏部官员说:"黜陟,朝廷大柄,尔等何以知奏保出于公论,事当究治,姑宥不问。"自此,"诸司坐黜罚者甚众"⑩。

实际上,明代乞留的演进轨迹,一定程度上彰显了明代吏治的发展大势,生动再现了明初吏风清明,明中期吏治浇薄,明末吏治颓败的基本趋势。更具意义的是,乞留现象的此起彼伏,以异样的画面展示了明代官方执政理念的变动,尤其是官方对民意舆论效益的尊重和重视程度,实际上有效区分了明代不同时期

---

① 《明史》卷一五八《轩𫐐》附《陈复传》,第4325页。
② 《明英宗实录》卷二三〇,景泰四年六月乙巳,第5031页。
③ 《明英宗实录》卷二〇九,景泰二年十月丁卯,第4486~4487页。
④ 《明英宗实录》卷一二〇,正统九年八月庚戌,第2420页。
⑤ 《明宪宗实录》卷四,天顺八年四月己丑,"中研院"史语所,1962年影印本,第97页。
⑥ 《明宪宗实录》卷七一,成化五年九月甲午,第1394页。
⑦ 《明宪宗实录》卷七九,成化六年五月辛巳,第1530页。
⑧ 《明宪宗实录》卷一五九,成化十二年十一月庚申,第2913页。
⑨ 《明史》卷二八〇《瞿式耜传》,第7179页。
⑩ 《明宪宗实录》卷二七六,成化二十二年三月戊午,第4649~4650页。

的舆论环境和吏治状况。总体上,政治承平、世风醇厚、吏治严明之际,清官就多,相应地,民众乞留清官的意愿就会愈发高涨,而明廷对乞留现象的诸般应对,则进一步为清官文化的形成提供了政策保证和舆论语境。

二、明代乞留的生成机制

明代乞留作为一种自下而上的群体性舆论行为,成为明廷评价官员政绩的重要依据,时常引起各级政府不同程度的关注,并逐渐形成应对乞留的相关制度。明代乞留行为的生成与泛起,既有一定的社会突发性,也有一定的制度规定性。前者是指乞留往往发生在官员任满、丁忧、患疾、受诬、获罪时,颇具偶然性和突发性;后者是指乞留的运作与官员铨选、考核、任期、致仕、诣阙等制度密切相关,且有严格的运作方式。而乞留现象的持续发生,既需要良好吏治风气、舆论环境的引领和熏染,也需要广大民众能够对清官的为人之德、为政之能、为官之道给予集中关注和集体判断,并在恰当时机公开表达乞留清官的意愿。

(一) 乞留群体

明代主导乞留舆论的社会群体主要是清官所辖区域的民众。他们是默默无闻、平平常常的普通人,但其中所蕴含的巨大精神能量却不容小觑。他们乞留官员的理由虽有不同,但大多是基于官员赢得人心民望的惠政和善政。

一是民众乞留。在乞留群体中,最为常见、最有规模、最具影响的当是来自基层的广大民众。总体上,民众乞留在明前期较为常见,这与此时鼓励"耆民奏有司善恶"[①]"民陈有司贤否"有一定关系。[②] 如洪武时,郑敏坐事被逮,部民数千伏阙求宥,太祖赐宴慰劳,复任其官。[③] 永乐七年(1409),青田知县谢子襄考满当迁,部民乞留,遂擢处州知府,"俾得治其故县"[④]。在民众乞留中,生员作为一股特殊力量参与其中。如阎禹锡,天顺初任国子监丞,得罪贵幸,迁徽州经历,诸生伏阙乞留。[⑤] 建安县学训导杨寿,考满当去,诸生乞留,升建安教谕;后"以内艰服阕",诸生又乞留。[⑥] 魏骥,永乐中任松江训导,潜心育人,九年考满,诸生诣

---

① 朱元璋:《大诰·民陈有司贤否第三十六》,《续修四库全书》本,第254页。
② 朱元璋:《大诰·耆民奏有司善恶第四十五》,《续修四库全书》本,第256页。
③ 《明史》卷二八一《循吏传》,第7190页。
④ 《明史》卷二八一《循吏传》,第7192页。
⑤ 《明史》卷一八二《阎禹锡传》,第7230页。
⑥ 王直:《抑庵文后集》卷一五《送杨修撰致仕序》,《清文渊阁四库全书》本,第683页。

阙乞留。① 教官因乞留而久任,是生员对其业绩的认可和肯定,无疑对地方学校教育的发展颇具意义,"受其指教以有成者,盖多矣"②。从规模上看,乞留民众少则数人,多则数百,乃至数千。如谢骞,正统中任漳州知府,考绩为最,军民恐其调离,乞留者达五千八百余人。③ 滕霄,永乐初任黄州知府,以宽为政,秩满当去,属民数千人乞留,复任十九年,"廉贞之操终始不渝"④。嘉定县丞俞贵芳,九载秩满,吏民认为"自君之来,民有父母,自君之来,礼义以兴",于是四千余人拜疏乞留。⑤ 盖因民众乞留关乎民心民意,关切民望民怨,故明廷一般都会予以准许,以便表达尊重民意、善待民心的政治意图和治国理念。长远来看,这一举措无疑深孚民望、广得人心,对于明廷获得坚实的统治基础极具意义。

二是官员乞留。官员乞留时常以正式奏言的形式出现,乞留意见直达皇帝,皇帝也多会批准,而其意义则在于可以更直接地彰显清官政绩,推扬清官形象。以官员乞留发生最为频繁的英宗、景帝时期为例。正统十四年(1449)三月,御史寇深"抚治有方,番人畏服",参议陈敏及各位土官乞求留守,英宗允准。⑥ 咸阳知县王瑾,任满当升,巡按御史陆厚保荐其"廉能有为",乞留复任。⑦ 正统时,大同知府霍瑄秩满当迁,巡抚诸臣乞留,诏加山西右参政,仍治府事。⑧ 泗州判官黄绂,九载任满,巡按御史奏其"在任廉慎,深得民心",乞令复职。⑨ 宜春县丞孙昇,九年考满,巡按御史等奏其"抚字动勤",乞留复任。⑩ 较之民众乞留,官员乞留一般规模较小,多则数人,少则一人,且多是科道官员或被乞留官员的同僚。而且,官员乞留除了要依据巡查考核成绩,更要借助"民吏畏服""深得民心"等民众意愿,换言之,官员乞留实际是民众乞留的延续,代表的仍然是广大民众的普遍利益。

三是官民乞留。一些官员在任期间,既得民意,又得官心。因此,在其离任之际,民众与官员便同道乞留。如万观,永乐中任严州知府,励学校,劝农桑,九年考绩,海内第一,丁忧除服,同僚上章乞留。⑪ 正统时,陈复任杭州知府,"持己

---

① 邓元锡:《明书》卷二一《魏骥传》,《续修四库全书》本,第 316 册,第 117 页。
② 王直:《抑庵文后集》卷一五《送杨修撰致仕序》,《清文渊阁四库全书》本,第 683 页。
③ 过庭训:《本朝分省人物考》卷四〇《谢骞》,《续修四库全书》本,第 77 页。
④ 孙奇逢:《中州人物考》卷五《滕知府霄》,明文书局,1991 年,第 428~429 页。
⑤ 倪谦:《倪文僖集》卷一六《赠贰尹俞君重理嘉定序》,《清文渊阁四库全书》本,第 379 页。
⑥ 《明英宗实录》卷一七六,正统十四年三月戊戌,第 3398 页。
⑦ 《明英宗实录》卷一九三,景泰元年六月甲戌,第 4028 页。
⑧ 《明史》卷一七一《霍瑄传》,第 4570 页。
⑨ 《明英宗实录》卷六〇,正统四年十月戊寅,第 1141~1142 页。
⑩ 《明英宗实录》卷九五,正统七年八月乙未,第 1908 页。
⑪ 《明史》卷二八一《循吏传》,第 7195 页。

廉静,为政宽平","以母丧去职,耆民千余乞留之,巡按监察御史及布、按二司亦连章奏请,英宗认为"既有耆老民人告保,复其任"①。景泰时,许仕达任巡按福建御史,整肃风纪,因弹劾镇守宦官廖秀等罢官,耆老数千人乞留,给事中林聪等亦为仕达辩护,遂命留任。② 成化时,张瑄任广东布政使,考满当赴京,军民千余奔走乞留,巡抚陈濂等也交章乞留,为"慰民情",宪宗诏令留任。③

(二) 乞留渠道

明代吏民乞留,渠道较多,近有知县,远有皇帝,"有力者即走北京,诉于通政司,弱者诉于府,诉于总兵官,诉于巡抚侍郎"④。根据不同情况,民众可以选择不同渠道进行乞留,而对于不同的渠道,乞留效果也不尽相同。一般而言,乞留衙门或官员职别越高,乞留越易获准,反之则难。其中原因,主要在于乞留作为一种关乎官员任期的民意表达,一般须经掌管监察的按察使、巡按御史以及掌管人事的吏部;有时候,吏民会同时向布政司、按察司、府、州、县及监察部门乞留,"相率诉于府、于藩宪、于巡按御史乞留之"⑤;当然,直达阙下,由皇帝亲自定夺的情况也时常发生。

一是御史:核实乞留。明代设按察使、巡按御史、总督御史、巡抚等,纠察地方官员。其中,巡按御史"大事奏裁,小事立断"⑥,在维护整饬吏治、淳化风俗、振纲立纪、剔弊发奸等方面发挥了重要作用。一般而言,明代民众乞留都要经过"临事大臣"⑦,或经由巡按御史核实查验,若情况属实,则准允留任。以英宗时期为例,如涿州知州朱巽,任满当代,耆老称其"躬亲劝课,有惠及民",乞留复任,巡按御史覆实允准。⑧ 砀山知县杜钊,秩满赴京,县民言其"有惠政",恳求留任,巡按御史核实留任。⑨ 淮安同知程宗,"端谨慈明",考满当迁,百姓恳留,巡按御史等核实复任。⑩ 有时,对于一些乞留行为,巡按御史等会协同布政使、按察使等进行核实。如渭南知县周璘,考称当迁,属民称其"抚字公勤",乞求复任,巡按

---

① 《明英宗实录》卷七九,正统六年五月戊申,第1566页。
② 《明史》卷一六四《许仕达传》,第4455页。
③ 焦竑:《献征录》卷四八,童轩:《南京刑部尚书观庵张公瑄墓志铭》,《续修四库全书》本,第504页。
④ 王直:《抑庵文集》卷五《赠李太守赴清河序》,《清文渊阁四库全书》本,第105页。
⑤ 王直:《抑庵文后集》卷二〇《送陈经历序》,《清文渊阁四库全书》本,第804页。
⑥ 《明史》卷七三《职官志二》,第1768页。
⑦ 《明神宗实录》卷四二四,万历三十四年八月庚戌,"中研院"史语所,1962年影印本,第8010页。
⑧ 《明英宗实录》卷四一,正统三年四月癸酉,第806页。
⑨ 《明英宗实录》卷八七,正统六年十二月戊戌,第1737~1738页。
⑩ 《明英宗实录》卷一七二,正统十三年十一月壬子,第3319页。

御史会同布、按复核留任。① 安定知县杜让,任满当代,县民奏其"勤于抚民",乞留复任,巡按御史并布、按覆实以闻,升俸复任。②

二是吏部:覆奏乞留。明代吏民乞留行为一般要涉及官员的任期、调迁、考核、丁忧等,而允准乞留也要突破明代人事制度的相关规定。因此,每逢吏民乞留官员,吏部即要依制加以覆奏。如南昌同知王庸,九年考满,例应升迁,部民数百人奏其"处事公廉",乞留复任,行在吏部覆奏,复其任。③ 顺天府通判沙安,任满当升,属民认为他"处事勤慎",乞留复任,吏部侍郎陈恭等覆奏,升为本府治中。④ 广平府推官郑谈,"谳狱明慎",秩满当迁,部民乞留,行在吏部覆奏复任。⑤ 开州判官林伯兴,九年考满,州民保其"公勤",乞留之,吏部覆奏留任。⑥ 隆德知县马玉,九载考满,民众不忍其去,乞留复任,行在吏部覆奏留任。⑦ 巩昌府通判李宗政,"佐政平恕,抚字有方",秩满当迁,县民乞留,吏部覆奏核实,故留任。⑧

三是皇帝:定夺乞留。从制度程序而言,民众乞留不应直达阙下,但在实践中,很多乞留会越过相关部门直至阙下,对于这种法外之举,明廷多予以宽容和理解,"军民诣京陈诉,似非葽越"⑨。如徐永达,洪武时授宝鸡教谕,"科条甚严,士类化之",即将离任,宝鸡百姓诣阙乞留,太祖可其奏。⑩ 王皞,永乐时任峄县知县,"莅政廉勤,练达治体",秩满当迁,峄民伏阙乞留者千人,成祖从之,并赐书褒谕。⑪ 杨信民,宣德时任广东参议,"清操绝俗,性刚负气",因事被逮,军民诣阙乞留,诏复其官。⑫ 总体上,由皇帝定夺的乞留有两种情形:一是民众的诣阙乞留,二是巡按御史、吏部官员的覆奏乞留。当然,民众乞留阙下,皇帝也不一定批准,如吴讷,宣德初巡按贵州,恩威并行,将代还,部民诣阙乞留,宣宗不许。⑬

(三) 明廷应对

针对吏民乞留,明廷的应对方式大体有二:一是留任,一是不留。就留任而

---

① 《明英宗实录》卷一〇六,正统八年七月甲子,第2153页。
② 《明英宗实录》卷一五六,正统十二年七月乙巳,第3044页。
③ 《明英宗实录》卷四九,正统三年十二月丁巳,第942~943页。
④ 《明英宗实录》卷一六九,正统十三年八月甲寅,第3257页。
⑤ 《明英宗实录》卷四四,正统三年七月甲申,第849~850页。
⑥ 《明英宗实录》卷一三七,正统十一年正月壬午,第2723页。
⑦ 《明英宗实录》卷五〇,正统四年正月戊戌,第964页。
⑧ 《明英宗实录》卷八七,正统六年十二月庚戌,第1748页。
⑨ 《明英宗实录》卷一一六,正统九年五月癸亥,第2341页。
⑩ 王士俊:雍正《河南通志》卷五八《徐永达》,《清文渊阁四库全书》本,第1335页。
⑪ 陈玉中等:《峄县志点注》卷一九《职官下·王皞》,枣庄出版管理办公室,1986年,第401~402页。
⑫ 《明史》卷一七二《杨信民传》,第4589页。
⑬ 《明史》卷一六七《吴讷传》,第4317页。

言,又有同级留任、加秩复任、增俸留任三类。其中,同级留任最为普遍,兹不赘述。

第一类是加秩复任。所谓"加秩复任",即提升品秩留任。这一应对方式意义有二:一是满足了民众的乞留意愿,达到了抚慰民意、营造舆论的目的,"牧民官许民保留升以禄秩者,固为民计也"①;二是在以增秩方式肯定了官员政绩之时,也部分补偿了留任官员因不能晋升而造成的损失。明代针对乞留的增秩较为普遍,但也会在增秩复任的原则下,根据情况加以变通。一是晋职还任。如:陈琏以政绩卓著,拟调往北京,滁人恐其升去,诣阙乞留,遂擢扬州知府,仍治滁州事。② 清河知县李信圭,为政宽简,及调任蕲州知州,县民千余人诣阙请留,遂以知州治县。③ 刘智,正统时任绛县知县,"以公平著绩",九年考满,百姓诣阙乞留,晋六品阶,仍知县事。④ 二是进秩还任。琼山知府易先,有善政,岁满还朝,郡人乞留,增秩三品还任。⑤ 吉安知府陈本深,九年考满,郡人乞留,"增其禄秩,俾复任"⑥。宣德中,巩昌知府孙蕡九年考满,耆老乞留,增秩三品。⑦

第二类是增俸留任。增俸留任一般发生在官员任满时,若有人乞留,明廷便增俸留任,并赐衣币诸物,以示褒赏。以英宗时为例,被乞留的官员在升俸时,并无统一标准,或升俸一级,如瑞州知府刘说、巩昌知府韩福等由知府(正四品)升从三品俸;安定知县(正七品)杜让、隆德知县马玉、卢氏县知县张慎等升从六品俸。或升俸二级,如湖州府知府(正四品)赵登、松江知府赵豫等升正三品俸;卢氏知县张慎、赣县知县李素等升正六品俸。应该说,"增俸"一定程度上弥补了留任官员的利益损失,激发了留任官员的积极性,也同时达到了抚慰民意的目的。除英宗时期,其他时期乞留升俸事例也时有发生,如:仪封知县许誉,秩满至京,耆民诣阙乞留,成祖说:"守令民休戚所系,欲知其贤否,但观民心之向背。今民不忍其去,此必尝有及人之德。"遂增俸二级,并赐钞衣。⑧ 洪熙元年(1425),思州通判檀凯,考满当升,百姓乞留,加正五品俸复任。⑨ 成化时,邠州知州王谏,"赋平讼简,盗贼不生,流亡复业",考满将代,州人乞留,增俸一级,复任三年。⑩

---

① 《明英宗实录》卷一二〇,正统九年八月庚戌,第 2420 页。
② 《明英宗实录》卷二四六,景泰五年十月甲午,第 5341 页。
③ 《明英宗实录》卷二〇九,景泰二年十月丁卯,第 4486 页。
④ 《明英宗实录》卷二一九,景泰三年八月丁亥,第 4741 页。
⑤ 《明史》卷一五四《易先传》,第 4232 页。
⑥ 王直:《抑庵文后集》卷一七《送陈太守致仕序》,《清文渊阁四库全书》本,第 744 页。
⑦ 何乔远:《名山藏》卷一〇《典谟记》,福建人民出版社,2010 年,第 277 页。
⑧ 《明太宗实录》卷二五,永乐元年十一月己亥,第 459 页。
⑨ 孙承泽:《春明梦余录》卷三四《吏部·考课》,北京古籍出版社,1992 年,第 558 页。
⑩ 《明宪宗实录》卷七九,成化六年五月辛巳,第 1530 页。

第三类是乞留不从。明代民众的乞留行为,既不是私人行为,也不是法律赋予的权利,而是由广大民众自由集合在一起而形成的自发性、集体性的舆论行为。民众对官员的乞留,是官员的政治行为赢得了民众的集体关注和一致赞誉,但民众的某些乞留行为,有时并不能与明廷立场保持一致,也难以引起一些官员的利益共鸣,故在应对民众乞留事件时,各级政府便会根据情况拒绝民意,反对乞留。如英宗时,杭州府同知侯昌"守职勤能",九载任满,民众千人乞留,不得,理由是"处州民盗矿为业,实难抚治"①。工科都给事中李佩,九载任满,同僚乞留,按例当迁,但英宗认为其"历任既久,宜循例迁用,不可徇情以戾旧典"②。至明后期,乞留渐少,诸帝也多不允。如:张天禄,成化时任峄县知县,丁内艰,峄人乞留,宪宗不从。③ 王仪,嘉靖时任苏州知府,因事获罪,苏州士民乞留,世宗不许。④ 杨博,隆庆初任吏部尚书,以事忤旨,谢病告归,尚书刘体乾等交章乞留,穆宗不听。⑤ 每当乞留不准时,民众会深感无奈,"涕泣而去"⑥,甚而遮道哭留、立祠奉祭,以表达对"清官"的无限眷恋和感念之情。如黔阳知县陈钢,成化时"均定徭役,招复流离",考满当代,民众乞留未果。陈钢离任时,数千民众送行百里,"无不拦车哭泣",归后又立生祠,碑曰"以无忘仁人于世世"⑦。海瑞任应天巡抚半年即被革职,"小民闻当去,号泣载道",乞求留任,但未被批准。⑧ 有时,民众的乞留深情并不能改变部分官员的离任意愿。如浙江按察司佥事彭贯,刚毅善断,因遭弹劾,自陈辞职,浙民乞留,但彭贯仍"以疾致仕"⑨。孙子良,正统时任山东参政,年七十时奏乞致仕,军民上书挽留,然孙子良去意已决,曰:"吾老且病,不去将以废事得罪。"遂归去。⑩

三、明代乞留的表达形式

明代吏民乞留行为的发生时常有许多契机和缘由,诸如官员考满时乞留,调任时乞留,丁忧时乞留,违法时乞留,患病时乞留,罢免时乞留,致仕时乞留等。

---

① 《明英宗实录》卷一五六,正统十二年七月丁巳,第3049页。
② 《明英宗实录》卷八七,正统六年十二月己未,第1754页。
③ 章廷珪:《(雍正)平阳府志》卷二三《张天禄》,清乾隆元年刻本,第18页。
④ 《明史》卷二〇三《王仪传》,第5374页。
⑤ 《明史》卷二一四《杨博传》,第5658页。
⑥ 郭春震:嘉靖《潮州府志》卷七《林兴祖》,明嘉靖二十六年刻本。
⑦ 过庭训:《本朝分省人物考》卷一〇《陈钢》,《续修四库全书》本,第79页。
⑧ 《明史》卷二二六《海瑞传》,第5932页。
⑨ 《明英宗实录》卷二三四,景泰四年十月壬辰,第5107页。
⑩ 王直:《抑庵文后集》卷二四《参政孙公神道碑》,《清文渊阁四库全书》本,第23页。

这些缘由,实际成为吏民乞留的合理表达途径,也成为普通民众彰显清官形象,表达政治意愿的特殊时机。在"民望"与"制度"、"民愿"与"权力"发生博弈时,吏民的乞留行为及其理由所蕴含的深刻道理,往往会以"合理"的方式突破制度的规定和权力的规约,最终使得一大批"清官"得以复任或留任。

一是考满乞留。明代官员秩满,由吏部考核,确定黜陟,凡"殊勋异能、超迈等伦者"①,即可升迁。每逢此时,民众总会以各种理由乞留官员。其一,政尚宽简,莅事公平。此类情形侧重于对官员为政业绩的评判。如抚州知府王昇,任满当迁,部民乞留,理由是其"政尚宽简"②。吉安知府陈本深,九年任满,县民乞留,理由是其"为政平易,庭无滞讼"③。阳城知县韩谨,秩满去任,邑人保其"守法奉公",乞留复任。④ 大邑知县冯泰,九载任满,县民保其"莅事公平",乞留任事。⑤ 其二,律己公勤,廉能公恕。此类情形侧重于对官员政治纪律的评判。以被民众乞留的知县为例:刘英,洪武中任繁峙知县,"廉能守法,深得民心",秩满当迁,县人诣阙乞留,特诏复任,并予以褒奖。⑥ 信丰知县王学古,任满当去,耆民乞留复任,理由是"廉干精勤,爱民如子"⑦。怀集知县谢有立,"廉慎公恕,吏畏民怀",秩满当迁,邑人乞留,擢本府通判。⑧ 其三,赞画有方,民怀其惠。此类情形侧重于对官员安抚民众的评判。如荆州知府张岩,"善抚字细民",九年将满,属民乞留。⑨ 湖州知府赵登,秩满去任,部民"怀其善政",乞留复任。⑩ 巩昌知府韩福,任满当升,巡按御史及当地官员言其"民怀其惠",乞求留任。⑪ 安定县丞柴林,九载秩满,县民言其"廉正爱民",乞留还任。⑫ 由上可见,明代吏民乞留官员的理由符合官方倡导的"清官"形象,因而吏民的乞留行为,时常成为明廷考评官员和复职留任的重要依据。

二是调任乞留。在明代乞留官员中,有人已经调任,但民众鉴于其任内勤政廉洁,业绩卓著,心系民意,故乞求离任官员复任原职。对于此类情形,明廷也会尊重民意,予以准允。如:永乐时,原宁阳知县孔公朝戍边已达二十年,宁阳民

---

① 《明史》卷七一《选举三》,第1722页。
② 《明英宗实录》卷八四,正统六年十月戊辰,第1668页。
③ 《明英宗实录》卷八四,正统六年十月己巳,第1669页。
④ 《明英宗实录》卷六九,正统五年七月丙午,第1335页。
⑤ 《明英宗实录》卷一〇五,正统八年六月壬寅,第2139页。
⑥ 过庭训:《本朝分省人物考》卷一《刘英》,《续修四库全书》本,第32页。
⑦ 《明英宗实录》卷一九四,景泰元年七月己酉,第4077页。
⑧ 周赞元:《(民国)怀集县志》卷四《宦绩列传》,民国五年铅印本,第16页。
⑨ 《明英宗实录》卷三四九,天顺七年二月乙卯,第7027页。
⑩ 《明英宗实录》卷五三,正统四年三月己巳,第1027页。
⑪ 《明英宗实录》卷七五,正统六年正月己卯,第1490页。
⑫ 《明英宗实录》卷一一七,正统九年六月戊戌,第2368~2369页。

众眷念公朝,乞求复任,朝廷接受民意,官复原职。① 正统五年(1440),绍兴府知府罗以礼,丁忧去官,继任者不胜其任,耆民称以礼"有治才",乞求还任。② 十四年(1449)十月,长清知县汤思恭,任满将去,接任者已至,然民众以思恭"抚民有惠,守己无私",乞留复任,遂召回接任者,命思恭复任。③ 景泰五年(1454)五月,莒州知州李经,任满将调,逢接任者因患病不能任事,耆民奏请李经"勤能有为",乞留复任。④ 成化初,仪封知县胡澄,"治有异政",拟调任杞县,县民乞留者千余人,宪宗"不忍夺,乃归澄"⑤。不仅如此,明代甚至出现了两地争留一官的现象,如金砺,嘉靖间任太原知县,有惠政。后调汾阳,父老奔走乞留,复调太原,汾阳民众又拦道乞留,致使金砺数日不能出发。⑥

三是丁忧乞留。明代官员丁忧之制甚严,凡逢祖父母、父母丧事,官员须离任守丧,期满起复。正统七年(1442)有令:"凡官吏匿丧者,俱发原籍为民";十二年又令,"内外大小官员丁忧者,不许保奏夺情起复"⑦。但实际上,当时很多官员并未严守丁忧之制,夺情事件时有发生。究其根本,民众乞留无疑是原因之一。在孝道与民意之间,明廷往往秉承官为民治的理念,不惜违背丁忧之制,尊重民心民意,批准官员夺情视事,"以福吾民"⑧。洪武时,丁忧乞留现象已有先例。如盱眙知县方素易在职三年,民受其惠,后以母丧当去,耆民刘本等诣阙乞留,太祖特准。⑨ 准允原因太祖一语道出:"盱眙知县方素易莅政三载,惠爱在民,俱称廉能,今以内艰去官,民弗忍舍,诣阙恳留再任。非能尽牧民之职者,曷以致此?"⑩此后,丁忧乞留现象渐多,尤以英宗一朝为盛,"正统以后,遂有京官营求夺情,而在外方面以下等官,往往部民耆老诣阙请留,辄听起复还任"⑪。总体上,明代丁忧乞留有四种情形:第一种是父母丧后,民众乞求留任,此属"夺情视事"⑫。第二种是丁忧官员服阙,民众追念其政,乞求复任。第三种是丁忧之际,乞留升职。第四种是两次丁忧,两度乞留。

四是罢职乞留。按明制,若官员违法犯事,理当受到处罚,且无复出机制;但

---

① 《明史》卷二八一《循吏传》,第7199～7200页。
② 《明英宗实录》卷七三,正统五年十一月戊辰,第1427页。
③ 《明英宗实录》卷一八四,正统十四年十月戊辰,第3647页。
④ 《明英宗实录》卷二四一,景泰五年五月辛巳,第5241页。
⑤ 何乔新:《椒邱文集》卷一〇《送大尹胡君永清复任诗序》,《清文渊阁四库全书》本,第166页。
⑥ 员佩兰:《(道光)太原县志》卷五《职官·金砺》,清道光六年刊本,第316页。
⑦ 申时行等:《大明会典》卷一一一《吏部·丁忧》,中华书局,第153页。
⑧ 《明太祖实录》卷二三五,洪武二十七年十一月癸亥,第3434页。
⑨ 《明太祖实录》卷二三五,洪武二十七年十一月癸亥,第3434页。
⑩ 《明太祖实录》卷二三五,洪武二十七年十一月癸亥,第3434页。
⑪ 夏燮:《明通鉴》卷二五《纪二十五·恭仁康定景皇帝》,岳麓书社,1999年,第737页。
⑫ 刘伯缙:《(万历)杭州府志》卷六三《名宦三》,明万历刻本,第49页。

此时若得到民众乞留,官员不但可以免罪,反而会恢复原职,甚至获得提拔。这种特殊的乞留现象,实际反映了法律和民意的博弈。明代官员违法罢职时发生的乞留故事屡见不鲜。如钱本中,洪武中任吉水知县,有廉名,后因事免官,父老号泣乞留,人们听说本中归来,奔走迎拜。① 洪武时,朔州知州石亨,"劝民力穑,讼至立得",后坐事免官,父老赴阙乞留。② 有些官员屡次违法,均因民众乞留而豁免,如苏亿、赵森、孟廉犯法时,县民"颂其廉勤",太祖特赦免罪,恢复原官。③ 正统时,吴县知县叶锡,有人诬告他"贪酷枉己",耆民称其"清廉仁恕",乞求留任,英宗说:"民既欲留,其毋罪之,令视事。"④ 清苑知县屈义,有人诬陷他"受财枉法",而民众称其"在任廉勤",请与诬告者当面对证,最终诬告者被戍辽东,而屈义官复原职。⑤ 可见,民众乞留一定程度上给违法官员的留任和复出提供了广泛的社会支持,官员的复出既实现了"取信于民"的效果,也达到了惩前毖后、治病救人的目的,一定程度上彰显了明廷推扬民本思想,坚守清官政治的治国理念。

五是致仕乞留。明代官员致仕年龄一般为六十岁以上直至七十岁,每逢此时,地方民众会纷纷乞留,很多"清官"因此得以留任,甚至久任官职直至死而后已。如潘海,正德十四年(1519)以监生知封川,"廉平不苛,节用爱民,抚绥流亡,民赖安集"。后致仕,因士民乞留,得以复任。⑥ 潮州知府王源,三年考绩,将致仕,县民相率诣阙,奏其"兴学弭盗",乞留复任。⑦ 周尚文,成化间任平乐府同知,九年致仕,郡民乞留。⑧ 黄琥,弘治初任肇庆知府,后引疾解职,民众争相乞留。⑨ 后又以母老致仕,兵民拦道哭留,终不可得。⑩ 青州知府陈永,乞归养病,耆民诣阙乞留,认为陈永"莅政公勤,刑狱无滞,有为有守,吏民畏服",宣宗说:"郡守以疾求去,民不忍舍,为政之善可知。虽病,岂不堪卧治,其遣还任。"⑪

六是缺员乞留。按制,明代各级机构的官员额数有定,但因告病、致仕、丁忧、终养、获罪、病殁等原因,常会出现官缺现象。凡逢此时,明廷便会按制补授

---

① 刘广生:《(万历)常州府志》卷一四《人物二》,明万历四十六年刻本,第83页。
② 汪嗣圣:《(雍正)朔州志》卷六《名宦宦绩》,清雍正十三年石印本,第196页。
③ 《明史》卷二八一《循吏传》,第7190页。
④ 《明英宗实录》卷一四二,正统十一年六月甲辰,第2813页。
⑤ 《明英宗实录》卷九七,正统七年十月乙卯,第1958页。
⑥ 金鉷:《(雍正)广西通志》卷七八《潘海》,《清文渊阁四库全书》本,第26页。
⑦ 《明英宗实录》卷七五,正统六年正月甲寅,第1459页。
⑧ 汪森:《粤西诗文载》六四《周尚文》,《清文渊阁四库全书》本,第76页。
⑨ 阮元:《(道光)广东通志》卷二四四《宦绩录十四》,清道光二年刻本,第7715页。
⑩ 蔡清:《蔡文庄公集》卷五《祭新淦周虚白宪副公文》,《四库全书存目丛书》本,第723页。
⑪ 《明宣宗实录》卷四五,宣德三年七月己卯,第1114页。

空缺,而这一特殊人事状况,却给民众乞留提供了契机。前述宣德年间乞留行为频发,一个重要原因就是地方缺官严重。宣德四年(1429)初,浙江布政司奏,府县及杂职官缺一百十一员。① 次年,行在吏部又奏各府知府多缺。② 至英宗时,官缺现象更甚,民众乞留日多。如清苑县主簿高俨,九载秩满,会县丞缺员,耆民奏保其"可堪其任",英宗从之。③ 历城县丞熊观,"持身廉谨,政尚宽平",秩满去任,逢知县缺员,耆民乞以熊观补缺,吏部认为不合旧例,英宗说:"有司贤否,观民心向背,历城民于令之去不加意,而于丞拳拳保留如此,贤否可以验矣。"遂升为知县。④ 当然,官缺与乞留并无必然联系,有时官缺严重,却少有乞留。如嘉靖以后,官缺不补,但却罕有乞留,究其原因,并非民众不愿乞留,也并非无官可乞,而是与党争日炽、吏治腐败等休戚相关。

总之,在明代乞留舆论与国家权力的政治共鸣中,不仅触及了民众对清官的集体期待,彰显了民间力量参与政治的集体自觉,而且更具意义是:乞留行为的持续发生,一定程度上突破了明代官员考核、任期、致仕、丁忧等国家制度的原则性规定,充分展示了明代国家政治运作的日趋灵活和民主。

四、结　　语

作为一种公共舆论,明代乞留表达了广大民众对清官的集体期许和无限眷恋,更彰显了他们恒久而深沉的清官情结,他们把希望寄托于人格完美的清官身上,并期待其主持公道、为民做主。在传统专制社会,这种充满正义且略带几分悲怆和无奈的乞留行为,不仅可以激发官员成为清官的坚定信念和自觉意识,而且成为明廷施政的舆论基础和重要依据,对于抚慰民意、纾缓民困、澄清吏治颇具意义。当然,在明代政治博弈与利益妥协的复杂格局中,民众乞留也存在局限,如有些乞留是官员制造的假象,有些乞留成为政治斗争的工具。因此,虽然清官是民众与统治者共同利益的忠实代表,但民众的乞留诉求与官方的清官期盼不尽契合。民众对清官的乞留凝聚了他们对清平政治的向往和切身利益的考量,体现了民心所向和舆论力量;而官方对清官的期冀和褒扬,则旨在通过弘扬其清正、清明、清廉的吏道形象,树立理想官员的良好标范,其对清官伦理功能、舆论价值的工具性诉求,已超迈普通民众单纯的清官情结。这种立足点的内在差异,时常让民众的乞留行为陷入一厢情愿的尴尬局面,他们可以为了自身利益

---

① 《明宣宗实录》卷五〇,宣德四年正月壬申,第1208页。
② 《明宣宗实录》卷七二,宣德五年十一月乙未,第1691页。
③ 《明英宗实录》卷一一五,正统九年四月壬寅,第2328页。
④ 《明英宗实录》卷一一七,正统九年六月壬寅,第2371页。

不惜历经艰难诣阙哭乞,但官方也可以根据利益所需认同或拒受乞留。故囿于时代,乞留诉求陷入窘境,沦为奢求,代表民意的舆论话语不得不受到专制权力的宰制。

(原载《中国史研究》2015 年第 1 期)

"考索之功"与史学批评

刘开军*

章学诚论学,有一句名言:"高明者多独断之学,沉潜者尚考索之功,天下之学术,不能不具此二途。"①章学诚强调"考索之功",虽有其"乾嘉语境",但此说对于开拓史学批评研究的新局面,仍不无启迪意义。

一、文献考索与批评史的扩充

经过多年摸索,史学批评研究已经在理论上和撰述上积累了一些有分量的成果。尤其是杨翼骧、乔治忠、朱洪斌编纂的《增订中国史学史资料编年》,龚书铎、瞿林东主编的《中华大典·历史典·史学理论与史学史分典》,在文献爬梳与汇辑方面有开拓之功。但已有的史学批评研究却存在一个突出的现象,即不同论著间征引的史料高度相似或重复,如孔子关于董狐的评论、班彪的《前史略论》、刘勰的《文心雕龙·史传》、刘知幾的《史通》、王世贞的《史乘考误》、章学诚的《文史通义》等。对此,当然要作辩证看待。一方面,这些文献出现频率较高,是因为它们被认为最能反映中国史学基本面貌与学术精神,不妨反复出现;另一方面,它提醒研究者注意:是不是只有这些"典型"文献才是构筑中国史学批评史的"基石"?我们是否忽略了另外一些有意义的文献?假如文献的搜集尚有较大遗漏,那么所谓"典型性"能否名副其实?凭借过于狭窄与单一的史料构建的学术图景很难说是全面的,甚至可能遮蔽了某些重要的史学面相。虽说文献的丰富不一定等同于思想的丰满,但史料的多样与广博无疑有助于提高认识的水平。在理论范式尚未取得实质性突破的前提下,史料的陈陈相因已成为史学批评史撰述的一个瓶颈。

如果上述认识没有太大偏差的话,那么下大力气做文献考索的工作就势在必行。这里以清代史学批评史撰述为例,以见其对于史学批评研究的重要性。长期以来,人们之所以对清初史学批评的认识,集中于顾炎武、黄宗羲、王夫之三

---

* 刘开军,现为四川师范大学历史文化与旅游学院教授。
① 章学诚:《文史通义》卷五《答客问中》,叶瑛校注,中华书局,1985年,第477页。

大家,就或多或少地受制于史料占有的局限性。比如胡承诺(1607—1681),在通行的史学理论与史学史、史学批评史著述中很少被提及。倒是日本汉学家内藤湖南讲授中国史学史时曾关注了他。但内藤湖南可能只见到了胡承诺的《绎志》,所以他说:"要想了解此人的见解除了今日所存这部书之外,我们没有其他依据。"①他着重概述《绎志·史学篇》的内容要点,因为胡承诺"关于历史内容的就是这一篇"②。《绎志·史学篇》的确是一篇有价值的文献,如论作史之法,"史家所载但以治乱兴衰及言行大节为主。此外,行文之美不过先之以首事,后之以终义,错以合异,缘以辨理而已,不屑屑为前人作年谱、家传也"③。然而胡承诺的著述并不止《绎志》一种,还另有《读书说》《石庄先生诗集》(含《菊佳轩诗》《檄游草》《青玉轩诗》《颐志堂诗》)等,这些都是内藤湖南所不曾接触过的。《读书说》中有一篇《史籍》,也是一篇言之有物的批评文献,却长期被忽略。文中,胡承诺讨论史家记事的原则、皇权对历史撰述的制约及其危害,"史籍之书,所以继往开来。世代不能无治乱,君举不能无得失,犹山川不能无险阻,昼夜不能无明晦。若为善之事则详,为恶之事则略,是古今不相续,而人世有断绝矣。人君恶史氏之不讳,故置总裁官以盖藏其恶,又时时观史以钳制其直词,既无古来列国皆有史书之例,以相参考。故柱下之史不过颂美称德,盖有不入学人之目者。以其嘉言懿行虽多,而诚实不足也。所以易世之后,遂以史籍为可有可无之书,而前代之史绝不属意,然则史事不几绝哉!"④胡承诺所论,展示出在他的思想世界中,史学发展与皇权强化之间存在着多么尖锐的对立关系。这对于人们审视清初史家的批判精神和古代史学的政治生态困境无疑是关键的。

清代史学批评史上被遗忘者当然不止胡承诺一人,还有康乾时期的陈遇夫。陈遇夫有《史见》一书,其中《项羽本纪论》《前汉书论》《后汉书论》《五代史论》《删史》《经传》诸篇都与史学批评息息相关。陈遇夫关于"史权"的理解,显示出他在这个传统的议题方面仍具有独特的认识。他分析"史权"之于伦常的意义是:"中

---

① 内藤湖南:《中国史学史》,马彪译,上海古籍出版社,2008年,第243页。
② 内藤湖南:《中国史学史》,马彪译,第246页。按:道光年间,唐鉴撰辑的《清学案小识》录康熙二十八年李念慈为《绎志》所作的序称:"李君念慈原序,称先生尚有《读书说》若干卷,与是书相表里,亦必传之作。又称著有菊佳轩诸诗,宏深博奥,不屑为新颖秀发,以趋时尚。今皆无传。"(《清学案小识》卷三《翼道学案·石门胡先生》,商务印书馆,1935年,第80页)民国时期,支伟成的《清代朴学大师列传》将胡承诺附于王夫之后,篇幅仅百余字,末尾也与唐鉴一样,说:"李念慈原序称先生尚有《读书说》若干卷及《菊佳轩诗集》。今皆无传。"(岳麓书社,1986年,第22页)事实上,光绪年间,已刊刻了胡承诺的《读书说》。关于胡承诺著述的存世情况,唐鉴谬于前,内藤湖南与支伟成误于后,限制了他们对胡承诺的研究。
③ 胡承诺:《绎志》卷一四《史学篇》,同治十一年浙江书局重刊本。
④ 胡承诺:《读书说》卷一《史籍》,光绪辛卯年三余草堂藏板。

材以下,视利害相去千百,鲜不易虑,所恃史官以名赏罚之,使易世而后,览贤人君子之行,莫不掩卷叹息,彷徨不忍去,而于小人之覆国者,如见秽物,若将浼焉。故虽小人亦有所惮,而自爱其身后之名。盖史之权足以维纲常、扶名教如此。"①如若因考索不勤而遗漏了这段关于"史权"的论述,也就意味着遗失了古代"史权"论上的重要一环。

陈遇夫所撰《删史》一文,也久不为研究者注意。观其所论,实为中国古代史学理论史上的一个大问题——史家叙事与史文繁简。"删史"二字道出了他对史书叙事的一个基本观点——"增华积靡,浮而失实。"尽管陈遇夫的看法尚可商榷,他以为可删者也未必皆当,如他主张《宋书》《南齐书》《梁书》《陈书》《魏书》《北齐书》《周书》七史可删。但《删史》中确有许多精彩的论断。如史书载文方面,陈遇夫明确提出当载"有用之文"。何谓"有用之文"?"诏令以定民志,兴行善俗,奏疏策议,明先王之教,切于国计民生,谓之有用之文。"这条关于"有用之文"的论述,在时间上就早于赵翼。② 陈遇夫还从史书传信的角度出发,指出太古之史,文献无征,史家"偏以荒远无考之故,而张大其辞",故"牛首蛇身"一类无稽之谈可删。最后他解释之所以要删削诸史,是因为唯有"芟其烦芜,归于大雅,使读者不苦于浩繁,而善恶劝戒之旨,灿然可按,则上之朝廷,可以资治,下而学士大夫,亦得援古证今,不至蹈不学无术之讥,其于立身治人,亦庶乎有所补也"③。这番资治朝廷、修养学识的史学功能观在古代自属正大之论。难怪清末的伍崇曜说:"刘知幾撰《史通》,于历代诸史,攻击不遗余力。卷内《删史》一则,实已尽其概。"④伍崇曜认为一篇《删史》可与一部《史通》媲美,显然夸张了些,但他认识到《删史》的史学批评价值,却是独具慧眼。

综合这些论述,大体可见两位被遗忘的清代学人的史学批评见解。将胡承诺和陈遇夫写入史学批评史,其意义不只是在目录上多了两位批评家,而是它表明,我们在史学批评文献上作出了拓展,并借此努力扩充史学批评史的内容,还原她丰腴的学术姿态。

二、史源考索与批评史的改写

引入史源学精神研究史学批评,意义何在?一是可以确定一种观点或论述

---

① 陈遇夫:《史见》卷一《前汉书论》,商务印书馆,1937年,第5、7页。
② 一般认为,"多载有用之文"是赵翼《汉书》研究上的一大创见(《廿二史札记》卷二"《汉书》多载有用之文"条,王树民校证,中华书局,1984年,第30页)。
③ 以上引文见陈遇夫:《史见》卷一《删史》,第9、10、12页。
④ 伍崇曜:《史见跋》,载《史见》卷末。

的早期提出者是谁,进而在思想编年上给它一个较为准确的定位;二是梳理思想的缘起与流变,传播与接受,可对思想作历史的考察;三是在史源考辨中,发现思想生成中某些有意义的细节,借此探寻史学之演进与嬗变。将这三点认识贯穿于研究的始终,中国史学批评史撰述当有新的创获。

  史学批评研究从不回避有争议的问题。陈寿"索米"作史之说,流传广远。刘知幾叱责史家曲笔时,已将之作为重点批判的对象,说:"班固受金而始书,陈寿借米而方传。此又记言之奸贼,载笔之凶人,虽肆诸市朝,投畀豺虎可也。"①此后,"索米"说随《史通》的传播而渐次流传,至宋朝时已成为人们评论陈寿及其《三国志》时绕不开的一个话题。尽管还有晁公武对此表示怀疑,认为陈寿"求丁氏之米不获,不立仪、廙传之类,亦未必然也"②。但陈振孙已然接受了"乞米作佳传,以私憾毁诸葛亮父子,难乎免物议矣"③的说法。此后,"索米"说有愈演愈烈之势。降至清代,陆次云尖刻地讽刺陈寿索米如同魏收纳金一样,"遗臭千秋"④。虽然朱彝尊、潘眉、王鸣盛等人竭力为陈寿翻案,无奈"索米"之说久已深入人们脑际。施闰章即说陈寿"索米见诋,抑又甚焉"⑤。牛运震干脆说:"寿以索米不遂,不为二丁立传……皆实事,不必托或云,致涉传疑之辞。"⑥面对如此呶呶不休的争议,人们不禁要追问:"索米"说究竟从何而起? 考寻历代诸家所说,语焉不详者随声附和,可以勿论。偶有言明者,则以唐初《晋书》的记载为史源。且看《晋书》是怎样写的,"或云丁仪、丁廙有盛名于魏,寿谓其子曰:'可觅千斛米见与,当为尊公作佳传。'丁不与之,竟不为立传"⑦。"索米"说在南北朝时期已经出现⑧,但唐初史官对此事的可信度是拿捏不准的,冠以"或云"二字,显系传闻之词。由此可知,"索米"不过是一种捕风捉影的疑辞罢了。这倒也印证了人们对于《晋书》一贯的看法:"好采诡谬碎事,以广异闻。"⑨但"索米"说却在传播过程中,不断被征引和强化,几乎成为一种常识,被用来怀疑甚至诋毁、丑化一代良史。在这个过程中,史学家追求信史、憎恶曲笔的心理,可能起到了推波助澜的作用。

---

① 刘知幾:《史通》卷七《曲笔》,浦起龙通释,上海古籍出版社,2009年,第183页。
② 晁公武:《郡斋读书志》卷五《三国志》提要,孙猛校证,上海古籍出版社,1990年,第181页。
③ 陈振孙:《直斋书录解题》卷四《三国志》提要,上海古籍出版社,1987年,第100页。
④ 陆次云:《尚论持平》卷二《魏书》,《续修四库全书》第1136册,第201页。
⑤ 施闰章:《施愚山先生学余文集》卷二五《修史议》,《清代诗文集汇编》第67册,上海古籍出版社,2010年,第219页。
⑥ 牛运震:《读史纠谬》,齐鲁书社,1989年,第246页。
⑦ 房玄龄等:《晋书》卷八二《陈寿传》,中华书局,1974年,第2137页。
⑧ 参见令狐德棻等:《周书》卷三八《柳虬传》,中华书局,1971年,第681页。
⑨ 刘昫等:《旧唐书》卷六六《房玄龄传》,中华书局,1975年,第2463页。

史源学在史学批评研究中的适用性又不限于此。周中孚所著《郑堂读书记》是一部享有盛名的清代私人书目提要。提要中的一些评论性文字常被用以品评四部典籍。问题在于，《郑堂读书记》中有不少没有注明出处、表面看上去属于周中孚的评论，实非周氏原创。比如《郑堂读书记》关于《资治通鉴》的提要云：

> 君实名德笃学，所引以自助者，若刘贡父敞、刘道原恕、范淳父祖禹，又极天下之选，故能成此巨编，专取关国家盛衰，系生民休戚，善可为法，恶可为戒者，洵不愧资治之称。此天地间必不可无之书，亦学者必不可不读之书也。①

这段话讲得颇有水准，却是抄录自王鸣盛《十七史商榷》。② 至于本条提要中评论胡三省及其史注"诚《通鉴》之功臣，史学之渊薮矣"③，也源于《十七史商榷》④。这种情况并非偶然。《郑堂读书记》有关《金史》的评论有这样一段文字："按《金史》原有成书，修史时又参以刘京叔《归潜志》、元遗山《野史》，故文笔最简洁。然亦有过于简略者"云云，"至其书法之直笔，则有可取者。凡本朝人修前代史，其于前代与本朝交涉者，必多回护，乃元人修《金史》，如《完颜陈和尚传》叙大昌原之战，陈和尚以骑四百破元兵八千，《杨沃衍传》野猪岭德安寨之战，力破元兵，《禹显传》扼龙猪斧（'斧'当作'谷'——引者）攻元兵，获元帅韩光国等，皆直叙不讳，此犹存古法也"⑤。提要中加了一个"按"字，真似周氏的见解，实则语出赵翼的《陔余丛考》。⑥ 倘若不察史源，将赵翼的评论视为周中孚的心得，不仅于事实不符，于赵翼不公，而且以此构建清朝嘉道年间的史学批评史，岂非大谬！史实已成问题，又遑论思想和见解呢。

更有甚者，周中孚撰《南汉书》提要虽主要是抄撮梁廷枏的自序而成，但他为了表达自己的汉学倾向，不惜与梁廷枏的原意发生偏离。且看梁廷枏的原话是：

> 欲从久远残缺之余捃拾网罗，挂漏诚不能保。自兹以往，当以续得更为补编，使其事实燎然，共知兴霸之由与败亡之故，著千古炯戒，不独资考证、

---

① 周中孚：《郑堂读书记》卷一六《资治通鉴》提要，上海书店出版社，2009年，第298页。
② 参见王鸣盛：《十七史商榷》卷一〇〇"《资治通鉴》上续《左传》"条，上海书店出版社，2005年，第932页。
③ 周中孚：《郑堂读书记》卷一六《资治通鉴》提要，第298页。
④ 参见王鸣盛：《十七史商榷》卷一〇〇"《通鉴》胡氏音注"条，第937页。
⑤ 周中孚：《郑堂读书记》卷一五《金史》提要，第288～289、289页。
⑥ 参见赵翼：《陔余丛考》卷一四"《金史》"条，河北人民出版社，1990年，第243、245页。

广异闻已也。①

梁廷枏坦陈史料搜集难免挂漏,但他作史的旨趣"不独资考证、广异闻",而是要"共知兴霸之由与败亡之故"。结果周中孚偏偏夸赞《南汉书》"捃拾网罗,绝少挂漏,足以资考证而广异闻"②,至于梁氏真正关心的兴衰之故,却只字不提。若非追溯史源,不易发现周中孚这个细微但却关键的改动——学术立场在史源上留下的一道划痕。举此一例,当可引起研究者的警惕之心。通过史源考索,只要证据充分,批评史不妨改写。

三、从考索走向独断

"考索之功"之于史学批评的重要性已如上述,然而我们又须清醒地认识到,事物总有正反两面。倘若一味推崇"考索之功",却可能掉进知识的"陷阱",不自觉地流于琐碎与窒碍。事实已经证明,它并不能解决史学批评研究必然遭遇的全部问题。一个证据,就是有关《史记》的评价。王允说《史记》不过是一部"谤书"③,而裴松之又为司马迁辩解:"不隐孝武之失,直书其事耳,何谤之有乎?"④宋人沈括则另有考虑,认为所谓"谤","正是迁之微意"⑤。此类问题,就不是"考索之功"所能回答的了。"考索之功"解决了史学批评"是什么"的问题,它能呈现出批评家围绕哪些问题展开过评论、商榷或者论争,甚至批评史上一些不易知晓的细节,但却无法理解和评估"为什么"这样批评、这种批评"怎么样"。当它面对宏观架构与理论问题时,就显得力不从心了。

进而言之,"批评"本身只是表象,而在"批评"的背后往往隐藏着认识的分歧、立场的差异、观念的对立。说到底,史学批评是一种有关史学的思想表达与学术诉求,最终将指向史学理论。这才是史学批评史的学术灵魂之所系。它要靠研究者赋予,而唯有具"独断之学"者才能担负起这样的使命。东晋葛洪关于《史记》有一段名论:"司马迁发愤作《史记》百三十篇,先达称为良史之才。其以伯夷居列传之首,以为善而无报也;为《项羽本纪》,以踞高位者非关有德也。"⑥刘知幾对此不以为然,反驳道:"迁之驰骛今古,上下数千载,春秋已往,得其遗事

---

① 梁廷枏:《南汉书》,广东人民出版社,1981年,第5页。
② 周中孚:《郑堂读书记》卷二六《南汉书》提要,第446页。
③ 范晔:《后汉书》卷六〇下《蔡邕列传》,中华书局,1965年,第2006页。
④ 裴松之:《三国志》卷六《董卓传》注,中华书局,1982年,第180页。
⑤ 沈括:《补笔谈》卷一,胡道静校证,上海古籍出版社,1987年,第908页。
⑥ 葛洪:《西京杂记》卷三《司马良史》,中华书局,1985年,第25页。

者,盖唯首阳之二子而已。然适使夷、齐生于秦代,死于汉日,而乃升之传首,庸谓有情。今者考其先后,随而编次,斯则理之恒也,乌可怪乎?……又迁之纰缪,其流甚多。夫陈胜之为世家,既云无据;项羽之称本纪,何求有凭。必谓遭彼腐刑,怨刺孝武,故书违凡例,志存激切。"①那么,如何看待葛洪揣测司马迁、刘知幾又批评葛洪这一连锁反应,就成为史学批评研究必须面对的问题。三十年前,瞿林东先生撰写《中国古代史学批评纵横》,对此事的评论堪称"独断之学"的典范:"葛洪之说,并非全无根据。一则司马迁'发愤'著史,在《史记·太史公自序》和《报任安书》中都有明言。二则《史记·伯夷列传》中,司马迁针对'天道无亲,常与善人'的说法,确实讲过'余甚惑焉,倘所谓天道,是邪非邪!'但是,葛洪把这二者直接联系起来,以寓'善而无报'之意以自喻,那无疑是曲解了从而也贬低了司马迁著史的崇高目标。刘知幾从客观历史和史书编次两个方面批评葛洪,所驳甚是。至于刘知幾批评葛洪所谓'项羽列于本纪,以为居高位者非关有德也'的说法,可谓是非参半。所谓是者,刘知幾认为司马迁并不是以此来'怨刺'汉武帝。所谓非者,刘知幾认为司马迁以项羽列为本纪,正是他的'纰缪'之一,又'何必有凭'呢。这是他拘于史例而不察司马迁著述之深意所致。"②这样写出来的史学批评史,不是批评事件的简单编年或资料的随意堆积,也不是浮光掠影地发一些隔靴搔痒的评论,而是既明辨是非,又分析缘由,掘发出"批评"的隐曲与意蕴,真正做到了"批评之批评"。

要之,史之为学,立足于考索,又以独断为归宿。在这个问题上,史学批评也不能例外。"独断之学"排斥人云亦云,摒弃耳食之论。当然,独断不是武断,也不是偏执,更不是骄矜。还是章学诚说得好,它是高明者的"别识心裁"③,是以史家之才情与学识去裁量和审视那些进入了历史语境的人与事、情与思。

(原载《史学理论研究》2020 年第 2 期)

---

① 刘知幾:《史通》卷七《探赜》,浦起龙通释,第 196 页。
② 瞿林东:《中国古代史学批评纵横》,中华书局,1994 年,第 157 页。
③ 章学诚:《文史通义》卷五《申郑》,叶瑛校注,第 463 页。

论王闿运兵事议论中的史学观

李赫亚*

王闿运(1833—1916),字壬秋,一字壬父,号湘绮,湖南湘潭人。他生于中国近代战乱频繁、风云变幻的历史时期。王闿运是晚清时期的著名学者,经、史、词章均其所长,喜论、谈天下事,一生以文人之身论治。在王闿运的学术生涯中,治史是重要的组成部分。王闿运从年轻时代起就读史、注史、著史,于治史颇有心得,晚年曾被袁世凯邀请为民国国史馆馆长。王闿运曾写就《桂阳县志》《衡阳县志》《东安县志》《湘潭县志》等多部地方史志,更曾倾注心力写出《湘军志》一书,在晚清与民国初年的史学界有相当的影响。

近年来,关于王闿运史学思想的研究受到了学界的关注[①],学者们从不同的角度对王闿运的史学思想给予了评价。"史学以应世"是王闿运在《论经史之分》中提出的观点,其原句为"经学以自治,史学以应世"[②]。"史学以应世"中的"应世"二字,所涵盖的范围非常广泛,包含了服务于实务、时政、经济等与现实有关的内容。就本质而言,"应世"中的"世"与"经世致用"中的"世"可为同义,"应世"即切中实用之义,而"史学以应世"则是将史学研究的价值内化在具体的现实实务之中。"史学以应世"是王闿运的史学观,概括了王闿运史学研究中的主脉,是其治史的主要动力与治学主旨,这种治学理路终其一生都甚为明确。晚清时期边患频仍,兵事不断,王闿运虽是一介文人,但对于兵事多有议论。在对当时兵事的议论中,王闿运引经据典,将时事与历史紧密融合,举史证,重分析,叙治乱得失,充分体现出他的"史学以应世"的史学观。本文将王闿运兵事议论中"史学以应世"的主要表征与其所呈显出的王闿运史学研究的学术追求为考察和议论视点,拟对王闿运兵事议论中的史学观进行解读与剖析。

---

* 李赫亚,现为北京理工大学马克思主义学院副教授。

① 在有关王闿运的个案研究中,学者们对王闿运史学方面的研究还是比较关注的。如祁龙威、马东玉等学者均以《湘军志》为线索评析王闿运史学成就,对《湘军志》的史料价值与王闿运直笔为史给予了肯定;胡锋的《王闿运史学思想初探》(湘潭大学硕士学位论文,2003 年)是专门研究王闿运史学思想的论文,其文认为王闿运的史学思想是"新旧并存,独具特色",王闿运"以史学以应世来维系中华民族的生存纽带";其他学者在王闿运的学术成就的研究中也对王闿运的史学研究有所关注。学界的这些成果均力图客观地分析王闿运的史学成就,颇具启发意义。

② 王闿运:《湘绮楼诗文集》,岳麓书社,1996 年,第 514 页。

一、王闿运兵事议论中"史学以应世"思想的主要表征

在王闿运对兵事的议论中,他的"史学以应世"的史学观非常鲜明地被体现出来。

(一)倡导为政当行"假之勿忧"的历史传统

王闿运从历史的角度对清廷提出"假之勿忧"的劝诫。晚清时期外敌入侵,兵事不断,在这种危急的情势之下,理应是全国上下一心,共同思虑御敌良策。在王闿运看来当时的情况是:国人虽深感国之危机,但是真正能将自己的意见陈达于朝廷者,却是少之又少,以至于造成唯独皇上与皇太后宵衣旰食于宫廷之内,二三大臣密谋于朝廊之上,其余人则卷舌固声,以夷务为讳,以言事为耻,以至于海内寂寞,这种状况是令人不安的。那么,造成大敌当前、边患危急,而时人虽深知其痛却选择退避之举的原因何在?"岂古昔好嚣而今者好静,古昔多贤而今者乏材?不然,则天下之士审时度势,知其无益,智有余而忠不足乎?"①

为解答这一问题,王闿运用古今史籍所记的史例进行了论证,谓每有边境风尘之忧,"群臣吏民上书言事者,无虑万数。虽得失不同,要必有休戚与共之谊"②。王闿运认为群臣吏民上书是一个非常好的历史传统,能上报国家、下垂后世。古往今来,"灾变之来,必先宽大主相之心,去其忧疑,然后庶政可兴,明照天下"③。在王闿运看来,晚清的状况恰与历史传统相悖,此种状况使王闿运感到甚为忧惧。天下人之所以能吐昌明、陈经济,至于朝廷"庶政"兴盛的缘由,在于统治者能给予民众以宽阔的畅谈空间,广开言路,使得议论者没有怕遭遇言辞之祸的后顾之忧。王闿运认为面对接踵而至的外患,朝廷应开阔胸襟,秉承古人善开言路、广开言路的这一优良的历史传统,予臣民以勿忧之心境,去除天下人上议则恐受不忠不智之忧疑。方如此,才能得到直声谏言,进而群策群力,而其后必能收效,使庶政勃兴。

王闿运正是从回顾历史入手,用古今对比的方法对清朝统治者提出了劝诫。他从史学的维度对时人不敢对朝廷政策有所评议、不敢言兵事的现象进行了历史性的思索,通过引证古史之例进行分析,这实际是对清廷统治者提出了严厉的批评,明确指出当时不乏英才良士,造成古昔好嚣而今者好静的主要原因是清廷

---

① 王闿运:《湘绮楼诗文集》,第41页。
② 王闿运:《湘绮楼诗文集》,第41页。
③ 王闿运:《湘绮楼诗文集》,第41~42页。

对天下之人皆不放心,而其所谓的"不敬""不忠"的罪名让人忧惧,在此种情境之下,天下英才不敢直言。王闿运将历史与现实紧密结合,以古讽今,是其"史学以应世"的史学观在兵事议论中的具体表现。

(二) 重视从历史省察中反思现实

王闿运"史学以应世"的史学观在兵事议论中的另一处表现就是他对国家内忧外患,尤其是对兵患频繁的缘由从历史层面所进行的省察与分析。这种理性的分析在当时是非常难得的,也体现出了王闿运身为一个学者对现实问题有较为清醒的认识。

王闿运对太平天国运动的起因进行了深刻的分析。1856年太平天国运动的规模不断扩大。1853年定都天京后,太平天国在军事上的北伐与西征更是从声势上给清廷统治造成了极大的压力,一度威慑晚清政局。1856年,王闿运上书曾国藩议论兵事,是为《与曾侍郎言兵事书》。此书洋洋洒洒,陈述了王闿运于其时兵事的诸多见解。王闿运认为当时朝廷兵事之患就太平天国运动而言不全是盗贼之乱(盗贼即指太平军),应对造成这场农民运动的原因做反省。换言之,朝廷应从自身的角度去省察这场让朝廷震骇的所谓匪祸的爆发,而不应将其责任悉数归因于盗贼之祸。王闿运认为,从历史上看,天之患不在于土崩,不在于瓦解,为国当权者应审其患之所在,自古以来所谓盗贼兵事之乱一定是有缘由的。在他看来,诚所谓民困不恤、下怨不达、乱政不修,"夫盗贼者,贫民之变计也"①,而太平天国运动的爆发就是清廷施政失利而致民困的最直接后果。王闿运毫无顾忌地说:"洪逆之事,有明征矣。今不鉴其所以然,其未发者,穷苦无告,怨谤兴矣。则是已然者不可追,而将然者不可权也。"②王闿运以为在太平天国运动对清政府统治造成极大威胁之时,为臣子者应详奏隐细,对皇上阐明利害,陈达民之疾苦与兵祸之所以盛的真正原因,切不可粉饰太平,自欺欺人,一概将责任推于他人,这对于消除兵患、维护清政府的统治始终是无益的。

与分析太平天国运动的起因相同,王闿运将当时外敌兵祸之患同样归因于清廷治国失策,分析思路仍是着重在从清廷自身的角度反省问题之所在。王闿运言"强敌压境,乃后言战,朝无正人,野多异议,弱而愈靡,适足自亡,故其咎不在夷狄,而其政不系和战"③,认为朝廷对外夷的政策有失妥当。为此,他列举了历史上的中外关系,认为从历史上看,昔日"汉、唐之礼,单于来朝,位王侯之上。

---

① 王闿运:《湘绮楼诗文集》,第57页。
② 王闿运:《湘绮楼诗文集》,第57页。
③ 王闿运:《湘绮楼诗文集》,第78页。

天子迎送,或结弟昆。自赵宋以来,徒事夸大,诏谕夏人,卒自臣金",及至清朝"道光、咸丰议政诸臣,未能远瞩,始则绝之太严,待之太倨,继则让之太甚,讳之太深"①。这种政策又皆施行于兵溃之后,终至外敌大举陈兵而兵患连绵不绝。王闿运的分析虽不尽正确,但是从清廷故步自封、妄自尊大所带来的与外界隔绝的负面影响看,王闿运的分析是有一定的历史根据的。

应该肯定的是,无论是对于太平天国运动的爆发还是外敌入侵所引起的晚清连年兵事的历史思考,王闿运都是以一个治史者的眼光,从历史的省察中去思考现实问题的。"王闿运对当代史的分析,能借鉴历史的经验和教训来为现实服务,警示当权者"②,比较务实地反映了其"史学以应世"的分析理路。值得注意的是,《与曾侍郎言兵事书》是王闿运站在维护清政府统治地位的角度对于当时的军事状况提出的一些见解,此封书信对曾国藩有无影响已然不得而知。但是王闿运与曾国藩的相识正是通过上书言事这一渠道,曾国藩最初对王闿运的赏识与器重也是由王氏之书信而生确是历史事实。可以得出的结论是:王闿运能从历史出发议论兵事,对于晚清内外连年的兵事,从清政府自身的角度去分析其起因,认为祸患之起首先与清政府治国失策有密切关联。后人对王闿运的评价,大都对其毁誉参半,而将其目为保守一派的人也为数不少。但是王闿运在治史上所表现出来的历史分析角度,将对现实主题的观照置于历史的视野下,能比较客观地分析问题,因而得出的结论也有较强的说服力。

(三)注重兵事战备中的"知己知彼"

"知己知彼"是我国历史上传统军事理论中的重要战备思想。王闿运生活在李鸿章所言的"数千年来未有之变局"的非常时期,感国家多故,常患国难而思虑御夷之策。他曾专门就兵事写了《防夷务疏》和《御夷论》,反映了王闿运在防御外敌上的一些兵事见解。就当朝兵事而论,王闿运提出观史之鉴的重要性,指出在晚清兵患连绵之时,要继承历史上兵家的传统战备思想,并特别强调了知己知彼。

首先,于知己方面。王闿运以清廷镇压太平天国运动失利为例分析了清军的兵事战备情况。王闿运认为清军战备松懈,当两军战场相接之时,清军屡次溃不成军而致情势堪忧。朝廷所乏者非运筹军旅、冒刃赴阵之士,主要在于朝廷于兵事尤其对自己军队的组织并未得要领,临战时计绌方匮,又必有变。王闿运的分析如下:清军的军队从招募看,多由乡人呼集无赖之徒临时拼凑而成,此种人

---

① 王闿运:《湘绮楼诗文集》,第45页。
② 胡锋:《王闿运史学思想初探》,湘潭大学硕士学位论文,2003年,第27页。

崛起市井而跳身行伍,从军却不识法令步伐,只为得钱而来,且来去无定,属于利尽则散,势败则去,如此之军难成劲旅,必定士气低迷,终至临阵溃败;而官吏、团练、防堵则是导致当时财政匮乏、兵饷不足的主要原因。王闿运对当时言兵事必先谈兵饷的风气非常反感,评论道:

> 乃至德宗末年,天下惟论财货,及禅让亦以贿成。用兵惟先言饷,动至千百万,和款外债遂巨兆。举古今不闻之说,公言之而不作,开辟以来未有之奇,盖又咸、同以来所不料者。以前史论之,战国、秦、楚之际,庶几肇兹。①

当是时,王闿运提出朝廷应罢黜一切捐输厘金,而转务田赋,不必练虚名之团。就时局而言,王闿运认为朝廷任用团练已近于亡羊补牢,但是失今不治,必为痼疾,朝廷在兵事赞画上应择亲贵大臣,各专一省,以"省无益之官,练有实之兵,严刑信赏,失误者死,但责大纲,不苛细故。贼所未犯,以时整饬,理财治兵,上应京师。当贼冲者,先审己力,乃后合谋出师,捣虚而掣。又于淮北特设重镇,选常胜之师,佐京管之兵,日夜练习,使知战事。坚壁积谷,以卫中原"②。这里王闿运的立论角度暂且不论,单是从兵事战备而言,他针对兵事局势和清军战备特点尤其是弱点而提出的戒虚、务实、赏罚分明、理财练兵、查审己力而乘虚追进,都体现出他对朝廷军队的状况有比较清醒的认识,而他根据当时清军自身松懈的战备状况特点而提出的兵事见解,也确是领兵者应该注意的地方。

其次,于知彼方面。王闿运从中外军队对比出发,提出朝廷应根据双方的战略优势与劣势进行,不可盲目用兵,唯如此,才能把握有利战局,在兵事上操有胜券。王闿运非常强调在知己的同时更应知彼的重要性,他指出应针对外敌特点攻其所短而夺其所挟来扭转局势。就中方而言,王闿运认为外敌毕竟是侵略之敌,进入我方国土作战,从传统的兵事角度而言,外敌在天时、地利、人和上均不占优势,而我方皆占。据此,两方战场相接时,相较于外敌,中方军队即有"九便之势"③。此九便为:其一,我兵出没情异,敌军难以掌控;其二,敌军远路而来,士卒有限;其三,敌兵归心重,而我方则能打持久之战;其四,战事于夷狄而言是失利之为;其五,夷狄不可能一战取胜;其六,我方刷耻振弱,于士气有利;其七,战不言和,有阻夷意;其八,夷得城池,不能用守;其九,战绝互市,他国猜疑。明

---

① 王闿运:《湘绮楼诗文集》,第 476 页。
② 王闿运:《湘绮楼诗文集》,第 68 页。
③ 王闿运:《湘绮楼诗文集》,第 79 页。

晰此"九便之势",则"上可以拯君父之厄,下可以垂永久之统,救患目前,徐图其终"①。然而实际情况却是朝廷在用兵上不明了敌我双方之优劣态势,以至于"强藩重镇,变色而相戒,勇夫悍将,束甲而屏息者,不明于敌情,而猥曲于偷安也"②。王闿运认为我方应分清敌我双方的情势,深明其理,带甲之将、谋国之士应常留意外敌之事,了解其用兵特点,尤其是其短处所在,攻其所短,夺其所挟,在知彼的基础上组织军队,在战场上把握主动权,方能扭转战局。

此外,在对待外敌上,王闿运认为以我为不能而一味隐忍的态度是不可取的,王闿运形成了自己的攻守论,即:夫敌来犯我,则可论战;攻我,则可论守;战守既罢的情况下再可论和。1895年,甲午战争中中方战败,王闿运在书于李鸿章的信中严词相责,曰:"不战而败,败而求和,谁实为之?岂非淮海诸军之故哉?兵法责元帅,无待人言,其自咎可知也。"③在王闿运看来,李鸿章应对甲午海战中方的战败负责。

但有一点是不容忽视的。王闿运认为诸夷本意在求互市,所以应先绝互市,待其举兵后掣之,不宜先陈兵旅,以威陵之。从中可以看出,王闿运于外敌入侵的理解尚在表层——求互市,在兵事的准备上尚有轻敌倾向,对许多问题的认识还不够深入系统。

二、"史学以应世"折射王闿运史学研究的学术追求

王闿运在兵事议论中所体现出的"史学以应世"的史学观是值得肯定的,他从历史角度对清廷许多兵事问题的分析是中肯的;他敢于直言、提倡秉笔著书,对清廷统治者提出的劝诫清醒且颇有力度,表现出史家严肃的历史责任。诚然,王闿运在兵事问题上的提议虽议多用少,但却反映了一个治史者在国家危难时刻对现实问题所做的历史思考,对于史学研究是颇有启示意义的,而他提出的"史学以应世",也体现出其致力于史学研究的经世目的。

(一)王闿运四次参与兵事谋划的亲身经历

王闿运对于晚清兵事的议论,多从历史起论,纵横潇洒,直抒胸臆。他一生与许多清廷政要有密切往来,对于朝廷一些兵事状况有所知悉。王闿运亦力图使其"史学以应世"的理论思考在实践层面能有用武之地。他与清廷要臣曾国

---

① 王闿运:《湘绮楼诗文集》,第79页。
② 王闿运:《湘绮楼诗文集》,第80页。
③ 王闿运:《湘绮楼诗文集》,第67页。

藩、丁宝桢、夏时交往密切，一度为此三人的幕中之宾，所以王闿运本人虽无军旅生涯，却有机会亲身参与一些兵事方面的谋划。从史料记载看，王闿运在幕府生涯中至少参与了以下四次具体的兵事谋划。

第一次是在1854年。当时太平军围攻湖南岳州，不久又围陷湖南湘潭，清军战事失利。王闿运与陈士杰建议以全军救湘潭，败则退保衡州，而"湘潭之役，亦湘军初出之主要战争。湘军与太平军短兵相接，即自此役始。先是国藩遇败即欲死，而不知图久远之计，盖亦盛年意气方刚，有以致之。幸用陈士杰、王闿运之言，使湘军得保其根本"①。由此可知，此议曾被采纳，此次谋划虽是与陈士杰一并提出，但王闿运对兵事的一些见解毕竟已付诸实践，也可以说是其兵事议论中秉持的"史学以应世"的史学观在实践层面的一次尝试。

第二次是在1860年。同样是在清军与太平天国军队对阵之际，时曾国藩准备派兵攻打安庆，王闿运提出不同见解，认为"宜从淮阳进规常镇，使公弟国荃攻安庆，左宗棠出浙江与皖相响应，乃得形便。若不得已，亦宜驻徽州以固宁国之守"②，此议提出后未被曾国藩采纳。

第三次是在1882年。其时，英俄两国窥视西藏，中国西南边疆告急。王闿运曾向当时任四川总督的丁宝桢提议，"经营西藏，通印度、取缅甸，以遏英、俄、法之窥伺，且自请出使以觇夷情"③。然而，此番兵事宏论最终无果。

第四次是1904～1905年。时值日俄战争期间，日俄两国在中国东北开战。王闿运正在江西巡抚夏时府中充任幕僚，他曾就东北边患代夏时拟过一份奏筹兵饷的折子，提出"就地筹饷，按籍征兵，不费调发之劳，不张行阵之势"④，这份折子上奏后影响如何，目前尚未见到相关史料记载。

综上可知，王闿运虽四次参与幕府兵事，只有第一次的提议被采用。这与王闿运非仕宦之身，所谓人言微轻是有一定关系的；另外，王闿运毕竟只是一位学者，缺少战场的亲身经历，所阐发的见解虽不乏创见，但在实践中还缺乏可操作性。王闿运在兵事议论层面的思与行之间的落差，也说明了他的"史学以应世"的宏伟抱负尚在纸上谈兵阶段。

（二）"史学以应世"凸显王闿运史学研究的治学宗旨

王闿运作为一位学者，一生治学教书提倡实学，重视事功。王闿运的"史学以应世"的史学观体现出他作为近代学人在历史研究中的学术追求与治学宗旨。

---

① 李鼎芳：《曾国藩及其幕府人物》，岳麓书社，1985年，第81~82页。
② 王代功、王云五：《清王湘绮先生闿运年谱》，台湾商务印书馆，1979年，第35页。
③ 王代功、王云五：《清王湘绮先生闿运年谱》，第114页。
④ 王代功、王云五：《清王湘绮先生闿运年谱》，第242页。

身为湖南学人,王闿运深受湖南经世致用学风之濡染,经世理念深切。在治经中,王闿运将研习《春秋》视为毕生之学问,尝言《春秋》"拟易而作,圣人之极功,终身研之而不能尽"①。王闿运借经学研究畅微言大义,在经学研析中提出自己的观点,这一点也明显地表现在王闿运治史的学术活动中,他主张在对历史问题进行实事求是的考证中阐发历史于解决现实问题的功能意义。

在治史当中,王闿运认为"史以识为先"②。此中的"识",其实在王闿运看来,就是一种学术自律,源于对现实关切的责任感。要做到这一点,王闿运认为用于治史的史料必须真实可靠。学者凭主观臆断去撰写历史肯定会掺杂与历史史实相悖的东西,就不可能是真实的历史,所以治史者必要具备史识。"识"就要求作者有胆识,敢于去写真实的历史。"史者,直载其事,而得失自见"③,王闿运在治史中也是这样严格要求自己的。以《湘军志》为例,王闿运从1877年开始撰写此书,至1881年撰就。为撰写该著,王闿运四处查访,请人制作地图,并设法借阅军机处资料,在搜寻史料的过程中经常遭遇困难:"经手军志,欲考核军兴以来共有几营,闻者不以为难稽,则以为多事。"④为还原湘军真实的历史,王闿运可谓费尽心力。书成后,由于王闿运在书中未能如湘军故旧所期望的大力宣扬湘军功勋,因此此书遭遇毁版,湘军首脑命王定安做《湘军记》,但是学术界依然对王闿运的《湘军志》评价颇高。徐一士就曾经赞叹王闿运求真求实的治史态度,谓其"振笔直书,断肠自如,蔚成一家之言,自非定安所逮"⑤。对此,王闿运本人也颇为自负,曾言"若以鄙人秉笔为之,当不在范、班之下"⑥。虽后来因《湘军志》受到某些非议,如同乡故旧郭嵩焘对此书就颇为不满,但王闿运对"史学以应世"的史学观始终没有放弃,《湘军志》也是其一生引以为傲的史学力作。

历史研究是一门严肃的学问,治史需要深厚的学术功力。具备史识之后,王闿运认为还需要有史才。在其看来,治史的人很多,但是"史才不易,亦何容滥予人名"⑦。只有真正具有史才的学者才能对历史进行深入思考,提出深刻的见解。治史者汲取历史中的营养对现实进行富有意义的解读,才算真正具有史才之人。只有如此,史学方能凸显应世之学术功用,体现历史研究的价值意义。纵观王闿运于晚清兵事的众多议论,其兵事思想多是从中国传统的兵学思想起论,

---

① 王代功、王云五:《清王湘绮先生闿运年谱》,第123页。
② 王闿运:《湘绮楼日记》第1卷,岳麓书社,1997年,第222页。
③ 王闿运:《湘绮楼诗文集》,第126页。
④ 王闿运:《湘绮楼诗文集》,第929页。
⑤ 徐一士:《一士类稿、一士谈荟》,书目文献出版社,1984年,第50页。
⑥ 王闿运:《湘绮楼日记》第1卷,第13页。
⑦ 王闿运:《湘绮楼日记》第1卷,第13页。

旁征博引，阐发对现实兵事有启示的观点，这亦与他平素注重研习中国古代兵史，非常注重将现实中的兵事与历史上的兵事联系起来思考是有一定关系的。

王闿运注重以史为鉴，认为"君臣当无事之日，观前代之史"①。所谓当权者，系江山社稷、黎民百姓之安危，历史对于这些人是有重要启示作用的，而历史对现实的意义恰恰是许多当权者所忽略的。在统治者看来，修史只是为了歌舞升平的表面文章；而在王闿运看来，读史、写史、治史的最终目的都是用来"叙治乱得失之所由"②。君臣应该有重视历史的态度，从历史中总结经验教训。王闿运认为兵事是关乎国家的大事，当权者更应深刻体察古往兵事之历史得失。晚清时期，由于君臣未重视观史之鉴，对外敌已经形成了一种茫然之态：

> 今之论夷，不出二策，或以我为不能，或以彼非相吞，将优游而俟之，隐忍而从之，曾不知不能之趋于亡，而相吞之不在用兵也。俄焉而覆之，城破君亡，而人臣不知有锋刃之祸。其守疆土者，幸敌不至，而以为无事，岂非古来之奇辱乎？③

在王闿运看来，这种令人尴尬的境地实为不重视历史教训之所致。

王闿运在兵事上主张发扬知己知彼而备战的传统。尽管他有些论断有囿于保守特别是仍有轻视外敌的倾向，对有些兵事问题的分析尚失于简单化，但就总体而言，王闿运在兵事繁杂的晚清时期，能够从历史的维度对当时的兵事进行分析，而且提出一些比较深刻的见解，在一定程度上反映了晚清学者对现实问题的关切。

三、结　语

晚清以降，治史者需从现实的痛切中省察历史，如此方能走出沉闷的、不切实际的一味讲求注释的治学之路，这也是有担当的学者在近代中国内忧外患的现实面前必须做出的务实回应。在此历史背景之下，王闿运在近代治史的学者中，比较自觉地把现实的痛楚与历史结合起来，从历史的得失中去省察得失。王闿运尝言："论学只须论事，事乃见学也。……无用则无体，有功而无德者，未之有也。如是则近于子路所谓何必读书之说。"④应该说，王闿运"史学以应世"的

---

① 王闿运：《湘绮楼诗文集》，第78页。
② 王闿运：《湘绮楼诗文集》，第1016～1017页。
③ 王闿运：《湘绮楼诗文集》，第80页。
④ 王闿运：《湘绮楼诗文集》，第517～518页。

史学观在兵事议论中得到了切实的体现,虽然其议论中由于自身的局限,有些见解有所偏差,在实际兵事的运用中尚缺乏一定的可操作性,但他在兵事议论中所体现出的"史学以应世"的学术意识是极其鲜明的,彰显了中国传统学术达用的传统,更将晚清以来中国的现实问题赋予了历史性的思维,将救国应世的时代命题彰显出来,进而提出学人在治史中必须具备的学术修养、情怀与学术宗旨。在国运堪忧之时,王闿运能重视历史对现实的借鉴作用,将历史研究与现实中的兵事相结合,一定意义上为史学研究注入了活力,凸显了历史研究的功能与价值。但是,王闿运是站在清朝统治者的立场上阐发其见解的,具有明显的阶级局限性,这也是需要指出的。

(原载《史学史研究》2009年第1期)

"从地理谈起"：晚清民国中学历史教科书的书写模式

姚正平[*]

在今日的中国史学论著特别是中国通史类著作中,地理常会被放在一个重要的位置,其突出表现之一就是以地理作为全书的开篇[①],这里我们可以举几个例子。例如白寿彝担任总主编的《中国通史》。这部共12卷22册、约1 400万字、被学术界誉为"20世纪中国史学的压轴之作"的通史巨著,其第一卷"导论"即列"历史发展的地理条件"一章,从理论上阐述地理环境对历史发展的影响。[②] 第二卷开篇即列一节"远古时代的地理环境",就是从论述地理开始的。[③] 再如张岂之主编的《中国历史》。这部共6卷、300多万字、在大学颇具影响力的通史教材,其开篇也是"中国的地理环境",亦是从地理开始谈起的。[④] 其他在开篇中首谈地理的史著其实还有很多,如张玉法著的《中华通史》[⑤]、陈丰祥编著的《中国通史》[⑥]、晁福林主编的《中国古代史》[⑦]、马克垚主编的《世界文明史》[⑧],等等。

为什么在开篇首谈地理？或者说,这种书写模式是如何产生的？由于在传统学术范畴中,史学和地理的密切关联,我们可能首先想到的是从传统史学那里继承而来。但当我们回溯传统史学时,会发现不论是纪传体的史书如《史记》,编年体的史书如《资治通鉴》,抑或是与近代章节体最为接近、亦最有可能在开篇首谈地理的纪事本末体史书如《通鉴纪事本末》,其开篇都完全不谈地理。这种在史书的开篇首谈地理的书写模式,在传统史学中并不多见。我们发现,晚清民国

---

[*] 姚正平,现为南通大学马克思主义学院副教授。
[①] 本文的"开篇"大致指的是历史教科书的绪论或第一章。有些历史教科书的绪论则称作"总论""总说""叙论""通论""导言"等。
[②] 白寿彝主编：《中国通史》第1卷,上海人民出版社,1989年,第99~154页。
[③] 白寿彝总主编,苏秉琦主编：《中国通史》第2卷,上海人民出版社,1994年,第1~3页。
[④] 张岂之主编：《中国历史·先秦卷》,高等教育出版社,2001年,第3~4页。
[⑤] 张玉法：《中华通史》第1卷,台湾东华书局股份有限公司,2011年,第2~8页。
[⑥] 陈丰祥编著：《中国通史》,台湾五南图书出版股份有限公司,2010年,第9页。
[⑦] 晁福林主编：《中国古代史》上册,北京师范大学出版社,2009年,第3~4页。
[⑧] 马克垚主编：《世界文明史》上册,北京大学出版社,2004年,第1~6页。

的历史教科书存在大量的在史学论著中首谈地理的撰述体例。正是晚清民国一代代学人不断地将地理放在突出的位置写入历史教科书中,才使得开篇应首谈地理、或至少应将其放在重要地位,成为一种常识而被后人遵循。本文将重点考察晚清民国中学历史教科书中开篇对地理知识的安排及其流变。

一

近代的地理学对历史学产生了深刻的影响,而体现在历史写作中,一个重要的表现就是开篇首谈地理。张其昀在 1923 年发表了《地理学之新精神》一文,关于近代地理学对社会科学所起的重要作用,他认为:"近今'批评地理学'之应用于社会科学者,大有所向披靡之概。……推之哲学,社会学,史学,亦莫不享受地理精神之浸淫渐渍,以说明发达之理。"[①]

而其对历史的影响更为显著,他认为"历史之'地理化'尤为著明。"[②] 何谓"历史之'地理化'"? 张其昀解释道:"如法人 Lavisse 著法国史,德人 Helmholt 著世界史,皆列地理的导言。Miss Semple 之'American History in its Geographical Condition'则专以地理解释历史者也。"[③]

反观晚清民国的中学历史教科书,这种"历史之'地理化'"已近乎成为一种范式,而被教材的编写者所普遍运用。[④] 不过,虽同是谈地理,但亦有差别。大致说来,主要从三个方面对地理进行论述。

第一,从理论上探讨地理和史学的关系。如顾颉刚、王钟麒编的《现代初中教科书本国史》,作者开篇就以"历史与地理"为目,对二者的关系作了探讨,"社会的形成,不问行国与住国,必有附着的地盘,才得有所托迹。又必有环境的驱迫,才得交流迁变,逐渐构成更新的境界。所以地理给历史的影响极大,他俩的关系,简直成了连锁之势。我们在研究的时候,往往即地可以证史,就史可以证地"[⑤]。作者还指出,正是历史与地理的密切关系,所以"一地域的历史有一地的特点","国别史"的研究才因此成为可能。[⑥] 孙正容编著的《高中新本国史》,在绪论第三节专论"史学和其他社会科学的关系",首先论述的就是史学和地理的

---

① 张其昀:《地理学之新精神》,《史地学报》1923 年 11 月第 2 卷第 7 期。
② 张其昀:《地理学之新精神》,《史地学报》1923 年 11 月第 2 卷第 7 期。
③ 张其昀:《地理学之新精神》,《史地学报》1923 年 11 月第 2 卷第 7 期。
④ 笔者对北京师范大学特色资源库馆藏的 150 多种中学历史教科书(馆藏数量大概为 170 种)进行了统计,发现至少有三分之一的历史教科书在开篇直接对地理进行了论述。
⑤ 顾颉刚、王钟麒编:《现代初中教科书本国史》上册,商务印书馆,1924 年,第 2 页。
⑥ 顾颉刚、王钟麒编:《现代初中教科书本国史》上册,第 3 页。

关系。作者不仅讲到传统史地关系的密切,指出近代西学冲击下地理对史学的影响,而且认为亦不能忽视众多地理现象,只有通过历史,才能得到很好的解释。① 陆东平、朱翊新编的《高中本国史》,作者在绪论中,谈完"历史的定义"后,就直接论述历史和地理的关系。他们指出,任何一种科学都与历史学有联系,而其中关系最紧密的则是地理学。晚清民国相当盛行的地理与历史犹如舞台与剧曲的比喻,也被作者所征引,"地域是人类社会活动的所在;有人说,地域与人类和人类社会活动的关系,好比舞台与角色和戏剧的关系,极为密切,不容相离"②。殷祖英则在绪论中,指出地理是历史构成的三大要素之一,他亦用了民族如角色、地理如舞台的比喻。③

傅运森在开篇谈到地理时,用了一个比喻,以经线、纬线来指代年代和地域,"历史的经纬线是什么?一,是地域;二,是年代。地域是历史上的国名地名,知道在现今何处;这是横的,同纬线一般。年代是把历史上发生的事情,知道在已前何时;这是直的,同经线一般。历史倘不明白这两项,那就很散乱了"。作者更指出,"历史上的经纬线,决不能像地理上的固定",强调应注意历史上疆域的变迁。④ 年代和地域,犹如历史的经纬线,此比喻在刘叔琴、陈登元编著的《开明世界史教本》中同样能看到。作者在绪论中专列了一目"地理与历史",开篇就说:"年代是历史的经线,而地域是历史的纬线",认为"人是地之子,人类的史实逃不了地理环境的支配,我们学习历史,同时也必须兼顾到地理方面"⑤。由教育总署编审会所著的《高中外国史》,亦在导言专门列了一目"历史与地理之关系",探讨地理对历史的影响。文中指出,"人类的一切活动与生活,都免不了地理的支配。不管人类的知识进步到什么程度,征服或利用自然的力量如何增进,而一切人类的生活,依然是一种适应自然的过程。换句话说,地理依然支配着历史",并分别从日常生活、人类气质、政治、海外扩张和文化发展几个方面,探讨了地理对历史的影响。⑥

第二,叙述疆域、政区、地势等具体地理情况。上述所列的中学历史教科书主要从理论方面谈史学和地理的关联。而更多的历史教科书则在开篇具体介绍相关的地理情况。如柳诒徵的《历代史略》,第一章就是"地理概略",介绍了清朝

---

① 孙正容编著:《高中新本国史》,世界书局,1947年,第7~8页。
② 陆东平、朱翊新编:《高中本国史》,世界书局,1929年,第4~5页。
③ 殷祖英:《世界史》,文化学社,1932年,第2页。
④ 傅运森编:《新学制历史教科书》,商务印书馆,1926年,第3~4页。
⑤ 刘叔琴、陈登元编著:《开明世界史教本》,立达学园出版部,1932年,第5~6页。
⑥ 教育总署编审会:《高中外国史》上册,新民印书馆股份有限公司,1940年,第11~14页。

疆域四至、疆域面积、区域划分、山脉、河流、地势等地理情况。① 沈恩膏编的《历史教科书本朝史》②、普通学书室编的《普通新历史》③等在开篇亦叙述了相似的地理知识。20世纪20年代以后,在开篇更多叙述的是"地球的起源"或历代疆域的变迁,如周传儒编的《新撰初级中学教科书世界史》第一章就谈到"地球之成因"④,何炳松亦在《复兴初级中学教科书外国史》第一章第一节中首谈"地球和生物的起源"⑤,李云坡则在《初中本国史》绪言中扼要阐述了中国历代疆域的变迁⑥,等等。

  第三,既在开篇从理论上论述史地关系,又具体介绍地理情况。如吕瑞廷、赵澂璧编纂的《新体中国历史》,叙论中专有一章,探讨历史与地理之关系。作者说:"历史与地理,如精神与肌肤,有紧切之关系。读史者所最宜知也。带之寒热,地之高下,无一不关历史之发达。"⑦同时,作者对中国的地理位置、区域划分、山脉、水流、土壤、物产情况等亦做了介绍。⑧ 沈颐编纂的《中国历史讲义》与其相似,只不过作者首先叙述了具体的地理情况,如历代疆域沿革、地势、清代行政区划,再专门论述地理,包括自然地理,如山脉、河、江海,人文地理如长城、运河等对历史的影响。⑨ 周予同的《开明本国史教本》亦从理论上阐述地理对历史的重要作用,强调"地理是造成历史的主要原因",同时又具体叙述了中国的境界、政区划分、疆域变迁等。⑩

  可以看出,晚清民国中学历史教科书开篇中的地理,大概可分为三类:理论的论述、实践的阐述(对具体地理情况的叙述)以及理论与实践的结合。其中又以实践的阐述最为普遍。而在众多的历史教科书对地理的具体叙述中,其实亦有不同的倾向,大致可分为两类。晚清到民国初期,这段时期对地理的叙述,主要是清朝或民国时期的疆域面积、地理位置、行政区划、地势、气候、山脉、河流等。20世纪20年代到1949年之前,这段时期历史教科书开篇中的地理则集中在对历代疆域沿革的描述,或者是叙述与地理学极其相关的地球的起源。如果

---

① 柳诒徵:《历代史略》,江楚书局,1902年,第1~4页。1902年成书后,先被"采用为小学教科书",后被"清政府学部列为暂定中学教科书"。参见郑天挺等主编:《中国历史大辞典》上卷,上海辞书出版社,2000年,第417页。
② 沈恩膏编:《历史教科书本朝史》,中国图书公司,1908年,第1~2页。
③ 普通学书室编:《普通新历史》,商务印书馆,1915年,第1~2页。
④ 周传儒编:《新撰初级中学教科书世界史》上册,商务印书馆,1929年,第7页。
⑤ 何炳松编著:《复兴初级中学教科书外国史》,商务印书馆,1933年,第1~3页。
⑥ 李云坡编:《初中本国史》上册,文化学社,1932年,第6~9页。
⑦ 吕瑞廷、赵澂璧编纂:《新体中国历史》"叙论",商务印书馆,1911年,第6~7页。
⑧ 吕瑞廷、赵澂璧编纂:《新体中国历史》,第1~5页。
⑨ 沈颐编纂:《中国历史讲义》,商务印书馆,1913年,第3~7页。
⑩ 周予同:《开明本国史教本》上册,开明书店,1934年,第4~8页。

按照今天历史著作对开篇中地理的书写模式来看,晚清至民国前期的中学历史教科书对地理的安排与今天最为相似。

20世纪20年代到1949年之前,中学历史教科书开篇对地理的论述,可以说体现了传统与革新的特点。"传统"是指对历代疆域变迁的描写,包括时常提到的历代政区沿革,颇似正史中地理志的做法。而在开篇描述地球的起源,则基本上是晚清民国以来,西方地质学、地理学在中国的广泛传播在历史教科书中的反映。

二

晚清到民国初期,为何会采取叙述地理位置、疆域面积、气候、山川等具体地理知识的地理书写模式,而到后期,开篇中地理又主要叙述的是历代疆域变迁和地球的起源这些地理学或地质学知识?

前者的书写模式实际上直接借鉴了近代日本历史教科书的做法。这里可举两个例子。一是那珂通世著的《支那通史》,二是桑原骘藏著的《东洋史要》。它们都有一个突出的特点,即像稍晚的晚清至民国初期的中国中学历史教科书那样,注意在开篇叙述一些具体的地理知识。如那珂通世的《支那通史》,此书本身就是用中文所写,国人阅读自然也就没什么困难。其开篇就是"地理概略",论述了清朝疆域的四至、东西长、南北长、疆域面积、国号演变、山脉、河流、地势、政区划分、各省的异名、东北与西北的地理情况等。叙述完地理之后,就是第二章"人种之别"[1]。桑原骘藏的《东洋史要》在"总论"中列一章专谈"地势",指出"将欲明东洋史系中列国群族之兴亡,不可不先粗述东亚一带之地势。以其有密切之关系也"。桑原先总论了东亚的山川形势,再具体论述一些重要的东亚国家,特别是中国的地理位置、山脉、河流、政区划分等。叙述完地理后,紧接着的一章,亦是论"人种"[2]。

虽然清末民初的中学历史教科书甚少提及其在开篇注重对具体地理知识描述的写作体例是借鉴了日本历史教科书的写作模式,但后者的确对前者有着深刻的影响。我们知道,由于清末新式学堂的兴起,急需新式的历史教科书,而中国传统史著又不适用于当时的新式教学,于是汉译和编译了大量的日本历史教科书。[3] 这些日本历史教科书在中国影响甚巨,如上述那珂通世著的《支那通

---

[1] 那珂通世:《支那通史》,中央堂,1888年,第1~4页。
[2] 桑原骘藏:《东洋史要》,金为译,商务印书馆,1913年,第2~6页。
[3] 张之洞对教育为何应首选模仿日本有明确的论说,参见张之洞:《劝学篇》,上海书店出版社,2002年,第38~39页。

史》,时人称其"久已脍炙士林,岁不下脱销万余部"①,桑原的《东洋史要》也"盛行殆遍于东南诸省","学子于桑原之书诵习已久"②。《东洋史要》等日本历史教科书在中国的广泛传播,促使清末民国学人在编译、自编历史教科书时,积极借鉴日本历史教科书中新的编撰模式,以至于还引起一些学者的不满。傅斯年在1918年对国内历史教科书在历史分期方面完全照搬《东洋史要》而不知变通提出了批评,"日本桑原骘藏氏著《东洋史要》(后改名《支那史要》),始取西洋上古、中古、近古之说,以分中国历史为四期。近年出版历史教科书,概以桑原氏为准,未见有变更其纲者。……尽量取用,遂不可通"③。这里主要说的是中国历史教科书在历史分期方面所受《东洋史要》之影响。由此可知,前述清末民初的中学历史教科书在开篇注重叙述具体地理知识的编撰模式,恐怕亦是当时效法日本大背景下受到以《东洋史要》为代表的诸多日本历史教科书的影响。④

20世纪20年代到1949年之前的中学历史教科书与晚清至民国前期的中学历史教科书又有所不同。民国中期以后,中学历史教科书受到的课程标准的制约愈发明显。这并不是说清末民初的中学历史教科书不依照课程标准,而是其时的课程标准,相比于后来规定到章节的课程标准,它的内容实在显得过于宽泛。实际上,在1923年之前,也并无专门的历史课程标准,多是政府颁布的中学校法令,其中对历史课程有相关的规定。但这种规定只是十分宽泛地指出教学内容、教学方法、教学时间,并没有与之配套的详细教材大纲。如1904年颁布的《奏定中学堂章程》,关于历史科目只规定了教学方法、课程设置和授课时间,而对于教材大纲,却完全没有涉及。⑤ 民国初建,亦是如此,所颁布的相关法令只是大致地规定了教学要旨和教学时间,对于教材大纲也未作提及。⑥ 1913年颁布的《中学校课程标准》是晚清民国以来政府公布的中学课程标准性质的教育法令中第一次以"课程标准"命名的。但相比之前,对历史课程所规定的内容则更为简单,只是用表格的方式简单地列出了第一至第四学年历史课程的教学内容

---

① 马雄:《续支那通史序》,转引自邹振环:《东文学社与〈支那通史〉及〈东洋史要〉》,载王勇主编:《书籍之路与文化交流》,上海辞书出版社,2009年,第309页。
② 陈庆年编:《中国历史教科书》"后序",商务印书馆,1913年,第1页。
③ 傅斯年:《中国历史分期之研究》,《北京大学日刊》1918年4月17日第113期。
④ 这从历史教科书的章节安排中也可明显看得出来。前述清末日本历史教科书在开篇通常会先叙述地理、后谈论人种,清末民初中国的中学历史教科书亦多这样安排。
⑤ 课程教材研究所编:《20世纪中国中小学课程标准·教学大纲汇编·历史卷》,人民教育出版社,2001年,第7页。
⑥ 课程教材研究所编:《20世纪中国中小学课程标准·教学大纲汇编·历史卷》,第11页。

和每周课时。①

不过,在当时的课程标准内容如此简单、对地理知识在教科书中的体现亦无特别规定的情况下,清末民初的中学历史教科书能在开篇首叙地理或者给予地理专门的叙述,亦可见清末民国学人对史学和地理密切关系的普遍认知,以及在这种认知下地理对历史教科书的深刻影响。②

20世纪20年代至1949年之前,这一时期的历史课程标准与以往相比显然规定得更为细致。一般来说,包括四个方面:教学目标、教学时间、教材大纲和教学方法。③ 1929年的中学历史课程标准甚至包括"作业要项"和"毕业最低限度"④。1932年之后的历史课程标准,基本上就按照上述四个方面依次论述。值得注意的是,20世纪20年代末期以后的中学历史教科书之所以在开篇普遍对历代疆域沿革或地球的生成等知识进行论述,实与课程标准的规定多有关联。如1929年颁布的《初级中学历史暂行课程标准》,其中的"教材大纲"规定中国史"绪论"部分的大纲是:"(甲)历史与现代生活的关系,(乙)中国民族过去的光荣,(丙)中国疆土开辟的大势"⑤;对于外国史"绪论"部分所列的提纲是:"(甲)历史的意义与世界史的范围,(乙)地球与生物的起源,(丙)人类的起源,(丁)石器时代与文化的曙光,(戊)世界历史上的民族,(己)地球与文化的关系。"⑥1929年颁布的《高级中学普通科外国史暂行课程标准》在教材大纲的"引论"中,则要求在绪论中谈"地球演变史略"⑦。其他年份的历史课程标准亦多规定在绪论中叙述历代疆域沿革或地球之形成,如1932年颁布的《高级中学历史课程标准》,其教材大纲"绪论"部分所列的条目是:"(1)历史之定义及其价值,(2)中华民族之形成,(3)中国疆域之沿革,(4)本国史时期之划分。"⑧1936年颁布的《高级中学历史课程标准》中的"教材大纲"部分,除个别条目稍有增减外,

---

① 《教育部公布中学校课程标准》,璩鑫圭、唐良炎编:《中国近代教育史资料汇编·学制演变》,上海教育出版社,2007年,第729页。
② 清末民国学人对史学和地理密切关系的认知,直接促使了近代中国史学学科化进程中诸多"史地合一"现象的出现。除了上述历史教科书在开篇中多首先叙述地理之外,民国时期不少以"史地"并称的史地期刊的出现也是很明显的表现。这种对史学和地理密切关系的强调,一方面固然缘于域外史学特别是地理环境论的影响;另一方面,中国传统史学中在史书编撰、图书分类和理论认识上对史学和地理关系的强调,也为其提供了很好的思想资源。
③ 课程教材研究所编:《20世纪中国中小学课程标准·教学大纲汇编·历史卷》,第21~103页。
④ 课程教材研究所编:《20世纪中国中小学课程标准·教学大纲汇编·历史卷》,第21~42页。
⑤ 课程教材研究所编:《20世纪中国中小学课程标准·教学大纲汇编·历史卷》,第21~22页。
⑥ 课程教材研究所编:《20世纪中国中小学课程标准·教学大纲汇编·历史卷》,第24~25页。
⑦ 课程教材研究所编:《20世纪中国中小学课程标准·教学大纲汇编·历史卷》,第38页。
⑧ 课程教材研究所编:《20世纪中国中小学课程标准·教学大纲汇编·历史卷》,第51页。

其他与1932年完全相同,绪论部分亦全未改动。① 其他要求在绪论部分叙述疆域沿革的中学历史课程标准还包括1940年的《修正初级中学历史课程标准》②、1941年的《六年制中学历史课程标准草案》③。

从晚清历史课程标准的出现,特别是20世纪20年代以后,课程标准中对"教材大纲"规定得日益严密,教科书基本上按照课程标准中的"教材大纲"进行编撰。诸多历史教科书都明确指出这一点。如潘武就说,"本书遵照教育部新颁课程标准编辑"④。普通学书室所编的《普通新历史》成于清末,民国建立后,内容多不符共和之旨,遂按最新课程标准重加编定。⑤ 20世纪20年代以后的历史教科书,交待其编辑方针符合部定的课程标准则更为普遍。如傅运森的《新学制历史教科书》⑥、杨人楩的《初级中学北新本国史》⑦、金兆梓的《高中外国史》⑧、孟世杰的《初级中学中国史》⑨、朱翙新等的《初中本国史》⑩、白进彩的《高中本国史》⑪等。还有直接就以"新学制"命名的历史教科书,如陈衡哲的《新学制高级中学教科书西洋史》。⑫

这些中学历史教科书在实际中的安排也的确严格参照了当时的课程标准。如朱翙新等编的《初中本国史》,其绪论部分为"1. 历史和现代生活的关系,2. 中国民族过去的光荣,3. 中国疆域的沿革"⑬,完全按照1929年《初级中学暂行课程标准》中教材大纲的"绪论"部分的规定设置。孟世杰的《初级中学中国史》中绪论部分亦是基本参照1929年的课程标准,只不过把历史课程标准中本与"历史与现代生活的关系""中国民族过去的光荣"并列的"中国疆土开辟的大势"更名为"国土开辟的大势",作为"中国民族过去的光荣"一章中的一节进行论述。⑭ 白进彩的《高中本国史》编、章安排则大致照搬了1932年的《高级中学历史课程标准》,只是个别地方用词稍作变动。绪论部分亦是如此,除了用词稍有改动之

---

① 课程教材研究所编:《20世纪中国中小学课程标准·教学大纲汇编·历史卷》,第51～52页。
② 课程教材研究所编:《20世纪中国中小学课程标准·教学大纲汇编·历史卷》,第77～78页。
③ 课程教材研究所编:《20世纪中国中小学课程标准·教学大纲汇编·历史卷》,第89～92页。
④ 潘武编:《中华中学历史教科书东亚之部》"编辑大意",中华书局,1913年。
⑤ 普通学书室编:《普通新历史》"凡例",第1～2页。
⑥ 傅运森编:《新学制历史教科书》"编辑大意",商务印书馆,1926年。
⑦ 杨人楩编:《初级中学北新本国史》"编辑大意",北新书局,1932年,第1页。
⑧ 金兆梓编:《高中外国史》上册"编例",中华书局,1935年,第1页。
⑨ 孟世杰编:《初级中学中国史》上册"编辑大意",百城书局,1931年,第1页。
⑩ 朱翙新、黄人济、陈并谦编著:《初中本国史》第1册"编辑大意",世界书局,1932年,第1页。
⑪ 白进彩编:《高中本国史》"例言",文化学社,1935年,第1页。
⑫ 陈衡哲:《新学制高级中学教科书西洋史》,商务印书馆,1924年。
⑬ 朱翙新、黄人济、陈并谦编著:《初中本国史》第1册"目次",第1页。
⑭ 孟世杰编:《初级中学中国史》上册"目录",第1页。

外，内容完全一致。这也符合作者自己所说："本书完全遵照最近教育部颁布之新课程标准编辑而成。"①

由上可知，20世纪20年代以后中学历史教科书开篇中的地理多叙述疆域沿革、地球形成等内容，实与教育部颁定的课程标准密切相关。

三

不过，也有相当多的中学历史教科书并未在开篇论及地理。但这并不说明这些教科书对地理知识不重视。事实上，如果我们翻检清末民国的中学历史教科书，包括小学历史教科书，在其"编辑大意""例言""编例"等凡例性的文字里，已经很难找到没有论及地理的历史教科书，一般多讲史学和地理关系密切，或地图对历史之重要，因而插入地图。如姚祖义在《最新中国历史教科书》中就指出，"史学与地理，极相关系，是编特附简明沿革地图一册，专载课中所有地名，教员于讲授时，务须随时指出，俾学生得按图索骥，益臻明了"②。赵玉森在《新著本国史》中也说，"研究历史，不可没有地图，这书附入的历代舆图很多"③。民国历史课程标准中常把地图和年表比作史学之双目，而这个比喻亦被一些学者使用在历史教科书中，如陈衡哲的《新学制高级中学教科书西洋史》。④ 进入民国以后，也正是因为看到地图对历史的重要性，所以除少数例外，已很难找到不插地图的中小学历史教科书了。⑤

因此，如果我们把"开篇"定义为"编辑大意"或"例言"等凡例性的文字，则可以说，晚清民国的中小学历史教科书在开篇基本都会谈到地理，论及史地二者的关系。正是因为对地理的重视，所以才在绪论部分或第一章对地理进行专门的论述。即使在开篇未论述地理的历史教科书，其在行文亦会注重史学和地理的关联。插入地图自不必说，在具体叙述时，也会首先考虑相关的地理情况。以民国时期诸多西洋史教科书为例，它们的开篇很多都未论述地理，但是在论述某一国时，都会首先谈到地理情况。如张相的《中华中学历史教科书西洋之部》在论及埃及时，就首先注意到叙述其地理环境，"其所以发达如此之早者，一由于气候

---

① 白进彩编：《高中本国史》上册"例言"，第1页。
② 姚祖义：《最新中国历史教科书》"编辑大意"，商务印书馆，1906年。
③ 赵玉森编纂：《新著本国史》"例言"，商务印书馆，1923年，第1页。
④ 陈衡哲：《新学制高级中学教科书西洋史》上册"例言"，第10页。
⑤ 据笔者统计，民国建立以后，地图已经被普遍地运用到中小学历史教科书中。当然也有一些例外，如王钟麒编纂：《新时代本国历史教本》，商务印书馆，1929年；钟月秋编：《高中本国史》，湘芬书局，1932年；杨人楩编：《高中外国史》，北新书局，1931年，吕思勉编著：《复兴高级中学教科书本国史》，商务印书馆，1934年，等等，都未插入地图。

之炎热,一由于尼罗河每年定期泛滥一次,能使两岸之地肥沃也"①。金兆梓的《新中学教科书初级世界史》谈到埃及时说:"埃及之文明实受尼罗河 Nile River 之赐:盖尼罗河每年以定期泛滥一次,其两岸之地因而肥沃,乃以资其文化之发达。"②高振清谈及埃及时亦有相似表述,"他所受尼罗河的恩赐是绝大的:尼罗河每年定期泛滥一次,因而使两岸的土地肥沃,收获丰富,人民得有余力来研究学问,发扬文化"③。可以看出,上述教科书对埃及的叙述都首先注意到尼罗河,而且都会指出尼罗河每年定期泛滥对埃及文明的影响,叙述的模式近乎相同。这种在行文中注重从地理的角度考察历史,在晚清民国的历史教科书中可以说非常普遍。

晚清以降,在传统史学、域外史学和政府所颁布的课程标准的多重影响下,历史和地理具有紧密的关联、注重从地理方面考察历史现象已成为一种常识性的观念,而被晚清民国学人广为接受。陈训慈就注意到近代地理对历史的重要影响,促使"一般作史者,亦莫不染地理的史家之风,往往于史事之前兼述地理"④。这种影响体现在历史教科书上,即注重在凡例、开篇和正文中对地理知识进行阐述和运用,特别是开篇中对地理专门论述。这一书写新模式被数代学人反复实践后,已经成为一种普遍性的观念,并被运用到今天的历史写作,特别是通史撰述中。

(原载《史学理论研究》2015 年第 1 期)

---

① 张相编译:《中华中学历史教科书西洋之部》,中华书局,1915 年,第 1 页。
② 金兆梓编:《新中学教科书初级世界史》,中华书局,1924 年,第 5 页。
③ 高振清编:《初中标准教本外国史》,中学生书局,1935 年,第 3 页。
④ 陈训慈:《史学蠡测》,《史地学报》第 3 卷第 3 期,1924 年 10 月,第 3 页。

吕思勉通史撰述对其断代史著作的影响

康桂英[*]

吕思勉,字诚之,江苏武进(今常州市)人,生于1884年,卒于1957年,毕生致力于历史教学和历史研究工作,在中国通史以及断代史、民族史、学术史、思想史、史学史、文化史等诸多学术领域都有广泛的建树,他所取得的卓越成就在海内外学术界都产生了一定的影响,被后人誉为是一位具备史才、史德和史识的历史学家。在记叙历史的体例方面,吕思勉更倾向于通史。20世纪30年代成书的《白话本国史》和抗战时期成书的《吕著中国通史》就采用了通史著述的体例,而这两部通史也因其先进的指导思想、别开生面的内容以及独特的体例为我国的通史撰述开创了新纪元。晚年的吕思勉依然笔耕不辍,继续为开明书店撰述《国史长编》,虽然他没再采用通史的体例,但先后成书的《先秦史》《秦汉史》《两晋南北朝史》和《隋唐五代史》这四部断代史,却在很大程度上延续了通史的传统和精神,在"通贯性"方面可谓是一脉相承。今读这四部断代史,从其应用的体例、记叙的内容和结构方面可以深刻地感受到其通史撰述对他的断代史撰述产生的深刻影响。

一、通史撰述对其断代史撰述体例的影响

吕思勉很重视通史的撰述,一向认为"通史体例远比旧式的史抄体例为优",《白话本国史》和《吕著中国通史》这两部著作就是采用通史体例,比较充分地反映了吕思勉对中国历史的理解,取得了多方面的成就。晚年的吕思勉接受了弟子钱穆的提议,竭尽平生所学开始为开明书店撰写新的《国史长编》,这本是他计划撰写的另外一部通史,但最终的结果是他没采用通史体例,而是采用了断代为史、分编成书的体例,按照历史朝代发展的顺序将《国史长编》的内容分成六个部分进行撰述,即《先秦史》《秦汉史》《两晋南北朝史》《隋唐五代史》《宋辽金元史》和《明清史》,每一个部分都单独成书。从这里可以看出,新的《国史长编》实际上是由几部断代史组合而成的。从表面上看,他的断代史和通史是两种完全不同

---

[*] 康桂英,现为安徽理工大学马克思主义学院副教授。

的历史表述形式,其实它们之间却有着紧密的联系,通史的"通贯"精神贯穿于断代史之中,其实质是"断"而"未断"。

《国史长编》是一个卷帙浩繁的大工程,吕思勉结合自己以往的著述经验和当时学者的研究心得,在内容和形式方面都进行了积极地探索。经过反复思考,最后确定这部新的《国史长编》在体例方面采取了断代的形式。之所以决定选择断代的体例来完成《国史长编》,主要基于以下方面的考虑。原因之一就是他"感到当时运用这种通史体例写作大部头断代史的条件还不够成熟,还需要做一番努力才有可能用这种体例写出令人满意的大部头著作"[①],而运用断代体例来撰写新的《国史长编》,相对来说则较为得心应手,可以做到在叙述中国历史上每个朝代的政治、经济和文化大事的同时重新勾勒出国史发展的轨迹;原因之二就是《国史长编》在内容方面仍然以二十四史为主要史料,对于和《国史长编》有关的当代人的论著或者报纸资料也要进行参考和引用,努力做到博采群书、融会贯通,以期在学术上产生争鸣而互有启发,采用断代的体例有利于集中史料,便于检索。

在体例和内容都大致确定以后,他便开始着手进行《国史长编》的写作。后历经三十年完成了《先秦史》(1941年)、《秦汉史》(1947年)、《两晋南北朝史》(1948年)和《隋唐五代史》(1957年)四部断代史,不但史料丰富、考证详慎,而且因事命篇、条贯理畅,具有很高的学术价值。遗憾的是他原先计划撰写的《宋辽金元史》和《明清史》两个部分却因为生病于1957年去世而最终没有完成。

由于《先秦史》《秦汉史》《两晋南北朝史》和《隋唐五代史》这四部断代史是在《白话本国史》和《吕著中国通史》之后完成的,它们的著述风格明显地受到了前两本通史的影响,这不但体现在这几部断代史能够深刻地阐释历史发展的实质因素,而且也体现在它们贯彻始终地叙述了大量的社会经济文化内容和运用了独具匠心的体例,也就是说一脉相承的学术思想体系通贯了吕思勉的通史撰述和断代史撰述。所以严耕望先生说这四部断代史是"通贯各时代,周瞻各领域"的断代式通史,并据此把吕思勉称为"通贯的断代史家",可以说是不无道理的。

二、通史撰述对其断代史撰述的内容的影响

《白话本国史》和《吕著中国通史》记述了大量的社会史内容,打破了政治史一统天下的格局,比较突出地反映了经济的决定作用,也反映了他较为先进的史

---

① 杨宽:《吕思勉先生的史学研究》,见俞振基:《蒿庐问学记·吕思勉生平与学术生活》,生活·读书·新知三联书店,1996年,第20页。

学观念。在撰述的四部断代史中,吕思勉继续延续这一著述风格,对每一个历史时期的社会组织、社会等级、人民生活、实业、政治制度、宗教文化等内容都列专章进行了详细叙述,在很大程度上丰富了断代史研究的内容。更难能可贵的是,吕思勉在这四部断代史中更着重于抓住社会经济文化影响历史发展这一关键问题进行了精深透辟的分析,挖掘出了人类历史发展的实质性因素,从而做到了理论与史实相结合,创见很多,这可以说是其通史精神的进一步体现。

第一,吕思勉依据社会经济的发展状况和社会组织形式的变化重新对历史发展的阶段进行了划分。很多研究中国古代史的学者总是"以周、秦之间为史事之一大界",认为此间郡县制代替了分封制,统一的封建国家取代了以血缘为基础的贵族社会而在中国开始确立,中国历史由此进入了一个新的时期。而吕思勉先生却按照马克思主义"以经济为社会的基础"的观点重新审视了社会经济文化在历史发展中的作用,对这一看法提出了异议,认为王莽的新朝和东汉之间是历史发展的一大界限,并举出大量的史实进行了论证。他认为,在周和秦之间划分历史阶段的做法固然也有一定的道理,因为这是"特就政治言之耳",即是从政治方面考虑的结果;但是若"就社会组织言,实当以新、汉之间为大界"①,这是他在《秦汉史》中认真研究了秦汉时期的社会政治和经济发展状况,并对社会各个阶层如豪强、奴客、门生、部曲、游侠等做了重点分析和探讨的基础上得出的结论。他说,"自从晚周以来,众共谓当改正者何事?人民之生计其首也。当封建全盛之世,井田之制犹存;工业之大者,皆属官营;商人则公家管理甚严,除有土之君,食租衣税,富厚与民悬绝外,其余固无大不均"。而东周以后则井田制逐渐被破坏,公田变为了私田,"富者田连阡陌,贫者无立锥之地"②,商人"微至贩脂、卖酱,犹可以进雄一方"③,这样建立在分封制基础上的贵族社会已经不断地被打破了,社会阶级开始重新组合。随着商业的逐渐发展和兴盛,豪强巨家开始出现并逐渐成为社会的中坚。"当时宗族大者非封建之世之遗孽,则新兴之豪富民",他们不仅拥有众多的奴婢和部曲,逃避赋役,隐匿人口,而且还有自己的军事武装,"多为政令之梗"④。汉武帝时就采用了"算缗、告缗"等方式来削弱他们的力量,王莽改制时也采取了很多削弱豪强的法令,但是都没有成功,他们的势力反而更加强大了。等到东汉光武帝起兵反王莽时,豪强大族已经成为主要的社会力量。面对这一社会情势,东汉政权稳固后,光武帝便亲自册封了"云台二十八将",这些人就是二十八位势力强大的豪强地主。以后由于政府的保护又出

---

① 吕思勉:《秦汉史》,上海古籍出版社,1983年,第1页。
② 吕思勉:《秦汉史》,第93页。
③ 吕思勉:《秦汉史》,第94页。
④ 吕思勉:《秦汉史》,第486页。

现了很多的豪强地主,他们的政治地位逐渐固定下来,这就为以后出现拥兵自重的诸侯埋下了伏笔,也是三国两晋南北朝分裂的重要原因。正是由于从东汉以后豪强大族的势力开始不断壮大,使封建的人身依附关系也进一步加强了,从而最终导致出现了三国两晋南北朝的长期割据分裂局面。所以吕思勉认为新莽和东汉之间才是历史发展的一大界限,是下一个历史阶段出现的主要原因。吕思勉的这种看法是缘于他对社会经济发展趋势的把握上,这个结论的得出也是他依据社会经济发展状况而重新认识历史阶段的一个新发现。

第二,吕思勉从社会经济文化发展的角度论证了历史的不断前进性。对于两晋南北朝这段历史时期,过去有不少学者把它看作是中国历史上的黑暗阶段,战争频仍,人民生活困苦,学术文化倒退。但是吕思勉先生却不赞同这一观点,他在所著的《两晋南北朝史》中认为,两晋南北朝时期虽然在政治上是国家分裂,民族矛盾尖锐,战争不断,但是这一时期的社会经济却是在动乱之中遭到破坏的前提下仍然曲折地得到了发展,而且与经济发展相适应的文化学术也取得了很大的成就,是以后唐宋文化得以繁荣的基础。所以,两晋南北朝时期仍然是中国历史获得重大发展的一个关键时期,在中国历史上具有不可替代的地位。这是吕思勉先生从社会经济文化发展的角度来研究历史发展进程而得出的正确结论。

吕思勉认为,长江流域的农业在两晋南北朝时期得到了巨大的发展,为日后中国古代经济发展的重心从黄河流域转向长江流域做了铺垫。因为这时北方是战争的主战场,农业生产遭到了严重的破坏,很多农民为避战祸而迁移到南方。尤其是西晋在东渡以后,政府着力发展农业,督劝农桑,南方的农业逐渐发展起来,长江流域得到了大规模开发,这时"荆、扬二州,农业大盛。此盖社会生计自然之演进,而政府之南迁,或亦有以促之也",当时"农事之最盛者,实今两湖间沼泽之区,及江、浙间之太湖流域也",尤其是"荆楚自东渡以来,既能以其独力,捍御北虏、庾翼、桓温等,且能因乘时会,震撼北方;亦必非徒以其甲兵之精也。实业之有造于国,讵不大哉?"①从这些论述中吕思勉充分指出了长江流域的农业在这个时期所取得的重大成就,从而肯定了两晋南北朝时期在中国历史上的地位。另外,吕思勉先生也用大量的史实说明此时的手工业也取得了长足的发展,南北方都涌现了很多能工巧匠,并出现了许多新的发明和创造,如南方的祖冲之发明了千里船,北方的蒋少游主持建造了西魏规模宏大的宫殿等,这些都反映了当时"社会生计之逐渐进步"②。与农业和手工业发展相适应的商业在这个时期

---

① 吕思勉:《两晋南北朝史》,上海古籍出版社,1983年,第1078页。
② 吕思勉:《两晋南北朝史》,第1091页。

也有了很大的发展,"晋、南北朝之时,沿袭旧见,尚多贱视商业,发为崇本抑末之论"①,但是当时很多达官贵人都喜欢与商人来往,有的也自行经商,"南北虽云分隔,商贾实无时而不通"②,就连"附塞部落,亦贸易多通"③。"域外通商,所至亦远"④,甚至中国与西域的通商也很兴盛,很多西域人在中国经商。吕思勉先生认为正是由于商业的不断发达,才促进了当时分裂的南北双方的经济和文化交流,从而也为日后中国的统一奠定了坚实的基础。

两晋南北朝时期,宗教和玄学思想虽然泛滥学术界,但是文学美术、史学、自然科学等学术文化在很大程度上还是冲破了宗教和玄学的羁绊,呈现出了自己的特点。这个时期,就史学来说,有了很大发展,专门从事史学著作的著作郎开始设立,并涌现了一批优秀的史学家,如西晋的华峤,东晋的干宝、孙盛,宋、梁的沈约和裴子野等。与此同时也出现了为史书"补苴缺漏"的"注"体著作,如裴子野的《三国志注》等,也有一些史家将各种著作进行融合而后"提要钩玄"删繁就简写成新的著作,如袁峻抄《史记》《汉书》各为二十卷。而传记和谱牒之学在这个时期也开始大量出现。北方十六国虽然是少数民族建立的割据政权,但受到中原文化的影响,也多有设置史官记载史事的举动,史学在这一个时期取得了长足的进步。其他学术文化如文学、美术等也都有进步。

据此,吕思勉认为两晋南北朝时期政治上的混乱并不能掩盖经济和文化发展的事实,正是由于经济和文化有很大程度的发展,所以这个时期仍然是中国历史发展的重要时期,绝不是一个停滞或倒退的时期。这些观点为以后研究两晋南北朝时期的历史提供了借鉴。

三、通史撰述对其断代史撰述结构的影响

谈到撰述结构,《吕著中国通史》的撰述结构对其四部断代史的影响尤为深远。已完成的《先秦史》和《秦汉史》等四部断代史在体例上就同《吕著中国通史》相仿,在每一部书前面都有一篇总论,从总体上说明这一部分所要说明的主要内容,起到了提纲挈领的作用,上下两部则分别叙述每个时代的政治、经济和社会文化内容,平行发展互有贯通。"每部史都分成前后两个部分,前半部是政治史,包括王朝的兴亡盛衰,各种重大历史事件的前因后果,各个时期政治设施的成败得失,以及王朝与周围少数民族之间关系等,采用的是一种新的纪事本末体。后

---

① 吕思勉:《两晋南北朝史》,第 1093 页。
② 吕思勉:《两晋南北朝史》,第 1097 页。
③ 吕思勉:《两晋南北朝史》,第 1098 页。
④ 吕思勉:《两晋南北朝史》,第 1099 页。

半部是社会经济文化史,分列章节,分别叙述社会经济、政治制度、民族疆域、文化学术等方面的具体发展情况,采用的是一种新的叙述典章制度的体例。"①上下两部分点、面结合进行了综合研究,如在读者面前展现了一幅中国社会历史的立体图像,充分显示了他对历史时势的把握和理解。

但是《先秦史》和《秦汉史》等四部断代史的体例同《吕著中国通史》体例也有一点区别,那就是这四部断代史上部叙述政治史,下部叙述经济文化史,而《吕著中国通史》则是上部言经济文化,下部言政治。之所以这样做的原因是他"或许考虑到不先识政治史大势,对文化史的把握会不无困难,故而从《先秦史》起的四部断代史,均是上编叙述这一断代的王朝兴亡盛衰史,下编分章缕叙该断代的社会经济、政治制度、文化学术等情况"②,以期在知识的构成上显得更为合情合理,使人容易理解。

吕思勉在这四部断代史中所采用的体例同样受到了后人的赞誉并给予了很高的评价:"倘若将其四部断代史的政治史部分连缀起来,犹如一部章节体的新《通鉴纪事本末》,其文化史部分不啻是一部新叙述方式的《文献通考》。吕思勉这种将政治演变与典制沿革分别部类的通史和断代史的编纂方法,是针对当时流行的通史、断代史著作在叙述政治史演进时夹叙进被割裂的典章经制的内容,令读者难以条贯把握,而做出的推陈出新的探索。这一尝试对新史学编纂学的完善无疑有着积极的作用。"③

《先秦史》《秦汉史》《两晋南北朝史》和《隋唐五代史》不但体现了吕思勉贯通的学术思想体系,而且也反映了他深厚的知识功底和坚忍不拔的著史意志,"每部书前综述这一时代的政治发展概况,后半部就社会、经济、政制、学术、宗教各方面分别论述。前半有如旧体纪事本末,尚较易为功;后半虽类似正史诸志,而实不同。除政制外,无所凭借,无所因袭,所列章节条目虽尚不无漏略,但大体上已很周匝赅备,皆采正史,拆解其材料,依照自己的组织系统加以凝聚组合,成为一部崭新的历史著作,也可说是一种新的撰史体裁。其内容虽不能说周瞻匝密,已达到无懈可憾的境界。但以一人之力能如此面面俱到,而且还征引繁复,扎实不苟,章节编排,篇幅有度,无任何繁简之病,更无虚浮矜夸之病。此种成就,看似不难,其实极不易。若只限于一个时代,自然尚有很多人能做得到,但他上起先秦,下迄明清,独立完成四部,宋以下两部亦已下过不少功夫,此种魄力与毅力,实在令人惊服。我想前辈成名史学家中,除了诚之先生,恐怕都难做得到。

---

① 杨宽:《吕思勉先生的史学研究》,见俞振基:《蒿庐问学记·吕思勉生平与学术》,1996年,第20页。
② 虞云国:《论吕思勉的新史学》,《历史教学问题》1998年第2期。
③ 虞云国:《论吕思勉的新史学》,《历史教学问题》1998年第2期。

这不是才学问题,而是才性问题。"①可以这么说,运用先进的史观、丰富翔实的史料和新颖独特的结构体例,吕思勉先生的两部通史和四部断代史都为中国新式通史的编撰提供了很好的借鉴,值得后人认真学习和深入研究。

吕思勉的学生黄永年说,《先秦史》《秦汉史》等四部断代史"巨著都分上下册……上册政治史我认为是一部新的《通鉴纪事本末》,下册文化部分我认为是一部新的《文献通考》。新于《文献通考》者,《通考》只引用纪传体史的志和《通典》等现成的典章制度史料,而吕先生的书则除这些史料外,更多地引用了散见于列传中的大量有关史料。这个工作前人也做,如宋人的《两汉会要》,清人的《三国会要》《明会要》,近人杨树达先生也曾沿此方法撰写过一册《汉代婚丧礼俗考》,但都比较片段,远不如吕先生这几部巨著之规模大而探索深。新于《通鉴纪事本末》者,《纪事本末》只本《通鉴》剪裁,这几部巨著则以纪传体史为主,兼取《通鉴》,考核异同,寻求真相,对许多重大历史事件提出精辟的看法,绝不囿于陈说,远非司马光等旧史家之所能及"②,充分说明了这四部断代史不仅史料翔实,丰富了断代史研究的内容,而且立意较高,创见也颇多。

吕思勉的通史撰述对其断代史撰述在体例、内容以及结构方面都产生深刻的影响,使其断代史著述在各种重要的社会制度、社会组织和学术文化的源流和演变过程以及每个时代政治事件发展的始末方面,相较通史而言史料更加丰富、理论性更强,对于我们了解当时的社会制度、社会组织的源流和变化是很有帮助的。无论是其通史著作还是其断代史著作,都从一个方面比较集中地反映了吕思勉的学术见解,这对于我们全面把握吕思勉的学术思想具有很重要的作用。

(原载《福建论坛·人文社会科学版》2011 年第 5 期)

---

① 严耕望:《治史三书·通贯的断代史家——吕思勉》,辽宁教育出版社,1998 年,第 183 页。
② 黄永年:《回忆我的老师吕诚之(思勉)先生》,见吕思勉:《经子题解》,上海文艺出版社,1999 年,第 187 页。

近代中国海防思想与晚清海军法制化实践及其当代启示

赵 勇*

19世纪60年代,洋务派为了维护清王朝的统治,兴办了以自强、求富为目的的洋务运动。迫于形势,洋务派引进西方先进的科学技术,在海防思想的指导下兴办了近代海军,并从军事思想、军事法制、军事装备等方面为中国近代海军建设做了初步的探索,在此基础上建成了世界第七、亚洲第一的北洋舰队。军事法制作为中国近代海军建设的内容之一也开始发展。近代海防思想是晚清海军建设的指导思想,作为近代海军建设内容之一的军事法制,也就毫无异议地要接受它的指导。在其指导下,海军法制基本成型,促进了近代海军的发展。虽然如此,由于晚清政府自身的无能,晚清海军依然没有摆脱失败的历史命运。近代海军的法制建设成了一朵只开花、不结果的幌花,其中教训对身处现代化建设中的中国人民海军建设亦有着重要的启示作用。2014年3月28日,国家主席习近平在柏林演讲中指出,中国已经确立了在本世纪中叶实现中华民族伟大复兴的目标。为了维护我国的国家利益,我们必须有足以自卫防御的国防力量。而捍卫日益重要的海洋利益,主要依赖的将是正在走向现代化的中国人民海军。为了加快中国人民海军的现代化建设,我们应以史为鉴。

一、近代中国海防思想勃发与近代海军法制化初构

(一)近代海防论的兴起与海军法制萌发

第一次鸦片战争后,林则徐、魏源等开明人士,萌发了建立近代海军、筹划近代海防的思想。林则徐是中国近代海防论的第一人。他提出:制定防守近海海口的防御作战方法,即持久战;提出防守与进攻,动静结合,据险而守,攻其不备,皆要随机应变;铸造西方新式大炮,创建具有近代意义的海军。魏源在继承林则徐海防思想的基础之上,提出:学习西方造船、制炮、士兵训练等技术与方法,从而"师夷长技以制夷";海防战略有作战、防守、外交三策。在二人之后,姚莹、徐

---

* 赵勇,现任职于江苏科技大学马克思主义学院。

继畲和梁廷枏等也提出了各自适应军事变革的海防思想,对晚清的近代军事萌芽起到了极为重要的催生作用。

在以"师夷"为手段、"制夷"为目的的海防战略思想中,包含着第一代开眼看世界的开明之士对近代西方军事法学的浅显认识。如魏源提出"师夷长技以制夷"的"养兵、练兵之法"就是指西方的军事法制。在此基础上,魏源进一步提出"器利不如人和"的思想,已经初步涉及了资本主义社会中生产方式与军事制度的关系。这些思想虽说是对近代西方军事法文化的粗浅认识,但它却是中国近代对西方军事法文化冲击的最早回应,已经发出了向西方军事法学习的先声。[①]此后,随着洋务思潮的勃兴,海防之议兴起。曾国藩指出西方列强之所以能够横行中国,依赖的就是坚船利炮,遂产生了向西方学习造船炮的想法。其在《复陈购买洋炮折》中指出英法等国的坚船利炮,若能购买,被我所用,英法独霸的局面将会被打破。李鸿章亦清醒地认识到:"西方列强其势力已从沿海海口深入到了长江流域。其非常藐视中国,只要出现争端,外交协商根本无效。列强往往通过军事实力胁迫中国,而中国则无所恃,故须以求洋法、习洋器为自立张本。"[②]在1864年写给史致谔的信中,左宗棠也已意识到轮船在近代军事应用上的紧要性,明确提出要仿制轮船。可见,自造轮船以创建近代海军成为此时海防之议的共识。伴随近代海军的建设,海军军事法的近代化之旅得以开启。

早在1860年,曾国藩就针对英国等西方列强依仗强大的海军称霸海洋一事,提出变革水师的设想,并于1868年请丁日昌草拟成《海洋水师章程别议》。1866年,左宗棠创建了福州船政局,制定并颁布《船政十条》,在力主自造轮船外,更注重对人才的培养。李鸿章创建淮军之时即"以西法治淮军,以购买外国枪炮为先",引进近代化装备,必须得采用西式军事训练方法。故淮军本是仿照湘军而成军,结果一年不到,即废掉了一切旧制,转而采用西方军队的训练方法,实行西方军队的训练规则。并且李鸿章在湖广总督任上附呈了丁日昌的《创建轮船水师条款》。此条款对未来的中国海军建设提出了设想,即建设三洋海军。此条款实为早期海军建设的军事编制法。闽浙总督英桂奏呈《轮船训练章程十二条》,早期的海军军事训练法开始萌芽。可见,此时的海防重臣们认为"中国欲自强,则莫如觅外国利器;欲学外国利器,则莫如觅制器之器,欲觅制器之器与制器之人,则或专设一科取士"[③]。不仅要购置西方的船炮,而且要学习西方的军事人才的培养选拔方法、军队训练方法、军事编制制度等,即对整个海军军事制

[①] 闵光玉:《军之殇:晚清军事法变革之旅》,法律出版社,2013年,第83页。
[②] 戚其章:《晚清海军兴衰史》,人民出版社,1998年,第352页。
[③] 《筹办夷务始末》(第25卷),中华书局,1964年,第10页。

度进行学习。

(二) 近代中国海军法制化初构

1874年日本侵台事件,这是近代中日之间的第一次军事对抗,以清政府的妥协退让而告终。《台事专条》签订六天后,恭亲王奕䜣即上书提议从练兵、简器、备船、筹饷、持久等方面筹划海防,掀起了晚清第一次海防热潮,内容为:第一,一致认同海防建设的重要性;第二,同意"水陆兼防";第三,建立近代新式海军;第四,充分意识到了先进装备的重要性。他们"共同提出,必须在购买的基础上同时积极学习西方先进船炮技术,自造舰炮,使购买与自造相得益彰,中国的海防建设才能长盛不衰"①;第五,海防建设经费的主要来源为关税收入的40%;第六,积极培养和选拔杰出海军军事人才;第七,海防建设要有持续性、连贯性。这一共识对近代中国海军的建设具有重要的指导意义,而作为近代海军建设的一个重要分支——军事法制建设也得以初步展开。由于此次海防之议,清政府全体上下都意识到了建设近代海军的重要性,故对海军制度建设提出了很多较好的建议和军事法制构想。主要有《海洋水师章程》(1874年)、《保护船只章程》(1876年5月)、《救护洋面中外船只遇险章程》(1876年6月)、《北洋水师号衣图说》(1882年)等章程。

在此次海防之议中,对近代海军建设起到重要作用的当首推丁日昌。早在1867年,他就草拟了《创建轮船水师条款》,并在此基础上重拟《海洋水师章程》,成为近代海军制度建设的重要参考资料。《海洋水师章程》主要内容包括:第一,外海水师必须装备蒸汽动力的大型军舰,并提出了购买兵轮及自制轮船的规划步骤;购买中小型炮艇,以作近海防御;第二,沿海择要修筑西式炮台,仿照西法,安置西式大炮,要求必须做到"演炮必求其准,守台必求其人,与沿海水师轮船互为表里,奇正互用";第三,于沿海水师提标,各精练陆兵千人,镇标各精练陆兵五百人,减额优饷,严加选择……勤行教练,申明军法。半年在陆,半年在海,以备缓急之用;第四,沿海地方官宜精择仁廉干练之员;第五,创建三洋海军,分区设防。三洋提督,半年会哨一次。这已经涉及了近代海军的编制专业化与统一指挥问题;第六,在三大洋创建机器局。每一个制造局,分设三厂:"造船厂,选精通数学、外语之人,掌管其事;军工厂,造大炮、火箭、弹药及各种军事装备,选精通军事之人,掌管其事;民用工具制造厂,选精通农业种植与水利建设之人,掌管其事。即今日督办造船之人,即他日驾驶轮船,出使外国之人;今日督办军火生产之人,即他日办理军工之人;今日督造耕织机器之人,即他日兴办民用工业

---

① 王宏斌:《晚清海防:思想与制度研究》,商务印书馆,2005年,第7页。

之人。三厂设置使装备购买与自造相得益彰。"① 从内容可以看出,该章程是中国近代第一个创建近代意义海军的具体方案,对海军的武器装备、军事人事、军事训练以及军事后勤保障(购舰、炮台建设、军事制械、军饷筹集等方面)都有制度性的设计,特别是要求海军"以海为家","半年会哨一次",这是丁日昌关于海军编制法规设计中最伟大的思想②,故而此章程亦是早期较全面的军事法制规划方案。

另外,需要着重指出的是《北洋水师号衣图说》这一章程的颁布,对水师普通士兵的着装有了初步的规定,这实际上是近代士兵军衔法制的萌芽。

而后,中国近代海军法制建设得以迅速发展。1879年日本吞并琉球,1884年法国又在福建挑战中国海防,朝野上下纷纷筹议海防,中国近代海军军事法制建设进入快速发展阶段。何如璋于1882年上奏朝廷,提出整顿水师六条事宜。主要内容为:立营制编舰队;办兵船;勤训练;裁汰旧式水师;精选海军专业人才。③ 他指出"今欲固沿海之防,宜先定练军之制,专办筹办,庶有可成"④。从其奏折中可以看出其重点关注海军建设的三个方面:海军军事统帅权——设立海军统一指挥机构水师衙门;海军营制;海军军费筹集。对于统一的海军统帅权的关注,可以看出何如璋已充分意识到现有水师指挥体系门户众多、派系丛生、事权不一的弊端。故其在奏折中着重指出,建立近代海军,必须要有健全的法制规范,否则建立一支独立的海军是没有希望的。由于何如璋曾任驻日公使,其思想受到了日本海军建设的影响,故其是先进的,代表了近代海军建设发展的方向。在何如璋上书后不久,马建忠就复议其奏折向李鸿章上书,提出建立中国新式海军。其主要内容是:成立水师衙门,统一指挥,并对水师衙门的职官制度有详细的设计;建立海军学堂,培养海军人才,主要是仿照西方国家的有关办法,分五个层次培养水师人才;仿照法国设立武官和文官制度,设立新的官制、兵制,以及新的舰队编制,改变中国重文轻武的传统;海军游弋巡逻范围扩大到了外洋海口,建立外洋海军的思想有所萌芽;裁汰旧式水师,筹集海军军费。⑤ 其中,最能凸显近代海军军事法发展的就是马建忠对第三条的详细阐述,在主张设立官制时已经有了海军军官养成制度、军衔法制和士兵等级划分思想的萌芽,并且他还认识到划分的依据应该是军法条例规定,进而做到依法建军。⑥ 由于马建忠有着

---

① 张侠:《清末海军史料》,海洋出版社,1982年,第9~11页。
② 闵光玉:《军之殇:晚清军事法变革之旅》,第83页。
③ 中国史学会主编,中国科学院近代史研究所史料编辑室、中央档案馆明清档案部编辑组编:《光绪八年九月二十日翰林院侍讲学士何如璋奏》,《中国近代史资料丛刊洋务运动2》,上海人民出版社,1961年。
④ 中国史学会主编,中国科学院近代史研究所史料编辑室、中央档案馆明清档案部编辑组编:《光绪八年九月二十日翰林院侍讲学士何如璋奏》,《中国近代史资料丛刊洋务运动2》,第534页。
⑤ 闵光玉:《军之殇:晚清军事法变革之旅》,第89页。
⑥ 闵光玉:《军之殇:晚清军事法变革之旅》,第89页。

留法学习与任职的履历,并且在法国期间还翻译了《法国海军职要》,其海军建制思想打上了法国海军建设思想的烙印,充满了西方气息,具有系统性与科学性,同时也对稍后出台的《北洋海军章程》产生了较大的影响。

二、近代海防思想形成与海军法制化近代成型

1884 年中法马尾海战爆发后,福建海军几乎全部被歼,东南海疆危机日趋严重。迫于形势压力,清政府于 1885 年 6 月 21 日发布上谕:"自海上有事以来,法国恃其船坚炮利,横行无忌。我之筹画备御,亦尝开设船厂,创立水师,而造船不坚,制器不备,选将不精,筹费不广。上年法人寻衅,迭次开仗,陆路各军屡获大胜,尚能张我军威;如果水师得力,互相援应,何至处处牵制? 当此事定之时,惩前毖后,自以大治水师为主。"①命令沿海督抚筹议海防。在清政府的大力主导下,最终形成了第二次海防热潮,构建了近代海防思想体系。其主要内容如下所述。

(一)"大治水师",大力发展近代海军

马尾海战的惨败使清政府更加清醒地意识到近代化海军的重要性,增强了兴办海军的热情与雄心。在圣旨中开宗明义,提出要建立近代海军力量,并严令封疆大吏"畅所欲言,周密筹划,积极上奏……毋蹈常袭故,摭拾从前敷衍之词,一奏塞责"②。曾国荃在其奏折中指出:诚如圣训,如果海军得力,何必处处被人掣肘。故事后仔细思量,亡羊补牢未为晚也。故而欲扬我军威、国威,必须创建近代海军;"而欲练水师,非购铁甲船不可……良以一器之成,必变通乃能尽利;一法之守,非造极不能翻新"。张之洞亦说:"窃惟战守两事,义本相资,故必能海战而后海防乃可恃。"30 多年来,世界列强皆制炮造舰,作为强国之本,就连日本,亦争先经营水师。"独中华以物力不给之故,历年设厂购船,仅开其端,未畅其用。"③要求建立强大的水师。由此可见,经历过马尾惨败的天朝官员们已充分认识到海军的极其重要性,加之此时西北叛乱也被平息,故决定全力建设近代海军舰队。

(二)建立统帅机构,海军独立兵种意识萌发

导致马尾海战失败的一个重要原因就是清王朝没有统一指挥海军作战的统

---

① 张侠:《清末海军史料》,第 42 页。
② 张侠:《清末海军史料》,第 50 页。
③ 张侠:《清末海军史料》,第 42~43 页。

帅机构,指挥权力分散。另外,平时海防建设中也出现了建设与管理权不统一的问题,导致海军建设水平低下。中法战争之后,沿海危机进一步加剧,就更加凸显出具有近代意义的海军之重要性。故参与筹议海防各省大员皆赞同在中央建立一个统帅海军作战与建设的专业机构,由其统一筹划海军的船政、编制、军械、筹饷等建设事务。

(三)海防战略出现逆转,外海防御战略被抛弃,保守的海陆相辅的守口主义成为主要防御战略

左宗棠病故后,李鸿章主导了近代海军的建设,北洋海军独占鳌头。为保存实力,李鸿章指出:外海作战,胜算未知,北洋舰队可在渤海内外巡逻,作猛虎在山之势,日本惧怕我军铁甲舰,不敢轻言开战,"故而不仅北洋门户安然无忧,且由于威海、仁川隔水相望,令彼时有防我海军东渡袭其陆兵后路之虑,则倭船不敢全离仁川来犯中国各口"①。保守海防战略显露无遗。另外,值得一提的就是时任浙江宁绍道台的薛福成与张佩纶一起草拟的《北洋海军章程十四条》涉及了海军的编制制度、训练方式、军事指挥以及人才培养等海防思想。第二次海防大讨论,对近代海军的建设具有重要的指导作用,故而海军军事法制近代化建设伴着这一东风得到重大发展,但随着海防战略思想趋于保守和北洋舰队的成军,海军军事法制近代转型也就基本完成。

随着近代海军的大力建设,其分支——军事法制的建设在这一时期也得以快速进行,主要有:《酌议北洋海防水师章程》(1881年)、《北洋海军章程十四条》(1884年)、《北洋海军章程》(1888年)、《海军大阅章程》(1894年)、《李鸿章奏为酌定海军交战赏恤章程折》(1894年)、《李鸿章奏海军惩劝章程片》(1894年)等。而上述内容中,标志着海军军事法制近代化转型基本完成的是《北洋海军章程》的颁布。《北洋海军章程》共有14部分,主要包括船制、官制、升擢、事故、考校、俸饷、恤赏、工需杂费、仪制、钤制、军规、简阅、武备、水师后路各局。从内容看,该章程涉及了军事组织、兵役制度、军事训练、军事行政、军事人事、军事经济、军事刑法等主要部门法,如"船制"与"官制"是关于北洋海军的编制与组织的。北洋海军的船制分为战船、守船、练船、运船、鱼雷艇五类;"官制"参照英国海军章程,设立提督1名、总兵2名、副将5名等,章程还将北洋现有战船分为左中右三路,每路三船,以一船为一营,由北洋大臣委任管带管理。由上述内容可见其涉及军事组织编制法,"升擢"和"考校"涉及的是海军军事人事方面的内容。"升擢"包括战官升擢例19条,艺官升擢例8条,弁目升擢例7条。"考校"条例6

---

① 李鸿章:《李鸿章全集》,时代文艺出版社,1998年,第2888页。

项,包括:招考学生条例 5 条,考校官弁条例 1 条,招考练勇例 8 条,考升水手例、考升炮目例 3 条,考升各色当差兵匠 16 条。章程规定的用人政策明显体现为外海优于内河,鼓励军人坚持常年海上作战训练生活,优先从战舰任职的军官中选拔、提升高级军官。"考校"制度则模仿的是英国海军章程,共有考校规定 6 项。从招考到服役的考核皆有详细的规定;军事行政法方面的内容主要是"仪制"与"铃制"。"仪制"为参阅西方制度仿制而成,共 6 条,涉及国乐、军乐、冠服等内容,特点为中西合璧。"简阅"制度共 3 项 15 条:一是海军兵种简约,二是北洋大臣检阅,三是钦差大臣会同北洋大臣共同检阅。章程对舰队操练计划有较为详细的规定,军事后勤法在章程中体现为"俸饷""恤赏""后路各局"等。上述条目对北洋海军的军饷、抚恤、后勤保障、军事财务等都做了较详细而明确的规定,大大优于传统之规定;"军规"是军事刑法则毫无疑问体现的内容,共 12 条,是船上官弁人等违反军令时惩治的准则。惩罚规定层次清楚,内容详细。但具体的军令内容则无明确体现,基本上继承了传统的陆军军令。[①]《北洋海军章程》是近代中国第一部由执政者主导创建并批准应用的具有近代意义的海军军事法,它是当时中国军事法思想的集大成者,是中国第一部海军条例,是北洋海军日常管理与训练的法律规章。该章程的颁布与实施,也就意味着参酌西方军事法制的中国近代海军军事法制转型基本完成。

三、结论与启示

随洋务运动出现的海防意识是 19 世纪 60 年代后中国最为重要的社会意识之一,这种意识也成了中国近代海军和军事法制建设的指导思想,对我国近代海军法制化建设有着非常重大的影响,推动了中国近代海军的法制化进程。

从立法技术来看,晚清海军法制化建设不加选择地完全移植了西方海军强国的做法,《北洋海军章程》的体例结构完全采用西方海军制度,在具体的军事法制内容方面也借鉴了相当多的西方军事法因素。事实上,移植别国的先进经验或制度,必须考虑两国间文化的相似性。[②]

从效果来看,促进了近代军事教育训练法的发展。在海防思想指导下,军事教育已基本脱离传统八股应试;同时,在教学过程中,注重理论与实践相结合,重视学员实践运用能力与开拓创新能力的培养,造就近千名专业人才。军事训练

---

① 闵光玉:《军之殇:晚清军事法变革之旅》。
② 庞德:《论中国宪法》,载王健编:《西法东渐——国人与中国法的近代变革》,中国政法大学出版社,2001 年,第 123 页。

方面,接受了西方的训练章法,人员训练、阵法训练皆有方圆。

从长远来看,奠定了海军的独立兵种地位。海军衙门的成立从制度上将海军作为独立兵种开始发展。《北洋海军章程》则从法律角度完全奠定了海军近代独立兵种的法律地位。其中最能体现这一地位的是该章程规定了海军军旗,使得近代海军在中国率先使用国际通用军事仪式。

在海防思想的指导下,海军军事法制的近代化基本完成,但其建设中的经验和教训对当今海军的建设亦有着深刻启示。

首先,海军建设要立足于中国实践。立法技术上的过度移植不可能建设强大海军,正如罗斯科·庞德所说"制定宪法时最应注意之点,乃使宪法之内容配合一国之历史与文化背景及社会环境。……绝非一种长成后可任意由一国移诸他国之物"①。整个近代海军军事法律的移植过程,立法活动是重点,追求的知识是条文的模仿。

其次,加强海军军事权法制的建设,是提升指挥效率、整合海军整体战斗力的核心问题。军事权的统一是制约指挥机构工作效率、决策水平以及各军种团结合作的决定性因素,是制约战争进程的极其重要的软件。② 然而,作为海军军事法核心,《北洋海军章程》对军权法的内容却没有涉及,最终导致四支海军各立门户,拥兵自重。

再次,加强军事作战训练法令的建设与实施,是提升海军战斗力的重要保证。北洋海军舰队炮术训练乃为"预量码数,设置浮标,遵标行驶。码数已知,放固易中"。舰队训练,沈寿堃总结道:"平日操演船阵,阵势总须临时应变,不可先期预定。预定则各管驾只须记应操数式,其余可置之。临时随意挂旗,示演各阵,则管驾不得不全图考究。"③由于《北洋海军章程》对实战训练法规丝毫未涉及,实战训练过程中法令执行不严,最终导致了北洋海军战斗力的下降。

最后,加强军事人文素质教育法规的建设,是提升海军核心战斗力的重要法宝。洋务派只注重对军人的军事技术培养,而忽视了对军人作风和军人意识等素质的培养。因此,当今海军法治建设必须通过立法,促进军人人文素质教育,加强军人社会主义核心价值观建设。

(原载《求索》2014 年第 12 期)

---

① 庞德:《论中国宪法》,王健编:《西法东渐——国人与中国法的近代变革》,第 123 页。
② 闵光玉:《军之殇:晚清军事法变革之旅》,第 97 页。
③ 姜鸣:《龙旗飘扬的舰队——中国近代海军兴衰史》,生活·读书·新知三联书店,2002 年,第 295 页。

论胡适苏俄观的演变

冯夏根*

一般而言,自由主义在相当长的历史时期一直是西方的主流意识形态,社会主义则是相对于资本主义的社会思潮,二者因价值取向之异往往被视为两种互相对立的思想体系。但历史的复杂性不能以表面化的概念和理论体系加以阐释。纵观中国近代历史进程,不难发现,自由主义与社会主义并非绝对的相互对立乃至水火不容。相反,二者在思想资源、主要理念、追求目标等方面存在总体方向上的一致性和相互会通之处,近代中国自由主义与社会主义之间出现了相互交错与辩难的历史格局。对此,本文拟以近代中国自由主义领军人物胡适的苏俄认知为中心,对近代中国自由主义与社会主义的复杂关系再做探索。①

一、胡适渐进思想里的"激进"趋向及其与苏俄的"趋近"

第一次世界大战的爆发及其后的俄国革命对中国思想界影响巨大。一方面,大战的爆发暴露了西方资本主义的弊端与危机,造成了国人印象中的"西方的分裂"②;另一方面,俄国革命与苏俄的成立更是给绝望中的国人指出了一条民族解放的新路,随后巴黎和会上列强对中国正当权益的公开践踏更是加剧了国人学习西方样板的转移,即倾向于"走俄国人的路"。由此,"五四"前后,一股"苏俄热"在中国兴起。

对于1917年的俄国革命,当时在美留学的胡适给予了较高的关注。二月革

---

* 冯夏根,现为华南师范大学马克思主义学院教授。
① 关于胡适的苏俄观,学界代表性的论著有:罗志田:《胡适与社会主义的合离》,收入许纪霖编:《二十世纪中国思想史论》(下卷),东方出版中心,2000年;欧阳哲生:《自由主义之累——胡适思想之现代阐释》第八章第一节"对'苏俄模式'的认识",江西教育出版社,2003年;罗志田:《北伐前数年胡适与中共的关系》,《近代史研究》2003年第4期;邵建:《一次奇异的思想合辙——胡适、鲁迅对苏俄的态度》,《社会科学论坛》2006年第8期(上)等。这些论著对胡适视域中的"苏俄模式"、胡适与社会主义及中共的关系等问题进行了较为深入的研究,但在全面梳理胡适苏俄观的演变线索方面仍有进一步拓展的空间,对胡适不同时期苏俄认知演变原因的分析尚不够充分。
② 罗志田:《西方的分裂:国际风云与五四前后中国思想的演变》,《中国社会科学》1999年第3期。

命的成功使胡适认为"俄国终成民主耳","此近来第一大快事,不可不记"①。他还欣然赋词一首:

> 客子何思,冻雪层冰,北国名都。看乌衣蓝帽,轩昂年少,指挥杀贼,万众欢呼。去独夫"沙",张自由帜,此意如今果不虚。论代价,有百年文字,多少头颅。
>
> 冰天十万囚徒,一万里飞来大赦书。本为自由来,今同他去;与民贼战,毕竟谁输!拍手高歌,"新俄万岁!"狂态君休笑老胡。从今后,看这般快事,后起谁欤?②

胡适对新俄的热切希望是寄托在俄国走自由民主之路的基础上的,但随后的十月革命则使俄国走上了无产阶级专政的道路。与李大钊、陈独秀等对十月革命的赞赏不同,胡适对十月革命没有太多的直接评论,自由主义与实验主义立场使他对苏维埃俄国这一新生事物保持了审慎的观察态度。

20世纪20年代,受军阀混战时局的压迫和"革命"风潮的影响,注重点滴改造的胡适不时流露出与其稳健立场不太一致的"抗争"意识。"五四运动"中,陈独秀在街头散发传单被捕,胡适激于义愤,在《"权威"》诗中写道:"奴隶们做了一万年的工……'我们要造反了!'"③不久,胡适又在《四烈士冢上的没字碑歌》中称赞四烈士是"英雄好汉","他们的武器:炸弹! 炸弹! 他们的精神:干! 干! 干! 他们干了些什么? 一弹使奸雄破胆! 一弹把帝制推翻!"④胡适直接套用当时流行的"标语口号"来行文,显见其思想受世风影响之一面。1921年双十节,胡适甚至直接喊出了"革命"的口号:"大家合起来,赶掉这群狼,推翻这鸟政府;起一个新革命,造一个好政府:那才是双十节的纪念了!"⑤1922年,胡适虽倡导"好政府主义",但他又说:"可改良的,不妨从改良下手,一点一滴的改良他。太坏了不能改良的,或是恶势力偏不容这种一点一滴的改良的,那就有取革命手段的必要了。"⑥可见,当"恶势力太坏"或和平改良毫无希望时,胡适并不完全拒绝革命。胡适渐进思想中的"激进"趋向成为他持续关注苏俄的内在心理依据。

五四时代的新青年群体最初是一批自由主义者的聚合,五四爱国运动之后,

---

① 胡适:《五一,俄国突起革命》,曹伯言整理:《胡适日记全编》(2),安徽教育出版社,2001年,第556页。
② 胡适:《沁园春·新俄万岁》,《胡适文集》第9册,北京大学出版社,1998年,第113页。
③ 胡适:《"权威"》,《胡适全集》第10卷,安徽教育出版社,2003年,第101页。
④ 胡适:《四烈士冢上的没字碑歌》,《胡适全集》第10卷,第138页。
⑤ 胡适:《双十节的鬼歌》,《胡适文集》第9册,第178页。
⑥ 胡适:《关于"我们的政治主张"的讨论》,《努力周报》第4期,1922年5月28日。

李大钊、陈独秀逐步走上了以马克思主义改造中国社会的政治变革道路,胡适则坚持"以思想文化解决问题"的启蒙立场。尽管社会改造立场与方法不同,早期马克思主义者与自由主义者在文化战线上仍关系密切。1919年,发生在胡适与李大钊之间的那场"问题与主义"之争是一场商讨式的、直率而温和的"民主阵线内部发生的一场争论","争论过后的相当长的时间里,陈独秀、李大钊与胡适,也并没有因为对马克思主义的态度迥异而反目为仇"。"在20年代的民主运动中,他们还是相互信任和相互支持的。"①1922年5月胡适与已成为马克思主义者的李大钊一起商议"好政府主义"②,他明确地称中国共产党为"我们的朋友",并在大目标上引为同道。对此,陈独秀在1923年的《前锋》上撰文回应,说胡适是真正了解近代资产阶级思想文化的人,认为唯物史观派和实验主义派"在扫荡封建宗法思想的革命战线上,实有联合之必要",因而提议建立"思想革命上的联合战线"③。

这一时期,胡适还毫不避讳地与苏俄来华的官方人士进行接触,他与苏俄驻华代表越飞和伊凤阁等人关系不错,还与为共产国际提供报告的俄共党员、天津大学教授柏烈伟有所交往,又与原海参崴报纸《遥远的边疆》编辑、远东电讯社驻沪记者、"俄国鼓吹机关代表"霍都洛夫久谈中国政局,认为后者的观察"颇不坏"④。胡适与苏俄人的交往与态度赢得了越飞的好感,越飞一度称胡适是"我们的朋友"⑤。胡适的言行指向,诚如论者所言:"胡适论政,一定程度上受到中国共产党的影响。可以说,陈炯明事变前后,胡适与苏俄和中共走得相当近。"⑥

二、莫斯科之行与胡适"新的兴奋"

1924年的国共合作及随后兴起的国民革命迅速改变着中国的政治局势。由于与苏俄日益"趋近",胡适拒绝加入1925年知识界的那场"联俄与仇俄"问题的讨论,并以实验主义立场批评许多学者在"反赤化"问题上的"武断"⑦。1926年前后,胡适个人的思想亦逐步由个人主义向民族国家立场转变。他认为国民革命运动是中国唯一有希望外抗强权内除军阀的运动。他预计国民革命如果不

---

① 《胡绳论"从五四运动到人民共和国成立"》,社会科学文献出版社,2001年,第67页。
② 《胡适日记》(1922年5月11日),曹伯言整理:《胡适日记全编》(3),第664~665页。
③ 陈独秀:《思想革命上的联合战线》,《前锋》第1期(1923年7月1日),第67页。
④ 《胡适日记》(1922年8月13日),《胡适日记全编》(3),第757页。
⑤ 《越飞致马林的信》(1922年11月17日),见李玉贞主编:《马林与第一次国共合作》,光明日报出版社,1989年,第102页。
⑥ 桑兵:《陈炯明事变前后的胡适与孙中山》,《近代史研究》2001年第3期。
⑦ 胡适:《欧游道中寄书·三》,《胡适文集》第4册,第42~43页。

给中国带来一个根本的解决,至少也是一个转折性的解决。但他认为更可能是一个根本的解决。① 从思想启蒙走向政治解决,从个人主义转向集团主义,胡适迈出的步伐可谓不小。

循此思路,胡适顺理成章地在《我们对于西洋近代文明的态度》一文中表达了对社会主义的欣赏。胡适分析了资本主义制度下个人主义的流弊,强调社会主义是对个人主义进行补救的好方法,并誉之为时代的潮流。他说:"19 世纪以来,个人主义的趋势的流弊渐渐暴白于世了,资本主义之下的痛苦也渐渐明了了。远识的人知道自由竞争的经济制度不能达到真正的'自由、平等、博爱'的目的。"解决此问题的两种办法是:"一是国家利用其权力,实行制裁资本家,保障被压迫的阶级;一是被压迫的阶级团结起来,直接抵抗资本阶级的压迫与掠夺。"胡适对社会主义运动的发展表示了惊讶与乐观:"十年以来,工党领袖可以执掌世界强国的政权,同盟总罢工可以屈伏最有势力的政府,俄国的劳农阶级竟做了全国的专政阶级。这个社会主义的大运动现在还正在进行的时期。但他的成绩已很可观了。"由此,胡适正式宣告:"十八世纪的新宗教信条是自由、平等、博爱,十九世纪中叶以后的新宗教信条是社会主义。这是西洋近代的精神文明,这是东方民族不曾有过的精神文明。"②胡适对社会主义大加赞誉,并将其归入"西洋近代的精神文明",这为他随后的苏俄观感定下了基调。

1926 年 7 月,胡适作为中国代表赴英参加中英庚款会议,途经莫斯科,停留了三天。他先后参观了苏联的"革命博物馆"、莫斯科的"第一监狱",还与于右任、蔡和森及美国芝加哥大学的两位左派教授梅里姆、哈珀斯会谈。短暂的莫斯科之行,使胡适对苏俄产生了极大的好感,他对苏俄有计划的政治、教育和苏俄人努力奋斗的精神称赞有加。他谈道,苏俄人在"在此做一个空前的伟大的政治试验,他们有理想,有计划,有绝对的信心,只此三项已足使我们愧死"③。对于胡适一直耿耿于怀的苏俄的"狄克推多"制度,梅里姆向他解释说:"苏俄虽是狄克推多,但他们确真是用力办教育,努力想造成一个社会主义的新时代。依此趋势认真做去,将来可以由狄克推多过渡到社会主义的民治制度。"听了这番话,胡适竟表示"此论甚公允"④。在教育方面,胡适认为苏俄人"确是采取世界最新的教育学说,作大规模的试验"。胡适还观察到,苏俄人有"有一种 Seriousness of Purpose,真有一种'认真''发愤有为的气象'","他们的意志的专笃","是我们不

---

① 转引自罗志田:《走向"政治解决"的"中国文艺复兴"——五四前后思想运动与政治运动的关系》,《近代史研究》1996 年第 4 期。
② 胡适:《我们对于西洋近代文明的态度》,《现代评论》第 4 卷第 83 期,1926 年 7 月 10 日。
③ 胡适:《欧游道中寄书·二》,《胡适文集》第 4 册,第 41~42 页。
④ 胡适:《欧游道中寄书·二》,《胡适文集》第 4 册,第 42 页。

能不十分顶礼佩服的"。胡适由此感叹:"我们要想法子养成一点整齐严肃的气象",胡适表示这就是他的"新的兴奋"①。胡适对苏俄的"新评价"使他的朋友们感到困惑,并引发了他与徐志摩、任鸿隽、徐新六之间一场小规模的争论。然而,此时的胡适已"明显地流露出不据学理不择方法去干"的倾向②,可见莫斯科之行对他触动甚大。

短短三天的莫斯科之行,胡适的思想为什么给人以"面目全非"之感呢?

20世纪20年代,中国思想界出现了"社会主义各派学说的流行"③。受世风、语境影响,20年代的自由主义者表现出了一定程度的"左"倾即社会主义倾向。④从学理上看,影响近代中国自由主义学人的主要是主张调和个人主义与集体主义、允许运用社会集体力量对经济等问题进行人为调节和干预的新自由主义。有论者指出:"现代中国的自由主义者,从来没有经过西方古典自由主义的知识洗礼,从'五四'时代开始,便表现出明显的新自由主义倾向,力图将自由主义与社会主义加以某种调和。""十九世纪资本主义文明的危机,使得中国的自由主义者从一开始就倾向于将社会主义纳入自由主义的思想框架中"。⑤这一特征也明显体现在胡适身上。胡适公开声称自己主张"新自由主义",即"避免'阶级斗争'的方法,采用三百年来'社会化'的倾向,逐渐扩充享受自由、享受幸福的社会。这方法,我想叫他做'新自由主义'(New Liberalism)或'自由的社会主义'(Liberal Socialism)"⑥。胡适对社会主义的憧憬与向往是早有思想基础的,胡适正是在苏俄看到了他想看、喜欢看和期待看到的东西,所以不由得发生"新的兴奋"。

另外,胡适对苏俄的称许立基于其实验主义立场。他在致张慰慈、徐志摩等人的信中一再强调:"他们在此做一个空前的伟大政治新试验","我是一个实验主义者,对于苏俄之大规模的政治试验,不能不表示佩服。"⑦苏俄的大规模建设与实验触发了胡适对中国国家崛起的信心与幻想。其情境正如徐志摩所言:"除非是白痴或是麻痹,谁去俄国都不免感到极大的震惊,赞成或反对他们的政治或别的什么另是一件事,在那边人类的活力几乎超到了炙手可热的度数,恰好反照我们这边一切活动低落到不可信的地位。"⑧

---

① 胡适:《欧游道中寄书·四》,《胡适文集》第4册,第44页。
② 伯山:《与适之先生论干并及新自由主义》,《晨报副刊》1927年1月6日。
③ 陈端志:《五四运动之史的评价》,生活书店,1936年,第368页。
④ 参阅桑兵:《陈炯明事变前后的胡适与孙中山》,《近代史研究》2001年第3期。
⑤ 许纪霖:《现代中国的社会民主主义思潮》,收入《二十世纪中国思想史论》(下卷),第31、32页。
⑥ 胡适:《欧游道中寄书·五》,《胡适文集》第4册,第47页。
⑦ 胡适:《欧游道中寄书·五》,《胡适文集》第4册,第41~42页。
⑧ 徐志摩:《一个态度及按语》,《晨报副刊》1926年9月11日。

此外,胡适泛化的"西方"观念也影响了他的苏俄观感。近代以来,在学习西方的过程中,胡适常被视为"西化"的代表。在胡适思想的前期,至少在20世纪30年代中期以前,"他心中的'西方'是一个泛化的概念,并没有明确区别美英模式、苏俄模式甚至日本模式,尽管他内心世界的理想模式是'美国经验'。他心中的'西化'模式指一切完成现代化过程的国家(包括不在欧美的日本),它们对中国来说都具有示范的意义"①。正是从这种"泛化"或广义的"西方"观念出发,在胡适那里,学习苏俄实质上就是学习西方,而且是"最新"的西方,经梅里姆"苏俄的专政可经教育转化为民主"观念的点拨,胡适认为,苏俄与美国"这两种理想原来是一条路,苏俄走的正是美国的路"②。

需要说明的是,无论胡适等自由主义者在思想上如何倾向于社会主义,他也不可能全面认同苏俄的暴力革命与政治意识形态。胡适表示:"自由主义为了尊重自由与容忍,当然反对暴力革命与暴力革命必然引起来的暴力专制政治。"③可以认为,胡适推崇或欣赏的是苏俄的社会建设或社会政策,而对作为国家制度层面的苏俄的暴力路线和极权政治并不赞同,最多不过是容许实验的低调包容。虽然胡适在"激进的"道路上已走得稍远,但无论如何他也不会完全放弃其自由主义的理想和信念。

三、"社会主义是西方民主政治的逻辑发展"

离开莫斯科后,胡适对社会主义及苏俄的"新的兴奋"并未立刻扫除。在西去的火车上,俄国外交委员罗森斯坦告诉胡适,英美虽尊崇自由,但表里不一,而苏俄的无产阶级专政则是名副其实,胡适认为"此言却甚有理"④。1926年10月,胡适在英国专访罗素,罗素旧调重弹,认为像中国这样农业落后的国家,民主制度实不相宜,倒是苏俄的"Dictatorship"(专政)最适用。胡适表示,我们爱自由的人却有点受不了。罗素则说,那只好牺牲一点了。胡适听后虽觉"奇怪",但却表示"此言也有道理,未可全认为不忠恕"⑤。可见,出于对社会主义和民族自立的向往,胡适对苏俄的"专政"保持了相当限度的"容忍"。随后,在英国的一系列演讲中,胡适反复强调说:社会主义不仅是西方早期更重个人的民主观念的

---

① 欧阳哲生:《中国的文艺复兴——胡适以中国文化为题材的英文作品解析》,《近代史研究》2009年第4期。
② 《胡适日记》(1930年3月5日),曹伯言整理:《胡适日记全编》(5),第681页。
③ 胡适:《自由主义》,《胡适文集》第12册,第810页。
④ 《胡适日记》(1926年8月2日),曹伯言整理:《胡适日记全编》(4),第238页。
⑤ 《胡适日记》(1926年10月17日),曹伯言整理:《胡适日记全编》(4),第394页。

补充,是西方民主运动的历史组成部分,而且是"西方文明最伟大的精神遗产"。他教导英国人说:"我们或许可以不喜欢社会主义。但它显然是人类所发明的关于社会秩序的最高理念之一。"实际上,"世界正在不知不觉中变成社会主义的世界"①。1927年,胡适在美国的考察中注意到,美国社会"资本集中而所有权分散在民众","这种'社会化'的现象随地可见",美国社会似乎也在朝着他心目中的"社会主义"方向走。② 向来被视为自由主义的胡适对社会主义如此高度推崇,这在中国思想史上是罕见的。当然,胡适的基点是将社会主义纳入西方文明的范围,他的立场仍不脱自由主义。

20世纪30年代前期的胡适继续保持着对社会主义和苏俄的欣赏。1930年9月,胡适在亚东版《胡适文存》第三集的扉页上题有纪念四位最近失去的亡友,李大钊先生位居首位。在《写在孔子诞辰纪念之后》一文中,他称颂"那些为民十三以来的共产革命而死的无数青年——他们慷慨献身去经营的目标比起东林诸君子的目标来,其伟大真不可比例了"③。在1935年发表的一篇纪念五四运动的文章中,胡适甚至把马克思、恩格斯、列宁看成是"自由思想独立精神的产儿","他们都是终身为自由奋斗的人"④。在他主政的《独立评论》上,亦不时有认同和肯定苏俄建国的文章发表。

在1933年爆发的民主与独裁的论战中,胡适虽始终站在民主阵线一边,不过细察他的言论不难发现,胡适实际上是将"现代独裁"政治视为比民主政治更高的一个阶段。他称赞苏联的"现代独裁政治"是"需要最高等的专门技术的现代独裁,乃真是最高等的研究科政治"⑤,是"人类历史上的新鲜局面",它的特色"不仅仅在于政权的集中与弘大,而在于充分集中专家人才,把政府造成一个完全技术的机关,把政治变成一种最复杂纷繁的专门技术事业,用计日程功的方法来经营国家人民的福利"⑥。胡适将苏俄的政治试验和西方民主政治纳入同一谱系,认为前者是后者的逻辑发展,即他一贯欣赏的"民主政治社会化"。

1933年,胡适在芝加哥大学发表"中国的文艺复兴"的英文讲演,正式提出了"社会主义是西方民主政治的逻辑发展"的观点。他指出,俄国大革命使西方文明的许多基本制度遭受了重大的挑战,资本主义制度受到全面的怀疑,人类的

---

① 胡适在利物浦大学和曼彻斯特大学的演讲,转引自罗志田:《胡适与社会主义的合离》,《二十世纪中国思想史论》(下卷),第86~87页。
② 胡适:《漫游的感想》,《胡适文集》第4册,第29、33页。
③ 胡适:《写在孔子诞辰纪念之后》,《独立评论》第117号,1934年9月9日。
④ 胡适:《个人自由与社会进步——再谈五四运动》,《独立评论》第150号,1935年5月12日。
⑤ 胡适:《中国无独裁的必要与可能》,《独立评论》第130号,1934年12月9日。
⑥ 胡适:《一年来关于民主与独裁的讨论》,《东方杂志》第32卷1号,1935年1月1日。

文明将何去何从呢？胡适明确表示："我们若把这些社会主义、共产主义运动看做是并非外在于西方文明的异己成分，而是其有机组成部分，是完善其民主理想的逻辑必然，只是对其早先有点过于个人主义的民主理念的补充，不是更合理么？"①1934年年底，胡适在概括20世纪以来的世界发展大势时又说："这个新发展的最可注意之点在于无产阶级的政治权力的骤增，与民主政治的社会化的大倾向"，前者的表现实例，有苏俄的无产阶级专政和英国工党的两度执政，而欧美国家"一切'社会'的立法，都是民主政治社会化的表现"。"大战之后，这个趋势继续发展，就使许多民治国家呈现社会主义化的现象。至于苏俄的以纯粹社会主义立国，更不用说了。"②至此，从自由民主立场出发，胡适坚持认为苏俄与西方走的是同一条道路甚至在平等领域超越了西方国家，胡适对社会主义的欣赏达到了巅峰。

胡适的上述判断显然受到当时国际背景的影响。20世纪30年代，资本主义全球性经济危机和苏俄"一五"计划的成功恰成鲜明的对比，德、意、日法西斯的先后上台似乎在短时期内也展现了一种民族国家的"新气象"，这些均是促使胡适继续保持其"苏俄认知"的重要因素。但胡适新自由主义的思想基础则是主因。诚如论者所言，无论如何，胡适对社会主义和苏联的推许是从现代自由主义立场出发。他从未放弃对美国民主模式的坚信，他说美苏走的是一条路，是因为他认为苏俄曲线在走美国路；而且美国在三四十年代罗斯福当政期许多"新政"举措，恰好也能印证和支持胡适对西方文明向社会主义方向发展的趋势性预测。③

可见，至少在30年代中期以前，胡适对社会主义和苏俄并无批评之意，反倒认为社会主义是人类社会发展的大趋势，是对西方个人主义、民主理念的纠偏与补充。

四、胡适与苏俄渐行渐远

20世纪30年代苏联确立了高度中央集权体制的极端形式——斯大林个人专制，同时也暴露了苏联政制之内在缺陷。作为自由主义思想家，胡适对苏联肃反运动中出现的对自由与人权的破坏、对民主与法治的践踏表现出了深深的忧虑、失望与不满。1937年，胡适写道："这几天苏俄国内清党清军的惊人消息又

---

① 欧阳哲生、刘红中编著：《中国的文艺复兴》，外语教学与研究出版社，2001年，第178～180页。
② 胡适：《一年来关于民治与独裁的讨论》，《东方杂志》第32卷第1号，1935年1月1日。
③ 罗志田：《胡适与社会主义的合离》，《二十世纪中国思想史论》（下卷），第93～94页。

占据了世界报纸的首页地位,又使我们心里不能不重新估计这个新国家的巨大试验究竟有多大的稳固性!"①此外,30年代后期苏联执行大国沙文主义政策,其无视他国利益的军事与外交行动也加速了胡适与苏联的疏离。1939年,《苏德互不侵犯条约》的签订与苏军对波兰的进攻使胡适由失望转而愤慨。他在日记中指出,苏联的军事行动是对波兰的赤裸裸的侵略,其行为与德国无异,"可以使欧战完全变更性质!"②恰在此时,胡适的导师杜威出版了《自由与文化》一书,以其鲜明的民主主义立场,反对包括德国和苏俄在内的一切极权主义。③ 很可能受杜威著作的影响,胡适1941年于密西根大学发表了"民主与极权的冲突"的英文演讲,将第二次世界大战解读为"有史以来两种生活方式之间的战争",是"近代的民主主义与极权主义的战争"④。这种"民主与极权"对立的二元政治模式成为此后他批评苏联、观察世界局势的基本理路。由此开始,胡适与苏俄渐行渐远。

在此后的一系列讲演和文章中,胡适公开批评苏俄的极权政治。1947年8月,胡适抨击俄国大革命采用阶级斗争的方法,"造成了一种不容忍、反自由的政治制度",并认为"那是历史上的一件大不幸的事"⑤。胡适批评苏俄领导集团"用很冷酷的暴力压制大多数的人民",并坚信"这个反自由不容忍的专制运动只是这三十年历史上的一个小小的逆流,一个小小的反动"⑥。1948年,胡适继续批评苏联缺乏政治自由。他说:"我走过许多国家,我没有看见一个国家牺牲经济自由可以得到政治自由;也没有见到一个国家牺牲政治自由可以得到经济自由。俄国人民生活程度三十年来提高了多少? 人民生活痛苦减轻了多少,经济自由得到了没有? 牺牲政治自由而得到经济自由的,历史上未有先例。"⑦

20世纪40年代胡适对苏俄认知的"转向"可以从世界局势演变与胡适的民族主义立场两个角度得到说明。30年代,经济危机冲击下的德、意、日建立了法西斯政权并对外侵略扩张,苏俄国内的肃反运动及对外的霸权行径也挑战了胡适的底线,世界局势的演变使胡适心目中的"大西方"发生了分化。因而,在政体选择面前,深受自由主义思想浸染的胡适自然偏向了英美的民主政体。此外,《雅尔塔协定》对中国权益的侵害使胡适对苏俄的侵略行径异常愤怒。他在致周

---

① 胡适:《编辑后记》,《独立评论》第239号,1937年6月20日。
② 《胡适日记》(1939年9月17日),曹伯言整理:《胡适日记全编》(7),第279页。
③ 参见杜威:《自由与文化》,吴俊升译,台北:正中书局,1953年。
④ 胡适:《民主与极权的冲突》,中译本刊于《自由中国》创刊号,1949年11月20日。
⑤ 胡适:《眼前世界文化的趋向》,《胡适之先生年谱长编初稿》,台北联经出版公司,1984年,第6册,第1986页。
⑥ 胡适:《我们必须选择我们的方向》,《大公报》(天津)1947年8月24日。
⑦ 胡适:《当前中国文化问题》,《胡适全集》第22卷第741页。

鲠生的信中写道:"我向来对苏俄是怀着很大的热望的。……这种希望曾使我梦想的俄国是一个爱好和平的国家,爱好和平到不恤任何代价的程度。……但是雅尔达秘密协定的消息,中苏条约的逼订,整个的东三省的被拆洗……我不能不承认这一大堆冷酷的事实,不能不抛弃我二十多年对'新俄'的梦想,不能不说苏俄已变成了一个很可怕的侵略势力。"从民族主义者的立场出发,胡适对苏俄的强权政治极度失望:"苏俄今日被人看作一个可怕的侵略势力,真是苏俄自己绝大的不幸,自己的绝大损失了。"①

不过,40年代胡适对苏俄政制的否定并不意味着对社会主义的彻底抛弃。1947年,胡适仍然强调世界文化的第二个共同理想目标是"用社会化的经济制度来提高生活程度"。虽然避开了"社会主义"字眼,但联系胡适此前的言论,二者在他那里意思等同。直到20世纪50年代,随着美苏冷战的升温和对苏俄的批评加剧,胡适最终抛弃了他一直追寻的"社会主义"梦想。1953年,胡适在日记中评论哈耶克《通往奴役之路》时指出:"Hayek 此书,论社会主义与自由不能共存,其意甚可取。我在二十年前,尚以为 Socialism is a logical sequence of the democratic movement. 近十年来,我渐见此意之不是,故蒋廷黻兄提议我们发起一个'社会党',我不赞成。我是一个自由主义者,其主要信条乃是一种健全的个人主义,不能接受各种社会主义的信条。"②"二战"后美苏冷战的世界格局及根深蒂固的自由主义立场使胡适完全否定了自己"苏俄走的正是美国的路"的说法。1954年,胡适对自己当年表达的"19世纪中叶以后的新宗教信条是社会主义"的观点表示"公开忏悔"。就这样,对社会主义一度钟情的胡适,在美苏两极对峙的世界格局影响下,最终回归其自由主义立场。

五、结　语

苏俄与社会主义潮流对近代中国各阶层都产生了巨大的吸引力。受此影响,胡适对苏俄始而逐步"趋近",继而被"强烈吸引"以至一定程度的"激进"与"左"倾,最后终因苏俄政治体制内在缺陷的暴露及其对外的扩张行径,促使胡适与苏俄"渐行渐远",并在20世纪50年代放弃了对社会主义的梦想。胡适的苏俄认知虽始终以其自由主义思想为立足点,但社会主义则是他多年关注苏俄,并对苏俄寄予厚望的重要因素。胡适苏俄观之演变,反映出近代中国自由主义与

---

① 《胡适致周鲠生》,中国社会科学院近代史研究所中华民国史组编:《胡适来往书信选》下册,中华书局,1980年,第312~314页。
② 《胡适日记》(1953年11月24日),《胡适全集》第34卷,第311页。

社会主义的交错与纠结。

  从中国近代思想史的发展进程来看,社会主义始终是自由主义知识分子思考中国出路的重要资源,是自由主义知识分子构造现代中国历史图景的重要价值源泉。在中国社会改造问题上,自由主义与社会主义"既有对立的一面,又有合作的一面"①。自由主义与社会主义的离合,反映出"自由民主"与"公正平等"始终是近代中国自由主义知识分子难以割舍的追求,并由此影响其对近代中国政治社会问题的基本立场。从自由主义的政治运作来看,虽然自由主义者充分肯定社会主义的价值,注重平等的诉求,但并没有以此作为凝聚社会力量、实行政治动员的符号,"自由主义在近代中国终究只能在部分知识分子中流行,却无法成为激励社会各阶层,尤其是广大劳苦大众为争取自身解放的思想旗帜"②。相反,中国马克思主义者既坚持社会主义的理想,又将其转变为可以简便操作、根本解决的社会动员方式,从而最终战胜了诸多"主义",完成了中国社会的重大政治与思想变革。而马克思主义者的政治运作方式又恰是胡适等自由主义者无法接受的,历史就这样诡异地展现了近代中国自由主义理想与现实之间的无情悖论。

[原载《华中师范大学学报(人文社会科学版)》2015年第6期]

---

① 陆剑杰:《中国的自由主义和中国的马克思主义之关系的历史、现状与未来》,《哲学研究》1999年第11期。
② 胡伟希:《理性与乌托邦——二十世纪中国的自由主义思潮》,《二十世纪中国思想史论》(下卷),第25~26页。

论《联共（布）党史简明教程》对范文澜《中国通史简编》的影响

任 虎*

刘大年认为，范文澜《中国通史简编》（以下简称"《简编》"）是"中国最早的马克思主义的中国通史"①。以往学界关于《简编》理论背景的描述，多概言范文澜的经学底蕴，对马克思主义理论的接受，受到毛泽东关于中国历史框架的启发，以及对当时一些国际左派中国史著作的取鉴，却极少深入探究他编写《简编》的知识背景和唯物史观理论来源。② 实际上，范文澜已明确提示，《简编》的编写受到苏联史学尤其是《联共（布）党史简明教程》（以下简称"《联共党史》"）的影响。③ 学界虽已关注到这一点，但缺乏细致梳理。④ 因此，本文从范文澜通过《联共党史》系统学习并应用唯物史观研究中国历史的过程入手，深入发掘相关回忆史料和其他文献，具体呈现他"企图用历史唯物主义的观点和方法给中国古代史画出一个基本的轮廓"的过程⑤，并尝试重新梳理《简编》的历史科学理论和编写方法形成和发展的脉络。

---

* 任虎，现为杭州师范大学历史系讲师。
① 刘大年：《光大范文澜的科学业绩》，《近代史研究》1994 年第 1 期。
② 林国华：《范文澜与中国马克思主义史学》，山东大学博士学位论文，2007 年；周文玖：《范文澜的经学与史学》，《史学史研究》2014 年第 4 期；赵庆云：《范文澜与中国通史撰著》，《史学理论研究》2017 年第 4 期；李孝迁：《"红色史学"：范文澜〈中国通史简编〉新论》，《中共党史研究》2018 年第 11 期；陈其泰：《范文澜学术思想评传》，华夏出版社，2018 年，第 201～212 页，等等。正如赵庆云强调："范文澜的读书情况、知识背景等至今仍无人进行考察，而这对于把握他的学术思想是比较关键的。"参见赵庆云：《范文澜研究综述与展望》，《贵州社会科学》2008 年第 3 期。
③ 范文澜：《关于〈中国通史简编〉》，《科学通报》第 2 卷第 6 期，1951 年 6 月。
④ 许冠三注意到"范文澜开始学历史唯物主义"是从"'认真圈点'〈联共（布）党史〉和〈斯大林选集〉入手"（《新史学九十年》，岳麓书社，2003 年，第 445 页）；洪认清关注到范文澜《关于上古历史阶段的商榷》一文，是按照"斯大林在〈联共（布）党史简明教程〉所阐述的辩证唯物主义和历史唯物主义观点，具体分析商、周的社会性质"（《论抗战时期范文澜的史学研究》，《淮北煤炭师范学院学报》2000 年第 3 期），但都未深入探究。
⑤ 范文澜：《修订本〈中国通史简编〉第一编再版说明》，《中国通史简编》（修订本）第一编，人民出版社，1965 年，第 1 页。

一、范文澜学习唯物史观始末

范文澜作为中国马克思主义史家"五老"之一,最初并非以马克思主义历史研究名于学界。他自五四时期始就以抵制"白话文"、研究"好古之学""追踪乾嘉老辈"为"全部生活的唯一目标"①。1927年以后,他在政治上向共产主义转变,担任了北方左翼文化运动中的党团领导人之一。1939年9月,他在鄂豫边区重新加入中国共产党,年底经组织安排前往延安。② 这一时期,他开始系统学习唯物史观,以马克思主义"清算经学"和进行"历史学工作"③,最显著的成绩就是在延安完成《简编》。该书被誉为是"仅此一部"的"用新史观来编写整个中国的通史"④,更被毛泽东盛赞为代表中共"对于自己国家几千年的历史有了发言权,也拿出了科学的著作了"⑤。范文澜的"新史观"究竟发端于何处?以往学界虽已注意到范文澜在20世纪30年代末40年代初开始系统接受唯物史观指导历史研究,却极少探究他的理论来源和编写过程。⑥ 对这一问题的解决,还需要从《简编》的写作情境进行探讨。

在此之前,虽然国内学界自20世纪20、30年代以来已出版了诸多中国通史,但中共史家并不满意,认为它们"并没能说明中国史"⑦,因此一直有运用唯物史观编撰中国通史的计划。在唯物史观阵营外,中共史家不仅对"王家年谱""起居注"的旧式史学一概推翻;而且认为章太炎、黄季刚、顾颉刚等"对所谓国学有较深的素养"的学者,以及胡适、冯友兰等在"实验主义"指导下编写的中国历

---

① 范文澜:《从烦恼到快乐》,李孝迁、任虎编校:《近代中国史家学记》上,上海古籍出版社,2018年,第131页。
② 《范文澜同志年表》,中国社会科学院近代史研究所编:《范文澜历史论文选集》,中国社会科学出版社,1979年,第351~360页。
③ 毛泽东:《致范文澜》,中共中央文献研究室编:《毛泽东书信选集》,中央文献出版社,2003年,第149页。
④ 叶蠖生:《对于学习中国历史的几点意见》,《解放》第133期,1941年7月31日。
⑤ 佟冬:《我的历史》,北京图书馆《文献》丛刊编辑部、吉林省图书馆学会会刊编辑部:《中国当代社会科学家》第4辑,书目文献出版社,1983年,第84页。
⑥ 潘汝暄:《范文澜传略》,晋阳学刊编辑部:《中国现代社会科学家传略》第四辑,山西人民出版社,1983年,第216页;尹俊忠:《范文澜在河南大学期间的革命活动》,《河南大学学报》1985年第3期;罗梅君:《政治与科学之间的历史编纂——30和40年代中国马克思主义历史学的形成》,孙立新译,山东教育出版社,1997年,第35页;叶毅均:《走向革命:1920年代范文澜急遽政治化的历程》,《中山大学学报》2019年第3期。
⑦ 参见吕振羽:《中国社会史诸问题》,耕耘出版社,1940年,第112页。该文提及萧一山的《清代通史》、王桐龄的《中国史》、邓之诚的《中华二千年史》、陈恭禄的《中国近代史》等。

史著作,"不能应用正确的方法论","无法对史料达到正确的选择、搜集与认识"①。在唯物史观阵营内,中共史家不仅对风靡久久的"外国人替我们写的几本社会史"提出批评,认为它们在历史理论、结构编排、政治观点等方面存在错误②;而且对"社会史论战"后中国唯物史观学者创作的"几部较正确的断代中国史前史、奴隶制度史、初期封建史、近世史"不满意,也认为他们"还没有完成一部较正确的社会通史,把中国社会发展过程的具体面目系统地复现出来"③。同时,在抗日战争形势下,这部中国通史还承载着更为现实的任务,它不仅要"用马克思列宁底历史唯物主义的观点",而且要"用以教育中华民族的后辈,激动我国青年的民族自尊和爱国主义的热情"④。

1938年10月,毛泽东在中共六届六中全会提出"马克思主义中国化",强调"研究我们民族的历史……用马克思主义的方法给以批判的总结"⑤。年底,延安马列学院设立历史研究室,由陈伯达担任主任,成员包括杨绍萱、佟冬和尹达三人,主要负责落实"毛泽东同志关于要研究中国农民战争史的指示"。但由于陈伯达"极少过问研究工作",研究计划暂时搁置,这一状况在范文澜到来后发生改变。⑥

范文澜在1940年1月到达延安后不久,就被任命为历史研究室主任,受毛泽东委托"在短期内编出一本篇幅为十来万字的中国通史"⑦。该通史由范文澜担任主编,叶蠖生、尹达、佟冬、唐国庆、金灿然等人参加,以"中国历史研究会"名义分工编写,但由于"缺乏集体写作的经验",编法不一,各部书稿详略不当,遂最后由范文澜"从头写"。据叶蠖生回忆,这部通史的既定目标需同时具备通俗性和包含历史规律,"以供丙级学习干部之用",因为"这一类干部多未学过社会进化史"⑧,这就要求作者具备相当程度的唯物史观理论基础和历史写作能力。但据范文澜回忆,他在着手编写《简编》时虽有经学根基,但"马列主义修养差得太多,思想上主观性、片面性非常严重,没有力量来正确地掌握马列主义的观点和

---

① 吕振羽:《评佐野袈裟美的〈中国历史读本〉》,《中山文化教育馆季刊》第4卷第3期,1937年9月10日;《本国史研究提纲》上,《读书月报》第2卷第4期,1940年6月1日;《中国社会史诸问题》,第112页。
② 刘亚生:《略评几本外人著的中国历史》,《解放日报》1942年1月17日。该文提及森谷克己、佐野袈裟美、沙发诺夫等国际左派人士的著作。
③ 吕振羽:《中国社会史诸问题》,第112页。
④ 杨松:《关于马列主义中国化的问题》,《中国文化》第1卷第5期,1940年7月25日。
⑤ 毛泽东:《论新阶段》,《解放》第57期,1938年11月25日。
⑥ 叶蠖生:《我所了解的中国历史研究室》,温济泽等编:《延安中央研究院回忆录》,中国社会科学出版社、湖南人民出版社,1984年,第69~70页。
⑦ 叶蠖生:《我所了解的中国历史研究室》,温济泽等编:《延安中央研究院回忆录》,第70页。
⑧ 叶蠖生:《对于学习中国历史的几点意见》,《解放》第133期,1941年7月31日。

方法","材料的掌握和历史知识也很差"①。直至正式开始编写《简编》后一个月,他依然认为自己对马列主义"未能窥见途径,谈不到正确运用"②。在回忆编写过程时,他更自嘲《简编》是如"一个小孩子初学走路"般初次应用唯物史观研究中国历史,编写过程"东倒西歪,连跌带爬,不成模样"③。这些回忆即使考虑范文澜过于自谦的因素,也在一定程度上显示出他对自身唯物史观知识储备的不自信。

范文澜关于《简编》编写过程的感慨,比较符合他从传统国学研究转向唯物史观历史研究的历程。1922~1927年,范文澜在任教南开大学期间受到五卅运动的刺激,开始从"追踪乾嘉"向共产主义转变,通过学习布哈林《共产主义的ABC》来纠正"乌托邦的幻想"④。这是他自述首次接触马克思主义,实际上该书主要论述了资本主义向共产主义的必然转变和社会主义建设等问题,而在唯物史观方面较薄弱。⑤ 1927年以后,他前往北平,先后任教于北京大学、辅仁大学、北平大学女子文理学院等校。据叶毅均考察,范文澜在该时期与中共来往密切,积极参与北方左翼文化运动,推断他"对于攸关中国革命何去何从的中国社会性质与中国社会史论战,想必同样关注……这场论战应当是他从国学领域过渡到古史研究的契机之一"⑥。

从范文澜在20世纪30年代早中期的历史著作来看,当时他尚未将唯物史观应用其中。他在1931年出版的第一部历史著作《正史考略》,就性质来说只是"基于《文心雕龙》'总论文体'的视野来观照二十四史"⑦,仅为"窃观前儒著述……九杂旧闻,缀为一编",为他日"翻阅正史"之助力⑧。而1936年出版的《大丈夫》,虽为《简编》"开拓了先路"⑨,但也只是出自将史书小说翻译为白话文"消遣"的初衷⑩。这说明直至1936年,范文澜虽已开始接触唯物史观,但并未系统学习并运用来研究中国历史。直到全面抗战爆发,他先后前往中共鄂豫边区和延安,开始系统学习唯物史观。

范文澜曾回顾系统学习唯物史观的经过,强调1939年春起在鄂豫边区党委

---

① 范文澜:《关于〈中国通史简编〉》,《科学通报》第2卷第6期,1951年6月。
② 范文澜:《中国经学史的演变》,《中国文化》第2卷第2期,1940年11月25日。
③ 范文澜:《关于〈中国通史简编〉》,《科学通报》第2卷第6期,1951年6月。
④ 范文澜:《从烦恼到快乐》,李孝迁、任虎编校:《近代中国史家学记》上,第132页。
⑤ 布哈林:《共产主义的ABC》,新青年社,1926年。
⑥ 叶毅均:《走向马克思主义史学之路——范文澜前传》,三民书局,2020年,第338页。
⑦ 叶毅均:《走向马克思主义史学之路——范文澜前传》,第301页。
⑧ 范文澜:《正史考略》,北平文化学社,1931年,"绪言",第8页。
⑨ 蔡美彪:《范文澜治学录》,《学林旧事》,中华书局,2012年,第27页。
⑩ 范文澜:《大丈夫》,开明书店,1936年,"抄在书头",第1页。

期间"反复读过《联共(布)党史简明教程》《斯大林选集》",但基础还不够深,"只能算是马克思小而又小的学生,比芝麻还小的小学生"。9月离开边区到达延安以后,"接触马列主义的书多了些,学习了干部必读的若干本书,增加了书本知识",由此开始运用唯物史观研究中国历史。① 据同在边区党委的王阑西回忆,范文澜经常在夜间"读《联共党史》《斯大林选集》,认真圈点,还写了许多学习札记"②。另据其哲嗣范元维回忆,范文澜从边区赴延安途中被国民党扣留,也是由于被查出随身携带《联共党史》和《斯大林选集》③。显然,范文澜系统学习马克思主义始于二书。1940年8月至1941年年底,范文澜用"仅仅一年半的日期仓促脱稿"④,完成数十万字《简编》,应该说是以快速学习马列主义为基础的。相较《斯大林选集》(解放社1939年版)尚未收入专门论述唯物史观的《辩证唯物主义与历史唯物主义》(以下简称《主义》)⑤,《联共党史》则在第四章第二节专列《主义》,显然该书对他学习唯物史观的影响更大。这本《联共党史》究竟为何对范文澜产生如此巨大影响?它与中共历史科学理论体系的发展又有何关联?

二、《联共党史》对马列主义学习的推动

唯物史观在中国的早期传播过程中,国内学者对唯物史观理论体系的认识,不仅因国际环境的刺激而主要受日本与苏俄(联)的影响,同时因译介途径和政治倾向的差异,存在各种流派如"修正主义""改良主义""革命主义"。即使在20年代末至抗战前夕的"社会史论战"时期,参战各方虽都以唯物史观作为"根本的指导原理",但却并不"了(理)解清楚历史的唯物论,或者有意滑头而曲解而修改而捏造了他们的所谓历史的唯物论"⑥。国内唯物史观学者各执一说,乃至出现了"烦琐学派的倾向"⑦,其根本原因就在于唯物史观的多源性,迟迟没有树立一个权威典范。因此,构建具有准确性与合法性的唯物史观就至为关键。

20世纪20年代中后期,苏联确立了以斯大林为领袖的联共(布)中央统一

---

① 转引自潘汝暄:《范文澜传略》,晋阳学刊编辑部编:《中国现代社会科学家传略》第四辑,第216页。
② 王阑西:《抗战初期的范文澜同志》,人民出版社编:《革命回忆录》第5辑,人民出版社,1982年,第179页。
③ 范元维:《我的父亲范文澜在河南的一段经历》,《范文澜全集》第10卷,河北教育出版社,2002年,第515~516页。
④ 范文澜:《中国通史简编》上,华北新华书店,1948年,"再版说明",第5页。
⑤ 《斯大林选集》由延安组织人员编译,自1939年1月起发行五卷本,时间范围自1924年4月初至1938年5月17日,而斯大林《主义》发表于该年9月。
⑥ 王宜昌:《中国社会史短论》,《读书杂志》第1卷第4、5期合刊,1932年11月31日。
⑦ 艾思奇:《抗战以来的几种重要哲学思想评述》,《中国文化》第3卷第2、3期合刊,1941年8月20日。

领导。在斯大林领导下,联共(布)不仅在政治上通过一系列举措巩固领导权,而且通过1938年9月《联共党史》的出版,在思想上统一了联共(布)党史以及马列主义哲学理论体系。作为由联共(布)中央专门委员会编著、联共(布)中央审定的"唯一的党史教科书",该书从学理上形成了以斯大林《主》为核心的新马列主义哲学体系。它还在历史科学领域竖立了"历史阵线的模范",不仅为历史研究提供"方法论""主题"和"技巧"的参照,更成为历史学者根据马列主义理论方法"进行研究"和"推动科学前进"的典范。① 自其出版以来,除了莫斯科外国文书籍出版局组织翻译中文版以外,国内学界不仅在当年11月就出现节译版,更在次年由重庆中国出版社、延安解放社、上海启明社出版了三种中译本。②

中共重视《联共党史》对现实政治与历史研究的指导意义。自它被译介入中国,就在中共马列主义学习运动的推动下,成为"在中国流行最广的一本马克思列宁主义的书籍"③。在政治方面,中共将《联共党史》列为各级党校的课程标准,在各机关组织成立《联共党史》研究会和读书小组④,还专门成立了学习委员会。⑤ 1940年年初,中共要求全党干部学习马列主义,明确将"联共党史"与"历史唯物论与辩证唯物论"列为中、高级干部必修课程。⑥ 1941年延安整风开始,《联共党史》"结束语"被列入《整风文献》。其后,毛泽东先后发表《改造我们的学习》与《反对主观主义和宗派主义》,强调研究马列主义要以《联共党史》为中心,号召改造党内的学习方法和制度。⑦ 1942年,该书更以"马列主义百科全书"被列为中共"干部必读"。

《联共党史》被确立为中共学习马列主义的中心文本,标志着斯大林辩证唯物主义与历史唯物主义理论体系在中共史学界取得某种权威地位,这基本改变

---

① 雅鲁斯拉夫斯基:《斯大林同志与〈联共(布)党史简明教程〉》,心清译,《解放》第128期,1941年5月15日。
② 参见朱宝强:《〈联共(布)党史简明教程〉在中国的翻译、出版与传播》,《党史研究与教学》2012年第4期;许冲:《出版发行与马克思主义中国化——以〈联共(布)党史简明教程〉学习资料为例》,《理论探索》2013年第2期;蒲国良、曹钰娟:《〈联共(布)党史简明教程〉在中国的传播及其特点》,《山东社会科学》2014年第7期,等等。
③ 杨松:《关于〈联共(布)党史简明教程〉一书与马克思列宁主义底宣传》,《解放》第128期,1941年5月15日。
④ 杨松:《关于〈联共(布)党史简明教程〉一书与马克思列宁主义底宣传》,《解放》第128期,1941年5月15日。
⑤ 《中共中央给任弼时的电报》,《联共(布)、共产国际与抗日战争时期的中国共产党(1937~1943.5)》,中共中央党史研究室第一研究部译,中共党史出版社,2012年,第248~249页。
⑥ 《中央关于干部学习的指示》,中共中央党史研究室第一研究部编:《共产国际、联共(布)与中国革命文献资料选辑(1938~1943)》,中共党史出版社,2012年,第168页。
⑦ 毛泽东:《改造我们的学习》,《毛泽东选集》第3卷,人民出版社,1991年,第802页;《反对主观主义和宗派主义》,《毛泽东文集》第2卷,人民出版社,2004年,第374页。

了"社会史论战"时期各执己见、流派纷呈的现象,给予辩证唯物主义与历史唯物主义以"最正确而又简单的叙述"①。

《联共党史》对中国历史书写起到了直接的指导作用,这表现在中共对《联共党史》及其他苏联新历史教科书的编写过程、原则和方法的关注与学习。苏联在1934年开始组织重新编写"苏联史和新历史"教科书,并在1936年成立了人民委员会和联共(布)中央"联合委员会"来"审查和根本改造"既有的历史教科书。在这个过程中,斯大林、日丹诺夫以及苏联政府评定委员会等还提出了关于制定新苏联史、近代史的具体编写原则和修改意见。②《联共党史》正是在此影响下的主要成果之一。中共先后两次呼吁学习苏联的历史编写方法:1937年,延安《解放》周刊开辟"理论研究增刊",首期就刊登斯大林关于研究联共党史的材料,编者号召中共历史学者要"作为研究的参考"③。1941年,《解放》周刊又"专载"了上述苏联"联合委员会"关于《怎样写历史》的材料,编者再次强调"编写及学习历史的同志",应注意和研究"斯大林同志、联共(布)党中央及苏联政府关于如何编写苏联史及新历史的指示"④。

范文澜所在的延安中央研究院即计划通过学习西方史、中国史、《联共党史》的方法,来促进"理论与实际的联系",研究中国革命实际问题,并"编成一套关于中国革命好的教科书"⑤。由他领导的中国历史研究室,更成立了"《联共党史》读书组",并"拟以《党史》为中心,进行阅读列宁、斯大林之重要作品"⑥。因此可以说,中共在毛泽东发起和领导下的以《联共党史》为重要内容的马列主义学习运动,贯穿了《简编》的编写过程。

三、《中国通史简编》与《联共党史》的理论关联

范文澜虽在"社会史论战"时期较沉寂,但他以《联共党史》系统学习唯物史观,为应用唯物史观研究中国历史奠定了基础。正如1941年8月《简编》编写成员叶蠖生在《简编》上册行将出版之际所说:"尤其是《联共党史》的介绍入中国,给予历史学者一种最新鲜的最标本典型的模范,无论在历史科学理论方面,或在

---

① 博古:《前言》,斯大林:《辩证唯物论与历史唯物论》,博古译,中国出版社,1939年,第1页。
② 《怎样写历史》,师哲译,《解放》第134期,1941年8月31日。
③ 斯大林:《论联共党史课本》,《解放》第1卷第13期,1937年8月9日。
④ 《怎样写历史》,师哲译,《解放》第134期,1941年8月31日。
⑤ 张培森主编:《张闻天年谱》上,中共党史出版社,2000年,第657页。
⑥ 中国历史研究室:《中国历史研究室研究计划(三年计划)》,温济泽等编:《延安中央研究院回忆录》,中国社会科学出版社,1984年,第282页。

处理史料技术方面,都给以典范的作用,使历史学者得一正确遵循的途径。"① 这不仅提示了范文澜编写《简编》的"历史科学理论"和"处理史料技术"来源,更反映出当时延安中共史学界的基本价值取向。

范文澜首先面临的难题是如何划分中国历史分期。此前的唯物史观学者对中国历史分期有不同看法,在亚细亚生产方式、中国和世界历史的普遍性与特殊性、奴隶制与封建制分期等问题上展开激烈辩论。争论聚焦于东方社会(尤其是中国)与西方社会的历史发展进程是否一致,亚细亚生产方式是否是东方社会所经历的特殊历史阶段。

据叶毅均考察,范文澜在 20 世纪 30 年代早期就具有"反托派"立场②,"从那时就着手钻研奴隶社会、封建社会、半封建半殖民地社会"③,只是并未著书立说。直到 1940 年他编写《简编》时,才以斯大林《主义》为依据反对亚细亚生产方式。这与同时期的中共史学界情况基本一致。究其原因,虽然中共早期就通过中共六大《土地问题决议案》等政治文件反对亚细亚生产方式④,但在中共史家看来,自 1927 年以来"还没有积极的伟大的理论著作",来对"托派关于亚细亚生产方式的理论"作系统批判。⑤ 直到《联共党史》中的斯大林《主义》传入,才提供了权威依据。因为《主义》是在批判"托派"基础上发展而来,已经被苏联学者广泛认为"理论原则获得了异常的力量和不可反驳性"⑥。《主义》规定了社会历史发展的普遍规律,即依据"历史上有五种基本生产关系",将社会形态划分为原始社会、奴隶社会、封建社会、资本主义社会、社会主义社会,而不提亚细亚生产方式。⑦ 这一提法获得了中共史学界的普遍接受。

范文澜确实参照了《主义》的五种社会形态理论。他在《简编》编写前的 1940 年 5 月就强调:"人类历史的发展,绝无例外的要经过原始公社、奴隶占有

---

① 叶蠖生:《抗战以来的历史学》,李孝迁编校:《中国现代史学评论》,上海古籍出版社,2016 年,第 284 页。
② 叶毅均:《走向马克思主义史学之路——范文澜前传》,第 340~341 页。
③ 刘之惠:《范文澜同志在三十年代的几件事》,《奋斗》1981 年第 11 期。
④ 如,1928 年 7 月 9 日中共六大通过的《土地问题决议案》就明确提出:"如果认为现代中国的社会经济制度以及农村经济,完全是从亚洲式生产方法进于资本主义之过渡的制度,那是错误的。……这些条件,尤其是第一个条件,是和中国的实际情形相反的。"参见《土地问题决议案》,中共中央文献研究室、中央档案馆编:《建党以来重要文献选编(1921~1949)》第 5 册,中央文献出版社,2011 年,第 409~410 页。
⑤ 杨松:《关于马列主义中国化的问题》,《中国文化》第 1 卷第 5 期,1940 年 7 月 25 日。
⑥ 雅鲁斯拉夫斯基:《斯大林同志与〈联共(布)党史简明教程〉》,心清译,《解放》第 128 期,1941 年 5 月 15 日。
⑦ 联共(布)中央特设委员会编:《联共(布)党史简明教程》,解放社,1949 年,第 165~169 页。

制度、封建制度、资本主义制度,而后达到社会主义的社会。"①他从《联共党史》中引用有关奴隶社会、封建社会特征的规定,结合《尚书》《左传》等史料,论述殷与西周何为奴隶制与封建制。他通过分析殷代的金属生产工具是否被初步运用,畜牧业、农业等生产部门分工是否出现,部落之间是否出现交换,奴隶与阶级斗争是否大量出现等《联共党史》规定的条件,认为"《联共(布)党史简明教程》指出奴隶社会基本的条件,考之殷代盘庚以后,无不备具,因此我们可以判定殷代……是奴隶社会"。而通过分析西周是否存在《联共党史》所列封建社会的农奴、铁器加工、农业、手工业、阶级斗争等情况,断定西周虽然"氏族社会、奴隶社会的残余保留还是很多",但"已开始封建社会"②。此后,他还就中国历史分期问题在延安组织讨论会,作进一步意见吸收和总结。③

当正式写作《简编》时,范文澜或许是受延安整风批判教条主义的影响④,未在初版中明确交代他对奴隶制、封建制分期的依据。但在修订版中他再次坦言分期的依据是《联共党史》,因为《联共党史》给奴隶社会、封建社会"规定了定义",若"不切实根据这个定义,所说便缺乏可靠性"。在此基础上,他从决定社会性质的"处于主导地位的生产关系即基本的所有制"出发,分析"商周两朝统治者对生产工作者的所有制的不同",进而对商周社会制度下"断言"⑤。

在修订版中,范文澜不仅指明奴隶制、封建制分期的依据是《联共党史》,还明确表示他对二千余年中国封建社会的分期,同样是根据"斯大林在《辩证唯物主义和历史唯物主义》里指出生产力发展的情形"⑥。他根据《联共党史》中关于社会生产力的发展状况为参照,认为西周至战国,因为和《联共党史》中农业、手工业的生产关系情形相符合,所以定为"初期封建社会";秦汉至南北朝,"因为生产力比前一时期显著提高了,而奴隶劳动的存在,对前一时期还处在'承前'状态中,所以定为中期封建社会的前段";隋唐至元末,因为"这对后一时期还处在'启后'的状态中,所以定为中期封建社会的后段";明至清鸦片战争以前,因为"这个封建社会里怀妊着新社会的成了初形的胎儿,所以定为后期封建社会"⑦。

值得注意的是,范文澜不仅在划分历史分期时将斯大林理论与中国史料相对照,在《简编》主体内容中也采用了将经典理论与史料配合的叙述方式,这是对

---

① 范文澜:《关于上古历史阶段的商榷》,《中国文化》第1卷第3期,1940年5月25日。
② 范文澜:《关于上古历史阶段的商榷》,《中国文化》第1卷第3期,1940年5月25日。
③ 据茅盾回忆,1940年6~10月期间范文澜在延安组织了关于中国历史分期的讨论。参见万树玉编著:《茅盾年谱》,浙江文艺出版社,1986年,第266页。
④ 参见赵庆云:《范文澜与中国通史撰著》,《史学理论研究》2017年第4期。
⑤ 范文澜:《中国通史简编》(修订本)第1编,"绪言",第33~34页。
⑥ 范文澜:《中国通史简编》(修订本)第1编,"绪言",第28页。
⑦ 范文澜:《中国通史简编》(修订本)第1编,"绪言",第29~30页。

《联共党史》的"对照式"回答。以《简编》第二章"简短的结论"为例,他指出:"因为生产力发展非常缓慢,不能促使生产关系起重大的变化,对旧传公社制度,也不能作更多的破坏。所以按本质说,商代自然是奴隶社会,但公社制度,依然还保存很大的残余。"①这实际上回应的是斯大林强调的"随着社会生产力在历史上变更和发展,于是人们底生产关系,人们底经济关系,也与此适应而变更和发展"②。这种"对照式"论证已经内化于《简编》全书,读者不注意即会略过。

例如,早期的中共史家在研究当代工农运动史、革命史时,虽已自发运用"阶级斗争"模式来反映中国社会的阶级压迫、剥削问题③,但并未系统应用于中国通史。《联共党史》传入中国以后,该书通过应用"阶级斗争"史观梳理联共(布)五十余年发展史中不同阶段的路线、阶级斗争,以及斯大林将一般社会发展史中不同阶段的阶级斗争进行理论概括的做法,对中共史家产生了一定影响。

斯大林认为"生产力底变更和发展迟早要引起生产关系与此相适应的变更和发展",除了原始社会和社会主义社会都有剥削和阶级存在,因此历史发展就是"由被压迫阶级所进行的革命的变革"。在此基础上,斯大林梳理了奴隶制度是奴隶主与奴隶,即"富人和穷人,剥削者和被剥削者,享有完全权利的人和毫无权利的人"的残酷阶级斗争;封建制度是封建主和农奴、农民、手工业者的阶级斗争;资本主义制度是资本家与雇佣工人间"最尖锐的阶级斗争"④。

范文澜接受了这一观点,不仅将其应用于批判经学是"封建统治阶级在思想方面压迫人民的重要工具",是"迎合统治阶级,发挥适合君长利益的理论,掩蔽抹煞近乎危险的言辞"⑤,而且在《简编》中予以实践。在探究商周的奴隶制和封建制分期时,他引用《联共党史》对"阶级斗争"的叙述,结合《尚书》《左传》以及"卜辞"等记载,分析中国奴隶社会存在贫人阶级、被剥削阶级、奴隶阶级,封建社会存在剥削(掠夺)阶级与被剥削(被掠夺)阶级。⑥

在此基础上,范文澜强调"人民与统治阶级存在着不可调和的矛盾"⑦,要

---

① 范文澜:《中国通史简编》,上海新知书店,1947年,第27页。因《简编》1947年新知版是据延安版重排,故本文所引《简编》以新知版代替。
② 联共(布)中央特设委员会编:《联共(布)党史简明教程》,第165页。
③ 如刘少奇、朱少连的《安源路矿俱乐部略史》,中国劳动组合书记部的《湖南水口山工人俱乐部纪实》《二七大屠杀之经过》,瞿秋白的《五卅运动中之国民革命与阶级斗争》,蔡和森的《中国共产党史的发展》,彭湃的《海丰农民运动》,毛泽东的《湖南农民运动考察报告》等论著。参见桂遵义:《马克思主义史学在中国》,人民出版社,2020年,第48~65页。
④ 联共(布)中央特设委员会编:《联共(布)党史简明教程》,第147、165~168、169页。
⑤ 范文澜:《中国经学史的演变》,《中国文化》第2卷第2期,1940年10月25日。
⑥ 范文澜:《关于上古历史阶段的商榷》,《中国文化》第1卷第3期,1940年5月25日。
⑦ 范文澜:《中国通史简编》,第49页。

"注意到写阶级斗争,着重叙述腐化残暴的封建统治阶级如何压迫农民和农民如何被迫起义"①。他以"揭露统治阶级罪恶"为旨趣②,认为新旧阶级斗争才是制度更替的根本原因,"整部历史止是阶级间、阶层间相互斗争、联合的历史,而联合也是为了斗争"③。他纠正了"旧型类历史站在地主阶级的立场上骂农民起义",肯定了"被压迫者起义的作用",着重书写民族英雄和人民群众英勇抵抗外族统治者的经过,说明"中国人民确实富于阶级斗争与民族斗争的伟大革命传统"④。

四、《中国通史简编》借鉴《联共党史》的编写方法

范文澜在编写《简编》过程中积极借鉴《联共党史》的"史论结合"写法、历史叙述主体、框架结构和语言风格。当时,延安的写作环境较严峻,缺乏写作需要的史料和最新的研究参考,也缺少充分的研究基础。范文澜回忆说,"延安马列学院的资料室参考材料不算多,那时要找《农政全书》《天工开物》这类书都找不着,有关史学的杂志新书,更是难以看到",加上时间紧迫,没有充足时间进行史料考订和专题研究。虽然这种情况下《简编》"不可能写好",但"只要是尝试着用马列主义的观点、方法写的历史,总比旧型类的任何历史书要好些"⑤。因此,范文澜采取了"史论结合"写法。他认为虽然"材料不够",但《联共党史》"给予我们以明确的指示",只要以《联共党史》为标准,就"可以在生产关系方面找出实际证明",不会出现生产力凭空臆测的情况。⑥

范文澜关于"劳动人民是历史的主人"的历史叙述主体观也是来自《联共党史》。⑦ 斯大林将社会发展史定义为既是"生产发展史",也是"物质资料生产者本身底历史,即身为生产过程中基本力量并实现着社会生存所必需物质资料生产的那些劳动群众底历史"。因此,他反对将社会发展史"归结为帝王将相底行动,归结为国家'侵略者'和'征服者'底行动",而是"首先应当研究物质资料生产者底历史,劳动群众底历史,各国人民底历史"⑧。相应地,在1941年初版中,范

---

① 范文澜:《中国通史简编》(修订本)第1编,"绪言",第11页。
② 范文澜:《中国通史简编》,"中国历史研究会序",第2页。
③ 范文澜:《中国通史简编》,第764页。
④ 范文澜:《中国通史简编》(修订本)第1编,"绪言",第11~12页。
⑤ 范文澜:《关于〈中国通史简编〉》,《科学通报》第2卷第6期,1951年6月。
⑥ 范文澜:《关于上古历史阶段的商榷》,《中国文化》第1卷第3期,1940年5月25日。
⑦ 学界在1953年已经认识到了范文澜的"劳动人民是历史的主人"观点是遵照斯大林《主义》的"指示"。参见宗家瑞等:《我们对初级中学课本〈中国历史〉(第一册)的意见》,《人民日报》1953年4月14日。
⑧ 联共(布)中央特设委员会编:《联共(布)党史简明教程》,第162页。

文澜反对将历史归结为"皇帝、贵族、豪强、士大夫少数人的言语行动",强调书写"关于人民大众一般的生活境遇"①。在40年代后期明确主张"劳动人民是历史的主人"②。在1953年修订版中着重强调书写任务就是要"肯定历史的主人是劳动人民,把旧型类历史以帝王将相作为主人的观点否定了"③。

《简编》的框架结构以《联共党史》为参照,这是对1937年斯大林关于"怎样研究联共党史"的意见,以及1938年根据该意见编写出版的《联共党史》的框架结构的效仿和实践。在章节标题上,《联共党史》与《简编》都采用"内容——时间"的标题形式,使读者对内容一目了然。如:"官僚主义中央集权的封建制度底成立——秦""封建经济发展时代——唐""封建经济的发展到西洋资本主义的侵入——隋统一至清鸦片战争"。

在每一时期的章节排序上,范文澜采纳斯大林关于"应当在课本的每章(或每节)之前,加以一段关于本国经济政治情形简明的历史的解释,否则,联共党史将不能成为历史"的编写意见。④ 他模仿《联共党史》将有关经济、生产方式等社会物质生活条件的内容置于首要位置,然后再论述文化、政治、法律、军事等上层建筑内容。

在具体章节顺序上,范文澜根据斯大林关于《联共党史》编写时,前部必有历史背景的介绍,每章结尾应当对事实"以马克思主义的解释"的要求⑤,效仿《联共党史》每章必有"简短的结论"的编撰体例,在《简编》每章最后一节都以"简短的结论"对该章内容进行概括和理论总结。据卞孝萱回忆,范文澜晚年在编写《中国通史》时,仍然强调每册后面要有"简短的结论",即使在生病以后,依然要亲自改过一遍以示重视。⑥

最后,《简编》语言风格以《联共党史》为典范。范文澜模仿《联共党史》力求统一话语体系,采用许多带有绝对语气的词汇,如"就是""最是""必然""必须"等。同时,他一改早年反对使用白话文的观念,转而反对使用晦涩难懂的文言文,提倡采用通俗生动、浅显直白的白话文,即使迫不得已,也会采用注释的方式,如"征我东鄙(边)""妻生的儿子(嫡子)有王位继承权"等。"全用语体"正是贯彻了《联共党史》"应当以简单的叙事的口吻,来叙述各种倾向与派别间激烈斗

---

① 范文澜:《中国通史简编》,"中国历史研究会序",第1页。
② 范文澜:《谁是历史的主人——范文澜先生在北大讲》,《进步日报》1949年5月29日。
③ 范文澜:《中国通史简编》(修订本)第1编,"绪言",第10页。
④ 斯大林:《论联共党史课本》,《解放》第1卷第13期,1937年8月9日。
⑤ 斯大林:《论联共党史课本》,《解放》第1卷第13期,1937年8月9日。
⑥ 卞孝萱口述:《冬青老人口述》,赵益整理,凤凰出版社,2019年,第38页。

争的事实"的要求"①。

综上可知,范文澜在编撰《中国通史简编》的过程中,在历史科学理论和编写方法方面,参考和借鉴了《联共党史》。当然,尽管如此,也不能忽视其他文本在他编写过程中的影响。

五、结　语

在革命与民族抗战的年代,《联共党史》这样一部反映"苏联成功经验"的历史著作,对于在抗战和国共斗争中的中共来说,为确立唯物史观话语权和建构中共国史系统提供了参照。《联共党史》本身存在的教条化和主观化的理论缺陷,虽然影响到《简编》的编写,但是,在《简编》的不断修订中,范文澜已经能够克服教条化认识,反对"把马克思主义底生动原理变成毫无意思的生硬公式"②。

从《简编》的编写和修订过程来看,1940年5月,范文澜以《联共党史》为依据划分中国历史分期,而在三个月后正式写作《简编》,则将斯大林唯物史观具体应用于历史书写,不再拘泥于从形式上寻求对《联共党史》的呼应和一致。1948年在华北新华书店再版时,他又针对1941年初版对唯物史观的简单应用,作出理论的完善和更正。他摒弃了过去单纯的"线性认识",而能够认识到否定之否定规律中发展进程的前进性和曲折性。

中华人民共和国成立以后,范文澜集中精力修订《简编》,开始突破斯大林唯物史观的绝对权威。1954年,他通过讨论"汉民族形成问题"来补充《简编》,针对斯大林"在资本主义以前时期没有并且也不能有民族存在"的观点③,强调秦汉时"汉族在独特的条件下早就形成为民族"④。他将这种观点融入《简编》修订版中,为《简编》的完善和接下来《中国通史》⑤的编写迈出了坚实的一步。他显然开始反思以往奉为圭臬的斯大林唯物史观,并重新回归中国历史本身。

(原载《史学理论研究》2021年第3期)

---

① 斯大林:《论联共党史课本》,《解放》第1卷第13期,1937年8月9日。
② 范文澜:《中国通史简编》(修订本)第1编,"绪言",第10页。
③ 斯大林:《民族问题和列宁主义》,莫斯科外国文书籍出版局,1951年,第8页。
④ 范文澜:《试论中国自秦汉时成为统一国家的原因》,《历史研究》1954年第3期。
⑤ 范文澜晚年再次受毛泽东委托编写《中国通史》,1969年去世后由蔡美彪继续主持完成,于1995年在人民出版社正式出版10册《中国通史》,后又增至12册。

战争、地貌改造与社会动员
——华北平原抗日根据地军民挖道沟运动研究

程 森*

华北平原抗日根据地①的建立与发展对于中国共产党自抗战以来的逐步崛起至关重要。不过,平原平坦的地貌条件有利于现代化日军的行动和进攻,并不利于抗日力量的防御和坚守。然而中国共产党通过放手发动群众、坚持全面抗战的路线,最终在平原地区立足并走向强大。但是,这种"宏大"的叙事理论也会忽视一些微观性问题:中国共产党对平原人民的组织、动员是如何落实到"地理"之上的?中国共产党和人民能在平原地貌条件下长期坚持斗争的方法或依托是什么?

早在1936年12月,毛泽东就指出了地理、气候等在战争过程中扮演的重要角色。②研究发现,自1938年以来,华北平原抗日根据地军民在中国共产党的领导下为改变平原地貌形态,掀起了大规模的挖道沟运动,从而为抗日军民坚持持久抗战构筑了新的地理依托。已有少数研究者关注到平原抗日道沟问题,但对于道沟的起源、规格、规模、分布、功能、效果等问题都缺乏深入而系统的分析。③本文希望能有助于深化我们对华北平原抗日根据地对敌斗争地理条件的认知,进而推进中国共产党敌后抗战史的研究。

---

* 程森,现为陕西师范大学西北历史环境与经济社会发展研究院教授。
① 本文所说华北平原抗日根据地是指中国共产党在华北平原建立的冀中、冀南、冀鲁豫、冀东、冀鲁边、山东、淮北、苏北等抗日根据地的全部或部分平原地区。
② 毛泽东:《中国共产党革命战争的战略问题》,《毛泽东选集》第1卷,人民出版社,1991年,第180—181页。
③ 张聪杰、伏秀平:《改造平原地形——战争史上的奇迹》,《沧州师范专科学校学报》2005年第2期;赵红卫、齐照华:《平原游击战的创举——广北抗日沟》,《春秋》2014年第5期;杨东:《抗战时期平原地区凹道战探实》,《平顶山学院学报》2017年第4期;徐畅:《封锁与反封锁:抗战时期鲁西冀南地形改造》,《兰州学刊》2017年第5期等。

一、华北平原抗日根据地的重要性与地貌限制：道沟的兴起与空间拓展

敌后抗日根据地被认为是与游击战、正规军并列的保障中国共产党抗战持久的"三驾马车"之一。[①] 毛泽东认为抗日根据地大体不外三种：山地、平地和河湖港汊地[②]，不过一般来说，平地和河湖港汊地根据地都属于平原根据地。中国共产党抗日根据地建立、发展的地理过程是由山地向平原地带波浪式推进的。山地根据地是华北敌后抗日力量的发展、壮大的原初地带和向华北平原地带推进的"发动机"，平原地区则是山地根据地空间发展的结果和战略方向。

（一）华北平原抗日根据地的重要性

华北平原人口众多，资源丰富，能为华北敌后抗战持续性地输出大量人力、物力和财力。以晋察冀边区为例，1940年边区总人口1 200万[③]，而冀中根据地则有700万人口[④]，约占边区总人口的58%。晋察冀边区的兵源主要靠冀中来补充。[⑤] 平原地区物产丰富，又可有效支持山地根据地的发展。冀中平原盛产高粱、玉米、小麦、棉花等粮食和经济作物，"是晋察冀边区的衣粮库"[⑥]。日军方面认为晋察冀边区山岳地带"人力、物力之补给80%依赖冀中"，将冀中区与山岳地带比作滇缅路之于中国、乌克兰之于苏联。[⑦]

在军事战略上，华北平原抗日根据地又可与山地根据地互相依托、相互支持。平原根据地与山区根据地是"唇齿相依不可分的关系，任何一方面孤立起来，则坚持敌后抗战的前途将成为不可想象"[⑧]。聂荣臻认为冀中区是晋察冀边区西部山岳地带的屏障且与之互相依倚，又与平西、冀东、平北的游击战争密

[①] 黄道炫：《中国共产党抗战持久的"三驾马车"：游击战、根据地、正规军》，《抗日战争研究》2015年第2期。
[②] 毛泽东：《抗日游击战争的战略问题》，《毛泽东选集》第2卷，第419页。
[③] 聂荣臻：《晋察冀边区的形势》（1940年2月28日），魏宏运主编：《抗日战争时期晋察冀边区财政经济史资料选编·总论编》，南开大学出版社，1984年，第70页。
[④] 吕正操：《冀中的抗战形势》（1940年3月4日），魏宏运主编：《抗日战争时期晋察冀边区财政经济史资料选编·总论编》，第162页。
[⑤] 杨成武：《杨成武回忆录》，解放军出版社，2005年，第753页。
[⑥] 吕正操：《冀中回忆录》，解放军出版社，1984年，第45页。
[⑦] 程子华：《敌对冀中扫荡与冀中战局》，《晋察冀日报》1942年8月4日第1版。
[⑧] 吕大本：《冀中一年来的政权工作》（1941年5月），魏宏运主编：《抗日战争时期晋察冀边区财政经济史资料选编·总论编》，第174页。

切联系和配合,在战略上的地位与重要性随着战争的发展而愈益提高。① 日军也认为北岳、冀中两区"紧密结合,互相支援"②。在山东,清河平原根据地领导人杨国夫与景晓村同样认为从全山东抗战形势看,如果丢了平原根据地,敌人便可以集中兵力对付山区,给山区抗战增加困难,所以平原根据地绝不能丢。③

从长江以北抗战全局来看,华北平原抗日根据地能有效牵制日伪军事力量,支援其他战场。华北平原抗日根据地多位于津浦、平汉、陇海、胶济等重要铁路线两侧,对日军在华北、华中的控制区域形成战略包围。抗日战争以来,华北平原抗日根据地的存在和发展不仅"对敌人的交通命脉构成致命的威胁,而且敌人要想确保华北占领区也是不可能的"④。同时,华北平原抗日力量的顽强坚持也粉碎了日军要将华北作为"大东亚圣战的兵战基地"的图谋。⑤

(二) 平原地貌对敌后抗战的限制

平原地貌对于攻守方的作用大有不同。军事地形学认为,地貌、地表水与地下水对于平原地区战争的影响作用最大。在我国,南方平原被称为水网稻田地形,虽平坦广阔,但由于河湖港汊横于稻田之间,除主干道连接较大居民地外,次要道路等级较北方低,故南方平原严重影响大部队行动,特别是装甲部队的越野行动。与此相反,北方平原上旱地遍布,居民点比较集中且多形成密集街区。除干线公路外,简易公路较南方宽且直,许多道路除雨季外,一般多可通行汽车,越野机动条件较好。因此,北方平原便于机动部队、装甲部队从行进间发起进攻,而不利于防御力量的坚守。

在较长时间内华北平原抗日力量是以防御为主的,这就使得华北平原敌后游击战争异常艰难,以至于抗战初期,中国共产党党内、军内很多人不看好能在平原地区开辟敌后根据地。毛泽东在 1938 年 5 月所作的《抗日游击战争的战略问题》一文中就指出平地较之山地、河湖港汊地建立根据地的难度最大。虽然毛泽东看到河北、山东平原地区已经发展了广大的游击战争,但"能否在平原地区建立长期支持的根据地,这一点现在还没有证明"⑥。

当然,我们也会联想到华北平原抗日军民可以利用青纱帐、地道等地物和人

---

① 聂荣臻:《庆祝三纵队成立三周年》,《晋察冀日报》1941 年 5 月 4 日第 1 版。
② 日本防卫厅战史室编:《华北治安战(上)》,天津人民出版社,1982 年,第 87 页。
③ 杨国夫:《创建清河平原根据地》,常连霆主编:《山东抗战口述史》(上),山东人民出版社,2015 年,第 363 页。
④ 杨成武:《杨成武回忆录》,第 754 页。
⑤ 《敌寇五年来"扫荡"华北的总结》,《晋察冀日报》1943 年 3 月 4 日第 1 版。
⑥ 毛泽东:《抗日游击战争的战略问题》,《毛泽东选集》第 2 卷,第 419 页。

为工事作为作战凭据。平原高秆作物如高粱、玉米等一般在每年六月至十月间形成"青纱帐"①,有利于敌后作战,但其他季节则无此便利。地道开挖则首先需要考虑土质、地下水位。华北平原很多地方土质松散,地势低洼,地下水位偏高,并不适合开挖地道。② 其次,挖地道"是一个浩大的工程",需要丰富的物质条件和众多的人力,代价高昂。③ 程子华指出:"据一般估计,每村修筑地道,如果大部有劳动力的人民都参加,需要一个月的时间,而一部顶棚所用的木料,需要1 000 元至 2 000 元。"④

总之,战争频繁,地形又无险可守,给华北平原敌后游击战带来了极大的不便。正如徐向前所说:"游击队在平原上的活动,自然没有像山地那样多的地形上的便利。相反,敌人的机械化的兵种或骑兵,倒有较便利的条件了。"⑤

(三)波浪式推进:道沟的兴起与空间拓展

为将平原地貌转变为于我有利之地形,在中国共产党领导下,华北平原抗日根据地军民掀起了大规模的地形改造运动——破路、挖沟、拆墙、拆围寨等。破路即破坏铁路、公路;挖沟即开挖道沟;拆墙、拆围寨是指将平原城市的城墙和村寨的围墙拆除。在这些活动中挖道沟运动规模最大、分布范围最广、持续时间最长,对平原抗日军民坚持持久抗战作用最大。

1. 道沟的兴起

道沟,又称凹沟、凹道、抗日沟、抗日交通沟、抗日道沟等,是抗战时期以华北平原根据地军民为代表的抗日力量在平原地区道路或平地上开挖的深沟或壕沟。这种沟道具有一定的标准,沟内能通行农村车辆,作战时又能运输、隐蔽、转移、伏击、设防等,在平原敌后抗战中发挥了重要作用。

道沟起源于冀中抗日根据地,是根据地人民创造的最显著的人为奇迹之一。⑥ 冀中平原无山丘之阻,处于平汉、平津、石德、津浦诸铁路之中,内部又有纵贯南北的平大公路和横贯东西的津保公路。各县城之间大都可以通汽车;村与村之道路纵横交错,密如蛛网,阡陌之间,小路极多。这种异常便利的交通条

---

① 周士第:《冀中区平原游击战争的经验教训》(1940 年 5 月 25 日),《八路军军政杂志》第 2 卷第 5 期。
② 《中共定南县委关于开展地道修理道沟工作的报告》(1945 年 5 月 1 日),《地道战档案史料选编》,河北人民出版社,1987 年,第 89 页。
③ 杨成武:《冀中平原上的地道斗争》(1945 年 5 月),《地道战档案史料选编》,第 108 页。
④ 程子华:《冀中平原上的民兵斗争》(1942 年 11 月),《地道战档案史料选编》,第 19 页。
⑤ 徐向前:《开展河北的游击战争》(1938 年 5 月 21 日),中共中央文献研究室、中央档案馆编:《建党以来重要文献选编(1921~1949)》第 15 册,中央文献出版社,2011 年,第 345 页。
⑥ 《八路军冀中军区司令部关于再次全力发动挖掘镑沟的命令》(1941 年 10 月 9 日),中共河北省委党史研究室编:《冀中历史文献选编》(上),中共党史出版社,1994 年,第 519 页。

件,对敌之"扫荡"、机械化部队之进攻甚为有利。后任山东野战军第 7 师 19 团参谋长的陈钦曾于 1941 年 3 月根据冀中根据地利用道沟作战的经验,写成了《凹沟"抗日沟"战术的几个基本原则》一文。该文明确指出:"凹道战术的发起,是在冀中区河北大平原",是抗日军民在冀中平原这种交通条件和地貌条件下不断总结对敌作战的经验教训,"掘沟破路""构筑新道"后普遍施行的。①

自 1938 年 1 月,冀中军民为迟滞、阻断日伪行军和运输,在"破路就是抗日"的口号下,对所有道路进行了全面破坏,在当年秋季基本完成任务。② 起初,破路是拦路挖横沟或挖方形土坑,但是群众往来和耕作、运输极为不便,且敌人部队仍可由路旁耕地绕行。③ 后来,为"彻底改造路形",冀中根据地军民改为顺道挖沟,即顺着道路走向在路中间挖掘一定深、宽尺寸的壕沟,敌人汽车、坦克、装甲车无法行驶,而农村大车却可通行其中,于是破路工程变成了筑沟工程,在冀中全面扩展开来。

2. 道沟的空间拓展

道沟在冀中兴起后很快传入冀南,以这两块根据地为中心,逐步波浪式推进至冀鲁边、冀鲁豫、冀东、山东、淮北、苏北等平原地区。冀中、冀南两块根据地是敌人腹心之患,但却能依托道沟长期坚持,这对其他平原地区坚持敌后抗战是极好的借鉴。在山东清河区,罗荣桓在 1939 年春天为八路军四支队干部作的一次报告中,就专门介绍了冀中平原挖道沟的经验,给清河区地方干部留下了深刻印象,清河区随即发动了挖道沟运动。④

再看单个根据地内道沟的扩展情况。曾任冀中军区特务营营长的魏文建说,道沟是"从中心区挖到边沿区,从根据地挖到敌占区,整个平原千里纵横、道沟成网"⑤。在山东清河平原,从 1939 年 8 月起,地方领导干部组织学习冀中挖道沟经验并动员群众挖道沟。"根据地内挖完了,再向接敌区、游击区发展,白天不能挖就夜间挖,由部队掩护着挖。"⑥清河区临淄县县长伏伯言也说,"抗日沟在我根据地完成挖掘任务后,又从根据地边沿向敌占区逐步延伸,这使敌伪惊慌失措"⑦。

---

① 陈钦:《凹沟"抗日沟"战术的几个基本原则》,《清河军人》1942 年第 11 期。
② 吕正操:《吕正操回忆录》,解放军出版社,2007 年,第 93 页。
③ 董玉瑛:《抗日民主政府的有关农村政策》,《巨鹿文史资料》第 4 辑,巨鹿县政协文史资料研究委员会 1993 年编印,第 19 页。
④ 伏伯言:《清河区第一个抗日民主政府——临淄县政府成立前后》,《临淄文史资料》第 9 辑,淄博市临淄区政协文史委员会 1995 年编印,第 81 页。
⑤ 魏文建:《在革命的道路上》,海洋出版社,1990 年,第 283 页。
⑥ 景晓村:《依靠人民坚持清河、渤海平原抗日游击战争》,《景晓村文集》,中共党史出版社,1995 年,第 277 页。
⑦ 伏伯言:《清河区第一个抗日民主政府——临淄县政府成立前后》,《临淄文史资料》第 9 辑,第 81 页。

由此,单个根据地内道沟挖掘的空间推进模式是:根据地—接敌区(游击区)—敌占区,也呈波浪式空间推进图式。

平原道沟战也得到了中央层面的认可与宣传,从而进一步推动了道沟在平原抗日根据地的扩展。朱德曾将冀中、冀南挖道沟的情况向卫立煌做过汇报。① 在延安抗日军政大学,中国共产党中央领导人和前线高级将领都曾为学员们讲授主要军事、政治课程,左权讲授过"平原游击战争""抗日道沟与地道战"。② 这些学员毕业后奔赴各大根据地,无疑进一步传播了道沟的重要作用。

道沟在当时被誉为"新的万里长城",扩展迅速,规模巨大。1941 年 10 月前,冀中地区已将全区 186 000 余里的乡村大道挖成了道沟。③ 冀南区至 1940 年 2 月道沟总长度也已达到了 12 万里。④ 抛开其他根据地所挖道沟里程不计,仅冀中、冀南所挖道沟的总长度就已经超过了历代长城的总长度。⑤ 最终,各平原抗日根据地上纵横交错、密如蛛网的道沟网络得以建立起来,平原"道路纵横变为沟道纵横"(见图 1),成为华北平原抗日根据地军民坚持敌后抗战的地理依托。

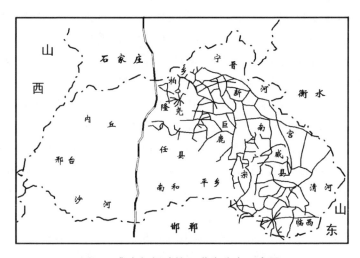

图 1　冀南根据地抗日道沟分布示意图

资料来源:底图源自河北省地方志编纂委员会编:《河北省志》第 39 卷"交通志",河北人民出版社,1992 年,第 392 页。

---

① 袁德金:《军事家朱德》(下),中国青年出版社,2013 年,第 590 页。
② 叶尚志:《九秩续笔》,上海人民出版社,2010 年,第 328 页。
③ 《八路军冀中军区司令部关于再次全力发动挖掘壕沟的命令》(1941 年 10 月 9 日),中共河北省委党史研究室编:《冀中历史文献选编》(上),第 519 页。
④ 戒夫:《敌后的"马奇诺"防线——一个新的万里长城的创造》,重庆《新华日报》1940 年 6 月 7 日第 2 版。
⑤ 国家文物局 2012 年宣布中国历代长城总长度为 21 196.18 千米,中国政府网[2012.6.5],http://www.gov.cn/jrzg/2012-06/05/content_2153766.htm。

二、因地制宜：道沟的规格、内部构造和种类

为适应战争环境，冀中、冀南抗日根据地军民对道沟的规格、构造等进行了必要的"设计"，这对其他地区产生了影响和示范作用。随着抗日战争的发展及各地人力、敌情、地质等因素的不同，各地道沟在规格、种类上又有变化，反映了各地军民在敌我斗争的艰苦形势下对地理环境认知与改造的能动性。

（一）道沟的规格

1. 冀中、冀南根据地

冀中根据地挖道沟运动经历了两个阶段，第一个阶段是从1938年1月至1940年，先横路挖沟以破坏交通，后改为顺路挖道沟。1941年秋以后为第二个阶段，道沟规格要求更高，规模更大。据吕正操回忆，冀中村庄之间的大道沟，"深达2米多，宽3米左右，大车可以通行无阻"[①]。陈钦则指出，道沟的宽度要以"能阻止敌一切车辆而不妨碍百姓的交通"为标准，深度"挖到能隐蔽人的全体为止"，从积土到沟底深约1.8米。[②] 又据《"抗日沟"——新的长城》一文，冀中道沟"深度是3尺（连胸墙算起约五六尺），宽度是6尺，积土叠为胸墙，背座可以行人马、自行车。沟内仅能容大车，汽车在里边不能行动"[③]。1尺约等于33.33厘米，则道沟深度平地以下约1米，连胸墙算起则约2米，宽度约2米。据此三则材料，冀中道沟一般深1.8～2米（包括胸墙），宽2～3米。冀南根据地是在1938年以后大规模开展挖道沟运动的，后经过修改、确定，道沟的规格如下：深3尺（1米），两岸培土2尺（约0.7米）；底宽为3尺6寸（约1.2米），上口宽为4尺8寸（约1.6米）。[④]

冀中、冀南道沟开挖的基本规格是必须保证道沟深度能隐蔽抗日力量，宽度要达到阻止敌人交通而不妨碍我方交通的目的。结合冀中、冀南一些县的道沟资料，从总体来看，冀中、冀南各地道沟不包括胸墙的深度一般为1米，包括胸墙则深1.5～2米不等；宽度一般为1.5～2米。部分地区道沟上下口宽不一样，下

---

① 吕正操：《吕正操回忆录》，第59页。
② 陈钦：《凹沟"抗日沟"战术的几个基本原则》，《清河军人》1942年第11期。
③ 田涯：《"抗日沟"——新的长城》，《解放日报》1942年2月6日第4版。
④ 戒夫：《敌后的"马奇诺"防线——一个新的万里长城的创造》，重庆《新华日报》1940年6月7日第2版。

口窄于上口,上口较宽是防止道沟两壁泥土崩塌。① 吕正操所说冀中道沟的宽度为3米应是指道沟上口宽度。

在1941年之前,冀中道沟前期为横路挖沟,只为限制敌人交通;后期改为顺路挖沟,但又属于直线挖沟,易受敌人顺沟火力攻击。1941年以来日军对冀中根据地的扫荡更加残酷,当年秋季冀中再次掀起"整旧挖新"的挖道沟运动,以便"更好的阻滞敌人机械化部队的猖狂进攻"②。于是,"新的道沟"设计更为精细化、标准化。首先,道沟两侧有胸墙、背座,形成地上隆起的景观形态。胸墙是由"挖出的积土堆于沟之两侧"形成的,便于战斗。将两侧胸墙平整,各留1尺小路,以便人马行走,从而形成背座。③ 其次,道沟"每隔五六十公尺"挖一个方便农村大车行驶的错车处。④ 这种错车处一般为弧形或圆形,中间为土丘,两侧是行进沟道,类似今天的交通转盘。其设计目的一是方便农村车辆往来交通,二是防止敌人顺道沟纵深射击。⑤ 冀南道沟的错车处是弧形"宽沟",中间没有土丘。⑥

2. 其他根据地

在道沟由冀中、冀南向外扩展的过程中,各地军民对其尺寸、构造、种类等都进行了因地制宜的借鉴和调整,反映了挖道沟过程中各平原抗日根据地军民对地理、民情、战情的认知并做出应对的智慧。

在全面爬梳其他平原根据地道沟史料后可知,各地道沟的深度一般为1.3~2米,以1.5米最多,1.5米以上者应是包括胸墙的高度;宽度一般为1.4~2米,可以满足农村大车的交通要求。3米及3米以上宽度的道沟主要是为阻止敌人骑兵通过而开挖,例如,冀东地区道沟的宽度为3米,清河区垦利县的道沟宽度竟达到5米。初看似乎不合情理,但考察其挖沟的原因和道沟的功用就会发现,冀东地区的道沟主要是为防御日伪、伪蒙骑兵⑦,而垦利县发动群众挖沟时明确要求所挖道沟的宽度以敌人骑兵越不过去为标准。⑧

需要指出的是,华北平原各抗日根据地军民是在一个不断反思、总结的过程

---

① 戒夫:《敌后的"马奇诺"防线——一个新的万里长城的创造》,重庆《新华日报》1940年6月7日第2版。
② 《八路军冀中军区司令部关于再次全力发动挖掘壕沟的命令》(1941年10月9日),中共河北省委党史研究室:《冀中历史文献选编》(上),第519页。
③ 李英武:《冀中平原的交通战》,《八路军军政杂志》第3卷第9期,1941年9月25日,第22页。
④ 陈钦:《凹沟"抗日沟"战术的几个基本原则》,《清河军人》1942年第11期。
⑤ 吕正操:《吕正操回忆录》,第59页。
⑥ 宋任穷:《宋任穷回忆录》,解放军出版社,1994年,第162页。
⑦ 张玉泉主编:《中国共产党迁安县历史大事记》,中共党史出版社,1998年,第76页。
⑧ 路德河口述:《抗战琐忆》,《垦利文史资料》第4辑,垦利县政协文史资料工作委员会1991年编印,第60页。

中认识道沟并最终确立其规格的。冀中军区参谋长李英武明确指出,1941年前冀中道沟不仅不利于我方人员行军、运输,也没能阻止日军汽车"由平地绕进村庄,任意抢掠"①。山东平原道沟在1941年前也存在三个方面的问题:一是前期道沟深度、宽度不够,人或大车不能在沟内通行。沟内又无会车让路的地方,民众都不从沟内走,反而在沟外另辟新路,塌毁了庄稼,引起群众不满。二是许多道沟只挖通一二条,纵横不相通,不仅民众日常走路不便,战时也易为敌人封锁。三是道沟两端没有深入村庄内或隐蔽处,暴露在外面,军民出沟、入沟易为敌人发现。因此,抗日道沟不但失去了作用,有时反而有害。②究其原因,1941年前,各地主要着眼于挖掘道沟以"破路",对依托道沟开展敌后抗战的"技术"问题认识不够深入。1941年以来,为适应抗战需要,华北平原抗日根据地军民对道沟的认识、设计和规划逐渐成熟。道沟不仅有干沟、支沟,而且要根据适用情况来确定其宽度、深度、坡度及内部构造。同时,还必须做到"沟沟相连,村村相通"③。

(二) 道沟的内部构造和种类

平原道沟一方面要能御敌,另一方面要能利我,早期道沟在这两方面做得都不够好。冀中根据地1939年前的道沟都是直线的,而且道沟是半地下式的壕沟,由于没有挖掘"出口和踏足孔",危急时刻,我军不能迅速跳出道沟,易受敌人火力压制。农民日常田间劳作,从沟内进入农田也不方便。另外,北方平原雨季集中,道沟内因没有排水井、排水沟,雨季积水严重,抗日军民只能践踏禾苗。④ 此后,根据地军民开始在道沟内部构造上进行设计和改造。1939年4月28日,朱德就平原挖沟情况致电卫立煌,电文进一步揭示了冀中、冀南道沟的构造:

> 挖成缓弯的交通沟,使敌不能通射。宽仅容大车能通行,以阻汽车通行。沟的两旁作6寸宽的踏跺,沟深约5尺,站踏跺为立射。每5里有让来往车错通的车站,每1里有上地面斜短沟,为人之待避所,以便游击队出入。

---

① 李英武:《冀中平原的交通战》(1941年9月25日),《八路军军政杂志》第3卷第9期。
② 赵志坚:《关于破路工作的几点意见》,《大众日报》1942年12月11日第4版。
③ 门金甲:《对广北抗日沟的回忆》,《广饶文史资料选辑》第8辑,广饶县政协文史资料研究委员会1990年编印,第1～2页。
④ 李英武:《冀中平原的交通战》(1941年9月25日),《八路军军政杂志》第3卷第9期。

无通排水沟渠者,则在待避所侧挖排水井。村落周围多挖出路。①

道沟沟壁有踏跺,为沟内人员观察沟外敌情、射击之用。为方便民众出入,道沟每隔一段距离挖掘一个出入口。排水井在有的文献中也叫"贮水池","面积2厘,深度7尺","如距离旧有坑湾较近,则掘一引水沟将贮水池与其连接起来"②。但是,雨季中很多贮水池并没有注水,而没有贮水池的地方反而有水。最后,老百姓提出了解决办法——"下了雨再说"。雨后自然就能分辨地势的高低,再组织突击小组在道沟内存水的地方挖掘贮水池。此外,朱德这封电报还提到了冀中、冀南道沟是"缓弯"的,这就改变了此前沿道路直线挖沟的形式。弯形道沟一是更加利于隐藏,二是能有效防止敌人顺道沟射击。总之,1939年以后,冀中、冀南道沟内增加了踏跺、掩体、散兵坑、排水井、排水沟、出入口等"构件",以适用于抗战形势,其他根据地也逐步效仿。③

随着战争形势的发展,平原抗日根据地军民对道沟的认知、利用更为成熟,道沟的形式和种类也更为多样。1941年秋,冀中区从分区到县、县到乡村,普遍挖掘三类道沟:连接县、村之间的乡村大道称为道沟;联络村与村、道沟与道沟之间的人行道沟叫做交通沟;沿着村落周围开挖的用作防空游击之用的叫做围村沟。④ 一些地方还挖了防水沟、放水沟和将敌人引入沟内便于消灭的迷惑沟。⑤ 在山东,清河区于1942年春发动各县群众挖掘三种道沟:一是在村周围挖3、4米宽,2米深的抗日掩蔽沟(围墙式),便于预防敌特夜袭,叫做"抗日护庄沟";二是顺道路挖2米宽、1.5米至2米左右深的抗日沟,把村与村、联防与联防、区与区的道路挖通,叫"抗日交通沟";三是在敌据点周围及敌人经常出动行走的地方,挖"抗日封锁沟",以便将敌人交通要道阻断、破坏。为防止敌人借抗日沟袭击,又把抗日沟挖成"S"形的转沟,并在沟坡挖掩蔽体、战备坑,坑下设脚踏台,以便截击或伏击敌人,或在转沟内和敌人打游击。⑥

---

① 《朱德关于平原挖沟之办法致卫立煌电》(1939年4月28日),中国人民解放军历史资料丛书编审委员会编:《八路军·文献》,解放军出版社,1994年,第335页。
② 戒夫:《敌后的"马奇诺"防线——一个新的万里长城的创造》,重庆《新华日报》1940年6月7日第2版。
③ 谢胜利主笔:《夏邑县党史大事记1919.5—1949.9》,中共夏邑县委党史征编办公室1986年编印,第40页。
④ 《八路军冀中军区司令部关于再次全力发动挖掘壕沟的命令》(1941年10月9日),中共河北省委党史研究室编:《冀中历史文献选编》(上),第519页。
⑤ 陈绘主编:《易县公路交通史》,保定地区行政公署交通局1986年编印,第70页。
⑥ 门金甲:《开辟广北抗日根据地》,《东营文史》第9辑,东营市政协学习宣传文史委员会2000年编印,第117页。

三、"平原变山地,人造新长城":道沟的功能与实际效果

华北平原抗日根据地军民对道沟的认识经历了由破路到构筑打击敌人的地理依托的过程。1941 年之前,道沟主要是为破坏利敌之交通而开挖;1941 年以后,平原敌后抗战形势日益严酷,各地军民更加注重道沟在隐蔽、运输、打击敌人等方面的功用,道沟成为抗日军民利己之"交通阵地"。总体来说,平原道沟主要有两大功能:破坏交通以御敌、改造交通以利己。

(一)破坏交通以御敌

1. 阻滞敌军行进

日军是现代化的部队,坦克、汽车、装甲车、摩托车等在平原上横冲直闯、"速行无阻",加上骑兵部队,日军在华北地区尽得平原地貌之利。平原道路成网,成为敌人缩小抗日根据地、扩大日伪势力范围、切断我方联络四处扫荡的凭据。为此,日军进占平原各城镇后,即以各城镇为基点"修筑交通路,以机械化部队四出扫荡"①。日军所修公路主要是环状、平行、放射状道路,以便利其机动、快速出击。②

道沟最初的功能就是为了破路,以便阻滞日军机械化、摩托化等部队行进,为平原敌后军民御敌、转移等赢得时间,这是道沟最基本的功能。杨成武认为,在平原敌后抗日游击战中,交通战是一种日常主要的持久斗争形式,"交通破坏成功,才是完成了任务,否则,即是失职"③。道沟出现以后,日军表示"平原地区……挖掘道路改成交通壕,为了做到各村之间的联络和防备我用汽车袭击"④。1941 年以来,大规模挖掘道沟后华北平原根据地道路多被改造成了"凹形道","车行道路遭到破坏","交通壕联络着各村落",日军方面也不得不承认"各部队在推行'肃正'工作时极为困难"⑤。日军华北派遣军作战主任在广播谈话中说,中国共产党"将一望千里之冀中平原由农地变为阵地,因之成为最大苦心者,即为交通问题。彼等为令我军行动困难,将主要道路破坏,不仅使我军不

---

① 《周恩来为送左权著〈一月来华北战局概况〉与刘维京往来函》(1939 年 6 月),中国第二历史档案馆编:《中华民国史档案资料汇编》第 5 辑第 2 编"军事五",江苏古籍出版社,1998 年,第 156 页。
② 日本防卫厅战史室编:《华北治安战》(上),天津人民出版社,1982 年,第 162~163 页。
③ 日本防卫厅战史室编:《华北治安战》(上),第 337 页。
④ 日本防卫厅战史室编:《华北治安战》(上),第 281 页。
⑤ 日本防卫厅战史室编:《华北治安战》(下),第 140、154 页。

能发挥能力。彼等可以交通壕互相联络,其中且可通行车马"①。伪军方面对平原道沟也大感头疼。1941年11月,河南豫东道第三次强化治安运动实施计划之第十条就是铲平路壕。该计划指出,豫东"附近多掘交通壕",此次治安强化运动期间各县知事应督饬警团或联络驻军设法一律填平②。道沟阻滞敌军行进的实际效果,据1944年8月9日彭德怀对美军观察组人员的谈话,日军"汽车、装甲车不能畅行,速率降为与步兵相等,平均每小时只能走4至6公里。这样就使敌人失去了快速部队的优点,迫其像步兵一样的与我们作战"③。

2. 截断日军运输补给线

华北平原地区是日军掠夺战备物资、人力资源的主要源地。日军依靠其现代交通工具将平原资源不断输送到各大战场和国内,道沟的出现不仅给日军后方运输补给构成障碍,也牵制了大量敌伪力量用于平原交通的恢复。为此,日军方面一直重视对中国共产党交通战方面情报的搜集,并采取措施予以打击。日军新民会在所搜集到的中国共产党北方局1938年9月的指示后明确指出,中国共产党在华北今后的"重点放在破坏交通及通信机关的工作上,切断我后方运输线"④。1940年,日军针对当年华北地区治安"肃正"制定了根本方针,指出中国共产党交通战导致"交通运输断绝,严重影响华北建设"⑤,"华北建设的最大障阻是交通网被破坏"⑥。李公朴在对晋察冀边区考察后也指出,很多地方的日军"只能躲在城圈子里,没路可走这就是一个重要的原因"⑦。因此,在日军看来,整顿交通运输对"'肃正'建设的促进,治安地区的扩大"具有非常重要的意义。1943年,日方认为本年度秋、冬两季华北治安"肃正"中军事作战的目的是强化华北的作用,以便将华北尤其是平原地区作为日军"取得和运输供应日本的物资"基地,确保资源地区及交通线,但中国共产党方面构筑"交通壕"等对这一目的的实施造成困难。⑧

---

① 程子华:《敌对冀中扫荡与冀中战局》,《晋察冀日报》1942年8月4日第1版。
② 中央档案馆、中国第二历史档案馆、吉林省社会科学院编:《华北治安强化运动》,中华书局,1997年,第395页。
③ 彭德怀:《八路军七年来在华北抗战的概况》,中国抗日战争军事史料丛书编审委员会编:《八路军·回忆史料》(一),解放军出版社,2015年,第28页。
④ 日本防卫厅战史室编:《华北治安战》(上),第98页。
⑤ 日本防卫厅战史室编:《华北治安战》(上),第223页。
⑥ 日本防卫厅防卫研究所战史室编,田琪之、齐福霖译:《中国事变陆军作战史》第3卷第2分册,中华书局,1983年,第55页。
⑦ 李公朴:《华北敌后——晋察冀》,生活·读书·新知三联书店,1979年,第126页。
⑧ 日本防卫厅战史室编:《华北治安战》(下),第338、343页。

（二）改造交通以利己

1. 隐蔽自己

抗日力量在华北平原地区作战时，除村落、城寨和季节性高秆作物外，基本无险可守。在平原抗日斗争中，有效隐蔽自己，才能有效打击敌人，道沟能有效满足平原抗日军民的这一战术需求。

一方面，道沟纵横交错、密如蛛网的形态有利于增加作战隐蔽性。朱德曾明确指出平原道沟的开挖就在于"隐蔽运动作游击战"①。在《华北治安战》中日方着意引用中方资料："道沟纵横交错，修成蛛网状形状，因而我方可以通行无阻。在受到敌人攻击时作为隐蔽掩护物体，便于分散退避，同时又可隐蔽地接近敌人。"②抗日力量在道沟内行动曲折不定，特别是在夜间，更是来去无踪。而且己方在道沟内易于听到外来的声响，自己的声响反而不易被敌听到。因此，"在凹道中不与一般的平原相同"③。

另一方面，道沟的深度和外观也提升了抗日力量依托道沟作战的隐蔽性。道沟的深度再加上两旁胸墙的高度能有效地隐蔽抗日力量。后来，各根据地军民还在道沟背座上种植各种树木、作物，如茵柳、高粱、芝麻、玉米、向日葵、蓖麻等，从而进一步提升了隐蔽性。时人指出："假使农民走下了农田，在沟中，这世界无论是怎样动的，但是，在这广漠的平原上看不到一个人影。"④

2. 打击敌人

隐蔽自己是为保存自己，但保存自己还要消灭敌人，一味保存自己不可能长期立足于平原地区。消灭敌人就要坚持武装斗争，道沟为平原武装斗争奠定了地理依托。正如冀中军区安平县特务营营长张根生在其日记中所说："能否坚持根据地的抗日斗争，关键在于能否坚持武装斗争"，为了能在平原地区坚持武装斗争，冀中群众"把所有的大车道都挖成了可以藏身的道沟"，为"游击战争创造了有利的条件"⑤。李公朴也说，平原根据地军民将道沟"随时可以用作阵地，攻击敌人"⑥。

利用道沟打击敌人，一方面可以隐蔽地接近敌人，发挥自身武器优势。地方

---

① 《朱德关于平原挖沟之办法致卫立煌电》（1939年4月28日），中国人民解放军历史资料丛书编审委员会编：《八路军·文献》，第335页。
② 日本防卫厅战史室编：《华北治安战》（下），第268页。
③ 陈钦：《凹沟"抗日沟"战术的几个基本原则》，《清河军人》1942年第11期。
④ 戒夫：《敌后的"马奇诺"防线——一个新的万里长城的创造》，重庆《新华日报》1940年6月7日第2版。
⑤ 张根生：《滹沱河风云——回忆安平"五一"反扫荡斗争》，吉林文史出版社，1985年，第362页。
⑥ 李公朴：《华北敌后——晋察冀》，第127页

军政人员指出,抗日力量依托道沟作战不易被日本飞机侦察,敌人大炮、自动火器也不易发挥其威力,而装备较差的我方军队却能在道沟内"隐蔽行动,接近敌人,进行短兵器战斗。手榴弹成为在道沟内消灭敌人的主要武器"①。曾在冀南坚持敌后抗日的向守志也说:"人在里面走,外面看不见",敌人来"扫荡",群众便从交通沟撤离,与日军在平原上展开看不见人的游击战,日军经常被埋伏在交通沟的八路军部队袭击,可就是看不见人,不知子弹来自何方。② 此外,利用道沟的隐蔽性也可实施伏击战③、奇袭战④。

另一方面,华北平原抗日根据地军民依托道沟开展敌后游击战,形成了各种战术。在苏北、皖北的津浦路沿线,日军重点防控,以沟(封锁沟)、点(据点)、线(公路)相结合的方式牢牢控制所占区域。根据地民兵则以道沟为依托开展"以沟对沟,以沟破点,以沟破线"的战术斗争,对敌进行反分割、反包围,日夜轮番袭击敌人。⑤ 在山东根据地,陈钦将运用道沟作战的战术归纳出来,以作山东地区坚持道沟战的借鉴,包括道沟内的通信联络、道沟侦察、道沟遭遇战、道沟进攻战、道沟防御战、撤退、特种战斗等。⑥ 1945 年 7 月,为配合主力反攻,山东省武委会指示对各根据地外的重要边沿区应布置爆炸线,专门对实行抢劫、勒索、突击的敌人实行爆炸,而道沟正是设置爆炸线的有利依托。⑦

3. 战时便于我方运输、转移和突围

道沟是一张张网状的结构密布于平原之上,其沟口一般与村口连接,群众赶着大车一出村就可进入道沟,形成了村村相通的道沟网。于是,道路运输转变成了以沟代路、沟沟相通的道沟运输。战时抗日军民可以在道沟内运输物资,从而避免被敌俘获,平时群众也可由道沟运输农副产品和出入农田劳作。华北平原抗日根据地军民利用道沟进行交通运输的案例很多。1938~1940 年,冀南根据地支持前线的粮食和军需,大部分是用大车、独轮车、扁担挑和人背等方式通过道沟运输完成的。⑧ 1941 年,冀中任丘县委发动民兵依靠道沟赶着毛驴、推着小

---

① 陈钦:《凹沟"抗日沟"战术的几个基本原则》,《清河军人》1942 年第 11 期。
② 向守志:《向守志回忆录》,解放军出版社,2006 年,第 82 页。
③ 郭今生:《冀中人民创造的世界奇迹——忆抗日战争初期的特殊道路》,《河北省公路交通史参考资料》第 7 期,河北省公路交通史编写委员会 1982 年编印,第 13 页。
④ 王寿仁:《冀中二十三团一营在"五一反扫荡"中的战斗》,冀中人民抗日斗争史资料研究会编:《冀中人民抗日斗争文集》第 5 卷,航空工业出版社,2015 年,第 1759 页。
⑤ 中共铜山县委党史工作委员会编:《铜山革命史》,中共党史出版社,1996 年,第 172 页。
⑥ 陈钦:《凹沟"抗日沟"战术的几个基本原则》,《清河军人》1942 年第 11 期。
⑦ 《山东省武委会关于目前形势与具体任务的紧急指示》(1945 年 7 月 28 日),《山东革命历史档案资料选编》第 15 辑,山东人民出版社,1984 年,第 171 页。
⑧ 馆陶县交通志编纂委员会编:《馆陶县交通志》,方志出版社,2008 年,第 309 页。

车穿越平汉路日军封锁线,将粮食、衣服等物资运送至冀西,使山区军民度过了灾荒。①

日军实施快速"扫荡"时首先会遇到道沟的阻碍,根据地军民便可抓住时机安全转移。地方干部曾做过计算,在敌人要"扫荡"之前,"没有一两个钟头的平沟是不行的,这时我们早就得到消息转移了。……抗日沟不仅便利了抗战,也便利了保民和人民自保"②。1940年以后,日军对华北平原抗日根据地愈发"重视",频繁"扫荡"。抗日道沟就成了平原根据地军民实施快速转移、坚持持久抗战的主要地理依托。在冀南,1940年下半年,面对日军的报复性"扫荡",根据地军民依靠道沟与敌周旋。"群众抱着孩子,牵着牲口在路沟里安全转移……我们在路沟中看敌人的行动一清二楚,而敌人却看不到我们。"③在危急时刻,抗日力量也可借助道沟实施突围。④

应当指出,道沟也有其不足之处。陈钦归纳出六点不足:一、遇敌时指挥员不便在狭长道沟内进行前后指挥。二、联络困难,没有良好的指挥点可利用。三、各地道沟规格是"多样式的",部队隐蔽运动中有时会受到道沟形状的限制。四、有的沟挖得很深,超过人的身长,在道沟内行动只能听到外来声音,目视困难。要想爬出沟观察敌情,则目标太大,易暴露自己。五、道沟纵横交错,若无向导,在道沟内行动时易迷失方向,多走弯路。六、若敌人事先知道我方意图,或事先占领了村落或道沟内的待避所,我方侦察不好,易发生遭遇战。⑤此外,开挖道沟会占用一定面积的耕地,农民由地上经过半地下的道沟再入农田劳作毕竟有所不便,解放战争后期道沟基本被填平。⑥

尽管依托道沟作战会有一定不足,但在缺乏山地依托和有利隐蔽条件的广阔平原上长期坚持敌后游击战争,反击敌人的"扫荡",道沟毕竟是最好的阵地和屏障。时人认为,抗日道沟"为改造地形便利游击队之最好办法"⑦。中国共产党领导华北平原抗日根据地军民挖道沟的经验甚至为国民党敌后抗日游击力量

---

① 王传玉:《抗日战争时期任丘破交战》,《任丘文史资料》第6辑,政协任丘市文史资料研究委员会2006年编印,第170页。
② 王联主编:《中共商丘党史资料选·回忆录》,中州古籍出版社,1999年,第471页。
③ 司枕亚:《破路·打狗·挖洞·改造村形》,《大名文史资料》第4辑,政协大名县文史资料研究委员会1994年编印,第107页。
④ 阎朝科:《冀中军区六分区(警备旅)第二团史料》,冀中人民抗日斗争史资料研究会编:《冀中人民抗日斗争文集》第7卷,航空工业出版社,2015年,第2174页。
⑤ 陈钦:《凹沟"抗日沟"战术的几个基本原则》,《清河军人》1942年第11期。
⑥ 解放战争初期,华北平原解放区又曾掀起挖道沟运动。但1948年以来,华北解放战争局势逐步向好发展,为便利生产、生活,各地除少量道沟保存到1949年之后,平原解放区道沟基本被填平。参见《应该号召群众把道沟填平》,《冀中导报》1948年12月7日第4版。
⑦ 《沂水各区赶挖抗日沟》,《大众日报》1940年8月1日第4版。

所借鉴。1939年6月,苏北历经挫折的国民党"丰县义勇常备总队"领导人黄体润,在八路军苏鲁豫支队作战经验的启发下,动员群众积极破路、挖沟。

四、平原地貌改造中的人:挖道沟与社会动员

在中国共产党领导下,通过有效的组织和人力、物力等"能量"的投入,道沟在华北平原持续扩展。不过,挖道沟运动需要投入极大的人力、物力和财力,没有积极的动员、宣传,要完成道沟挖掘任务是不可能的。挖道沟运动也是对中国共产党在华北平原各抗日根据地执政能力、动员能力和组织能力的重大考验。

(一) 动员中的领导、组织与实施

抗战时期,中国共产党组织建设、政权建设等的思想、制度日益成熟,通过制定适宜的政策逐步确立了在国民党军政力量从华北败退之后的政权主体地位和合法性。依靠艰苦而复杂的工作,中国共产党有效地将华北平原千百万人民群众组织起来,从而实践其平原抗战的"人山"思想。黄道炫指出,冀中根据地1942年前的地道主要是各地自发挖掘,1944年后的地道挖掘高潮则更多缘于中国共产党的组织动员。① 而道沟的挖掘规模更大、所需人力更多,也更易暴露。因此,这一运动从一开始就是在中国共产党的社会动员下兴起的。挖道沟运动中社会动员的主体是党的各级政权及其干部、群众组织,动员对象则为广大人民群众。

首先,党的各级政权及其干部是挖道沟运动社会动员中的第一主体,挖道沟运动落实的关键在于各级干部的组织力、执行力和创造力。其工作方式主要有两种,一是地方党的最高领导机构先动员党、政、群各级组织开展挖沟运动,并加强行政督导。② 然后,各级县委、行署在动员各区、村干部后直接领导、检查督促群众挖沟。同时,在挖沟动员中地方领导干部也注意讲究效率,如组成青年破路突击组或突击队和开展青壮年挖沟竞赛等。③ 二是地方党的最高领导机构直接发布行政命令,进行强制动员。如1939年2月25日,冀南行署发出56号破路训令。大名县从接到训令起,全县一律开始破路;各村群众凡15岁以上、50岁

---

① 黄道炫:《敌意:抗战时期冀中地区的地道和地道斗争》,《近代史研究》2015年第3期。
② 王念基、张辉主编:《冀中八分区抗日斗争史资料选编》上册,中共沧州地委党史资料征集编审委员会1987年编印,第87页。
③ 郭清书:《鲁西北青年运动的概况》,中国共产党聊城地委党史资料征集研究委员会编:《聊城地区党史资料》1983年第5期,第80页。

以下者均须参加挖沟破路。①

其次,党和各级政权领导下的各类群众组织是党组织、政权组织动员民众的重要助手,也是挖道沟运动社会动员中的第二主体。群众组织在党的领导下工作,遵循党的策略路线,这是中国共产党通过群众组织实施民众动员的一项基本原则。② 抗日根据地的群众组织主要有抗日自卫队、农民救国会、工人救国会、青年救国会、青年抗日先锋队、妇女救国会、教育界救国会和商人救国会等,这些群众组织接受党的领导,政府则提供保护和帮助。以晋察冀边区为例,至1940年2月,边区各类群众组织已有一百多万会员,在每次战争动员中,"都证明他们能起绝大的作用"③。各类群众组织主要是以中农、贫农为主,在中国共产党抗日民族统一战线的组织下实行全民组织、全民抗战④,积极参与发动、组织群众投入挖道沟运动之中。例如,1941年5月~1943年2月,清河区农救会组织万余群众挖抗日沟1 300千米。⑤ 各地群众组织在动员群众挖道沟运动中也会注重对贫苦农民的救济,具有"以工代赈"的作用。在山东菏泽,各村农救会在组织群众破路挖沟时按每户土地数额分配挖沟任务,且要求"按期完成,违者罚"。于是无地、少地的群众因受他人雇用挖沟而获得报酬,挖道沟运动也就起到了救济贫苦农民的作用。⑥ 1943年12月,苏北响水县组织全县群众挖沟时从富有者2 074户募捐法币、山芋干、稻头、花生饼等,救济了贫苦破路队员3 300户。⑦

在具体实施上,各地抗日自卫队是挖道沟运动的主力军。抗日自卫队即人民武装自卫队,是与群众日常生活紧密结合的半武装群众组织,分为县总队部、区大队部、中心村或大村中队部三个层级,其根基在第三个层级——下分壮年队、青年队、守护队、妇女队和儿童队,囊括了农村11—55岁的广大群众。人民自卫队的主要任务之一即是破坏敌军交通、维护我军交通以及协助构筑工事。⑧ 冀中饶阳县于1939年冬和1940年春组织男自卫队18岁至55岁,女卫队员18

---

① 司枕亚:《破路·打狗·挖洞·改造村形》,《大名文史资料》第4辑,第107页。
② 《中国共产党中央北方分局对冀中工作的指示信》(1939年8月11日),河北省社会科学院历史研究所等编:《晋察冀抗日根据地史料选编》,河北人民出版社,1983年,第167页。
③ 聂荣臻:《晋察冀边区的形势》(1940年2月28日),魏宏运主编:《抗日战争时期晋察冀边区财政经济史资料选编·总论编》,第82页。
④ 日本防卫厅战史室编:《华北治安战》(上),第399页。
⑤ 山东省地方志编纂委员会:《山东省志·农民团体志》,山东人民出版社,1996年,第308页。
⑥ 程力夫:《抗日民族统一战线在鲁西南的曙光——回忆创建鲁西南抗日救国总会》,《菏泽文史资料》第4辑,菏泽市政协文史资料委员会1995年编印,第43页。
⑦ 中共响水县委党史办公室编:《响水革命史料选》第2辑,中共响水县委党史办公室1985年编印,第112页。
⑧ 日本防卫厅战史室编:《华北治安战》(上),第287页。

岁至 50 岁轮流出勤挖道沟。① 日军在对中国共产党动员民众的调查中也发现，各村自卫队的活动相当活跃，"运输、通讯、挖掘交通壕以及作战正成为自卫队主要的活动"②。

（二）动员中的教育与宣传

挖道沟是个巨大的人力工程，难免增加群众负担。日军方面也观察到，挖道沟运动"使村民付出极大劳力"③。最初，个别地方不经深入宣传动员就强迫群众挖沟；有的地方挖道沟按人头、劳动力摊派任务。此外，挖道沟有时也会与农时发生矛盾，一些群众不免有抵触情绪。于是有群众说："挖路，挖路，不叫人活"，这就使群众产生误解，甚至助长了暴乱。④

为此，在挖道沟运动中，一方面各级干部逐渐对群众进行耐心说服、教育，让其明了道沟的真正功用，以避免敌人造谣和群众反感。⑤ 在动员中逐步注重教育群众挖道沟不仅是战争需要，也与农民本身利益紧密相连。⑥ 吕正操也指出，只有教育群众、组织群众，深入政治动员，"使群众了解这一工作是与他自己切身利益有联系的"，以提高其积极性与主动性，发挥其"无限"的力量，才能保证挖道沟工作全部完成。⑦

另一方面，各级干部对道沟的作用、功能、意义进行了广泛宣传，让"广大人民群众亲身体会到改造平原地形的重要性"⑧。为提升宣传动员效果，中国共产党在挖道沟运动中也采取了一些具体方法。

首先，为适应平原抗战的形势，适时地提出各种挖道沟动员口号。冀中平原最初提出的口号是"破路就是抗日"，但部分群众不了解其中意义，表现得不够热心。不久，党又提出"多流一滴汗，少流一滴血"的口号，经过多次战斗实践群众体验到了这个口号的"真意"，从而积极投入到挖沟运动之中。⑨ 1941 年秋，冀中区在道沟"整旧挖新"运动中又提出了更为坚决的口号："一切为着战争，一切为

---

① 王念基、张辉主编：《冀中八分区抗日斗争史资料选编》上册，第 87 页。
② 日本华北方面军：《冀中边区西南部民众获得工作实情调查报告》，日本东京亚洲历史资料中心藏，档案编号：C04122567800。转引自张屹、徐家林：《中国共产党在晋察冀边区的民众组织与动员——以日本文献为中心》，《江西社会科学》2020 年第 4 期。
③ 日本防卫厅战史室编：《华北治安战》（上），第 282 页。
④ 《冀鲁豫党史资料选编》第 20 集，中共贵州省委党史研究室冀鲁豫组 1996 年编印，第 106 页。
⑤ 中共河北省委党史研究室编：《冀南历史文献选编》，中共党史出版社，1994 年，第 350 页。
⑥ 《朱德关于平原挖沟之办法致卫立煌电》(1939 年 4 月 28 日)，中国人民解放军历史资料丛书审委员会编：《八路军·文献》，第 335 页。
⑦ 吕正操：《论平原游击战争》，解放军出版社，1987 年，第 60 页。
⑧ 宋任穷：《宋任穷回忆录》，第 162 页。
⑨ 吕正操：《吕正操回忆录》，第 93 页。

着胜利,不惜花费一定的土地、人力、时间!"①一些地方,挖道沟口号能直观地揭示道沟与群众自身利益的利害关系,如鲁西平原的口号是"不挖道沟会死人"②。

其次,通过组织编写、传播各种活泼的歌谣开展挖沟动员。抗战时期,在党的领导下,新诗歌运动从延安兴起后,很快扩展到各大根据地。新诗歌的表现形式一是墙头诗,一是新民歌。墙头诗是将诗歌贴于街头或墙上,民歌则由军队文艺人员"走到一处,宣传一处"③,或由农村歌咏队传唱。④ 这些歌谣创作表现出强烈的革命性和时代性,在民众间持久传唱并在社会动员方面发挥出文字宣传难以企及的积极作用。⑤

华北平原抗日根据地挖道沟运动中有大量墙头诗和歌谣被创作并用于民众动员之中,我们姑且称这些诗歌为"道沟诗歌"。一方面道沟诗歌会强调平原地貌被改造后的实际功用,具有明确的动员目的。1941年10月,欧阳平由太行山进入冀南平原后每日走在抗日道沟里,他看到冀南唐庄的墙头诗这样写道:"抗日沟千万条,平原变深山,处处像地堡。抗日沟昼夜挖,纵横交错,四通八达,救国又保家。"⑥在冀鲁豫,朱毅创造了《挖路歌》教给群众,边挖沟,边演唱,成了挖路的动员令。歌词主要内容是:"大家努力挖啊,挖啊,挖啊!挖成五尺深,挖成七尺阔,挖得汽车跳不过,跳不过……平原变山区,创建根据地。"⑦

另一方面,道沟诗歌也会着重描绘道沟对日军的打击作用,语言朴实、活泼,能贴近群众,从而具有很好的动员作用。冀中地区这样的歌谣很多,如:"道沟就是抗日沟,鬼子害怕我欢迎!鬼子汽车团团转,变成乌龟爬着行!子弟兵顺着道沟打日寇,神出鬼没好威风!好威风!利用道沟反'扫荡',狡猾鬼子难逞凶!难逞凶!"⑧冀中群众甚至会在道沟土壁上写上自编歌谣,如:"道沟弯弯一条线,十村八村紧相连,小车大车沟中走,鬼子白脖(伪军)看不见,敌人挨打不能走,日寇见沟心胆寒。"⑨

---

① 《八路军冀中军区司令部关于全力发动挖掘壕沟的命令》,中共河北省委党史研究室编:《冀中历史文献选编》(上),第519页。
② 《革命回忆录选》第1集,中共安阳地委党史资料征编委员会办公室1982年编印,第255页。
③ 杨尚昆:《论华北抗日根据地的建立与巩固》(1944年7月),魏宏运主编:《抗日战争时期晋察冀边区财政经济史资料选编·总论编》,第121页。
④ 张屹:《抗战时期中国共产党领导下的民歌再造与革命动员》,《党的文献》2020年第2期。
⑤ 路畅:《抗战时期革命歌谣的创作——以山西革命根据地为中心的考察》,《文艺研究》2014年第5期。
⑥ 欧阳平:《敌后歌఼:四十年前日记诗抄》,中共山东省委党史资料征集研究委员会征集室1982年编印,第32~33页。
⑦ 朱毅:《忠诚战歌》,沈阳出版社,2010年,第35页。
⑧ 李健:《抗日战争时期冀中平原的交通战》,冀中人民抗日斗争史资料研究会编:《冀中人民抗日斗争文集》第7卷,第2450页。
⑨ 刘树仁主编:《晋察冀边区交通史》,人民日报出版社,1995年,第32页。

总体来说,道沟诗歌缺乏韵律,甚至有错字,但大都语言简洁、朴实,能切合实际和贴近民众,表达了华北平原抗日根据地民众坚定的信念和必胜的信心,有力地推动了中国共产党领导的挖道沟社会动员工作。被动员起来的乡村民众不再是革命的旁观者,他们开始立足于革命立场,以已经内化的革命思维方式和自然的情感,认同中国共产党的革命理念,认识社会问题、理解革命行动,最终以实际行动参与或支持革命。①

(三) 挖沟与填沟:动员中的敌我斗争

华北平原抗日根据地军民依托道沟坚持斗争,并不断扩大根据地面积,日军不可能置之不顾。1940年以来,日军一方面加大对各大根据地"扫荡"的力度与频度,另一方面又不断构筑据点、封锁沟、公路网等以强力推行其"囚笼政策"。于是,中日双方在华北平原上演了"挖沟与填沟"的特殊斗争剧目。

日军方面,所谓挖沟是指在铁路两侧为割断山地与平原联系及各平原根据地之间联系而挖掘的"遮断壕"或"封锁沟",公路两侧挖掘的护路沟,城墙外和县区交界地带挖掘的"惠民壕"或"治安壕"。日军所挖各类壕沟远较道沟为大,深宽一般"各丈余",有的为干沟,有的直接灌水,主要目的是"交通阻绝",以实现其封锁、分割根据地,阻断抗日力量活动的目的。各类壕沟对平原抗日力量的确产生极大的困扰,根据地不断被切割,甚至变质。日军指出,京汉铁路两侧的隔离壕沟切断了"冀中、冀南的丰富物资向其根据地运送的通路";各县区交界地带所挖"惠民沟"不仅"阻止共军入侵",还能防止中国共产党对敌治安区、准治安区和未治安区民众的争取,促使民众向日方靠拢。② 所谓填沟则是强迫民众填埋平原抗日道沟。在冀南地区,1941年以来,日军一面增修公路、碉堡、封锁沟、封锁墙,一面"大肆摧毁我之抗日道沟及天然道沟"③。在治安强化运动中,一些根据地军民"所掘交通沟亦大部填平"④。

在中国共产党方面,一方面积极研究防止日军修筑各类封锁沟及通过封锁沟的办法,动员群众填埋⑤;另一方面,动员群众挖掘道沟,包括挖掘新的道沟和将敌人所填道沟再次挖开。这两个方面的工作是长期反复的斗争过程,都需要进行大量的社会动员工作。正如刘伯承在1941年2月所指出的:"对敌人交通

---

① 张屹:《抗战时期中国共产党领导下的民歌再造与革命动员》,《党的文献》2020年第2期。
② 日本防卫厅战史室编:《华北治安战》(上),第419页。
③ 《第十八集团军总部关于目前日军之活动特点与"清剿"办法的通报》(1942年5月1日),中国人民解放军历史资料丛书编审委员会编:《八路军·文献》,第794页。
④ 《华北治安强化运动》,第521~522页。
⑤ 日本防卫厅战史室编:《华北治安战》(上),第457页。

不断的破击,护路沟的填平,山地隐蔽小路的构筑,平原沟道的发展,这应成为抗战军民经常的职责。……交通斗争是一件非常重大的事,我们对于敌人的铁路、公路及其护路沟,必须破坏一次又一次;对敌人挖断我们在山地的小路和在平原的沟道,必须修复一次又一次。敌人修破的快,我们人多破修的更快,必须顽强斗争下去。"①

应当说,在广泛而形式多样的社会动员下,各根据地军民在中国共产党领导下对此是有深刻认识并能切实执行下去的。在晋察冀边区,敌人白天修路、挖沟,民兵们夜间去破路、填沟,破一夜,敌人要修3天,就这样一直纠缠下去。②在鲁西郓北县,从1940年起,敌人平沟,根据地军民挖沟,这种对抗长达4年之久。③ 根据地军民挖沟、填沟的方法灵活多样,这包括一是发动民兵和群众夜间挖道沟④,二是乘敌人白天逼迫民夫填埋道沟时组织地方民兵进行扰乱,夜间群众又重新挖开道沟。⑤

总之,华北平原抗日根据地军民的挖沟、填沟活动是"反复连续不断的艰苦斗争,谁最后战胜了,谁就能坚持到最后"⑥。尽管1940年以后日军在华北平原不断加强挖沟、填沟的力度,平原抗日根据地遭到封锁、分割、"清剿"和"剔块",但在中国共产党广泛而持续的社会动员下,平原道沟一直被抗日军民维护、保存,山地与平原往来并未断绝⑦,华北平原抗日根据地也一直能长期坚持下去。

五、结　　语

1938年以来,当华北大部沦陷,固守山地游击战已不适合华北抗战形势,中共中央最终作出八路军向平原挺进的战略决策。不过,中央领导人虽然指出了自然地理条件对建立平原根据地的限制作用,但更主要强调动员群众、军事指挥等人为因素的重要性。朱德说:"只要群众组织得好的地方,即依靠民众为堡垒,在平原开阔地也可以进行游击战。"⑧相较而言,前线指挥官则着重于探索平原敌

---

① 刘伯承:《关于太行军区的建设与作战问题》(1941年2月1日),山西省档案馆编:《太行党史资料汇编》第4卷,山西人民出版社,2000年,第122~123页。
② 孙元范:《百炼成钢的晋察冀边区》,《解放日报》1944年7月10日第4版。
③ 《冀鲁豫党史资料选编》第13集,中共贵州省委党史办公室冀鲁豫组1989年编印,第161页。
④ 《群众报》1940年10月24日第4版。
⑤ 伏自言:《清河区第一个抗日民主政府——临淄县政府成立前后》,《临淄文史资料》第9辑,第82页。
⑥ 《刘伯承、邓小平关于反对日军"囚笼政策"的指示》(1941年5月10日),中国人民解放军历史资料丛书编审委员会编:《八路军·文献》,第636~637页。
⑦ 杨成武:《杨成武回忆录》,第759~761页。
⑧ 朱德:《论抗日游击战争》(1938年),《建党以来重要文献选编(1921~1949)》第15册,第119页。

后游击战的战略战术,将平原地形的利用与动员平原群众同等重视。彭雪枫是平原游击战的积极探索者,他就指出:"我们可以利用稠密的村落,利用青纱帐,依靠广大群众,纵横驰骋,与敌人周旋;采取夜袭、伏击等手段,积小胜为大胜。"①

毋庸置疑,将敌后千百万人民群众动员起来,坚持人民游击战争,是抗日战争最终胜利的重要保证。② 但是,如若忽视平原人民认识地理、改造地理的作用,仅仅强调动员敌后人民群众就能取得最终胜利,恐怕有将平原抗战历史"简单化"之嫌。任何人类活动都是在自然—社会系统之中开展的,自然与社会因素都应被充分认识和考量,不可偏废。平原敌后游击战也不能例外,除需动员人民群众外,也要认真思考利用、改造平原地理条件的问题,被动员后的广大人民也只有被运作于平原地理之上才有施展其力量的舞台和方向。因此,既执行中央总的平原游击战方针,又因地制宜地利用各地平原地貌、地物等地理条件,运用灵活多样的游击战术,是各平原根据地得以保存、坚持的主要原因。具体来说,道沟是人为创造的地上隆起物,使平原变成了"丘陵",塑造了新的平原地貌景观形态;在空间形态上,道沟是纵横交错的"蛛网式"结构,密布于平原之上,"像捕猎的兽网",成为打游击的好战场。③

在此,我们认为中国共产党敌后抗战史的叙事和研究应补充一个重要的缺失环节——自然地理条件及其被抗日力量认识、利用和改造的历史,从而使敌后抗战史更为丰富和完整。

(原载《近代史研究》2021年第6期,现略有改动)

---

① 河南省民政厅《忆彭雪枫同志》编辑组:《忆彭雪枫同志》(续集),河南人民出版社,1981年,第290页。
② 吴宏亮:《论人民游击战争是抗日战争最终胜利的重要保证》,《中国高校社会科学》2015年第5期。
③ 刘志坚、张友萱:《冀南平原最艰难时期的武工队和瓦解敌军工作》,《八路军回忆史料》(三),解放军出版社,1991年,第200页。

日伪经济统制与上海郊县
手工业的变迁(1937~1945)

桂 强*

明清以来,在乡村经济研究中,手工业的发展一直是学术界关注的重点话题。但是,目前关于特殊时期手工业的变迁研究很少,比如沦陷时期。我们应该关注历史上这些偶然性事件对手工业变迁的影响。目前关于沦陷时期手工业的研究,主流观点是衰退论,如彭南生认为:"'九一八'事变的发生及卢沟桥事变后日本全面侵华战争的爆发,沦陷区市场丧失,生产基础遭到摧毁性破坏,乡村手工业从技术进步的、以区域外市场为依托的半工业化生产向一般商品生产,甚至向自然经济退化,中国近代乡村手工业的良好发展势头被迫中断了。"[①]在新型手工业衰退的同时,另外也有一些学者注意到了沦陷时期部分传统手工业行业的复兴,如吴惠芬对江浙家庭缫丝业的研究结果研究表明家庭缫丝业在沦陷时期得到了一定的发展。主要原因有二:一是战时城市缫丝工厂的衰败;二是欧战爆发,军事用丝量猛增,在这种特定的情况下,养蚕农户自缫土丝日益增多。[②]传统手工业的复兴实际上也是沦陷时期手工业衰退的一种表现。然而,不同手工行业在沦陷时期变迁之复杂绝不仅仅是用衰退所能概括。并且,同一行业在不同地区之变迁也会受到当地社会经济状况的影响。因此,我们有必要在一个区域范围内考察沦陷时期不同手工行业变迁的具体情况。此外,目前关于上海郊县手工业的研究成果较多,但大多都是关于沦陷前手工业的探讨,极少涉及沦陷时期。[③]

本文所指的上海郊县包括宝山、南汇、奉贤、嘉定、崇明、上海、川沙七县。

---

* 桂强,现为上海师范大学马克思主义学院讲师。
① 彭南生:《日本侵华战争与近代乡村手工业发展进程的中断——以近代乡村织布业、缫丝—丝织业为讨论中心》,《江汉论坛》2007年第9期。相关的研究如:顾琳:《中国的经济革命:二十世纪的乡村工业》,江苏人民出版社,2009年;马俊亚:《抗战时期江南乡村经济的衰变》,《抗日战争研究》2003年第4期。
② 吴惠芬:《抗战时期日伪控制下的江浙家庭制丝业》,《古今农业》2003年第3期。
③ 相关成果如张忠民:《近代上海农村地方工业的演变及其趋向》,《上海社会科学院季刊》1994年第2期;李学昌、董建波:《近代江南农村经济研究》,华东师范大学出版社,2015年;戴鞍钢:《上海开埠与郊县手工业的转型》,《社会科学》2015年第1期。

1937年12月,伪上海大道政府成立,原属江苏省的宝山、南汇、奉贤、嘉定、崇明、上海、川沙七县划归上海特别市政府管辖。1944年6月汪伪上海市政府又将所属南汇、奉贤、北桥、川沙等四区裁撤,设第一区行政督察专员公署,将嘉定、崇明、宝山等三区裁撤,设第二行政督察专员公署。①

一、沦陷前城市经济的发展与郊县手工业的变迁

明清时期上海郊县的农民多以织布为生,因此,棉纺织业在上海郊县手工业中占有举足轻重的地位。对此,上海郊县的地方文献中已有记载。正如《上海县志》所说:"上海僻处海陬,风气颛朴,人仰耕织而食。"②《宝山县志》中也提道:"躬耕之家,仍纺棉织布,抱布易银,以输正赋,而买食米。"③《川沙抚民厅志》亦云:"滨海田瘠,人仰耕织而食。以故妇女……习井臼余纺织刺绣,或佐耕馌耘获车灌与男子共事劳苦。"④川沙县直到19世纪中期,手工棉纺织业仍为当地乡村普遍的家庭经营副业。⑤ 鸦片战争以后,洋布的进口量大幅增加,1867年仅为4 250 324匹,到1894年增至13 795 884匹,增加了3倍左右。⑥ 同时,随着上海开埠,上海本地机制布也发展了起来。光绪八年(1882),李鸿章奏定郑观应等3人筹办上海织布局,"内分织布、纺纱两部"。光绪十八年(1892),"一部分机器装竣,先行开工。计有纱锭35 000枚,布机530台"。⑦ 自此后,上海郊县的土布业受到了国内外机制布的冲击,从而逐渐走向衰落。在上海县,光绪初年,除邻邑不计外,各乡每年约生产东稀布30余万匹。1918年前后,由于上海杨树浦地区机厂林立,女工大半入厂工作,使得东稀布生产减少为每年20余万匹。另外,在鸦片战争以前,上海县东南各乡每年生产的套布为一百三四十万匹。到了20世纪初,减少为六七十万匹。⑧ 在嘉定县,土布为地方农民生计大宗,但是光绪三十年(1904)以后,洋布盛行,土布生产量遂逐渐减少。⑨ 特别是在土布业繁荣的

---

① 郑宝恒:《民国时期政区沿革》,湖北教育出版社,2000年,第724~725页。
② 颜洪范修,张之象等纂:《上海县志》卷一(风俗),明万历十六年刻本,第7页。
③ 赵酉等修,章钥等纂:《宝山县志》卷一(物产),乾隆十一年刻本,第2页。
④ 何士祁修,姚椿、周庠纂:《川沙抚民厅志》卷一一(杂志·风俗),清道光十七年刻本,第11页。
⑤ 朱鸿伯主编:《川沙县志》,上海人民出版社,1990年,第253页。
⑥ 姚贤镐编:《中国近代对外贸易史资料》第3册,中华书局,1962年,第1368页。
⑦ 陈真编:《中国近代工业史资料》第4辑,生活·读书·新知三联书店,1961年,第195页。
⑧ 吴馨等修,姚文枬纂:《上海县续志》卷八,民国七年刻本,第28页。
⑨ 范钟湘、陈传德修,金念组、黄世祚纂:《嘉定县续志》卷五(风土·物产),民国十九年刻本,第49页。

南翔镇,体现得更加明显。1924～1932年,南翔半数以上的土布店关闭。① 在奉贤县,"织布之工,从前比户皆是,纯系女工。土名小布……近自厂布盛行,销路顿滞,贫民生计,大受影响"②。

在土布业衰落的同时,上海郊县"相继出现一批有别于传统小农家庭棉纺织手工业生产方式的新型手工业"③,如黄草编织业、织袜业、毛巾织造业,此为沦陷前上海郊县手工业最显著的特征。

黄草编织业主要分布在嘉定,最初仅产于城东澄桥一地,编民以织蒲鞋为主。据康熙《嘉定县志》记载:"蒲鞋,出新泾镇,其居民取黄草营草为之,男女皆习以为业……坚致精巧,用以馈远,四方来游者,必市之以归。"④1922年以后,张溯桥、蔡永和等开始提倡改进当地传统的草编技术。由于销路广阔,当地的草编织业日渐兴旺,起初只有在新泾附近有凉鞋编织,后来逐渐推广至徐行,随即又发展至郎中庙、曹王等处。织品也由凉鞋增加到了书包、文件、钱袋等品种。原来从事于土布纺织业的农户,多改种黄草、改制黄草制品。⑤

织袜业主要分布在南汇。民国初年,南汇县坦直镇人胡篸铭曾几次前往日本参观工厂,回来时顺便带回了两台袜机,并在家中邀请几位亲戚学习,试产土纱袜在当地销售,后来相继传入附近村镇。那时农村社会的青年妇女,大多只是操持家务或经织土布,所以"洋袜机"一出现之后,受到农村妇女的广泛欢迎,再加上当时"实业救国"运动的兴起,因此,南汇的织袜业也顺势而起。胡篸铭在新场镇开创安定袜厂,成为南汇袜业最早的创始人。⑥ 据不完全统计,在1925～1927年间,南汇有袜机2400余台。⑦ 到1933年,全国有机器袜厂110家,产袜542万打,同年南汇袜厂产袜266万打,是前者总量的一半左右。⑧ 南汇城内设立的大小袜厂,共有20余家之多。每一大厂,备有织袜机四五百架,小的亦有一二百架,故该城内及附近乡村间之妇女,莫不依此为业。⑨ 到抗战前夕,南汇全县有袜机5万台,从业者6万人,所产袜子通过上海销往国内各地及南洋

---

① 职工:张叹石口述,1961年9月7日,转引自徐新吾主编;上海社会科学院经济研究所编写:《江南土布史》,上海社会科学院出版社,1992年,第278页。
② 章有义:《中国近代农业史资料》第2辑,生活·读书·新知三联书店,1957年,第420页。
③ 戴鞍钢:《上海开埠与郊县手工业的转型》,《社会科学》2015年第1期。
④ 余永林、赵春华主编:《嘉定掌故》,学林出版社,1988年,第127页。
⑤ 李学昌、董建波:《近代江南农村经济研究》,华东师范大学出版社,2015年,第195～196页。
⑥ 张泳赓、陈燮龙:《南汇县袜业简史》,转引自南汇县政协文史资料工作委员会编:《南汇县文史资料选辑》第1辑,南汇县政协文史资料工作委员会,1987年,第33～34页。
⑦ 上海市工商行政管理局机器工业史料组:《上海民族机器工业》,中华书局,1979年,第339页。
⑧ 吴承明:《市场·近代化·经济史论》,云南大学出版社,1996年,第184页。
⑨ 彭泽益:《中国近代手工业史料》第3卷,中华书局,1962年,第579页。

地区。①

毛巾织造业主要分布在川沙和嘉定。鸦片战争以后,洋布倾销,川沙以土纺、土织为生计的土布生产业逐渐衰落。毛巾工业由此崛起。光绪二十六年(1900),川沙县人张艺新、沈毓庆等鉴于土布滞销,遂提倡仿制毛巾。沈毓庆在城厢沈宅首创经纪毛巾厂,置木机 30 余台,一时间风气大开,许多土布生产者,深感绝处逢生,纷纷转向毛巾织造。到民国九年(1920),川沙县毛巾厂不下 50 家,每年出品 20 万打。这些毛巾厂的建成,形成了川沙早期的毛巾工业中心,"毛巾之乡"由此而得名。到抗战前夕,川沙全县毛巾厂共有 202 户,木机 5 371 台,从业 8 695 人,年产 260 万打。这是中华人民共和国成立前川沙县毛巾业最为兴盛的时期。②

嘉定县的毛巾织造业兴起于 20 世纪初叶,无锡人冯荣宾母女两人来到嘉定,在东大街赁屋生产,从两台木机发展到七八台,并教授当地人民学织毛巾。1919 年,嘉定的毛巾木机已达 500 余台,年产毛巾约 40 万打。20 世纪 30 年代初,嘉定县"毛巾业最盛,城内外计有毛巾厂五六十家,织巾机一千数百座"③。到抗战前夕,嘉定已有毛巾组机 3 000 余台(包括散户)。④

诚如上文所述,沦陷前上海郊县的手工业主要是织袜业、毛巾业等,但是这些手工业生产所需的原料大都不是来自本地。织袜业所需要的原料主要是纱、线、丝、人造丝等,其次还有颜料、漂粉、烧碱等。其中最主要的原料为棉纱,因为纱袜、线袜是供给一般的普通人民使用,而丝袜价格昂贵,在当时近乎奢侈。郊县的棉纱大都来自上海纱厂,由于生产有限,供不应求,还需要进口日纱作为补充。⑤毛巾业所需原料和织袜业相同,都是棉纱。"毛巾织造原料系用 16 支上下本色粗纱,织后漂白。用丝光纱、染色纱或麻纱织者,绝少。"⑥因此,毛巾业所需原料也大都来自上海。另外,郊县生产的毛巾、袜子等手工业品大都销往上海,或者通过上海销往东南亚等地,例如南汇的织袜业。南汇袜厂的经营方式分为两种。一种是独立工场。一般为 20 人以下的小袜厂,与上海袜子批发商号无挂钩的关系,他们自购原料,自行推销,或是招掮客向外地办庄兜售,或是跑茶会,或是批售给上海人民路袜子批发店。另一种是委托工场,这也是沦陷前南汇

---

① 李学昌主编:《20 世纪南汇农村社会变迁》,华东师范大学出版社,2001 年,第 9 页。
② 《川沙县毛巾工业简史》,转引自川沙县政协文史资料委员会编:《川沙县文史资料》第 1 辑,川沙县政协文史资料委员会,1990 年,第 54~57 页。
③ 殷惟龢:《江苏六十一县志》下卷,商务印书馆,1932 年,第 201~205 页。
④ 周礼德整理:《嘉定毛巾业发展概述》,转引自政协嘉定县委员会文史资料研究委员会编:《嘉定文史资料选辑》第 1 辑,政协嘉定县委员会文史资料研究委员会,1987 年,第 71~73 页。
⑤ 《调查:南汇织袜业现状》,《工商半月刊》第 5 卷第 11 期,1933 年。
⑥ 杨德惠:《上海商业特写:毛巾业》,《商业月报》第 20 卷第 4 期,1940 年。

袜厂最主要的经营方式,他们依赖上海厂家生存,由上海厂家发给纱线,然后根据上海厂家订好的样式和品种开工制造。① 总的来说,沦陷前郊县手工业的变迁与上海城市经济②的发展有着紧密的联系。

二、日伪经济统制与城市经济的衰退

1937年年底,日军占领上海及其周边地区之后,即实行"物资军事管制"。上海货物运往外地,必须申请核发"物品搬运许可证",外地货物运往上海,也必须持有当地日军核发的"物品搬入许可证"③。1939年2月23日,日本华中派遣军参谋长函知维新政府内政部,训令上海特别市政府,要求遵照扬子江封锁期内一切物资之统制及输送第三条,凡供陆海军直接军需及依军事上之要求,如棉花、麻类、茧等物品,在军占据地内及军占据地外,特如上海租界内外,不得搬运出入。④ 运往上海的棉花,必须通过日方指定商所成立的协会,才能搬运。⑤ 1939年9月1日,日本华中派遣军再次颁布关于控制和运输华中方面军军需的规定,禁止民间将麻类、棉花、麦、米等物品由军队占领区运至军队占领区以外的地区,特别是运至江阴以下的长江沿岸或者上海租界。⑥ 1940年,日军为了进一步加强对上海市区的封锁,决定修筑竹篱笆,划定封锁线。竹篱笆由川沙沿海起,沿着黄浦江走向,西经南汇入奉贤县境。竹篱笆修成之后,日军在沿线共设立了10余个检问所,并规定一切过往人员和物资都必须经此通过,违者一律格杀不论。⑦

战前上海郊县手工业的变迁主要得益于城市经济的发展。抗战爆发以后,日伪政府实行物资统制和经济封锁政策,致使城市经济能力的减弱,从而深刻影响了上海郊县手工业的变迁。

首先,统制经济下,城市生产能力减弱。如沦陷时期上海市区内的纱厂、面粉厂、轧花厂等面临着相当大的原料危机。1938年,"沪市面粉厂因原料缺乏,相率减工停车后,以致产额大减……盖内地存麦至少尚有五百万包,惟交通阻

---

① 张泳赓、陈燮龙:《南汇县袜业简史》,转引自:南汇县政协文史资料工作委员会编:《南汇县文史资料选辑》第1辑,第51页。
② 城市经济有其特定的内涵,在本文中是指上海开埠后由商业、工业等各种非农业经济部门聚集而成的地区经济。参见秦甫、王国均:《现代城市工作概述》,武汉大学出版社,2013年,第15页。
③ 黄美真:《日伪对以上海为中心的华中沦陷区的物资统制》,《抗日战争研究》1999年第1期。
④ 上海市档案馆编:《日伪上海市政府》,档案出版社,1986年,第472~474页。
⑤ 興亞院政務部:《上海を中心とする中支那棉花事情》《興亞院調查月報》第1卷第4号,1940年。
⑥ 上海市档案馆编:《日本侵略上海史料汇编》下,上海人民出版社,2015年,第163~164页。
⑦ 《竹篱笆封锁线》,转引自南汇县政协文史资料工作委员会编:《南汇文史资料选辑》第5辑,南汇县政协文史资料工作委员会,1989年,第15页。

碍,运输困难,一时尚难运到"。然而在太平洋战争之前,沪市工厂的原料仍可以通过进口解决。比如,租界内的纱厂,通过大量进口棉花以敷用度。据相关数据统计,1938～1939 年,上海纺织业用棉量为 389.96 万担,外棉进口量达 373 万担,外棉进口量所占比例达到了 95%。面粉业亦是如此,1940 年年初,沪市华商福新、茂新、华丰、正益、申大等七家面粉厂,"因华北各地小麦,已被日方完全统制,苏北浙皖等地,又以日军沿途滋扰,运输小麦到沪,颇非易事,间有少数运到,因成本益见加重,以致制粉原料深感不敷应用……经分向美国及澳洲方面订购大批洋麦,以维今后原料之恐慌"①。不过,太平洋战争爆发以后,外棉、洋粉等原料进口完全断绝。城市生产能力的减弱给了郊县部分手工业发展的机会。

其次,统制经济下,上海市区商品销往郊县的数量大大减少,如土布。抗战前,在浦东三林塘地区已经没有土布店了。"八一三"后,由于市区封锁,上海机布运到三林塘销售的大大减少。农民遂买进机纱染色织布,产品有芦纹布、斜纹布、蚂蚁布、条格布等。②太平洋战争以后,日伪政府加大了对棉纱、棉布的统制力度。1943 年,经汪伪国防会议通过,收买棉纱、棉布交全国商业统制总会经办。该会收买棉纱、棉布办事处通告第一号、第一款载:"凡上海地区内棉纱棉布之所有人,应将其所有之棉纱或白坯布,或加工棉布,分别填具出买(卖)申请书。"③这使得上海机布销往郊县地区的数量进一步减少,郊县面临着棉布奇缺的窘境。另外,棉纱统制也影响了毛巾、织袜等新型手工业的生产,因为棉纱是织袜业和毛巾业最主要的生产原料。

最后,伴随着城市经济能力的减弱,对郊县的依赖性随之增强。近代以来随着上海城市的发展,上海的人口也在急剧增加。据相关统计资料,中华人民共和国成立前整个上海地区的人口增长了 9 倍左右,净增长人数达 500 万人。上海地区人口有 3 次是在短时间内大量增加的。其中第二次就是在抗战期间,当时全国很多地区,尤其是上海附近的江苏、浙江等地,有一大批士绅、富商,为了保全生命财产,纷纷迁往租界居住。1936 年,公共租界的人口为 118 万余,法租界为 47 万余。到 1942 年 2 月,根据日伪政府调查的结果显示,公共租界的人口是 158 万余,法租界人口为 85 万余。如果加上华界人口④的变化,上海地区的人口

---

① 《沪面粉厂原料缺乏向美澳订购洋麦》,《总汇报》1940 年 1 月 29 日。
② 陈梅林口述,1961 年 8 月 24 日,转引自徐新吾主编,上海社会科学院经济研究所编写:《江南土布史》,第 309 页。
③ 《上海土布业公会文稿》(1943 年),上海市工商联档案室藏:323-1-43,第 1 页,转引自徐新吾主编,上海社会科学院经济研究所编写:《江南土布史》,第 311 页。
④ 1942 年华界人数的统计仅包括沪西、南市和闸北三区的人数,其他"华界"地区的人数不包括在内。

大概由 1936 年的 380 万余增加到 1942 年的 390 万余总数。① 1943～1944 年上海人口数量没有详细的统计数据,但是到 1945 年 2 月,有人指出上海有 500 万人左右。② 巨大的人口数量,则意味着广阔的市场,从而为战时上海郊县整个手工业的生存与发展提供了支撑。正如后文所述,战时郊县生产的土布有一部分销往了市区。

三、织袜业、毛巾业等新型手工业衰而不退

1937 年抗日战争爆发,川沙的毛巾业面临空前危机。凌秀峰经营的经纶厂居川沙毛巾业之首,在沦陷时期也面临着严重的经营困境,7 家工厂有 6 家倒闭,500 余台木机破产赔债。经纶总厂由上海商人徐德路买进,保留其雄鸡商标,继续经营;6 家分厂除十一墩分厂改名为大新毛巾厂,由凌秀峰之子凌国藩继承外,其余 5 家分厂相继停工,木机通过低价拍卖,转入小机户。但是到了社会秩序稳定之后,川沙的毛巾业又有所恢复,如位于上海北浙江路宁康里的宝华毛巾厂,到了 1940 年,迁回川沙原址,后又租用北门周源昌粮行房子增设场地,置木机 50 余台。1942 年到 1945 年,先后创制 18 台用电力驱动的铁木结构毛巾机,改手织为机织,这在川沙县毛巾业中独树一帜。1943 年,上海大丰毛巾公司股东陈厚凌、陈厚坤兄弟俩买下位于川沙县城内西市街的双山毛巾厂,改名后丰,不久又在石皮街设分厂,有木机 110 台,雇佣工人 152 人。③ 但总的来说,到抗战胜利前夕,川沙毛巾的年产量仅 55 万打,为战前的五分之一,这一产量大约只相当于 1920 年的水平。具体情况如表 1 所示。

表 1　沦陷前后川沙毛巾业发展情况统计表

年份	木机数	从业人数	毛巾产量(万打)	备 注
1900	30			
1920	2 500	3 750	50	

---

① 邹依仁:《旧上海人口变迁的研究》,上海人民出版社,1980 年,第 1～15 页。
② "日伪上海特别市政府关于疏散人口的文件"(1944 年 10 月 5 日),上海市档案馆藏日伪上海特别市政府档案 R1-17-176。
③ 《川沙县毛巾工业史》,转引自川沙县政协文史资料委员会编:《川沙县文史资料》第 1 辑,第 54～57 页。

续 表

年份	木机数	从业人数	毛巾产量(万打)	备 注
1930	4 390	7 123	208	
1937	5 371	8 695	260	
1945	5 530	8 933	55	多数处于停顿、半停顿状态

资料来源：上海市川沙县地方志编纂委员会编：《川沙县志》，第254页；《川沙县毛巾工业史》，引自川沙县政协文史资料委员会编：《川沙县文史资料》第1辑，第54～57页。

同川沙相比，嘉定县的毛巾业在淞沪抗战之后，恢复得更快。抗日战争爆发后嘉定经过100余天的激战，所有的大小毛巾厂都变成了一片瓦砾。但是很快，嘉定的毛巾业就重整旗鼓，迅速发展。樊其昌、陆洪伦(合成)、陆荫伯(恒泰)等在北大街开厂，由三四十台木机，逐渐发展到100余台；秦春祉、沈瑞文分别在南门建立友联厂和南华厂；马正昌、南升泰亦相继复业。另外还有开设在"南大街永康桥王栈的恒大毛巾厂(即徐行华兴毛巾厂迁来的)、东下塘街的三和毛巾厂(抗战胜利后改为三益毛巾厂)、南门外的六合毛巾厂(现船厂址)、北大街的恒泰毛巾厂(抗战胜利后迁至东门城内)、东门城外的合成毛巾厂、庞世雄的公兴毛巾厂、曹蔚文毛巾厂、搏虎弄的百龄机毛巾厂(原樊其昌毛巾厂转让)、东大街的中华毛巾厂、澄桥的达丰毛巾厂等。此外，除大全仁外，南门还有三阳、合成、宝丰、公兴等毛巾店，专收乡间小机户的毛巾，销售各地"①。《嘉定疁东志》亦有相关记载："二十一年一·二八役，复兴者又悉为敌毁，虽经市人力谋重建，依然未复旧观。惟有毛巾、轧花二新兴工厂，尤以毛巾厂之规模较大，附近赖以生活者不少。"②

与毛巾业一样，嘉定的黄草编织业从1939年开始也逐渐恢复。"顷据嘉定来沪商人称，该邑自遭祸沦陷以后，城区各业，损失奇重，迄至最近始渐恢复，惟手工业尤呈蓬勃气象"，其中当推黄草器物较为发达，"农家取其原料编织成凉鞋，及篮、篾、茶杯套子等家用品，汇售于草织公司，行销于国内外及南洋各地，该邑依此为生者，亦有数万人之众(约占人口五分之一)。故手工业之发达，裨益农村实非浅鲜云"③。

---

① 《嘉定毛巾业发展概述》，转引自政协嘉定县委员会文史资料研究委员会编：《嘉定文史资料选辑》第1辑，第71～78页。
② 吕舜祥、武椴纯编，郭子建标点：《嘉定疁东志》，上海社会科学院出版社，2004年，第13～14页。
③ 《嘉定手工业之蓬勃》，《中国商报》1939年11月27日。

战前,据1933年的调查,南汇袜厂资本较大的有48家。"其中资本100~199元的有10家,500~999元的有17家,1 000~1 999元的有10家,2 000~2 999元的有4家,3 000~3 999元的有2家,4 000~4 999元的没有,5 000~5 999元的有1家,6 000~6 999元的有1家。"①抗战爆发后,由于交通堵塞,关卡林立,货物运输备受敲诈勒索,原来与上海的袜厂挂钩加工关系中断,因此,一些"像样"的袜厂相继停工。不过,伴随着规模稍大的袜厂停工,南汇出现了大量的只有二三台机、四五台机的小生产户。据南汇县劳动科在1951年的典型调查统计,沦陷时期开设的小袜厂,在城区及其周围地区,领有工商执照的户数就有120多户,未经过登记的户数更多,估计有300多户。另外,在大团、新场、盐仓、祝桥、周浦、三灶、航头、老港、黄路等地的小生产户,总计有2 000多户,共有4万多台袜机。另外,沦陷时期南汇县织袜工业产品种类也发生了较大的变化。原来南汇生产的袜子绝大多数是平口男、女袜,也有小部分织尖脚袜和放脚袜,这些袜子都是先织后染。但是,沦陷时期这些小生产者资本小,设备简陋,无条件进行染色加工。因此,当时的产品都改为先染后织的素袜粗袜,其中以童袜居多。②

总而言之,战时郊县新型手工业虽然有所衰退,但仍保有一定的规模。新型手工业的衰退与城市经济能力的减弱有密切的关系。前文已经提到,城市未能给郊县新型手工业的生产提供足够的原料。这种不利影响在太平洋战争后更加明显。据上海棉织厂业同业公会报告记载,在太平洋战争以前,浦东的川沙及嘉定一带,仍然有许多小型毛巾工场。上海不少的毛巾发行所,都仰给于此。但是自从1941年12月8日以后,由于日军进入上海租界,进一步控制了上海地区棉纱的生产与销售,导致纱价大涨,并且棉纱移运发生种种困难,因此,川沙及嘉定的许多小型毛巾厂宣告停顿。③

四、土布业的复兴

1920年以后,上海四郊的土布商品生产已经逐渐减少。但是"八一三"后,上海郊县的土布生产又重新活跃起来。三林塘地区,自从上海纱布收买之后,市面上棉布稀少,所以三林塘的土布生意也就越来越好,怡昌衣庄、陈锦华银楼、徐万年银楼、东茂洋布庄等都兼营洋纱和收购土布,布摊也增加到六七十个,大的

---

① 《调查:南汇织袜业现状》,《工商半月刊》第5卷第11期,1933年。
② 张泳赓、陈燮龙:《南汇县袜业简史》,转引自南汇县政协文史资料工作委员会编:《南汇县文史资料选辑》第1辑,第36~38页。
③ 陈伯明:《同业心声:漫谈上海毛巾业》,《上海特别市棉织厂业同业公会会务月报》1943年第5期。

布摊每天可以销售几十匹,小的布摊也能销售10多匹,生意很好。当时织土布的棉纱都来自郊区的小型纱厂,土纺纱数量很少。① 三林塘地区的织户黄钱小妹说,抗战后,当时布摊生意不断发展,她借到二匹布做本钿贩布,生意蛮好。因为她丈夫是裁缝,所以他们把收到的土布做成衣服再出售,利润比一般的布摊好,赚了一些钱后,她开始买洋纱,染好颜色,经好轴头后,发给农民代织。织成布再做成衣服卖出,这样利润更厚了,她也赚了不少钱。后来大家看到布摊生意好,利润厚,小布摊也增加到几十个,兼营卖洋纱的布店也在逐渐增多。②

南翔地区,这一时期协和盛、新丰祥等二三家兼营土布棉纱店,最兴盛的时候每天可以收购土布五六百匹以上,陈耀德、陈耀忠兄弟及四五家小布摊每天也要收五六百匹以上。这样全镇每天总共收布量近3 000匹。陈氏兄弟最盛时期每天可赚5石米,足见当时的利润之厚。南翔的土布,除了在本镇销售外,还销往青浦、朱家角、大场、江湾等地,甚至还销往较远的松江、常熟等地。③ 南翔农民改用16支染色洋纱织制条子布,旺季时产量很可观。一些原来做裁缝的也织一些条子布,做成服装卖给农民和附近的乡镇居民。这种条子布又叫"条子丁成布",长2丈2尺,阔1尺左右,是当时南翔销路最大的布。由于销路很好,衣庄店也扩大了这种条子布的收购和加工,后来逐步发展到以染好颜色的纱与农民换布。每匹布可以换二绞半纱,好的布可以换二绞七八,质量稍微差一点的可以换二绞二三。④

另外从染坊、成衣业在沦陷前后的变化,也可以看出土布业在沦陷时期的发展情况,具体情况如表2,因为染坊业、成衣业和土布业的发展密切相关。奉贤地区抗战前染坊业共有16户,从业人数为48人;成衣业共有8户,从业人数为16人。到抗战结束后,奉贤染坊业发展到31户,从业人数增至95人;成衣业发展到20户,从业人数增至37人。从规模上看,差不多增加了1倍。另外从分布范围上看,抗战后也比抗战前更加广泛。因此,就奉贤地区的染坊业和成衣业来看,在沦陷时期发展迅速。这样从侧面反映出了奉贤土布业在沦陷时期的兴盛,从而带动了与之相关的染坊业和成衣业的发展。

---

① 织户:陆梅林、黄钱小妹口述,1961年8月24日,转引自徐新吾主编,上海社会科学院经济研究所编写:《江南土布史》,第313~314页。
② 织户:陆梅林、黄钱小妹口述,1961年8月24日,转引自徐新吾主编,上海社会科学院经济研究所编写:《江南土布史》,第310页。
③ 职工:王冠春,原工商业者:金星一口述,1961年9月7日,转引自徐新吾主编,上海社会科学院经济研究所编写:《江南土布史》,第313页。
④ 职工:王冠春,原工商业者:金星一口述,1961年9月7日,转引自徐新吾主编,上海社会科学院经济研究所编写:《江南土布史》,第310页。

表2 沦陷前后奉贤染坊、成衣业对比情况表

镇别	1936 年年底				镇别	1945 年 9 月			
	染 坊		成 衣			染 坊		成 衣	
	户数	从业人数	户数	从业人数		户数	从业人数	户数	从业人数
南桥	4	9	3	7	南桥	5	10	8	18
肖塘	1	4			肖塘	1	4		
刘港	1	2			刘港	1	2		
南大桥					南大桥				
邬桥	1	3			芦家桥				
新寺					邬桥	1	3		
柘林					新寺				
庄行	1	7			道院				
胡桥					柘林	2	2		
法华	1	3			庄行	2	10	2	3
齐贤			1	1	胡桥	1	4	1	2
金汇	1	1			法华	2	6		
泰日			2	5	齐贤			1	1
头桥	1	2			金汇	2	4	1	1
奉城			2	3	泰日	1	4	2	6
高桥					头桥	1	2	2	3
四团	1	6			东新寺	1	4		
青村	2	6			奉城	1	3		
三官	1	3			高桥	1	2		
钱桥	1	2			四团	1	6	1	1

续 表

1936 年年底					1945 年 9 月				
镇别	染坊		成衣		镇别	染坊		成衣	
	户数	从业人数	户数	从业人数		户数	从业人数	户数	从业人数
					青村	4	16		
					三官	2	9	1	1
					钱桥	2	9	1	1
总计	16	48	8	16	总计	31	95	20	37

资料来源：奉贤县农机工业局编志组：《奉贤县地方志丛书之一——奉贤县工业志》，奉贤县农机工业局编志组，1984 年，第 61～64 页。

沦陷时期上海郊县生产的土布，除自用外，一部分销往了上海市区。如浦东三林塘地区，农民将自家产的土布卖给小贩，拿到洋泾、六里桥、金家桥、高庙等地出卖。经过封锁线"检问所"时，每匹布给 2 角"小费"才能通过。[①] 另外，郊县生产的土布也有一部分通过上海销往南洋、两广地区。比如，1941 年 12 月太平洋战争前，江桥的土布很受南洋等地侨胞的喜欢，销路很好。江桥全镇有土布庄四、五家，加上大场、北新泾来的放庄两三家，共有近十家。旺季时，每天的收布量三、五百匹，年销售量约在百万匹以上。[②] 总之，沦陷期上海大都市市场，既包括本地市场，也包括海外贸易，对上海郊县土布业的复兴起到了一定的支撑作用。

五、面粉业、榨油碾米业、纺纱业、轧花业等异军突起

沦陷时期，上海郊县兴起了很多小型面粉厂、榨油碾米厂、纺纱厂。在嘉定县，仅一个县就有咸丰、大陆、安丰、嘉禾、轮丰新和南翔的大棚面粉厂等，成品大部由贩运者运到市区销售。1941 年创办的成丰面粉厂是当时嘉定规模最大的面粉厂，也是嘉定县第一家机械生产面粉企业，日产面粉 300 袋。金鼎康、陈佩青为主要经办人，吸收大小股东 40 多户，资本总额为"储备券" 4 万元。为了赚

[①] 陈梅林口述，1961 年 8 月 24 日，转引自徐新吾主编，上海社会科学院经济研究所编写：《江南土布史》，第 300 页。
[②] 原工商业者：张龙宝口述，1962 年 5 月 11 日，转引自徐新吾主编，上海社会科学院经济研究所编写：《江南土布史》，第 310 页。

取更多的利润,成丰面粉厂的设备也在逐步跟着扩大,由开创时的单钢磨2台/60接时,逐步增加到3台/180接时,日产由300袋增加到800袋。金鼎康在获利后,又开办了嘉兴纺织厂,规模较小,解放后通过合营并入永嘉纱厂。① 在金鼎康之后,顾誉清在侯黄桥西侧,开设大陆面粉厂,有30钢磨一台,工人30人,日产面粉150包。上海民生轮船公司部分职员合伙,在西门瑞藏义庄址,开设安丰面粉厂,有18英寸钢磨2台,日产面粉300包。上海怡隆洋行蒋尊余,在东门姚公义粮行址,开设怡隆面粉厂,有32吋钢磨1台,工人20人,日产面粉150包。胡松泉在西门高升桥,开设源泰面粉厂,有钢磨1台,工人20人。② 除了面粉厂之外,沦陷时期,嘉定的小型纺纱厂、榨油碾米厂也大量开设。纺纱厂的生产规模都不大,一般在3 000~5 000锭子之间,棉纱年产量为3 000~4 000件。如嘉定南翔镇先后成立了3家小型纺纱厂,分别为翔丰纱厂、华丰纱厂和顺丰纱厂。③ 榨油碾米厂具体情况如表3所示。并且这一时期开设的榨油碾米厂大多为新式榨油碾米厂,或者是将旧油坊改为新式榨油碾米厂,如曹王庙的周姓旧油坊。我国的新式榨油业始于1868年,初期北方以牛庄、大连为主,南方以上海和武汉为主。新式榨油厂的特点是使用机器榨油。因此,这一时期也可以看成是嘉定疁东榨油业从手工生产向机器生产迈进的一个重要阶段。

表3　沦陷时期嘉定疁东榨油碾米厂状况

市　集	榨　油　碾　米　厂
施相公庙	八一三役后,该坊之西首,有李姓增设一新式榨油碾米厂
罗　店	八一三抗战时期,由舒、王二姓合设一新式之惠民厂,经营榨油碾米事业,并一度兼营麦片,行销上海
钱家桥	镇南沦陷时期由陈姓开设一碾米榨油厂
俞家桥	八一三役后,南首由俞天寿氏开设新式碾米榨油厂
袁家桥	八一三邑境沦陷期内,樊家祥开设新式碾米榨油厂于此
曹王庙	周姓旧油坊,八一三役后,改为新式榨油碾米磨面厂,营业发达

资料来源:吕舜祥、武嘏纯编,郭子建标点:《嘉定疁东志》,第12~24页。

---

① 印克:《嘉定面粉厂简史》,转引自政协嘉定县委员会文史资料研究委员会编:《嘉定县文史资料选辑》第1辑,第79~80页。
② 徐燕夫主编:《上海市嘉定区嘉定镇志》,上海人民出版社,1994年,第93页。
③ 陆上之:《太平洋战争时期南翔的纺纱工业》,转引自政协嘉定县委员会文史资料研究委员会编:《嘉定县文史资料选辑》第1辑,第83~85页。

在奉贤县,沦陷时期,轧花、碾米等行业同样得到了发展。一新轧花厂原为顾成大花米行。1941年,该米行"购24匹马力柴油机1台,26英寸皮辊轧花车24台,扩建草房8间,改为一新花厂。至民国三十三年(1944),又购常州钢铁厂所制55匹单发司引擎1台,并在上海开设'一新申庄'"①。再如,1942年,马林虎在道院开设永兴碾米厂,有职工6人。马文祥在新寺开设孟昌碾米厂,有职工6人。这些碾米厂,均用柴禾机和柴油机作动力。另外,1940年,傅松秀在柘林开设正大染坊。两年后,施庆云也在柘林开设宝兴染坊。②

在南汇县,沦陷时期,面粉厂、纱厂等厂也大量出现。1941年,吴国璋组织乡绅集资,在大团镇开设懋新纱厂,生产的"狮马牌"16支纱远近闻名。1942年,谈瑞祥等人在周浦镇八灶创办茂新纱厂,后来又在横沔镇陆续创办大新纱厂、同新纱厂。③ 1938年,邬店商民顾伦官在黄路街开设顾德兴轧花厂,有厂房20多间,雇佣工人50余人,规模较大。④ 另外,1943年与1944年,在南汇的周浦镇,正大碾米厂和汇丰碾米加工厂相继开设,分别拥有职工12人和9人。⑤

在宝山县,同样如此。1939年10月,汤麒麟创办宝大榨油碾米厂,有职工12人。1942年9月,戚家祯创办洽丰榨油碾米厂,有职工12人。1943年,陈荣生创办陈源丰榨油碾米厂,有职工20人。1942年5月,陈俊奎创办益丰机器轧花厂,有职工5人。1944年10月,朱逢源创办和兴轧花厂,有职工15人。⑥

总之,沦陷时期,上海郊县出现了很多面粉厂、榨油碾米厂、纺纱厂等,但是从整体上看这些工厂的规模都很小,雇佣工人的人数大多在30人及以下,因此仍然属于手工业⑦的范畴。

此时上海郊县的部分工厂是由上海市区迁来。比如说顾村镇上的俭丰布厂,于1943年由市区诸安浜迁来。俭丰布厂之所以从市区迁到顾村镇,首先就是抵制日伪的封锁,因为棉花运不进市区。其次是当时顾村镇旁的荻泾河疏浚不久,南经蕰藻浜可以通黄浦江,北可以到达江苏太仓浏河港,另外沪太路通行

---

① 上海市奉贤县县志编修委员会编著:《奉贤县志》,上海人民出版社,1987年,第476页。
② 翁妙均主编,奉贤新寺乡《新寺志》编写编组:《新寺志》,上海三联书店,1989年,第170页。
③ 《南汇工业志》编纂委员会编,顾天敏主编:《南汇工业志》,第52页。
④ 黄路镇志编纂委员会:《黄路镇志》,方志出版社,2004年,第219页。
⑤ 瞿春荣主编:《周浦镇志》,方志出版社,2005年,第194~195页。
⑥ "宝山县施政报告书"(1945年2月),上海市档案馆藏日伪上海特别市县政管理处档案R4-1-92。
⑦ 手工业并无明确的定义。研究工业结构者多以企业规模为标准。日本常将不足10人的工厂看作手工业。第二次世界大战后,联邦德国将不满10人,年销售金额不满30万马克者视同手工业。彭泽益认为:"凡用发动机器之工厂,平时雇佣工人在30人以上者,谓之工厂。"因而本文也按生产规模进行区分,将不满30人(包括30人)的厂看作手工业。参见吴承明:《论工场手工业》,《中国经济史研究》1993年第4期;彭泽益主编:《中国社会经济变迁》,中国财政经济出版社,1990年,第213页。

长途汽车,因此水路交通十分便利。最后就是看中当地有丰富的棉花资源。据旧县志记载,早在嘉庆道光年间,顾村镇上已经开设棉花行4家、布庄12家。当时俭丰布厂内有龙头全铁机28台、摇经车2台、摇纱车2台、重型铁木机10台和铁木穿经纱机1台,全厂共有职工100人,主要生产全棉元色直贡呢,年产13 925匹仍供不应求,获利颇丰。①

与上海市区原料危机相对的是统制经济下上海郊县的棉花、小麦等外销困难,从而引起了商品价格的畸形发展。比如说花纱,日伪的封锁割断了上海市区近200万纱锭的原料来源,而封锁线外的上海郊县,却面临着棉纱短缺的危机。这破坏了花纱的供求平衡,导致当时一件400磅重的16支棉纱能够换取1 000斤棉花。② 面粉也是如此,由于日军采取封锁政策,上海市区面粉厂缺乏小麦原料,而上海郊县农民生产的小麦无法外销,不加工成面粉又无法食用,因此,面粉厂经过简单加工,低价进、高价出,成为极好的获利手段。③ 在巨大利润的吸引下,众多的小型纱厂、面粉厂、轧花厂、榨油碾米厂等在郊县涌现。

此外,一些工厂的资金主要来自上海,如沦陷时期嘉定新开设的翔丰纱厂、华丰纱厂和顺丰纱厂。这些纱厂的资金都是来自上海。翔丰纱厂是由上海商人鲍仲平开设,他先在南翔开设了大鹏面粉厂,后又增设了纱厂。顺丰纱厂的创办人是舒昭贤和陆上之,舒昭贤是生产全国和东南亚闻名的白猫花布的上海新丰印染厂经理,他创办纱厂的目的是将新丰印染厂变成纺织印染全能厂。南翔的这三家纱厂之间,互通信息,互相帮助,还联合起来创办了"三丰诊所",为这三个厂的职工提供治病的方便。④

六、结　语

上海作为中国近代的经济中心,受其影响,农村地区相继出现一批有别于传统小农家庭棉纺织手工业生产方式的新型手工业,如织袜业、毛巾业等。抗战爆发以后,日伪政府实行物资统制和经济封锁政策,致使城市经济能力的减弱,从而深刻影响了上海郊县手工业的变迁。统制经济下,城市经济能力的减弱,一方

---

① 政协上海市宝山区委员会学习文史委员会编:《宝山史话　工商经济专辑》,政协上海市宝山区委员会学习文史委员会,1994年,第64～65页。
② 陆上之:《太平洋战争时期南翔的纺纱工业》,转引自政协嘉定县委员会文史资料研究委员会编:《嘉定文史资料选辑》第1辑,第83～85页。
③ 印克:《嘉定面粉厂简史》,转引自政协嘉定县委员会文史资料研究委员会编:《嘉定文史资料选辑》第1辑,第80页。
④ 陆上之:《太平洋战争时期南翔的纺纱工业》,转引自政协嘉定县委员会文史资料研究委员会编:《嘉定县文史资料选辑》第1辑,第83～85页。

面给了郊县手工业发展的机会;另一方面也影响了毛巾、织袜等新型手工业的生产。通过对土布业、织袜业等手工业的考察,可以看出沦陷时期,上海郊县手工业发生了一些变化:织袜业、毛巾业等新型手工业衰而不退,土布业在沦陷时期重新兴起,面粉业、榨油碾米业、纺纱业、轧花业等异军突起。

  沦陷时期上海郊县手工业的变迁也有其区别于其他地区的特征。虽然织袜业、毛巾业在沦陷时期有些向自然经济退化的趋势,但是衰而不退,仍然保有一定的规模。面粉业、榨油碾米业、纺纱业、轧花业等工场手工业在上海郊县大量涌现。这有些类似于抗战大后方手工业变迁情况。如陕西省抗战后,由于外货来源减少,布匹缺乏,小型棉织厂应运而兴,1944年全省有手工工厂900余家。[①] 虽然这些小型棉织厂不如战前东南沿海发达,但是对于本地来说,不能不说是一种发展。同理,对于上海郊县来说,沦陷时期兴起的面粉厂、纺纱厂等虽然不如战前上海市区发达,但是对于本地手工业来说,也不能不说是一种进步。另外,沦陷时期上海郊县手工业的生存依然以域外市场为依托,特别是上海都市市场,这也是上海郊县和其他地区不一样的地方。因此,从上海郊县手工业变迁的情况来看,显然不完全支持彭南生、马俊亚等学者衰退论的说法。与其说是衰退,不如用重构更加合适。对于沦陷时期手工业变迁的研究,我们需要在一个区域范围内做具体的分析考察,需要考虑这个区域自身的经济特征。

(原载《历史教学问题》2021年第6期)

[①] 樊果:《抗日战争时期国统区主要手工业概况》,《中国经济史研究》2018年第6期。

"二战"后国民政府对德侨的管理

钟荣帆*

1945年5月8日,德国投降后,一位德国小姐感伤道:"国家没有了,有的是英国占领区,法国占领区,苏联占领区,美国占领区,再建吗,天知道要多少时候,也许要一千年呢",宁愿继续留在中国。① 旅华四五十年的德国老妪们也表示,中国宽大自由,实在不愿回国,她们说:"回到德国去,我们没有房子,没有土地,没有粮食燃料,没有亲人,叫我们怎么办呢?"② 此番话道出了战后大部分在华德侨的无奈与抉择。但是,德侨能否继续留华,取决于国民政府的德侨管理政策。

长期以来,民国时期在华德侨的研究属于"薄弱环节和空白领域"③。近年来,此局面略有改观。有学者对战时国民政府的德侨管理政策做了充分的探讨④,也有学者关注战后德侨遣返、德产处理,以及犹太人的处置等问题。⑤ 不过,既有战后德侨的研究主要从事件史的路径出发,而忽略了德侨管理制度的历史继承性,更未注意到其中所体现的外侨管理制度的演变。

德国投降,不仅影响了第二次世界大战欧洲战局的走向,也关系在华德侨的命运。从外交上讲,德国投降意味着中德间交战国状态解除,"敌侨"身份已不适用在华德侨,而中德尚未复交,说明德侨实属"无关系国侨民"。但从国际法角度看,由于中德和约未能签署,法理上中德间仍属交战国,也就是说在华德侨仍属"敌侨"。那么,在外交与法理两相矛盾的情境下,战后德侨究竟处以何种"身份",以及以怎样的办法来管理德侨,是国民政府不得不重新思考与解决的问题。

---

* 钟荣帆,现为四川师范大学历史文化与旅游学院讲师。
① 竺磊:《天津德侨六百多名,整日焦急得莫知所之》,《益世报》(天津)1945年12月4日第2版。
② 容又铭:《乐不思德的纳粹党徒——访上海遣返德侨集中营》,《中央日报》(南京)1947年8月22日,第7版。
③ 左双文、王英俊:《民国时期中德关系研究述评(1927—1949)》,《史学集刊》2013年第1期。
④ 杨卫华:《抗战时期中国对德意传教士的控制政策与地方实践》,《近代史研究》2020年第6期;张乐:《1941年7~12月国民政府对德意传教士的管理》,《抗日战争研究》2020年第4期。
⑤ 仇志云:《战后中国遣返德侨问题初探(1945~1948)》,湖南师范大学硕士学位论文,2019年;陈佳莉:《二战后上海地区德侨财产处理问题研究(1945~1949)》,湖南大学硕士学位论文,2019年;曾译绪:《国民政府对德籍犹太难民之处置(1939~1949)》,台湾政治大学硕士学位论文,2019年。

鉴于此,本文旨在考察战后国民政府德侨管理政策的出台与实施过程,以及由此而引发的内外交涉情形。国民政府的德侨管理政策,因"二战"的结束与国际局势的改变而发生变化,通过探究国民政府对德侨的管理举措与态度,将有助于丰富我们对中国与第二次世界大战的关系和战后国民政府的国际角色的认识,也反映出战后德侨的在华地位。

一、"宽待德侨"原则的形成

德国投降后,德国处于国际共管状态,处置德侨由此成了国际问题。鉴于此,国民政府试图借鉴他国经验和办法。1945年5月14日,外交部电询驻美大使魏道明关于美方的德侨处理办法,获悉美国对有侦探嫌疑之德侨依法处理,所俘之德国士兵不拟用为劳役,至于是否释放或遣送他国,则须商洽各国后再决定。① 6月1日,中国驻墨西哥总领事张天元电示外交部,墨西哥政府将集中营内德侨全部释放,且每人给予生活费。② 8月10日,国民政府又从沈儒立处得知,英国政府将拘禁之德侨交与联合国军事机关处理,未处理前,一律继续拘禁。因此,国民政府主张,德国虽已无条件投降,但仍处同盟国军事占领期,对于德侨的处理"应俟商洽有关各国后,再行决定,在未决定前,仍应遵照敌国人民处理条例处理"③。

所谓的"遵照敌国人民处理条例处理",即沿用战时德侨处理办法。无外乎有三点:第一,对德侨予以集中收容,经登记核准之德籍传教士可免予收容;第二,限制行动,不准德侨离开集中地点或移居;第三,监视行为,由地方官署给予德侨登记执照,严密监视活动。④

日本投降后,国民政府军事机关单方面出台收复区日侨处置办法,严重削弱了原本适用于日侨的《敌国人民处理条例》的实际效用,进而导致沿用战时策略的德侨政策处境尴尬。9月25日,内政、外交两部拟定德日侨民处置办法三项,作为和约成立前之过渡办法,并向行政院呈请核准。⑤ 正当行政院审核该办法之时,10月1日,陆军总司令部颁布了《中国境内日侨集中管理办法》及《日人在

---

① 《魏道明致外交部电》(1945年5月14日),(台北)"国史馆"档案,数位典藏号:020-990600-3260。
② 《张天元致外交部电》(1945年6月1日),(台北)"国史馆"档案,数位典藏号:020-990600-3260。
③ 《外交部致函沈代表儒立关于释放拘留所德侨事》(1945年8月10日),(台北)"国史馆"档案,数位典藏号:020-990600-3260。
④ 《敌国人民处理条例》,《国民政府公报》第629号,1943年12月8日,第3~5页。
⑤ 《内政部外交部呈行政院为拟定外理收复地区德日侨民办法三项呈请核准施行由》(1945年9月25日),(台北)"国史馆"档案,数位典藏号:014-020500-0022。

中国私人产业暂行处理办法》，并登报宣布纳粹德国派驻伪组织人员与德侨，将集中管理监视。因此，行政院以为，日侨部分"似可不再另颁办法"，德侨部分"可能正由陆军总部拟订办法中"①。但是，战后敌侨事务系由内政部主管，陆军总司令部的做法颇有越权之嫌。同时，也造成《敌国人民处理条例》与陆军总司令部所颁办法重合或冲突，以至于行政院强调，双方应研讨如何配合运用，"俾政令划一"②。

与此同时，联合国提出德侨"非纳粹化"政策，促使国民政府放弃《敌国人民处理条例》的过渡办法，转而采取德日侨民同等对待。9月10日，盟国管制委员会③通过了遣送各中立国前德国政府官员与"可憎德人"及其眷属的决议，并请求各国协助，原因在于"彼等逗留国外可能使德国有再行发动战争之虞"④。基于此，国民政府陆军司令部命令上海市政府及各区受降主官，对德国派驻伪组织之人员及在华德侨，令其一律集中管理，加以监视，不得任其自由行动，不过，应确实调查此项德人为纳粹分子。⑤ 第三方面军总司令汤恩伯称："上海之纳粹及法西斯分子，均将受日人同样待遇。"⑥

国民政府军事机关由此开展大规模的拘捕德侨行动。10月9日，驻沪军事当局陆续拘禁德外交人员、新闻记者及其他纳粹领袖秘密警察，并将旅沪德侨押入集中营。⑦ 南京方面，亦准备将在京德侨全部送入集中营。⑧

军事当局大肆逮捕德侨的激进行为，引起了长期从事对德活动的教育部部长朱家骅⑨的异议。他认为，中国虽与德国宣战，终究无仇恨，德侨中有大量反纳粹分子，且战时助我抗战，"我中央对待后方德侨，在战时已听其自由居住"，战后加以拘捕集中，"非仅费用极大，即于怀柔之道，似亦有未尽"⑩。

---

① 《行政院签呈》(1945年10月2日)，(台北)"国史馆"档案，数位典藏号：014-020500-0022。
② 《行政院秘书处公函》(1945年10月11日)，(台北)"国史馆"档案，数位典藏号：020-990600-3260。
③ 也译为盟国对德管制委员会(Allied Control Council for Germany)，1945年8月5日盟国在德国占领区成立的军事占领管制机构。该委员会由美、英、苏、法四国代表组建，负责联络各国军政府、处置战后德国、重建德国各项秩序等事务。在处理德侨事宜中，确立了"非纳粹化"原则，即逮捕和拘留一切纳粹党徒。参看孟钟捷主编，徐之凯著：《大国合作的实验——盟国对德管制委员会研究》，黄山书社，2015年。
④ 《盟国管制委员会照会外交部》(1946年1月10日)，(台北)"国史馆"档案，数位典藏号：020-990600-3261。
⑤ 《在中国之德人集中管理办法》，《中央日报》(南京)1945年9月17日第3版。
⑥ 《美军今登陆天津》，《中央日报》(贵阳)1945年9月30日第2版。
⑦ 《今日开始拘捕德侨》，《前线日报》1945年10月9日第2版。
⑧ 《南京德侨将入集中营》，《民国日报》(上海)1945年10月16日第1版。
⑨ 抗战时期，朱家骅一直密切关注中德关系，且持续从事对德活动。详见李乐曾：《抗战中后期朱家骅的对德活动——以国民党的对德舆论及敌后对德工作为中心》，《民国档案》2011年第2期。
⑩ 《国民政府代电》(1945年11月8日)，(台北)"国史馆"档案，数位典藏号：020-990600-3260。

朱家骅的建议得到了蒋介石的认可。10月10日,蒋介石指出,在华德侨"如无纳粹党之嫌疑,而系旅华多年之教员、医师、传教士等,可予以宽待"。依照蒋的指示,陆军总司令何应钦拟定三项原则:(1)教廷所派德侨传教士,如无军事政治关系,未有间谍行为,非纳粹分子者,准仍居教堂,由各地政府监护;(2)德侨中过去有助于抗战者,由各地政府另予居住监护;(3)德侨中专科医师,及技术人员,如各事业机关需用者,得准征用服务。① 蒋介石在日记中也强调要"宽待德侨"②。

蒋介石的表态奠定了战后德侨管理政策的基调,明确了德侨待遇应有别于日侨。基于此,国民政府废除《敌国人民处理条例》,并于1945年11月27日出台《德侨处理办法》。归纳而言:(1)旧奥籍人民及德籍犹太人与非国社党之德籍人民,除有间谍嫌疑或帮助日军企图者,仍依我国法律处理外,应予全部遣送回国,在未遣送前,得具中外殷实铺保,呈准该管省市政府,暂时继续居留,其不能具保者,应由该省市政府集中管理。(2)旧奥籍人民及德籍犹太人与非国社党德籍人民,如系忠实可靠之技术人员,得由公私机关呈准内政外交两部,予以雇用,免予遣送回国。(3)德籍教士,除有间谍嫌疑或帮助日军企图者,仍依我国法律处理外,其在后方经指定区域传教者,经华籍主教或教廷代表之担保,得返还原地继续传教,其在收复区者,经华籍主教或教廷代表之担保,得呈请该管官署,准其免予集中管理,得在原居留地继续传教,未经华籍主教或教廷代表之担保者,仍应由该管官署指定传教区域。③ 1946年8月15日,国民政府修正《德侨处理办法》,删除了涉及奥侨部分,因承认奥国为无约国。④

不难发现,国民党中央政府对德侨的处置表现出充分宽大的态度,但在华犹太人却不以为然。办法公布之后,引起了外界舆论的不满,其中"德籍犹太人为最著",原因是被希特勒驱逐之犹太人仍被视作德籍,且与一般德人待遇相同。⑤ 由此导致地方政府在实践上犯难。上海市政府发现,犹太人因其所持之德国护照到期,"以无国籍人民自居,否认其为德籍",以致地方政府在执行上,无法确定这类德籍犹太人是与一般德人同样办理,还是与无国籍人民同

---

① 《何应钦致国民政府军事委员会电》(1945年11月6日),(台北)"国史馆"档案,数位典藏号:001-067400-00001-007。
② 《蒋介石日记》(手稿本),1945年10月16日,美国斯坦福大学胡佛研究院档案馆馆藏。
③ 《行政院令:德侨处理办法》(1945年11月27日),《国民政府公报》第918号,1945年11月28日,第2页。
④ 《行政院令:德侨处理办法第四条第五条条文》(1946年8月15日),《国民政府公报》第2601号,1946年8月17日,第1页。
⑤ 《行政院抄送外交部铁市长签呈为德侨处理办法第四第五两条引起舆论不满请示如何处理》,(台北)"国史馆"档案,数位典藏号:020-990600-3261。

等待遇。①

那么,德籍犹太人应否划为德侨?有研究者认为,从法理上讲,1941年11月,希勒特政府颁布褫夺德籍犹太人德国国籍的法令,意味着此类犹太人沦为无国籍人。德国投降后,英、美、苏在波茨坦会议上宣告废除希特勒政府所有纳粹法律,似乎因此而恢复其原有之德国国籍。不过,根据国际法惯例,国籍之取得及丧失,应依照当事人之本国法,非任何其他国家所能越俎,因此,波茨坦会议上之宣告,"对于旅外德籍犹太人已被褫夺之德国国籍,实难发生任何影响","故已丧失德国国籍之旅外犹太人,决不能因之而恢复原有之国籍"②。国民政府却主张,波茨坦会议上之宣告,意味着"德籍犹太人丧失国籍之根据,已不存在,是德籍犹太人,仍应视为德籍人民"③。况且,以现实层面来看,首先,大多数犹太人均无入华签证,且在战时乘机擅自入境与居留;其次,此类犹太人"不易发生忠实观念","只知鼓动舆论反对我德侨处理办法,而从未思及彼等无签证之违法应有若何补救之请求";再者,纳粹政府虐待犹太人之法律既废止,返国无阻,却仍设法居留无关系之中国,"彼等是否别有居心,实未便臆断"④。因此,国民政府仍视德籍犹太人为德侨。

事实上,国民政府出台《德侨处理办法》之初衷是区别同为敌侨之日侨待遇,而非在德侨内部细化。外交部解释,该办法本意是"在处理敌侨之一般原则中,予德侨以宽大之待遇","至于德籍犹太人,未曾予以特别规定者,因中国政府原则,保留遣送德侨之权,因其为敌国人民,而非因其为犹太人之故"。总之,另行规定处置德侨办法,"盖使其有别于日侨之处理而予以宽大之待遇"⑤。而后,为了消除各方疑虑,国民政府又出台了作为程序法的《德侨处理办法施行细则》以辅助《德侨处理办法》之执行。

二、政府监督与德侨自治下的集中管理

依据《德侨处理办法》,集中管理是战后处置德侨的应有之义。同时,也是当时国人的普遍诉求。战后初期,国人主张将德侨统一集中,以便腾出房屋,缓解

---

① 《上海市政府呈请行政院解释关于德侨处理办法条文疑义》(1946年1月22日),谢培屏编:《战后遣送外侨返国史料汇编·德侨篇》(2),(台北)"国史馆"档案,2008年,第28页。
② 蒙泽:《德籍犹太人之国籍问题》,《震旦法律经济杂志》1947年第3卷第7期。
③ 《外交部函行政院秘书处为上海市政府呈请解释德侨处理办法条文疑义案请查照转陈》(1946年2月13日),谢培屏编:《战后遣送外侨返国史料汇编·德侨篇》(2),第36页。
④ 《外交部专门委员丁文渊签呈关于德侨处理办法之意见》(1946年1月30日),谢培屏编:《战后遣送外侨返国史料汇编·德侨篇》(2),第32~34页。
⑤ 《外交部解释德侨处理办法》,《益世报》(重庆)1945年12月21日第2版。

房荒。中国陆军总司令部认为,南京市房屋紧张,国民大会期近,还都人员纷纷返京,难觅房屋居住,应将德侨一律送沪集中,候轮返国。① 上海市民更是愤怒,质问当局为什么不把德侨从华丽居室赶到集中营去,"致使德国法西斯分子占据了市中心的大厦,而中国政府的官员们则继续拥挤在污秽的贫民窟"②。

集中管理的前提是对德侨进行登记,以明确送入集中营的德侨名单。以南京为例,先由市政府派员通知德侨代表,编造德侨名册,再由市府根据美军作战指挥部、军统局、中统局各项情报进行核对,会同外交部、警察厅、宪兵司令部复查确定最后名单,最后呈报中国陆军总司令部备案。③ 上海则于1945年10月成立了隶属上海市政府的德侨管理委员会,负责德侨登记事宜,年龄十岁左右之孩童,无须登记,截至1945年11月,已登记七八百人,最终送入集中营内德侨名单则由当局决定。④ 登记程序也较为简单,由德侨主动到管理委员会登记姓名、国籍、职业、住址、性别、电话号码等信息,无需任何花费。⑤ 天津规定德侨每十日赴警察局登记一次,再由警察局根据登记名单核查其中是否有战犯、间谍嫌疑、纳粹官吏以及国社党员。⑥

德侨名单确定后,由各省市政府派员押运德侨入营,集中营由各地方政府设置,一般以现有房屋代替,而非选址另建。南京德侨集中营设在玄武门内两处洋房,集中德侨时,由市府外事室统一指挥,市政府、市党部、警察厅、宪兵司令部、总司令部、外交部分别派人参与。奉命集中之德侨,其日常生活必需之物品,如衣履、被褥、炊具、盥洗器皿及医药设备等,准予携带入营,其不准携带或不能携带之物品,一律凭册点交市府,暂予封存。⑦ 据《南京市德侨管理事宜报告》显示,南京市德奥籍及德奥犹太人总计37名,入集中营者28名,免入集中营者9名。⑧ 上海德侨集中营设于江湾其美路前日本中学校旧址,截至1945年12月,上海德侨总计二千四百余人,入营德侨187名。⑨ 北平德侨总计五百多人,截至1946年6月,集中入营139人,大多是纳粹党、德政府人员、新闻记者以及扰乱

---

① 《中国陆军总司令部致外交部为德侨处理事由电》(1946年4月26日),(台北)"国史馆"档案,数位典藏号:020 - 990600 - 3248。
② 《上海市民不满待遇德侨宽大》,《大公报》(天津)1945年12月11日第1张第2版。
③ 《处理南京德侨会议议决集中营管理办法》,《中央日报》(重庆)1945年10月17日第3版。
④ 《登记德侨七八百人》,《前线日报》1945年11月22日第4版。
⑤ "900 Germans Apply For Registration", *The China Press*, November, 20, 1945, p. 1.
⑥ 《津市德侨一般处理情形报告》(1946年5月),(台北)"国史馆"档案,数位典藏号:020 - 990600 - 3248。
⑦ 《处理南京德侨会议议决集中营管理办法》,《中央日报》(重庆)1945年10月17日第3版。
⑧ 《南京市德侨管理事宜报告》(1946年4月),(台北)"国史馆"档案,数位典藏号:020 - 990600 - 3248。
⑨ 《留沪德侨遣送返国》,《大公报》(上海)1945年12月4日第1张第3版。

北平地方秩序者。① 可见,实际入营德侨占德侨总数比重较小。

各地集中营大体采取政府监督与德侨自治相结合的模式。南京的集中营设管理员一人,由市府指定;集中营之警卫由宪兵区司令部派宪兵担任,受市府管理员指挥;集中营之劳役杂役,均由德侨自任,并受市府管理员指挥;集中营之给养,暂由德人自备,必要时由市府呈请中央核发主副食费;输送德侨还国之日期与交通工具,由市府呈请总司令部决定。② 上海则由德侨管理委员会负责集中营事务。集中营门口由警卫司令部派遣卫兵把守,营内规则由德侨管理委员会制定,规定(1) 不准饮酒;(2) 告诫儿童;(3) 用电话必须讲中文或英语;(4) 七时起身,八时早膳;(5) 十二时午膳,下午三时晚膳;(6) 晚八时点名,九时熄灯就寝。必要的时候可以请求出外,但须准时回营。③ 其余有关德侨事项,则由德人完全自治,德侨组织了一个管理委员会,推举前德国领事馆顾问伦道任会长,每五人组成一组。④

德侨在集中营内的物质生活较为舒适。以上海为例,在江湾其美中学的德侨集中营里,德侨宿舍即原有之教室,以毛毡隔作小间,每间一家,床铺整洁,大部分室内均有沙发,除无私人秘密而外,其他均在水准线以上。⑤ 德侨大约花费了法币一千四百余元来修理和建造住所,二百多名德侨都住楼上,一共占掉二十一间,里面的家具都由德侨自备,所以,不但布置得整洁,而且富丽得令人眼红,差不多每一间里都有沙发及火炉,集中营内还设有医疗室、读书室、幼稚园。⑥ 在饮食方面,集中营内一共有两个厨房,较大的厨房供集体饮食用,较小的厨房供各德侨私自烧煮,像肉类、牛乳、各种罐头食品等不断地有人供给,集中营内随处可见丢弃的空罐头、水果皮,甚至他们还圈养猪、羊、鹅以供食用;行动方面,德侨可以自由行动,并且有一个很大的健身房供给他们玩乐,钥匙也由德侨保管。⑦ 以至于参观的记者感慨,"简直像走到一间疗养院"⑧。

德侨的精神生活也颇为丰富。南京德侨集中营内,德侨自行请了一位汉语教师,教他们读书、阅报,每天上课一小时,他们希望与中国人互授语言,更希望因懂得中文而能够为中国工作,做点生产的工作。他们感激中国优予收容,因为

---

① 子冈:《参观集中北平的德侨》,《大公报》(上海)1946 年 6 月 30 日第 1 张第 2 版。
② 《处理南京德侨会议议决集中营管理办法》,《中央日报》(重庆)1945 年 10 月 17 日第 3 版。
③ 《没有虐待没有痛苦,给他们"诚"的感化》,《民国日报》(上海)1945 年 12 月 20 日第 2 版。
④ 茜茜:《参观德侨集中营》,《吉普》1945 年第 7 期。
⑤ 宗瀛:《德侨集中营》,《大公报》(上海)1945 年 12 月 20 日第 1 张第 3 版。
⑥ 茜茜:《参观德侨集中营》,《吉普》1945 年第 7 期。
⑦ 中之:《德侨在集中营里生活竟如此舒适》,《大公报》(上海)1945 年 12 月 29 日第 3 版。
⑧ 容又铭:《乐不思德的纳粹党徒——访上海遣返德侨集中营》,《中央日报》(南京)1947 年 8 月 22 日第 7 版。

他们都是异邦的孤儿。①

集中管理本应是对德侨的惩罚,而集中营所呈现出的情境却迥然相异,由此引发时人不满情绪。一位盟友质问当局:"为什么我们给纳粹分子这些不应得的待遇? 当我们仍旧20人挤在一间屋子生活时","为什么不是所有的德国人都至少得到了与日本人相同的待遇?"②还有人无奈地感叹,"各地过境之新兵已达五万余人,并未见何样招待表示,相形之下,堪叹何不生为异国人矣!"③

三、多重因素影响下的留用

战后大部分德侨希望留在中国,只有极少部分想回归德国。据《密勒氏评论报》调查,"只有不到3‰的真正雅利安人"期望重回德国,他们想要加入剩下的家人或重获他们剩余的财产。④

德侨选择继续居留中国的直接目的是避免集中与遣返。自国民政府宣布集中管理德侨后,上海德侨二千三百余人,连日纷纷提供铺保证件,送由上海德侨管理委员会转呈外交部及内政部审查,以图免予集中。⑤ 甚至,不少德侨以归化中国籍的方式来达到继续居留的目的。侨居上海的德侨二千余人及其他港口之德侨四千五百余人,纷纷要求外交部准予改入中国国籍,该德侨等均系在战前及沦陷时迁来中国居住,胜利后,其中一部分因痛恨纳粹专政,不愿回国,而请求准予继续居留,已有一千三百余人向外交部提交了申请。⑥

主观因素固然是德侨留华的前提,但德侨能否留华则取决于国民政府的管理政策。早在德国投降不久,美国当局曾向中国政府传达联合国出台的"闲置德国技术人员"的政策,希望中国当局配合实施,请勿留用德国技术人员。⑦ 但是,重建战后经济的客观需要,促使国民政府采取实用主义原则而留用德侨。据负责调查上海处理德侨情况的外交部专员丁文渊建议,大多数德侨与华商感情深厚,且从事进出口贸易经验丰富,中国可借与之合作的机会谋划建设国家进口事业。⑧

---

① 《访德侨集中营》,《中央日报》(重庆)1945年11月21日第3版。
② "Germans Treated too Well?", *The China Press*, October. 25, 1945, p.3.
③ 《恨不得生为德侨,一招待就是万两》,《东方日报》1947年8月15日第1版。
④ "All Quiet On...", *The China Weekly Review*, October. 19, 1946, p.192.
⑤ 《德侨留华》,《大公报》(上海)1946年3月6日第1张第3版。
⑥ 《德侨六千余名请改隶我国籍》,《中华时报》1946年6月6日第4版。
⑦ "The Acting Secretary of State to the Ambassador in China (Hurley)", July. 24, 1945, *Foreign Relations of the United States* (*FRUS*), The Far East, China, 1945, Vol.7, pp.141-142.
⑧ 丁文渊:《视察上海处理德侨之报告及具拟处理节略》(1946年5月25日),(台北)"国史馆"档案,数位典藏号:020-990600-3247。

基于此,国民政府颁布了《德侨继续居留核准标准》,规定德侨须满足以下条件之一,才可核准其继续居留:(1)直接、间接赞助中国政府或有贡献于中国抗战者;(2)直接、间接保护中国人民生命财产有功者;(3)为中国利益作宣传者;(4)曾尽力于中国文化之促进及宣扬者;(5)对中国有友好言行表示者;(6)由服务机关担保之技术人员;(7)经教会负责人担保之传教士。但是,若德侨为纳粹党员或驻伪外交人员,虽满足以上七项条件之一,亦不准继续居留。①

在实践过程中,除了以上规定的七项条件外,国民政府亦出于人道主义精神准许部分德侨留华。据1946年11月《上海南京北平天津广州各市业经核准居留德侨名单》统计显示,总共核准居留德侨148人。其中,各机关担保雇用之技术人员有71人,约占48％,因人道主义②核准者24人,约占16％,于抗战有功者8人,保护中国人民生命财产者7人,宣传中国文化者2人,对中国友好言行者8人,另有28人原因不详(由天津、北平市政府核准居留)。③可见,国民政府留用德侨是兼采实用主义与人道主义的策略。

纳粹身份对留用德侨又起到关键作用。如,1946年9月,天津惠安行为德籍制革师卜瑞士(Walter Brusch)和格兰兹(Hermann Grantg)担保,外交部驻天津特派员丁文渊建议,中国出口业急需此项人才,卜瑞士虽系纳粹党员,却动机单纯,且无其他政治背景,应予留用。但外交部最终裁定,卜瑞士因纳粹党员身份而不准留用,格兰兹为非纳粹党员,故准予留用。④再比如,德侨施罗特(H. Schlote),系专门机械技师,经北京市政府查明并无间谍、助日等不良行为,北平医院出于业务需要,拟聘其主管医疗器械,后经北平市政府复查施罗特确系纳粹党员,由此,外交部认定该德侨因纳粹身份应予遣送回国,唯在未遣前,可暂准北平医院留用。⑤

不可否认,以纳粹身份一票否决德侨留用,符合联合国推行的"非纳粹化"政策,却与《德侨处理办法》遵循的"宽待"原则,以及《德侨继续居留核准标准》暗含的实用主义与人道主义精神背道而驰。曾被派驻德国的齐焌指出,旅华德侨有曾服务国民政府者,也有功于中国抗战者,甚至,"在华之国社党员及前驻华德使领人员,亦不乏利用其与德国党政之关系或地位直接间接自动为我奔走者"。他

---

① 《德侨继续居留核准标准》(1946年),(台北)"国史馆"档案,数位典藏号:014-020500-0043。
② 系指国民政府考虑到德侨年老、疾病、久居中国以及投靠亲属等理由而准其居留。
③ 《上海南京北平天津广州各市业经核准居留德侨名单》(截至1946年11月),(台北)"国史馆"档案,数位典藏号:020-990600-3227。
④ 《惠安津行呈国民政府外交部呈为发展国外贸易拟雇佣德籍技术人员恳请准予彼等居留事》(1946年3月6日),(台北)"国史馆"档案,数位典藏号:020-990600-3211。
⑤ 《外交部致北平市政府内政部德侨施罗特在未遣送前似可暂准由北平医院留用电》(1947年4月5日),(台北)"国史馆"档案,数位典藏号:020-990600-3218。

举例,前德国通讯社驻渝代理沈克(W. Schenke),虽为国社党员,却力主亲华政策,战时曾与德国国防部联系,设法运送军火来华助战。前德国驻渝大使馆代办卑德尔(Bidder),主张亲华,且尽力宣传中国文化。他认为,倘若仅以政治身份一律遣送亲华德侨,"不但有令亲华外人不寒而栗,而尤有损我国固有之道义精神"。因此,他建议"对国社党员及驻华前德使领人员,如查明确系直接间接于我曾效劳者,应斟酌许其居留,免予遣送"①。

虽无直接证据显示国民政府是否接受了齐焌的建议,但有迹象表明,国民政府留用德侨并非以纳粹身份为唯一决断。例如,德侨梅开尔(Wilhelm. B. Maeker),系机械与电机工程师,虽为纳粹党员,却获多部门担保雇用。其中,军政部北平陆军医院、北平私立东华医院等六家医院称梅开尔是"坚毅忠诚之优良技术人员,洵属不可多得",乃向外交部呈请聘任其为 X 光及电疗机械设备修理技术员。② 教育部主张梅氏在战时对保管北大、清华、北平师范大学等校科学仪器有功,应予雇用而免遣。③ 交通部平津区铁路局总务处、铁路总医院亦认为梅开尔系电气机器工程专门人才,故向外交部呈请雇用其为专任技师。④ 最终,外交部裁定,尽管梅开尔为纳粹党员,但考虑到其精通机械电机,且多部门呈请雇用,故准许交通部平津区铁路管理局等机关留用。⑤

国民政府留用德侨政策的灵活性,无形中也为部分官员谋求私利提供了方便。例如,天津禅臣洋行经理杨宁史(Werner Jannings)本是应行遣送之德侨,为躲避遣送而逃至山西,被阎锡山留用。阎锡山以为杨宁史忠实可靠,故请准聘其担任技术顾问。⑥ 外交部驳斥了阎锡山的请求,认为杨宁史在德国"曾勾结国社党显要戈林将军,有对我极不利之行动与言论",任职禅臣洋行期间,"曾联络日军 1820 部队等有力机关,大量为敌军包收紫铜五金"等军需物资,由此认定,杨氏"既有反华言论及行动,在抗战时期,复有供给日军物资之嫌",应予遣送,未

---

① 《齐焌呈行政院院长宋子文》(1946 年 2 月 14 日),(台北)"国史馆"档案,数位典藏号:020 - 990600 - 3261。
② 《军政部北平陆军医院等呈外交部为公请准予留用德侨技术人员继续在北平服务以利医疗》(1946 年 6 月 18 日),(台北)"国史馆"档案,数位典藏号:020 - 990600 - 3215。
③ 《教育部致外交部据叕胜民君函呈为德侨梅开尔在北平沦陷期间保管仪器有功请免予遣送公函》(1946 年 7 月 9 日),(台北)"国史馆"档案,数位典藏号:020 - 990600 - 3215。
④ 《交通部咨外交部据本部平津区铁路管理局呈请雇用德籍技术人员梅开尔一员》(1946 年 11 月 26 日),(台北)"国史馆"档案,数位典藏号:020 - 990600 - 3215。
⑤ 《外交部公函交通部内政部北平市政府德侨梅开尔可暂准平津区铁路管理局雇用》(1947 年 1 月 14 日),(台北)"国史馆"档案,数位典藏号:020 - 990600 - 3215。
⑥ 《第二战区司令长官司令部代电外交部为请准雇用杨宁史为本部技术顾问》(1946 年 5 月 10 日),(台北)"国史馆"档案,数位典藏号:020 - 990600 - 3267。

准留用。① 但是，阎锡山并不赞同外交部的结论。又以山西省政府名义为杨氏担保，理由是杨对山西省工业有极大贡献。② 最终，由于阎锡山的包庇，杨宁史逃脱了被遣送的命运，且长期受聘于阎锡山名下的同记公司，直至1954年，才被天津市人民政府驱逐出境。③ 类似的例子并不鲜见。曾负责北平德侨遣送事务的孟昭楹揭露，国民政府各机关团体为了留用德侨，总能找到外交部出具的留用公文，如特务组织留用的纳粹党徒舒露滋（Shulz）经常往来平、津等地，从事反苏反共活动，任职于辅仁大学的美国人福开森（Miss Ferguson）也总为留用纳粹教授问题奔走，甚至直接找李宗仁出面。④

留用德侨，既是德侨个人愿望，也是国民政府重建战后经济的需要。大部分德侨，特别是技术人员与工程师等，在战后仍想居留中国避难，以重建战时经济势力，并借此逃避遣返后将面临的艰苦生活；而中国则需要借助他们熟练的技术和专业知识，从事战后重建工作。⑤ 甚至，这还是部分官员牟取利益的途径。

四、美国干预下的遣送

中国战后遣送德侨，分为个别遣送和集中遣送。个别遣送系德侨因故不能等候集中遣送而急需返国，或因个人生活问题而申请先行回国者，其办理手续与集中遣送办法相同，只不过先行遣送船只、回国川资皆由德侨自备。⑥ 相较而言，集中遣送更为复杂、系统，既牵涉中美当局，又与中国各地方政府密切相关。

（一）中美围绕遣送计划的磋商

集中遣送德侨是战后联合国处置德国的重要举措，也是同盟国制定的协同计划。1945年9月10日，盟国管制委员会决议所有德国政府官员、德国代理

---

① 《外交部代电第二战区长官司令部为嘱准雇用德侨杨宁史未便照准由》(1946年6月5日)，(台北)"国史馆"档案，数位典藏号：020-990600-3267。
② 《山西省政府代电外交部为德侨杨宁史对本省工业有极大贡献兹检同各项证件电请准免遣送》(1947年11月20日)，(台北)"国史馆"档案，数位典藏号：020-990600-3267。
③ 贾乙和：《阎锡山的同记公司》，中国人民政治协商会议山西省委员会文史资料研究委员会编：《山西文史资料》(第5辑)，1963年，第50～54页。
④ 孟昭楹：《抗战胜利后留用德侨情况点滴》，全国政协文史资料委员会编：《文史资料存稿选编》(政府·政党)，中国文史出版社，2002年，第745～746页。
⑤ NARA, RG 226, entry 212, box 5, "China Theater, X-2 Branch," *Report regarding the German espionage agents and collaborators in Shanghai and Peking*, September. 6, 1945, p.2, 转引自陈郴：《德国在华军事情报机关（1941～1945）》，《台大历史学报》2009年第44期，第181页。
⑥ 李福深：《论德侨处理问题》，《广东警保》1948年第1期。

人、"可憎德人"及其眷属均遣回德国,并请求各中立国配合实施。①

中国的集中遣送德侨计划则源自美国政府的提议。12月18日,美国驻华使馆代办饶伯林(Walter S. Robertson)将盟国管制委员会的决议照会国民政府外交部,希望中国当局协同执行,并表示美军事当局将为中国遣送德侨及眷属提供船只,但遣送德侨产生的费用,"由德国在华资产项下支付"。②

国民政府同意用美国船只运送德侨,但不赞成以德侨在华资产支付相关费用。外交部复称,德国投降后,中国政府未曾参加德国赔偿委员会,计划"以德国在华资产作抵偿德国对中国损失之用",所以不赞同美方以德侨在华财产支付的提议。③

国民政府的犹疑,引起了美方的疑虑。1946年1月31日,美国驻华大使馆再次致函外交部,问询中国政府是否同意所有在华纳粹党员均在遣送之列,且申明应在未来两个月内完成遣送计划。④ 3月11日,马歇尔亦函电蒋介石,强调中国政府留用德侨技术人员中不应有纳粹党员,所有纳粹党员应予以遣送。⑤

蒋介石大体同意马歇尔的意见,并请求美方协助提供纳粹名单。4月2日,蒋介石表示,中国政府核准留用之德侨,并无纳粹党员,赞同纳粹德侨应予以遣送的意见。同时,他指出,关于应行遣送之德侨人数、姓名及是否纳粹党员,中国政府尚在调查中,希望美军提供附敌有据之德侨姓名及罪证暨纳粹党员名单、分布地区。⑥

与此同时,国民政府亦拟定遣送德侨办法。1946年3月1日,外交部提议召集有关机关商讨遣送德侨办法,后经数次讨论修改,于6月20日公布《遣送德侨办法》,对遣送之手续、交通、费用等均有明确规定。⑦ 而且,各地德侨必须于5月底前,分别集中天津、青岛、上海、广州四处,其中,汉口、南京德侨运至上海,北

---

① 《美国驻华使馆暂行代办使事饶伯林照会外交部》(1946年1月10日),(台北)"国史馆"档案,数位典藏号:020-990600-3261。
② 《美国驻华大使馆照会外交部为派船遣送德侨及遣送费用事》(1945年12月18日),谢培屏编:《战后遣送外侨返国史料汇编·德侨篇》(2),第417~419页。
③ 《外交部呈行政院为照复美国大使馆以遣送德侨费用似难由德在华资产中支付》(1946年1月10日),(台北)"国史馆"档案,数位典藏号:014-020500-0010。
④ 《美国驻华大使馆致外交部节略关于美轮遣送德侨返国事》(1946年1月31日),(台北)"国史馆"档案,数位典藏号:020-990600-3261。
⑤ 《国民政府电外交部抄发马歇尔将军函即会同军令部核议》(1946年3月18日),谢培屏编:《战后遣送外侨返国史料汇编·德侨篇》(2),第432~433页。
⑥ 《外交部呈复国民政府主席蒋中正关于马歇尔将军来函事》(1946年4月2日),谢培屏编:《战后遣送外侨返国史料汇编·德侨篇》(2),第434~436页。
⑦ 《行政院训令各部会署各省市政府为修正通过遣送德侨办法饬所属遵照》(1946年6月20日),谢培屏编:《战后遣送外侨返国史料汇编·德侨篇》(2),第91~94页。

戴河、北平德侨送至天津,济南德侨运到天津或上海,厦门德侨汇集广州,等候美方遣送船只接运。①

由此,中美双方大体确立了中国遣送德侨之计划,即美方提供初步的德侨名单,经国民政府核实后,双方商讨确立最终名单,最后由美船只负责运送。

(二) 中美关于遣送名单的争议

1946年4月10日,国民政府外交部与美国驻华陆军总部商定,遣送德侨635户,合计1519名。② 不过,该名单并非应遣德侨之全部。诚如战区遣返主任魏特曼(Richard C. Wittmann)所言:"这绝不是从中国遣返的所有德侨,名单会随着证据的涌现而增加。"③

遣送名单公布后,即有不少德侨寻求办法避免遣送。有德侨始办理加入苏联国籍申请手续,以图借此避遣,奈何审核程序烦琐,且外交部判定其做法"殊属非是,仍应予以遣送",而未能幸免。④ 甚至,有德侨"憨直者,表演自杀巴(把)戏,乖觉者利用银弹,东藏西躲,演捉迷藏之戏",更有德籍医生"愿意义务做医药顾问","不求报酬,但求一纸证书",以免遣返。⑤ 可谓是手段百出。

另外,遣返名单也受到多方质疑。有媒体披露,该名单不乏提交了免遣申请且有保人担保者,也有几代留华者,还有申请归化中国者,甚至,一些曾在战时帮助中国政府的德侨,也列名其中。⑥ 对此,钱新之、朱家骅等二十人表示"不胜骇异",联名上呈行政院院长宋子文,指责该名单的选择标准"殊欠完善",对有功之德侨一律遣送,而有敌对行为之德侨反未被列入,若依此执行,"对我国国格既有妨碍,对我将来外交运用,损失尤多",因此,建议重新审定遣送原则,组织专门委员会审查名单。⑦《大美晚报》更是直言,列入名单之德侨"不是因为他们曾经是纳粹分子或纳粹同情者,而是因为他们被认为是激进分子"⑧。

国民政府高级官员与媒体的高度关注,引起蒋介石的重视。6月10日,蒋

---

① 《外交部关于德侨运沪会议纪录》(1946年5月14日),谢培屏编:《战后遣送外侨返国史料汇编·德侨篇》(2),第529~531页。
② 《外交部驻沪办事处电陈外交部与美军总部商定遣送德侨办法》(1946年4月10日),谢培屏编:《战后遣送外侨返国史料汇编·德侨篇》(3),(台北)"国史馆"档案,2008年,第10页。
③ "Obnoxious Germans to be Ousted", *The China Press*, April. 14, 1946, p. 5.
④ 《外交部驻沪办事处致外交部电》(1946年12月7日),(台北)"国史馆"档案,数位典藏号:020-990600-3265。
⑤ 柳林:《德侨逃避回国妙法》,《海星》(上海)1946年第23期。
⑥ "Repatriation Rule Called Confused", *The Shanghai Evening Post*, June. 6, 1946, p. 1.
⑦ 《钱新之等呈行政院为请重新审查遣送德侨名单并从速确定遣送原则事》(1946年6月5日),(台北)"国史馆"档案,数位典藏号:014-020500-0015。
⑧ "Who Are China's Nazis?", *The Shanghai Evening Post*, June. 4, 1946, p. 8.

介石责令行政院重新审定名单,充分考虑钱新之等人的建议,寻求补救措施,并与美方交涉展期集中遣送。①

经过交涉,美方同意调整遣送日期。首批遣送,由原定的6月15日展缓至6月30日。②但是,关于遣返名单,中美双方存在较大争论。起先,美方重新提交了一份900名的德侨名册,中国政府审查后发现,一些技术人员、必要人员和协助国家政府作战人员可以豁免,最终筛选出一份700人名单,而在得知名单上被削减了200人后,美国当局直接表示反对这种大规模的豁免。③

随着美国媒体的强势介入,中美关于遣返名单的争议迅速成为热门话题。1946年7月1日,美国合众社记者伦特尔(Walter G. Rundle)公开指控中国政府官员在遣送德侨过程中存在舞弊行为。他揭露,经由美国联邦调查局长期调查而形成的纳粹名单,在交给中国政府后,却被中国官员用来索贿,每个名额收取20到100条金条,共有400名被标记为"令人反感"的德侨从纳粹名单中删除,并以无辜德侨顶替那些用金钱购买除名的真正纳粹分子。同时,他还强调,"美方向中方表达了不满,坚决要求恢复原始名单"。④同日,《大陆报》亦刊载专文,推断牵涉部门不外乎外交部和德侨管理委员会,呼吁中国政府进行调查,以使被错划之400名德侨获得公正对待。⑤

此消息一出,媒体争相报道,各种小道消息应势而生。次日,有媒体就将矛头指向前德侨管理委员会主任杨志雄,分析其曾服务于与纳粹德国颇有关系之西门子洋行二十五年,披露杨氏为谋得该职曾赴内地活动,活动经费均由德侨供给,进而危言该案"不止有金钱上之贪污嫌疑,且可牵涉政治问题"。⑥还有德侨煞有介事地说,此事系侨居上海之外籍律师所为,并称其与德侨主管当局有特殊关系,可开脱遣归名单上之德侨,但需要收取金钱作报酬。⑦

针对媒体的漫天猜忌,外交部发表声明以正视听。外交部发言人称,中国政府一向决定将纳粹党人加以遣送,但若德侨纳粹党员身份不明显,且无损害中国或盟邦行为,可予缓送;在核准缓送时,对于中国公私机关雇佣之技术人才,又予以特别考虑。并强调"遣送及缓遣名单之最后决定,则全由中国政府负责"。而对于外界谣传之遣送德侨之贿赂行为,外交部亦早有所闻,表示"中国政府早已

---

① 《国民政府代电》(1946年6月10日),(台北)"国史馆"档案,数位典藏号:014-020500-0015。
② 《德侨慢慢走》,《世界晨报》1946年6月14日第4版。
③ "More Germans Listed For Repatriation", *The China Press*, June. 28, 1946, p. 5.
④ "Graft Charged In German Repatriation", *The China Press*, July. 1, 1946, pp. 5, 12.
⑤ "Mr. Rundle's Charges", *The China Press*, July. 1, 1946, p. 11.
⑥ 《贪污庇护德纳粹分子,德侨管理会的真面目》,《侨声报》1946年7月2日第3版。
⑦ 《某德侨谈舞弊内幕》,《中华时报》1946年7月4日第4版。

设法预防,绝不使决定此项名单之负责人为恶势所影响",且已令知各地遣送德侨机关,彻查坊间谣传。①《东南日报》社论指出,伦特尔的记载过于绘影绘声,让人怀疑其真实性,但是由于此事已惊动美国当局,故"决非全是伦特尔氏的向壁虚构"。因此,我们对于此事"似乎是不可全信,也不可不信",尤其"一定要查究,而且要查的彻底"。②

与此同时,作为潜在的被控方——外交部驻沪办事处主任陈国廉,亦公开反驳伦特尔含糊其词的控诉。陈氏驳斥伦特尔的指摘,"有严重的涉及外交部驻沪办事处之处",若与本处无关,应请其加以澄清,若如其所言,也"应指出本办事处之职员为谁,并提出证据",否则,将提起司法诉讼。③

伦特尔也不甘示弱。他直言,陈国廉"所持之态度殊令人难以理会",辩称所发表之消息"既未提及阁下及贵处,亦未提及贵处任何办事人员",且以"毁谤法观之",也"未损伤阁下或贵处任何人员",遑论外交部发言人声明要彻查行贿之事,因此,"若谓合众社所发表之消息中伤阁下及贵处,较诸外部发言之声明更甚"。④

那么,德侨遣送过程中是否存在舞弊行为?如果有,是外交部驻沪办事处,还是德侨管理委员会,抑或其他机构?其中的关键在于究竟是何机构实际负责上海第一批德侨遣送事宜。此案发生伊始,曾有记者前往德侨管理委员会叩询一切,该会工作人员将一切责任推卸至外交、内政两部,表示该会一切均奉命办理。⑤ 但其所言非实。依据 1945 年 11 月公布的《德侨处理办法》,德侨应否遣送,其决定权在中央,省市政府仅有执行权。不过,在该办法公布时,外交部驻沪办事处尚未在沪成立,有关德侨问题均由德侨管理委员会决定执行,及至 12 月外交部驻沪办事处成立,"该会先则以外部公事手续不全,继又称该会一切秉承中央,不应由该处过问。故德侨管理事务至(1946 年)五月止,实际均在德侨管理委员会手中",直至上海市政府改组,德侨管理委员会随之改组,德侨管理权限才划清。⑥ 也就是说,在伦特尔指控发生之前,上海德侨事宜由德侨管理委员会办理。

由此不难判断,伦特尔所言的舞弊行为应与德侨管理委员会难脱干系。至

---

① 《关于遣送德侨事外交部发言人之声明》(1946 年 7 月 4 日),(台北)"国史馆"档案,数位典藏号:020-990600-3271。
② 《遣送德侨事件》,《东南日报》1946 年 7 月 4 日第 2 版。
③ 《遣散德侨贪污事件,陈国廉发表公开信》,《侨声报》1946 年 7 月 3 日第 3 版。
④ 《合众社函复陈国廉》,《大公晚报》1946 年 7 月 6 日第 1 版。
⑤ 《沪各方注意德侨遣送问题》,《中央日报》(昆明)1946 年 7 月 4 日第 1 版。
⑥ 《轩然大波之德侨问题,八百余名后日遣送,美方同意我有决定权》,《大公报》(上海)1946 年 7 月 5 日第 1 张第 4 版。

于是否就是前德侨管理委员会主任杨志雄所为,尚无充足证据显示。尽管,不少言论基于其担任西门子买办的经历,将矛头指向杨志雄。不过,杨氏也在《申报》中自证清白。① 据此而言,控方与被控方的说辞皆缺乏足够的说服力。退一步讲,若确属杨氏所为,在舆论如此注目,外交部表态严查的情势下,为何杨志雄的日常生活未受影响,且未受到任何法律制裁或行政处罚呢?② 因此,唯一可以断定的是,该案与德侨管理委员会有莫大关系。再结合德侨管理委员会的命运走向,也可窥知一二。8月23日,德侨管理委员会被撤销,原有的德侨事务划归上海市政府外事室执行。③

  引起轩然大波的德侨舞弊案,由此无疾而终。不过,也打断了原定于6月30日执行的第一批遣送德侨计划。美方发现,从天津、青岛登船之德侨,皆系自愿遣散者,而非纳粹分子,故将其原路送回,直至中国政府恢复原定名单才肯遣送。④

  最终,遣送德侨分三批完成。1946年7月7日,第一批遣送德侨共计682人,乘坐罗宾号回国。⑤ 1947年2月20日,第二批德侨共计88人,乘坐强波号归国。⑥ 1947年9月1日,第三批德侨约一千人,乘坐勃兰克将军号回国。⑦

  可见,中美争议焦点在于遣送德侨的标准不统一,即应遣德侨与无辜德侨的判定问题。这就造成时人对遣送德侨的态度判若水火。有媒体批评中国遣送办法过于严苛,有的德籍医生正在医治病人,手术尚未完毕即被迫离开工作,还有的德籍教授正在学校教书,也要在中途放弃职务。⑧ 甚至,指责中国当局不加审讯的遣送"完全是纳粹的手法"⑨。反之,也有人抨击其过分宽松,是对纳粹分子的纵容,直言"中国是纳粹的主要避难所",不少纳粹分子仍自由行走于上海街道,还有一些在中国担任重要工作。⑩

---

① 《杨志雄来函》,《申报》1946年7月6日第10版。
② 《杨志雄是这样的人物!》,《侨声报》1946年7月11日第3版。
③ 《德侨管理委会昨日正式结束》,《侨声报》1946年8月24日第3版。
④ 《关系国际声誉有此贪污丑事》,《益世报》(天津)1946年8月13日第3版。
⑤ 《外交部欧洲司司长中公超呈报办理遣送德侨情形及人数》(1947年4月29日),谢培屏编:《战后遣送外侨返国史料汇编·德侨篇》(4),(台北)"国史馆"档案,2009年,第144页。
⑥ 《上海市政府函告外交部办理第二批德侨遣送经过》(1947年3月1日),谢培屏编:《战后遣送外侨返国史料汇编·德侨篇》(4),第109~110页。
⑦ 《德侨千人遣送归国,中有纳粹特务首脑》,《申报》1947年9月2日第1张第4版。
⑧ 公量:《评中国遣归德侨》,《大众夜报》1947年8月25日第2版。
⑨ 舟山:《关于遣送德侨》,《大众夜报》1947年7月24日第2版。
⑩ "Sanctuary For Nazis", *The China Weekly Review*, June. 7, 1947, p.9.

五、结　语

"二战"后国民政府对德侨的管理受到多重因素的影响。首先,历史因素的作用。国民政府在战后初期沿用战时德侨政策,其后又制定有别于日侨的"宽待德侨"政策,显与战时办法一脉相承。国民政府对德媾和条件亦充分考虑了中德自"一战"以来的友好关系,指出德日虽系轴心国,但德日侨民政策应"略分轩轾"①。其次,国际关系的制约。德侨办法的出台受到联合国"非纳粹化"原则的影响,遣送德侨更是深受美国当局的干预。再次,政治势力的掣肘。内政部、外交部虽为管理德侨的主管机关,但非执行机关,因此才有阎锡山包庇杨宁史案,德侨管理委员会舞弊案。对此,外交部也深感无奈,表示"国防部强行留用应遣德侨,上海市政府姑息优容潜逃德侨,本部无法制止"②。最后,现实需要的考量。战后为了便于处理敌侨,国民政府采取集中管理德侨的方式,一定程度上效法了日侨处置办法。而为了重建战后经济,又以实用主义为指导,留用了一大批具有特殊技能的德侨,甚至有纳粹德侨。

这实际折射出战后外侨管理制度的演变。从南京国民政府成立到不平等条约废除,国民政府对在华外侨的管理,一直致力于"去治外法权"的目的,试图实现外侨管理"内政化"③。一方面在外交上,谋求修约或废约,企图在源头上截断外侨不平等权利的法理依据;另一方面在内政上,出台各项限制外侨权利的国内法,在过程中约束外侨权利的范围。1943年后不平等条约的废除,标志着在法理上外侨管理实现了"内政化"。但是,外侨群体的独特属性,又决定了外侨管理难以达到完全的"内政化",甚至,在战后复萌"外交化"的故态。战后对德侨的管理即是显例。尤其是,在战后世界格局中,国民政府积极参与国际事务,外侨管理也成了其竭力谋求大国地位的重要手段之一。

(原载《民国档案》2022年第1期)

---

① 《战后对德媾和条件草案》(1945年2月),台北"国史馆"档案,数位典藏号:020-042302-0020。
② 《外交部欧洲司司长叶公超呈报办理遣送德侨情形及人数》(1947年4月29日),谢培屏编:《战后遣送外侨返国史料汇编·德侨篇》(4),第145页。
③ 详见钟荣帆:《南京国民政府的外侨管理研究(1927~1949)》,山东大学博士学位论文,2020年。

新中国成立初期乌鲁木齐市各族各界人民代表会议的历史考察

陈 芸[*]

代表会议是中国共产党在长期革命斗争中创造出来的,在普选的人民代表大会召开前,它是地方民主建政的主要形式。[①] 1949 年 12 月,中央人民政府委员会发布省、市、县各界人民代表会议组织通则,强调"这是推动各级人民政府与广大人民密切联系的重要步骤",要求各地迅速召开各界人民代表会议,"而决不可把开会的条件提得太高,因为许多条件可以在以后逐渐创造,会议也可以一次比一次地改进"[②]。据此,中共中央新疆分局[③]结合新疆的实际情况,贯彻党的民族政策,在乌鲁木齐市[④]先行示范,以便经验推广。

1950～1954 年,乌鲁木齐市各族各界人民代表会议(以下简称"各代会")循序渐进地调动各族人民参政议政的积极性,推进民主建政,最终完成了从会议形式到制度性质的演变。当前,学界对各界人民代表会议的研究或专注于其协商民主的实践、历史地位和作用[⑤],或集中于省级各界人民代表会议的民主建政、代表产生、组织沿革及其作用[⑥],而对县市级各界人民代表会议关注极少。乌鲁

---

[*] 陈芸,现为山东理工大学马克思主义学院副教授。
[①] 刘政:《各界人民代表会议——建国初期民主建政的主要形式》,《中国人大》2002 年第 9 期。
[②] 《一九五〇年全国各级领导同志必须重视各界人民代表会议,必须开好各界人民代表会议》,《人民日报》1949 年 12 月 5 日。
[③] 中共中央新疆分局是新疆党组织的领导机构。1949 年 11 月 7 日至 1954 年 8 月受中共中央西北局领导。西北局撤销后,受中共中央直接领导。1955 年 10 月 1 日,新疆维吾尔自治区成立后,中共新疆维吾尔自治区委员会随之成立,中共中央新疆分局撤销。参见《新疆百科全书》,中国大百科全书出版社,2002 年,第 290 页。
[④] 1954 年 2 月 1 日前,乌鲁木齐市称迪化市。为行文方便,本文统称乌鲁木齐市,但在史料引用时仍沿用"迪化市"名称。参见《迪化市人民政府通告》,《新疆日报》1954 年 1 月 31 日。
[⑤] 相关研究成果主要有程凯:《一九四九年前后"各界人民代表会议"的确立与演变》,《中共党史研究》2016 年第 11 期;张青红:《建国初期各界人民代表会议协商民主的运作方式》,《华南理工大学学报(社会科学版)》2012 年第 3 期;李莉娜:《新中国成立前后各地召开各界人民代表会议的生动实践》,《党的文献》2009 年第 4 期;萧树祥:《论建国初期各界人民代表会议的历史作用》,《中共党史研究》1992 年第 1 期等。
[⑥] 相关研究成果主要有黎见春:《从湖北各界人民代表会议看人民民主的成长》,《当代中国史研究》2011 年第 1 期;温卓文:《贵州各族各界人民代表会议的产生及其作用》,《贵州社会科学》2004 年第 2 期等。

木齐市既是新疆的政治、经济、文化中心,也是少数民族聚居区的中心城市,因此,通过各代会联系和动员各族人民,探索乌鲁木齐市的民主建政具有示范引领的重要意义。鉴于此,本文拟从微观视角系统考察各代会的历史演进,以期对深入理解中国共产党在少数民族地区的民主建政有所助益。

一、以建设新政权为主题：各代会的初次实践

1950年1月5～11日,首届各代会召开。由于时间仓促、缺乏经验,首届各代会的筹备、召开均存在一些不足。尽管如此,此次会议仍使各族人民对民主有了初步认识,乌鲁木齐市的民主建政工作由此开启。

(一) 首届各代会的筹备工作

1949年12月1日,中共乌鲁木齐市委员会正式宣告成立,这是中国共产党的组织首次在新疆公开出现。① 为建设新的人民政权,中共乌鲁木齐市委书记饶正锡在市委、市政府主要干部参加的座谈会上强调,筹备建立各代会是当前的重要任务之一。② 17日,新疆省人民政府委员会和乌鲁木齐市人民政府成立,大会通过《新疆省人民政府委员会目前施政方针》,明确指出："召开各族各界人民代表会议是目前建政工作的中心环节。"③乌鲁木齐市对此开展了先行示范工作。25日,"市人民政府发出《关于召开迪化市各族各界人民代表会的决定》",提出"在中国共产党迪化市委员会的领带下,召开迪化市各族各界人民代表会议"。对此,新疆省人民政府极为重视,特指定饶正锡和省人民政府委员兼乌鲁木齐市市长屈武共同负责筹备召开各代会,并成立了筹备委员会。27日,在筹备委员会第一次会议上,饶正锡就筹备工作提出三项任务：宣传各代会的意义；民主方式选举代表；广泛搜集提案。④ 这样,首届各代会的筹备工作便正式开启。

首先,广泛地开展宣传动员工作,确保各族群众了解各代会的重要意义。对此,中共乌鲁木齐市委"组织干部分头深入到工厂、机关、学校,以至街道等基层,做广泛的群众工作。宣传中国共产党的政策,讲解召开人民代表大会的必要性和重要性",并特别强调了各代会的真民主与国民党反动派参议会的假民主有着

---

① 《中共迪化市委的成立》,《新疆日报》1949年12月11日。
② 《城市的接管与社会改造(乌鲁木齐卷)》,中共党史出版社,1997年,第568页。
③ 《把新疆民主建政工作提高一步》,《新疆日报》1950年11月21日。
④ 阿德江：《一九五〇年迪化市首届各族各界人民代表会议纪实》,《新疆历史研究》1986年第1期。

本质区别。① 但由于"从决定开会到正式开会，中间时间很短，没有来得及把会议的性质和任务，向全市各族各界人民普遍地说清楚"②。因此，宣传动员工作也存在不深、不透的现象。

其次，通过民主的方式选举各代会代表，确保各代会的公平、公正、民主。乌鲁木齐市"各公私营工厂的职工、工商界人士和学校、部队、机关、团体等单位纷纷召开各种形式的群众会议，以认真负责的态度选举自己单位参加会议的代表，到十二月二十九日前后，全市各族各界各行业的代表已基本选举产生"③。加上特邀代表和当然代表，全市18个界别共选举代表170人，最终到会145人。④

最后，广泛征集提案，倾听群众的呼声。1949年12月29日前后，"被选出的代表们深入群众征求意见，共搜集了有关市政建设、劳资问题、财政、经济、文化教育、公安司法、妇女、房屋、农民，以及对各机关的建议等各方面的提案二百多件"⑤。截至各代会召开前，首届各代会共征集提案846件，是历届各代会中征集提案最多的。⑥ 这也充分体现了各代会代表深入群众、为民办实事的职责使命。

（二）代表们民主参政的初步实践

在首届各代会上，代表们积极参加会议，体验了民主参政。

一方面，代表们针对会议的相关议题提出了意见。会上，饶正锡做了《关于迪化市今后工作任务的报告》，屈武做了《解放后三月来的市政工作报告》。听完报告后，全体代表分10个小组讨论，但发言者极少。对此，"会议主席团成员和中共迪化市委的各主要负责干部分头到各个小组，启发代表们发言"。此后，代表们相继发表意见，并对一些重要提案"发表了补充意见"⑦。这样，各代会通过代表的桥梁作用，初次实现了人民群众与政府的正面沟通，传递了各族群众的意见。

另一方面，代表们参与决策，初步感受到新生人民政权具有广泛的民主性。在会议主席团的启发和鼓励下，代表们对人民群众关心的问题展开了热烈讨论，初步形成了群众与政府间的互动关系。代表们对房租问题"发言特别热烈，共提

---

① 《解放战争时期国民党军起义投诚·陕甘宁青新地区》，解放军出版社，1995年，第471页。
② 《关于召开迪化市第二次各族各界人民代表会议宣传大纲》，《新疆日报》1950年4月4日。
③ 阿德江：《一九五〇年迪化市首届各族各界人民代表会议纪实》，《新疆历史研究》1986年第1期。
④ 《乌鲁木齐市志》第5卷，新疆人民出版社，1999年，第164页。
⑤ 阿德江：《一九五〇年迪化市首届各族各界人民代表会议纪实》，《新疆历史研究》1986年第1期。
⑥ 中共迪化市委员会：《迪化市第四届各族各界代表会议总结报告(1951年4月2日)》，乌鲁木齐市档案馆，档号：1-01-004。
⑦ 阿德江：《一九五〇年迪化市首届各族各界人民代表会议纪实》，《新疆历史研究》1986年第1期。

出十多种处理房租问题的办法"。与此同时,代表们积极支持政府发行5元、10元省币,并表示,将"向群众宣传人民政府为什么要扩大票面,消除某些人以旧的目的来衡量人民政府扩大票面的错误疑虑"①。此外,代表们还参与了民主决策和选举。例如,全体代表在讨论《关于迪化市今后工作任务的报告》后形成了以下5项决议:肃清匪特,巩固治安;废除保甲制度,建立人民政权;发展生产,厉行节约;接受新思想、改变旧作风;增进各民族间的团结。②又如,全体代表以无记名投票的方式选举出各代会协商委员会(以下简称"市协商委员会")主席、副主席及成员共20人,饶正锡为市协商委员会主席。市协商委员会是各代会的常设机构,在"动员各族各界人民贯彻历次会议决议,协助政府完成各个时期的中心任务"等方面做了大量工作。③

(三)代表及市协商委员会作用的发挥

饶正锡在首届各代会的闭幕式上指出:"全体代表回到不同的岗位上后,应广泛地宣传大会的精神,去发动群众贯彻大会的决议,始终与群众保持密切的联系,做一个名副其实的人民代表。"④对此,绝大部分代表能够认清"人民代表"的内涵,发挥了代表的宣传和示范作用。例如,电灯公司的会议代表龙家兴会后"很快地向全体职工宣传了大会决议,组织号召大家抓紧做工,特别是自己带头挑战竞赛"⑤。

作为各代会的常设机构,市协商委员会也协同各机关部门在会后做了大量工作。在基层政权建设方面,市协商委员会与市政府协商确定了废除保甲制度、建立人民政权的具体办法,完成了基层政权建设。在市政建设方面,以市协商委员会为主成立了筑堤工程委员会,"动员各界人士、殷实富户、各族市民出钱出力,自愿献工,不到60天完成4 965米的乌鲁木齐河防洪工程"⑥。在农业生产方面,市协商委员会组织和发动农民兴修水利,帮助解决缺乏耕地困难。这些成绩赢得了各族群众的认可,纷纷表示这是"过去三年甚至卅年都办不到的事,同时国民党反动派政府也不会去办这些事。因而对共产党和人民政府表示衷心拥护"⑦。在稳定治安方面,在市协商委员会的协助下,全市共"计登记特务四百八

---

① 《市代表会议胜利闭幕 民主选出人民代表会协商委员会》,《新疆日报》1950年1月13日。
② 《迪化市各族各界人民代表会议决议》,《新疆日报》1950年1月13日。
③ 《乌鲁木齐市志》第5卷,第164页。
④ 阿德江:《一九五〇年迪化市首届各族各界人民代表会议纪实》,《新疆历史研究》1986年第1期。
⑤ 《充分准备深入宣传认真选举代表 迪市二届代表会议揭幕》,《新疆日报》1950年4月13日。
⑥ 《乌鲁木齐市志》第5卷,第244页。
⑦ 《迪市二届代表会议上 发扬民主认真讨论批评》,《新疆日报》1950年4月17日。

十人",并"清除了青红帮会中的首恶分子……成立了群众性的治安小组"①。

虽然首届各代会在准备不足、宣传不够的情况下召开,但"也达到了传达市政方针、宣传政策、了解情况、建立联系的目的,并通过了劳军、购粮和推销公债等决议"②。首届各代会宣传了党和政府的方针政策,初步建立了政府与群众的沟通渠道,使各族人民第一次实现了真正意义上的当家做主。在参与会议过程中,人民群众增强了主人翁意识,民主参与热情、民主意识和民主觉悟得到了极大的提高。

二、以发展生产为主题:各代会的进一步发展

在首届各代会的基础上,第二届至第四届各代会的会前筹备、代表民主参政和会后作用发挥进入了常规化阶段,有力地推动了乌鲁木齐市民主建政工作的开展。

(一) 有序开展会前筹备工作

自第二届各代会开始,会前筹备工作便有序展开,在宣传动员、代表选举、提案征集等方面都较此前有了很大改进,并逐步走向规范化。

首先,会前的宣传动员工作更加广泛深入,使各族群众受到深刻的民主教育。1950年3月28日,市协商委员会召开第二届市各代会筹备会议,决定于4月12日召开第二届市各代会,并提出要"普遍深入地宣传代表会的意义",由秘书处制订宣传要点。③ 市协商委员会主席团专门拟定了详细的汉文、维文宣传大纲,对为何召开各代会、各代会的性质、代表的性质和产生以及如何开好各代会等进行了全面细致的解释。④ 为进一步做好宣传动员工作,4月1日,乌鲁木齐市召开"包括各个人民团体,各文化会负责人及伊斯兰教代表的扩大会议,由协商委员会主席饶正锡同志就召开人民代表会议的意义作专题报告"。此外,全市各人民团体、文化会、机关等都分别采用大会、黑板报、书报、街头墙报、广播电台、戏院、电影院、秧歌队等形式进行了广泛宣传。⑤ 第三届、第四届各代会的会前宣传动员工作也是在充分准备后有序开展。其中,第三届各代会于同年10月

---

① 《三月来市政建设获得成绩》,《新疆日报》1950年4月15日。
② 《城市的接管与社会改造(乌鲁木齐卷)》,第228~229页。
③ 《市代表会协商委员会决定定期召开二届市代会》,《新疆日报》1950年4月1日。
④ 《关于召开迪化市第二次各族各界人民代表会议宣传大纲》,《新疆日报》1950年4月1日。
⑤ 《充分准备深入宣传认真选举代表 迪市二届代表会议揭幕》,《新疆日报》1950年4月13日。

召开,自 8 月便开始筹备。① 第四届各代会于 1951 年 3 月 12 日召开,2 月便拟出宣传提纲,"结合建政、减租等工作展开广泛的宣传与征询群众意见"②。一系列宣传动员活动的开展,不仅增强了宣传效果,也积累了会前筹备的实践经验。

其次,重新选举代表,使代表更具广泛性和代表性。重新选举代表是各族人民对代表人选的检验,为民办事的代表被选出,反之则被淘汰。如电灯公司第一届各代会代表龙家兴能给大家办事,"结果连选连任"。第四区十乡农民代表马富贵不给群众办事,"便被群众开会撤销其代表资格"。自第二届各代会开始,选举代表比例便不断提高,体现了代表选举的民主原则。第二届各代会 187 名代表中有选举代表 151 人,约占代表总数的 80.75%。③ 第四届各代会共有选举代表 136 人,其中,3 名新闻界代表都是选举代表,7 名军队代表有 6 人是选举代表,6 名农民代表有 5 人是选举代表。④ 为增强代表的广泛性和代表性,代表名额根据大会主题,尽量照顾到各族各界代表。在第二届各代会的代表中,工商界代表由第一届的 16 人增加到 29 人,主要是因为此次会议侧重讨论发展生产、整理税收、修堤防洪等。⑤ 在第四届各代会的代表中,各民族代表占比更加均衡;各民主党派代表比重有所提升,由第二届各代会的 11 人、占全部代表的 6%增加到 18 人、占全部代表的 9%;女性代表占比不断提升,由第二届各代会的 12 人、占全部代表的 6%增加到 27 人、占全部代表的 14%。⑥ 代表选举的广泛性和代表性既全面照顾各族各界代表,也充分证明了新生人民政权代表最广大人民群众的根本利益。

最后,提案征集更加全面,更充分地反映了人民群众的需求。第二届各代会召开前将重新选举代表与提案征集结合起来,"先召集群众大会选举代表和召集代表会议,进行宣传,通过代表向群众宣传并搜集提案"⑦,既扩大了提案征集的范围,又提高了提案征集的效率。例如,第四区十乡的苏中杰当选代表后,"便马上召开群众会收集意见制订提案"⑧。第二届各代会共收到提案 475 件,最终合

---

① 鲍尔汗:《新疆省人民政府八个月工作概况及今后任务》,《新疆日报》1950 年 9 月 11 日。
② 中共中央新疆分局:《迪化市第四届各族各界代表会议总结报告(1951 年 4 月 5 日)》,乌鲁木齐市档案馆,档号:1-01-003。
③ 《充分准备深入宣传认真选举代表　迪市二届代表会议揭幕》,《新疆日报》1950 年 4 月 13 日。
④ 中共中央新疆分局:《迪化市第四届各族各界代表会议总结报告(1951 年 4 月 5 日)》,乌鲁木齐市档案馆,档号:1-01-003。
⑤ 《乌鲁木齐市志》第 5 卷,第 164 页。
⑥ 中共中央新疆分局:《迪化市第四届各族各界代表会议总结报告(1951 年 4 月 5 日)》,乌鲁木齐市档案馆,档号:1-01-003。
⑦ 《市代表会协商委员会决定定期召开二届市代会》,《新疆日报》1950 年 4 月 1 日。
⑧ 《充分准备深入宣传认真选举代表　迪市二届代表会议揭幕》,《新疆日报》1950 年 4 月 13 日。

并为 144 件,"一部分提交省人民政府核办,一部分分轻重缓急转交市人民政府采择施行,重要急办者即提交大会展开广泛讨论"①。会议依据提案,确定以"发展生产、繁荣经济,彻底肃清匪特反动势力、巩固社会治安"为中心议题。在第三届各代会上,代表共提案 486 件。② 其主要议题包括"调整工商业方面""讨论进行社会救济工作""讨论执行合理负担,完成征收公粮任务"等。③ 第四届各代会收到的提案较此前两届各代会更多,共计 515 件。这与"各族市民知识觉悟提高",对各项市政建设越发关心等有直接关系,如财经提案几乎占提案总数的 1/4。此次提案"绝大部分都与任务结合起来",人民意愿与政府任务逐渐达成一致,初步凸显了人民民主政权性质。④

(二) 代表们民主参政意识增强

随着广大群众的政治觉悟不断提高,选举代表的代表性日益增强,其自身的光荣感和使命感被激发,肩负起人民代表的职责。代表们积极参政议政,充分发扬民主,为乌鲁木齐市的建设和发展献计献策。

各代会上,代表们逐渐从个人光荣感、使命感发展到对新生人民政权的高度认同。第二届各代会维吾尔族妇女代表沙地马里克说:"人民政府所作的事都是为了各族人民的,同时男女也得平等,比如有好几位被选为街长,这就是事实。" 30 余位工人代表也表示:"共产党、人民政府就是老老实实,作什么就讲什么,作的事都是以人民利益为出发点,我们工人坚决拥护。"⑤第四届各代会代表再那甫罕说:"政府过去说要做的工作,今天都做了,所以我相信今天提出来的工作今后也一定可以完成,并且我下去我保证动员大家,帮助政府做好这些工作。"⑥在讨论 1951 年工作方针与任务的报告时,代表们认为这是在过去工作与当前人民迫切需要和具体情况的基础上提出的,一致表示拥护,并愿进一步团结各族人民,协助政府为彻底完成本年度的各项建设任务而努力。⑦ 可见,代表们参政议政的热情日益高涨,有力地推动了乌鲁木齐市的各项建设与发展。

---

① 《把会议的决议变为群众的实际利益 二届市代会胜利闭幕》,《新疆日报》1950 年 4 月 18 日。
② 《乌鲁木齐市志》第 5 卷,第 168 页。
③ 《迪市三届市代会将于十日揭幕》,《新疆日报》1950 年 10 月 7 日。
④ 中共迪化市委员会:《迪化市第四届各族各界代表会议总结报告(1951 年 4 月 2 日)》,乌鲁木齐市档案馆,档号:1-01-004。
⑤ 《迪市二届代表会议上 发扬民主认真讨论批评》,《新疆日报》1950 年 4 月 17 日。
⑥ 中共中央新疆分局:《迪化市第四届各族各界代表会议总结报告(1951 年 4 月 5 日)》,乌鲁木齐市档案馆,档号:1-01-003。
⑦ 中共迪化市委员会:《迪化市第四届各族各界代表会议总结报告(1951 年 4 月 2 日)》,乌鲁木齐市档案馆,档号:1-01-004。

与此同时，代表们积极履行监督职责，对政府的各项工作提出了意见和建议。在第二届各代会上，代表们对政府工作提出了改进意见，例如，"对特务破坏分子太宽大""对扶助劳工子弟入学注意不够"等。① 在第四届各代会上，代表们针对政府工作中存在的"对工会工作重视不够""整理摊贩工作不彻底"等问题提出了建议，并提出了进一步改进的方法。例如，在劳资关系问题方面，工人代表和工商业代表进行了深入交流，对具体问题进行了剖析。②

此外，代表们还积极献计献策，全身心地投身各项建设，共建全新的乌鲁木齐市。在第二届各代会上，农民代表韩保田、单耀中针对肃清匪特、巩固人民民主专政提出："要想肃清匪特，不能光依靠政府，人民应组织治安小组，实行检举，大家都动员起来，才能把特务破坏分子完全消灭。"维吾尔族妇女代表买思汉就发展生产表示："妇女要和男人平等，不要叫人小看，不要依靠男人，自己纺织生产，并应参加农业，下地做活。"工业界代表邵正兴就组织生产、经济核算、企业管理等提出："一定要建立合理的科学的制度，为减低成本，提高产量质量而努力。"③在讨论乌鲁木齐河防汛工程计划时，"全体代表认为这是有关全市市民生命安全的大事，均表示愿以有钱出钱有力出力的实际行动坚决支持"④。在第四届各代会上，代表们不仅要求积极参加生产，还提出了具体办法和工作目标。如工人代表提出要"开展生产竞赛"，农民代表则提出了"保证增产一成"⑤。由此可见，代表们参政议政的热情日益高涨，提议也更具可行性和建设性。

（三）代表及市协商委员会协助作用的有效发挥

随着各代会的不断召开，在人民群众的热切期盼和认真监督下，代表们在会后也能更好地履职尽责，宣传各项政策，发挥示范引领作用。例如，在第二届各代会召开后，在修筑乌鲁木齐河防汛工程时，"教联代表提出动员全市教职员及各中等以上同学献工一天，修理河防；妇女代表王秀恩提出有小孩的妇女交给老人去看，修筑防汛，妇女也去参加"⑥。"商界代表走奴木并当场拿出新币三千元，托尔逊托乎地亦拿出一千元，俾作政府防洪安民使用。"⑦由此可见，代表们

---

① 《迪市二届代表会议上发扬民主认真讨论批评》，《新疆日报》1950年4月17日。
② 中共中央新疆分局：《迪化市第四届各族各界代表会议总结报告（1951年4月5日）》，乌鲁木齐市档案馆，档号：1-01-003。
③ 《迪市二届代表会议上 发扬民主认真讨论批评》，《新疆日报》1950年4月17日。
④ 《把会议的决议变为群众的实际利益 二届市代会胜利闭幕》，《新疆日报》1950年4月18日。
⑤ 中共中央新疆分局：《迪化市第四届各族各界代表会议总结报告（1951年4月5日）》，乌鲁木齐市档案馆，档号：1-01-003。
⑥ 《把会议的决议变为群众的实际利益 二届市代会胜利闭幕》，《新疆日报》1950年4月18日。
⑦ 《迪市二届代表会议上 发扬民主认真讨论批评》，《新疆日报》1950年4月17日。

的先锋模范作用得到了有效发挥。1951年7月,中共中央新疆分局书记王震在五届一次各代会上也对人民代表的作用给予高度评价:"迪化市各族各界的先进人士在历届代表会议中被人民选举作他们自己信任的代表,受人民的委托,集思广益替人民办事,一年多以来发扬民主精神做了很多有益于国家人民的工作。"①

与此同时,市协商委员会也积极协助政府开展各项生产建设工作。为发展生产,第二届市协商委员会"协助市人民政府成立冬季生产委员会,组织冬季生产,救济失业工人"。为扶植私营企业、调整劳资关系,第二届各代会通过了《迪化市劳资关系暂行处理办法》《劳动争议解决程序暂行办法》《私营工商企业劳资双方订立集体合同暂行办法》。据此,市协商委员会"配合政府部门成立公私关系调整处理委员会,调处劳资关系,推动工商行业签订劳资集体合同或集体协议"②。通过各项协助工作,市协商委员会不但密切联系了各族群众,而且在人民群众中提高了党和政府的威信,有利于各项建设工作的进一步开展。

第二届至第四届各代会的探索与实践,既宣传了党和政府的各项方针政策,密切了与人民群众的联系,加强了民族团结,也为向人民代表大会过渡奠定了基础。

三、以巩固政权为主题:各代会的制度建成

1951年7月23日,五届一次各代会开幕,宣告"这次代表会议已由协助人民政府传达政策,联系群众的协议机关,变成为代表人民行使国家政权的权力机关"③。据此,各代会积极培育各族人民的主人翁意识,巩固了人民民主专政。

(一)深入开展会前筹备工作

根据中共乌鲁木齐市委会的建议,并经新疆省人民政府批准,第五届各代会"将代行人民代表大会的职权"④,因此,在会前筹备阶段进行了更加深入广泛的动员,民主选举代表的比例有了进一步的提升,提案更加规范,更切合会议主题,从而保证了会议的顺利召开。

首先,自上而下地组织了强大的宣传力量,深入各家各户开展广泛的宣传动员。1951年7月5日,第四届市协商委员会举行扩大会议,讨论第五届各代会

---

① 《王震同志在迪化市第五届第一次各族各界人民代表会议上的讲话》,《新疆日报》1951年7月28日。
② 《乌鲁木齐市志》第5卷,第244页。
③ 《城市的接管与社会改造(乌鲁木齐卷)》,第419页。
④ 《城市的接管与社会改造(乌鲁木齐卷)》,第419页。

的准备工作,并拟定了会议的宣传大纲,就"代行人民代表大会职权的人民代表会议与以往一般的人民代表大会在职权上有什么不同""这次会议代行人民代表大会职权的条件已经成熟"等问题进行了深入阐释。① 做好宣传动员工作,大批社会力量被充分地调动起来。例如,在第五届各代会召开前,各机关、团体便组织宣传队进行相关宣传工作,全市宣传员也对此进行了广泛宣传。② 第一区召开了"街代表以上五百人的干部会议,进行宣传动员"。第五区举行了区、街各级干部会议,又分别召开了青、妇、行政代表座谈会,学习宣传大纲,并"组织了三十三个宣传小组,利用座谈或拉话方式,深入群众,进行宣传"③。通过广泛深入的宣传动员,广大群众被组织发动起来,对会议的召开给予了充分支持。在五届一次各代会召开时,五区刘惠珍、万生莲两位老太太专程赶来向会议献花,她们说:"共产党来了,咱们的日子好过了,现在又叫人民自己的代表选举市长、副市长,这真是人民当了家、做了主人啦。"④ 显然,在广泛深入的动员下,各族群众的政治觉悟不断提高,主人翁意识确立起来了。

其次,民主选举代表的比例有了进一步提升,代表任期变长,有利于更好地履职尽责。自第五届各代会开始,代表按以下4种办法产生:直接选举、间接选举、特邀代表、当然代表,任期1年。⑤ 五届一次各代会前,在选民集中的地方召开了选民大会,学校、工厂、宗教界直接选举代表55人;在选民分散的地方召开选民代表会议,妇女、青年、工商业者、军属等间接选举代表108人。同时,民主选举代表增多也进一步增强了代表的广泛性。这是因为"经过四次各族各界人民代表会议的学习和锻炼,人民对于行使国家政权的经验大大丰富起来了,对于自己中间的代表人物更加熟悉了,这就使这次人民代表会议代表选举,有可能选出具有充分代表性的人物"⑥。五届一次各代会共产生191名代表,来自22个界别,其中选举代表占代表人数的85%以上。"政府、人民解放军和各党派代表比第四届减少11人,增加区域代表15人,军烈属代表3人和爱国民主人士3人,使会议的代表性更为广泛。"⑦五届一次各代会后,"市区两级人民代表会议的代表,各族各界直接选举和间接选举者达90%以上,由人民政府和协商委员会商

---

① 《迪化市第五届各族各界人民代表会议宣传大纲(1951年7月5日)》,乌鲁木齐市档案馆:1-01-031。
② 《迪化市定期召开五届人民代表会议　代行人民代表大会职权》,《新疆日报》1951年7月10日。
③ 《迪市各区人民相继选出代表　准备出席五届人民代表会议》,《新疆日报》1951年7月19日。
④ 《迪市五届各代会议开幕》,《新疆日报》1951年7月24日。
⑤ 《迪化市第五届各族各界人民代表会议宣传大纲(1951年7月5日)》,乌鲁木齐市档案馆:1-01-031。
⑥ 《城市的接管与社会改造(乌鲁木齐卷)》,第419~420页。
⑦ 《乌鲁木齐市志》第5卷,第165页。

定特邀的则不到10%,代表性极为广泛"①。民主选举代表比例以及代表任期变长,既显示了各代会的机制不断完善,也有利于代表更好地履职尽责。如第六区"当选的代表在会后即积极搜集群众意见和要求,库尔班代表不识字,就让自己的子女帮助搜集反映"②。

最后,提案征集更加规范、质量更高,与政府的施政纲领有较好的结合。为做好提案的征集工作,自第五届各代会后,市协商委员会专门设立提案工作委员会为常设机构,加强提案征集、整理工作,提案数量也因此逐年增加,质量不断提高。第五届各代会共召开6次代表会议,前5次搜集提案的数量分别为363件、296件、358件、407件、803件,由于第六次会议主要是拟订普选工作计划,主题任务较为单一,因此仅有179件提案。③ 与此同时,针对每次会议不同的主题,会前还开展了有针对性的提案征集工作,因此提案能紧密结合大会主题。与五届一次会议相比,五届二次会议征集的"提案质量提高了",296件提案中有276件都是与"当前任务结合起来的……集中反映了群众的要求和意见"④。五届三次会议在继续开展爱国增产节约的主题下,收到"开展学习和思想改造运动、禁烟禁毒、贯彻执行婚姻法以及改造基层政权等16项提案"。五届五次会议在实行普选和加强文教卫生事业主题下,"文教和卫生方面的提案增多"⑤。五届六次会议的主题是拟订普选工作计划,因此有160多件提案有关"普选、卫生、政府工作等"⑥。由此可见,提案日益规范化、质量不断提高,内容也与政府的施政纲领有很好的结合,反映了人民群众充分认识到自身的主人翁地位,政治觉悟不断提高。

(二) 代表们主人翁意识的提高

各代会期间,代表们充分发扬民主,对履职尽责有了更深刻的认识,民主选举人民政府,既提高了代表们的主人翁意识,也进一步夯实了人民民主政权的基础。

随着各代会愈发完善,代表们愈发强调自身的责任意识。为此,五届一次各代会的代表一致提出:"要以高度对人民负责的精神选好市长、副市长、委员。"其

---

① 《城市的接管与社会改造(乌鲁木齐卷)》,第344页。
② 《迪市各区人民相继选出代表》,《新疆日报》1951年7月19日。
③ 《乌鲁木齐市志》第5卷,第169~172页。
④ 中共迪化市委员会:《迪化市第五届第二次各族各界人民代表会议总结报告(1951年12月10日)》,乌鲁木齐市档案馆:1-01-032。
⑤ 《乌鲁木齐市志》第5卷,第171、172页。
⑥ 《迪化市召开五届六次各族各界人民代表会议通过全市普选工作计划》,《新疆日报》1953年9月5日。

中,工人代表王世铭等"表示以主人翁的态度"完成人民交给的光荣任务。① 与此同时,会议期间还组织代表参观现代工农业,使其看到幸福生活的远景,进一步增强他们的自信心和自豪感。如五届三次会议期间,代表们参观了纺织厂、汽车修理厂、钢铁厂、八一机耕农场等后一致表示:"坚决执行会议决议,在爱国增产节约的战线上取得更大的胜利!"②

在建言献策方面,代表们提出了更加切实可行的意见和建议。在五届一次各代会上,"各位代表在小组会上普遍地发表了意见"③。针对订立爱国公约问题,代表们提出:"应进行加强宣传教育,要做到'家家有公约,人人有计划',并要在八月份内对全市爱国公约进行一次普遍、深入的检查。"④为支援抗美援朝战争,农民代表提出,要"普遍订立爱国公约和增产计划,改良生产方法;加强变工队的组织,及时展开夏收,不使一颗粮食遭受损失;增加生产,完成捐献'农民号'大炮的任务";工商界代表提出,要"在改善经营、增加收入的基础上,于年底捐献飞机4架";文教界则提出,要"组织缝纫小组,增产捐献飞机大炮"。⑤ 在五届二次各代会上,代表们"不只是单纯地表示态度,而是进了一步。代表们都以实事求是的精神结合各界的具体情况作了详细的讨论,提出了具体的执行意见"⑥。在五届三次各代会上,针对增产节约问题,代表们结合乌鲁木齐实际情况提出了相关办法。其中,私营行业的店员工人代表提出:"我们要团结资方,搞好生产";工商业主代表提出:"改善经营,发展生产";其他如文教卫生、青年学生、区域代表等也提出了一些具体办法。⑦ 在五届六次各代会上,代表们围绕普选工作发表了自己的感想,提出了很多建设性意见。例如,工人代表提出,要按期完成生产任务,结合整顿劳动纪律和清产核资工作,搞好普选工作;农民代表则提出,要在普选前将爱国公粮全部入仓,要以整地积肥准备明年的大生产和搞副业的实际行动来迎接普选。⑧ 由此可见,代表们的建议将个人责任与政府各项工作紧密结合起来,更加符合实际。

五届一次各代会上,代表们选举出由市长饶正锡、副市长呼思恭和禹占林等25人组成的乌鲁木齐市人民政府。当选的市人民政府委员一致表示:"今后要

---

① 《迪市五届各代会议开幕》,《新疆日报》1951年7月24日。
② 《开展爱国增产节约运动》,《新疆日报》1952年6月15日。
③ 《协商委员会刘鹤主席致闭幕词全文》,《新疆日报》1951年7月29日。
④ 《市五届首次各代会闭幕》,《新疆日报》1951年7月29日。
⑤ 《乌鲁木齐市志》第5卷,第170页。
⑥ 中共迪化市委员会:《迪化市第五届第二次各族各界人民代表会议总结报告(1951年12月10日)》,乌鲁木齐市档案馆,档号:1-01-032。
⑦ 《开展爱国增产节约运动》,《新疆日报》1952年6月15日。
⑧ 《迪化市召开五届六次各族各界人民代表会议通过全市普选工作计划》,《新疆日报》1953年9月5日。

依靠各族各界人民的支持,全心全意地为人民服务,做一个人民的忠实勤务员,克服一切困难,为建设人民的新迪化而奋斗。"①为进一步巩固新生的人民政权,代表们开展了广泛认真的批评和自我批评。在五届二次各代会上,"批评展开了,这是以往会议中没有的或少有的";"提案中有关批评的就有十六件,在讨论会中又有二十七件批评发言,主要是对市府个别干部及部分行政代表的工作不负责任与违法乱纪行为,意见一般的都是正确的"。这些意见不仅增强了代表的政治参与度,也增强了他们对新生人民政权的政治认同。正如有代表所说:"咱们当了国家的主人,今后一定有话就说,并要协助政府监督公教人员。"②在五届三次各代会上,对于代表提出的批评意见,当事干部虚心接受并在会上做了检讨。③ 由此可见,代表们不仅广泛地发扬了民主,选举产生了新的乌鲁木齐市人民政府,而且还批评和纠正了个别干部中错误的思想作风,从而巩固了新生的人民民主政权。

(三) 各代会示范领导作用的发挥

各代会代行人民代表大会职权后,即由协商性质的机关转变为权力机关,积极领导全市各级单位进一步深化基层民主建政工作,以实际行动诠释了人民民主专政的性质。

在各代会的示范作用下,各区、乡组织召开代表会议,进一步深化了基层民主建政工作。1951 年 10 月 14 日,第一区区公署召开各族各界人民座谈会,成立区各代会筹备委员会,决定定期召开区各代会,并于月底召开了首届区各代会。④ 截至 1954 年 3 月,全市基层选举工作胜利结束,各区、乡都召开过首届人民代表大会,选出了区、乡人民政府委员和区、乡长,成立了新的区、乡人民政府。⑤ 区、乡各代会是比市各代会更为广泛的群众代表会议,进一步密切联系了群众,反映了人民呼声。在市各代会的示范效应下,区各代会也展开热烈的批评和自我批评,揭发了某些干部的官僚主义、命令主义和违法乱纪的行为,"仅二区被代表们提出批评的干部就有十五个,占全体干部的百分之六十(其中包括党

---

① 《市五届首次各代会闭幕》,《新疆日报》1951 年 7 月 29 日。
② 中共迪化市委员会:《迪化市第五届第二次各族各界人民代表会议总结报告(1951 年 12 月 10 日)》,乌鲁木齐市档案馆,档号:1-01-032。
③ 中共迪化市委员会:《迪化市第五届第三次各族各界人民代表会议总结报告(1952 年 6 月 25 日)》,乌鲁木齐市档案馆,档号:1-01-024。
④ 《迪化市第一区定期召开区各代会》,《新疆日报》1951 年 10 月 21 日。
⑤ 《乌鲁木齐市基层选举胜利结束》,《新疆日报》1954 年 3 月 14 日。

员、团员、区长至合作社售卖员)"①。不仅教育了各族群众,端正了干部的思想和行为,也深化了基层民主建政工作。

此外,各代会还发挥领导作用,动员和组织群众开展土地改革、基层普选,维护人民当家作主的地位,巩固了新生的人民政权。为彻底消灭封建剥削制度,五届四次各代会确定会议的中心议题是"布置市郊农业区土地改革及今冬的各项工作"②。在各代会的宣传和动员下,全民参与土地改革,从1952年10月15日至1953年11月土地改革完成,全市共没收、征收地主及富农土地181 644亩,收回工商业者和小土地出租者土地7 112亩,将其分给5 124户无地或地少的农民耕种。③五届六次各代会通过了全市普选工作计划,要求全市上下"大力动员与组织全市各族人民积极地参加这一运动",并在普选中"争取最高比例的选民参加选举,以进一步密切政府和人民群众的联系,巩固人民民主专政"④。1954年1月,乌鲁木齐市普选胜利完成。据统计,选民参选率一般在75%以上,最高的地区达到99.7%。根据《中华人民共和国全国人民代表大会及地方各级人民代表大会选举法》照顾少数民族的精神,"维吾尔族应选23人,实际选出26人;回族应选18人,实际选出23人;塔塔尔族应选1人,实际选出3人;蒙古族、锡伯族按人口比例不足选出代表,实际都选出1~2名代表"⑤。这些都体现了各代会的民主原则和民族平等精神,有利于维护人民当家作主的地位。

在此前的基础上,第五届各代会进一步充分发扬了民主,最终实现了各代会会议形式到制度性质的演进,使乌鲁木齐市的政治民主生活进入了一个新阶段。

综上所述,各代会的民主化进程既生动呈现了各族人民对民主的认知和理解,也诠释了党和政府对少数民族地区民主建政的实践与探索。首先,在各代会的民主实践与历练中,各族人民的政治觉悟不断提高,逐步树立起当家作主的民主意识。其次,各代会前一般都会召开各族各界座谈会,充分征询意见和建议,不断扩大乌鲁木齐市民族民主统一战线。再次,在各代会的协助和领导下,乌鲁木齐市建立和巩固了新生的人民政权,增强了各族人民的政治认同。实践证明,各代会的民主化进程不仅培育了人民的主人翁意识,而且奠定了人民代表大会制度的政治基础。此外,各代会还以丰富而生动的案例诠释了党的民族政策的优越性,增强了各族人民的国家认同。总之,各代会不仅为该市的发展进步奠定

---

① 中共迪化市委员会:《迪化市第五届第二次各族各界人民代表会议总结报告(1951年12月10日)》,乌鲁木齐市档案馆,档号:1-01-032。
② 《迪化市五届四次各代会开幕》,《新疆日报》1952年10月30日。
③ 《乌鲁木齐市志》第5卷,第16页。
④ 《迪化市召开五届六次各族各界人民代表会议通过全市普选工作计划》,《新疆日报》1953年9月5日。
⑤ 《乌鲁木齐市志》第5卷,第165页。

了基础,更为党和政府在新疆各地的民主建政提供了丰富的经验借鉴,发挥了示范引领作用。

(原文载于《当代中国史研究》2021年第5期)

现代文明的生发逻辑与
人类文明新形态的时代建构

张永刚*

当今世界正经历百年未有之大变局,确立人类社会发展方向、承继人类文明发展成果是世界各国面临的重大课题和共同挑战。中国共产党带领中国人民在长期的奋斗中,以高度的理论自觉和伟大的实践创造走出了一条中国式现代化道路,并使历史悠久的中华文明在现代化进程中开出新的"文明之花",创造了人类文明新形态。人类文明新形态是立足新时代对历史唯物主义视域中人类文明发展规律科学把握、对资本主义文明批判性反思的理论成果和实践创造,构成全面理解中国特色社会主义不可或缺的文明面向,为从人类文明发展层面把握中国特色社会主义建设成就和未来走向提供了重要视角。基于此,考察现代文明的生发逻辑及人类文明新形态的时代建构,必须回到马克思、恩格斯的经典文本,置诸唯物史观对人类文明演进之历史长河的理论研判中、中西文明交流互鉴的现实情境和动态体系中以及中国特色社会主义现代化道路的实践探索中,方能探微人类文明的发展规律与动力机制,解蔽资本主义文明隐而不显的内在悖谬,深刻把握中国特色社会主义文明发展的现实情境和本质遵循,为人类文明新形态的建构路径提供可资借鉴的科学遵循。

一、辩证的矛盾体:唯物史观视域中的"现代文明"

"文明"(civilisation)一词在18世纪上半叶还仅仅是一个法律术语,用于指称正义的行为或正义的审判,其现代含义"开化"最早出现于1752年法国政治家杜尔哥的作品之中。① 通过对马克思、恩格斯的文本考察,其中具有"文明人""文明形式""文明时代""文明传播""文明制度""文明程度""文明作用"等不同话语表述方式。就广义而言,历史唯物主义视域中的文明一词是指由物质生产、制

---

* 张永刚,现为华南师范大学马克思主义学院教授。
① 布罗代尔:《文明史纲》,肖昶、冯棠、张文英、王明毅译,广西师范大学出版社,2003年,第23页。

度设计、文化建设等多重要素构成的发展体系。习近平在庆祝中国共产党成立100周年大会上的讲话,立足于人类文明发展大势,将我国社会主义文明形态的内涵凝练为物质、政治、精神、社会、生态等"五位一体"的多维创造,丰富创新了"文明"一词的历史唯物主义内涵。除此之外,在马克思、恩格斯的文本中,文明还有一重狭义的概念界定,即用于表示与"野蛮"相对的意义,指称资本主义文明或现代生产力文明。如在《共产党宣言》中,马克思、恩格斯指出,西方资产阶级在开拓世界市场的历史进程中,"把一切民族甚至最野蛮的民族都卷到文明中来了"。"它使未开化和半开化的国家从属于文明的国家,使农民的民族从属于资产阶级的民族,使东方从属于西方。"① 无独有偶,马克思在《鸦片贸易史》一文中分别以野蛮与文明代指落后国家与发达国家,"半野蛮人坚持道德原则,而文明人却以自私自利的原则与之对抗"②。在此基础上,马克思、恩格斯对表征现代文明的资本主义文明展开猛烈批判和辩证分析,指认它实为野蛮与文明的"矛盾体",属于一个辩证的概念。

一是客观肯定资本主义文明的历史进步性。现代文明的诞生与资本主义的发展密切相关。早在《共产党宣言》中,马克思、恩格斯就提出"现代文明"这一术语,并认为相较于以往任何文明形态,资本主义文明达到了前所未有的历史成就。在生产力层面上,资本主义为物质生产注入强大活力。一如马克思、恩格斯的经典概括,"资产阶级在它的不到一百年的阶级统治中所创造的生产力,比过去一切世代创造的全部生产力还要多,还要大"③。人类文明的发展阶段与生产力水平密切相关,生产力是人类文明形态变革的关键推动力量,不同文明形态之间的差别"不在于生产什么,而在于怎样生产,用什么劳动资料生产"④。所以马克思晚期多次将"文明国家"与资本主义或生产力交替使用,比如在《资本论》手稿中阐释的,"在各文明国家中,不管工资怎样,要想得到工资,就必须劳动一段平均时间"⑤。这里的文明国家实际是指代资本主义国家。马克思又阐发道,"资本和劳动关系的这个方面正好是重要的文明因素,资本的历史的合理性就是以此为基础的,而且资本今天的力量也是以此为基础的"⑥。此处的文明亦可作资本主义解。在生产关系层面上,资本创造了世界市场,推动人的普遍交往,开创了人类社会世界历史化的进程。在《1857~1858 年经济学手稿》中,马克思将

---

① 《马克思恩格斯文集》第 2 卷,人民出版社,2009 年,第 35、36 页。
② 《马克思恩格斯文集》第 2 卷,第 632 页。
③ 《马克思恩格斯文集》第 2 卷,第 36 页。
④ 《马克思恩格斯文集》第 5 卷,人民出版社,2009 年,第 210 页。
⑤ 《马克思恩格斯全集》第 30 卷,人民出版社,1995 年,第 580 页。
⑥ 《马克思恩格斯全集》第 30 卷,第 247~248 页。

资本主义称为"伟大的文明",这种文明体现在,"它创造了这样一个社会阶段,与这个社会阶段相比,一切以前的社会阶段都只表现为人类的地方性发展和对自然的崇拜。只有在资本主义制度下自然界才真正是人的对象,真正是有用物"①。尤其对比以往的社会形态,更能显现出其无法比拟的优越性。"资本的文明面之一是,它榨取这种剩余劳动的方式和条件,同以前的奴隶制、农奴制等形式相比,都更有利于生产力的发展,有利于社会关系的发展,有利于更高级的新形态的各种要素的创造。"②在此基础上,资本主义文明唤醒人的自我意识,推动人的自我解放和发展。"每一个单个人的解放的程度是与历史完全转变为世界历史的程度一致的。至于个人在精神上的现实丰富性完全取决于他的现实关系的丰富性。"③正是在这个意义上,马克思写道:"工业的历史和工业的已经生成的对象性的存在,是一本打开了的关于人的本质力量的书。"④

二是辩证审视资本主义文明内在的对抗性与局限性。不管是工业文明时期还是当代智能文明(又有称后工业文明、信息文明等)时期,资本主义文明从根本上都是"物"的文明。早在《1844年经济学哲学手稿》中,马克思就明确指出,在资本主义统治之下,现代文明包含严重的异化,呈现为一种"粗陋野蛮的文明"。在《神圣家族》中,他还使用"文明中的野蛮"一词对资本主义文明予以无情揭露和猛烈批判。而在后期的作品中,马克思则是使用大量丰富而生动的词汇将资本主义文明的虚伪性和对抗性予以极致的揭露,诸如"文明灾祸"⑤"文明的和精巧的剥削手段"⑥"文明贩子"⑦等。在为《纽约每日论坛报》撰写的两篇关于印度的评论《不列颠在印度的统治》和《不列颠在印度统治的未来结果》中,马克思借助殖民地对资本主义文明的野蛮面进行了赤裸裸的揭露,"当我们把目光从资产阶级文明的故乡转向殖民地的时候,资产阶级文明的极端伪善和它的野蛮本性就赤裸裸地呈现在我们面前,它在故乡还装出一副体面的样子,而在殖民地它就丝毫不加掩饰了"⑧。这种对抗性和野蛮性突出表现在文明进步与人的发展的悖反关系,从而马克思指出必须由无产阶级掌握文明果实,方能保证社会"文明面"的持存。可以说,"迄今为止的一切文明和社会发展都是以这种对抗为基础

---

① 《马克思恩格斯文集》第8卷,人民出版社,2009年,第90页。
② 《马克思恩格斯文集》第7卷,人民出版社,2009年,第927—928页。
③ 《马克思恩格斯文集》第1卷,人民出版社,2009年,第541页。
④ 《马克思恩格斯文集》第1卷,第192页。
⑤ 《马克思恩格斯全集》第21卷,人民出版社,2003年,第442页。
⑥ 《马克思恩格斯文集》第5卷,第422页。
⑦ 《马克思恩格斯文集》第2卷,第626页。
⑧ 《马克思恩格斯文集》第2卷,第690页。

的"①。恰恰是由于这种对抗性,"文明的一切进步,或者换句话说,社会生产力的一切增长,也可以说劳动本身的生产力的一切增长,如科学、发明、劳动的分工和结合、交通工具的改善、世界市场的开辟、机器等等所产生的结果,都不会使工人致富,而只会使资本致富;也就是只会使支配劳动的权力更加增大;只会使资本的生产力增长"②。甚为明显,资本主义在生产力层面克服了自然的局限性,却使人类社会发展陷入自身的悖论性。而且这种局限与束缚从资本主义文明开始时即已存在,所谓被解放的群体却被剥夺一切生产资料沦为"自身的出卖者","对他们的这种剥夺的历史是用血和火的文字载入人类编年史的"③。这种矛盾性一经生成,就导致进步过程"使人感到从一开始就是一种退化,一种离开古代氏族社会的纯朴道德高峰的堕落的势力所打破的。最卑下的利益——无耻的贪欲、狂暴的享受、卑劣的名利欲、对公共财产的自私自利的掠夺——揭开了新的、文明的阶级社会"④。也正是由于这种对抗性的存在,致使整个社会呈现出一系列难以调和的悖谬,继而导致"文明的进步只会增大支配劳动的客体的权力"⑤,其根本原因在于资本主义"文明时代的基础是一个阶级对另一个阶级的剥削,所以它的全部发展都是在经常的矛盾中进行的"⑥。

由此可见,现代文明虽然肇始于西方资本主义,人类文明深深打上了资本的烙印,西方文明构成人类文明的基本底色,甚至可以说,世界历史在一定意义上就是西方文明超越地理边界而获得普遍性的历史。然而,西方现代文明并不构成唯一的文明发展道路,更不构成世界丰富多彩的文明形态中至尊的文明模板。虽然资本主义现代文明代表了人类社会发展的必然环节,具有自身的先进属性,然而马克思对于资本文明中消极方面目光如椽地揭露与阐发说明作为世界历史初始阶段的全球化迥非单纯意味着资本主义文明的全球化,而是必须通过全球化与本土化的双重互动思考人类文明的多样性与交流互鉴,在规律与现实情境的契合点上推动文明形态的重塑和创造,绝非简单地断言文明的替代关系。全面审视资本主义文明的积极面相与消极面相,恰恰是把握资本主义文明发展奥秘的关键所在。对此,学界亦有学者阐释指出,全面把握人类文明新形态,必须深刻理解作为"现代文明"的资本主义文明本身的对抗根源,辩证把握资本既是促进文明进步的积极力量,又"像高利贷一样"阻碍甚至破坏文明的发展,这一观

---

① 《马克思恩格斯全集》第32卷,人民出版社,1998年,第214页。
② 《马克思恩格斯全集》第30卷,第267页。
③ 《马克思恩格斯全集》第44卷,人民出版社,2001年,第822页。
④ 《马克思恩格斯全集》第28卷,人民出版社,2018年,第118页。
⑤ 《马克思恩格斯全集》第30卷,第267页。
⑥ 《马克思恩格斯全集》第28卷,第206页。

点不仅构成理解资本主义文明悖论的理论基石,而且决定了资本主义文明被新的文明形态所取代的发展趋势。①

二、文明及其超越:人类文明跃迁的双重动力

作为前述阐发的逻辑后承必然会产生相关疑问:既然资本主义文明存有上述内在缺陷,那么人们能否自由跳过或选择某一文明形态呢?事实上,马克思在写于1846年致帕维尔·瓦西里耶维奇·安年科夫的书信中便明确指出,"人们能否自由选择某一社会形式呢?决不能。在人们的生产力发展的一定状况下,就会有一定的交换[commerce]和消费形式。在生产、交换和消费发展的一定阶段上,就会有相应的社会制度、相应的家庭、等级或阶级组织,一句话,就会有相应的市民社会"②。可见,马克思主义的文明观并不是将资本主义开创的现代文明类型完全排除在外的抽象理论范式,而是深刻镶嵌在对资本主义文明批判性扬弃的现实基础上,探骊得珠地创造性阐发人类文明形态演进与跃迁规律,并将资产阶级文明视为人类文明辩证发展的必然环节。

确切地说,虽然在马克思、恩格斯生活的年代现代性话语尚未流行,但现代性问题已然凸显。按照亨廷顿的观点,历史总是上演文明终结的戏码,原因就在于一种文明在鼎盛时期的认知偏差。相应地,资本主义文明在历史上取得了伟大的文明成就,然而它并非人类文明的终极或唯一形态,其本身充满无法调和的内在矛盾与对抗性悖论,呈现出历史上的支配地位与现实中的衰落样态两幅迥然相异的画面。③马克思在《政治经济学批判(1857~1858年手稿)》中已然阐释了这一问题,"在资本的简单概念中必然自在地包含着资本的文明化趋势等等,这种趋势并非像迄今为止的经济学著作中所说的那样,只表现为外部的结果。同样必须指出,在资本的简单概念中已经潜在地包含着以后才暴露出来的那些矛盾"④。马克思、恩格斯正是在对资本主义文明进行剖析的基础上,对人类社会的发展规律展开探索,并论证了人类文明的发展动力及其运演规律。文明形态的更替具有历史展开的必然性,而不同文明之间交替的动力规律构成马克思、恩格斯晚年面对的最为棘手的理论难题之一,这也成为其后西方马克思主义发

---

① 黄广友、韩学亮:《中国式现代化道路与人类文明新形态的生成——基于马克思恩格斯文明理论的分析》,《山东大学学报(哲学社会科学版)》2022年第3期。
② 《马克思恩格斯全集》第47卷,人民出版社,2004年,第440页。
③ 塞缪尔·亨廷顿:《文明的冲突与世界秩序的重建》,周琪、刘绯、张立平、王圆译,新华出版社,2010年,第61~62页。
④ 《马克思恩格斯文集》第8卷,第95~96页。

展的重大理论延展维度。根据马克思、恩格斯关于社会发展规律的论述及其晚年对东方社会跨越"卡夫丁峡谷"问题的阐发,可以发现历史唯物主义视域中文明的发展具有两大基本动力。

第一,矛盾动力。在人类文明发展的原初动力系统中,生产力的发展及其促成发生的生产关系的飞跃,构成文明跃进的基本结构性力量,进言之,物质文明在文明的不同内在性面向中具有基础性地位。在此意义上,历史的发源地不是游浮于"天上的迷蒙的云兴雾聚之外",而是扎根"地上的粗糙的物质生产"①。《神圣家族》中的这一表述可视为马克思对物质文明在历史发展中基础性地位的初步判定。而在对东方社会的分析阐发中,马克思将"不存在土地私有制"视为洞悉东方文明的"一把钥匙",并据此物质生产方式将印度的开化程度定位为"半野蛮半文明"。又如,马克思指称,"文明的进步,通常都与生产食品所需要的劳动和费用的减少成相等的比例"②。甚为明显,马克思将物质生产状况视为人类文明更替的标志性力量,而在社会发展的结构性矛盾动力中,作为第一性的生产力从根本上决定着社会的发展模式与文明样态,如同马克思、恩格斯在《德意志意识形态》中阐释的,无论人们的共同活动是在什么条件下、用什么方式和为了什么目的而进行,"一定的生产方式或一定的工业阶段始终是与一定的共同活动方式或一定的社会阶段联系着的,而这种共同活动方式本身就是'生产力'"③。毕竟而言,"物质生活的生产方式制约着整个社会生活、政治生活和精神生活的过程"④。

在此基础上,马克思进一步指出,文明时代一开始,物质生产就建立在阶级对抗与矛盾之上,"没有对抗就没有进步。这是文明直到今天所遵循的规律"⑤。其理论缘由在于,"由于文明时代的基础是一个阶级对另一个阶级的剥削,所以它的全部发展都是在经常的矛盾中进行的"⑥。也正是生产力与生产关系的结构性矛盾,使得人类社会在不断发展中呈现出不同的文明样态,无论是经典文本中的"三形态说"或是"五形态说",都是基于时间维度从不同层次体现出人类文明演进的发展阶段。正如有学者所指出的,人类文明演进的对抗性与悖论性,决定着我们必须辩证把握文明发展趋势,正确看到每一文明成果的两重性及其实

---

① 《马克思恩格斯文集》第1卷,第351页。
② 《马克思恩格斯全集》第12卷,人民出版社,1998年,第354页。
③ 《马克思恩格斯文集》第1卷,第532~533页。
④ 《马克思恩格斯文集》第2卷,第591页。
⑤ 《马克思恩格斯全集》第4卷,人民出版社,1958年,第104页。
⑥ 《马克思恩格斯文集》第4卷,人民出版社,2009年,第196~197页。

质。① 由此,马克思关于社会基本矛盾的判断在今天仍有其现实指导意义,尤其结合中国式现代化新道路不断通过改革力量推进人类文明新形态的建构来理解更显深刻。因此,学界也有观点指出,中国特色的文明史研究要摆脱西方文明史研究范式与方法影响,坚持依据生产力的发展水平来阐释文明体之间交往关系的演变。② 这实际上为我们从理论向度辩证审视人类文明发展规律,以及从实践维度正确评判基于中国式现代化新道路的人类文明新形态提供了基本依据。

第二,交流动力。罗素曾言,"以往的历史表明,不同文化的接触往往能够成为人类历史进程上的里程碑"③。按照马克思、恩格斯在《德意志意识形态》中明确阐释的,"一切历史冲突都根源于生产力和交往形式之间的矛盾。此外,不一定非要等到这种矛盾在某一国家发展到极端尖锐的地步,才导致这个国家内发生冲突。由于广泛的国际交往所引起的同工业比较发达的国家的竞争,就足以使工业比较不发达的国家内产生类似的矛盾"④。从民族文明到世界文明的历史进程,亦是资本主义文明对"野蛮"区域产生颠覆性文明影响的过程,其中包括生活状况、社会结构以及制度安排等。一方面,交流贸易具有传播文明的重要作用。在《〈政治经济学批判 第一分册〉初稿片段》中,马克思更是明确指出,"最初,[对生产的]影响较多地来自物质方面。需求的范围不断扩大;目的是满足新的需要,因此生产就更有规则性并且扩大了。本地生产的组织本身已经被流通和交换价值改变了;但是流通和交换价值还没有触及生产的全部广度和深度。这就是所谓对外贸易的传播文明的作用"⑤。伴随商业交流与贸易来往不断深入,科学技术、交通运输等多方面交流与影响也更加明显,比如恩格斯在《英国状况》中分析伴随文明推进、受文明推进的英格兰与威尔士也影响到"住着半开化、好抢劫的居民"的爱尔兰。"这样一来,国内那些从前一直和整个世界隔绝的偏僻地区……不得不因此而去了解外部世界,并接受强加于它们的文明。"⑥所以,资本主义文明"首次开创了世界历史,因为它使每个文明国家以及这些国家中的每一个人的需要的满足都依赖于整个世界,因为它消灭了各国以往自然形成的闭关自守的状态"⑦。另一方面,国家之间的战争也会客观促进文明的演进。马克思、恩格斯在《德意志意识形态》中阐释唯物史观时明确指出,"征服这一事实

---

① 侯惠勤:《论人类文明新形态》,《陕西师范大学学报(哲学社会科学版)》2022年第2期。
② 吴英:《以唯物史观为指导书写具有中国特色的文明史》,《史学理论研究》2022年第1期。
③ 罗素:《罗素论中西文化》,杨发庭等译,北京出版社,2010年,第79页。
④ 《马克思恩格斯文集》第1卷,第567~568页。
⑤ 《马克思恩格斯全集》第31卷,人民出版社,1998年,第369页。
⑥ 《马克思恩格斯文集》第1卷,第104页。
⑦ 《马克思恩格斯文集》第1卷,第566页。

看起来好像是同整个这种历史观矛盾的。到目前为止,暴力、战争、掠夺、抢劫等等被看做是历史的动力"①。战争成为一种特殊的"交往形式",即便如中国这样古老的文明,也被英国的印花布"带到了一场必将对文明产生极其重要结果的社会变革的前夕"②。恩格斯在《反杜林论》"暴力论"篇中明确指出:"由比较野蛮的民族进行的每一次征服,不言而喻,都阻碍了经济的发展,摧毁了大批的生产力。但是在长时期的征服中,比较野蛮的征服者,在绝大多数情况下,都不得不适应由于征服而面临的比较高的'经济情况';他们为被征服者所同化,而且多半甚至不得不采用被征服者的语言。"③正是在这种无法抗拒的历史进程中,扩大的全球交往使得"文明开始生根,贸易获得增长,新的思想产生"④。不难发现,基于世界历史的眼光,交流是文明发展乃至跃迁的重要推动力量。任何一种文明都是流动的、开放的,这是文明传播和发展的重要规律,人类文明发展是在差异中寻求交流互鉴的演进过程,文明形态的生成是在对矛盾范畴扬弃基础上更高程度的统一。⑤在交流动力的推动影响下,人类文明在横向维度上呈现出从民族文明向世界文明发展、从区域文明向全球文明演进的总体趋向。正因如此,习近平2018年6月10日在上海合作组织成员国元首理事会第十八次会议上指出,"尽管文明冲突、文明优越等论调不时沉渣泛起,但文明多样性是人类进步的不竭动力,不同文明交流互鉴是各国人民共同愿望"⑥。

  由此,马克思在对资本主义文明病症的解剖之上,基于矛盾动力与交流动力,揭示出人类文明发展的三重趋向:资本主义文明呈现出向社会主义和共产主义文明发展的趋向,地域文明与民族文明呈现出走向世界历史的发展趋向,被奴役被支配的个体呈现出向自由解放的文明发展趋向。由此断言,中国特色社会主义文明形态的建构至少包括三重基础,即基于理论自信对历史唯物主义视域中人类文明发展规律的深刻把握,基于世界历史眼光对资本主义文明最新成果的积极吸收,基于道路自信对中国特色社会主义现代化建设的科学研判。在此基础上,人类文明新形态敞开了一种不同于西方现代资本主义文明的思想空间与实践样态,在百年未有之大变局的时代情境中开出了"新"的中国特色社会主义"文明之花"。

---

① 《马克思恩格斯文集》第1卷,第577页。
② 《马克思恩格斯全集》第10卷,人民出版社,1998年,第277页。
③ 《马克思恩格斯文集》第9卷,人民出版社,2009年,第191页。
④ 《马克思恩格斯全集》第12卷,人民出版社,1998年,第12页。
⑤ 孙代尧:《论中国式现代化新道路与人类文明新形态》,《北京大学学报(哲学社会科学版)》2021年第5期。
⑥ 习近平:《弘扬"上海精神"构建命运共同体——在上海合作组织成员国元首理事会第十八次会议上的讲话》,人民出版社,2018年,第3页。

三、人类文明新形态：中国特色社会主义的文明建构

布罗代尔在《文明史纲》中指出，文明的历史是历经几个世纪之久的提炼集体性格的过程。① 文明是具有区域性的长期的存续与流变过程的结果，也因此，国家和族群构成考察文明演变的基本单元。世界上的不同国家在建设文明形态方面都有不同的探索和成就，表现出各自的民族特色和国家特点。基于人类文明的发展规律及其动力机制，中国特色社会主义文明形态的建构至少包括三重路径沿循：第一，基于人类文明演进规律与发展方向，辩证审视并超越现代资本主义文明，牢牢把握人类文明新形态的社会主义性质不动摇；第二，基于文明交流动力，坚持世界历史眼光，秉持交流互鉴的基本立场，借鉴吸收资本主义文明的有益成果；第三，基于结构性矛盾动力，积极发展现代智能文明，推动智能文明与中华优秀传统文化有机对接与深度融合。

第一，坚持人类文明新形态的社会主义性质。社会形态是人类文明形态的制度空间，没有社会主义制度的确立，没有中国特色社会主义及其新时代的开创，也就没有人类文明新形态的发展和创造。根据历史唯物主义的致思逻辑，资本主义文明究其根本是一种"物"的文明而非人的文明，甚至表现为一种"文明暴行"，一如马克思在《资本论》中所写的，"一方面，它表现为社会的经济形成过程中的历史进步和必要的发展因素，另一方面，它表现为文明的和精巧的剥削手段"②。尽管马克思并没有给社会主义文明以直接的图景描绘，但已然廓清了总体思路和基本框架，所以只有将人类文明新形态置于现实道路的实践路径中，才能总体上把握其发展方向。习近平对人类文明新形态的重要论述是立足理论逻辑与实践逻辑的双重统一，对历史唯物主义的理论承继与实践推进，这也就决定了必须在推进马克思主义中国化的理论自觉和中国现代化道路的实践开拓中深刻把握和不断丰富人类文明新形态的实质意蕴。基于此，具有中国特色的社会主义文明形态首先必然是对资本主义物的文明的扬弃与超越，是在中国式现代化道路中不断发展的人类文明新形态，即中国特色社会主义的文明建构必然是社会主义性质的文明而不是其他什么文明，是优于资本主义现代文明的新型文明样态。

人类文明新形态以中国特色社会主义道路为基本前提和根本道路，坚持马克思主义的文明观，以物质文明、政治文明、精神文明、社会文明、生态文明"五大

---

① 布罗代尔：《文明史纲》，肖昶等译，第 51 页。
② 《马克思恩格斯文集》第 5 卷，第 422 页。

文明"范畴为相互联系、互为一体的整体性内容。可以说,中国特色的社会主义文明形态是中华人民共和国成立70多年以来,尤其改革开放40多年以来,中国人民通过不断对社会主义建设模式的艰辛探索而逐渐形成的一种文明形态。物质文明在一切文明范畴中居于基础性地位,"自然没有制造出任何机器,没有制造出机车、铁路、电报、走锭精纺机等等。他们是人类劳动的产物"①。人类劳动创造出一切物质文明成果,精神文明、政治文明等文明范畴在此基础上形成和发展。中国作为世界性的大国,取得了举世瞩目的建设成就,物质文明的基础性地位决定了中国特色社会主义现代化建设的伟大成就必然产生文明重构效应。然而,物质文明并不是文明的唯一形态,精神文明必须注入优秀传统文化的思想元素。必须坚持传统文化的创造性发展、创新性转化。正如汤因比指出的,"根据历史上类似的发展情况看,西方目前的优势很有可能被一种混合而统一的文化所取代,那么西方的活力就很有可能与中国的稳定恰当地结合起来,从而产生一种适用于全人类的生活方式——这种方式将不仅使人类得以继续生存,而且还能保证人类的幸福安宁"②。社会文明与政治文明必须坚持人的主体性地位,人民至上的文明形态。资本主义文明是人的主体性消解的文明,是机器文明碾压人的存在的文明。对于生态文明,马克思曾指出,"文明和产业的整个发展,对森林的破坏从来就起很大的作用"③。社会主义文明新形态必然是以人为本的社会逻辑对以物为本的资本逻辑的超越。中国特色社会主义现代化的创新性实践和伟大历史成就,显露着人类文明发展走向的端倪,在世界上高高举起了中国特色社会主义的时代大旗。

第二,积极吸收资本主义文明的有益成果。马克思晚年对东方社会"跨越卡夫丁峡谷"的肯定性探索是对世界历史理论的重大发展,奠定了世界文明发展图式的重要遵循。根据历史唯物主义的文明观,文明演进呈现出基于地域发展差异的不平衡规律,故此,在世界历史的视域内,社会主义应当并且可以吸收资本主义的最新成果。在这个意义上可以说,马克思的世界历史理论实际指向了一种文明的建构范式,而这恰恰为我们的社会发展道路和文明演进模式提供了可资借鉴的资源模式。对此,有学者明确阐释,当人类历史转变为世界历史,才真正有了普遍意义上的人类文明,所以我们需要建构基于普遍共识的人类文明,就必然超越任何一个地区或国家视角的文明观。④纵观人类历史发展也可看到,历史从野蛮到文明、从低级到高级的纵向发展制约着它从部落到国家、从分散的

---

① 《马克思恩格斯全集》第46卷(下),人民出版社,1980年,第219页。
② 汤因比:《历史研究》,刘北成、郭小凌译,上海人民出版社,2005年,第393页。
③ 《马克思恩格斯文集》第6卷,人民出版社,2009年,第272页。
④ 陈曙光:《世界大变局与人类文明的重建》,《哲学研究》2022年第3期。

各地区到连接为一体的世界的横向的发展。而横向的发展又对纵向的发展发挥反作用力,如若一个地区缺少与其他地区的横向联系,其文明的纵向发展也必然迟滞。如美洲的玛雅文明,由于缺少与世界历史视域内纵向发展相适应的横向发展,长期停滞而并未达到高一级的社会阶段。[①]

人类文明新形态作为人类文明发展的最新形式,遵循人类文明发展的普遍规律和一般特点,内在地要求借鉴吸收继而超越现代资本主义文明,结合时代境遇走出一条新的文明道路。可以说,"作为全球共同信仰的人类文明,本质上说不应该是某种单一文明的世界化,而应该是不同国家文明的调和"[②]。资本主义文明即是将资本运作逻辑延展至社会生活各层面的文明形态,这决定了资本主义文明必然具有内在的对抗性与难以克服的基本矛盾,呈现为资本主义作为一种文明形态的诸多弊端。然而,如马克思所说,资本主义同时创造了"伟大的文明",以前所未有的速度推动了人类生产力发展水平的进步和文明样态的跃迁,使得人类历史向世界历史转变,丰富了人的发展维度与交往范式,奠定了向更先进文明发展的基础。人类文明新形态不是孤立的、与世隔绝而自在创生的,而是在与世界不同文明包括资本主义文明密切联系与耦合中开出的文明之花,在借鉴吸收资本主义文明先进成果的基础上,实现在人与自然和谐共生、物质文明与精神文明协调发展、推动构建人类命运共同体等多重维度对现代资本主义文明的超越和扬弃,实现文明发展从资本的对抗性逻辑向建设性逻辑的转变。

第三,推动现代智能文明与中华优秀传统文化有机对接。文明演进呈现由低到高的发展规律。马克思通过对东方与西方不同文明形态的发展考察得出,人类文明发展线索根据不同的分类样式划分为不同的阶段。根据生产力的发展,可以划分为采猎文明、农业文明和工业文明;根据生产关系情况,划分为古代社会、封建社会、资本主义社会和未来共产主义社会;根据人的解放程度,划分为人的依赖阶段、物的依赖阶段和自由发展阶段。文明是人类物质生产活动的产物,受到物质发展水平的影响和制约,有什么水平的物质生产,就有什么阶段的文明形态。这一规律为人类文明的发展提供了基本的未来指向,渐进性地呈现出从蒙昧到先进、由野蛮到文明的规律性态势。"人为的加速发展和借助半野蛮的手段保持堂皇的文明外观所作的巨大努力,看来已经使这个民族精疲力竭,使它害上了类似肺痨的病症。"[③]可见,发展文明形态必须牢牢扎根于本国文化传统和具体实际,任何不顾现实限制的加速或拔高行为,都只会适得其反。中华文

[①] 吕世荣:《马克思社会发展理论研究》,中国社会科学出版社,2001年,第215~216页。
[②] 陈曙光:《世界大变局与人类文明的重建》,《哲学研究》2022年第3期。
[③] 《马克思恩格斯全集》第14卷,人民出版社,2013年,第9页。

明博大精深、源远流长,作为更深沉更持久的力量,走过了不同于世界其他文明体的发展历程,决定了人类文明新形态的传统路向。目前,学界较多地从传统文化角度阐发人类文明新形态的文化根基,构成立足民族基因把握文明发展根基的重要维度。人类文明新形态必须尊崇历史,确立历史思维,传承中华优秀传统文化。

当然,也要看到,传统文明只有与现代智能文明融合中,才能实现自身的创造性转化与创新性发展。人类文明新形态的提出是中国特色社会主义进入新时代的产物,其朝向成熟样态的演进必然建立在生产力发展的基础之上,在当代集中体现为第四次工业革命及其所衍生的现代智能文明,是中华传统文化与现代智能文明有机融合的产物。对此,习近平提出,必须强力推进科技自立自强。应当看到,资本主义文明囿于资本逻辑的主导,在解辖域化的同时,也在某种程度上再辖域化,从而成为技术进步的阻碍力量。[①] 当代左翼加速主义的这一分析应当说与马克思政治经济学的论证实现了某种吻合。在《资本论》中马克思对资本主义技术发展的限制因素进行了诸多论证,包括对无形磨损的忌惮、危机造成的生产力浪费等,均构成资本在加速增殖之外的阻滞力量。而中国特色社会主义对人工智能等现代技术的发展是在控制资本力量基础上的发展,这也在某种程度上解释了中国科技创新的快速发展,也决定了中国特色的人类文明新形态既高度重视传统文化的创造性转化和创新性发展,又主动面向人类智能文明的发展;既来源于历史,又从根本上面向未来。

四、结　语

当今世界正处于百年未有之大变局,基于世界历史的眼光深刻洞察人类文明发展的地域不平衡规律,积极参与全球化进程,正是不同文明间的共存、交往和相互影响,构成一种文明形态发展自身的必然选择。在全球化背景下,不同文明形态的链接和交流说明人类文明的繁荣发展必然建立在对多元文明共生共荣、相互借鉴的基础上,超越资本主义内部及其在世界范围内显扬的两极对立思想,尊重各国立身于自身的文化传统、制度探索追求符合自身实际和文化传统的文明形态,构成人类文明新形态的世界交流范式维度。不同于世界主要资本主义国家立足西方中心主义,着力推动以民主、自由为内核的普世文明,社会主义

[①] Alex Williams & Nick Srnicek, "Accelerate: Manifesto for an Accelerationist Politics", in Robin Mackey & Armen Avanessian (eds.), *Accelerate: Accelerationist Readers*, Windsor Quarry: Urbanomic, 2014, p. 354.

人类文明新形态坚持世界历史的眼光,尊重不同文明的内在发展规律,并积极推动构建人类命运共同体,从多元共生的人类文明视角促进不同文明交流互鉴、相得益彰。在这个意义上,中国特色社会主义所开创的人类文明新形态不仅仅是中国的文明新形态,而且是人类的文明新形态。

(原载《江苏社会科学》2022年第5期)

从藤原京到平城京：
日本古代都城形制的演进过程研究

张 伟*

围绕日本古代都城藤原京、平城京的设计理念与中国都城的源流关系，中、日两国学界早有探讨，主要观点如下：日本古代都城基本上是参考了唐长安城制度[1]；日本古代都城既参考了唐长安制度又参考了唐洛阳制度，而非单纯模仿唐长安城[2]；日本古代都城的模仿对象并非唐长安城、洛阳城，而是对《周礼》所述理想型王城[3]、魏晋南北朝的曹魏邺北城[4]、北魏洛阳城[5]、东魏和北齐邺南城[6]、南朝建康城[7]、朝鲜半岛百济泗沘城及新罗王京[8]的综合反映。检视上述学者观点，主要存在以下三方面问题：（1）在研究时效上，未能与新出考古发掘成果相结合，因而造成学说观点陈旧。[9]（2）在研究方法上，过于强调中、日两国都

---

* 张伟，现为浙江师范大学人文学院历史系讲师。

[1] 関野貞：《平城京及び大内裏考》，《東京帝国大学紀要》工科第3册，1907年，第158頁；喜田貞吉：《喜田貞吉著作集・第5卷・都城の研究》，東京：平凡社，1979年，第82頁；王仲殊：《关于日本古代都城制度的源流》，《考古》1983第4期；王维坤：《中日文化交流的考古学研究》，陕西人民出版社，第231～232页；蔡凤书：《中国古代都城制对朝鲜、日本古代都城制的影响》，《延边大学学报（社会科学版）》1997年第1期，第163页；韩宾娜：《平城京与律令制》，《东北师范大学学报（哲学社会科学版）》2015年第6期，第109页。

[2] 宿白：《隋唐长安城和洛阳城》，《考古》1978年第6期；苃岚：《日本律令制都城的变迁与日唐交流——关于寺院数量的变化及彩釉瓦建筑的出现》，《考古与文物》2001年第1期。

[3] 豊田裕章：《隋唐代における〈都城〉の概念の変化について——日本の宮都との関係を含めて》，《条里制古代都市研究》(18)，2002年，第184～185頁；王海燕：《古代日本的都城空间与礼仪》，浙江大学出版社，2006年，第56页。

[4] 牛润珍：《邺城城制对古代朝鲜、日本都城制度的影响》，《韩国研究论丛》2007年第2期。

[5] 岸俊男：《日本古代宮都の研究》，東京：岩波書店，1988年，第331～332頁。

[6] 秋山日出雄：《日本古代都城制の源流》，《歴史研究》(19)，1981年，第71頁。

[7] 郭湖生：《魏晋南北朝至隋唐宫室制度沿革——兼论日本平城京的宫室制度》，《东南文化》1990年第1期，第14页；寺崎保広：《藤原京の形成》，東京：山川出版社，2002年，第89～93頁。

[8] 千田稔：《古代日本の王権空間》，東京：吉川弘文館，2004年，第141～143頁；小澤毅：《七世紀の日本都城と百済・新羅王京》，《奈良文化財研究所学報》第87册，2011年，第8～13頁。

[9] 上文所引学者在说明藤原京的京域面积时多基于岸俊男复原案或小泽毅、中村太一提出的大藤原京复原案而展开论述。随着新近考古发掘成果的出现，大藤原京复原案亦受到各种质疑，详见本文第二节论述。

城形态所具有的局部相似性而忽略对不同都城所对应时空背景的差异性阐述。① (3) 在研究思路上,对于如何说明不同都城之间的相互联系时,部分观点仍停留在假说或推论性阶段,对应文献史料的支撑性不足。② 由此,本文综合日、唐两方史料及近年来学界考古发掘的新进展,进一步论证了公元8世纪初日本从藤原京到平城京的都城形制转变与该阶段日本内政、外交政策转变之间的具体关联。

一、对大藤原京复原案的质疑与藤原京的都城构造再探

近年来,随着藤原京考古发掘新进展,学界对于小泽毅、中村太一提出的大藤原京复原案及大藤原京所对应的设计理念参照中国古典《周礼·考工记》的说法提出质疑意见,具体质疑点集中在以下三方面:(1) 由于藤原京内受大和三山及南面丘陵地形条件所限,因此藤原京并非10条10坊的正方形京域,其京域整体呈现不规则形制。③ (2) 藤原京内条坊被确认为天武朝末年开始营建,而作为藤原京条坊复原依据的大宝令则为公元701年正式颁布。因此,藤原京的条坊规划是否可以参照其后大宝令作为复原依据存在争议。④ (3) 藤原京的营建过程被证实是先规划整体条坊,而后选定在大和三山之中营建宫城,其京域内并没有宗庙、祭坛等礼制建筑,且京域条坊外侧亦不存在限定都城范围的外郭城(罗城),对照《周礼·考工记》所载中国古代理想型都城构造存在多处明显差异。⑤

综合文献史料和考古发掘成果而言,藤原京的都城营建应视为东亚都城时代的背景下,日本一边接受来自中国古代都城理念影响的同时,一边努力与日本

---

① 在研究方法上,以往的都城形态研究多是对城市形态进行相似性比较,但上述研究方法在逻辑上存在根本性的问题,即对于都城城市形态相似程度的判断通常基于学者的主观认识,因此不同的学者对于两座都城城市布局之间相似程度的认识有时会得出完全不同的结论,其结论亦是值得质疑的。参见成一农:《历史不一定是发展史——中国古代都城形态史的解构》,《云南大学学报(社会科学版)》2017年第6期。
② 例如佐川英治所撰的《六朝建康城与日本藤原京》一文是以南朝文化理念对朝鲜半岛、日本的传播路径为视角,进而认为藤原京在设计理念上是与六朝建康城更为接近,缺乏直接史料证据论证南朝建康城与日本藤原京间的具体关联。本文则论述了藤原京内多数朝堂构造与南朝建康城内尚书朝堂之制的具体关联以及南朝梁代萧绎所绘《职贡图》中倭国使臣到访南朝建康城朝贡的明确史料记载。参见佐川英治:《六朝建康城与日本藤原京》,《南京晓庄学院学报》2015年第4期。
③ 林部均:《藤原京の条坊制——その実像と意義》,《都城制研究》(1),2007年,第39~40页。
④ 西本昌弘:《飛鳥・藤原と古代王権》,東京:同成社,2014年,第173页。
⑤ 玉田芳英:《古代都市藤原京の実態》,《藤原から平城へ——平城遷都の謎を解く》,奈良:奈良文化財研究所,2019年,第155~157页。

前代王宫构造相承接的历史过程。① 由于公元 7 世纪唐帝国的强盛给周边邻接地域带来了强烈的紧张感,进而促使了日本为能与唐王朝相抗衡,加速整修作为国家象征的都城和行政都市网的步伐成为必然选择。天武天皇在位时期,日本为进一步确立并巩固以天皇为主导的中央集权体制,逐步进行了编纂律令、确立国号、发行货币、官道施工及都城营建等一系列重大举措,由此完成了由氏族制社会向律令国家体制的转变。具体到都城营建方面,作为日本初代国都的藤原京在引入大陆条坊制理念的最初目的是将原先在飞鸟京内散在化分布的畿内豪族势力一体转化为在固定在京城内部条坊制下居住的中央官僚。由此,藤原京可以被认为是在原飞鸟盆地的北端导入条坊制理念后飞鸟京扩大版。

首先,将藤原京的京域内宫城、条坊与唐东都洛阳城内宫城、里坊对比,可以发现两者存在密切关联。第一,藤原京的宫城大体居于京域正中,呈正方形,宫城各边长约为 1 060 米,京内诸坊为各边长度为 530 米的正方形构造,坊内设坊间小路、条间小路将其划分为约 130 米四坊的街区。② 由此而言,藤原京的布局规划是以 1 个里坊为模块,放大 4 倍为宫城面积。③ 第二,洛阳城的宫城为边长约 1 040 米的正方形;皇城南垣东西长 2 100 米,曜仪城北垣东西长 2 100 米,皇城西垣、西夹城西垣、玄武城西垣和曜仪城西垣南北总长约 2 100 米。另据《河南志》引韦述《两京新记》载唐洛阳城"每坊东西南北各广三百步,开十字街,四出趋门"④,考古勘探亦证实洛河以南中轴道路定鼎门街两侧绝大多数里坊大致呈正方形⑤,每边平均长 530~540 米⑥,坊内设纵横十字街把里坊分为四等分⑦。由此而言,唐东都洛阳城的布局规划是以 1 个里坊为模块,放大 4 倍为宫城面积,放大 8 倍为宫城和皇城的面积。⑧ 第三,与唐东都洛阳城内里坊大体均呈正方形结构,坊内每边各设 1 门,坊内十字街将里坊等分为 4 个小正方形区划相比,唐长安城内仅有朱雀大街两侧四列里坊近似呈正方形,但此 4 列正方形里坊内仅设横街与东西两门⑨,其余城内多数里坊呈东西长、南北窄的长方形区划。

---

① 妹尾达彦:《东亚都城时代的诞生》,《唐史论丛》(第 14 辑),2011 年,第 303 页。
② 奈良文化财研究所编:《図说平城京事典》,東京:柊風舍,2010 年,第 46 页。
③ 与隋唐长安城、洛阳城内宫城与皇城分隔设置不同,日本历代都城均没有设置皇城而一直沿用在王宫内部设置中央官衙机构的配置。
④ 徐松辑:《中国古代都城资料选刊·河南志》,中华书局,1994 年,第 3 页。
⑤ 中国科学院考古研究所资料室:《中国科学院考古研究所一九六一年田野工作的主要收获》,《考古》1962 年第 5 期。
⑥ 陈久恒:《"隋唐东都城址的勘察和发掘"续记》,《考古》1978 年第 6 期。
⑦ 石自社:《隋唐东都城的里坊空间试析》,《南方文物》2020 年第 3 期。
⑧ 石自社:《隋唐东都形制布局特点分析》,《考古》2009 年第 10 期。
⑨ 宋敏求、李好文撰,辛德勇、郎洁点校:《长安志·卷七·唐京城》载"盖以在宫城直南,(隋文帝)不欲开北街,泄气以冲城阙","每坊但开两门,中有横街而已",三秦出版社,2013 年,第 256 页。

综上所述,藤原京的宫城面积、京域内坊的面积、坊门的设置均与唐东都洛阳城大体一致,而与唐长安城里坊构造有所不同。

其次,就藤原宫的中枢部构造而言,藤原宫将大极殿作为天皇专属的政务空间,其位置与同期唐都长安城"大内"太极宫大体一致,因而藤原宫大极殿被认为是参照了唐长安城太极宫意识。① 至于藤原宫大极殿以南十二朝堂院的配置承自前期难波宫阶段,对应唐朝方面史料记载来看,与唐长安城或洛阳城的宫城外东、西朝堂配置有所区别。从唐长安城的朝堂位置来看,唐长安城东、西朝堂位于宫城正门承天门前,大明宫建成后,含元殿前左右设"栖凤""翔鸾"两阁,两阁前设东、西朝堂。② 唐洛阳城宫城应天门前为东、西朝堂推定所在地。由此而言,有唐一代,朝堂均位于宫城外的皇城范围内,且只有东西两朝堂而并非日本历代王宫内部八朝堂(后期难波京、长冈京)、十二朝堂(藤原京、平城京东区中枢部、平安京)、十四朝堂(前期难波京)的多数朝堂配置。同时,就日本都城内多数朝堂配置来看,最为接近的是中国南朝建康城。南朝建康城以尚书台为总揽政务的机构,故尚书台所在宫城又名"台城"。南朝建康城南掖门内设尚书朝堂,朝堂为尚书八座(一令、二仆射、五曹尚书)议政之所。③ "尚书八座各自有省,合称尚书上省,八座每旦议政于朝堂,谓之旦朝。事殷有旦晡两次。尚书上省之东跨路有阁道通下省,或名尚书下舍,为省官住所,兼有档案库分曹贮存。南朝建康城的宫内形成了大片官署兼居住区。这种制度非常特殊,至陈亡乃绝。"④ 据此推断,藤原京大极殿南面的十二朝堂区划配置是参照了南朝建康城宫内的尚书朝堂之制。

综上所述,综合藤原京的新出考古发掘成果来看,10条10坊的大藤原京复原案存在多处难以解释的地方。现阶段较为合理的解释是,公元7世纪后期天武天皇即位后,鉴于飞鸟盆地内无法满足大规模条坊道路的规划设计,因此天武天皇的最初意图是参照唐长安、洛阳的东、西两京制体系在飞鸟京北端藤原京和难波京同时展开条坊制都城营建。此后,因天武天皇病逝和副都难波宫遭遇火灾,从而导致持统天皇即位后,暂时放弃对难波京的营建,进而集中全力展开藤原京的建设。另外,藤原京采用中央宫阙型的都城设计理念并非是参照《周礼·考工记》的设计理念,而应纳入"东亚都城时代"的历史背景下展开同期诸都城形

---

① 積山洋:《古代の都城と東アジア:大極殿と難波京》,大阪:清文堂,第66～68页。
② 唐长安城、东都洛阳城的宫城内朝堂位置的复原图参见〔清〕徐松撰,李健超增订:《增定唐两京城坊考》附《西京宫城图》《西京大明宫图》《东都宫城皇城图》,三秦出版社,1996年,第2～8页。
③ 南朝建康城内朝堂及尚书上省的位置复原图参见郭湖生:《台城辩》,《文物》1999年第5期。
④ 郭湖生:《魏晋南北朝至隋唐宫室制度沿革——兼论日本平城京的宫室制度》,《东南文化》1990年第1期。

态的对比研究。具体而言,藤原京的都城各部分实则对应模仿了中国南朝建康城的尚书朝堂、唐都长安城太极宫意识、唐东都洛阳城的宫城及条坊规划而形成的日本初代条坊制都城。

二、藤原京的局限性及废弃原因

藤原京定都后,由于中央豪族层在都城条坊内长期居住的政策并没有得到彻底贯彻,因此,公元701年《大宝律令》颁行后,为进一步巩固和加强以文武天皇为中心的中央集权统治,中央朝廷势必要彻底切断旧豪族势力与飞鸟京的关联,因此将国都迁往距离飞鸟京更远的地方成为现实所需。在此阶段,以藤原不比等、粟田真人为主导的朝廷新兴势力的崛起成为天皇进行改革所依赖的主导力量,特别是藤原不比等以天皇的外戚身份为自己的外孙首皇子准备一座新式都城,从而达到炫耀藤原一族政治势力的目的。[1] 除上述政治性因素外,根据考古发掘情况,从藤原京迁都到平城京,与藤原京的都城构造局限性也存在密切关联。藤原京的都城构造局限主要表现在以下四方面。

一、从地理位置上看,藤原京与飞鸟旧京相距不远,迁都藤原京后,飞鸟旧京的机能没有完全丧失。同时,藤原京京域南面十条大路处于日高山丘陵处,受该处地形条件的限制,迄今为止没有发现此处设置有都城正门(罗城门)的迹象。现阶段普遍认为藤原京的京域四周并没有设置都城的正门。

二、作为外国使节、地方官僚进京的道路,藤原京的朱雀路只在宫南面正门处向南延伸约1 000米,中轴道路宽幅约24米,与京内其他坊间大路相比规格差别不大,且朱雀路两侧仅有简易的木板屏蔽作为分隔设施,没有设置坊墙。同时,大和三山环绕的宫城位置大体位于奈良盆地之中,因而外国使节、地方官僚自京域南面入京后也没有形成仰视宫内殿舍的视角。由此而言,作为理念先行式的都城设计,藤原京的朱雀大路作为都城南北中心轴线的特征表现并不明显。[2]

三、藤原京的宫城相对于京域具有独立性。藤原宫四周大垣的内、外两侧分别设置了内濠、外濠、濡地(道内)、外周带。濡地(道内)的设置为兵士日常巡防场所,而宫垣之外的外周带则与日本东北部多贺城的城栅遗址中外垣带相似,

---

[1] 千田稔:《平城京遷都》,東京:中央公論新社,2008年,第169〜170頁。
[2] 林部均:《藤原京の〈朱雀大路〉と京域——最近の藤原京南辺における発掘調査から》,《条里制古代都市研究》(20),2004年,第37頁。

具有浓厚的军事防卫性特征。① 藤原京的宫城整体面积仅为4坊的用地,除中枢部内里—大极殿—朝堂院的中枢部区划及其东西两侧中央官衙机构用地外,基本没有预留出用于宫内大型宫殿增设的规划用地。

四、考古勘察在藤原宫大极殿北端发现了宫城建造初期用于建筑材料搬运的运河遗迹,证实了由于运河开挖导致宫城整体地基下陷,因而使得宫城内部排水处理问题始终难以解决。② 同时,藤原京的京域范围内诸多大和川的支流存在,使得京域周边湿地众多。调查发现京域内支流的河道底部泥沙淤积使得河道往往高于两侧的盆地地形,因而藤原京内生活污水处理等也面临难题,史载"又如闻、京城内外多秽臭"③,由此可知,藤原京后期,其宫城内部及京域的居住环境恶化也是藤原京遭到废弃的原因之一。

三、平城迁都的国际契机与"长安城型"都城平城京

大宝元年(701),大宝律令制定完成后,日本律令国家建设进入新阶段。以此为契机,日本恢复了自天武朝以来中断的遣唐使派遣。大宝二年(702),第七次遣唐使团粟田真人一行到访唐长安城后,唐都长安城的北阙型宫城构造、都城中轴道路朱雀大街的隔绝性特征,宫城内太极宫、大明宫分置的宫殿构造,使得遣唐使团认识到"周礼型"国都藤原京的都城构造所存在的诸多局限性。遣唐使归国并带回了关于唐长安城及大明宫宫内构造的直接情报,更坚定了统治集团上层做出废弃旧都迁往新都的决策。新都平城京的设计理念以唐长安城为直接模仿对象,从而完成了日本古代都城形制由"周礼型"向"长安城型"的具体转变。

据《旧唐书·则天皇后本纪》记载,第七次遣唐使粟田真人一行于长安二年(702)十月到达唐都长安城④,另《旧唐书·东夷传》记长安三年(703),武则天在唐长安城大明宫麟德殿内设宴招待粟田真人一行。⑤ 关于武则天接见第七次遣唐使团粟田真人一行的具体日期推测是在长安三年(703)正月前后。由此可知,粟田真人一行是日本方面首次获准进入唐长安城大明宫内,遣唐使团归国带回关于唐长安城大明宫内部构造的确切情报,由此使得新都平城京

---

① 藤原京后平城京、长冈京、平安京的宫域四面均取消了外周带设置。参见豊田裕章:《藤原京の宫域と周制の王城(國)との関わりについて》,《古代文化》(59),2007年,第198页。
② 玉田芳英:《古代都市藤原京の実態》,《藤原から平城へ——平城遷都の謎を解く》,奈良:奈良文化财研究所,2019年,第172~173页。
③ 《続日本紀一》庆云三年三月丁巳条,第102页。
④ 刘昫:《旧唐书》卷六载"冬十月,日本国遣使贡方物",中华书局,1975年,第131页。
⑤ 刘昫:《旧唐书》卷一九九上载"长安三年,其大臣朝臣真人来贡方物。……则天宴之于麟德殿,授司膳卿,放还本国",中华书局,1975年,第5340~5341页。

的规划设计从多方面直接模仿唐长安城及新宫大明宫的构造成为可能：

一、平城京以唐都长安城的营建尺度为基准同一比例缩小而成，平城京朱雀大路为唐朱雀街宽幅1/2，整体形制为长安城面积的1/4并旋转90°的设计。[①] 同时，平城宫第一次大极殿院——中央区四朝堂的内庭规模基本与含元殿前的内庭规模相仿[②]，第一次大极殿的底部台基座（龙尾坛）东西两侧配置有三级台阶是出于对唐大明宫含元殿前龙尾道的模仿[③]。上述唐长安城的具体营建尺度信息绝非目测就能掌握的信息，因此推测是由第七次遣唐使带回了唐长安城的都城布局及大明宫内部构造的直接情报。[④] 现存于日本奈良东大寺内正仓院所藏圣武天皇的遗品目录《国家珍宝帐》中记有字样为"大唐古样宫殿画屏风六扇"[⑤]的明确记载被认为是第七次遣唐使带回的唐长安城太极宫、大明宫宫殿样式的临摹图。

二、平城京的宫城整体位置由藤原京的中央宫阙型转变为北阙型。平城京的宫城参照唐长安城大明宫、太极宫的区划配置形成中央区、东区的双重中枢部配置，中央区第一次大极殿院——四朝堂院为天皇即位、元日朝贺的国家礼仪空间，东区内里大安殿——十二朝堂院——朝集殿院为天皇日常听政的内政空间。从建筑样式来看，中央区中枢部则采用了础石式、瓦屋顶的中国风建筑样式，东区中枢部为掘立柱式、桧皮顶的日本传统型建筑样式，体现了奈良时代前半期平城宫内中国风与日本风宫殿建筑样式混合存在。[⑥] 另外，为抵消宫内双重中枢部区划所引起的建设用地面积不足的问题，因而在宫城东面设置了与中央区第一次大极殿院——四朝堂院面积相等的东半部凸出部分规划为皇太子所居的东宫。平城宫北面的松林苑被认为是模仿大明宫北半部以太液池为中心的苑池同比例设计而成。平城京东南面的五德池也是参照唐长安城同位置曲江池的具体模仿。

三、平城京都城正面首次设置了罗城门及两侧罗城，从而起到了彰显律令

---

① 井上和人：《日本古代都城制の研究——藤原京・平城京の史的意義》，東京：吉川弘文館，2008年，第40頁。
② 今井晃樹：《平城宮のモデルは唐長安城か》，《奈良の都——平城宮の謎を探る》，奈良：奈良文化財研究所，2020年，第48～49頁。
③ 王仲殊：《论日本古代都城宫内大极殿龙尾道》，《考古》1999年第3期。
④ 今井晃樹：《平城宮のモデルは唐長安城か》，《奈良の都——平城宮の謎を探る》，奈良：奈良文化財研究所，2020年，第56～57頁。
⑤ 奈良国立文化財研究所：《国家珍宝帳——第58回正倉院展》，奈良：奈良文化財研究所，2006年，第56頁。
⑥ 渡辺晃宏：《平城京中枢部の構造——その変遷と史的位置》，義江彰夫編：《古代中世の政治と権力》，東京：吉川弘文館，2006年，第145～146頁。

国家王权威严的礼仪性功能。据考古勘察,平城京南面正门罗城门位于京域九条大路南端与下津道交会处的下三桥遗址(今位于奈良县大和郡山市下三桥町),推定样式为横向七间、纵向两间、中开五门的础石式瓦顶建筑,与长安城都城南面正门明德门所采用的五门道设计一致。罗城门两侧建有高约 5 米、厚约 2.1 米、总长约 1 000 米的泥土墙(罗城)构造,泥土墙内外两侧均设有宽幅 3.5 米的壕沟。综合京域内条坊大路及坊内道路两侧均建有泥土墙的封闭型坊的构造判断平城京的京域南面全面设置罗城的可能性很大。①

综上所述,以大宝年间日本遣唐使再开为契机,以粟田真人为代表的第七次遣唐使一行首次获准进入唐都长安城大明宫内。唐长安城作为东亚范围内王权礼仪型都城的范本,其都城整体设计规划使得大和朝廷认识到本国都城藤原京的诸多局限性,就此迁都新京被提上日程。新都平城京的选地以下津道作为都城中轴,将宫城位置由中央宫阙型改为北阙型,由此正式确立了罗城门—朱雀大路—朱雀门—中央区朝堂院—第一次大极殿—松林苑的日本古代都城王权礼仪新空间。

四、结　　语

藤原京是以对南朝建康城、唐长安城、东都洛阳城等中国都城构造部分模仿而形成的日本初代条坊制都城。然而,作为日本历史上的初代条坊制都城,藤原京的都城构造并不能完全满足律令国家发展成熟后所对应承担的内政外交礼仪型机能,因而在定都仅十四年后就退出历史舞台。庆云元年(704),归国后的粟田真人擢升为中纳言,参与国政议事。庆云四年(707)二月,文武天皇召集五位以上大臣商议迁都之事,"召诸王臣五位以上,议迁都事也"。② 同年六月,文武天皇病逝使得迁都之事不得不暂时中止。③ 文武天皇丧葬期结束后,和铜元年(708)二月,继位的元明天皇颁布平城迁都诏书。④ 至和铜三年(710)三月十日,元明天皇正式迁都平城京。⑤ 奈良时代,日本以新都平城京作为宣扬国威的舞台装置,参照唐王朝的华夷观念,将列岛南部的隼人、夜久、北部的虾夷等少数民

---

① 井上和人:《古代都城制条里制の実証的研究》,東京:学生社,2004 年,第 272~273 頁。
② 《続日本紀一》庆云四年二月戊子条,第 108 頁。
③ 《続日本紀一》庆云四年六月辛巳条,第 114 頁。
④ 从平城迁都诏书的措辞来看,大体上参照隋文帝开皇二年(582)六月丙申隋大兴城营建诏书的措辞改定而成。参见《続日本紀一》和铜元年二月戊寅条,第 130 頁;〔唐〕魏徵等编:《隋书·高祖纪上》卷一,中华书局,2018 年,第 17 頁。
⑤ 《続日本紀一》和铜三年三月辛酉条载"始遷都于平城",第 161 頁。

族集团视为夷狄,将新罗、渤海视为外蕃,将大唐视为邻国的"小中华"统治思想正式形成。①

(原载《外国问题研究》2022 年第 2 期)

---

① 井上和人:《日本古代都城の展開と東アジアの都城:都城形制の解析を通じて国家間関係の実態を解く》,《国史学》(205),2011 年,第 2 頁。

马克思主义历史观视域下
历史虚无主义批判研究述评

郭昌文*

作为一段时间流布颇广的错误社会思潮,历史虚无主义主要是对中国近现代史尤其是中国共产党领导的革命、建设与改革的历史进行颠覆性评价。历史虚无主义传播错误的历史观、颠覆历史、否定现实,扭曲了价值观,败坏了学术风气,危害极大。① 党的十八大以来,以习近平同志为核心的党中央旗帜鲜明地反对历史虚无主义,相关工作成效显著。学界以马克思主义历史观为指导,对历史虚无主义进行了较为全面而深入的批判,成果颇丰。以学术论文为例,在中国知网(CNKI)上,以"历史虚无主义"为主题进行搜索,相关论文总数近2 000篇。其中,2013年以来超过1 700篇。学者们的共同努力揭露了历史虚无主义的种种面相,提出了颇多行之有效的应对策略。批判历史虚无主义是一场长期的没有硝烟的特殊较量。对以往成果进行整理研究,既为学术史所必需,也是持续这场特殊较量的一个重要环节。

一、虚无主义是历史虚无主义的生成根源

任何一种社会思潮的生成蔓延都有一定的理论支撑,有深刻的思想根源,历史虚无主义亦不例外。历史虚无主义是虚无主义在历史观领域的渗透。学界在分析历史虚无主义的生成方面,对虚无主义本身进行了溯源。有学者指出,从柏拉图的二元论到尼采的价值论、海德格尔的存在论,从古希腊哲学到西方近现代哲学,二元世界划分说引发的虚无主义哲学观一直存在。当代意义上的虚无主义离不开社会危机的催化作用,发端于当时受外部压力所推动、迫切追求现代化的后发国家。如果把虚无主义视为母概念,历史虚无主义则是子概念。②

西方的虚无主义虽早就存在,但作为其子概念的历史虚无主义,在西方主流

---

* 郭昌文,现为福州大学马克思主义学院教授。
① 夏春涛:《历史虚无主义思潮的产生背景、主要特征及其危害》,《史学理论研究》2019年第3期。
② 沈江平:《"历史虚无主义"的历史唯物主义评判》,《中国高校社会科学》2021年第3期。

历史书写中是否有相应传统,学界有不同看法。第一种观点认为西方传统蕴含历史虚无主义。有学者指出,在西语词根谱系中,历史本体是认识与表达,而不是史实,根本目的是获取知识而非确认事实。在中世纪,"历史"之义进一步主观化。从启蒙运动到德国古典哲学时代,历史的内核更加主体意识化。在20世纪西方文化场域中,"历史"一词日益个体化、观念化。克罗齐提出"一切历史都是当代史",轻视史实这一历史根本,为历史虚无主义"病式阐释"的滋长埋了土壤。贝克尔"人人都是自己的历史学家"的史学观念,强调阐释历史与阐释者的记忆以及想象有关,为历史虚无主义"戏说式阐释"提供了口实。柯林伍德"一切历史都是思想史"的表现主义历史观,使历史研究中的历史史实客观性为阐释历史的史家思想性所取代,为当代历史虚无主义"粘贴式阐释"准备了理论工具。① 第二种观点则认为历史虚无主义亦非西方主流传统。西方近代历史研究主要是实证主义。尤其是在兰克的影响下,历史学家把历史事实和历史价值作为一种信仰,大力倡导实证主义。直至20世纪50年代,以怀疑历史真实性和客观性为主要表征,历史虚无主义思潮开始出现。② 此外,还有学者辨析,在克罗齐、柯林伍德那里,历史书写的主体性因素虽被凸显,但他们本人并未走向相对主义,而是对完全主观化的历史话语采取了断然拒绝的态度。历史虚无主义则无限放大历史书写的主体性因素,放弃对基本史实和客观规律的承认与尊重。③

中国的历史书写源远流长,并无虚无主义传统。对此,学界看法一致。有学者考察"历史"概念的渊源流变,指出在中国文化语境中,"历史"这一概念包括史实、史识、史论、史观等内涵与外延。其中,史实与史识是历史最基本、最本质的规定性。④ 中国有着尊重历史、以史为鉴的优秀文化传统,严格遵循世代相传的史学规范。虽一直不同程度地存在着对某些特定历史记录真实性的怀疑,但对历史抱持怀疑甚至全面否定的历史虚无主义态度极其罕见。西方的启蒙思想、社会进化观念传入中国后,特别是马克思主义史学思想在中国传播并被接受后,先进知识分子开始以发展和进步的观念以及历史唯物主义重新书写历史,赋予其新的意义,但近现代中国人对历史的基本信念并未动摇,也没有否定和抛弃中国古代历史。⑤ 就中国的文化传统来看,"天人合一"一直居于主流。"立人"思维,是依据古代先贤的经典,而非理性原则。在这个意义上,历史虚无主义在中

---

① 张政文:《历史虚无主义阐释观的迷失与阐释的知识图谱重建》,《中国社会科学》2019年第9期。
② 徐家林:《历史虚无主义思潮的生成及其批判》,《马克思主义研究》2020年第2期。
③ 韩升:《唯物史观视域内历史虚无主义的现代性批判》,《马克思主义与现实》2020年第2期。
④ 张政文:《历史虚无主义阐释观的迷失与阐释的知识图谱重建》,《中国社会科学》2019年第9期。
⑤ 徐家林:《历史虚无主义思潮的生成及其批判》,《马克思主义研究》2020年第2期。

国文化传统中是没有土壤的。①

20世纪初,虚无主义自俄国传入中国,常和无政府主义、民粹主义混用。改革开放后,敌对势力和居心叵测者担心我国主流意识形态威胁西方价值观安全,千方百计争夺意识形态话语权,他们一方面积极传播西方生活方式与价值观念,试图西化中国;另一方面试图通过虚无中国革命史,搞乱人心,篡史乱今。②"西方中心论"是历史虚无主义思潮"虚无"或否定我国社会主义建设与发展的潜在标准和理论基础。"西方中心论"包括种族、政治立场以及思维方式等不同层面。受"西方中心论"深刻影响,历史虚无主义思潮先入为主地认为中国在经济、政治、文化、科学技术等领域全盘落后于西方,中国应在社会制度和发展道路上全面仿效西方,进而"虚无"或否定中国革命、建设与改革。③"西方中心论"情结所滋生的是一种单向度的虚无主义,是"自我"民族、历史、文化的虚无。④

历史虚无主义的蔓延也有深刻的学术背景。它是中国近现代史、中国革命史在理论和思想等方面长期受国外学术界影响所致,既反映出学术交流频繁的积极现状,也揭示出本土历史研究中的理论不自信、文化不自信。⑤ 后现代主义成为历史虚无主义泛起成潮的重要学术根源,后现代主义兴起导致包括历史在内的人文社会科学研究的"语言学转向",认为历史只是文本,全面否认历史真相和历史客观性的存在。全面否定历史意义,认为历史意义只不过是话语和文本的构建;微观史学在提供具体史实上有存在意义,但局限于此就可能使历史研究碎片化、历史结论片面化,破坏历史的整体性、逻辑性和正确提升历史意义的可能性,沦为历史虚无主义以偏概全、以局部代替整体的"史事"支撑;大众文化的形成为历史虚无主义思潮提供了"肥沃"土壤⑥;20世纪五六十年代西方右翼知识分子从事实判断和价值判断双重层面提出的意识形态终结论,以及实证史学与比较史学等史学理论的歪曲运用也为历史虚无主义的泛滥演变提供了学理依据。⑦

同时,学界还从社会存在出发,提出了历史虚无主义思潮是中国经济发展内在结构性张力在意识形态领域的延伸。改革开放以来,中国特色社会主义制度实现了公有制与非公有制经济的融合,成就斐然。建立在生产资料非公有制基

---

① 郝继松:《当代中国马克思主义视域下的历史虚无主义批判》,《理论月刊》2018年第1期。
② 张有奎:《三种类型的历史虚无主义及其批判》,《马克思主义与现实》2019年第1期。
③ 史宏波:《历史虚无主义思潮的传播逻辑、现实展现和抵御策略》,《思想理论研究》2019年第12期。
④ 张允熠:《从西方中心主义到民族虚无主义:中华民族复兴道路上的精神障碍》,《马克思主义研究》2018年第5期。
⑤ 冯兵、关浩淳:《史学研究的历史虚无主义现象及其批判》,《史学集刊》2019年第6期。
⑥ 徐家林:《历史虚无主义思潮的生成及其批判》,《马克思主义研究》2020年第2期。
⑦ 郑志康:《当代中国软性历史虚无主义思潮的四维逻辑透视》,《当代世界与社会主义》2020年第6期。

础之上的新社会阶层不断壮大,他们在经济、政治、文化等领域必然产生新的诉求,这些诉求必然以各种方式呈现出来。① 社会问题的存在也容易导致人们对历史和现实持批判与怀疑态度。历史虚无主义还与发展不平衡不充分导致利益诉求非理性表达有关。② 与此相关,革命文化内蕴共产主义的基本特征,要求在社会生产、交换、分配等领域实现公平。不平衡不充分的发展导致社会非正义问题,引发心理落差、身份歧视和隐性排斥等现象,将会消解革命文化认同的社会基础。③

此外,还有学者从现代化与心理学视角出发,认为逆反心理、自卑心理、猎奇心理的联合"诱发"构成了历史虚无主义生成与蔓延的心理基础。④ 也有学者持类似看法,对历史虚无主义产生的社会心理因素进行了更全面的分析,指出:"政治仇恨心理、不信任心理及文化自卑心理是历史虚无主义生成的社会心理根源;社会成员的猎奇心理和大众娱乐心理则是其传播的重要社会心理基础;以问题悬设的方式制造心理暗示、以逻辑论证强化心理认同是其认同的社会心理机制。"⑤猎奇心理折射的是人在现代性极致发展语境中遭遇的流动性生存状态。在从解放政治到生活政治的社会近现代化过渡中,自我存在的个体化甚至原子化倾向得到张扬。过分强调生存处境的特殊性与自我言说的个体性遮蔽了真正的历史创造主体及其通过社会交往所开启的命运共同体视域,最终陷入历史言说的碎片化叙事之中。⑥

二、历史虚无主义已具有多样态的类型载体

"不知彼而知己,一胜一负"(《孙子·谋攻篇》),强调的是斗争中充分了解对手方的重要性。就历史虚无主义批判而言,了解其虚无历史的特点、类型与脉络是基本前提。

第一,三种阐释典型。有学者从阐释观角度提出了历史虚无主义的"三种阐释典型"。"粘贴式阐释"误用"历史就是思想史"的理论,以某些既定理论、观念粘贴丰富的生活现实与社会现场,用独断的主观逻辑裁剪客观的历史发展。"病历式阐释"滥用"人人都是自己的历史学家"的理论,将完全个体私域的日常生活

---

① 李文:《唯物史观视域下历史虚无主义批判的基本路向》,《思想教育研究》2019年第3期。
② 周宏、郝文斌:《新媒体也是反对历史虚无主义的重要阵地》,《学术交流》2019年第2期。
③ 孙冲亚、高福进:《革命文化认同的逻辑、挑战及推进路径》,《毛泽东邓小平理论研究》2020年第2期。
④ 郑志康:《当代中国软性历史虚无主义思潮的四维逻辑透视》,《当代世界与社会主义》2020年第6期。
⑤ 赵爱霞:《历史虚无主义的社会心理分析及其应对》,《思想教育研究》2020年第5期。
⑥ 韩升:《唯物史观视域内历史虚无主义的现代性批判》,《马克思主义与现实》2020年第2期。

混同为社会现实的客观历程,个人的性格特征甚至心理缺陷被阐释为历史根源,书写成历史的本体,消解了历史的社会性和真理性。"戏说式阐释"为吸引眼球,用隐私叙述历史,用戏说判断是非,用饶舌书写真实,是最恶劣的一种历史虚无主义。①

第二,三种动因类型。有学者基于历史虚无主义的立场动因,将历史虚无主义区分为认知、价值和政治三种类型。认知类型的历史虚无主义主要在于历史观和方法论层面的认知错误。价值类型的历史虚无主义的主要问题在于意义的虚无和价值观的畸变。政治类型的历史虚无主义主要是西方敌对势力或其资助的国内相关利益群体,出于颜色革命和颠覆我国政权的目的,抹黑英雄人物和党的历史。② 类型划分有助于精准批判,对症下药。有学者认同类型学区分,指出对于部分历史虚无主义者而言,是由于缺乏唯物主义理论素养,有意或无意地走向了虚无。在批判过程中,不宜盲目地不加区分地扣上意识形态标签。③ 这种说法实际上肯定了存在认知类型的历史虚无主义。也有学者持不同看法,认为历史虚无主义的历史观、方法论和价值立场是其哲学基础的三个方面,彼此渗透和相互关联,并非历史虚无主义的三种类型。将历史观、方法论与价值立场割裂,只会淡化历史虚无主义的意识形态功能。④ 在这种观点之下,只要持有虚无主义历史观和形而上的方法论,体现在价值观上就有明确的资本主义意识形态诉求。如此,所有的历史虚无主义就不是简单的学术研究问题和思想认识问题,而是一个政治原则问题。

第三,软性历史虚无主义。近年来,在党和理论界的高压批判态势下,历史虚无主义的扩散与传播受到一定程度的遏制。然而,历史虚无主义并未销声匿迹,其传播策略更加灵活,虚无手法更加隐晦,话语叙事更加柔软,有更强的杀伤力和更大的危害性。⑤ 为与传统虚无主义区别,一些学者将其称为"软性历史虚无主义"。它与传统虚无主义的不同点在于虚无方式、议题设置、话语叙事、内容呈现等方面,但目的与意识形态属性相同,都是否定马克思主义的指导地位、中国共产党的执政地位。⑥ 软性历史虚无主义"硬核和实质仍是历史唯心主义","软的只是多样化载体形式"。⑦

---

① 张政文:《历史虚无主义阐释观的迷失与阐释的知识图谱重建》,《中国社会科学》2019年第9期。
② 张有奎:《三种类型的历史虚无主义及其批判》,《马克思主义与现实》2019年第1期。
③ 李文:《唯物史观视域下历史虚无主义批判的基本路向》,《思想教育研究》2019年第3期。
④ 董玥、陈锡喜:《历史虚无主义三重理论基础批判》,《思想教育研究》2020年第4期。
⑤ 郑志康:《当代中国软性历史虚无主义思潮的四维逻辑透视》,《当代世界与社会主义》2020年第6期。
⑥ 何文校:《软性历史虚无主义的实践新样态》,《马克思主义研究》2021年第3期。
⑦ 洪晓楠、王坤平:《智媒时代软性历史虚无主义:表征、实质及其治理》,《思想教育研究》2021年第2期。

三、历史虚无主义突出表现为对"四史"的虚无

历史虚无主义突出表现为虚无中国革命、建设与改革的历史,较具代表性的史论主要有历史终结论、中国革命否定论、改革开放质疑论等。

第一,历史终结论。有学者指出,"历史终结论"是历史虚无主义最突出、最彻底、最现实的表现。在当代"历史终结论"中,影响最深且最具代表性是福山的"历史终结论"和"后现代主义历史观"。"历史终结论"从历史意识的主体式微、未来向度的缺失等维度出发,将过去与未来同置于当代之中,以欧洲中心主义的方式,把整个人类的历史时间都"当代化"。[1] "历史终结论"依据"追求精神承认"为始原的抽象人性史观,但"追求精神承认"并非人的最本质特征;人类历史也不是"追求精神上平等承认"的历史;西方自由民主制度的确立更非所谓人性的发现。"历史终结论"缺乏科学性和解释力,被时代潮流击破,是历史必然。[2] "历史终结论"妄图在虚无历史和架空实践的基础上,宣判资本主义的永恒胜利和共产主义的历史性退场。中国的现代化实践是以实践逻辑为主导、以实际问题为基点、以现实的人的问题为切口而生发和造就的实践探索与理论成果之集合,从根本上驳斥了"历史终结论"的理论预设,揭示了"历史终结论"的非理性本质,证明了人类社会发展道路的多样性。"历史终结论"在实践的反击中黯然退场。[3] "中国之治"既是对"历史终结论"的终结,也是那些实行了西式政治制度而陷于发展泥淖,甚至出现"逆发展"的广大发展中国家所艳羡的对象[4],为拓展世界现代化转型的多元道路提供了中国智慧[5]。

福山在新冠肺炎疫情全球蔓延期间继续维护和强化其"历史终结论"。有学者指出,福山以"国家要素"缺失为由为美国自由民主危机开脱,短视牵强地看待国家与政府的作用,颠倒黑白地宣传美国"政治信任"的情况和作用,撇开民主制孤立地批评特朗普;为自由民主制的"优越"辩解,不顾真相地赞扬美国联邦制"实验创新",主观臆断"民主或将重生",不切实际地策划政府改革;用西方中心主义评判历史,用单一民主观抹杀中国特色社会主义民主,逻辑混乱地评判中国

---

[1] 吴诗佑、李振:《从"历史终结论"看"虚无主义"的真正克服》,《毛泽东邓小平理论研究》2020 年第 4 期。
[2] 陶富源:《福山"历史终结论"的历史观剖析》,《马克思主义研究》2020 年第 9 期。
[3] 钟慧容、刘同舫:《中国现代化实践对"历史终结论"的终结及其意义》,《社会科学研究》2019 年第 6 期。
[4] 杨光斌:《政治学·历史观·合法性》,《中国人民大学学报》2021 年第 4 期。
[5] 贺银银、尚庆飞:《中国道路与"历史终结论"的终结》,《人民论坛》2021 年第 9 期。

抗疫实效,恶意攻击中国特色社会主义制度及其优越性。①

第二,"中国革命"否定论。近代中国在资本帝国主义侵略和腐朽的封建统治下,逐步沦为半殖民地半封建社会。帝国主义与中华民族的矛盾、封建主义和人民大众的矛盾成为中国社会的主要矛盾。中国人民只有通过新民主主义革命和社会主义革命,才能实现民族独立、人民解放,为国家富强、人民富裕创造根本社会条件。

历史虚无主义者无视中国革命的必然性,否定革命推动近代中国社会变革与发展的重要作用。他们或炮制"革命制造说",把革命的发生视为少数革命者主观臆造的结果;或推出"革命原罪论",把近代中国经受的所有苦难都归咎于革命,把革命与现代化对立起来;强调"革命暴力论",谈及革命必称暴力、血腥和残酷,全然无视革命的进步意义。②还有论调或脱离历史必然性和客观现实条件的制约,随意假设没有革命的历史,认为那样中国就会走上一条现代化辉煌之路。历史虚无主义者无视历史事实作为一种客观的发展进程,具有不可重复性、一维性、不可假设性,忽视历史事实发生的具体条件,以主观臆断任意裁剪编排历史,以历史发展的个别现象取代历史发展进程中的普遍规律。③另有观点主张用"现代化范式"取代"革命史范式",把一切历史事件和人物的评价都以是否有利于现代化为标准。尽管"革命史范式"在抓住中国近代历史进程的主题主线、主流本质的同时难免带有公式化、简单化特征,"现代化范式"为中国近现代叙事提供了多元视角,可以看到历史的多面相,丰富了"革命史范式"下的中国近代史论述,但是历史虚无主义者主要是借此重构中国近代史的历史叙述,政治趋向是走"改旗易帜的邪路"④。中国近代史的历史主题是反帝反封建的民主革命,近代中国面临民族要独立、国家要富强的历史任务,这是中国近代史学界应有的共识。⑤历史虚无主义思潮在史学领域对中国革命的否定,没有把握当时中国社会发展的历史现状和客观事实,是站在其自身政治立场上进行的。⑥

第三,社会主义现代化与改革开放成就质疑论。40多年的改革开放给中国带来了翻天覆地的变化,是决定当代中国前途命运的"关键一招",得到多数人的肯定与拥护。与此同时,也出现了一些质疑与否定。有关改革开放评价中的历

---

① 孙宇伟:《福山"历史终结论"最新形态评析——以新冠肺炎疫情期间福山言论为线索》,《当代世界与社会主义》2021年第4期。
② 汝倩倩:《中共党史研究中的历史虚无主义叙事及其思维批判》,《思想教育研究》2021年第4期。
③ 郭彦林:《划清马克思主义历史观与历史虚无主义的界限》,《马克思主义研究》2021年第5期。
④ 张国义、郭斌:《"四史"学习中的历史虚无主义批判》,《思想理论研究》2021年第6期。
⑤ 张海鹏:《唯物史观与近代历史人物的评价》,《史学理论研究》2020年第6期。
⑥ 沈江平:《"历史虚无主义"的历史唯物主义评判》,《中国高校社会科学》2021年第3期。

史虚无主义观点,主要有"改革开放弯路论""改革开放失败论""改革开放变质论""改革开放倒退论"等。判断改革开放是否失败、变质、倒退,不能以主观意识形态立场和个人利益得失为依据,应该以邓小平提出的是否坚持"四项基本原则"和习近平提出的"两个是否",即"是否促进经济社会发展,是否给人民群众带来实实在在的获得感",作为评价改革开放成效的客观标准。① 历史虚无主义者一方面将社会主义三大改造对象的"私有制"与改革开放后作为多种所有制经济成分的"私有制"等同,直接抽离了我国基本经济制度中社会主义公有制主体地位与主导作用这一前提。这种剥离了具体时空语境的历史事件认识方法,实际上是将具有多重历史设定的事件之间进行对比,简化成两个孤立的历史现象之间的对比,甚至是概念对比,以此抹除了两者的本质区别。②

对改革开放前后两个历史时期的辩证统一关系缺乏正确认识,是影响评价改革开放乃至出现错误判断的重要因素。习近平指出:"对改革开放前的历史时期要正确评价,不能用改革开放后的历史时期否定改革开放前的历史时期,也不能用改革开放前的历史时期否定改革开放后的历史时期。"③学界深入领会这一重要论断,对正确认识改革开放的历史进行了阐释。改革开放前后两个历史时期归根到底都是对在中国应该怎样建设社会主义这一问题的探索。在坚持党的领导、坚持马克思主义的指导地位、坚持人民民主专政、坚持公有制为主体、坚持按劳分配为主体、坚持独立自主发展对外关系等最本质、最核心的问题上,是一以贯之的。改革开放的成就是在坚持和发展社会主义的基础上取得的,是对社会主义的发展而非背离,改革开放中释放的红利离不开改革开放前的积累。④

四、历史虚无主义具有多维度的学理面相

在历史唯物主义看来,人类历史的本质是一种实践过程,实践是社会历史的本体。人类社会和历史发展具有像自然界那样不以人的意志为转移的客观规律性。社会生产力和生产关系以及经济基础与上层建筑的矛盾运动共同构成社会的基本矛盾,由此形塑了社会性质、总体脉络与运动轨迹。人类可以认识并利用社会规律改造世界。历史虚无主义是本体论上的唯心主义史观。反对历史虚无主义,需要从唯物史观关于人类历史是实践的、客观的、可知的这一本体论出发,

---

① 郭文亮、孙晓宇:《驳改革开放评价中的历史虚无主义》,《经济社会体制比较》2019 年第 2 期。
② 董玥、陈锡喜:《历史虚无主义三重理论基础批判》,《思想教育研究》2020 年第 4 期。
③ 中共中央文献研究室编:《十八大以来重要文献选编》,中央文献出版社,2014 年,第 112 页。
④ 江宇:《正确认识改革开放的历史——深刻学习习近平关于改革开放前后两个历史时期不能相互否定的重要论断》,《党的文献》2018 年第 6 期。

揭开历史虚无主义的学理面纱,将批判建立在科学的理论基础之上。

第一,历史虚无主义的本体论。历史虚无主义之所以站在历史唯物主义的对立面,是因为本质上没有脱离自然法的认知框架来正确把握历史规律,只承认完全客观的独立于人之外的事物才具有客观规律性。历史虚无主义主要看到的是人的动机愿望和努力程度在历史发展中的决定性作用,从主观意志、臆想出发研究历史。① 这种研究倾向,否认了历史事实的客观性和规律性,是历史虚无主义思潮的理论基础和现实表现。② 历史虚无主义历史观以社会意识本体论为理论原点,把历史视为众多意志合力的结果,呈现的是历史发展的偶然性与无规律性,在历史书写中通过历史细节了解历史,从而构建起"社会意识本体论—历史偶然论—历史假设论"的假设框架,在"何为历史本体"这一问题上尚未认识到社会历史更为本质的层面,因此无法接触到历史的真正本质与规律。③ 社会意识本体论也是历史虚无主义质疑、歪曲、否认各种历史真相的重要理论依据,但他们在质疑历史事实的客观性时,又赋予自己认定的历史的客观性,表明历史虚无主义具有自身无法克服的内在矛盾。④

第二,历史虚无主义的方法论。历史观决定了历史研究的方法论,历史虚无主义以社会意识本体论为前提,在方法论上也放弃了唯物辩证法,以形而上学解释历史。历史唯物主义的社会形态论与历史唯心主义中的"一般社会论"构成了历史研究中两种截然相反的研究方法。历史虚无主义依托臆造的"一般社会论"的方法论,评价历史现象、历史事件和历史人物。历史虚无主义片面看待历史必然性和历史偶然性,固守非此即彼的二元对立思维模式,仅凭个人主观意志来肯定或否定一切,刻意模糊历史主流与支流、现象与本质的关系;随意割裂历史脉络的连续性和整体性,脱离历史产生的语境和背景解读历史,结果只能是有失偏颇,甚至根本错误。⑤ 历史虚无主义考察历史的方式是以"历史现象与历史本质同一为前提的",将任意的感性材料作为可靠依据,孤立、片面、静止地研究历史。随意选择感性材料进行研究容易陷入历史现象,也会被轻易证伪。在形而上学方法论指导下的历史考据学得到的感性材料也不可靠。即便论据为真,作为考据对象的历史细节依然感性直观,其是否可靠取决于它能否融入历史长河而不与其他既定事实存在冲突;能否反映历史事件或人物的本质或发展趋势,从而对

---

① 沈江平:《"历史虚无主义"的历史唯物主义评判》,《中国高校社会科学》2021年第3期。
② 郭彦林:《划清马克思主义历史观与历史虚无主义的界限》,《马克思主义研究》2021年第5期。
③ 董玥、陈锡喜:《历史虚无主义三重理论基础批判》,《思想教育研究》2020年第4期。
④ 谢礼圣:《历史虚无主义的理论谬误、消极影响及遏制途径》,《马克思主义与现实》2019年第3期。
⑤ 沈江平:《"历史虚无主义"的历史唯物主义评判》,《中国高校社会科学》2021年第3期。

填补历史、理解现实具有价值。① 历史虚无主义往往披着学术研究外衣,基于真实的历史细节,并非纯粹捏造历史事实本身,看似逻辑严密,颇具迷惑性,其实质仍是对历史事实的虚无。部分历史并非历史的全部,如果只是抓住历史事实的细枝末节,就会陷入历史经验主义的窠臼,不能清晰洞见历史的全貌。历史虚无主义从认识主体的思想图式出发,把纷繁复杂的历史事实植入一种预设的解释逻辑框架,颠倒了历史主客体位置。② 这种分析逻辑实际上是"无限放大了历史诠释的主体性因素",对历史采取的是机械肢解和主观曲解的强硬态度,放弃了对基本历史事实和客观规律的承认与尊重,完全陷入一种自说自话的主观臆断和虚构捏造之中③;虚构捏造历史发展规律性的结果就是"将历史必然说成是历史偶然,将历史选择说成是人为强加,将必须付出的历史代价说成是可以避免的历史悲剧"④。

第三,历史虚无主义的价值论。历史虚无主义在价值观上打着价值中立的旗帜,颇具迷惑性。在历史唯物主义看来,"人的本质不是单个人所固有的抽象物,在其现实性上,它是一切社会关系的总和"⑤。无论是历史研究主体还是研究对象,都处于一定的社会生产关系和具体历史环境中。在阶级社会中,历史研究主体的世界观、历史观与价值观都是有阶级利益和意识形态倾向的。陈述历史过程、做出历史结论,都有价值判断。历史研究对象也是具体的人的实践活动,"任何事情的发生都不是没有自觉的意图,没有预期的目的"。那种脱离"现实的人",以不受任何价值观念束缚"原子个人"⑥,抽离一定社会关系种种规定性的"抽象的人"⑦为逻辑前提的价值中立说,只能是不切实际的虚幻与谬误。价值中立说的价值评判,立足于人道、自由、正义等抽象概念,从超阶级、普遍人性的角度确立社会历史的价值,妄图构建一种无根基也无批判的本体论或存在论状态,否定的是历史唯物主义的阶级分析法和人民群众主体论的基本价值。⑧ 历史虚无主义所持的社会意识本体论实际上证伪了其价值中立原则的合法性。在西方资产阶级价值观基础上发展起来的历史虚无主义,不是价值中立,而是带

---

① 董玥、陈锡喜:《历史虚无主义三重理论基础批判》,《思想教育研究》2020 年第 4 期。
② 李文:《唯物史观视域下历史虚无主义批判的基本路向》,《思想教育研究》2019 年第 3 期。
③ 韩升:《唯物史观视域内历史虚无主义的现代性批判》,《马克思主义与现实》2020 年第 2 期。
④ 谢礼圣:《历史虚无主义的理论谬误、消极影响及遏制途径》,《马克思主义与现实》2019 年第 3 期。
⑤ 《马克思恩格斯选集》(第 1 卷),人民出版社,2012 年,第 135 页。
⑥ 李文:《唯物史观视域下历史虚无主义批判的基本路向》,《思想教育研究》2019 年第 3 期。
⑦ 郭彦林:《划清马克思主义历史观与历史虚无主义的界限》,《马克思主义研究》2021 年第 5 期。
⑧ 马振江:《对历史虚无主义"虚无"的批判——兼论历史唯物主义在新时代的坚持和发展》,《马克思主义研究》2020 年第 2 期。

有资产阶级意识形态的诉求①,隐晦地表达对资本主义的认同②。

去中心化也是历史虚无主义在价值观上的重要主张。有学者指出价值多元论借助历史相对主义对历史主体性要素的推崇,以历史相对性为理论基础,以后现代主义叙事方式解构历史,在价值论上坚持后现代主义的去中心化观点,随意拼凑、恶搞历史,具有反历史性。③ 历史评价虽有多元性与主体性特征,但并非因此就是纯粹主观的,历史评价的多元性与主体性必须受到历史事实客观性和真实性的有效制约。④ 还有学者指出,历史评价不可避免地要面对文化多样性和阐释者个人思想动机问题。作为文化多样性的客观事实只有转入思想之场,成为思想的结构内容,才能在历史中被书写。阐释者个人的思想动机只有汇入大尺度生活空间、长纵深文化时间的阐释知识图谱之中,成为推动人类进步、向善的历史价值,才能真正作为历史而被当代人书写。⑤ 价值虚无化也是历史虚无主义在价值观上的一种表现。有学者在历史虚无主义类型划分中指出,价值类型的历史虚无主义否定一切价值和意义,对待一切事物都没有严肃态度。反对历史真理,妄批历史的厚重感,侧重于消费历史,戏说历史人物和历史事件,结果一切都变成轻飘飘的无根性存在。这种倾向在很多年轻人当中颇有市场。⑥

五、抵御历史虚无主义的多重路径

学界在分析历史虚无主义的生成根源、类型趋势、史论观点以及学理面相的基础上,从多角度提出了历史虚无主义的治理之策。大体而言,主要有以下五个方面。

第一,立足政治思维。20世纪后期历史虚无主义在中国的泛起成潮具有某种特定的政治面相,严重威胁着国家意识形态安全。因此,有学者指出在对历史虚无主义的斗争中需要有坚定的政治思维。要站在关乎民族治乱兴衰、党和国家长治久安、社会主义前途命运的政治高度,提高反对历史虚无主义思潮的政治自觉。⑦ 要牢牢把握意识形态工作领导权。将意识形态工作领导权和责任制纳

---

① 董玥、陈锡喜:《历史虚无主义三重理论基础批判》,《思想教育研究》2020年第4期。
② 王衍哉、郭凤志:《历史虚无主义理论前提的三重维度批判》,《思想教育研究》2020年第3期。
③ 沈江平:《"历史虚无主义"的历史唯物主义评判》,《中国高校社会科学》2021年第3期。
④ 谢礼圣:《历史虚无主义的理论谬误、消极影响及遏制途径》,《马克思主义与现实》2019年第3期。
⑤ 张政文:《历史虚无主义阐释观的迷失与阐释的知识图谱重建》,《中国社会科学》2019年第9期。
⑥ 张有奎:《三种类型的历史虚无主义及其批判》,《马克思主义与现实》2019年第1期。
⑦ 张博、孙兆阳:《廓清历史虚无主义的迷雾》,《史学理论研究》2021年第4期。

入党的长期执政能力建设、纯洁性和先进性建设的制度安排和价值导向中。① 增强意识形态领域主导权和话语权,要巩固马克思主义在意识形态领域的指导地位。当前,就是要用习近平新时代中国特色社会主义思想武装头脑、审视世界、指引行动,把这一思想贯彻落实到中国特色社会主义的伟大实践中。② 强化国家意识形态自觉,坚守好各类意识形态阵地。③ 始终坚持党管媒体原则。④ 坚持以两个历史决议作为党史研究和宣传的重要依据。⑤ 掌握图像传播的话语权和领导权。⑥ 增强主流意识形态对社会心理的引导,斩断历史虚无主义认同的社会心理机制。增进党与群众的情感联系,以提升群众的政治信任心理来消除历史虚无主义认同的心理基础。⑦ 将反对历史虚无主义与坚定中国特色社会主义政治自信结合起来,增强党的政治定力。⑧

　　第二,深化学理研判。历史虚无主义本质上是唯心主义历史观。揭示历史虚无主义的根源、实质、表征、谬误等,需要立足学术站位,全面审视与深刻剖析其学理面相与理论逻辑。有学者指出,批判历史虚无主义,要加强学术研究的主动性,提升学术研究的针对性,注重学术研究的开放性。⑨ 学术研究要坚持马克思主义的指导地位,深入领会马克思主义历史观的核心要义与本真精神,辨识历史虚无主义的理论本相,以最本然的客观姿态分析历史事件、评判历史人物、澄清历史事实,从而精准地辨识历史虚无主义的各种唯心主义观点。要以唯物辩证法为引导,破解历史虚无主义的形而上学方法。要以马克思主义价值观为指引,认清历史虚无主义的意图和目的。⑩ 在历史唯物主义立场中,将推动历史发展、引领人类进步确立为真实性、真理性、知识性的阐释灵魂。⑪ 在对历史虚无主义的学术批判中,要紧密结合实践发展和时代特征新要求,坚持不懈地丰富和发展唯物史观,不断增强唯物史观对历史和现实问题的解释力与说服力。⑫ 对

---

① 陈松友:《批判与反制:旗帜鲜明反对历史虚无主义的双重路径——学习习近平关于党史、国史的重要论述》,《思想教育研究》2020年第4期。
② 谢礼圣:《历史虚无主义的理论谬误、消极影响及遏制途径》,《马克思主义与现实》2019年第3期。
③ 李玉中:《抵制和反对历史虚无主义需要坚定文化自信》,《中州学刊》2019年第11期。
④ 熊文景:《新媒体环境下历史虚无主义的传播及其应对》,《社会科学家》2019年第10期。
⑤ 戴立新:《必须树立正确党史观》,《世界社会主义研究》2021年第4期。
⑥ 胡博成、朱忆天:《论历史虚无主义思潮的图像化叙事转向及应对理路》,《思想教育研究》2021年第3期。
⑦ 赵爱霞:《历史虚无主义的社会心理分析及其应对》,《思想教育研究》2020年第5期。
⑧ 阚和庆:《增强党的思想引领力必须反对历史虚无主义》,《世界社会主义研究》2021年第4期。
⑨ 郑志康:《历史虚无主义的话语转向及其应对》,《思想教育研究》2021年第3期。
⑩ 郑志康:《当代中国软性历史虚无主义思潮的四维逻辑透视》,《当代世界与社会主义》2020年第6期。
⑪ 张政文:《历史虚无主义阐释观的迷失与阐释的知识图谱重建》,《中国社会科学》2019年第9期。
⑫ 史宏波:《历史虚无主义思潮的传播逻辑、现实表现和抵御策略》,《思想理论研究》2019年第12期。

于历史学者而言,要注重加强史学理论和方法研究。要在深度剖析和内在把握实证史学、微观史学以及比较史学的核心要义与主要内容基础上,揭露历史虚无主义在历史认识方法、史学研究方法和历史评价方法等方面学术失范的关键要害所在,从而廓清历史虚无主义的人物"翻案"、数据蛊惑以及新史料的迷障。① 对此,应深入党史研究工作,坚持党性和科学性统一的原则,增强问题意识,围绕重点、难点、疑点问题开展研究,及时填补历史的"空白点",防止历史的"薄弱项"落入他手。党史研究还必须不断发掘新史料、新方法,牢牢掌握对党史的叙述权、话语权,为讲好党史故事提供翔实、客观的历史资料。② 在"求真实"的基础上"求信仰","在革命史范式"基础上,运用多元观察视角,丰富"四史"论述,增强反击历史虚无主义的力度和实效。③ 对历史虚无主义的批判不应只停留在空洞的口号上,利用意识形态的言语来批判。历史研究者要写出材料扎实、逻辑严密而有说服力的历史作品,让史料说话,以摆事实、讲道理的方式对其进行批评,以理服人。对历史学者以严谨态度研究得出的结论,要持尊重态度,不应戴有色眼镜看待,以别有用心的目的来猜测研究者。④

第三,加强宣传教育。通过宣传教育,引导党员和群众深刻感悟党和人民进行革命斗争的艰苦卓绝,感悟新中国和改革开放的来之不易,感悟社会主义发展的高潮低谷。让广大民众特别是青少年感知中华民族光荣历史的源远流长和沧桑厚重,启迪青年人对历史心怀尊重、心怀敬畏。⑤ 注重创新党史国史教育的方式方法。注重依托大数据、互联网开展历史教育活动,形成"互联网+党史国史教育"的传播格局。在内容供给上,坚持以人民为中心的价值导向⑥;适时适当引入当前最新研究成果与史料证据,不断延展人们的历史认知;创新教育载体;积极发挥网络载体的正向性作用。⑦ 强化国情教育,坚持用"爱国"价值观引领国情教育,深入挖掘重大社会事件中所蕴含的国情教育价值,新闻媒体须适时适度宣传国情,破解虚无主义者构境式虚无的"选材"迷局。⑧ 需要充分考虑当代中国青年的成长特性与内在精神需求,进一步实现从理论到实践的探索。锻造新型代际关系,加强和改进青年红色文化教育。掌握记忆塑造主动权,聚力防控

---

① 郑志康:《当代中国软性历史虚无主义思潮的四维逻辑透视》,《当代世界与社会主义》2020年第6期。
② 汝倩倩:《中共党史研究中的历史虚无主义叙事及其思维批判》,《思想教育研究》2021年第4期。
③ 张国义、郭斌:《"四史"学习中的历史虚无主义批判》,《思想理论研究》2021年第6期。
④ 冯兵、关浩淳:《史学研究的历史虚无主义现象及其批判》,《史学集刊》2019年第6期。
⑤ 张博:《警惕"娱乐包装"下的软性历史虚无主义》,《毛泽东邓小平理论研究》2021年第3期。
⑥ 孙洲:《当代中国软性历史虚无主义的审视与批判》,《思想教育研究》2019年第11期。
⑦ 郑志康:《当代中国软性历史虚无主义思潮的四维逻辑透视》,《当代世界与社会主义》2020年第6期。
⑧ 何文校:《软性历史虚无主义的实践新样态》,《马克思主义研究》2021年第3期。

以守护青年红色记忆。①

第四,运用法治手段。批判的武器不能代替武器的批判。为遏止和反对历史虚无主义,把正确认识历史、客观评价历史、科学研究历史纳入制度化、法治化轨道。② 互联网等新媒体已成为历史虚无主义传播的主渠道,学者尤为关注依法治网、净化网络生态环境,提出要建立健全多层次、全方位、可扩展的网络法律法规体系;加强网警在历史虚无主义知识、信息技术、相关法律等方面的专业培训,确保第一时间切断历史虚无主义在网络空间的传播途径;定期开展网络音频、微信、微博、论坛等媒介的全面排查,进一步明确网络媒体公司的主体责任,携手共建清朗的网络空间。③ 构建全新的自律标准、数字公约以及行业规范;加强对传播主体信息发布端的全方位管理;要求信息发布者对其传播的历史数据、内容以及观点负责。④ 要在保障网民基本权利、明晰运营商责任义务、增强电子证据法律效力、建立个人诚信档案等方面尽快填补法律空白;要从内容审查、舆论监督、风险防控、人才支持、技术支撑和实名制机制等关键处探索创新网络内容建设与审查机制。⑤ 建立健全话语审核机制,建立健全话语预警机制,加强对历史虚无主义话语的常态化监测,了解其话语走向,跟进其话语动向,及时反馈信息,建立健全舆论引导机制。⑥

第五,坚持发展思维。马克思指出,"意识的一切形式和产物不是可以通过精神的批判来消灭的",只有通过推翻其所由产生的现实社会关系,"才能把它们消灭"⑦。历史虚无主义的泛起蔓延有深层的现实经济社会基础,对其彻底的克服需要在发展中改变完善现实世界。要真正做到彻底批判历史虚无主义,根源在于要回到对现实社会经济层面的分析,在社会生产方式的矛盾运动中来考量。⑧ 毫不动摇地坚持中国特色社会主义基本经济制度,历史虚无主义的泛滥就会缺乏现实的社会经济基础。⑨ 只有通过大力发展生产力来解决不平衡不充分的矛

---

① 陶俊怡:《论历史虚无主义对青年红色记忆的深层破坏及其应对策略》,《思想教育研究》2021年第6期。
② 周宏、郝文斌:《新媒体也是反对历史虚无主义的重要阵地》,《学术交流》2019年第2期。
③ 陈永刚:《网络空间历史虚无主义对新时代大学生思想影响及对策研究》,《思想教育研究》2020年第4期。
④ 洪晓楠、王坤平:《智媒时代软性历史虚无主义:表征、实质及其治理》,《思想教育研究》2021年第2期。
⑤ 何文校:《软性历史虚无主义的实践新样态》,《马克思主义研究》2021年第3期。
⑥ 郑志康:《历史虚无主义的话语转向及其应对》,《思想教育研究》2021年第3期。
⑦ 《马克思恩格斯选集》(第1卷),人民出版社,2012年,第544页。
⑧ 沈江平:《"历史虚无主义"的历史唯物主义评判》,《中国高校社会科学》2021年第3期。
⑨ 李文:《唯物史观视域下历史虚无主义批判的基本路向》,《思想教育研究》2019年第3期。

盾,才能做到有效防御乃至真正消除历史虚无主义沉渣泛起。① 需要不断通过改革发展成就增强主流意识形态认同,充分保障人民群众最关心最直接的现实利益,及时妥善回应人民群众的重大关切,切实提高改革决策的科学性,让全面深化改革找到最大共识,使改革红利和发展成果能够惠及最广大人民群众②,在社会变革中祛除产生负面社会心理的现实根源。③ 人们坚信:中华民族的伟大复兴终将雄辩地把历史虚无主义等一切发展过程中的噪声置于不攻自破的境地。④

（原载《毛泽东邓小平理论研究》2021 年第 11 期,现内容有删减）

---

① 何文校:《软性历史虚无主义的实践新样态》,《马克思主义研究》2021 年第 3 期。
② 周宏、郝文斌:《新媒体也是反对历史虚无主义的重要阵地》,《学术交流》2019 年第 2 期。
③ 王哲:《近年来历史虚无主义叙事方式转变及其现实启示》,《当代世界与社会主义》2019 年第 3 期。
④ 张有奎:《三种类型的历史虚无主义及其批判》,《马克思主义与现实》2019 年第 1 期。

历史经验的可靠性
——休谟历史哲学探微

段 艳*

大卫·休谟(1711～1776)的怀疑主义与其历史性立场相关,这种历史性立场关涉具体处境和事件,由经验主义衍生而来。在历史研究中,怀疑主义所导致的证据缺失由经验来弥补,二者相互生成、彼此制约。休谟作为经验主义者是学界共识,不过经验还可以细分:生活经验和智识经验。前者倾向于从对生活世界的直觉体验而得出经验结论;后者倾向于从对心理活动的内在体验和反省而得出的经验结论,比如笛卡尔的"我思故我在"。简单地讲,智识经验促成休谟的怀疑主义立场,而生活经验成为休谟在历史研究中所信赖。

一、证据链的消失

休谟质疑所有哲学家的言论,他认为这些哲学家都无一例外地提出过分死板的原理,他们"根本没有考虑到广泛的多样性,而大自然在她的所有运作中却极为钟爱多样性。哲学家一旦抓住了他中意的某个原理(它或许能解释很多自然现象),便将它无限扩大,去解释万事万物,将每一种现象都归因于它,尽管他们的推论牵强、荒谬,我们的思维因此而变得狭隘短浅,不能认识大自然的多样性和广度,却以为大自然的运作也像我们的思考一样受到了限制"[①]。一个生动活泼、变动不居的生活世界被我们人为的概念和原理切割得支离破碎,这种认识直到 19 世纪末法国学者柏格森那里才有系统表述,随后这种哲学批判观照下的意识流小说方才兴起。

休谟的怀疑主义立场与其个人学术倾向有关,不过也不能否认当时存在的一种怀疑和批判的学术氛围,可能是对中世纪经院哲学的反动。实际上,怀疑主义"就含在西方文化的骨髓里。到 18 世纪启蒙运动时,似乎真正的知识分子都不免有某种程度的怀疑论。启蒙运动领袖之一狄德罗曾说:'一切事物都需检

---

* 段艳,山西师范大学马克思主义学院,主要研究方向为西方史学理论及史学史。
① David Hume, *Essays Moral*, *Political*, *Literary*, Indianapolis: Liberty Fund, 1987, p.106.

验,一切都需过滤筛选。没有任何例外,不怕伤谁的感情。'在狄德罗宣布的新时代里,思考的人必须'无情地践踏'过所有旧的传统,向每一种思考障碍提出质疑。自那时起,没有所谓既定前提,也没有不容置疑的事"①。不过,休谟对怀疑主义也有过自觉审慎的反思,他指责那种粗鄙而愚昧的怀疑主义,它"给通常人以一种抗拒他们所不易了解的事物的普遍的偏见,使他们对于每一种需要精深推理来证明和建立的原则,一概拒不接受"②。肤浅的怀疑主义对知识的增长无益。

在这种氛围下,休谟对事实的质疑,对因果关系的重新思考也算情理之中。他发现,"关于实际事情的一切理论似乎都建立在因果关系上。仅凭借这种关系,我们就可以超出我们记忆和感官的证据以外。如果你问一个人,他为什么相信任何不存在的事实,例如,问他为什么相信他的朋友是在国内或在法国,他便会给你一个理由,这个理由又是别的一些事实,类如他接到他朋友的一封信,或者知道他先前的决心和预告。一个人如果在荒岛上找到一个表或其他任何机器,他就会断言说,从前那个岛上一定有过人"③。因果关系是人们赖以作出判断的根据。人们相信事实情况的一切推理都建立在因果关系上,因果关系是人们预测的基础,它们的关系被比作逻辑中的根据和论断的关系,但是休谟却说这种认识是错误的。因果之间并没有必然联系,它其实只是我们的先有观念和后续观念的习惯性推论。我们观察到一些事情前后相连,如寒冷降雪,火能生热,于是我们推论这两种事物之间有因果关系,使得我们看到其中一个出现,就期待另一个出现,因果联系只不过是主观上的习惯性推想。心灵因习惯而以为二者有联系,这就是因果关系的真实内容,因此我们深信不疑的科学定律都只是我们一厢情愿相信"归纳原则"的结果。波普尔从此点出发,或者说主要从此点出发提出了对历史学界影响甚深的"覆盖定律模型"④,旨在强调历史学与自然科学在方法上的统一。

在休谟看来,我们不能认为一件事物与另一件事物有必然关系,或者说一件事物造就另一件事物,只是我们比较多地看到一件事物的出现伴随另一件事物的出现,由此,休谟提出一个新的概念:恒常连结(constant conjunction)。因果关系不是世界或自然的本质,只是我们对两种事物前后相继出现而形成的心理习惯。休谟之前,这种认识已经在伊斯兰哲学家那里出现;休谟之后,罗素进一

---

① 乔伊斯·阿普尔比、林恩·亨特、玛格丽特·雅各布:《历史的真相》,刘北成、薛绚译,中央编译出版社,1999年,第6页。
② David Hume, *Dialogues Concerning Natural Religion*, Oxford: Clarendon Press, 1935, Part 1.
③ David Hume, *Enquiries Concerning the Human Understanding and Concerning the Principles of Morals*, Oxford: Clarendon Press, 1902, pp. 31-32.
④ 参见 L. 明克:《当代西方历史哲学述评》,肖朗译,《国外社会科学》1984年第12期。

步将因果关系斥之为迷信。

因果关系被解构之后,休谟指出,"关于实际事情的一切推论都是这种性质。我们总是假设,在现在的事实和由此推得的事实之间,必然有一种联系"①。历史被休谟列入有关"实际事情"的学问里,因此研究历史不仅需要假设,而且需要研究假设和推理结论之间联系的必要。任何一种理论或结论都不能做到完美无缺,我们需要考量的是它能不能启发后人,休谟无疑做到了这一点。休谟在逻辑上承认因果关系,而事实上取消因果关系,是由对历史偶然性的关注生发而来。他说,"有一条原理可被看作确定无疑:任何事物本身都既不高尚也不卑贱,既不可爱也不可憎,既不美也不丑;事物的这些特征来自人类情感倾向的特性与构造"②。将这种观点再推进一步,得出的结论是:"心灵单独运作,产生了臧否褒贬的情感,断定某个对象是丑的和可憎的,断定另一个对象是美的和可爱的,即使在这种情况下,这些性质其实也并不存在于对象中,而完全属于进行褒贬的心灵的感受。"③他甚至发现偶然性的普遍存在,"我认为:一切民族特性都不取决于确定的精神因素,而是来自上述一些偶然因素;自然因素对人类心灵也没有显著的影响。将未显现的原因视为并不存在,这是一切哲学当中的一条基本准则"④。即使是政府的起源也带有偶然性。⑤ 其实,休谟早已经发现"历史的事实和思辨性的意见之间有着重大的差别"⑥。这和当代史家柯文的"逻辑推理的正确并不等于那就是历史事实"的意见如出一辙。

经验主义的立场相信知识来源于经验,但历史却很特殊。历史一去不复返,它不可能成为我们的经验对象,我们可以感知和经验现在,却不能经验过去,而一切逻辑推理都变得不可靠,在历史研究中如何弥补这种缺失?或许这对休谟而言,根本不成问题。首先,休谟的历史研究在其学问体系中相对独立;其次,他区分了学术研究和日常生活;更重要的是,在其学问体系里,相信人性同一性在一定范围内的确定无疑。

二、从经验到观念

休谟的怀疑主义和经验主义不是逻辑推演的顺序结构,而是并列、互相制约

---

① David Hume, *Enquiries Concerning the Human Understanding and Concerning the Principles of Morals*, p. 32.
② David Hume, *Essays Moral, Political, Literary*, Indianapolis: Liberty Fund, 1987, p. 107.
③ David Hume, *Essays Moral, Political, Literary*, 1987, p. 108.
④ David Hume, *Essays Moral, Political, Literary*, 1987, p. 129.
⑤ David Hume, *Essays Moral, Political, Literary*, 1987, pp. 41-43.
⑥ David Hume, *The Nature History of Religion*, London: A. and H. Bradlaugh Bonner, 1889, p. 16.

的关系。休谟对经验主义立场有过经典表述。

任何事物的存在,只能以其原因或结果为论证,来加以证明,这些论证是完全建立在经验上的。我们如果先验地来推论,那么任何事物都可以产生任何别的事物。石子的降落也许会把太阳消灭了,人的意志也许可以控制行星的运转。只有经验可以把因果的本性和范围教给我们,使我们可以根据一件事物的存在来推测另一件事物的存在。或然性的推论,其基础就是这样的,虽然这种推论形成了大部分人类知识,并且是一切人类行为的源泉。①

这段话至少包含两层意思:首先,像休谟宣称的那样,"我们的观念超不出我们的经验"②。柯林武德赞美了从洛克到休谟的经验主义者们对实体的攻击。休谟坚持一种经验主义的立场,坚持知识来源于感觉经验,比如你意识到旁边有一张桌子,你所意识的不过是汇聚在你头脑中各种感觉(颜色、形状)的集合。人不能超越自己的意识观察外在于意识的东西,当你闭上眼睛,桌子消失,就无法说明它是持续存在的,仅仅是观察主体在假设它的存在。"实体观念正如样态观念一样,只是一些简单观念的集合体,这些简单观念经由想象结合起来,被我们赋予一个特殊的名称,借此我们便可以向自己或他人提到那个集合体。"③实体已经被休谟主观化或唯名论化。对实体观念的摈弃在柯林武德看来是一种历史性思维,这种历史性思维对我们认知是有益的。中国大儒朱熹尊经抑史,他认为:"看经书与看史书不同:史是皮外物事,没紧要,可以札记问人。若是经书有疑,这个是切己病痛,如人负痛在身,欲斯须忘去而不可得,岂可比之看史,遇有疑则记之纸邪!"④他主张用经书的是非来判断史书所记的史事:"凡读书,先读《语》《孟》,然后观史,则如明鉴在此,而妍丑不可逃。若未读彻《语》《孟》《中庸》《大学》便去看史,胸中无一个权衡,多为所惑。"⑤相较之下如何?休谟认为知识源于经验,经验终结之处便是知识完结之时,从而把社会现象从神和形而上学的束缚中解放了出来,为历史学身份认同和独立创造了条件。人们甚至在休谟的论述中奇迹般地发现"历史主义思想的萌芽",以至于历史主义论的代表人物赫尔德在看了休谟的《论国民性》一文后热情赞扬道:休谟以"一种生动的方式"表明"每一阶段,每一种生活方式都有其自己的风俗"⑥。

---

① David Hume, *Enquiries Concerning the Human Understanding and Concerning the Principles of Morals*, p. 103. 译文参考休谟:《人类理解研究》,关文运译,商务印书馆,1957年,第144~145页。
② David Hume, *Dialogues Concerning Natural Religion*, Oxford: Clarendon Press, 1935, Part 2.
③ David Hume, *A Treatise of Human Nature*, Oxford: Clarendon Press, 1896, p. 24.
④ 黎靖德编,王星贤点校:《朱子语类》卷一一,中华书局,1986年,第189页。
⑤ 黎靖德编,王星贤点校:《朱子语类》卷一一,第198页。
⑥ R. M. Burns, H. R. Pickard:《历史哲学:从启蒙到后现代性》,张羽佳译,北京师范大学出版,2008年,第55页。

休谟对实体说的批判并不彻底,他在历史考察中有一个重要的前提假设:人性不变。涉及具体问题,则充斥了对人性的各种假设,演绎出各种结论;如"见异思迁,反复无常,本是人类的天性,所以极易受种种不同观点、原理和行为准则的影响。一种东西,当你信奉某种思想方法时可能认为是正确的,等到你接受了另一套截然相反的观点态度时就会认为是谬误"[1]。一般认为,启蒙运动导致了一种冰冷的形式主义,就像荷兰小说家尼可拉斯·比茨(1814~1903)于1837年所说:启蒙运动"给予我们的是冷冰冰的形式主义:A+B=C。温度从人类热血的水平降到冰点以下。它真的像下大雪一样落下了许多宏大观念。虽然很清新,但它最终还是一种令人不舒服的寒冷"[2]。柯林武德甚至指出18世纪有的只是"人性的科学",而不是历史学,休谟像启蒙运动的那些人们一样"被一种实质主义的人性观阻拦在科学历史学的门外"。[3]

就休谟本人而言,坚持人性同一性是有道理的。在漫长岁月中,充满偶然性,但人性几乎无甚变化,古人和今人在心性上的相似,有助于我们通过观察和联想,推此及彼,自然地认识历史,"你想知道希腊人和罗马人的感情、心向和日常生活么?你好好研究法国人和英国人的性情和行为好了。你如把由后两国人所得的大部分观察结果推到前两国人上,你是不会有大错误的。人类在一切时间和地方都是十分相仿的,所以历史在这个特殊的方面并不能告诉我们以什么新奇的事情"[4]。在休谟看来,我们应该承认当中存在的一律性,"我们不但在身体的动作方面,而且在人类的动机和行为方面,都会确信无疑地普遍地承认有一种一律性"[5]。正因为人性同一性,"波里比阿(Polybius)和塔西佗(Tacitus)所描写过的人物正和现在管理世界的那些人相仿"[6]。不过,休谟也认识到希腊人在他们行为的许多方面——乱伦、杀婴、同性恋、自杀——是与其同时代的法国人、英国人迥然有别的,于是他主张:人类行为的任何差异最终都能用"习惯与教育"这个统一原则来解释,从而保持理论的一致性。

对人性的关注,和对人性不变的坚持者并不仅仅只有休谟,即使到了20世纪,也有著名学者在这方面的认同。与休谟一样,罗素认为历史在增进我们对人性的知识方面,是无可估价的。罗素的人性论是其整个思想的理论基础,1950

---

[1] David Hume, *Essays Moral, Political, Literary*, Indianapolis: Liberty Fund, 1987, p.156.
[2] 转引自 F. R. 安克斯密特:《崇高的历史经验》,杨军译,东方出版中心,2001年,第8页。
[3] 柯林武德:《历史的观念》,何兆武、张文杰、陈新译,北京大学出版社,2010年,第77页。
[4] David Hume, *Enquiries Concerning the Human Understanding and Concerning the Principles of Morals*, pp.61–62.
[5] David Hume, *Enquiries Concerning the Human Understanding and Concerning the Principles of Morals*, p.62.
[6] Ibid.

年他获诺贝尔奖时所作的演说谈的仍然是人性和历史。研究历史就是研究人性,研究人性在不同的历史时期、不同的历史环境下的具体表现。罗素认为,历史最根本的源头不应该单纯地求之于社会制度或物质生产方式或者其他,而应该进一步向着人心或人性的深处去追寻。在休谟那里,"人性"并不是历史的产物,而是先天给定了的,是永恒不变的。罗素又进一步化约为"本能"来解释历史。他认为推动历史发展的不是物质的而是精神的或心理的因素。例如:罗素把人性简约成占有欲、权力欲和创造欲三个组成部分,认为这三者是先天给定的,或者至少是目前还看不出它们的变化。比较来看,似乎对休谟也不能过分苛责。而且休谟本人在思考时始终保持一种开放态度,人们总是能从他那里读出不一样的意思。卡西尔就与柯林武德持相反意见,他在《启蒙哲学》一书中说:休谟"不太注意对历史进行静态的研究——这种研究旨在认识人性的恒久属性,而更多地留意历史过程本身,而不是构成这种过程的前提的坚实基础","休谟不仅作为逻辑学家,还作为历史哲学家批判了实体概念。他甚至不是把历史描述为稳定的发展过程,而是津津乐道于它的不停的变化和对过程本身的观察"①。

三、关于初始经验的信念

因为休谟作出的某些区分,就得出这样的认识:理性不能驱散怀疑的乌云,但大自然本身却能达到这个目的,并在我们的实际生活中给我们一种必要性来像其他人那样生活、交流。人类知识尽管缺乏绝对的真理或必要性,却能达到我们所需要的确定性。这种确定性也表现在上述引文的第二层意思上,"只有经验可以把因果的本性和范围教给我们,使我们可以根据一件事物的存在,来推测另一件事物的存在"。这也是休谟虽然认为我们无法把握古代历史,但还是相信:古代史的证据并不会随着单纯的长度而毁灭。

这就涉及前面提到的"恒常连结"的概念,经常性的联系让我们可以理性地推衍。比如雪遇到火会融化,在一个荒岛上看到废弃的用具会猜测曾经有人来过这里……对于古代史的推测也可以遵循这样一种常识,休谟说:"联系任何原始事实和作为信念基础的当前印象的那些环节虽然是无数的,可是它们都是相同种类,都依靠于印刷者和抄写者的忠实。一版之后继之以第二版、第三版,这样一直下去,直到我们目前所阅读的这一册。在各个步骤之间没有变化。我们知道了一个步骤,就知道了一切步骤。我们经历了一个步骤,对其余的步骤就不

---

① E. 卡西尔:《启蒙哲学》,顾伟铭等译,山东人民出版社,1988年,第209页。

再怀疑。单是这一个条件就保存了历史的证据,且会将当前记忆传到最后一代。"①依赖这种忠实性,初始经验得以一代代保存,如果后代在千万年以后怀疑有过尤利斯·凯撒这个人,那似乎就是违反常识的。

对"恒常连结"的信任就可能会对多种初始经验产生认同,比如,"我们相信,凯撒于3月15日在元老院遇刺;是因为这个事实是根据历史学家们一致的证据所确立的,这些历史学家都一致给它指定这个确切的时间和地点。这里有若干符号和文字呈现于我们的记忆或感官之前;我们也记得这些文字符号曾被用作某些观念的记号;这些观念或者是存在于行刺时亲自在场、并由这件事的存在直接得到这些观念的那些人的心中;或者是这些观念是由别人的证据得来,而那个证据又从另一个证据得来,这样清楚可见地层层推进,直至最后我们达到那些目击此事发生的人们为止"②。如此,则"即使这些印象已经完全从记忆中消失,它们所产生的信念仍然可以存在。同样真实的是:关于因果的一切推理原来都是由某种印象得来的,正像某种理证的信据永远是来自观念的比较一样,虽然这种比较已被遗忘,信据却仍然可以继续存在"③。

这种历史演进的策略与近代学者胡适的"历史的方法"有异曲同工之妙,历史的方法即"祖孙的方法",胡适"从来不把一个制度或学说看作一个孤立的东西,总把他看作一个中段:一头是他所以发生的原因,一头是他自己发生的效果;上头有他的祖父,下头有他的子孙"④。学界多认为从结果追溯原因的方法是自休谟始。"论辩表明教授历史最好的方法是从已知追溯不知;从我们所熟知的制度、法律和习俗追溯它们遥远时代的起源,这种方法并没有得到普遍的认可,正如吉本提到的那样,'人们更乐意于从原因下溯结果,而不是从结果上溯原因'。然而休谟实践了这种方法。他写历史如霍恩所说,'像巫师祷告,从后往前'。"⑤休谟为了对爱尔兰国事有个合理的认识,他认为"往前回溯一段时间,并且简要地联系一下英国那场难忘的革命时期两地间的交往,是很有必要的"⑥。

人们相信,历史学家有能力揭示过去所发生的事,"这样一种观念实际上是一种常识性的信念,是为大多数人在大多数时间所毫无疑义地接受的一种常识性信念"⑦。我们关于这个世界的所有知识可能都是不确定的,甚至是错误的,但我们

---

① David Hume, *A Treatise of Human Nature*, Oxford: Clarendon Press, 1896, p.109.
② David Hume, *A Treatise of Human Nature*, 1896, p.68.
③ David Hume, *A Treatise of Human Nature*, 1896, pp.68-69. 译文参考休谟:《人性论》,关文运译,商务印书馆,1980年,第101页。
④ 胡适:《演化论与存疑主义》,欧阳哲生编:《胡适文存》(10),北京大学出版社,1998年,第350页。
⑤ J. B. Black, *The Art of History*, London, Methuen, 1926, p.82.
⑥ David Hume, *The History of England* (edited by W. B. Todd) Ⅵ, London, T. Cadell, 1778, p.7.
⑦ 麦卡拉:《历史的逻辑:把后现代主义引入视域》,张秀琴译,北京师范大学出版社,2008年,第8页。

发现,相信这些关于世界的描述是相当有用的,"因为它们可以很好地解释我们的感性经验"①。这些信念为我们提供行动指南,一般而言,还相当成功。所以我们是出于实践的原因持这种信念的。休谟对历史学的探讨正是基于这样一种信念。

针对古代史证据的可信性,休谟是相信常识判断和理性演绎的。托马斯·里德在批判休谟等人"观念论"基础上建立了"常识学派",实际上只看到休谟对智识经验的思考,以为自笛卡尔,经洛克、贝克莱至休谟,最核心的主张是哲学思考的唯一正当方法是对心灵和知觉的反省,却忽视了休谟对自身立场的质疑,对智识经验的反省,从而导致他向生活经验寻求确定性慰藉的转变。

知识都是相对的,认识主体是有自己能动性的,而且需要这种能动性。休谟认为,心灵不能总是无止境的推论,我们需要一些信念,"理性永不能使我们相信,任何一个对象的存在涵摄另外一个对象的存在;因而当我们由一个对象的印象推移到另一个对象的观念或信念上时,我们不是由理性所决定,而是由习惯或联想原则所决定"②。例如宗教信仰,休谟并不认为上帝存在,但是他要相信上帝的存在。上帝存在只是一种猜测,但我们可以信以为真。我们有道德观念,信仰上帝不是出于理性而是出于本能。休谟确信,自然神论者和理性基督徒都错了,因为他们大谈用理性来支持各种宗教,其实我们对宗教的信仰只是一种信念的选择,习俗是可靠的指南。

如果说,经验的超验化是西方哲学的一个显著特色③,对休谟思想的考虑还应该更谨慎、全面一些。怀疑主义立场促成他的自我反思,一位真正的怀疑主义者对自己的怀疑主义亦持怀疑态度,他知道自己也终将遭到批判。亦诚如巴特菲尔德所说"不偏执历史,历史极为有用"④。温和的怀疑主义对历史研究极为有用。怀疑的态度助长求知,也促使人们通过相信自己可能有错而保持一种开放的心境。

(原载《历史教学》2014 年第 8 期)

---

① 麦卡拉:《历史的逻辑:把后现代主义引入视域》,张秀琴译,第 25 页。
② David Hume, *A Treatise of Human Nature*, p. 78.
③ F. R. 安克斯密特:《崇高的历史经验》,杨军译,第 6 页。
④ 转引自杜维运:《史学方法论》,北京大学出版社,2006 年,第 9 页。

古 为 今 用

——论美国革命中罗马史的发掘和利用

赵辛阳*

英属北美殖民地建立后,古典教育日益兴盛,美国的建国者得以熟谙古典典籍。他们在革命中时常引用罗马历史,观看历史戏剧,甚至穿上罗马服饰。种种行为证明罗马历史的发掘在美国革命的意识形态建构中占有一席之地,此现象值得深入研究。

学者们早期的研究基本上都肯定古典传统对于建国者的影响,[1]贝林等少数学者则持否定意见。[2] 以理查德为代表的学者则批评贝林的观点过于武断,阐释古代历史如何为革命贡献了话语和观念。[3] 近年来,有学者从时间意识角度来阐明建国者对罗马历史的认知。[4] 笔者将研究建国者如何使用罗马历史来

---

* 赵辛阳,现为安徽师范大学历史学院讲师。

[1] Trevor H. Colbourn, "Thomas Jefferson's Use of the Past", *William and Mary Quarterly* (3d ser.) 15 (1958), pp. 56 – 70; Dorothy M. Robathan, John Adams and the Classics, *The New England Quarterly*, Vol. 19, No. 1 (Mar., 1946), pp. 91 – 98; Charles F. Mullett, Classical Influence on the American Revolution, *Classical Journal* 35 (November 1939), pp. 92 – 104; Richard M. Gummere, *The American Colonial Mind and the Classical Tradition*. Cambridge, Mass.: Harvard University Press, 1963; Gilbert Chinard, "Thomas Jefferson as a Classical Scholar", *The American Scholar*, Vol. 1, No. 2 (March 1932), pp. 132 – 143; Wright, Louis B., "Thomas Jefferson and the Classics", *Proceedings of the American Philosophical Society*, Vol. 87, No. 3, Bicentennial of Thomas Jefferson (Jul. 14, 1943), pp. 223 – 233; Gordon S. Wood, *The Creation of the American Republic*, 1776 – 1787, Chapel: University of North Carolina Press, 1998.

[2] Bernard Bailyn, *The Ideological Origins of the American Revolution*, Cambridge: The Belknap Press of Havard University Press, 2017, pp. 25 – 28; Clinton Rossiter, *Seedtime of the Republic: The Origin of the American Tradition of Liberty*, New York: Harcourt, 1953, pp. 356 – 357.

[3] Carl Richardson, *The Founders and the Classics: Greece, Rome, and the American Enlightenment*, Cambridge: Harvard University Press, 1994; Meyer Reinhold, *Classica Americana: The Greek and Roman Heritage in the United States*, Detroit: Wayne State University Press, 1984; Botein, Stephen, "Cicero as Role Model for Early American Lawyers: A Case Study in Classical Influence", *The Classical Journal*, Vol. 73, No. 4 (Apr. – May, 1978), pp. 313 – 321; Eadie, John W. ed., *Classical Traditions in Early America*, Ann Arbor: University of Michigan Press, 1976.

[4] Eran Shalev, *Rome Reborn on Western Shores: Historical Imagination and Creation of the American Republic*, Charlottesville and London: University of Virginia Press, 2009.

解释时局,并建构英国与自身的形象,来影响革命时代民众的情感和认知,为日后国族的构建提供共同的心理与文化基础,进而为理解美国革命中政治文化的演变提供一种观察的视角。

一、循环史观与罗马历史的现实意义

滥觞于前苏格拉底时代的循环史观对美国建国者的历史观念有着重要的影响。在循环史观的预设中,宇宙中万事万物处在循环状态,一切都会重复上演,而文明兴衰交替不断,文明强盛的顶峰往往就预示着衰败的开始,从而迎接下一世代的更新。所以,建国者对于盛世的喜悦有所保留,甚至会悲观地认为盛世预示着衰败的开始。例如在1767年,《古今对比》全文充斥着悲观的论调,声称"日益衰落是寰宇之真理",古代现代皆是如此,循环往复。① 循环史观不但警告着建国者历史总会重复上演,而且它能提供一种现实的理证,即英国的腐败衰落顺理成章,因为它刚刚获得了七年战争这场决定性战争的胜利。

建国者认为盛衰循环的历史认知与古典共和主义的世界观相互兼容。《古今对比》的作者认为,世界始终处于"美德"与"邪恶"的二元对立中,而人性总是屈从于欲望,致使美德遭受腐蚀,文明由盛转衰。所以文明的盛衰循环在美德和腐败的交替中完成。美德和腐败是古典共和主义中的基本概念,美德意味着个人具有多种优秀的品质,能够将共同体福祉置于自我利益之上;腐败则是人欲望横流的表现,与美德精神相对立。18世纪的哲学家们往往将这两种概念归入人性的范畴。在此语境下,人性会被视为是左右文明兴衰的动因。《古今对比》的作者认为,"邪恶总会存于世间,并且还会继续存在,只要世上还有人"②,即任何时代的人性都是一致的,人性必然有走向恶的趋势,而这一不变法则导致文明盛衰循环不断。这位不具名作者的意见反映了18世纪盛行的主流观念,即人性一致论。③

人性一致论的风行赋予了18世纪历史学重大的实用意义。在人性一致论

---

① "A Comparison between the Present Age and Former Age", *Virginia Gazette* (Williamsburg, Virginia)·December 3, 1767,引自数据库 America's Historical Newpaper, https://infoweb-newsbank-com. 2019-04-10。

② "A Comparison between the Present Age and Former Age", *Virginia Gazette* (Williamsburg, Virginia)·December 3, 1767,取自数据库 America's Historical Newpaper, https://infoweb-newsbank-com. 2019-04-10。

③ 彼得·盖伊:《启蒙时代(下):自由的科学》,王皖强译,上海人民出版社,2016年,第156~200页。

预设中，18世纪的人相信历史学能够发挥自然科学一般的作用。历史学家科尔伯恩认为：对于18世纪的人来说，"就像牛顿发现了物理的万有法则一样，一定会有历史的万有法则，人性在任何地方都必然相同，相同的原因产生相同结果，历史会重复上演"。当历史学能够像自然科学一样探究规律时，对过去因果关系的研究可适用于当下，让现代人从历史的经验中判断未来的走向，从而趋吉避凶。因此建国者笃信"过去能够教导当下，从而规避未来可能发生的错误"①。正是在这样的历史认识中，约翰·迪金森将一句拉丁格言当成座右铭："幸福之人通过他人之不幸而日益明智。"②研究历史的实用意义在人性一致论的预设中放大，关心现实的人会积极地研究历史，找到社会腐败的因素，以指引当下。

罗马历史则一直被近代西方视为研究国家盛衰的范例。在当时主流历史观中，罗马人崇尚美德，从蕞尔小邦成为统治地中海的大国，但是没能逃脱腐败的命运，从共和国典范堕落为专制帝国。18世纪的文人试图通过罗马盛衰原因的研究来观察当代，诊断时弊，或者以罗马历的事例警醒世人，宣传政见。对美国建国者影响巨大的英国辉格派尤其如此。③

英属北美殖民地在文化创作力上远逊于母国，但是殖民地居民对罗马历史的兴趣并不低。在北美独立期间，殖民地报纸、小册子等材料上出现大量涉及罗马历史的内容。建国者吸收了母国辉格派的历史观，重点关注罗马由共和国转

---

① Trevor Colbourn, *The Lamp of Experience: Whig History and the Intellectual Origins of the American Revolution*, Indianapolis: Liberty Fund, 1998, p. 5.
② 转引自 Richard Gummere, "John Dickinson, Classical Penman of the Revolution", *Classical Journal November*, 1956 (52), p. 82.
③ 《独立辉格党人报》的创办者约翰·特伦查德和他的助手托马斯·戈登以罗马共和英雄"加图"（是小加图而不是老加图）为笔名，在《不列颠新闻报》和《伦敦新闻报》上发表了144篇通信体文章，1724年结集出版为《加图来信集》，该书不仅仅只是托古罗马小加图的名号，其内容涉及大量罗马由共和国转为帝国这段时期的历史，第18篇、第27篇、第30篇等文章都是对罗马共和国腐败问题的专门论述。之后托马斯·戈登翻译了数位古代罗马历史学家的作品并写下评注，包括《塔西佗作品集》《撒路斯特作品集》以及西塞罗的《反对喀提林的四篇演说集》，这些作品同样反映着他们在《加图来信集》中的旨趣，关注罗马共和国转向帝国时期的历史，关注腐败问题对共同体的影响。参见约翰·特伦查德、托马斯·戈登：《加图来信》，贺文发译，中国传媒大学出版社，2017年。爱德华·沃特利·蒙塔古这位自诩为"老辉格党"(Old Whig)的文人写出过《关于古代共和国兴衰的反思》。这部著作致力于研究古代自由共和国衰落的主要原因，蒙塔古相信"英国和古代自由共和国奠基于相同的原则之上，他们的政策和宪法也是如此相似，而相同的原因将会产生相同的结果的原则，所以我们并非不能察觉出他们和我们风俗(manners)上的相对应之处"，为英国辉格派以及北美建国者的实用性历史观提供了认识论的基础。参见 Edward Wortley Montagu, *Reflections on the Rise and Fall of the Antient Republicks*, London: Printed for J. Rivington and Sons, MDCCLXXVIII, 1759. 奥利佛·戈德史密斯，这位剧作家也对罗马历史产生了浓厚的兴趣，写出过两卷本的罗马史。参见：Oliver Goldsmith, *Roman History*, 2 vols, London: Printed for Strahan, MDCCLXXIV, 1771. 除此以外，英国辉格派还贡献过很多这样的著作，在此不一一列举。

向帝国时期的历史,以及罗马帝国时期专制与腐败给国家带来的伤害。因此在革命紧张的时刻,报纸上会出现《历史的趣和益》和《罗马历史的示例》等专题文章,这些文章代表着建国者对罗马历史实用功能的重视。

在循环史观的基础上,罗马历史成为建国者的参照,影响建国者对时局的判断方向,成为建国者建构自身和不列颠形象的资源,构成革命意识形态中不可或缺的组成部分。

二、建国者眼中不列颠的"罗马帝国化"

基于上述观念,建国者探讨罗马共和国转向帝国的历史,发掘其中可资利用的故事和人物,寻找不列颠帝国和罗马帝国的相似之处,从而建构母国罗马帝国化的形象。而18世纪的历史学家对国家腐败的社会性因素的研究,为建国者对母国形象的构建奠定了认识论基础。

在《历史的趣和益》和《罗马历史的示例》两篇文章中,罗马的腐败被归咎于奢侈风气的弥漫。① 在18世纪的主流观念中,奢侈意味着个人高品质生活的享受,"反映并且鼓励着个人对物质利益毫无原则的追求,致使丑陋且堕落的人类沉溺于奢靡与放纵之中"②,结果是以公共利益和精神的牺牲为代价,社会美德衰微,腐败就此产生。奢侈不仅仅有腐蚀性,还具有传染性。时人认为奢侈品开始在罗马富人和掌权者内部发生作用,然后腐败和奢侈很快地流入进普通民众中,公民美德精神遭到腐蚀,民众沉溺于"挥霍奢侈的生活"中,国家因此腐化堕落。③ 奢侈是腐败的社会性因素。

殖民地的激进派受到苏格兰学派思想家的影响,认为英国同样受到了奢侈的侵蚀,有着和罗马腐败相同的社会原因。苏格兰学派按照经济形态将人类历史进程分成狩猎、畜牧、农耕和商业四个阶段,这四个阶段由简单到复杂,由粗野到文明。在第四阶段商业社会中,人们享受商业带来的物质生活和高雅娱乐,但是人们也不再满足于基本的需求,开始追求精致的奢侈品,所以商业社会被部分

---

① "The Effects of Simplicity and Luxury on a state, Exemplified from the Roman History", *Virginia Gazette* (Purdie and Dixon), September 5, 1771; "The Reading of History Pleasing and Advantageous", *Virginia Gazette*, March 17, 1774, 引自数据库 America's Historical Newpaper, https://infoweb-newsbank-com. 2019-04-20。

② Drew McCoy, *The Elusive Republic: Political Economy in Jeffersonian America*, New York and London: W. W. Norton & Company, 1980, p. 23。

③ "The Effects of Simplicity and Luxury on a state, Exemplified from the Roman History", *Virginia Gazette* (Purdie and Dixon), September 5, 1771, 取自数据库 America's Historical Newpaper, https://infoweb-newsbank-com. 2019-04-20。

18世纪的人视为腐败和邪恶的温床。第四阶段商业社会的代表是近代欧洲文明。① 英国是欧洲文明国家中的佼佼者,人口膨胀并且商业发达,贸易遍及全球。所以在很多人看来,英国商业社会的状态和形象让其本身就带着奢侈与腐败的原罪。同时,人们认为罗马奢侈风气的养成始于东方亚洲奢侈品的流入②,而作为全球贸易领军者,英国从亚洲引入奢侈品的能力绝对在古代罗马之上。在这样的认识论基础上,关于英国政府掌权者奢侈腐化的消息大量涌入殖民地③,1720年南海泡沫危机④反复被引证为新兴商业阶层腐蚀政府的例证。⑤ 理论认知和现实细节的观察让殖民地的激进派相信母国受到奢侈生活的腐蚀,腐败不断滋生,开始走向古代罗马由盛而衰的历史轨迹。南卡罗来纳法官德雷顿宣称:"就像罗马帝国一样,大不列颠的政体中含有致使它衰败的毒素……毒素受到了东方的奢侈品和财富的刺激,带来了毁灭性的举动。"⑥

所以,在北美殖民地激进派的历史认知中,曾经破坏了罗马人美德的奢侈腐败之风,如今出现在了英国社会中,那么在历史循环的作用下英国有可能堕落为下一个罗马帝国,落入由盛转衰的节点。现实中英国一系列政策的颁行则加深了激进派的猜疑,被认为是英国正在踏入与罗马帝国相同命运轨迹的证明,而作为英国臣民的殖民者则会受到腐败与专制的荼毒。

在殖民地激进派看来,1765年颁布《印花税法》就是一场阴谋,旨在毁掉殖民者作为英国人应享之权利。不过比起阴谋,殖民地激进派更加恐惧阴谋的制

---

① Drew McCoy, *The Elusive Republic: Political Economy in Jeffersonian America*, New York and London: W. W. Norton & Company, 1980, pp. 18 – 23; Adam Ferguson, An Essay on the History of Civil Society, Edinburgh: Printed by J. J. Tournesis, MDCCLXXXIX, 1767, p. 375.
② "The Reading of History Pleasing and Advantageous", *Virginia Gazette*, March 17, 1774; William Henry Drayton, *A Charge, On the Rise of the American Empire*, Delivered by the Hon, William-Henry Drayton, Esq, Charleston: 1776, p. 3, 取自数据库 Early American Imprints, Series 1, no. 14741, https://infoweb.newsbank.com, 2019 – 04 – 20。
③ 参见 Bernard Bailyn, *The Ideological Origins of the American Revolution*, Cambridge and London: The Belknap Press of Harvard University Press, 2017, pp. 34 – 54。
④ 与英国政府密切相关的南海公司促使政府在1720年通过《泡沫法令》,但是南海公司在该年股价大跌,股票持有者蒙受巨大损失,引起英国巨大的经济混乱,影响深远,"泡沫经济"一词即来源于此。后经调查证明南海公司与政府要员之间存在大量的暗箱交易,《加图来信集》就是对南海泡沫危机的直接回应,参见 Bernard Bailyn, *The Ideological Origins of the American Revolution*, Cambridge and London: The Belknap Press of Harvard University Press, 2017, p. 36。
⑤ 参见 Drew McCoy, *The Elusive Republic: Political Economy in Jeffersonian America*, New York and London: W. W. Norton & Company, 1980, p. 42。
⑥ William Henry Drayton, *A Charge, On the Rise of the American Empire*, Delivered by the Hon. William-Henry Drayton, Esq, Charleston: 1776, p. 5, 取自数据库 Early American Imprints, Series 1, no. 14741, https://infoweb.newsbank.com. 2019 – 04 – 30。

造者,这让他们联想到古代罗马的暴君。1765年9月6日,《康涅狄格报》上转载了一篇文章,认为颁布《印花税法》的首相格伦维尔等人是谋害祖国之人(patricide),是阴谋家喀提林、尼禄、卡里古拉之流。① 激进派领导者塞缪尔·亚当斯(Samuel Adams)也声称:"《印花税法》就像尼禄用来割下罗马人民头颅的剑。"② 在塞缪尔·亚当斯笔下,《印花税法》是斩向殖民地人民的"利器",而使用《印花税法》的人是那些残酷的"尼禄们"。

在殖民地的抵制下,《印花税法》被取消,英国考虑到殖民地人民竟然对内部税如此敏感,所以决定征收外部税,颁行《汤森税法》(Townshend Revenue Act),再次激起北美殖民地的抗议风潮。③ 其间,各殖民地的报纸纷纷转载约翰·迪金森(John Dickinson)的《一个宾夕法尼亚农场主的信札》(简称《信札》),《信札》力陈作为外部税的关税对殖民地人民权利仍然具有威胁。当他在解释政府向进口海外货物的商家征收税时,他援引"明智的历史学家"塔西佗作品,回忆"怪物"尼禄为了赢取人心减少奴隶购买税,但是塔西佗认为这项政策并没有减轻购买者的负担,因为税收落在了卖者一方,因此卖者将会提高奴隶的价格以弥补损失。以相同的逻辑推演,当向商人等外部税承担者增加税收时,这些商人为了利益会自觉地将新增的赋税加之于商品,那么作为买者的殖民地居民就间接承担了赋税。正是基于外部税所产生的可能性,所以《汤森税法》仍然是"专制和压迫政府"的恶政。④ 在这段历史引用中,迪金森将母国的法令解读为尼禄使用其权力的方式。同时尼禄的历史为迪金森的论述提供了理据,用以解释英国税收政策的实质和可能存在的危险。迪金森对塔西佗的引用反映了激进派看待母国税收政策的视角,即政策的可能性问题。

正如李剑鸣教授所言,殖民地对于母国实行奴役、暴政、专制的指责往往都是基于可能性的分析。⑤ 颠覆北美自由和美德的阴谋会不会发生,尚在未知中。但是殖民地激进派担心母国的新殖民地政策中隐藏着腐败的征兆,预示着暴政和专制的到来。这种担心一方面来自他们对现实的观察,另一方面也源于他们

---

① Connecticut Gazette, September 6, 1765, http://infoweb.newsbank.com. 2019-05-02.
② Harry Alonzo Cushing, ed., *The Writings of Samuel Adams*, vol. 1, New York: The Rnicherbocher Press, 1904, p. 109.
③ 参见 Pauline Maier, *From Resistance to Revolution: Colonial Radicals and the Development of American Opposition to Britain, 1765-1776*, New York and London: W. W. Norton & Company, 1991, pp. 113-169。
④ John Dickinson, *The Political Writings of John Dickinson*, Wilminton: Printed and sold by Bonsal and Niles, 1801, p. 208.
⑤ 李剑鸣:《英国的殖民地政策与北美独立运动的兴起》,《历史研究》2002年第1期。

从过去中汲取的经验和教训。历史本身就是托什所说的"有关各种可能性的清单"①,在这份"清单"中人们可以理解事物之间的因果联系和种种可能性的趋向。在 18 世纪,人们对历史中因果联系认识的功利效果有着更高期待。建国者因此笃信,类似的阴谋总会带来相同的恶果。正如约翰·亚当斯所言,"相同的诡计,取得了相同的成功,在所有国家和世代一直上演着"②。在这样的历史认识论中,古代罗马的阴谋史对于殖民地的激进派而言是"经验之灯",影响着激进派对于现实可能性的判断和认知,让他们评估现实中相同阴谋发生的可能性。

而历史这份"可能性清单"往往会带来焦虑的情绪。历史认知中的惨痛先例会让建国者怀疑未来会不会面临相同的厄运,从而担忧自己的境况,这在建国者亚瑟·李的论述中尤为明显。在叙述过一段罗马由共和国转入帝国的历史后,李提醒殖民地的居民要谨防罗马的专制和腐败在北美殖民地重现:"我们难道不该万分小心谨慎,绷紧每根神经,在它萌芽时即开始抵制,或是躲避他隐秘的攻击。难道我们不应该把我们的自由当成我们灵魂的宝石那样来保护吗?"③"确定"的历史事实认知和现实可能性趋向相互交织,让殖民地居民的焦虑情绪油然而生,担心自己将会面临与罗马帝国人民相似的悲惨境况。在这种情绪氛围中,激进派约西亚·昆西(Josiah Quincy)提醒殖民地居民,"不列颠对于美利坚所为而言,不就像是凯撒之于罗马吗?"④

在一系列刺激殖民地居民的事件中,母国高压政策让殖民者不断联想到丧失了美德的罗马帝国所施行的暴政,因此激进派自觉或不自觉地将建构起母国罗马帝国化的形象。在 1771~1773 年间,母国没有再推行改变殖民地宪法地位的重要政策,殖民地与母国的关系有所缓和,但是殖民地激进派对敌对派的罗马帝国化却愈演愈烈。在这期间,母国人物形象的建构更趋向于脸谱化,成为等同于古代邪恶之人的符号。形象的建构不再仅仅局限于政治评论的领域,开始以文学的方式出现,宣传的感染力也随之增强。同时,国王乔治三世也开始被构想为"尼禄""凯撒"之流。

墨西·沃伦在 1772 年创作了一出戏剧,以"警告公民谨防新上任的总督居

---

① 约翰·托什:《史学导论:现代历史学的目标、方法和新方向》,吴英译,北京大学出版社,2007 年,第 27 页。
② John Adams, Novanglus, in Charles Adams ed., *The Works of John Adams*, Vol. 4, p. 14.
③ *The Farmer's and Monitor's letters, to the inhabitants of the British colonies*, Williamsburg, Va.: Printed by William Rind, MDCLXIX, 1769, p. 67. Early American Imprints, Series 1, no. 11239.
④ Josiah Quincy, *Observations on the act of Parliament commonly called the Boston Port-Bill*, Boston: Printed for and Sold by Edes and Gill, in Queen-Street, 1774, p. 59, http://infoweb.newsbank.com, Early American Imprints, Series 1, No. 13561. 2019 - 05 - 12.

心叵测"。因此,戏中总督拉帕蒂奥(Rapatio)影射马萨诸塞新总督哈钦森(Thomas Hutchson)。① 戏中拉帕蒂奥权势熏天,野心勃勃,为宣示权力,无耻地宣称自己将会"抛弃美德",不惜以血腥的手段镇压反对者,将一切付之一炬,"在烈焰中像尼禄一样吟唱"②。塔西佗等历史学家怀疑尼禄曾经在罗马城纵火高歌③,因此这一恶劣行径成了尼禄暴君生涯的生动写照,广为流传。沃伦引入尼禄纵火的污点来丰满拉帕蒂奥(哈钦森)的人物形象,无疑可以突出其形象的暴虐特征,从而增强这出政治宣传剧的感染力。

在对罗马帝国的极度厌恶和对局势的恐慌中,激进派们着力于渲染罗马遭受腐败之后的恶果,暗示殖民地面临的事态发展趋向。1770 年,波士顿惨案发生。在1771 年至1783 年间,为了突出波士顿惨案的政治意义,波士顿人民每年都会举行纪念仪式。而领导者将会在仪式上演说,向民众阐明政治现状,以引导公众舆情。约瑟夫·沃伦在1772 年的纪念活动中做了开幕演说。他以罗马共和国的历史作为整个演说的基调,认为罗马共和的堕落在于其宪政的失序,并强调这预示着英国的走向,将母国罗马帝国化。之后沃伦描绘了罗马共和衰落后的历史场景,暗示着母国罗马帝国化后的命运。场景的描绘被压缩为"鲜血""放荡"与"奴隶"这三个关键词语,简单且富有情绪上的感染力,用以渲染殖民地居民可能将会面临的危险局势。④

在殖民地反对母国的浪潮中,殖民地激进派对英国君主乔治三世的不满日趋高涨,后者也成为激进派笔下的罗马帝国暴君。抵制母国之初,殖民地继续维持着对乔治三世的尊敬和效忠,并且希望通过向国王请愿的方式守护自己的权利,如《康涅狄格决议》虽然强烈地谴责《印花税法》,但是仍对英王致以敬意和恭顺。⑤ 随着母国与殖民地之间的矛盾日趋激烈,英王逐渐被殖民地激进派认为与他的大臣是一丘之貉,就如同古罗马帝国的"凯撒、尼禄"。1772 年12 月,牧师约翰·艾伦在布道中用激进的言语暗示乔治三世是尼禄那种类型的暴君:"陛

---

① Rosemarie Zagarri, *A Woman's Dilemma: Mercy Otis Warren and American Revolution*, West Sussex: Wiley Blackwell, 2015, p. 57.
② Mercy Otis Warren, *The Adulateur: A Tragedy, As It Is Now Acted in the Upper Servia*, Tarrytown: William Abbatt, 1918, p. 10.
③ 塔西佗:《塔西佗编年史(下)》,王以铸、崔妙因译,商务印书馆,2009 年,第535~539 页。
④ *Orations Delivered at the Request of the Inhabitantnts of the Town of Boston to Commemorate the Evening of the Fith of March, 1770*, Boston: Printed by Peter Edes, in State-Street, 1785, pp. 18 - 19,数据库: Early American Imprints, Series 1, no. 18997, http://infoweb.newsbank.com. 2019 - 05 - 04。
⑤ Edmund S. Morgan, ed., *Prologue to Revolution: Sources and Documents on the Stamp Act Crisis, 1764 -1766*, Chapel Hill: University of North Carolina Press, 1959, p. 54.

下难道有两套法律体系吗？一套用来治理英格兰，一套用来治理北美……那个人是比暴君尼禄更为邪恶的人。"①

乔治三世被构想成尼禄式的暴君意义十分重大。在美国建国以前，君主制是西方文明中的主流和普遍存在的政体，君主制的意识形态在大洋两岸都有着牢固的力量，臣民对国王宣誓效忠，背弃誓言被认为是可耻的行为。在影响深远的《政府论》中，洛克引用过著名的绝对君主制支持者巴尔克莱的观点。巴尔克莱认为，"'谁反抗国王就是反抗上帝的命令'，但是尼禄那样的君主颠覆国家，人民理应反抗如斯暴君。②所以，当乔治三世被构想为尼禄式的暴君时，激进派是在宣判英王乔治三世统治的合法性不成立，殖民地人民无需尊奉效忠乔治三世的誓约。

在18世纪历史认识论中，奢侈让曾经的罗马共和国腐败堕落，令罗马人失去了自由和美德。如今，殖民地激进派凭着对历史的联想和现实可能性的推断，怀疑母国出现了相同的征兆，在历史循环的作用下，母国有可能沦为与罗马帝国相同的命运轨迹。文化精英将这种焦虑投入政治宣传中，以古代罗马共和国堕落为罗马帝国的历史来比喻英国的历史进程。在宣传过程中，罗马历史的叙述变得支离破碎，出现扁平化乃至符号化的趋势，但是这种符号化的历史阐释释放政治上的情绪感染力。这样的感染力对于普通大众来说尤甚，因为他们大多数对古代历史一知半解，更容易受到符号化和脸谱化的历史阐释的影响。情感上的渲染则会深化参与者的政治信念，乃至政治信仰。③为了不成为历史上那些饱受腐败和专制之害的罗马人民，抵制乃至独立成为殖民者可行的选择。正如建国者梅森在1778年所说："真相是我们被迫投入【革命】中，这是唯一自保的办法，以让我们的国家和后代免受那最邪恶事物的毒害，上一个地狱般的政府（如果它配得上政府的名称的话），还要追溯至罗马共和国的晚期，其统辖下的行省备受欺压。"④

---

① John Allan, *An Oration upon the Beauties of Liberty or the Essential Rights of the Americans*, Boston: Printed and Sold by D. Kneel and N. Davis, in Queen-street, 1773, 取自数据库 http://infoweb.newsbank.com, Early American Imprints, Series 1, no. 13018. 2019-06-10.
② 约翰·洛克：《政府论（下篇）》，叶启芳、瞿菊农译，商务印书馆，2009年，第152~154页。
③ 法国学者勒庞曾经表示："政治革命的产生可能是由深植在人们头脑中的信仰所导致的"，而政治信仰借助更多的是非理性力量，参见古斯塔夫·勒庞：《革命心理学》，佟德志、刘训练译，吉林出版社，2011年，第7页。
④ Mason to Unidentified Correspondent, Oct. 2, 1778, in Robert A. Rutland ed., *The Papers of George Mason, 1725-1792*, vol. 1, Chapel Hill: University of North Carolina Press, 1970, p. 435.

三、建国者眼中美利坚的古罗马共和化

当英国被构想为罗马帝国时,殖民地的激进派则被想象成罗马共和英雄的化身,美利坚寻求独立的事业是在追随这些先贤的脚步,缔造相同的伟业,追求自由、美德以及和谐的共和主义社会秩序。

建国者坚信自己继承了罗马共和国的传统、精神,甚至是荣耀,这种信念以当时大西洋两岸主流的思想模式"治权转移"(translatio imperii)为基础。它和循环论一样,也强调政治文明不断地衰落和崛起,但非发生在同一区域,一个区域政治文明衰落了,另一个区域的政治文明将会替代它崛起,即治权转移。转移的轨迹有迹可循,在历史中罗马人依靠美德取得了伟大的成就,达到了治权的顶峰,后来国家陷入腐败中而衰落。政治文明中心就不断向西转移,欧洲的各政权相继继承了这一荣耀。以此轨迹运行的趋势而言,大西洋两岸众多文人相信"治权"终将越过大西洋来到美洲新大陆。① 1725 年,英国人乔治·伯克利(George Berkeley)出版《艺术和学问在美洲前景的随想》一诗,最后一节是:"帝国踏上西去的征程;前四幕已过,第五幕将是/今日大戏的终结;最后登场的是时代的高贵子孙。"②伯克利的诗句远漂至大洋彼岸,为尚处于青幼年阶段的建国者所接受。1807 年,约翰·亚当斯写信给好友拉什,讨论"帝国将在太阳西沉之处崛起"是否为伯克利的诗句,并且提及自他们孩提时代起人们总是会谈论治权向北美的转移。③ 所以治权将要西移至北美大陆的想法对建国者具有相当的影响力。同时,建国者笃信北美的现状与崛起之时的罗马共和国十分相似,这点更加强了他们的信念。

于时人眼中,罗马能够缔造伟大国家的关键正是在于社会状态,淳朴的农业社会能够养育出罗马人民刚毅、勇猛以及乐于为共同体奉献的自耕农精神,即美德。凭借着在原初社会状态中养育出的美德精神,罗马征服地中海,缔造了辉煌的罗马共和国。④ 部分殖民者认为,北美殖民地与罗马共和国十分相似,早期的

---

① 参见 J. G. A. 波考克:《马基雅维利时刻》,冯克利译,译林出版社,2013 年,第 535~538 页;Eran Shalev, *Rome Reborn on the Western Shores: Historical Imagination and the Creation of the American Republic*, Charlottesville and London: University of Virginia Press, 2009, p. 31.
② 译文转引自 J. G. A. 波考克:《马基雅维利时刻》,冯克利译,第 536 页。
③ John Adams to Benjamin Rush, 23 May, 1807, https://www.founders.archives.gov/?q=empire%20had%20traveled%20westward%20Author%3A%22Adams%2C%20John%22%20Recipient%3A%22Rush%2C%20Benjamin%22&s=1111311111&r=12019-07-04.
④ "The Effects of Simplicity and Luxury on a state, Exemplified from the Roman History", *Virginia Gazette* (Purdie and Dixon), September 5, 1771, 取自数据库 America's Historical Newpaper, https://infoweb-newsbank-com. 2019-04-20。

移民来到这块旷野之地,开拓土地,建立农业社区。有人认为,北美共同体之所以能够成为下一个文明的荣耀之地,是因为它年轻而有活力,道德水准不会迅速下降。为此,北美应该"杜绝奢侈和放纵的生活","鼓励勤劳和朴素的精神",以维持美德的活力。① 建国者相信北美拥有罗马共和国崛起的力量基础——美德。正如波考克所言,治权的转移"取决于德性(virtus)的转移"②。因此约翰·亚当斯写道,"如果有一个襁褓中的国家值得被呵护的话,它一定是美利坚;如果有一群人应该得到荣誉和幸福的话,那么他们一定是美利坚的居民。他们拥有着罗马人的高尚情操,而且是罗马共和国最繁荣和最有美德时代的高尚情操"③。"治权转移"是建国者理解世界历史进程的思想模式之一,基于此,建国者坚信北美能够秉承罗马共和的精神,让美德与自由之光荣耀新大陆。

因此在独立时期,建国者会有意地建构自身罗马共和英雄化的形象,以此占据舆论的主导权。1775年5月6日,在波士顿的老南区教堂殖民地人民召开了第五次纪念波士顿惨案的纪念仪式活动。康科德和莱克星顿事件爆发不久,所以这次纪念会议的政治意义十分突出。据《利文顿报》的报道,演说者约瑟夫·沃伦在走进会场前先去了附近的商店,取了一件"西塞罗式的托加长袍"(Ciceronian Toga),穿上后走入会场进行了主题演说。④ 托加长袍是古代罗马的特色服饰,一般为享有罗马公民权的男性所穿。历史学家詹姆斯·麦克拉克兰(James McLachlan)认为,托加长袍是一种"文化密码"(cultural code)⑤,传递着重要的政治信息,对于仪式十分重要。

那么托加这个"文化密码"有什么含义?首先,托加无疑寄托了古罗马共和文化中常见的自由和美德元素,这点反映在《利文斯顿报》对"西塞罗式托加"的强调上。西塞罗本身的经历和学说让其成为西方传统中共和精神的象征,在北美殖民地一直被视为具有美德和自由精神的典范。⑥ 其次,托加还含有公民凌

---

① 转引自 Eran Shalev, *Rome Reborn on the Western Shores: Historical Imagination and the Creation of the American Republic*, Charlottesville and London: University of Virginia Press, 2009, p.80.
② J. G. A. 波考克:《马基雅维利时刻》,冯克利译,第537页。
③ John Adams, the Diary of John Adams, December, 1765,文献来自公开网站 Founders Online, 网址为 https://www.founders.archives.gov/?q=infant%20country%20Author%3A%22Adams%2C%20John%22%20Period%3A%22Colonial%22&s=1111311111&sa=&r=5&sr=2019-07-04。
④ Extract of a Letter from Boston, March 6, 1775, Rivington's New York Gazette, March 16, 1775, https://infoweb.newsbank.com. 2019-07-25.
⑤ James McLachlan, "Classical Names, American Identities: Some Notes on College Students and the Classical Traditions in the 1770s", in John W. Eadie ed., *Classical Traditions in Early America*, Ann Arbor: University of Michigan Press, 1976, p.83.
⑥ Botein, Stephen, "Cicero as Role Model for Early American Lawyers: A Case Study in Classical Influence", *The Classical Journal*, Vol.73, No.4 (Apr.-May, 1978), pp.313-321.

驾于军队的公民人文主义理念,这点可以从另一场景中得到佐证。激进派领导人塞缪尔·亚当斯在签署一项决议时,曾用过笔名"Cedant Armae Togae",意为"武器受到托加长袍的支配"①,从亚当斯的用法来看,托加长袍寄托着军事力量应该服膺于公民社会的理想。这种理想也是古典共和主义的重要内涵,与仪式所纪念的波士顿惨案息息相关。

作为一种文化密码,托加长袍的意义和内涵建立在北美殖民地共享的习惯和经验基础之上,受众能够接受沃伦所要传达出的信息。北美殖民者对于古典传统和古代罗马历史有着浓厚的情感,根植于年少的求学岁月中。在殖民地的大学里,尚处于青年阶段的建国者喜爱使用古代人的姓名作为代号,仿佛自己能具有古代人或神的性格和身份。② 到了革命时期,借用"古代人物"姓名的习惯仍在延续,报刊上经常会出现的各种明显含有政治信息的假名,例如"乌提卡的加图"(Cato of Utica)、"美利坚的梭伦"(American Solon)等③。建国者在表达政治问题时热衷于"占据"古代名人的身份,表达政见,引导舆论的走向乃至意识形态的构建。扮演古人是当时的一种风潮,而沃伦则是直接将这种风潮视觉化,变成了仪式中可视的符号。

托加这种可视化符号可以提升仪式的效果④,有利于建国者对革命事业的合理化。同时,托加符号联结了历史与现实,让激进派领导人直接扮演古罗马人,将"治权转移"的思想模式与革命的观念结合在一起,满足建国者占据殖民地意识形态主导权的目的。

除了将美国革命构建为共和主义事业以外,建国者还利用古罗马共和文化资源来提升内部的凝聚力,应对革命事业中不断出现的危机,构建共同的文化和心理基础。18世纪,艾迪逊创作了《加图:一部悲剧》(以下简称《加图》)。在这部戏剧中,加图对抗以暴君凯撒为首的腐败之流,誓不屈从于邪恶和强权,最终以身殉国。这部戏剧讴歌了加图的美德及其为自由奋斗的精神,升华了加图这

---

① Paul Lewis, *The Grand Incendiary: The Biography of Samuel Adams*, New York: Dial Press, 1973, pp. 126 - 128.
② James McLachlan, "Classical Names, American Identities: Some Notes on College Students and the Classical Traditions in the 1770s", in John W. Eadie ed., *Classical Traditions in Early America*, Ann Arbor: University of Michigan Press, 1976, pp. 84 - 88.
③ 参见 Eran Shalev, *Rome Reborn on the Western Shores: Historical Imagination and the Creation of the American Republic*, Charlottesville and London: University of Virginia Press, 2009, p. 130。
④ 文化人类学学者认为戏剧化元素符号往往能够提升仪式,"仪式中产生的情感刺激也会集中于这些象征之上,并使得人们对仪式表达出的意义更加深信不疑。生动的象征可以让人们对仪式更加难以忘怀,仪式的效果也更加持久"。可参见大卫·科泽:《仪式、政治与权力》,王海洲译,江苏人民出版社,2015年,第102页。

位共和事业殉道者的形象。《加图》在18世纪中期传入英属北美殖民地,大受欢迎。①

1778年5月,华盛顿率领的大陆军在福奇谷排演了《加图》。② 诚然,如前人所言,这证明了华盛顿本人十分喜欢这出戏剧,视加图为楷模,而加图形象的展示自然也有利于华盛顿政治声誉的积累。但是笔者以为此前的研究忽略了戏剧与普通将士之间的联系。③

华盛顿率军退入福奇谷后,部队出现严重问题,大量军官未能获得薪饷,军中出现哗变,很多人将个人的利益置于共同体事业之上,离军返乡。④ 此时,华盛顿安排《加图》这部道德剧在将士面前上演。在该戏的第三幕中,加图的部队同样发生了哗变,为此加图发表了一段演说,以美德和自由的信念鼓励军士反抗凯撒的暴政,拯救共和国。⑤ 因此,上演《加图》这部著名的道德剧,明显带有一定的政治目的,而这反映了独立战争中建国精英的普遍心态。

1774年,纳撒尼尔·格林(Nathanael Greene)写道:"我相信反抗最终能够得到胜利……我的自信不是来自我们的军事纪律和知识,而是来自事业的正义和美利坚的美德。"⑥大陆军的将士大都不是职业军人,缺少严格军事训练。如此条件下,建国精英认为军士们更需要贯彻美德的高尚准则,来弥补军队军事能力的不足。而罗马共和美德精神要求个人为共同体奉献和牺牲,奉行刚毅、坚韧、忠诚以及勇武等品格。无疑,罗马共和的历史有利于实现精英对军士道德水准提升的瞩望,所以建国精英们发掘罗马历史资源,以此提升军士的道德水准和爱国精神,克服独立过程中的危机,提升内部的凝聚力。正是在此背景下,《加图》在福奇谷上演。在这个建国精英主导的过程中,罗马共和美德的精神为北美

---

① Frederick Litto, "Addison's Cato in the Colonies", *William and Mary Quarterly*, 23 (1966). pp. 431 – 439.
② 转引自 Albert Furtwangler, *American Silhouettes: Rhetorical Identities of the Founders*, New Haven and London: New Haven University Press, 1987, p. 80。
③ Albert Furtwangler, *American Silhouettes: Rhetorical Identities of the Founders*, New Haven and London: New Haven University Press, 1987, pp. 64 – 84; Carl Richardson, *The Founders and the Classics: Greece, Rome, and the American Enlightenment*, Cambridge: Harvard University Press, 1994, p. 58; Eran Shalev, *Rome Reborn on Western Shores: Historical Imagination and Creation of the American Republic*, Charlottesville and London: University of Virginia Press, 2009, p. 100.
④ Minor Meyers, *Liberty without Anarchy: a History of the Society of the Cincinnati*, Charlottesville: University Press of Virginia, 1983, p. 2.
⑤ Joseph Addison, *Cato: A Tragedy*, Boston: Printed by Mein and Fleeming, 1767, p. 51.
⑥ Nathanael Greene to Deputy Governor Nicholas Cooke, 22 Jun. 175, in Richard Showman ed., *The Papers of Nathanael Greene*, vol. 1, Chapel Hill: The University of North Carolina Press, 1976, pp. 89 – 90.

的精英和大众所共享,意味着美德价值观的民主化,为精英和大众提供共同的心理和文化基础。

在独立过程中,罗马历史文化资源出现了本土化趋势,被用以树立美利坚的英雄图腾。乔纳森·塞维尔为《加图》写了一篇新的后记,取代了之前由英国加斯博士所写的后记,在 1778 年首次出版并上演。在新后记中塞维尔宣称,华盛顿是美利坚的加图,富兰克林、本尼迪克特等其他建国精英也是古代共和英雄的新化身,大陆会议则是古代充满美德的元老院的再现。在塞维尔的笔下,建国精英们被投入《加图》戏剧中的世界,等同于戏剧中原先的角色,获取媲美古代共和英雄的威名。[1] 这反映出建国者致力于本土化母国古典文化资源的努力,在这种努力中建国者阐释了美国革命的性质,定义未来美国的前进方向和美国人的属性,为新独立的美国创造属于它的英雄图腾。

在利用古代共和英雄的形象为国族文化的构建奠定基础时,建国者也在以古典文化资源填补独立后留下的文化真空,取代之前他们作为英国人的政治文化表达方式,北美纸币图样的改变正是反映了这种政治文化上的改变。

革命之前,殖民地所发行的纸币以英国的镑、先令和便士作为计量单位,并且以英文标注,同时会有国王的印玺或者母国机构的印章,体现着对母国的政治与文化认同[2],但是革命后纸币上的文化符号发生了改变。1775 年,大陆会议发行新纸币,几乎所有的纸币上都写有拉丁语警句。这些警句中大都蕴含着共和主义理想,例如在 45 美元面值的纸币上写有"sic floret res publica",意为"如此共和国将会繁荣昌盛",寄托了建国者独立后对未来共和国的展望。纸币上也有很多传自罗马共和国时代的文化图像符号,有挂着花环的墓碑,手执天平的正义女神。这些符号大都来自古罗马共和国时期。[3]

各州发行的纸币也凸显着浓郁的拉丁文化色彩。佐治亚在 1776 年后发行新的纸币,使用了很多蕴含政治情感的拉丁短语。如"libertas carior auro",意为"自由比黄金更贵重";"sustine rectum",意为"支持正确之事";并且发行的纸币上有着很多拉丁文化图像,如正义女神、自由帽(pilleus)、神杖(caduceus)和丰饶角等。马萨诸塞一直是殖民地反对英国的先锋和中心,"自由之子"等运动的发端地,它在 1775 年发行了以自由为主题的新纸币。纸币图案上是个右手持剑、左手拿着英国大宪章的男人,有一行拉丁文短语"Ense petit placidam sub

---

[1] Jonathan Sewell, *A New Epilogue to Cato*, Portsmouth:1778,数据库:Early American Imprints, Series 1, no. 43372, http://infowb.newsbank.com. 2019-5-21。
[2] 少部分的纸币上会有些拉丁警句,但基本上都是纸币上纹章中的一部分。
[3] 参见 Eric P. Newman, *The Early Paper Money of America*, Racine:Whitman Publishing Company, 1967, pp. 50-75;234-257。

Libertate Quietem",意为"他以剑寻求自由之下的和平"。但是到了1776年,新的纸币将大宪章这个英国人自由的象征替换成了"独立"(Independence)的字样,虽然没有用拉丁文,但是这种变化证明了建国者以纸币图案彰显文化认同转变的目的。① 其他殖民地的做法亦是如此,在此不一一列举。古典传统提供了美国国家核心的文化理念,即自由和美德,因此可以用以替代殖民地的英国文化表达,从而构建美利坚新国族的文化认同。可以说,罗马历史的文化资源是美国人建立新国家认同的媒介之一。

长时间以来,北美继承罗马共和国美德与荣耀的"治权转移"观念在大西洋两岸风行。随着革命的开始,英国被设想成腐败堕落的罗马帝国化身,治权转移的思想观念也开始变得革命化,成为革命意识形态的一部分。在革命的过程中,罗马共和英雄的事迹不断被讲述和上演,用以提升美利坚内部的凝聚力,提升参与革命事业之人的美德和荣誉感,克服革命路上的军事与政治危机。同时,古典文化资源出现美利坚化的趋向,建国者开始用罗马共和英雄的符号来构建美利坚的英雄,创立新国族的精神图腾。当美利坚矢志脱离母国的政治秩序时,国族的政治文化表达出现了真空,古典文化资源作为一种替代填充进来,形成新的文化表达。

四、结 论

随着北美殖民地的建立和发展,大西洋两岸的文化交流愈发活跃,书籍、文章甚至移民等信息载体不断涌入北美殖民地,大西洋两岸的文化交流网络形成并不断扩大。无论是循环史观、治权转移等思想观念,还是《加图》戏剧等具体的文化资源,都是欧洲文化的结晶,它们沿着大西洋的文化网络传递给北美的建国者。除此以外,网络还传递了欧洲传统社会交往模式,即在社会冲突急剧中时人习惯引用古代历史来解释社会现状和表达诉求。正是在这种文化网络中,建国者将欧洲文化的成果转化为美国革命的政治文化资源,以此理解和阐释北美与英国之间关系。

建国者将母国不列颠理解成腐败堕落的罗马帝国的再现,构成了与美利坚形象对立的他者。而建国者则将自我理解成罗马共和英雄的化身,追求自由与美德,承载着罗马共和国往昔的荣光。这样的形象认知影响了建国者的情感、观念乃至信仰,构成了革命的心理动因之一。并且,建国者利用罗马历史的叙述与

---

① Eric P. Newman, *The Early Paper Money of America*, Racine: Whitman Publishing Company, 1967, pp. 145–148.

想象将这种二元对立的观念宣扬出去,塑造北美与不列颠之间二元对立的形象。在这个过程中,建国者采用的是比喻的手法,将历史与现实的秩序联系在一起。于是,充满想象性的历史叙述和现实认知相互融合,构成了建国者政治革命话语的一部分。这种历史想象与现实认知的融合在18世纪独有的命定色彩的历史观语境中有着独特的意义,契合了"循环"与"转移"的历史潮流。这样也就赋予了美国革命以世界历史的意义,也让话语本身置于一种简单而又不失宏大的历史哲学中,意味着美国的独立和崛起顺应了时代发展的规律,承载着罗马共和国荣耀复兴的使命。

在此过程中,建国者界定了国族文化的特性,坚定地揭橥罗马共和精神之旗帜,将罗马共和主义和罗马英雄事迹内化为本国族内部的理想和信念,促成新生国族文化的新陈代谢。

总而言之,以古罗马喻今的阐释是美国革命政治文化中重要的现象,为建国者提供了重要的话语工具,是美国革命意识形态中重要的拼图,也是日后国族构建的重要文化资源。

(原载《历史教学问题》2020年第3期)

新加坡华族文化的建构与彷徨
——以新谣运动与七月歌台为例

彭 慧*

新加坡1965年建国,迄今已近五十周年。这半个世纪以来,新加坡政府以超越族群、去本质化的政策管辖各族并成功构建了新加坡国族性的政治认同,带领新加坡人民走过冷战对峙并在世界经济之林立足,成为亚洲少有几个发达国家之一。然而,政府在成功打造国家性政治认同的同时,在文化认同的塑造上没能同步。政府虽在此方面不遗余力,在语言、教育政策上投入巨大精力打造"新加坡文化",然而超越族群的新加坡式文化认同至今尚未形成,而作为主体的华族文化在政府政策的引导与强力干预下,却陷入了彷徨与困境。中下层华族在文化迷失中挣扎,试图寻找自身的文化之根与认同。本文即以新加坡语言教育政策的两次转变为例,通过讨论20世纪80年代兴起的新谣运动以及新加坡华族草根文化——七月歌台的变迁,来检视其政府文化建构的尝试与下层的反应。

一、新加坡首次去华化文化运动与新谣运动的兴起

自20世纪60年代新加坡不得不面对独立开始,李光耀就放弃了原先欲作为马来联邦一部分时以马来语为共同语的政策,转而恢复殖民时期的英语的主流地位,华文地位持续受到打压。对于多民族、多语言的状况而言,政府强调"异中求同","一方面尊重国内各文化群之间的差异,另一方面经由一共同语冀求建立对国家的中心和认同"[①]。在华文教育上,人民行动党将原殖民时期的中学改制计划付诸实施,开始将华文教育纳入英文教育的轨制,以英校的制度统一华校,由此压制华文教育。尽管华文仍被政府列为四大官方语言之一(其他是英语、马来语和泰米尔语),但英语作为政府正式用语和学校教育的主要语言,华文的地位难与之比拟。当时作为华族利益代表和华族文化捍卫者的新加坡中华总商会曾因不满华语地位问题,于1965年10月向政府正式提出要求,希望华文获

---
* 彭慧,现为华中师范大学历史文化学院副教授。
① 云惟利:《新加坡社会和语言》,(新加坡)南洋理工大学中华语言文化中心,1996年,第64页。

得官方更广泛的应用,却遭到总理公署措辞严厉的回应。李光耀说:"有些人说,华人占新加坡人口的八十巴仙,所以华语应该成为官方语言之一,我看这样讲话是很不聪明的……会吓坏了马来人、印度人和新加坡的其他民族。"[①]由此可见政府为照顾少数民族而开展对构建国族文化的强调和对华语文化的压制。自此以后,非官方的华人阶层再也没有任何人以华族人口占绝大多数为理由而公开提出提升华文地位的要求。此后新加坡英文教育盛行,华文成为二等语言,华校也慢慢凋零。据统计,1959年小学一年级学生登记入学时的母语源流47%为英文,46%为华文,差不多势均力敌。而至推广英文教育与应用近二十年后,英文源流的学生占到99%,华文的只有区区0.7%。[②]可见华文教育的衰落和华语的边缘化。到了80年代,社会上人人以讲英语为荣,而伴随着东南亚唯一以华文为授课语言的大学——南洋大学被政府强迫关闭,新加坡华族语言文化受到强烈抑制与打击。

而这二十年,正是新加坡快速都市化与现代化的过程,原先以血缘、地缘和方言为主体的甘榜(马来语"村落")文化慢慢消失,面对西方文化及全球化的冲击,失去民族文化之根的新加坡华族开始陷入彷徨。就在此时期,以大学生为代表的华族青年,掀起了一股缅怀过去、反思当下的新谣运动。所谓新谣,即"新加坡年轻人创作的歌谣",最早是在1982年9月4日的一场"我们唱着歌"的座谈会上被提出来。[③]"它(新谣)原本是介于流行歌曲与艺术歌曲的一种校园歌曲,随后便发展成一种青年词曲创作运动。"[④]当时这批学生是最后一批华校毕业生,在面对新加坡逐渐西化、华族文化沦落的现实时,他们自弹自唱,表达对新加坡华族文化的人文关怀。最初新谣的诞生与当时华文教育的高等学府——南洋大学之间密不可分。当时南洋大学的"南大诗社"1978年在中华总商会展览厅上发表诗乐,数个月后,在南大文学院举办一场诗乐(即以诗为词来谱曲)发表会,一炮而红。[⑤]

此后,以裕廊初级学院学生为主的学生组织各种音乐团体(如地下铁合唱团),代表人物有梁文福、巫启贤,他们在当时台湾地区民谣和美国流行音乐充斥的新加坡发出呐喊:"我们的歌在哪里",试图以音乐表达自身认同的彷徨。这期间,他们创作出了大批脍炙人口的流行歌曲,通过电台传播,不仅盛行于校园,更为广大新加坡人所传唱,至今仍流行不衰。这些歌曲的主要内容不外乎以下三

---

① 吴元华:《务实的决策——新加坡政府华语文政策研究》,当代世界出版社,2008年,第116页。
② 周清海:《华文教学应走的路向》,(新加坡)南洋理工大学中华语言文化中心,1998年,第76页。
③ 梁文福主编:《新谣:我们的歌在这里》,新加坡词曲版权协会出版,2004年,第168页。
④ 梁文福主编:《新谣:我们的歌在这里》,前言。
⑤ "与新谣邂逅:唱过的同一首歌",http://navalants.blogspot.sg/2012/09/xinyao.html。

类,即对童年时代的怀念、青年的心理彷徨以及对社会现实的关注与批判。譬如梁文福的《童谣》表达的就是对童年时期新加坡悠适生活的怀念,对当下社会激烈竞争和西化的反感。而1986年的《阿Ben阿Ben》则以对阿Ben今天换名Sam,明天又换名阿贤,说明当时年轻人华族文化丧失的无根感,这一歌曲提及时下年轻人心理上漂泊无根、身体也无处安顿的状况,曾被政府认为过于写实而一度遭到禁播。然而,由于歌曲全是以华文演唱,且从单纯词、曲、唱的音乐范围扩大到对新加坡的人文关怀,对华文语文有了极大的影响,新谣便成为当时新加坡特有的华族文化有效载体之一。① 在一度的华语文化的中心——百胜楼(即书城,以售卖华文书籍而有名),每当有新谣发布时,便挤满了来自不同学校的学子与在职青年,阵容浩大,蔚为奇观。对于当时的新加坡华族青年来说:"买卡带支持新谣,不只是为了听听唱唱我们的歌,还包含了一股傲雪凌霜的豪情,让我们的歌谣、我们的生命传承下去。"② 由此,新加坡政府在华族文化构建中的缺失,由梁文福等人借由华语音乐赋予华人的历史想象,努力"平衡"和"连结"华人在这片土地上的某段时空情境,并借此展现华人想象与城市发展的辩证关系。③

20世纪90年代以后,原先的一批老华校生业已进入中年,新谣也由于商业化操作而失去原本的社会关怀,巫启贤等红极一时的新谣歌手则转战其他国家和地区。然而,这十年间的新谣运动却影响不衰,百胜楼因是第一场新谣新歌发表会《海蝶逐日》的举行地点而成为华族文化的圣地。2014年7月,在百胜楼举行了非营利的新谣分享会,巫启贤、洪劭轩、梁文福、王邦吉等新谣主力人群相聚一堂,吸引了两千多人到场,出乎主办方的意料。此外,本地纪录片导演邓宝翠也正在筹集资金拍摄新谣运动纪录片《我们唱着的歌》,试图将这一影响甚广的华族文化运动永久传承下去,将华族自身在英语盛行、华族文化失根情况下的挣扎与反思记录下来。④

二、新加坡政府构建华族文化的再次尝试与七月歌台

对于七八十年代新加坡华语文化的凋零,政府也并非一无所知,社会西化严

---

① "台湾有民谣,新加坡有新谣",http://blog.sina.com.cn/s/blog_6f4306610100nd51.html。
② "与新谣邂逅:唱过的同一首歌",http://navalants.blogspot.sg/2012/09/xinyao.html。
③ 高嘉谦:《城市华人与历史时间:梁文福与谢裕民的新加坡图像》,http://www.cl.ntu.edu.tw/files/archive/1130_9835de15.pdf,第510页。
④ 总体看来,目前大规模的新谣运动已偃旗息鼓,只剩少数民歌餐厅仍坚守新谣的精神与风格。然而,由于华语歌曲受众越来越少,加之场地租金近年来大幅上涨,这些最后的坚守者们也不得不关门或搬迁到偏僻之地。笔者访学期间曾于2014年8月1日前往滨海广场(Marina Square)考察据说是"仅存的"民歌餐厅——"爱情海民歌餐厅",但此地也由于上述原因最后于9月7日关门。

重及道德危机让政府也不得不调整自身的文化政策。面对华语的边缘化,李光耀开始重新推崇儒家思想,并自1983年开始推动"讲华语运动",在整个国家的种族语言政策相对宽松的前提下(推行华、巫、英、印四大语言平等),对于华族内部则一方面竖立华语与英语的平等地位;另一方面则收紧华族内部方言的运用,试图塑造统一的"新加坡华族文化"的认同,打破方言文化的桎梏与隔阂。在此政策下,公共媒体与电台播送方言节目和歌曲受到严厉限制,而教育上也开始走入双语并行时期,即所有中学都以英文作为第一语文和主要的教学媒介语,同时以母语作为必读的第二语文,而母语指的是各族的语文,对于华族来说即是中文。新加坡华人社会本身非常多元化,据记载,从开埠到独立建国的一百多年里,华族社会的家族用语多达12种。① 1957年在全国华族人口109万中,以方言为母语的却有超过90％。② 1980年所进行的人口普查资料显示：华人社会以方言为家族用语的占81.4％,其中居于主要地位的三大方言的比重依次为：厦门话37.5％,潮州话18.5％,广府话16.1％。③ 而此政策的结果就是,华人媒体不再出现方言节目和音乐,各方言只能在非官方和非公开场合进行,利用方言沟通的华人也开始减少。2010年的人口普查数据就显示,在家中常使用福建话沟通的19岁以下青年仅有3 893人,占同年龄层普查人口的0.52％。④ 从此承载丰富华人文化的方言开始逐渐没落。如果说新加坡前一次文化运动是华族整体面临英语文化的挑战,此次则是华族内部的文化开始解构与变迁,在此背景下,华族的方言文化面临着衰落的前景,普通华人对此的反应又是如何呢？新加坡华族特有草根文化——歌台的跌宕起伏可以说明一些问题。

所谓歌台,按照《加兰世界音乐百科全书》(*The Garland Encyclopedia of World Music*)的定义,指的是新加坡和马来西亚在阴历七月举行的华语歌唱表演。实际上,它是以各种方言歌曲为主,且全年几乎都有进行。⑤ 歌台通常在组屋巴刹(马来语"集市")或者其他公共场所临时搭台表演,各个华人宗乡或者宗教团体进行庆典时也会举办歌台助兴。据载,本地歌台的出现可以追溯至日本占据时期的1942年。早年歌台红人王进通回忆说："日军虽然杀人如麻,但喜欢欣赏音乐或听歌的很多,新世界的音乐茶座与歌台,便成为他们的好去处了。"⑥

---

① 云惟利:《新加坡社会和语言》,第126页。
② 云惟利:《新加坡社会和语言》,第152页。
③ 云惟利:《新加坡社会和语言》,第126页。
④ 黄康玮:"人家哈韩哈日,歌台生力军钟情福建话",《新明日报(副刊)》(新加坡)2014年8月24日。
⑤ Kaori FUSHIKI, *The Soundscape of the Creative City*, Singapore: Heritage Building and the Creativity on Cultures, http://ofias.jp/j/caas/6_Kaori%20FUSHIKI.pdf, p. 60.
⑥ 王振春:《新加坡歌台史话》,新加坡青年书局,2006年,第4页。

"二战"后新加坡光复,在朝鲜战争期间,本地经济由于战争需求刺激而发展起来,娱乐业也开始兴起,欣赏歌台开始成为本地普通华人重要的休闲方式。当时的歌台不是临时搭建,而是设在三大游艺场之内,即快乐世界、新世界与大世界,表演方式也不局限于唱歌,而是集歌舞、杂技甚至话剧于一体的娱乐活动,多以方言进行,所表演的均是当时香港、台湾的流行曲艺,是华人文化潮流的风向标。

六七十年代开始,随着新加坡独立,这一活动开始与华人传统节日中元节结合起来,成为节庆庆典的重要活动。新加坡地区华人非常重视中元节庆,从殖民地时期开始便有跨越血缘与宗乡的中元普渡活动。而为娱神祭鬼,各地必定举行酬神戏,主要上演潮州戏、福建戏和简易的布袋戏。新加坡独立后,酬神戏曲被新兴方言流行歌舞表演所取代,歌台表演转而成为中元酬神的重要演艺内容。因此,现在所谓七月歌台,指的就是这类。这一个月为了"庆赞中元"、酬谢、宴请"好兄弟"①,各个社区、工厂和公司都会请来歌台,晚上 7 点半至 10 点多从裕廊西到东海岸,新加坡处处歌曲声不绝于耳,台上台下载歌载舞,老人小孩不亦乐乎。歌台"舞台上的华丽服装、迷眩声光、曼妙舞姿、俚俗对谈、搞笑演出,以及惯用福建歌谣的表演方式逐渐成了新加坡七月歌台文化的主要样貌"②。到了 80 年代,歌台几乎完全替代戏曲表演成为七月中元节庆最重要的娱乐活动,代表性的五百多首曲目均是本地创造的方言歌曲。主持也多以方言为主,插科打诨,嬉笑怒骂间反映新加坡本地草根民情。③

然而,如上所述,从 70 年代末开始的去方言化的华族文化构建过程,使得建立在方言文化基础上的歌台发生了转变,特别是新加坡 80 年代进行的"讲华语运动",使得这一以方言为表演方式的文化活动停滞并开始没落。由于会使用方言的多为年纪较大者,歌台的曲目也以怀旧金曲为主,缺少创新,对年轻人也缺乏吸引力,观众越来越少。虽然舞台布置越来越豪华,主持人为吸引观众也加入了更多诙谐段子,甚至加入一些黄色笑话,但总体看来歌台主要观众仍是五六十岁的人群。在此情况下,歌台性质也开始发生变化,一些艺人为了牟利,穿着愈发大胆。因此当时有媒体批评"90 年代,七月歌台每况愈下,除了包装上美轮美奂,节目内容则乏善可陈。女艺人的衣着愈来愈偏向暴露惹火,表演是愈来愈大

---

① 即阴间的孤魂野鬼。
② 黄文车:《从新加坡电影〈881〉观察闽南歌谣的流传与意义》,台湾屏东教育大学中文系主编:《台湾文学与电影中的母语学术研讨会论文集》,(高雄)春晖出版社,2008 年,第 132~156 页。
③ 笔者曾参加 2014 年 8 月 13 日新加坡裕廊西"南洋园商店中元会",当晚商店总会聘请"无招牌舞台秀"组织歌台,从晚 7 时半到 10 时半,主持为奇贤与婷婷,邀请本地和马来西亚华语歌手表演。据笔者观察,一般每位歌手演唱三至四个曲目,多为本地流行的福建及广东方言歌曲,歌手装扮也与内地演出不甚相同。观众多为附近组屋居民,主持常常以现下新加坡流行的话题来吸引人注目,譬如 2014 年讨论较多的政府"建国一代福利"政策等,整体气氛比较热烈。

胆狂野,有些司仪仍秉承一贯作风,口不择言,满嘴解释一些语带双关的脏话和黄色噱头"①。因此,歌台不再受到华人社会的普遍欢迎,到了 90 年代末期,歌台表演数量也越来越少,很多文化人士哀叹又一华人本土文化形式的沦落。

然而,在这一草根文化行将没落、即将成为历史记忆时,擅长讲述本地小人物故事的新加坡导演陈子谦重新捡起这一文化议题,拍摄了两部以歌台为主题的电影《881》和《12 莲花》,将本地的歌台文化又重新带回华族文化的视野中。《881》是英文"木瓜"的简称,是电影两位女主角"木瓜姐妹"的歌台艺名。电影讲述了这对姐妹从小以新加坡歌台明星陈金浪为目标,立志成为本地的歌台新星。经过一系列的磨难和刻苦训练后,又遭遇对手"榴莲姐妹"的挑战,最后在歌台大战后"小木瓜"癌症病发而逝,"大木瓜"带着她的遗愿仍活跃在歌台上。《12 莲花》也以歌台为背景,讲述了以"莲花"为代表的歌台歌手的悲惨人生。这两部电影充分运用了当地的歌台文化元素,演员都是本地歌台歌手,如刘玲玲、王雷、陈茹萍和"跑台歌后"Karen(林晓婷)等,拍摄的歌台地点也运用了现实中颇有名气的歌台——罗彼得的旋音歌台和陈志伟的丽星舞台秀。② 公映后两部歌台电影在当时的新加坡轰动一时,前者创下了 350 万新币票房的佳绩,并代表新加坡参加奥斯卡最佳外语片竞选,这在本土电影中实为罕见。随着电影的流行,歌台风也刮遍新加坡,歌台又重新红火起来。当时媒体评论:电影《881》让今年中元节的观众增加了至少两三倍,即使一些从来不看歌台的人,也纷纷站到歌台前,感受歌台的热闹气氛。在《881》的推波助澜之下,从来不知歌台为何物的年轻人也认真地看待起中元节的本土文化,就连吴作栋资政看了之后,也赞《881》是部好电影。③

此后,作为唯一可以用方言进行表演的大型文化活动,歌台文化似乎又有复兴之势。2014 年 7 月,新加坡各地歌台总数达到了五百多台,甚至连八月中秋歌台仍火热,全岛有近百场歌台。而《新明日报》则报道,在宏茂桥的 5 场歌台热爆,汇集 12 名主持,万人齐看歌台。④ 新加坡各大媒体对歌台的关注也持续走高,据"Factiva"数据库统计,在歌台文化衰落的 90 年代,华文报刊(包含《联合早报》《晚报》等十家新马地区主流报刊)媒体对歌台的关注寥寥,如最衰落的 1997 年只有 3 篇报道。但从电影公映的 2007 年开始,关注歌台的文章飙升至 945 篇,此后每年均以千计。⑤ 借助频繁演出,歌台的灵魂——方言文化也由此得以

---

① 黄家华:《七月歌台每况愈下》,《联合早报》(新加坡)1999 年 9 月 9 日。
② 李威颖:《纵看电影〈881〉和〈12 莲花〉中的七月歌台》,《世界华文文学论坛》2013 年第 4 期。
③ 陈凯松、柯欣颖:《全岛昨晚歌台爆满 有歌台没乐队 明珠姐妹花 4 万临时组乐队》,《新明日报》(新加坡)2007 年 9 月 10 日。
④ 黄建业:《宏茂桥 5 歌台万人争看 12 名嘴"斗法"》,《新明日报》(新加坡)2014 年 8 月 20 日。
⑤ 参见"Factiva"数据库"歌台"关键词 1994 年至 2014 年关键中文报刊搜索结果。

传承,"电影《881》原声带的成功发行引起连锁反应,不仅越来越多的年轻人对福建歌曲产生兴趣,带热了歌台,而且原声带中的部分歌曲成了网络热门音乐录像"①。在新加坡演艺圈和歌台界活跃的资深艺人林茹萍认为,除了歌台,没什么场合上会使用这么多方言。换言之,进军歌台界的青年,除了背负着传承歌台文化的使命,也必须懂福建话。②

由此,在新加坡文化人士的努力下,歌台借助电影这一传媒暂时咸鱼翻身。通过这次方言文化的反弹式复兴,新加坡普通华人"对抗着毫无生趣的国家政权,歌台的狂欢制造了暂时从政治压抑下脱身的自由,人们可以进入特定的空间,将高度纪律化的社会角色暂时抛弃"③。而新加坡的华族文化,正是在这种政府的强力构建与下层的奋力挣扎中勉力向前。

三、新加坡政府华族文化建构的矛盾与困境

由上述的新谣运动的兴起和七月歌台的曲折发展可以看出,新加坡政府在构建华族文化时,有着三大特征,即突出的建构性、变动性及高度的参与和掌控性,这使其成为文化发展绝对的主导,草根华族文化基本处于弱势服从地位而只能在缝隙下挣扎前行。但是,纵观这几十年政府的强力介入和建构,其力图打造的新加坡式"华族文化"却一直难以成形,从而导致中下层普通华人在文化上无所适从。原因何在? 在笔者看来,主要在于其政府的种族和文化政策内部存在着三大难以解决的矛盾与张力,使其国族政治性认同与文化认同错位,从而造成华族文化上的困惑、挣扎与彷徨。

首先,新加坡政府对待不同族群的矛盾性政策导致华族文化易被解构和稀释。就长远来说,新加坡政府建构的上位性的国族政治认同,其最终目标是实现不同民族间种族与文化间最终的融合。然而,由于华族比例独大,因此强调机会平等的自由主义同化政策④在现下是不合适的,可能会招来不可控的种族矛盾与冲突。政府在很多公共领域与私人领域,对少数民族都采取了团体多元主义,

---

① 黄靖晶:《福建歌现在流行式》,《联合早报》(新加坡)2007 年 8 月 28 日。
② 黄康玮:《人家哈韩哈日,歌台生力军钟情福建话》,《新明日报(副刊)》(新加坡)2014 年 8 月 24 日。
③ Liew Kai Khiun and Brenda Chan, "Vestigial Pop: Hokkien Popular Music and the Cultural Fossilization of Subalternity in Singapore", *Journal of Social Issues in Southeast Asia*, Vol. 28, No. 2 (2013), p. 283.
④ 按照美国社会学家戈登(Milton Gordon)的思路,在族群关系的发展取向上大致存在着 4 种社会类型:(1)种族主义社会;(2)平等基础上的同化主义社会;(3)强调机会平等的自由主义的多元社会;(4)强调结果平等的团体多元主义。详见:马戎:《当前中国民族问题研究的选题与思路》,《中央民族大学学报(哲学社会科学版)》2007 年第 3 期。

以照顾人口处于劣势的马来族与泰米尔族等少数民族。譬如在政治领域,政府从1988年起实行集选区制度,规定政府集选区的候选人必须是由政党或政党联盟推出的竞选团队,而每个团队至少要有一名非华裔的少数族群候选人,以此保障少数族群在国会中的议席比例。① 法律上,政府认定全体马来人属于一套特别的法律体系管辖,即《施行回教法法令》(AMLA)。② 而在私人领域的住房政策上,也从1989年起实行组屋种族限额制,要求一个组屋区内划出一定比例的房屋只能售卖给非华人居住。如华人在每一栋大楼的占比不得超过87%,每一组屋社区中,华人不得超过84%。③ 对于华族,政府则采取了平等的自由主义政策,通过限制方言使用来打破华人内部宗乡、方言群体的抱团状况,将华人还原成个体的公民来直接与政府接触。这种双面性政策一方面消除了少数民族对政府庇佑华人的怀疑,另一方面也消解了华族抱团造成的不利影响,对于各民族国族政治认同的建构是非常有利的。但对华族"公民化"的稀释政策却间接影响了华族文化的发展延续,自上而下推广并替代方言的华语并没有本土文化土壤可以扎根。特别是近年来,由于新加坡华人生育比例不断下降,其他民族的人口比例却有所增加,因此政府在大量引进新移民时,为保持目前华人占75%以上的政治图景和执政党的优势地位,不得不保持更多的比例给予华人新移民,他们带来的不同文化更冲散了本地华族文化,其流动性与散乱性也更加明显。

其次,新加坡政府的文化政策本身存在建构性与原生性的矛盾。一般而言,"二战"后的现代民族国家都采用了"主观派"的民族建构论观点,认为群体总是要在共性的基础上"被组织"起来。在国家这一实体中,不同个体间类似的体验与感触"不是被自然定型化,也不能因为某些其他的本质主义保证而得以形成,那么它们必然是在历史、文化与政治过程中被建构出来的"④。这本无可厚非,而作为多民族国家,新加坡更是一向秉承国家文化的建构性原则,而且由于建立时特殊的国际环境及作为小国的忧患意识,新加坡政府更加强调国家的凝聚力与内部团结,因此政府历来不变、重复强调的论点是华人族群问题应当放在新加坡多元种族、全球多元文化的语境中看待。他们追随文化建构论的逻辑,认为华族文化可以在国家建构当中进行修正,在国家利益和全球化冲击的大前提下,必须有所删减,同时也必须有所增添。⑤ 然而文化认同建构过程中的关键在于,如何告诉群体"我们是谁"这一问题,这又涉及两个方面:其一是如何告诉,其二是

---

① 范磊、杨鲁慧:《新加坡族群治理:国家与社会关系的视域》,《东南亚研究》2014年第3期。
② 梁永佳、阿嘎佐诗:《在种族与国族之间:新加坡多元种族主义政策》,《西北民族研究》2013年第2期。
③ 顾长永:《新加坡:蜕变的四十年》,(台湾)五南出版社,2006年,第144页。
④ 金元浦主编:《文化研究:理论与实践》,河南大学出版社,2004年,第234~235页。
⑤ 游俊豪:《移民轨迹和离散论述:新马华人族群的重层脉络》,上海三联书店,2014年,第59页。

问题的确切答案。前者是如何组织那些"知识",即透过诸如血浓于水、同胞手足与祖国等隐喻符号建构族群内部的普遍性、固有疆界与纯粹性。① 后者则规定了群体的边界所在。因此,文化与认同建构不排斥群体原生的特质,反而需要这些符号性的"知识"作为素材来"说故事"。而对于新加坡来说,真正的有记载历史从开埠算起只有区区不到两百年,本地诸如历史传说、久远的神话故事、遗迹等原生性的历史文化遗产资源非常之少,试图从中寻找群体意识的根据相对比较困难。政府由此不得不倚赖于各民族自身的历史文化素材,鼓励研习华族、马来族及印度各族本身及移民至此后的历史文化。然而对作为占多数的华族,政府的态度则非常敏感。80 年代后,一方面政府大力推崇儒家文化和所谓的亚洲价值观,鼓励学习早期中华文化,孔子等圣贤的画像被张贴于各中小学的教室内。另一方面,又唯恐华族文化独大可能会侵蚀其他民族对国家的认同,因此对本土的华族文化发展又限制重重,诸如陈六使、陈嘉庚等本地现当代华族文化的重要符号性人物根本就不允许出现在历史文化教育中。特别是陈六使,由于其强调华文教育而被李光耀斥为"华文沙文主义",其生平与贡献常常成为新加坡历史教育与研究中的禁区。这就使得新加坡出现了本地华人熟知孔子却不了解陈六使、陈嘉庚等怪象。因此,政府对于华族文化这种既需要又排斥、既限制又鼓励的矛盾性态度,当然会让处于被引导的中下层华人无所适从。

最后,新加坡华族文化建构过程中有着中华源流与本土化之间的矛盾,而这一矛盾牵扯上政治认同后就更加复杂。新加坡的华族移民至此不过一两百年的历史,其文化与中国有着不可分割的联系,新加坡政府力图在文化认同上去中国化时总是绕不过这一瓶颈,文化界亦是如此。2014 年 8 月新加坡四十九周年国庆群众大会上,总理李显龙自豪地宣告:"经过多年的酝酿,新加坡华族文化已经逐渐形成一种南洋风格。"这一举动可以说是政府华族文化本地化的努力,但却在本地媒体上掀起了所谓"南洋风"与"新华风"(新加坡华族风格)的争锋,深刻反映了本地华族文化的中华源流与去中华化间的矛盾。"新华风"派别以章良我为代表,认为李显龙这一举动目的良好,但南洋这一称呼仍是从中国的视角来观察新加坡,沿用这一名称只是旧瓶装新酒,说明"我们(新加坡华人)没有足够的文化底蕴和自信心,将新加坡式的华族文化冠以新名"。而现下正"是摘掉'南洋'这块招牌的时候了,请堂堂正正地挂出'新华'的文化品牌,这不光事关我们的文化事业能否超出狭小的国门,而是我们要如何自列于世界文化之林"②。对这一观点,《联合早报》站长就提出质疑,认为"独特的新华风有没有可能形成",

---

① 金元浦主编:《文化研究:理论与实践》,第 234 页。
② 章良我:《"南洋风"还是"新华风"》,《联合早报》(新加坡)2014 年 8 月 29 日。

因为目前在新加坡,只有文学与语言领域被称为"新华文学",其他艺术门类如书法、音乐等,能独成一家并产生影响的几乎没有。① 早年的新谣歌曲及时下翻身的歌台音乐,也只在本地有一定观众,难以在国际上产生反响而可以冠之以"新加坡式华族文化"。即便在"新华文学"及语言领域,学者们也自觉分成"去中国化派别"与"中华源流派"而争吵不休。前者提出了所谓的华语圈这一概念,将中国大陆之外普及华语的区域独立开来,认为这一文化圈层有着自己独特的华语文化而独立于大陆语言文化体系之外。而且由于这些国家与地区曾与中国有着多年的龃龉,所以这一派别的观点沾染上了政治正确的色彩,似乎不去中国化就有反对本国政治认同的倾向。而后一派则始终认为,目前这一所谓华语圈的文化源流与中国不可分割,试图建立独立的本地华语文化和所谓汉语和文学的新标准是不可能的。譬如新加坡目前部分大学中文系语言学本科所授课程《汉语通论》,其教材所根据的标准就不得不依赖中国的普通话体系。② 因此,从政治认同的角度考虑,本地新加坡华人必须去中国化,而从文化源流来说,新加坡华族文化的风格又难舍"南洋风"和"中华风"。这种文化本土化企图与源流间的纠葛关系也阻滞了政府本土华族文化的建构。

总体看来,新加坡国族建构优先论导致了华族文化在建构时内在矛盾重重,政府实用、功利且多变的政策使得中下层本地华人文化上处于焦灼、彷徨的状态。这种现象一方面反向影响了本地华族文化的发展,使得新加坡华人的文化认同形成滞后于其政治认同,另一方面也间接阻碍了近年来新移民的融入。新移民本来就面临着文化上的失重,然而在主动寻求本土文化的融入时,却面临着当地文化的漂移与陷落,这会极大地减缓其心理与文化上的融合进程。2001 年建立的新移民社团"华源会"不分职业与来源,近年来发展非常迅速,会员达到了六千多人,已成为本地最大的新移民团体。③ 为何其有如此的吸引力,从某种程度上说正是其满足了新移民心理上的失落与空虚感。笔者曾采访一位鲍姓新移民,她移民至新加坡已有十多年历史,自认政治上认同新加坡,但在文化上和心理上却仍旧完全认同中国,问及原因,她就表达了对本地新加坡华族文化散乱无章的感觉,"虽然政府组织的各种文化活动很多,却没有根与灵魂,无所适从"④。这种感观正如实反映了现下新加坡华族文化的总体特征。

(原载《世界民族》2015 年第 5 期)

---

① 《站长的话》,《联合早报》(新加坡)2014 年 8 月 29 日。
② 2014 年 9 月 15 日笔者在南洋理工大学中华语言文化中心访学时与中文系老师交流记录。
③ 2014 年 9 月 8 日笔者参加新加坡滨海花园华源会中秋茶会活动,采访华源会执行秘书记录。
④ 2014 年 9 月 8 日笔者参加新加坡滨海花园华源会中秋茶会活动,采访华源会会员记录。

当前中东政局新发展中的部落文化因素分析

刘锦前*

中东地区历史发展进程中,以部落民主制为核心的治理制度经过几千年发展最终保留下来,演变至今天成为当前中东地区政治体制中特殊的部落文化(Tribal Culture)模式。虽然学术界对该政治模式的价值地位与未来革新发展方向方面有意见分歧,但基本还是肯定了部落文化在中东地区历史发展中的特殊作用。[①] 为了便于深度分析当前中东政局演变发展中的部落文化因素,笔者首先将本文所提及的部落文化进行概念性界定。笔者此处涉及的部落文化有别于文化人类学中的常规理论,即不是以复原中东地区人类群体的文化史与勾画特定性质的社会图景为重心,而是特指当前中东国家社会经济活动、思想层面及政治领域展现出的这种印有"部落"痕迹的文化因素及其影响力。本文中的"部落"是基于对中东特有的伊斯兰文化要素和当前中东国家现代化发展的时代特征的思考而采用的一个分析概念,用以探讨历史传承下的部落制度对当前民族国家的政治社会运转如何产生影响以及产生多大程度影响这一命题。本文部落文化研究要回答的核心问题是:如何透过部落制这一中东传承的社会组织模式来研判中东国家未来发展趋势,落脚点在于通过分析得出一些探索性思考,以期能最终有助于我们从民族文化传承创新视角对中东政局未来的走向进行把握,妥善应对中东政局新发展带来的挑战。

---

* 刘锦前,现为上海社会科学院国际问题研究所副研究员。
① 有关中东部落文化所展开的讨论,学者们的主要分歧在于部落文化产生的影响方面:有部分学者认为部落文化已经成为当前中东地区国家的负资产,应该进行改革;而有些学者认为部落文化的存在有助于国家对边缘部落地区的掌控,有助于边界稳定。此外,学者之间围绕部落文化未来革新方面的各路观点也有分歧,其中最大的争议在于:现代化国家建设中是否要以"历史遗产"方式对一些特定部落进行保护式发展?参见冯燚:《穆罕默德阿里时期埃及部落社会研究》,西北大学硕士学位论文,2011年,第5~6页。也有学者认为牢固的家族和部落观念,以及古老的阿拉伯传统依然是国民价值取向的主要选项,这种现象使海湾君主国所拥有的工业文明同国民的现代化意识和诉求之间存在明显"断层",政治发展滞后于经济发展,政体文明滞后于器物文明,并由此导致现代化发展动力的严重缺失。参见王铁铮:《关于中东国家现代化问题的思考》,载《西亚非洲》2007年第4期。

一、中东地区部落情况概述

众所周知,部落作为人类历史发展进程中一种重要的社会组织形态,具有相对独立的政治、社会、经济结构。根据传统,不同部落之间有一条明确的界线,而对每个部落民来说,部落领土和尊严神圣不可侵犯,假如有人做了有损于本部落声誉的坏事,他所在的部落就会被株连并且因此受到惩罚。[①] 为有助于对中东部落文化进一步剖析,文章先就当前中东部落发展情况[②]做一概述。

(一)中东地区主要部落分布

中东地区国家众多,且有些部落因各种原因散处于几个国家,考虑到部落规模和影响力等因素,此处只选择性地将中东部落分布做一宏观面介绍。

根据统计,分布在利比亚各地的部落大大小小有几百个,中等规模的就有三十多个,但真正有影响力的主要为三大部落:瓦法拉(Warfalla)、图阿雷格(Tuareg)和卡达法(Gaddadfa)。[③] 当前埃及主要的大部落有如朱德哈默(Judham)、拉克赫默(Lakhm)、苏拉伊默(Sulaym)等。长期以来,这些部落在国家发展过程中一直扮演着举足轻重的角色,此外在西奈半岛也有数量众多且影响力举足轻重的贝都因人(Bedouins)部落组织。[④] 在也门,全国势力最强、知名

---

① 时延春:《也门部落风俗多》,载《北京青年报》2013年9月23日。伊本·赫勒敦则更多强调了部落是一个建立在血缘关系基础上和过度崇尚自治的,拥有社会、经济、政治、军事和文化功能的自治社会组织形态。参见 Faleh A. Jabar, "Sheikhs and Ideologies: Deconstruction and Reconstruction of Tribes under Patrimonial Totalitarianism in Iraq, 1968 – 1998", in Faleh Abdul Jabar and Hosham Dawood (eds), *Tribes and Power: Nationalism and Ethnicity in the Middle East*, London: Saqi Books, 2003, p. 72.

② 目前国内相关历史著作如彭树智主编的《二十世纪中东史》、郭应德撰写的《阿拉伯史纲》、纳忠写的《阿拉伯通史》以及《中东国家通史(十三卷)》等都对部落情况进行了描述。而有关中东部落文化的著作《现代海湾国家政治体制研究》则为刘竞、安维华主编。该书详细介绍海湾君主国长期实行部落统治的历史原因、现状特点,并以国别形式分别介绍了海湾国家的政治体制。参见刘竞、安维华主编:《现代海湾国家政治体制研究》,中国社会科学出版社,1994年。何述栋在其毕业论文中详细阐述了海湾六国部落与部落社会转型情况,并对六国部落社会的未来进行了预期研判。参见何述栋:《石油经济对海湾六国部落社会转型的影响研究》,云南大学硕士学位论文,2012年,第34—41,44—49页。

③ 这三大部落的人数在利比亚640多万总人口中约占1/3。其中,瓦法拉部落人口最多,约有100万人,主要集中在利比亚东部港口城市、经济要地班加西附近。长期以来,在利比亚国家政治构成中,部落作用非常大,甚至超过军队的影响力。

④ 埃及阿里时期通过一些工程建设将贝都因人部落整合到现代农业发展的轨道上来,比如在部落区引进和推广棉花、烟草和水稻等新的农作物,使部落力量得到了很大发展。参见阿卜杜勒·阿齐兹·苏莱曼·努瓦德:《埃及近代史》,第56页。转引自哈全安:《中东史》,天津人民出版社,2010年,第500页。

度最高的大部落首推哈希德(Hashid)。哈希德部落组织严密,形成了一个政治、经济、军事、宗教四位一体的实体,拥有自己的武装力量,必要时可动员十万人以上的武装力量。① 伊拉克的大部落主要有巴格达西南的舒马尔(Al Shamal)部落,伊拉克北部的阿尔·欧贝迪(Al Obeidi)部落,迪瓦拉的阿扎威(Azzawe)部落等。② 每个部落通常都有上万名成员,舒马尔部落人数甚至多达十万人。③ 而叙利亚政府目前所面临的问题及困境亦与部落因素有极大关联。现任总统阿萨德在叙利亚的主要支持者基本上为信奉什叶派的阿拉维(Alawi)部落,而叙利亚高达约74%的民众为逊尼派穆斯林。④

(二)当前中东地区的部落组织结构

可分为三个层次来理解中东地区的部落组织结构。第一,部落联盟主要由一些规模较大的部落和氏族组成,分散生活,组织松散。并且,由于经常有新成员加入,一些部落联盟经常变动,因此不能视其为严格意义上的军事和政治组织形态。以埃及为例,埃及当前有着形形色色的部落组织。自从迁徙到埃及后有些部落一直保持着相对"原始"的状态,例如定居在西奈半岛的贝都因人部落联盟;但大多数部落联盟几经变迁,已与现代国家治理和社会生活相适应。第二,部落是仅次于部落联盟的组织,是血缘相同或地域相近的一些氏族形成的社会单位。造成部落之间分合与力量消长变化的主要原因是内部人口数量的激增和政治、经济力量的增强,还有就是一些弱小部落为了拥有足够的防御能力不得不相互联合,通过分化组合形成新的部落。第三,氏族作为中东部落文化传承下的一个基本组织,在历史发展的进程中不但没有被摧毁,反而与中东伊斯兰文化以及现代生活理念相结合,演变成为今天中东特有的社会基层组织,它们组织放

---

① 哈希德部落的首领是阿卜杜拉·本·侯赛因·艾哈迈尔(Abdullah Bin Hussain Al-Ahmar)大酋长,哈希德部落是也门迄今最完整地保留着古代风俗习惯的一个大部落。参见时延春:《也门部落酋长家的座上客》,载"中国共产党新闻网",2007年7月16日。
② Louise Fawcett, "The Iraq War Ten Years On: Assessing the Fallout", *International Affairs*, Vol. 89, No. 2, 2013, pp. 336 – 339.
③ 伊拉克2400万人口中,至少3/4的居民属于由2000多个分支部落构成的150多个大部落。参见黄培昭:《伊拉克部落首领要大干了——在基层行使权力,成为各派争取对象》,载《环球时报》2003年9月3日。
④ 现年45岁的艾哈迈德·贾巴(Ahmad Jarba)生于叙利亚卡米什利一个部落家庭,拥有法学学位的他曾作为在中东有巨大影响力的部落——沙马尔(Shammar,分布于叙利亚、伊拉克和沙特阿拉伯)的领导人之一。他于2013年7月6日当选为叙利亚反对派最大组织——全国联盟主席。实际上,依靠少数统治多数,阿萨德家族在过去40年里成功保持政局相对稳定,已经实属不易。参见"Better than the one before?" *The Economist*, 13 July 2013, http://www.economist.com/news/middle-east-and-africa/21581784-different-man-faces-same-problems-better-one。

牧、有自己的水源地,并有很强的领土观念。值得注意的是,在该组织的日常生活运转中,女性的作用极其特殊,肩负生产与教育等各类工作,但很难用男女平等这种现代概念来进行分析,因为有些女性随着年龄增长等因素其影响力举足轻重,但有些则明显处于弱势地位状态。①

(三) 关于中东地区当前部落经济形态

部落领地为部落社会的存在和发展提供了各类资源,如赖以生存的牧场和水源等自然资源以及有可供控制的商贸通道等经济和战略资源。当前中东地区的部落内部除了首领之外,还有大批拥有实权的精英阶层。这些精英经营着政府划拨给他们的土地,承担一些重要职责,并经常处理部落以外的事务。② 中东部落经济常态表现为:传统经济和新型经济活动并存,传统游牧、农业和手工业与现代服务业并行。例如,创立于1968年的阿布扎比国家银行(National Bank of Abu Dhabi,简称 NBAD)是阿联酋第一大银行,海外分支网络遍及海湾成员国阿曼、科威特和巴林,非洲的埃及和利比亚,欧洲的英国、法国和瑞士,远及美国首都华盛顿,该行面向公司和个人客户提供各类金融产品和服务,而其幕后主人就是以在阿布扎比居住的绝大多数居民为主的雅西(Lasi)部落人。

(四) 部落在中东国家发展进程中的特殊地位

目前,包括也门、伊拉克、叙利亚和利比亚等在内,不少国家保留着较为完备的以部落首领为核心层的这类社会组织形态。该组织形态中由部落中德望高的老人组成部落会议来共同商议重大事宜,虽然部落以推选方式选出的领导者仍逃不出家族制轮换的宿命③,并且,在国家政局动荡时部族叛乱往往恶化地区局势,但中东地区这份特殊的历史遗产给其部落成员带来更多"公平竞争"机会,民众依据部落传统来处理丧葬与婚庆等民俗事务,有效地促进了社会稳定与国家发展。从历史进程角度看,部落力量不仅成为这些国家长期抵御外来侵略和异

---

① Mounira M. Charrad, "Gender in the Middle East: Islam, State, Agency", *Annual Review of Sociology*, Vol. 37, 2011, pp. 427 – 433.

② Julie Peteet, "Imagining the 'New Middle East'", *International Journal of Middle East Studies*, Vol. 40, No. 4, 2008, pp. 550 – 552.

③ 厄内斯特·盖尔纳(Ernest Gellner)认为部落社会在领导人的选择上显得比较混乱。参见 Ernest Gellner, "Tribalism and the State in the Middle East", in Philip S. Khoury and Joseph Kostiner (eds.), *Tribes and State Formation in the Middle East*, Berkeley: University of California Press, 1990, pp. 109 – 111. 而恩格斯在《家庭、私有制和国家的起源》一书中将部落分为血缘部落和地缘部落两类,指出,随着部落间交往的扩大和战争的频繁发生,血缘部落组织的界限已被打破。地缘部落不再以血缘关系为纽带,而是以地域为纽带形成。

族统治的重要力量,也在维系社会经济正常运转与安民方面发挥着重要作用。

二、当前部落文化发展的新特点及其对中东政局未来走向的影响

随着当前中东社会的发展进步,在周围客观经济环境变迁的压力和外来政治力量的干预下,中东部落社会结构也一直处于调整变化中。而部落文化这一特殊历史遗产无疑将对中东政局未来发展演变产生复杂影响。正如有学者所指出的那样:"部族的差异广泛存在于穆斯林社会并在部分国家中不断引起冲突与失序"①,对此不得不引起我们的深度思考。

(一)中东地区的部落文化发展的新特点

1. 部落文化传统文化张力与公民社会现代价值理念之间碰撞,形成了中东地区特有的二元文化结构体系。在国家政治文化层面,部落文化带来的直接影响是地方权力中心多元化与国家观念淡薄,这对由国家维持向心力的中央集权政治模式提出挑战。以卡扎菲执政时期的利比亚为例,表面上是卡扎菲通过强权对国家进行掌控并牢牢控制住意识形态,实际上部落地区权力仍控制在地方酋长等首领手中。部落传统中承认部落领袖的至高无上地位以及对国家的资源拥有支配权,在同国家组织的结合中,实现了部落等级和政治等级的统一,在某种程度上也维护了部落内部的稳定和团结。② 而广大中东地区国家,包括土耳其、埃及、阿尔及利亚、叙利亚、伊拉克等,基本上在部落居住地传承了部落文化民主模式,但在涉及国家现代政治与自由、平等等思想认同方面存在偏差。而从某种程度上讲,部落文化在当前中东地区国家现代化进程中起着双刃剑作用。如经济发展过程中部落文化价值观衍生的狭隘民族主义严重影响了现代经济制度的建设,国家资源配置过多考虑部落因素,从而带来了严重的资源浪费;另外,国家的现代化又需要通过传承创新部落文化来实现。当前中东地区国家面临的问题是如何在衔接传统与现代这二元结构过程中妥善解决部落文化影响力问题,而处理得好坏与否将直接影响国家的未来发展。自20世纪70年代以来,由于中东地区各国无法平衡现代化过程中包括部落文化在内的传统习俗等问题,伊斯兰复兴运动得益于民族主义失败的"负面合法性"而益然兴起。在伊朗,现

---

① 霍华德·威亚尔达主编,董正华、昝涛、郑振清译:《非西方发展理论——地区模式与全球趋势》,北京大学出版社,2006年,第108页。
② 包毅:《解析中亚国家政治转型中部族政治文化因素》,载《俄罗斯中亚东欧研究》2009年第5期。

代化改革的失败则直接导致了巴列维世俗政权的垮台。①

2. 强化部落忠诚与削弱部落硬实力之间难取平衡,部族利益与国家利益博弈引发社会矛盾。部落忠诚在特定社会形态和结构绵延数千年的中东地区历史长河中扮演着极其重要的角色,甚至是维系民族身份与价值观认同的核心价值之一。如中东地区的贝都因人、库尔德人等繁衍发展无不与部落忠诚的价值理念联系在一起。而近代以来,中东国家为树立现代国家权威而在改革与革命过程中多致力于削弱部落硬实力。实际上,20世纪中后期以来,埃及、叙利亚、伊拉克等国家曾强调过阿拉伯民族主义,并有意淡化部落从属关系。如埃及当局通过加强军方力量部署迫使西奈半岛地区部落不得为基地组织提供庇护。② 在伊拉克,萨达姆执政时期经常花费巨资来笼络地方部落酋长。而卡扎菲政权曾引进"荣誉证明"措施,旨在强调(部落)地区领导人的责任、义务与处罚并重。③ 特别是叙利亚经过这些年的世俗化进程,虽然部落观念已经逐渐淡化,但派系矛盾衍生、演变成为固态化阶层矛盾,从而恶化了社会矛盾,直至引发目前的政府认同危机。而以索马里为例,虽然诱发国家分裂的原因包括经济利益分配不均等多重因素,但很多学者都认为族群理念分歧与弱中央、强地方的现实困境是导致索马里冲突久拖不决的内因。④

3. 部落认同观念难以上升为"部落间共识"理念,部分部落地区意识形态塔利班化有加速趋势。在中东地区,"部落间共识"理念发挥着极其重要的作用,在很多国家政治生活中的作用不容小觑。作为一种特殊的政治治理模式,中东地区部落文化往往和国家权力相结合,通过在部落之间达成共识的方式来促进社会和谐。对于此处"部落间共识",笔者侧重强调的是从广义角度看作为部分政治、文化和心理的一种理念认知,该理念通常在社会活动中加以构建,并随着社会制度和利益的改变而得到重塑。由于社会生活的极端复杂性,有学者认为多

---

① 田文林:《中东民族主义与中东国家现代化》,载《世界民族》2001年第4期。
② 埃及在西奈半岛加强军力原因复杂,其一是哈马斯和西奈半岛部族长期保持密切联系。2007年巴勒斯坦伊斯兰抵抗运动(Hamas,哈马斯)控制加沙地带后,以色列外交部同意埃及方面的申请,允许埃及驻军数量增加一倍,不过以色列国防部和军方反对这一举动。参见宇桓:《以色列军队高官建议允许埃及加强西奈半岛军力》,载《人民网》2011年8月22日。
③ 在国家层面,一旦部落成员背叛国家和政权时,部落首领就需为该部落成员的背叛行径承担公共责任和惩罚后果;在部落层面,部落首领反过来又通过对每个有背叛国家和政权行为的成员的家庭进行一起受罚来增强处罚力度。参见蒲瑶:《利比亚内乱的部落文化解读》,载《世界民族》2013年第1期。
④ 伊斯兰法院联盟是该国的一个超部族组织,索马里四大部族之一的哈威伊(Hawiya)部族及其众多分支对伊斯兰法院联盟的支持,是该联盟建立并得到迅速发展的重要原因之一。转引自丁隆:《索马里冲突的根源与解决途径探析》,载《西亚非洲》2007年第3期。

种认同集于一身是可能的①,但现实政治生活中个人意志必须服从部落整体利益。需要特别指出的是,由于部落影响力大多聚焦于国家边缘地带,容易引起政府的猜疑和担心。② 由此,现实的残酷也在于政府会采取打压与拉拢两种手段,这往往又会导致国内部落居民更趋向于部落认同,而对"部落间共识"理念心存疑虑(如卡扎菲执政时期,由于政府对东部地区部落的压制,心怀不满的东部部落民众成为"倒卡"急先锋,"倒卡行动"也就不难理解了)。

此外,在当前中东政局变化发展新阶段,阿拉伯民族主义已经退化为一种用以掩盖社会问题和现存政权的缺陷的合法性工具。③ 而"塔利班化"是一个在"9·11"事件前产生的名词,最早于 1999 年 11 月 6 日《波士顿环球报》中出现,泛指宗教团体模仿塔利班推行严厉的宗教政策。当前中东部落地区意识形态"塔利班化"是特指信奉伊斯兰等宗教的部落在思想上呈现出的一种暴力倾向与极端化宗教信仰状态。如埃及的穆兄会等伊斯兰背景的党派在与传统部族力量博弈过程中诱发了部族极端保守思想,位于西奈半岛的传统世俗力量则在这个过程中受到冲击而被基地组织所利用。而当前利比亚、伊拉克等地区局势动荡也与当地一些团体塔利班化、极端暴力思想抬头以及"伊斯兰国"(Islamic State of Iraq and al Shams,简称"ISIS")等极端组织势力迅速扩张有关。实际上,近年来随着贫富差距扩大,部落力量此消彼长,悬殊加剧。为有效控制经济社会资源,统治阶层往往打着民族主义旗号而忽略了对部落文化这一历史遗产进行传承发展。传统价值体系、社会制度与行为规范由于执政当局只是着意利用、不加注重,致使以国家民族利益为核心的具有历史进步意义的意识形态逐渐转变为褊狭、落伍的保守政治价值观念。

(二) 对中东政局未来走向的影响

1. 部落文化有可能成为强国利用的工具,进一步恶化中东地区的安全局势。国家现代化和社会变迁不可避免地带来部落利益与国家整体利益之间的矛盾,进而影响到国家所在的地区安全。而不同国家特别是地区大国反过来又往往会利用部落文化来做文章,以实现自己的国家利益诉求。④ 并且,结合实际情

---

① 李素华:《政治认同的辨析》,载《学术论坛》,2007 年,载 http://ny.xmu.edu.cn/Article/ShowArticle.asp? ArticleID=2167。
② R. Tapper, "Anthropologists, Historians, and Tribespeople on Tribe and State Formation in the Middle East", in P. Khoury, and J. Kostiner (eds.), *Tribes and State Formation in the Middle East*, University of California Press, 1990, p.53.
③ 参见 Bassam Tibi, *Arab Nationalism*, London: Macmillan Press Ltd., 1997, p.212。
④ Fawaza A. Gerges, "The Obama approach to the Middle East: the end of America's Moment?", *International Affairs*, vol.80, No.2, 2013, pp.313-317.

况进一步来分析,不同国家领导人能力的差异和国家发展阶段的不平衡性更容易被外部大国利用而使当事国的长远利益受到损害。此外,中东一些小国家为有效控制既得利益,往往也会因采取一些措施来提防其他部族夺权而使政局陷入动荡。如,巴雷政权被推翻后,索马里联合大会党的阿里·迈赫迪·穆罕默德(Ali Mahdi Mohamed)成立新政府。由于联合大会党成立的临时政府完全由哈威伊族(Hawiya)组成,引起了其他部族的不满,其他部族又联合起来向首都发兵。索马里冲突造成大量平民伤亡和流离失所,导致严重的人道主义危机。① 索马里危机折射的是不同的部族派系有着不同的具体利益并各有追求,致使国家陷入动荡。此外再以土耳其为例,土耳其国家战略价值目标首选是防止北部库尔德地区的独立,阻止库尔德分离主义力量增长;但同时土耳其又是美国在中东的盟国,由此在伊拉克重建的问题上,土耳其极力呼吁促成伊拉克境内各派系的对话与和解,反对伊拉克分裂也就不足为奇了。② 实际上无论是沙特还是伊朗和土耳其,在国家利益与构建现代国家价值体系方面与传统部落文化相悖,而由于各国迥异的利益诉求与价值理念最终导致了伊拉克局势的高度复杂和重建进程的缓慢与艰难。③

2. 部落文化使西方国家推崇的中东民主化进程前景扑朔迷离,如何维护与平衡部落利益仍是当前中东政局发展绕不开的政治议题。美国等西方国家在中东地区推行民主化,以实现他们所期望的民主政治模式,但"阿拉伯之春"这把火并没有烧出预期的期望。实际上,中东国家复杂的部落文化遗产和历史传统是任何地区国家发展都无法抛开的因子。中东地区国家现代化进程在被打上浓重部落烙印的同时,更多是向执政者提出拷问:执政者该如何整合与平衡部落利益的现实问题?

再以索马里为例,全国分为萨马勒(Samale)和萨布(Sab)两大族系六大部族,这六大部族又分为几十个部族分支。④ 部族分裂赋予索马里前现代特征,族群分裂成为典型的"补丁国家"⑤。正如人类学家卡尔·萨尔兹曼(Karl

---

① The International Crisis Group, "Somaliland: Time for African Union Leadership", *Africa Report*, No. 110, May 2006, p. 6.
② 魏亮、李绍先:《伊拉克重建之路剖析》,载《现代国际关系》2009 年第 2 期。
③ 魏亮:《浅析美军撤离后伊拉克政治重建的安全环境》,载《西亚非洲》2012 年第 4 期。
④ 萨马勒族系由迪尔(Dir)、伊萨克(Isaq)、哈威耶(Hawiye)和达鲁德(Darod)四大部族组成。萨马勒族系占全国人口的 80% 以上。萨布族系由迪吉尔(Digil)族和拉汉文(Rahanweyn)族组成。参见约安·刘易斯著,黄承球译:《索马里人》,载《世界民族》1997 年第 2 期。
⑤ 2013 年 9 月 21 日,肯尼亚首都内罗毕的一家购物中心发生恐怖袭击,酿成 4 天之内 70 余人死亡的悲剧。而袭击的发动者,则是来自索马里的"青年党"。参见刘中民:《袭击肯尼亚的索马里"青年党"是谁?》,载《观察者网》2013 年 9 月 26 日。

Salzman)所言,历史上曾有两种方式统治着中东地区,"部落自治"和"中央集权"。前者是这个地区的特色,也是理解该地区的关键。① 从中东政治格局角度看,各国国情与历史传统不同导致差异巨大,差异化造成了中东各国之间政治现代化进程的不平衡,多类型部落文化模式并存。总体看来,部落印记几乎覆盖了所有海湾国家。科威特、阿曼、巴林等海湾国家王室统治者均来自古老而显赫的部落,家族地位赋予他们统治的"合法性"。② 政治改革一旦触及既得利益集团的利益,就会遭到它们的强烈反对。为了不使统治基础被削弱,即使威权主义政府在内外压力下产生改革意愿也会遭到既得利益集团的强烈抗拒,迫使改革最后无果而终。沙特王室近年来围绕改革问题产生的分歧是很好的例子。③ 此外,也门的情况也很类似。也门在国内有 200 多个部落并且都有自己的武装。令也门政府头疼的是,一些部落武装分子和基地组织阿拉伯半岛分支的武装分子相互有来往。近年来,在该国发生了多起外国人被绑架事件。有反恐专家认为,这主要是由于部落与政府间的矛盾所致,其目的是通过绑架外国人,扩大部落的影响力,以对政府施加压力。④

3. 部族矛盾与教派矛盾交织,增加了对中东历史遗留问题解决的难度。中东地区有基督教、犹太教和伊斯兰教三大主要宗教,其中基督教与伊斯兰教乃至伊斯兰教内部的什叶派和逊尼派之间都有过多次冲突,而以色列与中东国家关系中宗教矛盾与部落矛盾共振而引发的争端近年来更多有发生。⑤ 当前,特别是伊斯兰极端与激进势力上升,打破了传统部族之间脆弱的力量平衡,带来诸多动荡因素。近来中东地区的暴力活动持续不断,伊斯兰激进力量利用部落对政府的不满,伺机制造混乱和恐慌以向政府施压来获取自身利益。如,埃及穆兄会的下台就是与其在执政期间输出利益给巴勒斯坦地区的哈马斯组织而引发国民

---

① 王林聪:《利比亚乱局历史探析中央与地方的斗争贯穿始终》,载 http://cul.china.com.cn/index.htm,2011 年 8 月 18 日。转引自蒲瑶:《利比亚内乱的部落文化解读》,载《世界民族》2013 年第 1 期,第 21 页。
② 例如萨巴赫家族来自沙特阿拉伯内志地区的阿奈扎部落,18 世纪来到科威特后统治至今。巴林的统治者哈利法(Khalifa)家族同样来自一个大部落,也是在同一时期来到巴林。沙特阿拉伯的王室也有部落根基。很多部落还通过联姻等办法稳固政权。2011 年 5 月 6 日英国《卫报》刊文认为,在阿曼等实行君主政体的中东国家,示威者要求的是改革而非质疑统治者的合法性,详见黄培昭等:《中东部落恩怨加剧混乱局势世代仇导致纷争难休》,载《环球时报》2011 年 5 月 6 日。
③ 丁隆:《中东民主化进程:一个政治经济学的视角》,载《经济纵横》2008 年第 1 期。
④ 张梦旭、丁雨晴:《部落恩怨加剧中东迷局》,载《国防时报》2011 年 5 月 25 日。
⑤ James H. Lebovic and William R. Thompson, "An Illusionary or Elusive Relationship? The Arab-Israel Conflict and Repression in the Middle East", *The Journal of Politics*, Vol. 68, No. 3, 2006, pp. 507 – 513.

抗议有关。① 再如,叙利亚国内政局动荡,美国等西方国家干预以及实施其所谓的"民主化"进程并没有带来理想中的社会进步,反而使叙利亚社会充满了血腥。实际上,无论是叙利亚还是利比亚或中东其他国家都承载着本国的国情、教情和历史包袱,国家政治转型与国家间历史遗留问题解决有自身逻辑次序,并且需要经历长时间段的考验。②

三、部落文化传承创新下的中东政局前景展望

在文化研究领域,功能主义作为文化理论的一大流派一直起着非常重要的作用。其代表人物马林诺夫斯基认为,在一个社会中,所有文化特质都是为满足人的需要服务的;这就是说,一种文化特质的功能就在于满足该群体成员的基本需要和次生需要。③ 文章此处中东部落文化传承创新是基于其功能价值对中东发展的特殊意义这一缘由角度进行分析,更多是指人文精神层面的承传,文明创造的继承以及文化语义下的各类活动的开展,其实质当是中东人民对伊斯兰文明的坚守与创新。并且,从现实情况来看,中东地区的文化遗产(主要指伊斯兰文化)与世界其他事物(文化、文明)发生相互作用,对中东国家自身属性的定位与未来政局发展设置了文化维度,将产生长远影响。④

(一)中东地区部落文化传承创新主要路径

中东国家发展显然要走适合中东国情的道路,而传承与发展部落文化从理论上讲亦必须遵循文化发展规律。列宁曾言:"文化任务的完成不可能像政治任务和军事任务那样迅速。应当懂得,现在前进的条件已经和从前不一样了。在危机尖锐化时期,几个星期就可以取得政治上的胜利。在战争中,几个月就可以

---

① 埃及人抗议的迹象2013年年初实际上已出现,自穆尔西许诺的"百日新政"目标没有实现以来,埃及人对穆尔西的不满已经开始,穆兄会头一年和哈马斯、叙利亚反对派和卡塔尔关系都很亲近。而输出埃及利益给哈马斯显然是众多催化剂中较为明显的一个。
② 目前利比亚部落正在重新组合排序,以期今后在新政权下获得自己的席位与影响力,尤其是班加西的前伊德里斯王朝后裔们决定着其命运,阿拉伯部落也不希望被阿玛齐格部落统治,处于中部地区的卡达法部落也不希望再度被边缘化。焦翔:《利比亚新政府将弱化部落特征》,载《人民日报》2011年9月23日。但他用的是卡扎法而不是卡达法,这里借此机会予以订正。
③ 韩民青:《论文化发展的特点与规律》,载《贵州社会科学》2011年第6期。
④ 文化又作为人的一个组成部分,其根本功能也就是人的根本功能,主要体现为对自然界和社会的认识力量和改造能力。而"文化传承"(Cultivation)的本意为植物驯化和栽培的人类实践与传承,并加以传习,后引申为对人的育化和培养。参见张永谊:《尊重文化发展的自身规律》,载《团结报》2012年5月7日。

取得胜利,但是在文化方面,要在这样短的时间内取得胜利是不可能的。"①并且文化体现着一个国家和民族的品格,它既凝聚国民人心,又事关民生福祉,一定意义上讲,文化的发展就是国家、民族品格的重塑与再造,是推动经济社会发展的重要力量,也是民族凝聚力和创造力的重要源泉,是综合国力竞争的重要因素。但另一方面,认识和把握规律,也不是一件容易的事情,而违反规律,则会造成严重后果。这里需要强调的是,中东地区部落文化传承离不开积累与创新两条基本途径。正如有学者所极力主张的,文化领域是最需要积累的领域,也是最需要创新的领域,要鼓励创新、支持创新,中东的部落文化遗产才能实现与时俱进。②

(二) 部落文化传承下的中东政局前景展望

考虑到部落文化因素对中东政局未来走向的特殊影响以及中东国家在发展过程中的不平衡性等因素影响,中东政局未来发展有可能呈现以下趋势。第一,中东大的部落家族在国家政局发展方面将逐渐发挥出更加重要的作用。这不仅与部落自治传统与集权式政治模式长期共生共存、有效结合、左右中东历史有关,而且因为当前情况下土生土长的部族权威比政府更贴近普通民众,这也造成人们的部族归属感增强。③ 第二,中东地区经济发展的不平衡性将进一步加剧,左右中东政局纵深发展。对于中东地区这类主要以油气资源和农贸等初级品出口为主、经济对外依赖度极高的国家来讲,其国民经济之脆弱性不言而喻。特别是在当前,伊拉克、叙利亚和加沙地带的局势复杂,中东国家对外经贸合作的深度将大打折扣。第三,中东地区安全局势将更趋复杂化。目前来看,"阿拉伯之春"的潜在影响依然存在,而当前随着中东国内政经新发展与外来干预力量之间矛盾的增加④,特别是"伊斯兰国"极端组织在中东地区的影响力逐渐扩大,中东地区短期内的安全态势不容乐观。而从长远愿景看,国际社会如何与中东爱好

---

① 《列宁全集》第 42 卷,人民出版社,1987 年第 2 版,第 201 页。
② 例如,美国算不上是文化资源大国,但却是名副其实的文化强国,强就强在创新上。不同的时代有不同的文化,不同的国家和民族有不同的文化。文化和文明的多样化,过去、现在和将来都是文化的本质属性和文化发展的根本特点。因此,不同文化、不同文明的相互学习、相互交流,是文化发展的根本途径之一,舍此别无他途,这也是文化发展的一个规律。
③ 由于社会部族氛围浓厚,人们的国家观念淡薄,部落居民皆惯于通过部落酋长的权威形成一套权力体系和行为规范,只有部落酋长才能把他们动员起来。特别是在海湾国家,很多部落通过联姻等办法来稳固政权。参见 Mansour omar and El~Kikhia, *Libya's Qaddafi: The Politics of Contradiction*, Orlando: University Press of Florida, 1997, pp. 26 – 27。
④ 如,当前,ISIS 在伊拉克和叙利亚对普通民众人身安全产生威胁;此外,加沙安全局势也急剧恶化。参见于盟:《美国空袭伊拉克》,载《凤凰网》2014 年 8 月 11 日。此外,国际社会关注到,违反与践踏人权的灾难通常发生在一些特定国家,因此发生大规模、制度化的严重违反人权的事件会招致国际社会的干预。

和平的主流力量通力合作,通过与中东国家之间进行良性互动,最终来实现全球化进程中中东国家的稳步发展则值得期待。

(原载《世界民族》2014年第6期)

"史料实证"素养培养的主要抓手
——以《天朝的崩溃:鸦片战争再研究》为讨论中心

张禄佳、郑流爱[*]

史料是历史研究的基础,也是历史课程与教学的基础。而今,在《普通高中历史课程标准(2017年版)》中,史料实证被列为历史学科的核心素养之一,且被视为"诸素养得以达成的必要途径"。同时,课标还从目标角度明确了史料实证素养包含史料搜集、辨析、真伪与价值判断以及史料的信息提取等内容。[①] 相对于过往史料分析能力的空泛提法,这无疑是历史教育认识上的巨大飞跃。但是,对素养的界定与目标内涵的表述过于概括化,从理论和实践角度看,都必须有进一步可操作的途径与方法,从而为一线教师理解和落实史料实证素养提供抓手。有学者指出,历史课程也要让学生"像一个历史学家那样去理解历史、架构自己对历史的解释"[②]。若此,则首先要弄清历史学家是怎样思维的。而史料实证恰恰源于史学家的史料功夫,这种功夫需要史家对史料"审慎考订,细密推敲,极尽求真求实之能事"[③],并基于史料建构更接近真相的历史解释。在这方面,茅海建先生的《天朝的崩溃:鸦片战争再研究》堪称典范。在书中,他以全面占有史料和精湛分析史料的功夫,为我们探讨史料实证素养的理论框架和教学实践提供了很好样本,其中包括史料搜集、考证、分析、比较和连缀等诸方面的思维方法。

一、史料选用:不同源,多主体

史学家治史,向来注重史料的搜集。这是因为史料证据越充分,归纳出的结论也越可靠。但对于中学历史教学来说,教师无论占有何等丰富的史料,受时间限制也只能呈现一二。那么,在教学中应该如何选择史料呢?

在现行高中历史教材中,道光帝改派琦善取代林则徐为钦差大臣一事被表

---

[*] 张禄佳,现为浙江师范大学教育学院副教授;郑流爱,现为浙江师范大学教育学院教授。
[①] 中华人民共和国教育部:《普通高中历史课程标准》,2018年,第4~5页。
[②] 徐蓝:《谈谈研制高中历史课程标准的一些体会》,《历史教学》2016年第23期。
[③] 李剑鸣:《历史学家的修养与技艺》,上海三联书店,2007年,第249页。

述为：道光帝将林则徐等革职查办，改派琦善为钦差大臣赴广东与英方"议和"。按此，琦善与英方"议和"是授意于道光帝。然而，道光帝在给琦善的上谕中未曾见授意之辞，反而主张对英夷决不让步、立即动武。也正因为如此，时人多传言琦善接受了义律的"贿赂"犯下卖国重罪，就连深居宫禁的道光帝都已听闻，下令"密加查访"。对此，茅海建先生认为"贿和"并非事实。他除了从琦善的丰裕家赀和"天朝"观念推测其不屑于接受贿赂外，还直接考察了当事人的说法。①

  材料一 琦善逮京后，由道光帝亲自审定的讯问琦善各条中，其中一问是："琦善既与义律说话，情意亲密，自天津以至广东，该夷目馈送琦善物件若干？琦善回送是何物件？"琦善对此是一口否认，"伏查琦善与逆夷言语不通，不过为公事暂为羁縻，假意待之，岂肯收受馈送，自外生成。亦未给过该夷物件"。

  材料二 军机处在审讯为琦善充当中英交涉的联络员鲍鹏时，又提出了相同的问题，鲍鹏也是完全否认。

  材料三 从目前所能见到的英文资料来看，义律等英方官员并没有采用贿赂的手段，也无琦善索贿的记载。而义律听闻琦善因收取义律贿赂的罪名而受审讯的消息，特意拟出否认对琦善行贿、英国官员不会行贿的文件，转交广州知府。

上述三则史料中的主体均不相同，可信度也存在差异。材料一中，琦善作为"受贿者"，面对讯问时的回答难以自证清白，他极可能为保全自己而故意撒谎；材料二中，鲍鹏作为中间人，其回答可以成为有效证据，但他也可能因收受贿赂或受到威逼利诱而做伪证；至于材料三中的英国人义律，作为"行贿人"的他，证词反而最可靠：当时的英国人不再是乞求天朝贸易，而是带着坚船利炮上门勒索，"世上又哪有强盗上门先行贿后动手的事情"②。可见，"受贿者""行贿者"和"中间人"都指向琦善没有接受贿赂。再结合其他相关证据，我们基本可以认定琦善不像是接受贿赂的。

  这说明，一面之词难以形成证据链，有效地排除其他可能性，也就是"孤证不立"。因此，在材料搜集的过程中，"能够比较和分析不同来源、不同观点的史料"被视作高水平的史料实证素养。这里的来源，既是指史料的获取渠道如历史遗

---

① 茅海建：《天朝的崩溃：鸦片战争再研究》，生活·读书·新知三联书店，1995年，第3～4页。
② 对茅海建先生的这一论断，笔者并不认同。历史上，确实存在"强盗"先上门行贿而后动手的事情，如三国时吕蒙收荆州，先上门行贿意在迷惑对方，为抢劫创造机会。

址、互联网、博物馆、图书馆和档案馆等,也应包括史料的制造者或主体,如本案例中的琦善、鲍鹏和义律等。两者都体现了史料搜集的基本原则,又指向不同侧面:前者告诉我们去哪里寻找史料,后者告诉我们应选用哪些史料。因此,在中学历史教学中,"不同源,多主体"应该成为精选史料的基本准则。

二、史料考证:寻其根,溯其源

中学历史教科书因篇幅限制,多以转述、概括等方式精炼地呈现历史内容,而这不可避免地会出现删减、误解,甚至曲解原始史料的情况。因此,教师使用教科书中的材料时,要明确这些材料是间接的,并进行相应的考证和辨析。那么,在教学过程中,历史教师如何考证教科书中引用的史料呢?

关于《南京条约》中制定关税的内容,一般的中学教材将其概括为"协定关税",意为中国海关收取英商进出口货物的关税由双方商定。[①] 那么,《南京条约》是否规定了关税协定呢? 在《天朝的崩溃》中,茅海建先生也注意到这一问题,他直接查阅了《南京条约》中文本,其第十款规定:

> 各通商口岸"应纳进口、出口货税、饷费,均宜秉公议定则例,由部颁发晓示"。

很多人认为,这里的"秉公议定"正是"协定关税"说法的来源。然而,"秉公"的意思并不太明确。茅海建先生又查阅了《南京条约》英文本,此款对应英文是:

> His Majesty the Emperor of China agrees to establish at all the ports a fair and regular Tariff shall be publicly noticed and promulgated for general information.

"秉公"对应的是"*fair and regular*",意为"公平的和正式的"。也就是说,英国人希望中国制定出公平的关税税率,而非要与中国"协定关税"。以《南京条约》英文本作为最终依据,是因为对于定约提出者的英国来说,以母语撰写的条约能够更准确地表达其要求。从史料的角度看,教科书的说法来自《南京条约》

---

① 如岳麓书社版称"允许英商进出口货物应缴纳的关税由中英双方协定",北京师范大学出版社版称"中国对英国进出口货物收取关税由双方商定",人民教育出版社版称"中国海关收取英商进出口货物的关税,由双方商定",人民出版社版称"英国商人进出口货物缴纳的税款,中国须同英国商定"等。

中文版,而中文版则译自英文版,寻根溯源,也应以英文版为准。

课标提出,要"重现历史真实",而其前提则是获取可信的史料。史料实证素养所要求的"能够认识不同类型史料所具有的不同价值"和"能够对史料进行辨析",都隐含着对史料的考证。其中,对间接史料的考证,最直接、最有效的方法就是查看原始史料。正如傅斯年所说,"间接史料的错误,靠他更正;间接史料的不足,靠他弥补;间接史料的错乱,靠他整齐;间接史料因经中间人收而成之灰沉沉样,靠他改给一个活泼泼的生气象"[①]。

三、史料分析:听其言,观其行

史料可以分为"有意史料"和"无意史料"。两者相比,有意史料可信度较低,因为它是当事人为某种目的而刻意留下的,自然会使其有利于自己。那么,如何从有意史料中发掘历史真相呢?

为了彰显林则徐的民族英雄地位,现行高中教材都呈现了他的画像和禁烟言论。也有论者据林则徐的书信和奏折,称其早已预见了战争,并向道光帝和沿海各省督抚发出了做好战争准备的预告。林则徐自己也于1840年7月4日、8月7日、12月22日,1841年2月18日、9月等多次提到自己曾预见了战争,并上奏道光帝或移文其他督抚。其中1841年9月致旧友姚椿、王柏心的信已经写得滴水不漏了,谓:"英夷兵船之来,本在意中,徐在都时面陈姑署不论,即到粤后,奏请敕下沿海严防者,亦已五次。"[②]林则徐成为不可战胜的神话。

可是,将这些信件和奏章对照后就不难发现,它们都是林则徐在战争爆发后的说法,究竟是自辩之辞还是真实情况?仅凭这些信件和奏章很难说明问题,还需要进一步考察林则徐所提到的五次奏请的具体内容。为此,茅海建先生查阅了五次奏请的原文,发现前三次是在鸦片战争前,请求防范英国的鸦片走私船,后两次奏请则是在鸦片战争爆发后请敕各省筹防,并非事先。

显然,林则徐并不相信英国会因禁烟而挑起边衅。那么,他为什么会得出这样的结论呢?1839年5月1日,正在收缴鸦片的林则徐从战略战术和经济利益的角度作出了解释:

> 到省后查看夷情,外似桀骜,内实惟怯。向来恐开边衅,遂致养痈之患日积日深。岂知彼从六万里外远涉经商,主客之形,众寡之势,固不待智者

[①] 傅斯年:《史学方法导论》,中国人民大学出版社,2004年,第2页。
[②] 茅海建:《天朝的崩溃:鸦片战争再研究》,第120页。

而决。即其船坚炮利,亦只能取胜于外洋,而不能施技于内港。粤省重重门户,天险可凭,且其贸易多年,实为利市三倍。即除却鸦片一项,专做正经买卖,彼亦断不肯舍此马头。①

"一般人的心理活动规律是对己有利的资料印象较深,对己不利的资料不受重视。"②林则徐仅从公开的报刊书籍获取信息,又用天朝的价值观和思想方法进行分析——走私鸦片是英国商人违反国令的勾当,通过数目对比认定英国国力不敌中国等,于是得出英国不敢挑起边衅。"君王好高髻,城中高一尺。"再加上道光皇帝不可开边衅的训令,也暗示了林则徐朝这个方向去想。

由此可知,分析史料既要听其言,更要观其行。正如纳塔利·戴维斯所说,要对史料记录者的动机保持警惕,"不能按照其字面意义来接受,而应根据其内部和外部的证据加以判断,并置于它们所产生的历史时期当中来理解"③。因此,"能够在辨别史料作者意图的基础上利用史料"也是高水平的史料实证素养。在教学中,应该对宣传性的口号和特定场合的说辞等保持审慎的态度,并考察实际情况。比如,三国干涉还辽事件中,俄、德、法就以"既有危害中国之首都之虞,也让朝鲜国之独立有名无实,有碍维持远东之和平"④为由劝谕日本放弃占领辽东半岛,但数年后俄国为争夺中国东北就与日本发生了战争,其干涉还辽的真正目的也暴露出来。

四、史料比较:考异同,辨真伪

关于某个历史事件可能有多种记载,而任何一种记载可能都有所侧重,甚至包含偏见与谎言。从"史料实证"的角度看,引导学生从纷繁复杂的记载中去伪存真、全面地反映真实的过去,就成为教学过程中绕不过去的环节。

以三元里抗英斗争为例,现行高中教材往往强调它是近代史上中国人民第一次自发的大规模抵抗外国侵略的斗争。其实,整体而言,中文文献对三元里抗英的史实描述眉目不清,说法各异。对此,茅海建先生列举了五个比较典型的说法,分别出自广东按察使王庭兰在战后不久写给福建布政使曾望颜的信、靖逆将军奕山所上的三道奏折、1943年水勇头目林福祥的回忆、两广总督的幕僚梁廷

---

① 茅海建:《天朝的崩溃:鸦片战争再研究》,第114页。
② 茅海建:《天朝的崩溃:鸦片战争再研究》,第119页。
③ 纳塔利·戴维斯:《现代史学的挑战——美国历史协会主席演讲集(1961~1988)》,上海人民出版社,1990年,第508页。
④ 戚其章:《中国近代史资料丛刊续编——中日战争》,中华书局,1995年,第125页。

枏于道光末年出版的《夷氛闻记》、1872年出版的《南海县志》。它们对三元里抗英的时间、地点、原因、经过、战果的说法均有区别,特别是奕山所上的三道奏折,彼此竟然也不同。茅海建先生认为原因有二:一是文献的作者除林福祥外,均未亲历,王庭兰、奕山、梁廷枏均在被英军围困的广州,而《南海县志》的作者又据30年后的采访;二是此次抗英斗争的组织者们没有留下有关的文献。因此,仅凭这些记载,无法判断孰是孰非,区别其中的史实与传说。

茅海建先生扩大了史料范围,查看了英方的记载,发现几乎是众口一词,并以陆军司令郭富的报告最为典型:

> 1841年6月3日,郭富从广州撤往香港的途中写下了给印度总督的报告,称:5月30日中午12点左右,他在城北越秀山四方炮台发现,许多非正规部队在其阵地之后三、四英里处的山脚下集结列阵。他遂率军进攻。对方且战且退,随即又聚合反攻。由于大雨,英军的燧发枪无法射击,对方与之肉搏。郭富下令撤退,对方因作战不利亦后退。回到四方炮台后,他又发现有一个连的马德拉斯土兵未归,即派海军两个连携带不怕雨淋的雷击枪前往救援。救援英军发现该连被数千民众包围,开枪驱散民众,救回该连。5月31日清晨,郭富派人通知余保纯,若不停止此类行动,将中止先前达成的停战协定。至当日中午,民众聚集了1.2万至1.5万人,包围英军阵地。余保纯前往劝解,民众散离。①

茅海建先生将中英文文献参照互核,寻找并分析其中的异同,在此基础上认定事实。试举例如下:

一是三元里等处民众于5月30日首先集结,准备一战。中文文献多称是英军的撤退、抢劫和报复引起了民众的抵抗;英文文献称是民众率先集结引发了英军进攻。茅海建先生没有采纳中文文献的说法,原因是奕山此前发布告示称任何有组织的主动的军事行动都要按军法治罪,而三元里抗英斗争中有许多乡勇和水勇参战,组织者自然不敢言明系其主动。

二是三元里等处民众且战且退,诱敌深入,有既定的战术。这一点,中英文献都有提到,比如梁廷枏就明确描述到"英军出战,民众佯退,诱至牛栏冈围歼",郭富也明确提到"对方且战且退,随即又聚合反攻"。其他史料在描述中也隐含地指出其存在既定战术,比如林福祥就提到由于他"事先与各乡约定联防,三元里等80余乡数万民众将英军包围"。试想如果没有周密安排,这些农民是不太

---

① 茅海建:《天朝的崩溃:鸦片战争再研究》,第297页。

可能将英军这支现代部队包围的。

三是英军在与民众的交战中遭受了损失。关于士兵的伤亡数目,不同史料的记载均不相同,比如郭富指出是 5 死 23 伤,麦华生回忆是 7 死 42 人受伤,中方文献有 10 余人、100 余人、200 余人、300 余人乃至 748 人等诸种说法,难以判定真假。对此,茅海建先生采纳梁廷楠不写具体歼敌人数的做法,只说"遭受了损失"。

这三个例子代表三种不同的史实认定类型:一是各方史料说法矛盾时,应判断各说法的正误,并给出取舍理由;二是各方史料说法一致时,在没有找到反证的情况下,基本可以认定为事实;三是各方史料众说纷纭而又难以辨别时,应坚持"一分证据说一分话"原则,继续寻找新史料、新证据。

"课标"提出,要"能够比较、分析不同观点的史料"①,而"信则书之,疑则阙之"是史学家常用的方法,也是史料实证的重要内容。这启发我们,可以将历史教学当作引导学生在说法各异的史料中发掘真相的探究过程。比如陈亚利老师在"中国古代商业经济发展"一课中设计了"晚唐有没有夜市"的争鸣环节,分别呈现了《唐六典》中"日入前七刻,击钲三百下,散"和诗人王建"夜市千灯照碧云"两个截然相反的说法,并通过师生讨论得出了夜市在事实上已经存在但尚未得到官方确认的结论,这种"上有政策,下有对策"的现象也反映出夜市从无到有的过渡过程。

五、史料连缀:存而补,证而疏

傅斯年主张对待史料,应"存而不补,证而不疏"②。但史料总是残缺不全的,如果只是"整理"而不疏通,所建构出的历史画面也终是支离破碎的。那么,应如何修补和疏通史料间的断裂呢?

鸦片战争中,清军往往一触即溃,大量逃亡,坚持抵抗者很少。因此,清军的腐败被认为是鸦片战争失败的重要原因。但对于清军何以腐败,鲜有进一步的分析。为了解决这一问题,茅海建先生在"清军的军事力量"一章呈现了三份史料:

材料一 1840 年 7 月,中英第一次厦门之战,清军被打死 9 名士兵,档案中留下了他们个人情况的资料:

中营守兵林喜成,年三十五岁,系鸟枪手,母陈氏,妻李氏,子注。

---

① 中华人民共和国教育部:《普通高中历史课程标准》,2018 年,第 71 页。
② 岳玉玺:《傅斯年选集》,天津人民出版社,1996 年,第 181 页。

左营守兵吴灿生,年二十五岁,系鸟枪手,妻傅氏,男顺意。
左营战兵吴观赏,年四十三岁,系鸟枪手,妻孙氏。
左营守兵王大猷,年二十九岁,系鸟枪手,母吴氏。
右营战兵邱明禧,年三十九岁,系弓箭手,祖母林氏,母刘氏,妻陈氏。
右营战兵张世泽,年五十九岁,系鸟枪手,母余氏,妻黄氏,男光灿。
前营战兵胡满才,年四十七岁,系鸟枪手,男印蓝。
后营战兵周瑞安,年二十二岁,系鸟枪手,继父厂,母徐氏,弟举。
后营战兵吴振胜,年二十四岁,系藤牌手,父俊,母林氏,兄词,弟贤。

【解读】通过这份档案(样本)可以推测,清兵的年龄在20到50岁之间,大多娶妻生子,母亲亦大多健在。

材料二 清军绿营、驻防八旗的士兵,分马兵、战兵、守兵,每月领取粮与饷,其标准分别为:0.3石、2两,0.3石、1.5两,0.3石、1两。

【解读】史料二表明,鸦片战争中参与对英作战的清军士兵,饷银为12到24两,另口粮3.6石。

材料三 1938年,湖广总督林则徐称:窃思人生日用饮食所需,在富奢者,固不能定其准数,若以食贫之人,当中熟之岁,大约每人有钱四五分,即可过一日,若一日有银一钱,则诸凡宽裕矣。

【解读】按照当时货币的换算比例,鸦片战争前,一人一年正常生活需要合银15至36两。①

三则史料的出处各不相同,也分别讲述阵亡士兵的家庭情况、清军士兵的粮饷和18世纪上半叶清朝人的生活成本,彼此没有直接联系。而茅海建先生神入历史,同情地理解清军士兵所面临的问题:他们一般都上有老下有小,其粮饷养活士兵本人绰绰有余,但难以维持家计,需要从事第二职业或者勒索、受贿等,这无疑会削弱清军的战斗力。

史料实证要求"能够恰当地运用史料对所探究问题进行论述",这个过程必然包含了对史料的"补"与"疏"。进一步讲,补充和疏通史料又有赖于历史想象,正如杜维运所说,"历史因想象而具有了连贯性"。与史学著作相比,中学历史教科书简化和省略了更多内容,断裂感更强,要想"揭示人类历史发展的基本规律和大趋势"②,需要更多地通过推理、想象做补与疏的工作。

---

① 茅海建:《天朝的崩溃:鸦片战争再研究》,第62~64页。
② 中华人民共和国教育部:《普通高中历史课程标准》,2018年,第1页。

六、余　　论

史学方法源于思想,与理论相连。这意味着落实史料实证也应以深刻理解其背后的思想与理论为基础,而不是简单地习得其操作步骤。总体来看,史料实证反映出史学的求真宗旨和证据意识:"不同源,多主体"源于证据越多结论越可靠的归纳思想和多元史观,"寻其根,溯其源"源于原始史料一般要比间接史料更可信的思想,"听其言,观其行"是洞察"自我辩护""口是心非"的复杂人性后发展来的,"考异同,辨真伪"源于史料并非完全、客观和真实的思想,"存而补,证而疏"源于史料总是残缺不全和史学追求清晰可辨的真相。

在 2016 年 9 月公布的《中国学生发展核心素养》报告中,"科学精神"和"人文底蕴"得到了重点强调。其中,科学精神包含理性思维、批判质疑和勇于探究,人文底蕴包含人文积淀、人文情怀和审美情趣。① 以上论述中,"不同源,多主体""寻其根,溯其源""听其言,观其行""考异同,辨真伪"和"存而补,证而疏"虽然是史学家搜集、考证、分析、比较和连缀史料的基本方法,但又何尝不是引导学生从史料搜集到基于史料作出历史解释的"史料实证"素养形成过程呢?这种素养的形成过程,又何尝不是科学精神与人文底蕴两大素养培育的重要依托呢?

因此,我们不是(当然也不可能)要求每个师生都具备茅海建先生一样的史学功底,但问题是,在教学中落实史料实证素养,对历史教师的"史料功夫"提出了比以往更大的挑战。而要获取这种功夫,又必须经过长期的训练和艰苦的磨砺。认清史料实证素养培养的抓手是重要前提。此外,还有两点需要注意:其一,从史学家的史料功夫到历史学科的史料实证素养,应该充分考虑公民教育的要求,让学生习得理解和解释历史的关键能力和方法,具备历史学科特有的思维品质,适应批判性处理信息的时代需要;其二,在历史教学中落实史料实证素养,也并非简单地照搬史学方法,而应该在考虑学生思维水平和教学目标的基础上进行筛选,这又有待于更为深入、具体、实证的课例研究。

(原载《历史教学》2020 年第 9 期)

---

① 核心素养研究课题组:《中国学生发展核心素养》,《中国教育学刊》2016 年第 10 期。

"图像释史"的美学向度与文化视野

马维林*

我们借助历史遗迹等史料来重建历史,建立历史解释,图像的维度是不可逾越的。艺术史家曹意强曾说过:"我认为人类撰写历史有两种方式:文字的历史和图像的历史。图像的历史绝非是对文字历史的图解,绝不是文字历史的插图。以图像所撰之史与文献之史具有同等的价值。"[①]作为历史研究的图像是艺术的表现形式,类型十分丰富,如摄影图片、视频、艺术图像、雕像、绘画等,都可以在历史研究中发挥文献的功能。本研究中的图像主要是指艺术图像,包括画像石、铭文、建筑、雕塑、雕刻、书法、绘画等艺术类型。图像是客观存在的历史的反映,承载着丰富的历史信息和文化精神,在建构历史解释的过程中应发挥重要作用。但在教学中,图像却经常处于文字的附属地位,教材中的大部分图像没有被重视。历史中的图像因何而在?它们如何发挥作用?本研究基于艺术图像的审美特质,提出借助图像解释历史应以美学为内在向度,运用艺术理论,建立艺术与文化深层关联,才能充分发挥图像的历史阐释功能。

一、图像阐释历史的美学向度

历史学家德罗伊申认为单纯的文字史料不足以反映历史的全貌,文字不应作为唯一可信的历史事实,史学研究必须以更开阔的视野和新的方法进行:"我们必须依照历史关联来研究社会、文化和艺术的形态,开辟新的领域,调查迄今被忽视的各个方面,新的发现,艺术和科学上的新成果。"[②]德罗伊申的历史研究有着开阔的视野,他尤其突出艺术的重要性,认为艺术"能够也必须成为历史研究的对象",对艺术的历史研究价值给予充分的肯定。黑格尔更进一步阐释了艺术的价值,认为艺术之所以被创造出来,"他所要满足的是一种较高的需要,有时

---

* 马维林,现为西北师范大学教授、博士生导师,江苏省南菁高级中学副校长,特级教师。
① 曹意强:《图像证史与图像撰史——关于历史画创作中几个理论问题的思考》,《美术》2016 年第 11 期。
② 曹意强、麦克尔·波德罗等:《艺术史的视野——图像研究的理论、方法与意义》,中国美术学院出版社,2017 年,第 42 页。

甚至是最高的，绝对的需要"①。显然，黑格尔已经看到了艺术是人类的理想、愿望、希冀等在现实中暂时不能实现的观念的体现，是人对现实有限性的超越，表达着人对美的向往。

艺术具有的审美特质是基于人类历史本体的美学向度。马克思曾经说："只是由于人的本质的客观地展开的丰富性、主体的、人的感性的丰富性，如有音乐感的耳朵、能感受形式美的眼睛，总之，那些能成为人的享受的感觉，即确证自己是人的本质力量的感觉，才一部分发展起来，一部分产生出来。因为，不仅五官感觉，而且所谓精神感觉、实践感觉（意志、爱等等），一句话，人的感觉、感觉的人性，都只是由于它的对象的存在，由于人化的自然界，才产生出来的。"②马克思深刻地阐明艺术美的本质是人的生命力量的彰显，是人利用规律对束缚自己的物质和精神世界的克服，是人对自由的追求而创造的新的世界。艺术之所以具有审美性，是因为它不是一般意义上人的对象化的产物，而是人类创造性劳动的对象化的产物，更重要的是，这种对象化的产物早已经成为人心中的蓝图，是人孜孜以求的理想。人类的历史进程是人通过劳动改造自然并实现自我改造的过程，在这一过程中，人的目的、观念、理想、愿望不断变为现实，将人的主观的观念的东西转化为客观实在，实现人的对象化，即将人的主观观念和理想追求变为现实，成为客观的对象。人通过创造性的劳动形成自己的对象化世界，这个对象化的世界就是人的实践的结果，是人化的世界，艺术是这个世界的一部分。人类改造自然的物质生产过程，也适用于人类整个生活（包括艺术）的创造过程。艺术的美学特质体现在人对自己创造的外在世界的直观过程中产生的审美愉悦。艺术作品借助于物质材料把人的主观观念和追求变为可感知的对象。如中国古代的青铜器、玉器，不仅具有实用性的功能，其花纹与造型也体现出人类在当时的社会背景下对世界的理解，体现出人们的精神文化追求。因此，艺术的价值性体现为艺术是作为人的自由的感性的表现，这种自由是建立在人的社会性实践创造基础上的，是人对真善美的崇高追求。敦煌壁画中"尸毗王割肉救鸽"的故事讲述的是释迦牟尼作为国王心存善良，舍己救他的行为感动了上帝。这是对善良的人性之美的弘扬，释迦牟尼崇高的精神世界和由此获得自由的故事表达，很好地诠释了艺术之美的本质。同样，我们也可以从米开朗琪罗的作品《奴隶》中感受到人们对摆脱奴役、获取自由的渴望。这些艺术作品都在表达着人类历史一直以来的对进步、发展、解放和自由的渴望。

---

① 黑格尔：《美学》（第 1 卷），商务印书馆，2017 年，第 38 页。
② 《马克思恩格斯全集》第 42 卷，人民出版社，1979 年，第 126 页。

艺术展现人的精神理想,人对现实的不满抑或对光明和崇高的渴望都会通过艺术来展现,以唤醒和激发人的内在积极的情感,推动社会前进。人类生活的世界可以概括为"客观物理世界、主观精神世界、文化符号世界和虚拟现实世界",艺术以"文化符号世界"而存在,烛照大地、驱散黑暗,给人光明,引人向善。美隐藏在艺术的形式中,在图像阐释中要始终以发现、唤醒艺术的美为目标,挖掘图像反映的审美追求,培养的审美意识,给学生以正确的价值引领。总体上说,人类建构历史的动力在于对真善美的追求,是让历史真正说话,让后人从历史中获得鉴戒,让历史智慧的光辉照亮人类前进的方向。

二、图像阐释历史的理论及其运用

历史与图像的关系不是外在形式上的牵强附会,而是内在机制的深度关联。创造艺术和解释图像不是随意而为,正是因为有其内在的规律,有公认的解释原理和概念体系,艺术才可以被创造,被理解。以此,对艺术的阐释离不开理论的介入。古今中外人类创造了丰富的图像理论,本文仅运用潘诺夫斯基的图像理论,结合具体的艺术作品来论证如何借助理论进行图像阐释。

(一)潘诺夫斯基的图像阐释理论理解

艺术史学者潘诺夫斯基提出了图像的观察方式和解读方法,在《图像学研究》一书中,他结合对文艺复兴时期艺术的研究,将图像的阐释分成三个阶段:前图像学分析、图像志分析和图像学分析。这三个步骤分别对应图像单纯的视觉观察、图像故事情节分析和图像内容的背景分析。前图像学分析的主要任务是观察作品的"事实"和"表现",即画面是什么,艺术家呈现了哪些画面内容。鉴赏者对画面内容要有基本的了解,对作品的外在形式与内容之间的关系有基本判断;艺术史家或历史学家重点关注图像志分析的结果。波兰艺术史学家比亚罗斯托基在其著作《图像志》中对"图像志"的定义是:"对艺术作品内容的描述和阐释。图像志的历史属于人类思想的历史……它旨在对艺术再现进行鉴定和描述,对艺术作品的内容进行阐释。"[1]图像志分析的任务是还原画面形式背后的故事,图像究竟想表达什么情节,呈现"组成了图像、故事和语言的世界"[2]。图像志旨在挖掘图像形式背后的情节性内容,以获得对图像内容的理解;图像学分析即第三个阶段的主要任务是"破译图像深层含义,亦即它的政治、社会、文化的

---

[1] 曹意强、麦克尔·波德罗等:《艺术史的视野——图像研究的理论、方法与意义》,第85、36页。
[2] 张长虹:《亦真亦幻:图像与文献的交错》,《学术月刊》2017年第12期。

意义"①。如果说第二阶段的任务是解读画面的象征性意义,那么第三阶段的任务就是分析出这种意义与时代的关联。图像学是更深层次的图像志分析,二者都属于历史研究的范畴。

图像解释理论还有很多,如黑格尔根据艺术表达的理念和外在形式的关系的紧密程度,将艺术划分为三种类型:理念不能满足于外在形式表达的象征型艺术,理念和形式高度统一的古典型艺术,理念超越形式的浪漫型艺术。与这三种艺术类型相对应的艺术门类分别是建筑、雕塑和绘画、音乐、诗歌。黑格尔《美学》三卷都是围绕这个基本理论进行论证的,"这些类型之所以产生,是由于把理念作为艺术的内容来掌握的方式不同,因而理念所借以显现的形象也就有区别。因此,艺术类型不过是内容和形象之间的各种不同关系"②。这三种艺术类型存在逐层递进的关系,体现一个民族的精神逐渐完善的过程。黑格尔以这一理论为基础,对各种艺术门类进行了深入分析阐释,丰富了我们艺术图像阐释的视野。黑格尔对上述三种艺术进行总结:"这三种类型对于理想,即真正美的理念,始而追求,继而到达,终于超越。"③之所以这样评价,在黑格尔看来,艺术的理想是追求理性与感性、内在与外在的统一。这样看来,古典型艺术实现了这种统一,是理想的艺术形式,而象征型艺术处于前一阶段,如建筑等的外在和内在的统一程度远远不够。古典型艺术进一步发展和超越就是浪漫型艺术,内容与形象的一致已经无法表达内在的精神的丰富性,理念溢出形象,形象不能满足理念,绘画、诗歌和音乐就是这种艺术类型的代表。中国学者钱穆的《史学与美学》、李泽厚的《美的历程》等著作都对艺术与历史的关系作了深刻分析。对于这些艺术理论教师在教学中可以灵活运用,引导同学们尝试运用理论对艺术进行阐释,以更深入地理解历史。

(二) 图像阐释历史的三个阶段

以高中历史统编教材《中外历史纲要》(上)第 127 页《南昌起义》这幅油画作品为例,看看如何运用三阶段图像阐释理论进行图像解读。

教材上出现的《南昌起义》这幅油画是老一辈油画家黎冰鸿(1913~1986)在 1960 年创作的。运用潘诺夫斯基的图像学理论,对这幅作品的解读可以分为三个阶段。

第一,前图像学阶段:解释图像的事实和表现。这一阶段需要了解作品是

---

① 黑格尔:《美学》(第一卷),第 95、103 页。
② 黑格尔:《美学》(第一卷),第 95、103 页。
③ 黑格尔:《美学》(第一卷),第 103 页。

油画家黎冰鸿创作于 1960 年,现藏于国家博物馆。除此之外,引导学生欣赏作品并解释这幅作品反映的历史事件是南昌起义,画面主题是南昌起义前中国前敌委员会书记周恩来在作动员讲话,地点是江西大旅社门口,站在周恩来左边和后面的几位领导人分别是贺龙、叶挺、朱德、刘伯承。画面用暖色调呈现革命的热烈气氛,起义的士兵围站在周恩来等领导人周围,起义前的画面气氛十分紧张。对于教材上一般的图像信息介绍到这个程度已经足够了,这比对历史图像完全摈弃不做任何解释要好得多。但考虑南昌起义这段历史是一个重要转折,需要对图像进行图像志的分析,建立对南昌起义这一历史事件更丰满的历史解释。

第二,图像志阶段:描述和阐释。引导学生进一步深入观察这幅画的内容,学生们有两个发现,一是起义部队统一在脖子上扎上红领巾,二是远处的天空已经泛白。通过对这幅画的考证发现,原来,起义为了避免误伤自己人,每个人脖子上都围了红布作为标志。从画面上看,远处天地相接处的色调和整个画面对比明显,天似乎已经亮了起来。这与事实是不相符合的。根据历史文献记载,南昌起义的时间是 8 月 1 日凌晨 2 点开始,早上 6 点结束,画面呈现的是战斗开始前的动员,应该在凌晨两点前,天空不可能看到光亮。但这正是艺术家艺术创作的高明之处,图像志的研究要对此进行阐释。事实上,"从远处城市建筑和天空交界处来的光,或许画家暗藏深意:中国革命的曙光即将到来"[1]。这显然是艺术家有意为之,体现了艺术作品所要表达的隐喻:光明即将到来,胜利就在眼前。这幅作品需要解读的地方还有很多,比如画面中贺龙与周恩来站在前排,这是符合当时贺龙在这场起义中的实际地位的,贺龙是起义中指挥部队最多的领导人,这种人物排序与历史教材上介绍"南昌起义"领导人的顺序是符合的,体现了历史题材艺术作品对史实的尊重。教师在教学中可根据需要进行适当拓展。

第三,图像学阶段:阐释图像价值。图像学阶段重在揭示图像价值,将图像置于时代背景中阐释其意义。潘诺夫斯基图像理论的第三个层次意在强调挖掘作品内容所要表达的观念和对所研究的历史问题的关系,是为了"揭示一个民族、一个时期、一个阶级、一种宗教或哲学流派之基本观点的根本原则"[2]。南昌起义是在中国大革命陷入低潮、国民党右派叛变革命,中国革命面临所未有的困境的基础上进行的。正是因为南昌起义爆发,中国革命开启了新的历史阶段,人民军队诞生了,中国共产党开始独立领导武装斗争。《南昌起义》作为艺术作品,

---

[1] 方东:《莫朴和黎冰鸿的〈南昌起义〉对比研究》,中国美术学院硕士学位论文,2018 年。
[2] 曹意强、麦克尔·波德罗等:《艺术史的视野——图像研究的理论、方法与意义》,第 110 页。

是对这段历史的再现,"再现"要求艺术来源于生活,忠实地再现生活;同时艺术又在一定意义上高于生活,能够更深刻地反映生活的本质。它阐释历史,呈现一种过去的意象,具有认识论的目的。① 因此,我们从画面上能够感受到革命的恢宏气势,中国共产党人在逆境中奋起斗争,以大无畏的革命乐观主义精神迎接革命胜利的曙光。作品向大家传递的是中国共产党人的革命精神和坚定信念,这是中国革命不可阻挡的磅礴力量。上述三个阶段的分析体现了图像释史的一种通用范式:内容分析、内涵分析和价值建构。

艺术是时代的反映,在艺术中我们看到的正是人类不断克服外在束缚,争取自由和解放的历史。对《南昌起义》这幅历史题材艺术作品的解读一方面运用了潘诺夫斯基的图像理论,另一方面也充分体现了艺术图像解读的美学视野。"用艺术眼光回眸我们民族的历史进程与精神观念演化的过程,形象地揭示与展示我们民族在成长过程中所积淀的文明成果以及深邃、博大而灿烂的传统,从而重构民族的文化记忆,增强文化自信。"②通过对艺术图像的多层次解读,在建立艺术与历史深度关联、建构更生动的历史解释的同时,也能让同学们感受到艺术表现历史的魅力,领悟革命精神之美。

三、图像阐释历史的文化视野

历史研究中的图像阐释即艺术理解,是为了服务于对特定时代历史事实的澄清和对历史全貌的把握。艺术总是属于时代,带有特定时代的印记,同时艺术也有一定的连续性,不同的文化相互影响,共同孕育了艺术的民族性和世界性。英国历史学家汤因比把人类文化分为26种类型,并描述了这些不同的文化类型的成因以及其在政治、经济和文化领域的表现。正是由于环境、种族、宗教、生产方式等综合作用,使得不同地区不同时代的人群在文化上呈现出丰富的多样性,艺术是这种多样性的重要体现。图像阐释历史的文化视角体现在通过分析文化对艺术的影响而获得对艺术及其时代的深刻理解,主要包含对艺术所处社会的整体环境和文化的主要特征两个方面。

(一) 从特定时代的社会文化环境出发进行艺术阐释

从文化的发生的总体环境看(包含自然环境和社会环境),一个民族特定时

---

① 李芹:《历史在绘画中的再现:在历史性与主体性之间》,《艺术百家》2012年第8期。
② 黄宗贤:《用艺术的方式重构文化记忆讲好中国故事——观中华文明历史题材美术创作工程作品所想到的》,《美术》2016年第11期。

代的文化特征总是受这个民族所在的自然地理环境和经济社会发展水平的影响。蔡元培认为:"美术进步虽偏重个性,但个性不能绝对自由,不能不受环境的影响,所以不能不研究美的文化。"①蔡元培提出研究美术作品的五条建议:一是民族关系;二是时代关系;三是宗教关系;四是教育关系;五是都市美化关系。蔡元培看到了艺术受时代大环境影响的事实,提出了艺术阐释的环境分析方法。事实上,对世界各国艺术的阐释都离不开特定时代的民族所生活的自然环境和社会风俗的考察。丹纳在分析古希腊雕塑艺术多以健康、充满力量的裸体男子为艺术形式的原因的时候,就是从古希腊商品经济的发展带来的社会物质条件的改善、城邦战争频繁需要强健的身体、古希腊崇尚户外体育运动、古希腊的自然环境和相对自由的城邦制度等因素进行分析的,这些因素共同影响了古希腊的艺术。文艺复兴时期意大利的绘画艺术达到顶峰,这一时期艺术繁荣也反映出资本主义萌芽时代西方的整体气象。之所以一夜之间诞生那么多传世的经典作品,这显然与"各城市之间相互竞争,都想把最伟大的艺术家拉来为自己服务,美化自己的建筑,创作流芳百世的作品"有关,"接踵而来的是伟大的发现时期,意大利艺术家开始求助于数学去研究透视法则,求助于解剖学去研究人体的结构"②。贡布里希从社会文化、科学等角度来分析意大利艺术形成的原因,让我们看到,文艺复兴和这一时期的艺术是社会整体环境共同孕育而来的,这极大地丰富了我们对文艺复兴时代和这一时代艺术的认识。

  理解中国古典艺术需要从中国文化传统和特定时代的社会风尚出发,只有了解中国传统文化的基本精神主张,将艺术置于中华优秀传统文化的语境中,才能真正理解艺术的内涵。只有综合特定社会政治、经济、文化的影响,才能真正理解艺术所展现的历史风貌和文化精神。如在唐代的服饰中我们见到男女的头上插着簪花,唐诗中也有"莫怪杏园憔悴去,满城多少插花人",对这些艺术现象如何理解?显然需要深入了解唐朝的科举文化才能进行合理的解释。在唐朝的时候,科举发榜后朝廷要组织一些仪式活动:"朝廷在杏园赐宴,令新科进士中最年少的两位骑马在京城内采摘鲜花,分发给其他进士,簪在头上,这两人被称为'探花使'。"③后来,探花变成科举中成绩位于状元、榜眼后面的考取者的称呼。唐代头上插花的风尚恐怕与这种仪式有关。再比如关于北宋张择端的《清明上河图》,也同样需要了解北宋社会的经济发展、商业贸易、对外关系、文学艺术等各个方面,才能真正理解该作品表达的内容。

---

① 蔡元培:《美学研究的方法》,《北京大学月刊》1921年第2期。
② 贡布里希:《艺术的故事》,范景中译,广西美术出版社,2008年,第287页。
③ 老任:《大唐的辉煌与社会风尚》,《历史教学》(上半月)2018年第10期。

(二) 从特定时代文化的主要特征理解艺术风格

艺术风格是在艺术形式上表现出来的独特方法,风格是"依据历史时期、流派、民族、地域或艺术家团体来区分的"①。纵观人类艺术史我们发现,往往是伟大时代孕育了经典的艺术,艺术是时代的名片。现代美术史家郑武昌在其著作《中国画学全史》中谈及画史的叙述方法时认为,艺术史应该叙述艺术的发展演变过程,"当就其艺术上演进过程及流派而述之。然其演进也,往往随当时思想、文艺、政教及其他环境而异其方向,别其迟速;而此种种环境,又随时代而变更"②。正是各个时代的特征影响了艺术的特征。一个历史时代的特征往往是多样的,但一定会有一个总体特征占主导地位,起着支配作用,"按照人类学的定义,一个文化带就是一组文化特征占优势地位的一个地区"③。冯·兰克对此也曾经论述道:"在人类的每一个时代都有一种特定的伟大趋势得以彰显……历史学家必须弄清楚各个世代的那些伟大趋势,并展现人类的历史,而人类历史正是网罗、包含这些各种各样趋势的完整统一体。"④各个时代的"总体特征"和"伟大趋势"势必体现在艺术上,相反,一个时代艺术的总体特征也同样映照着这个时代。

高中历史教学内容主体也基本上是对人类历史发展的重要时代的把握,在历史教学中出现的图像大部分是这些重要时代的反映。如西方的古希腊时代、文艺复兴时代、工业革命时代,中国的秦汉时代、隋唐时代和宋元时代,每个时代都呈现出鲜明的特征,这些特征都会在艺术上体现出来。宋代的绘画艺术呈现出与宋代整体特征一致的特点。高中历史统编教材对宋代绘画艺术的表述是:"宋元两朝……绘画成就以山水画最为突出,不强调写实,注重意境和笔墨情趣。花鸟画、人物画水平也很高。"⑤寥寥数笔却意味无穷,对宋元绘画艺术的理解,显然需要教师引导学生结合艺术作品进行分析,将绘画艺术置于整个宋元文化的语境当中,对这一艺术特征及其形成原因建构全面的历史解释。宋朝绘画艺术为什么题材多为山水,注重意境呢?我们可以从宋朝的经济社会文化的总体特征来分析。宋代商品经济发达,纸币出现,贸易活跃,这是文化发展的物质基础。在此基础上,宋代统治者采取重视文人的文化政策,科举制进一步发展,以

---

① 王涵薇:《隐喻与视觉——艺术史跨语境研究下的中国书画》,商务印书馆,2017年,第52页。
② 郑武昌:《中国画学全史》,中国社会科学出版社,2009年,第3页。
③ 布罗代尔:《文明史——人类五千年文明的传承与交流》,常绍民等译,中信出版社,2014年,第44页。
④ 列奥波德·冯·兰克著,罗格·文斯编:《世界历史的秘密——关于历史艺术与历史科学的著作选》,易兰译,复旦大学出版社,2012年,第207~209页。
⑤ 教育部组织编写:《普通高中教科书·中外历史纲要》(上),人民教育出版社,2019年,第68页。

书院为代表的私学空前发达。在经济繁荣的同时,宋代面临深重的民族危机和民生问题,可谓内忧外患。在思想上,传统儒学面临佛教和道教的冲击时,以其强大的生命力和包容精神将佛、道思想加以整合吸收,形成了理学体系。理学对宋元及后来士人的思想产生重要影响,这种影响体现在伦理与宇宙自然相结合,形成了士人重视人伦、提升道德境界的人生美学。这种人生美学建立在儒学、佛教和道教相互融合的基础上,既有对现世的积极关怀,又有超脱世俗的飘逸洒脱。可以说"与性理追求和忧患意识的沉重基调相辅的,是宋代的仕隐文化与士人普遍具有的洒落心态……深入人生和远离人生的矛盾张力在宋代士大夫那里特别地纠结"①。这种矛盾心理构成了宋代士大夫文化的总特征,表现在绘画方面则是宋代文人画的兴盛。文人画所传达的是淡远幽深、超逸隽永、简古平淡的精神追求。教材上出现的宋徽宗的《芙蓉锦鸡图》集山水花鸟于一体,表现出了当时艺术回归自然的高雅意趣,也是宋代文人的精神世界由注重外在转向内在充盈的表现。

  本文提出图像释史的美学向度,这是基于历史的审美特性和艺术的美学特质,是艺术图像阐释的总方向,也是历史教育的价值面向。图像史料的运用是一个复杂的历史重构过程,目的是实现对往昔历史的真正理解,图像史料的合理运用发挥了单纯文字史料所不具备的价值。但另一方面,我们必须承认,图像史料陷阱重重,无论图像证史还是图像撰史,都必须谨慎地进行。本文提出运用图像理论阐释艺术图像的观点并以《南昌起义》为例阐释图像释史的理论方法,仅仅是初步的探索,意在唤起师生图像阐释的理论自觉。历史研究没有放之四海皆准的理论,需要放宽历史视野,运用多种方法进行图像阐释。师生在运用图像进行历史阐释的过程中必须坚持图文互证的办法,大胆质疑,小心求证。在这方面,嘉兴一中实验学校的姜常虹老师在教学中给我们做了很好的示范。姜老师在"中国古代农业经济"一课的教学中围绕"耒耜到底是一个农具的不同组成部分还是两个不同的农具"这一问题展开了图文互证的考察,最终得出"耒和耜是两种不同的农具"的结论。② 这是图像释史的典型案例,也充分说明了历史教学中图像的价值;历史研究范畴的图像解释与专业的艺术史研究和以艺术鉴赏为目的的图像分析不同,历史教学中的图像解读要始终围绕有助于建立"艺术作品与往昔的关联"这一目的。本文提出的"图像阐释历史的文化视角",意在强调图像的阐释不能脱离具体历史的时空语境,应该在时代的总气候中去理解图像,让

---

① 叶朗、朱良志:《中国美学通史》,江苏人民出版社,2014年,第20~21页。
② 姜常虹:《以图像史料为中心的史政教学初探——从〈山东武氏祠汉画像石神农画面〉中的农具说起》,《历史教学(半月刊)》2016年第8期。

图像与时代相互映衬。无论运用何种理论方法,无论从何种视角出发,图像释史始终强调:从艺术中求真,再现往昔的社会面貌;从艺术中求善,领悟历史传递的价值;从艺术中求美,提升生命的精神境界。

(原载《课程·教材·教法》2020年第12期,标题和内容略作修订)

引领学生入史的项目学习活动设计探微

岳 季*

历史教学中一个好的主题学习活动往往能成为学生成长历程中富有重要意义的里程碑,而好的活动设计方案可以引领学生深入历史,在考察探究中增强学习的体验和感悟,最终升华为适应个人终身发展和社会发展所需要的必备品格和关键能力。2020年笔者有幸参与了省级课题"基于项目学习的历史课堂教学创新实践研究"。作为课题组活动方案设计者,笔者于2020年寒假前夕制定了一个指向学生素养生成、引领学生入史的项目学习活动方案设计。现结合"探源身边历史,涵育家国情怀"活动方案谈几点感悟。

一、活动主题应是守正温情的,守正的旨趣在于育人

项目学习作为学科教学的有益补充,它的一大特点是基于任务的学习,这里所说的任务通常就是指我们设计的项目活动主题。"项目学习的开展是由一个大的社会或生活问题入手,引导学生深入思考、组建团队,共同确定研究的方案,然后让学习者参与建构性的调查研究。"[1]社会和生活是项目学习方案设计的起始关注点,具体到历史学科就是要找到历史和现实生活的结合点,从学生身边能接触到的历史出发拟定活动主题更易于初中生项目学习的开展。同时还应考虑项目实施的主体是学生,学生首先是人,其次才是学生,"教育的根本目的是立德树人,学习的要旨是学以成人"[2]。抓住育人目标才能守住项目学习的正道。从贴近于学生生活又切近于育人目标两个方面综合考虑,笔者把本次项目活动方案主题设计为"探源身边历史,涵育家国情怀",主体活动方案如表1所示。

---

* 岳季,现为合肥市望湖中学教师。
[1] 周振宇:《项目学习:基于学校的行走》,江苏凤凰科学技术出版社,2020年,第48页。
[2] 叶永涛:《构建儿童学习的创新范式(代序)》,《项目学习:基于学校的行走》,江苏凤凰科学技术出版社,2020年,第Ⅱ页。

表 1 主体活动方案

活动主题	研 究 项 目
合肥地名历史	三孝口、四牌楼、城隍庙、百花井、孝肃桥、逍遥津、九狮桥、斛兵塘、紫蓬山、筝笛浦、操兵巷、教弩台等
合肥名人历史	古代：包拯、李鸿章、刘铭传、周瑜、文翁、杨行密、张德胜等；近代：冯玉祥、段祺瑞、卫立煌、孙立人、唐德刚、丁汝昌、聂士成等

历史和人一样是有温度、有气息的，只是由于年代的阻隔需要后人再次走进才能触摸和感受它的温情与厚重。为了激发学生走进身边历史的意识，在项目简介里笔者写下了这样一段话：在合肥这个充满历史沧桑、人文情怀的城市中，每一个满含意蕴的地名、每一个声名远扬的人物、每一个流传已久的故事，都在斗转星移的时空交错中留下印记与回响，待你去走进、探寻、聆听。整理学生作品时，笔者欣喜地发现，学生探究领域遍及合肥的众多地方名胜和历史名人，并且在行走和研究中也留下了一些自己的所感所思。

宋信辰同学利用寒假走进了位于合肥市包河区祭祀北宋名臣包拯的专祠——包公祠。该学生在确定研究项目后，制定出"了解包公的生平事迹及对我们的启发"的研究目标。探访中该学生在包拯发明的象征其铁面无私秉公执法的刑具虎头铡前长久驻足，也被包拯因想照顾年迈的母亲放弃担任建昌知县而选择在合肥附近就任和州监税一职深深感动，更为包拯严厉打击地方官加倍征收端砚的廉洁奉公事迹而赞叹不已。最后在课件结尾该学生写道："包拯虽然已经逝世千年了，但他的忠、孝和那清正、廉洁的做事风范却流传至今，我们应当学习并发扬这种精神。我们要学习他的忠，忠于国家，忠于人民，忠于家庭；我们要学习他的孝，尽孝在当下，孝敬长辈，做到尊老爱幼；我们还要学习他的清正、廉洁，做人公平公正，有一个求实、求真的精神，不能道听途说。"一次项目学习活动让学生涵养一身正气于胸，这种体验或许远比学生在课堂中记忆一个关于北宋历史的知识点更加受益终身。

探源身边历史，建立起学生与生活世界的、与已有知识经验的联系，使家乡的历史文化浸润于心，铸就伟大的品格，培养走进历史的人和融入民族文化的人，从而实现学史明理、知史力行的育人目的，这在一定意义上也实现了通过历史探究涵育家国情怀的人文追求。这种文化价值观的生长有着重大意义，正如《论文化的重要作用：价值观如何影响人类进步》一书所说的"在人类进步的过程中,文化价值观确实是重要的,他们影响到人们对进步的想法"①。有了正确道德价值观的引领,可以为推动社会的进步与繁荣助力添彩。

二、成果体现应是多元并举的,多元的智慧在于唤醒

基于探源身边历史的项目学习活动方案设计,学生能切实结合历史名胜、文物古迹、文字记载以及长辈的口述史料,对身边历史进行探究,并由此塑造精神品质。不仅如此,项目学习还应该体现学生个性发展、全面发展和持续发展的需要,这就要求不光探究项目主题要具有多元性,学习成果的体现也应该是多元的。"学习者的调查研究方式可以是多种多样的,如设计、决策、问题发现、问题解决的模型建构,但是其核心活动需要让学习者经历知识的建构或转化(新的理解,新的技能),而不仅仅通过已有知识或技能来解决。"②因此在项目学习开展的结果呈现上,笔者的策略是要求学生可以围绕四个方面进行项目实施结果呈现,在其中选择自己最擅长的方式,如下所述:

1. 走近身边的古迹(绘制历史手抄报)
2. 留存身边的映像(历史文化主题摄影)
3. 书写身边的历史(撰写历史小论文)
4. 传递身边的能量(制作PPT、"美篇"、历史数字故事,借助多媒体软件,做成动态视频等)

四种呈现方式的设计与《项目学习:基于学校的行走》一书中提到的"项目学习就是要创设一种促进多元智力发展的课堂生态"不谋而合,为学生提供了多样化的学习机会,促使学生运用和发展多元智力。从本次项目学习的实施结果来看,学生个人提交的作品中四类成果都有涉及,更有把四种呈现方式融为一体的。例如"逍遥小组"共有10名成员,他们开展了"庐州记忆"项目,通过查找资料、询问长辈、实地考察等方式,从人物、地点、事件三方面探究曾经发生在合肥的史实,以探究员的姿态深入到身边史海拾贝,最后以三个篇章的成果去呈现作品。"人物篇"的研究中有没打过仗的开国上将李克农将军、中兴四大名臣之一李鸿章、抗日英雄戴安澜;"地点篇"走进的历史遗迹有东汉末曹操下令筑造的饮

---

① 塞缪尔·亨廷顿、劳伦斯·哈里森:《论文化的重要作用:价值观如何影响人类进步》,程克雄译,新华出版社,2002年,第407页。
② 周振宇:《项目学习:基于学校的行走》,第48页。

水纳凉瞭望敌情之地古教弩台、李鸿章曾经的练兵地和渡江战役时人民解放军运输兵力的巢湖万年埠;"事件篇"追溯了三国时期吴帝孙权率军围困魏国新城的战斗。在该项目实施的过程中,具有摄影技能的胡良月同学对李克农故居内部的展览进行了拍摄,文字功底深厚、富有理性思考能力的余海雪同学撰写了《历史与现实,传统与现代——论李鸿章》的小论文,绘画与书法能力兼备的探究员程陆菲菲、孙珺磷、李梦君、费冉冉、刘伟涛、李子峻同学绘制了有关晚清重臣李鸿章以及抗日英雄戴安澜的手抄报,信息技术精通的黄书或同学制作了动态视频,展现古教弩台的今日风貌,最后由统筹能力强的彭玉扬同学来串联,制作包含整个项目实施过程和成果的"美篇"。多元结果呈现方案下学生提交的作品未必完美,但却可以各美其美。

如果说项目探究主题是一个支点,那么多元开放的作品呈现形式则为学生的探究打开了一扇扇通往知识和生命唤醒的大门:学生对历史的体验更加直观深刻,学生的特长得以彰显发扬,学生的潜能被大力开发,学生的协调合作能力得到锻炼提升。2021年"两会"上,江苏省无锡市锡山中学校长唐江澎一番关于教育的言论点出了教育的终极使命:"好的教育应该是培养终生运动者、责任担当者、问题解决者和优雅生活者,给孩子们健全而优秀的人格,赢得未来的幸福,造福国家社会,好的教育唤醒孩子生命感、价值感。"通过一系列可供选择的活动成果方案,让一群志同道合的人发挥各自的智力强项,把自身的创新精神和实践能力都融入项目中,有利于推动学科学习,同时也有利于养成积极的个性心理特征,这种积极的心理获得感甚至可以伴随学生一生,"在学生长大以后,面对更真实的生活和研究情境的时候,更容易被唤醒,更容易参与到研究中去。这些,对学生的成长具有不可估量的价值"[①]。

三、实践取向应是致远笃行的,致远的意义在于层进

开展历史项目学习的目标最后要通往何处呢?笔者认为比项目活动目标更长远的是它的实践取向问题。初中生由于刚接触历史学科,即便是自己最熟悉的合肥人名地名,很多学生也只是粗略地了解与认识,这些历史知识的获取更多是依据口耳相传的模糊记忆,或者是通过阅读书籍获得的一些概念性的简单认知,东汉末年曹操屯田的水利工程斛兵塘、晚清军政重臣李鸿章的故居李府、北宋以清廉名垂千古的包拯、抗日战争前后心系国民的巢湖将领张治中……这些地名和人物在学生的心中更像一个个符号印记,学生缺乏对身边历史以及它们

---

① 周振宇:《海安县实验小学主题项目学习课程实施纲要》,《教育(周刊)》2017年第52期。

所处时代的全面、客观、立体化的认识。

探源身边历史为学生提供了进行沉浸式学习的机会,一些学生在参观完历史遗迹或纪念馆后,往往并没有停留在建筑外观、内部陈列、文字展板方面,而是展开进一步的探讨与论证。汪常昊同学参观了李鸿章故居和李鸿章享堂后制作了名为"孤独与梦想——晚清的擎天立柱李鸿章功过考略"的"美篇",开篇便直指历史学习的要义"想了解一个历史人物,最好的方法之一就是实地探访并结合史料",带着初步查阅资料后对李鸿章是大清英雄还是卖国贼两种对立的感性认识以一探究竟的心态走进了李府,再结合李府中贯穿李鸿章一生重大活动的文字记载,论从史出,得出李鸿章"毁誉参半的一生"的认识。参观中该同学每遇到陌生的历史词汇便进行查证,从而知晓了"直隶总督"统辖的范围和官职的大小,认识到李鸿章"和戎外交"思想与实践在客观上缓和了清政府与列强之间的关系,为洋务运动的开展创造了良好的外部环境,也有利于清朝的改革。对于尚处于七年级学段并未学习中国近代史的学生而言,既能深入开展对中国职官史的探究,又能把历史人物的活动与特定的时代背景相联系,这正是历史项目学习推进探究活动不断深入的有力体现。通过考察两处与李鸿章有关的历史遗址作为相互印证与补充,再谈及李鸿章其人时,该生写道:"步入近代以来的晚清,这个时代涌现了诸多名人,但始终飘摇在晚清政治格局上的人物,真正说起来确实没几个。作为一个在中国最弱小的时候,扛起国之重担的人,也可以说他是中国的脊梁。"能以理解之同情评价历史人物,体会到这位晚清重臣躬身于国家的富强大计,但终是看不到清廷改革自强梦想得以实现的悲情人物李鸿章的孤独与无奈后,内化在该生心底的历史情感便更加深远:"我能做什么?我能成为什么样的人?我从李鸿章身上学到了什么?我又能像他一样为祖国做多大贡献?"这些知识上、情感上的进阶正是项目学习的实践取向所在。

探究过程中学生通过搜集整理研习史料得出历史认识,形成史料实证意识。学生以占有的史料为依据,把历史事件和历史人物放在特定的时空中进行理性分析和客观评判,可以培养时空观念,同时又涵育了历史解释和历史评价的能力。此外研究对象本身也蕴含着丰富的文化内涵和可贵的精神品质,学生的家国情怀油然而生。一次项目学习不仅可以让学生领会历史探究学习的方法,历史学科强调的核心素养在探究中也得以内化迁移,学科关键能力也得以生成提高,从而让项目学习的目标通向了更深远意义上的学习。然而限于项目实施的时间要求和学生所处的学段以及思维发展水平的制约,有纵深度的项目学习往往只能部分落实。"在项目学习中,它一般不是单一学科领域内的、知识性的、可以得出答案的具体问题,而是需要长时间进行思考和探索的大问题。"①但如果以长时段目光来看待项目学习,学生往往能够得出更深入,甚至是与当时探究结果截然相反的认识或结论,所以项目学习的实践取向应是笃行致远的,更有价值和意义的观念会在深度学习探究中不断修正完善。教师对学生的项目学习应予以追踪式关注,既要关注当下探究成果,也要立足于未来知识的层进。

  从以上笔者进行的历史项目学习初期活动方案设计和后期学生学习效果的呈现来看,好的历史项目学习方案设计应该力求把学生的探究实践与育人目标两体合一,为唤醒学生的多元智慧、锻造积极个性心理助力,为初中生打开历史学习的视野、拓宽历史学习的格局奠基。着眼于学生发展的长远,为学生提供探究的引子,同时埋下一颗探究的种子,在以后漫长的学习和生活经历中使学生能够"像历史学家一样去思考,思考历史,思考人生,思考社会"②,开启学习的新境界。

(原载于《中学历史教学参考》2023 年第 3 期)

---

① 周振宇:《项目学习:基于学校的行走》,第 30 页。
② 张汉林:《历史教育:让学生像历史学家一样去思考》,《中学历史教学参考》2014 年第 1 期。

后 记

2017年10月31日,习近平总书记在瞻仰上海中共一大会址和嘉兴红船时的讲话中指出,"我们走得再远都不能忘记来时的路"。淮北师范大学历史文化旅游学院的前身是创设于1990年的淮北煤炭师范学院历史系,2008年改名为历史与社会学院,2019年更名为历史文化旅游学院,现设历史学系和旅游学系,有历史学(师范类)、文化遗产、旅游管理和酒店管理等本科专业,有中国史一级学科硕士学位授权点和学科教学(历史)专业硕士学位授权点。从物理楼到教学主楼,从相山校区到滨湖校区,经过三十余年的发展与积淀,历史文化旅游学院逐渐养成谨严质朴的教风与学风,在人才培养、科学研究、文化传承和社会服务等领域卓有成效。

编纂《淮师史学》之议,始于学院建立30周年之际。2022年下半年,学校启动校庆50周年工作,旧议重提,得到大家的认可和支持,认为编纂《淮师史学》具有必要性和可行性,遂组织编委会,发出征稿函。《淮师史学》的编纂目的在征稿函中言之甚明:

> 为迎接校庆50周年,学院拟编辑出版《淮师史学》,分上、下两编,分别收入各位老师与校友近年在学术刊物公开发表的具有学术影响力的学术论文,涉及史学理论与史学史、历史文献学、历史地理学、中国古代史、中国近现代史、世界史、考古学、历史教育教学等研究领域,从特定角度呈现淮北师范大学历史学科的发展历程与趋势、学术旨趣与样貌。

《淮师史学》分上、下两编,上编收入22位教师公开发表的22篇学术论文。有的老师虽著述颇丰,但对本书每人只收入一篇代表性论文的编纂思路表示充分理解。青年教师积极参与本书编纂工作,用心选文,认真校稿,呈显沉潜向学之风。限于体例和篇幅,退休教师和调离学校教师的大作,未能收入《淮师史学》,期待将来能够有续编、三编,弥补这一缺憾。张善林先生、张子侠先生、叶文郁先生是淮师史学的主要开拓者,希望通过本书出版,对他们的贡献表达特殊的敬意。

下编收入33位校友公开发表的33篇学术论文。校友的热情参与,不仅是对学院工作的信任和支持,亦是对母校情感的深沉表达,我们更期待近年毕业的校友取得卓越成绩。尤其要说明的是,由于特殊原因,有的校友已经提交论文但却未能收入本书,还有校友因为知悉较迟未能及时提交论文,他们都表达了善意的理解。30余年来,历史学专业已经有2 500余名优秀校友,有的是学界知名学者,著书立说;有的潜心教育事业,兢兢业业。正是优秀校友的关心与关注,为专业发展及学院前行提供了不竭的动力。

《淮师史学》共收论文55篇,内容涉及考古学、史学理论与史学史、历史文献学、历史地理学、中国古代史、中国近代史、中国现代史、世界史与历史教育教学等不同领域。上、下两编当中,分以考古学、中国史、世界史与历史教育教学四类,再以论文主题所及时代为序加以编排。希望该著能够从特定角度呈现淮北师范大学历史学科的发展历程与趋势、学术旨趣与样貌,亦可为考察地方师范院校的历史学科发展与变迁提供一个具体案例。

《淮师史学》所收诸作,原分别发表于《考古》《中国史研究》《近代史研究》《当代中国史研究》《史学理论研究》《史学史研究》《历史档案》《民国档案》《中国农史》《史学月刊》《安徽史学》《南开学报(哲学社会科学版)》《华中师范大学学报(人文社会科学版)》《陕西师范大学学报(哲学社会科学版)》与《课程·教材·教法》《历史教学》《历史教学问题》等学术期刊。编入本书时,编者进行了体例与格式的统一,各篇论文首页以加注形式标注作者简介,文末附注原刊出处,部分论文由作者对原作进行了增补删节。

谢谢余敏辉教授和高玉兰教授。在本书编辑与出版过程中,副校长余敏辉教授一直关注工作进度,多次询问有无问题和困难。副校长高玉兰教授允准由中国史特色学科建设经费资助本书出版。

谢谢魏雷和周侨杰两位老师,他们承担了论文接收、信息传达、文稿打印与校对等项工作。谢谢孟启明和许俊文两位研究生,他们在书稿编辑初期完成文档转换、目录编制、文字输入等具体工作。

谢谢史立丽和关春巧两位编辑老师。史立丽老师在前期选题与体例确定方面提供了大量帮助。责任编辑关春巧老师提出本书编者甚至论文作者都没有注意到的问题,体现了很高的职业素养。

相山校区到滨湖校区途中,由车窗向外看去,已是柳色正新、春意盎然!

刘佰合
2024年3月16日于淮北师范大学滨湖校区文源楼

图书在版编目(CIP)数据

淮师史学/本书编委会编. —上海：复旦大学出版社,2024.6
ISBN 978-7-309-17202-7

Ⅰ.①淮…　Ⅱ.①本…　Ⅲ.①中国历史-文集　Ⅳ.①K207-53

中国国家版本馆 CIP 数据核字(2024)第 020623 号

淮师史学
本书编委会　编
责任编辑/关春巧

复旦大学出版社有限公司出版发行
上海市国权路 579 号　邮编：200433
网址：fupnet@fudanpress.com　http://www.fudanpress.com
门市零售：86-21-65102580　团体订购：86-21-65104505
出版部电话：86-21-65642845
上海盛通时代印刷有限公司

开本 787 毫米×1092 毫米　1/16　印张 40.5　字数 749 千字
2024 年 6 月第 1 版
2024 年 6 月第 1 版第 1 次印刷

ISBN 978-7-309-17202-7/K·829
定价：168.00 元

如有印装质量问题,请向复旦大学出版社有限公司出版部调换。
版权所有　侵权必究